Junior Chronik

20. Jahrhundert

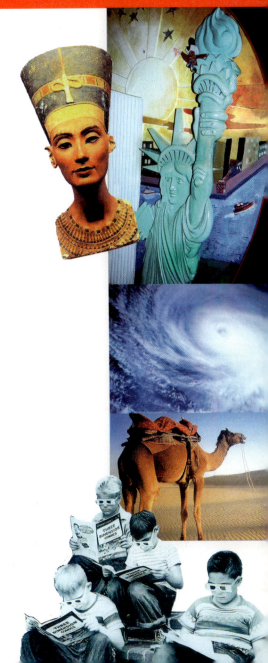

Chronik
VERLAG

Impressum

© Chronik Verlag
in der Verlagsgruppe
Bertelsmann GmbH,
München 1998

Texte:
Brigitte Beier,
Beatrix Gehlhoff

Redaktion:
Birgit Willmann
unter Mitarbeit von
Petra Frese und
Dr. Annette Zehnter

Fachberatung:
Malte Gehlhoff

Satz:
Böcking & Sander, Bochum

Gestaltung:
Marshall Editions, London

Umschlaggestaltung:
Design Team, München

Projektleitung:
Matthias Felsmann

Druck:
Mohndruck
Graphische Betriebe GmbH,
Gütersloh

Das Werk einschließlich aller seiner Teile ist urheberrechtlich geschützt. Jede Verwertung außerhalb der engen Grenzen des Urheberrechtsgesetzes ist unzulässig und strafbar. Das gilt insbesondere für Vervielfältigungen, Übersetzungen, Mikroverfilmungen und die Einspeicherung und Verarbeitung in elektronischen Systemen.

ISBN 3-577-14356-8

Einladung zur Zeitreise 5 • So funktioniert das Buch 6

INHALT

1900 — 8
Flugpioniere 20

1910 — 40
Pol-Wettlauf 44
Erster Weltkrieg 56

1920 — 68
Radio hören 78 • Goldene Zeiten 94
Fußball & Baseball 104

1930 — 106
Leben in der Stadt 112 • Nazis/Faschisten 120
Comic-Fieber! 124 • Kino-Vergnügen 140

1940 — 142
Zweiter Weltkrieg 146 • Der Holocaust 154
Die Atombombe 162 • Mode-Zirkus 174

1950 — 178
Automobile 182 • Unabhängigkeit 194
Konsumzeitalter 208 • Generationskonflikt 216

1960 — 218
Agent und Spion 230 • Popmusik 246
Schalt die Glotze an 254

1970 — 256
Aufbruch ins All 260 • Die Erde in Gefahr 268
Gegenkultur 280 • Terrorismus 286

1980 — 288
Trick-Effekte 298
Computer 314

1990 — 318
Ende des Ostblocks 322 • Welt der Gene 330
Olympische Spiele 340

Glossar 346 • Register 352

Einladung zur Zeitreise

Warum immer nur Hier und Heute leben? In der Geschichte unseres Jahrhunderts sind unzählige spannende Dinge geschehen. Es lohnt sich, die »Junior Chronik 20. Jahrhundert« in die Hand zu nehmen, zu blättern und sich auf eine kleine Zeitreise zu begeben. Wohin? Hier sind ein paar mögliche Ziele und gute Gründe, um dorthin zu reisen. Viel Spaß!

Kinopremiere für Mickymaus (1928)
Ich mag Comics. Die alten Hefte und Filme sind manchmal unheimlich lustig! Deshalb würde ich gerne im Publikum sitzen, wenn der erste Film mit Mickymaus im Kino läuft.
Julia, 13 Jahre

Das Grab des Pharao (1922)
Ich würde gern dabei sein, wie das Grab des Pharao Tutanchamun in Ägypten entdeckt wird – weil es noch kein Mensch vor mir sah und weil der Schatz so wertvoll ist! (Wenn ich mir dann noch etwas davon mitnehmen könnte, wäre es auch nicht schlecht...)
Daniel, 11 Jahre

Erster Computer (1941)
Der erste Computer muss riesig groß gewesen sein, ganz anders als unsere PCs. Ich möchte mal wissen, wie so ein Ding ausgesehen hat!
Joschka, 10 Jahre

Fußball-Weltmeisterschaft (1930)
Natürlich hätte ich gerne erlebt, wie Uruguay als erste Mannschaft überhaupt Weltmeister wurde, vor 100 000 Zuschauern im Stadion! Wie die wohl damals gespielt haben?
Leon, 13 Jahre

Mondlandung (1969)
Auf dem Mond kann man Purzelbäume schlagen, weil man so leicht ist, und sich die ganze Erde von außen ansehen. Ich möchte bei der Mondlandung dabei sein.
Ute, 12 Jahre

Auf dem Gipfel der Welt (1953)
Ich wäre gern dabei, wie die ersten Bergsteiger auf den Mount Everest geklettert sind. So weit wie von dort oben kann man von keinem Punkt der Welt aus sehen!
Ferhan, 10 Jahre

Titanic-Katastrophe (1912)
Auf der Titanic wäre ich gerne in der Ersten Klasse, als Schriftstellerin. Den Untergang würde ich überleben und hinterher machen mich meine Berichte über die Katastrophe reich und berühmt!
Natascha, 13 Jahre

1950

1951

1950 – 1959

DIE »JUNIOR CHRONIK 20. JAHRHUNDERT« führt uns die Ereignisse der letzten 100 Jahre vor Augen – durch faszinierende zeitgenössische Fotos und Geschichten, die im Stil von Zeitungsartikeln geschrieben sind. Auf diesen Seiten voller Fakten kannst du Leute, Ereignisse und Ideen wiederfinden, die unser heutiges Leben geprägt haben.

Die Aufteilung in einzelne Jahre macht es leicht, Informationen zu finden. Jedes Jahr hat eine Doppelseite (manche auch zwei), ein Beispiel dafür ist unten abgebildet.

1956

◀ In dem Farbstreifen oben an der Seite steht die Jahreszahl.

▶ Jedes Jahrzehnt hat eine eigene Farbmarkierung.

▲ Jedes Jahr beginnt mit einer Zeitleiste für das Jahrzehnt.

1956

▲ Das Bild für das aktuelle Jahr wird vergrößert.

INFO • 1956 • INFO

2. Januar • Die ersten Freiwilligen der neu geschaffenen Bundeswehr rücken in ihre Kasernen ein

5. Januar • Aus Italien kommen die ersten 50 Gastarbeiter nach Westdeutschland

Februar • In Europa herrscht der kälteste Winter seit 200 Jahren

29. Juni • Die Gewerkschaft IG Metall setzt durch, dass die normale Arbeitszeit von 48 auf 45 Stunden pro Woche gesenkt wird

◀ Ein Fax-Ausdruck mit Nachrichten ergänzt die Ereignisse jedes Jahres.

▶ Besondere Bildmotive bilden den Hintergrund für interessante und verblüffende Informationen zum Hauptthema des Jahres.

▼ Auf jeder Seite steht die Jahreszahl groß als Hintergrund im Text.

6

SO FUNKTIONIERT DAS BUCH

▼ *In gelben Kästen findest du nicht ganz so ernste, aber interessante Themen aus Alltag oder Sport.*

Rocky tritt ungeschlagen ab

Schwergewichtsweltmeister Rocky Marciano zieht sich mit 33 Jahren vom Boxsport zurück. Berühmt wurde der Amerikaner durch seine enorme Schlagkraft: Rocky legte seine Gegner reihenweise um. 43 seiner 49 Profikämpfe gewann er durch K. o. 1952 holte er den Weltmeistertitel und verteidigte ihn sechsmal erfolgreich.

Die Extrathemen

In der »Junior Chronik 20. Jahrhundert« gibt es 30 Extra-Doppelseiten, von denen sich jede mit einem bestimmten Thema oder einer Idee beschäftigt, die auf die Geschichte und die Entwicklung des 20. Jahrhunderts großen Einfluss hatten. Die Themen, die hier unter die Lupe genommen werden, sind kulturelle, wissenschaftliche, technische und historische Meilensteine. Sie haben in der Entwicklung der Menschheit ihre Spuren hinterlassen – oder sie werden dies tun.

Im 20. Jahrhundert hat die Menschheit einen unglaublichen Wissenssprung gemacht. Zum Beispiel unternahmen zu Beginn des Jahrhunderts Pioniere der Luftfahrt erste unsichere Flugversuche; jetzt, da sich das Jahrhundert seinem Ende nähert, dringen wir immer weiter ins Weltall vor – und machen dort faszinierende Entdeckungen. Überzeugungen und Ideologien haben die Art bestimmt, wie Menschen denken und handeln – Extrathemen wie Terrorismus, Gegenkultur, Kommunismus, Jugendkultur oder Faschismus untersuchen die Art und Weise, wie diese »Bewegungen« den Lauf unserer Geschichte geformt haben. Die Extrathemen helfen also, die Dinge zu verstehen, die das 20. Jahrhundert zu dem gemacht haben, was es ist.

Verbindung nach USA

Dank des ersten Transatlantikkabels (TAT 1) zwischen Europa und Nordamerika wird das Telefonieren in die USA viel einfacher. Bisher wurden Gespräche über den Atlantik per Funk übertragen, was sie sehr störanfällig machte. Die vorhandenen Telegrafenleitungen durch den Ozean waren für Telefongespräche ungeeignet.

▶ *Die Extra-Doppelseiten verfolgen Themen oft über das ganze Jahrhundert.*

◀ *In den Seitenspalten findest du häufig Berichte über wichtige Erfindungen und Entdeckungen.*

1. JAHRZEHNT

1900

Vieles von dem, was heute selbstverständlich ist, steckte zu Beginn des Jahrhunderts noch in den Anfängen, aber die Veränderungen waren schon spürbar. Es gab erste Flugversuche, Telefon, Autos und elektrisches Licht. Frauen durften nicht wählen und die Stimmen der Reichen zählten mehr, aber viele kämpften für ein allgemeines und gleiches Wahlrecht. In Kunst und Musik wurde mit Farben, Formen und Klängen experimentiert.

▲ *Eingang zur Metro, der brandneuen U-Bahn in Paris*

Tanz um den Kuchen

Überall in Europa sind die Leute ganz verrückt nach dem »Kuchentanz«, der aus Amerika stammt. Die Schwarzen, die dort auf den Plantagen arbeiteten, führten Wettbewerbe für die komischsten Tanzbewegungen durch. Der Sieger erhielt einen Kuchen. Auch die Europäer führen nun zu dem ungewohnten Ragtime-Rhythmus seltsame Verrenkungen aus, um den Kuchen zu gewinnen.

- Insgesamt kamen 47 Millionen Besucher zur Weltausstellung.
- Einer der Anziehungspunkte war das 106 Meter hohe Riesenrad mit 80 Gondeln für jeweils 20 Leute.
- Die Veranstalter erzielten 5 Millionen Francs Gewinn.
- »Rollende Bürgersteige« transportierten die Besucher über das Gelände. Auch die erste Rolltreppe war in Paris zu sehen, die später in einem Kaufhaus in den USA installiert wurde.

Weltausstellung zieht Millionen Besucher an

▶ **14. April 1900** ◀ In Paris öffnet die Weltausstellung ihre Tore. Auf einem riesigen Gelände zeigen alle großen Staaten der Welt Millionen von Besuchern ihre technischen und handwerklichen Produkte, aber auch viele Kunstschätze. Die Menschen staunen über Filmvorführungen, die erste Rolltreppe oder den Elektrizitätspalast mit seinem künstlichen Wasserfall. Eine besondere Attraktion ist auch das Schweizerdorf, wo Bauernhäuser aus verschiedenen Gegenden nachgebaut sind. Auffällig ist, dass Länder wie Russland oder Japan, die bislang von den europäischen Mächten vor allem als Absatzmärkte für eigene Erzeugnisse angesehen wurden, zeigen, dass sie selbst zu Industrieländern werden.

▼*Blick auf das Ausstellungsgelände in Paris*

Metro-Einweihung

▶ 19. Juli 1900 ◀ In Paris heißt die U-Bahn bekanntlich Metro. Im Jahr der Weltausstellung wird die erste Strecke in Betrieb genommen. Sie ist gut zehn Kilometer lang und hat 16 Haltestellen. Die Züge bestehen aus einem Motorwagen und zwei Anhängern. Einige der Waggons sind mit Gummirädern ausgestattet, was für die Fahrgäste besonders bequem ist.

Einfach knipsen!

»Sie drücken auf den Auslöser, wir erledigen den Rest!« Damit wirbt die Firma Eastman für ihre »Brownie«, die als erste Kamera der Welt einen entnehmbaren Filmbehälter hat. Wenn der Film vollgeknipst ist, lässt man ihn durch einen neuen ersetzen. Bisher musste man zur Filmentwicklung die ganze Kamera abgeben.

▲ Harte Kämpfe zwischen Buren und Briten vor der Stadt Mafeking

Krieg im Süden von Afrika

▶ 30. September 1900 ◀ In Südafrika bekämpfen sich die Weißen gegenseitig, die Buren, Nachkommen von Siedlern aus Holland und Deutschland, die ab 1652 nach Afrika kamen, und die Briten, die ganz Südafrika zu ihrer Kolonie machen wollen. Dann hätten sie nämlich vom Norden bis zum Süden Afrikas ein durchgehendes Band an Kolonien und zweitens gibt es in Südafrika reiche Bodenschätze wie Gold und Diamanten. Britische Truppen besetzen die Republiken der Buren, doch diese geben sich erst 1902 geschlagen.

▼ Bunt bemalte Wände im Palast von Knossos

Palast auf Kreta

▶ 23. März 1900 ◀ Der britische Archäologe Arthur Evans beginnt mit seinen Ausgrabungen auf der griechischen Insel Kreta. Er legt die riesige Palastanlage von Knossos frei, die wohl vor 3500 Jahren erbaut worden ist. Die Leute, die damals dort lebten, hatten eine Warmwasserheizung, Sitzbadewannen und Klos mit Wasserspülung. Die Wände des Palastes waren kunstvoll bemalt.

Aufstand der Boxer

▶ 20. Juni 1900 ◀ In der chinesischen Hauptstadt Peking wird der deutsche Gesandte auf offener Straße ermordet. Die Täter gehören zum Geheimbund der »Boxer«. Ihnen passt es nicht, dass Ausländer in China so großen Einfluss haben und die Chinesen zu Christen machen wollen. Der Aufstand der Boxer wird von den ausländischen Mächten niedergeschlagen. Dazu marschieren Truppen aus Deutschland, England, Frankreich, Japan, den USA und drei anderen Staaten in China ein und belagern Peking 56 Tage lang.

◀ Einer der Rebellen, die die »ausländischen Teufel« angreifen

1900 – 1909

1900

Der Zeppelin fliegt

▶ **2. Juli 1900** ◀ Der lenkbare Zeppelin LZ 1 absolviert erfolgreich seinen ersten Testflug. Das Luftschiff sieht wie eine Zigarre aus: Es besteht aus einem 128 Meter langen Ballon, an dem zwei Aluminiumgondeln angebracht sind. Die äußere Stoffhülle wird von einem Aluminiumgitter in Form gehalten; innen befinden sich 16 riesige Gasballons. Diese sind mit Wasserstoff gefüllt, der leichter ist als Luft und dem Fahrzeug deshalb Auftrieb gibt. Der Erfinder Graf Zeppelin arbeitet fieberhaft an der technischen Verbesserung seines Luftschiffes und ein paar Jahre später kann der Zeppelin auch für Passagierfahrten eingesetzt werden, zuerst nur innerhalb Deutschlands, später sogar für den Flug nach Amerika.

Kinder als Ingenieure

▶ **30. November 1900** ◀ Der Brite Frank Hornby lässt sein neues Baukastensystem für Kinder patentieren. Hornby stellte aus Metall Zubehör für die Eisenbahn seines Sohnes her, war aber unzufrieden, weil man ihre Teile nicht vertauschen konnte. Deshalb überlegte er sich, dass er Streifen und Platten aus Kupfer mit Löchern versehen und sie mit kleinen Schrauben und Muttern zusammenhalten könnte. Mit dem ersten von Hornby entwickelten Baukasten kann man einen beweglichen Kran konstruieren.

Freud und die Traumdeutung

▲ *Freud (vorne links) mit seinen Kollegen*

▶ **14. Oktober 1900** ◀ Der Wiener Arzt Sigmund Freud veröffentlicht sein Buch »Die Traumdeutung«, das eine wichtige Grundlage für die neue Wissenschaft der Psychoanalyse bildet. Freud glaubt, dass man im Traum Bilder für Dinge erfindet, die man nicht tun darf, aber schrecklich gern täte. Wenn man wach ist, hat man den Wunsch vergessen, kann sich aber noch an die Traumbilder erinnern. Freud ist überzeugt, dass man die Bilder entschlüsseln und auf diese Weise Menschen helfen kann, die an seelischen Krankheiten leiden.

◀ *Um sich zu entspannen, sollen sich Freuds Patienten auf die Couch legen.*

1. Daviscup geht an USA

Im ersten Endspiel um den Tennis-Daviscup schlagen die USA England 3:0. Das Komische daran ist, dass der amerikanische Spieler Dwight F. Davis dabei seinen eigenen Pokal gewinnt: Er hat die »hässlichste Salatschüssel der Welt«, die aus Silber ist und 16 Kilo wiegt, für ein internationales Mannschaftsturnier gestiftet, um Tennis populärer zu machen. Das ist ihm gelungen: Heutzutage gibt es sehr viele Tennisfans.

1900 – 1909

Russen besetzen Mandschurei

▶ 3. September 1900 ◀ Russland stellt formell einen Teil der Mandschurei unter seine Herrschaft. Die Mandschurei gehört zum Kaiserreich China, aber weil es dort viel Kohle und Eisenerze gibt, erhebt Russland Anspruch auf das Gebiet. Wie in Peking hat es auch in der Mandschurei einen Boxeraufstand gegeben. Die Russen haben die Revolte brutal niedergeschlagen und drohen mit furchtbaren Strafen, falls die Mandschuren ihre Herrschaft nicht anerkennen.

▲ Russische Geschütze und Soldaten in der Mandschurei

◀ *Der erste lenkbare Zeppelin, der LZ 1*

INFO • 1900 • INFO

28. Januar • *In Leipzig wird der Deutsche Fußballbund gegründet*

20. Mai • *Als Rahmenprogramm zur Weltausstellung werden in Paris die Olympischen Spiele ausgetragen*

29. Juli • *Italiens König Umberto I. wird in Monza ermordet*

August • *In Zürich ersetzt die »Elektrische« die Pferdebahn*

Buchneuerscheinung • *»Der wunderbare Zauberer von Oz« von Lyman Frank Baum*

Plancks Quantentheorie

▶ 14. Dezember 1900 ◀ Der deutsche Physiker Max Planck stellt in Berlin eine neue Theorie über die Beschaffenheit der Energie vor, die die herkömmliche Physik auf den Kopf stellt. Nach Plancks Quantentheorie besteht Energie, also zum Beispiel Wärme oder Licht, wie Materie aus winzigkleinen Teilchen, die er Quanten nennt. Planck hat nun herausgefunden, dass Energie nicht ununterbrochen fließt, wie man bislang annahm, sondern in kleinen Portionen dieser Quanten. Planck gelangte zu seiner Theorie, als er untersuchte, wie sich Wärme verbreitet. Seine Entdeckung ermöglicht es, ein genaues Maß für die Energieeinheiten zu berechnen.

▶ *Max Planck*

Erster Hamburger

In den USA werden die ersten Hamburger verkauft. Ein flachgedrückter Rindfleischklops wird mit gehackten Zwiebeln garniert und zwischen zwei Toastbrot-Scheiben gelegt, fertig ist das neuartige Sandwich, das von deutschen Einwanderern »erfunden« worden sein soll.

▼ *Über den Atlantik mit dem Luxus-Dampfer »Deutschland«*

Blaues Band für »Deutschland«

▶ 5. Juli 1900 ◀ In Rekordzeit – fünf Tage, elf Stunden und 45 Minuten – legt der Dampfer »Deutschland« die Strecke von Cherbourg in Frankreich nach New York zurück. Für seine rasante Fahrt erhält das Schiff das »Blaue Band« für die schnellste Atlantiküberquerung. Weil es noch keine Flugzeuge gibt, ist jeder, der von Europa nach Amerika reisen will, auf die Dampfer angewiesen. Das »Blaue Band« ist zum ersten Mal 1838 vergeben worden – an den Raddampfer »Great Western«, der 15 Tage brauchte.

1901

Königin Viktoria ist tot

▶ **22. Januar 1901** ◀ Die britische Königin Viktoria stirbt in Osborne, ihrem Feriensitz auf der Insel Wight. Die Königin wurde 81 und sie regierte fast 64 Jahre lang. Als sie 1838, mit 18 Jahren, gekrönt wurde, hielt man sie wegen ihrer Vorliebe für Feste und Tanz für vergnügungssüchtig. 1840 heiratete sie ihren Cousin Prinz Albert von Sachsen-Coburg-Gotha. Die beiden bekamen neun Kinder, von denen mehrere in andere europäische Königsfamilien einheirateten. Zu Viktorias Enkeln zählen der deutsche Kaiser Wilhelm II. und die russische Zarin. Albert starb schon 1861, von der Königin tief betrauert. Nachfolger Viktorias wird ihr ältester Sohn Edward VII., der bereits 60 Jahre alt ist.

In Viktorias Regierungszeit, die Viktorianisches Zeitalter genannt wird, erreichte das britische Kolonialreich die größte Macht und Ausdehnung. In Großbritannien selbst wurde die Industrialisierung vorangetrieben, doch die Arbeiter blieben arm.

Rasierer-Revolution

Der amerikanische Handelsvertreter King Camp Gilette verwirklicht eine bahnbrechende Idee – den Rasierapparat mit Wegwerfklinge. Schon 1895 hat sich Gilette dieses System ausgedacht, doch alle Produzenten versicherten ihm, dass man keine papierdünne Stahlklinge herstellen könne. Nun zeigt sich, dass es doch geht. Es dauert aber noch zwei Jahre, bis der Apparat so weit entwickelt ist, dass er zum Verkauf angeboten werden kann.

▶ *Verpackung des »Sicherheits-Rasierers«*

◀ *Der Trauerzug für Königin Viktoria vor Schloss Windsor*

1900 – 1909

Der erste Mercedes

▶ **31. März 1901** ◀ Die Daimler Motoren-Gesellschaft präsentiert in Nizza ein sensationelles neues Automodell. Es erhält den Namen Mercedes nach der Tochter seines Auftraggebers, des Österreichers Jellinek. Der wollte ein besonders leichtes und schnelles Auto, das sich für Wettfahrten, aber auch als »Familienkutsche« eignet. Der Mercedes erreicht eine Spitzengeschwindigkeit von 75 Stundenkilometern. Im Gegensatz zu den meisten anderen Autos sieht er nicht mehr wie eine Pferdekutsche aus.

Schallplatte

Die ersten Grammophonplatten kommen auf den Markt. Die einseitig bespielte Scheibe, die von der Firma His Masters Voice (auf Deutsch: die Stimme seines Herrn) herausgebracht wird, gibt die Stimme des berühmten italienischen Tenors Enrico Caruso wieder.

Erste Nobelpreise

▶ **10. Dezember 1901** ◀ Zum ersten Mal werden die Nobelpreise überreicht. Der Stifter, der Schwede Alfred Nobel, wollte damit herausragende Leistungen in Literatur, Chemie, Physik und Medizin sowie zur Erhaltung des Friedens würdigen. Zu den ersten Preisträgern zählen der Gründer des Roten Kreuzes, Henri Dunant, und der deutsche Physiker Wilhelm Conrad Röntgen.

▼ *Alfred Nobel erfand das Dynamit.*

INFO • 1901 • INFO

2. Juli • In New York sterben fast 400 Menschen an den Folgen einer Hitzewelle

17. Juni • Für die deutsche Rechtschreibung werden einheitliche Regeln beschlossen

30. Juni • Das Okapi, ein bislang unbekanntes afrikanisches Tier, wird von einem britischen Zoologen entdeckt

12. Dezember • Zum ersten Mal gelingt es, Telegrafiesignale über den Atlantik zu senden

▼ *Jüdische Siedler leben in Zeltstädten, bis Häuser gebaut sind.*

Neue Heimat Palästina

▶ **1901** ◀ Immer mehr russische Juden wandern nach Palästina aus, das sie als ihre eigentliche Heimat betrachten. Sie fliehen vor der anhaltenden Gewalt in Russland, wo jüdische Gemeinschaften immer wieder überfallen werden. Die Behörden stellen sich gegenüber diesen Verbrechen blind, denn der Antisemitismus, also die Ablehnung und Verfolgung der Juden, ist die offizielle Politik der Regierung. Zar Nikolaus II. ist der Ansicht, die Juden seien verantwortlich für die Organisation des revolutionären Terrors.

Wandervögel

▶ **4. November 1901** ◀ Die »Wandervogel«-Bewegung wird zu einer festen Organisation. Es ist eine Jugendbewegung, die sich deutlich von den Erwachsenen absetzen will und sehr naturverbunden ist. Vor allem junge Stadtbewohner können als »Wandervögel« mit der Natur in Kontakt kommen, zum Beispiel durch Wanderungen und Zeltlager.

1901

US-Präsident McKinley ermordet

▶ **14. September 1901** ◀ Der amerikanische Präsident William McKinley stirbt an den schweren Schussverletzungen, die ihm acht Tage zuvor von dem Anarchisten Leon Czolgosz zugefügt wurden. Er ist der dritte Präsident der USA, der Opfer eines Attentats wird. Der Attentäter ist gleich nach der Tat festgenommen worden. Er erklärt, er habe McKinley erschossen, weil das Land eine neue Form der Regierung brauche. Czolgosz wird zum Tode verurteilt und am 29. Oktober hingerichtet.

Neuer Präsident der USA wird Theodore Roosevelt. Er ist sehr beliebt, seit er im spanisch-amerikanischen Krieg 1898 ein Freiwilligenregiment angeführt hat.

◀ *Zeichnung des Attentats auf Präsident McKinley bei einer Ausstellung in Buffalo*

Kino für fünf Cent

Die »Nickelodeons« ziehen in den USA viele Neugierige an. Diese Einrichtungen kassieren von ihren Kunden einen Nickel (fünf Cent) und zeigen ihnen dafür ungefähr eine Stunde lang mehrere Kurzfilme (richtig lange Filme gibt es ja noch nicht). Die ersten Kinogänger brauchen sehr viel Geduld, denn die Vorführungen werden regelmäßig durch technische Probleme unterbrochen, zum Beispiel weil ein Projektor kaputtgeht.

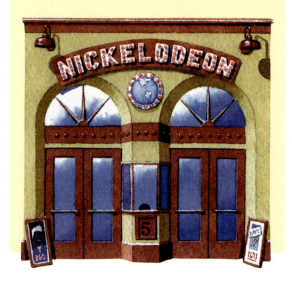

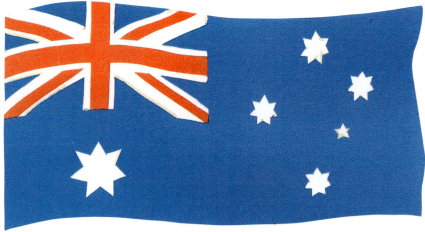

Australien wird ein eigener Staat

▶ **1. Januar 1901** ◀ 50 000 Menschen feiern in Melbourne die Geburtsstunde des Bundesstaates Australien, in dem sich die bislang getrennten australischen Kolonien zusammengeschlossen haben. 1788 hatten die Briten begonnen, Sträflinge nach Australien zu bringen. Später folgten viele Auswanderer aus Europa. Sie verdrängten nach und nach die Ureinwohner des Kontinents, die inzwischen nur noch eine kleine Minderheit bilden.

Dass sich die australischen Kolonien zusammentun, hat mehrere Gründe: Die Bewohner hoffen, gemeinsam wirksamer gegen eine Einwanderung von Asiaten vorgehen zu können. Außerdem soll der freie Handel innerhalb des Landes die Wirtschaft ankurbeln.

1900 – 1909

Schwarzer im Weißen Haus

▶ **16. Oktober 1901** ◀ Verbohrte Südstaatler kochen vor Wut, weil der amerikanische Präsident Theodore Roosevelt den Bürgerrechtler Booker T. Washington zum Abendessen ins Weiße Haus eingeladen hat. Der 45-Jährige hofft, die Kluft zwischen schwarzen und weißen Amerikanern durch Bildung verringern zu können. Viele Weiße in den USA sind aber der Ansicht, dass Schwarze Sklaven sein und nicht die gleichen Rechte bekommen sollten wie sie selbst.

▶ *Washington und Roosevelt im Gespräch*

Wuppertaler Schwebebahn

▶ **1. März 1901** ◀ In Wuppertal nimmt ein weltweit einzigartiges Verkehrsmittel seinen Betrieb auf – die Schwebebahn. Der Ingenieur Eugen Langen entwickelte ein System von Stützpfeilern, an dem eine Art Bahn angehängt werden kann. Die Schwebebahn fährt 13 Kilometer weit von Vohwinkel nach Winkel, größtenteils über der Wupper.

Booth saugt auf

Der englische Erfinder Hubert Cecil Booth lässt den von ihm entwickelten elektrischen Staubsauger mit Filtertüte patentieren. Das Gerät hat gewaltige Ausmaße und wird nur in großen Räumen eingesetzt. Eine der ersten Aufgaben für den Staubsauger besteht darin, vor der Krönung des britischen Königs Edward VII. den riesigen blauen Teppich in der Londoner Westminster Abtei zu reinigen.

Individuelle Abdrücke

Die Londoner Polizei nimmt Fingerabdrücke von Häftlingen, um Täuschungen in den Gefängnissen abzuwenden. Neu ist das Identifizierungssystem nicht: In Indien wurde es bereits benutzt, um zu verhindern, dass Menschen eine Pension kassierten, die ihnen gar nicht zustand.

Jugendstil

▶ **15. Mai 1901** ◀ Die Darmstädter Künstlerkolonie eröffnet eine Ausstellung, die dem Jugendstil gewidmet ist. Diese Kunstrichtung, die in Frankreich Art nouveau (neue Kunst) heißt, hat das Ziel, alle Bereiche der Kunst zu erfassen, also nicht nur Gemälde und Skulpturen, sondern auch Plakate, Möbelstücke, Gebäude und Alltagsgegenstände. Erkennen kann man den Jugendstil an den langen geschwungenen Linien und Blumenverzierungen.

◀ *Plakat im Jugendstil*

1902

Auf Schienen durch Sibirien

▶ **August 1902** ◀ Die Transsibirische Eisenbahn, die längste Bahnlinie der Welt, wird für den Verkehr geöffnet. Die Linie führt über 9297 Kilometer von Moskau nach Wladiwostok an der russischen Pazifikküste. Mit dem Bau der eingleisigen Strecke wurde 1891 begonnen. Die meisten Schwierigkeiten gab es bei der Überwindung der sehr breiten sibirischen Flüsse. Außerdem mussten tiefe Sumpfgebiete trockengelegt und aufgefüllt werden, um dort Schienen verlegen zu können. Das steile Gelände am Baikalsee hat es bisher unmöglich gemacht, die Bahnlinie um das Gewässer herumzuführen. Vorerst transportieren Fähren die Zugwaggons über den See, und am Ende der Reise wird bis Wladiwostok die Mandschurische Eisenbahn benutzt. Die Fahrt von Moskau bis zum Pazifik dauert mindestens 20 Tage. Unterwegs werden über 1000 Stationen passiert.

▼ *Eine Dampflok zieht die Transsibirische Eisenbahn.*

»Bügeleisenhaus« in New York

▶ **1902** ◀ New York erhält seinen ersten Wolkenkratzer, das Flatiron-Gebäude. Seinen Namen, der »Bügeleisen« bedeutet, bekommt das Haus wegen seiner dreieckigen Form. Der Architekt des Gebäudes, Daniel H. Burnham, gehört zu den Baumeistern, die seit 1880 das Gesicht der amerikanischen Großstadt Chicago völlig verändert haben. Um auf möglichst kleinem Raum möglichst hohe Häuser errichten zu können, musste eine neue Bauweise entwickelt werden, die Stahlskelett-Konstruktion, denn traditionell gemauerte Häuser können höchstens 16 Stockwerke hoch gebaut werden. Außerdem mussten schnelle Fahrstühle zur Personenbeförderung konstruiert werden. Der erste Wolkenkratzer war das Hausversicherungsgebäude in Chicago, das William Le Baron Jenney 1884 baute.

▶ *Das Flatiron-Gebäude erinnert an ein Bügeleisen.*

Campanile stürzt ein

▶ **14. Juli 1902** ◀ Der Glockenturm auf dem Markusplatz in Venedig stürzt in sich zusammen. Glücklicherweise kommt kein Mensch zu Schaden, denn die Umgebung des Turmes wurde abgesperrt, nachdem am Vorabend ein großer Riss in dem Gebäude entdeckt worden war. Der Campanile, eines der ältesten Bauwerke in Venedig, war weltweit als Wahrzeichen der Lagunenstadt bekannt. Reiche Bürger gründen ein Komitee für den Wiederaufbau und 1912 steht vor dem Markusdom ein neuer Glockenturm in alter Gestalt.

Peter, das Kaninchen

Das Bilderbuch »Peter Rabbitt« von der Engländerin Beatrix Potter liegt in den Buchhandlungen aus. Erzählt wird von dem Kaninchen Peter und seinen Freunden aus dem Tierreich. Potter hat zu ihren Texten selbst die Bilder gemalt. Ursprünglich hat sie die Geschichte für das kranke Kind ihrer früheren Chefin geschrieben, dann kam sie auf die Idee, sie zu veröffentlichen.

1900 – 1909

Assuan-Damm

▶ **10. Dezember 1902** ◀ Der gewaltige Nil-Staudamm bei Assuan, 950 Kilometer südlich von Kairo, wird fertig gestellt. Der Bau hat vier Jahre gedauert und 11 000 Arbeiter beschäftigt. Der Staudamm aus Granit ist zwei Kilometer lang. Er wurde gebaut, um das alljährliche Hochwasser des Nils aufzustauen und in der Trockenzeit allmählich wieder abzulassen. Hinter dem Damm entsteht ein 175 Kilometer langer und 20 Meter tiefer See.

▲ *Der Damm ist 40 Meter hoch.*

INFO • 1902 • INFO

15. Februar • Das erste Teilstück der Berliner Hoch- und Untergrundbahn wird eingeweiht

Februar • Eine Kältewelle in den USA lässt die Niagarafälle gefrieren

10. Dezember • Der Historiker Theodor Mommsen erhält für seine »Römische Geschichte« den Literaturnobelpreis

Buchneuerscheinung • »Der Hund von Baskerville« von Arthur Conan Doyle mit Meisterdetektiv Sherlock Holmes.

Insel verwüstet

▶ **8. Mai 1902** ◀ Über 30 000 Menschen werden beim Ausbruch des Vulkans Mont Pelé auf der französischen Karibikinsel Martinique getötet. Die Hauptstadt Saint Pierre, die am Fuß des 1350 Meter hohen Berges liegt, wird völlig zerstört. Auf der Insel hatte man geglaubt, dass der Vulkan längst erloschen sei, doch nun bricht auch der Soufrière auf der benachbarten Insel Saint Vincent aus.

Méliès, der Mondmann

»Die Reise zum Mond« zeigt der französische Filmemacher Georges Méliès in seinem jüngsten Werk. Per Rakete fliegen zwei Forscher zum Mond und entdecken eine phantastische Welt mit Riesenpilzen und Mondbewohnern. Méliès hat schon über 100 Kurzfilme hergestellt, »Die Reise zum Mond« ist mit 16 Minuten sein bisher längster Film. Durch seine besonderen Tricks und Effekte, die nur im Film möglich sind, weckt der Franzose großes Interesse für das neue Medium.

▼ *Die Karte zeigt den Verlauf des untermeerischen Kabels.*

Kabel durch den Pazifik

▶ **31. Oktober 1902** ◀ Mit der Verlegung des untermeerischen Telegrafenkabels von Vancouver durch den Pazifischen Ozean über die Fidschi-Inseln nach Australien und Neuseeland wird die Welt ein bisschen kleiner. Das 14 516 Kilometer lange Kabel hat einen einzigen Übertragungsdraht, der mit dem Harz Gutapercha isoliert und durch galvanisierte Eisendrähte geschützt ist.

Wie die schon früher verlegten transatlantischen Kabel dient die neue Verbindung der Telegrafie; es kann immer nur ein Signal zur Zeit übertragen werden. Telefonbesitzer müssen also noch warten, bis sie mit jemandem am anderen Ende der Welt sprechen können.

1900

1901

1902

1903

1904

1905

1906

1907
1908

1909

1903

◀ *Die Brüder Wright sichern sich einen Platz in der Geschichte. Der erste Flug erreicht eine Höhe von drei Metern.*

Erster Motorflug der Wrights

▶ **17. Dezember 1903** ◀ In Kitty Hawk im amerikanischen Bundesstaat Nordkarolina absolvieren die Brüder Orville und Wilbur Wright den ersten gelenkten Motorflug. Der Doppeldecker »Flyer 1« legt in der Luft eine Strecke von 36 Metern zurück. Der Flug dauert nur zwölf Sekunden, aber er ist »der erste in der Geschichte der Erde, bei dem eine Maschine mit einem Menschen sich selbst aus eigener Kraft in freiem Flug in die Luft erhoben hat, in waagerechter Bahn vorwärtsgeflogen und schließlich gelandet ist, ohne zum Wrack zu werden«, wie Orville Wright erklärt. Die Brüder aus Dayton/Ohio beschäftigen sich seit einigen Jahren mit dem Fliegen. Zunächst bauten sie Gleitflugzeuge, von denen eines 118 Meter weit flog.

»Flyer I« ist 6,40 Meter lang und 272 Kilogramm schwer, davon entfallen 63,5 Kilogramm auf den 12-PS-Motor. Insgesamt vier Mal starten die Wrights am Vormittag des 17. Dezember. Der längste Flug mit 260 Metern und 59 Sekunden Dauer gelingt Wilbur.

In sechs Stunden um die Welt

Die französische Zeitschrift »Temps« testet am 11. Juli 1903 die Schnelligkeit der Telegrafie auf dem Kabelweg. Um 11.35 Uhr wird in Paris ein Telegramm aufgegeben, das einmal die Erde umrundet und nach 60 000 Kilometern um 17.55 Uhr wieder am Ausgangspunkt ist. Nie zuvor ist eine einzelne Botschaft so weit gesandt worden.

Der große Eisenbahnraub

»Der große Eisenbahnraub«, ein Acht-Minuten-Film von Edwin Porter, erobert das amerikanische Publikum im Sturm. Er bietet eine Action-Szene nach der anderen ohne Unterbrechung durch Schrifttafeln. Erzählt wird die Geschichte eines Raubüberfalls auf einen Zug. Die Verbrecherbande wird vom Sheriff gejagt und schließlich gefangen. Am Ende des Films richtet einer der Banditen seine Pistole auf die Kamera und schießt sozusagen ins Publikum. Dieser sensationelle Schluss macht den Film berühmt.

Kinderarbeit in Deutschland

▶ **31. Januar 1903** ◀ Das deutsche Parlament schränkt die Kinderarbeit ein. Kinder unter zwölf Jahren dürfen nicht mehr in der Industrie arbeiten. Allerdings können Kinder aus der eigenen Familie schon ab zehn als Arbeitskräfte eingesetzt werden. In Deutschland arbeiten sechs Prozent aller Schulkinder. Auch in anderen Ländern müssen viele Kinder arbeiten. In den USA verrichten Kinder im Bergbau bis zu zehn Stunden am Tag Schwerarbeit.

◀ *Szene aus dem spannenden Film »Der große Eisenbahnraub«*

1900 – 1909

Teddybären (und Teddy Roosevelt)

In den USA entstehen die ersten Teddybären. Den Anlass für die Herstellung der Spielzeuge hat Präsident Roosevelt gegeben, dessen Vorname Theodore zu Teddy abgekürzt wird. Er hatte sich 1902 bei einer Jagd geweigert, einen kleinen Grizzly-Bären zu erschießen. Der Spielzeughändler Morris Mitchum ließ daraufhin einen Plüschbären herstellen. Dieser erste »Teddy-Bär« war nach fünf Minuten verkauft.

Red Sox gewinnen erste World Series

▶ **13. Oktober 1903** ◀ Die Boston Red Sox, Meister der Baseball-Liga American League, schlagen bei der ersten World Series die Pittsburgh Pirates, die Ersten der National League, mit fünf zu drei Spielen. Die National League wurde 1876 gegründet und man wehrte sich lange Zeit gegen eine zweite Liga mit Mannschaften aus den ganzen USA. Doch 1901 entstand die American League. Dass die neue Spielklasse sehr gut ist, zeigt die erste World Series, genau wie die Manager der National League gefürchtet hatten.

▲ *Gut gepolstert warten Schläger, Fänger und Schiedsrichter auf den Ball.*

Garin ist erster Tour-Sieger

▶ **19. Juli 1903** ◀ Der Franzose Maurice Garin gewinnt die erste Tour de France, die in 19 Tagen über sechs Etappen führte. Die Strecke verlief von Paris über Lyon, Marseille, Toulouse, Bordeaux und Nantes zurück nach Paris. Garin brauchte für die 2428 Kilometer 94 Stunden und 33 Minuten, das bedeutet eine Durchschnittsgeschwindigkeit von 25 Stundenkilometern. Die Räder wiegen über 16 Kilogramm. Von 60 gestarteten Fahrern erreichen 20 das Ziel. Die Frankreichrundfahrt wurde von Henri Desgrange organisiert, der als begeisterter Radfahrer nach einer guten Werbung für seine Zeitschrift »L'Auto« suchte.

◀ *Maurice Garin (links), Gewinner der ersten Tour de France*

INFO • 1903 • INFO

31. Mai • *Die Mannschaft des VfB Leipzig wird erster deutscher Fußballmeister*

11. Juni • *Der serbische König Alexander I. und seine Frau Draga werden in ihrem Schlafzimmer ermordet*

9. August • *In Rom wird der neue Papst Pius X. gekrönt*

10. Oktober • *In England wird eine Organisation gegründet, die das Wahlrecht für Frauen durchsetzen will*

Nobelpreis für Marie Curie

▶ **10. Dezember 1903** ◀ Die französische Physikerin Marie Curie wird als erste Frau mit dem Nobelpreis ausgezeichnet. Sie erhält ihn gemeinsam mit ihrem Mann Pierre Curie und Henri Becquerel für die Erforschung der Radioaktivität. Marie Curie hat herausgefunden, dass eine Reihe von Elementen radioaktiv sind, zum Beispiel Thorium, Polonium und Radium.

FLUGPIONIERE

Die Menschen haben schon immer den Wunsch verspürt zu fliegen: Die griechische Sage erzählt von Dädalus und Ikarus, die sich Flügel bauten, um der Gefangenschaft zu entfliehen. Im 16. Jahrhundert stellte der geniale Künstler Leonardo da Vinci umfangreiche Studien über Aerodynamik und Flugapparate an. Im 19. Jahrhundert wurden unzählige Versuche mit Gleitflugmodellen unternommen, jedoch ohne großen Erfolg. Erst als man Anfang des 20. Jahrhunderts auf die Idee kam, Motoren in Flugzeuge einzubauen, begann die eigentliche Karriere des Luftverkehrsmittels. Den ersten erfolgreichen Motorflug absolvierten 1903 die amerikanischen Brüder Orville und Wilbur Wright – beim ersten Versuch kamen sie 36 Meter weit.

▶ *Louis Blériot hat sein Flugzeug voll im Griff.*

Ehrgeiziger Erfinder

Anfang des Jahrhunderts war Paris so etwas wie die Hauptstadt der Flugpioniere. Einer von ihnen war der französische Ingenieur Louis Blériot. Er machte zunächst Versuche mit Gleitflugzeugen, die, von Booten gezogen, über den Fluss Seine schwebten. Doch als dann leichte Maschinen für Motorräder entwickelt wurden, fing er an, motorisierte Flugzeuge zu bauen.

Blériots Ehrgeiz bestand darin, den Ärmelkanal zu überfliegen und die 1000 Pfund (damals eine enorme Summe) zu kassieren, die eine Londoner Zeitung für die erste Überquerung ausgesetzt hatte. Am 25. Juli 1909 war es so weit: Blériot startete von Calais aus mit seinem Eindecker Nr. XI mit 25-PS-Motor und landete gut 27 Minuten später bei Dover auf der anderen Seite des Kanals.

Dies brachte ihm solchen Ruhm ein, dass er eine Reihe von Anfragen nach der Nr. XI erhielt. Blériot, der nicht nur erfinderisch, sondern auch geschäftstüchtig war, errichtete eine Fabrik für Flugzeuge.

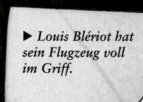

◀ *Blériot in seinem offenen Eindecker. Ein gefedertes Fahrgestell macht die Landung sicherer.*

Vogelmensch Lilienthal

Wie ein Vogel wollte der deutsche Ingenieur Otto Lilienthal fliegen. Um 1890, als Benzinmotoren noch leistungsschwach waren, konstruierte er Gleitflügelmodelle, die den heutigen Hängegleitern ähnelten. Er startete auf einem Hügel bei Berlin, indem er Anlauf nahm und sich nach unten gleiten ließ – zwischen 90 und 230 Metern weit. Im August 1896 brachte eine Windböe Lilienthal zum Absturz. Er starb.

Verkehrsmittel Flugzeug

Das erste Luftverkehrsmittel, das regelmäßig Passagiere mitnahm, war ab 1910 der Zeppelin. Eine Reise im Flugzeug war zu dieser Zeit ein kaltes und windiges Abenteuer. Einen wichtigen Schritt hin zu komfortablen Flugzeugen bedeutete 1919 das Ganzmetallflugzeug F-13 des deutschen Ingenieurs Hugo Junckers. Es hatte eine geschlossene Passagierkabine und sah den heutigen Flugzeugen ziemlich ähnlich. Bald wurden Flugzeuge auch auf längeren Strecken eingesetzt. Dabei kamen oft Flugboote zum Einsatz, die auf dem Wasser landen konnten und deshalb keinen Flugplatz brauchten. In den 50er Jahren wurden im zivilen Luftverkehr die Propellermaschinen mehr und mehr durch Düsenflugzeuge ersetzt und ab 1976 brachte die französisch-britische Concorde Passagiere mit Überschallgeschwindigkeit von Europa in die USA.

▲ Bei Start und Landung kann die Nase der Concorde nach unten geklappt werden, damit der Pilot eine bessere Sicht auf den Boden hat.

▶ Die Concorde – schön, schnell, aber laut. Nach 1979 wurden keine neuen Maschinen gebaut.

Flug-Daten
Zum ersten bemannten Flug stieg 1783 der Fesselballon der französischen Brüder Mongolfier auf.

Der Brasilianer Alberto Santos-Dumont baute 1909 das erste Leichtflugzeug.

Das erste Düsenflugzeug der Welt war 1939 die deutsche Militärmaschine Heinckel He 178.

▼ Das Flugzeug hat sich von einem zerbrechlichen Apparat zu einem ausgereiften Transportmittel entwickelt – und zu einer furchterregenden Waffe.

▲ LVG CV1, 1917

▲ DeHavilland Comet mit Atom-Antrieb, 1949

▲ Panavia Tornado GR 1A, 1986

▶ DC-3 »Dacota«, 1934

◀ Boeing 747 »Jumbojet«, 1969

1904

Nobelpreis für Iwan Pawlow

▶ **10. Dezember 1904** ◀ Der russische Wissenschaftler Iwan Pawlow erhält für seine medizinischen Forschungen den Nobelpreis. Er hat entdeckt, dass Signale des Gehirns bei der Verdauung eine entscheidende Rolle spielen. Er durchschnitt die Speiseröhre eines Hundes und stellte fest, dass die Nahrung, die das Tier zerkaute, Verdauungssäfte im Magen anregte, obwohl das Futter dort gar nicht ankam. Umgekehrt wurden keine Magensäfte produziert, wenn wichtige Nervenbahnen durchtrennt waren. Pawlow machte ein weiteres Experiment: Jedesmal, wenn ein Hund gefüttert wurde, läutete eine Glocke und bald lief dem Tier der Speichel im Maul zusammen, wenn nur die Glocke erklang. Pawlow nennt dies einen bedingten Reflex.

Japan erklärt Russland den Krieg

▶ **8. Februar 1904** ◀ Die russische Flotte, die in Port Arthur im Norden Chinas stationiert ist, wird von japanischen Torpedobooten angegriffen. Am Tag zuvor sind 8000 japanische Soldaten in Korea gelandet und befinden sich im Vormarsch auf die Hauptstadt Seoul. In Tokio erklärt der japanische Kaiser Russland offiziell den Krieg. In dem Konflikt geht es um die Herrschaft über Korea und die chinesische Provinz Mandschurei, auf die beide, Japaner und Russen, Anspruch erheben. Im Mai 1905 ist die Niederlage Russlands in dem Krieg besiegelt.

Caruso, der Star!

Die Welt liegt dem italienischen Operntenor Enrico Caruso zu Füßen. 1904 tritt der 30-Jährige an der New Yorker Metropolitan Oper in Donizettis »Der Liebestrank« auf. Der Star erhält für jede Vorstellung fast 1000 Dollar und er hat gerade seine erste Schallplatte aufgenommen – die Arie »Oh, wie so trügerisch« aus Verdis »Rigoletto«. Carusos Popularität trägt viel zum Erfolg des neuen Mediums Schallplatte bei.

▲ *Japaner richten eine Kanone auf Russlands Flotte.*

Peter Pan in London

▶ **27. Dezember 1904** ◀ »Peter Pan oder Das Märchen vom Jungen, der nicht groß werden wollte« heißt das neueste Stück von James Barrie, das in London Premiere hat und ein großer Erfolg wird. Das Theaterstück erzählt von einem Jungen, der fliegen kann und im Phantasiereich »Niemandsland« voller wilder Tiere, Piraten, Indianer, Meerjungfrauen und anderer Wesen lebt. Barrie hat selbst keine Kinder, doch er hat oft auf die fünf Söhne seines Freundes aufgepasst, denen er auch zuerst von Peter Pan erzählt haben soll. Deutsche Kinder bekommen das Stück 1952 zum ersten Mal zu sehen.

1904

New York hat eine U-Bahn

▶ 27. Oktober 1904 ◀

Die New Yorker U-Bahn nimmt ihren Betrieb auf. Nach vier Jahren Arbeit werden zwei Linien eröffnet, die unter dem Broadway und der vierten Avenue entlangfahren. Die Ingenieure, die die U-Bahn entworfen haben, konnten auf die Erfahrungen mit der New Yorker Hochbahn und der Londoner U-Bahn zurückgreifen. So wurden in New York mehrere Gleise parallel verlegt, so dass gleichzeitig normale Bahnen und Expresszüge fahren können, die nicht an jeder Station halten.

◀ *Jubiläumsfahrt der U-Bahn in New York*

London und Paris werden Freunde

▶ 8. April 1904 ◀

Frankreich und Großbritannien vereinbaren, dass sie Lösungen für Streitigkeiten über ihre jeweiligen Kolonien suchen wollen. Das Bündnis wird Entente Cordiale genannt; das bedeutet »herzliches Einvernehmen«. Den Weg zu dem Bund haben 1903 der britische König und der französische Präsident geebnet.

▲ *Einigung zwischen Briten und Franzosen*

Examen für Helen Keller

▶ 1. September 1904 ◀

Helen Adams Keller, eine 24-jährige taube und blinde Frau, macht am Radcliffe College in Cambridge/Massachusetts ihr Universitätsexamen. Keller erkrankte im Alter von 19 Monaten schwer; seither ist sie blind, taub und stumm. Ab 1887 wurde das Mädchen von der Lehrerin Anne Sullivan unterrichtet, die ihr die Blindenschrift Braille beibrachte. In Begleitung ihrer Lehrerin besuchte Keller anschließend eine Schule für Taube. Auch am College blieb die Lehrerin bei Helen und half ihr, indem sie ihr die Vorlesungen mit einer Art Morsezeichen in die Hand »diktierte«.

INFO • 1904 • INFO

28. September • Weil sie auf der Straße geraucht hat, wird in New York eine Frau verhaftet

23. November • Im amerikanischen Saint Louis enden die Olympischen Spiele, an denen zwölf Länder teilnahmen

30. November • Die vier Erstplazierten der Tour de France werden nachträglich disqualifiziert. Sie sollen Abkürzungen genommen haben

Eis aus der Waffel

Auf der Weltausstellung in Saint Louis (USA) wird zum ersten Mal Eiscreme in Waffeltüten verkauft – was vor allem die Damen sehr zu schätzen wissen, denn nun können sie mit dem Eis in der Hand herumspazieren. Die leckere Eiswaffel wurde von dem italienischen Einwanderer Italo Marconi erfunden.

◀ *Helen Keller mit Kappe und Talar der Universitätsabsolventen*

1900 – 1909

1905

1000 Tote bei Blutbad in Sankt Petersburg

▶ **22. Januar 1905** ◀ Eine Demonstration von etwa 140 000 Arbeitern und ihren Familien wird vor dem Wohnsitz des russischen Zaren, dem Winterpalast in Sankt Petersburg, vom Militär brutal aufgelöst. Die Demonstranten sind zum Winterpalast gezogen, um dem Zaren eine Bittschrift zu übergeben, doch der Herrscher hat angeordnet, sie von seinem Palast fernzuhalten, obwohl er an diesem Sonntag gar nicht da ist. Als die Arbeiter näher kommen, feuern Soldaten wahllos in die Menge. 1000 Menschen werden getötet, über 2000 verletzt.

Schon seit Tagen gibt es Streiks und Demonstrationen in Sankt Petersburg. Die Arbeiter, die ohnehin von ihrem Lohn kaum leben können, sind erbost, weil durch den Russisch-Japanischen Krieg die Preise um bis zu 40 Prozent gestiegen sind, ohne dass sie deshalb mehr Geld erhalten. Um Lohnerhöhungen und bessere Arbeitsbedingungen durchzusetzen, traten die Arbeiter in den Streik. Der Petersburger »Blutsonntag« löscht endgültig das Vertrauen der Bevölkerung in ihren Zaren aus.

▼ *Soldaten gehen vor dem Winterpalast in Sankt Petersburg gegen Streikende vor.*

▲ *Diese Szene aus dem russischen Film »Panzerkreuzer Potemkin« zeigt die meuternde Besatzung des Kriegsschiffes.*

1900 – 1909

Matrosen meutern

▶ **27. Juni 1905** ◀ Die Matrosen auf dem mächtigsten russischen Kriegsschiff, dem Panzerkreuzer »Potemkin«, meutern, nachdem sich einer von ihnen über das schlechte Essen beschwerte und dafür von seinem Vorgesetzten erschossen wurde. Darüber geriet die Mannschaft so in Zorn, dass sie den Kapitän und mehrere Offiziere über Bord warf und selbst das Kommando übernahm. Mit der Meuterei auf dem Panzerkreuzer beteiligen sich zum ersten Mal Matrosen an den Aufständen in Russland.

Hellere Lampen

Ein neues Material für Glühfäden lässt Glühbirnen heller leuchten und macht sie haltbarer. Bisher wurden die Glühfäden in den Birnen aus verkohlten Pflanzenfasern hergestellt, die sehr schnell kaputtgingen. Nun benutzt man zum ersten Mal Metallfäden, die nicht nur viel haltbarer sind, sondern auch für helleres Licht sorgen.

Postkarten sind schick

In Europa und den USA herrscht das Postkartenfieber. Schickte man im 19. Jahrhundert noch Briefe, wenn man jemandem etwas mitteilen wollte, so ist es nun Mode geworden, Postkarten zu schreiben. Natürlich gibt es Ansichtskarten, auf denen Städte oder Landschaften zu sehen sind. Besonders beliebt sind aber Karten mit Witzzeichnungen oder Bildern, die eine unausgesprochene Botschaft an den Empfänger übermitteln, zum Beispiel, wenn sich dort zwei Leute küssen.

▶ *Diese Karte hat der amerikanische Präsident seiner Mutter geschickt.*

◀ *König Haakon VII. mit Königin Maud und Kronprinz Olav*

Norwegen wird unabhängig

▶ **7. Juni 1905** ◀ Das norwegische Parlament erklärt die Union des Landes mit Schweden für beendet. Norwegen war seit 1387 kein unabhängiger Staat mehr. Zunächst gehörte es zu Dänemark und ab 1814 zu Schweden. Nun wollen die Norweger endlich selbst für ihre Angelegenheiten sorgen. Zwar protestiert Schweden gegen diesen Schritt, fügt sich aber dann friedlich. In einer Volksabstimmung wählen die Norweger den dänischen Prinzen Carl zu ihrem König, der den Namen Haakon VII. annimmt.

Wilde in Paris

▶ **1. Oktober 1905** ◀ Eine Gruppe von Künstlern, die in Paris ihre Bilder ausstellen, werden von einem Kritiker als »Fauves« – Wilde – beschimpft und damit hat diese Kunstrichtung ihren Namen, Fauvismus. Die »Wilden« malen Bilder in klaren, leuchtenden Farben, die sie direkt aus der Tube auf die Leinwand bringen, ohne sie zu vermischen. Dadurch sehen manche Dinge natürlich ganz anders aus als in Wirklichkeit. Henri Matisse hat zum Beispiel das Gesicht einer Frau in Grün, Gelb und Rosa gemalt.

▶ *Stillleben von Matisse*

1905

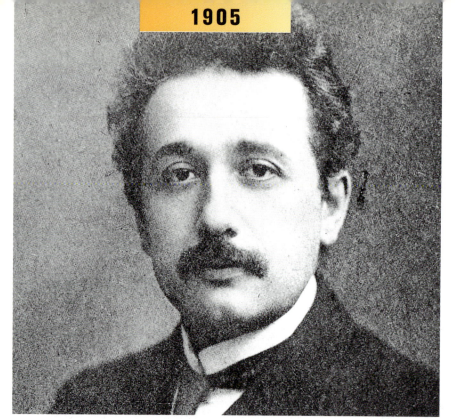

▲ *Albert Einstein, ein herausragender junger Wissenschaftler*

Einstein und seine Relativitätstheorie

▶ **30. Juni 1905** ◀ Der Physiker Albert Einstein veröffentlicht seine »spezielle Relativitätstheorie«, die alle bisherigen physikalischen Vorstellungen auf den Kopf stellt. Laut Einstein sind Zeit und Raum keine absoluten Größen, sondern sie verändern sich, je nachdem in welchem »System« sie ablaufen. Ein Beispiel: Der Planet Erde und eine Rakete sind zwei »Systeme«, die sich jeweils mit gleichmäßigen, aber unterschiedlichen Geschwindigkeiten bewegen. Laut Einstein laufen nun zwei Uhren unterschiedlich schnell, je nachdem, ob sie auf der Erde oder an Bord der Rakete sind. Raum und Zeit sind also »relativ«. Die aufsehenerregendste Folgerung aus dieser Theorie besagt, dass jede auf Lichtgeschwindigkeit beschleunigte Materie sich in Energie umwandelt. Dafür stellt Einstein die Gleichung $E=mc^2$ auf, wobei E für Energie steht, m für Masse und c für Lichtgeschwindigkeit.

Heiße Pizza in New York

▶ **1905** ◀ Die berühmte italienische Pizza ist jetzt auch in New York zu haben. Die Pizza ist eine Erfindung aus Neapel: Eine flache Teigscheibe, bepinselt mit Olivenöl und belegt mit Tomaten und Mozzarella-Käse, schnell gebacken und heiß serviert. Nach New York ist sie mit der wachsenden Zahl italienischer Einwanderer gelangt.

»Little Nemo in Slumberland« erscheint

Was geschieht, wenn ein kleiner Junge ins Schlummerland eingeladen wird, um mit einer Prinzessin zu spielen? Antwort gibt die neue Comic-Serie »Little Nemo in Slumberland«. Der Zeichner Windsor McCay läßt Nemo Abenteuer erleben, wie sie eben in Träumen so vorkommen – Nemos Bett macht sich selbständig, er wird zum Zwerg oder droht, von riesigen Pilzen erschlagen zu werden.

▲ *So sieht es in Little Nemos Schlummerland aus.*

Nobelpreis für Bertha von Suttner

▶ **10. Dezember 1905** ◀ Die österreichische Schriftstellerin Bertha von Suttner wird als erste Frau mit dem Friedensnobelpreis ausgezeichnet. Berühmt wurde von Suttner durch ihren 1889 erschienenen Roman »Die Waffen nieder!«, in dem sie am Beispiel einer jungen Soldatenfrau die grausamen Folgen des Krieges beschrieb. Seither ist sie eine der Vorkämpferinnen der Friedensbewegung und setzt sich für eine Verständigung der Völker und den Abbau von Kriegswaffen ein. Bertha von Suttner kannte den schwedischen Industriellen Alfred Nobel und wahrscheinlich war sie es, die ihn dazu überredete, aus seinem Vermögen nicht nur Preise für Chemie, Physik, Medizin und Literatur zu stiften, sondern auch einen für Verdienste um den Erhalt des Friedens.

INFO • 1905 • INFO

Februar • 200 000 streikende Bergleute im Ruhrgebiet setzen die Verkürzung der Arbeitsschichten auf achteinhalb Stunden durch

4. April • Über 10 000 Menschen sterben bei einem Erdbeben in der indischen Stadt Lahore

6. Juni • Der deutsche Kronprinz Wilhelm, der älteste Sohn von Kaiser Wilhelm II., heiratet in Berlin Herzogin Cecilie von Mecklenburg-Schwerin

Anna Pawlowa tanzt den Schwan

▶ **1905** ◀ Die russische Ballerina Anna Pawlowa bekommt ein eigenes Stück mit dem Titel »Der sterbende Schwan«. Die 24-Jährige, die zum Ensemble des Sankt Petersburger Marientheaters gehört, hat den Regisseur Michail Fokine mit ihrer Anmut und Ausdruckskraft so beeindruckt, dass dieser für sie diesen Tanz choreographiert hat. Anna Pawlowa unternimmt ab 1907 Tourneen durch die ganze Welt.

Maler gründen »Die Brücke«

▶ **7. Juni 1905** ◀ In Dresden gründen die Architekturstudenten Karl Schmidt-Rottluff, Erich Heckel und Ernst Ludwig Kirchner sowie Fritz Bleyl, der Malerei studiert, den Künstlerbund »Die Brücke«. Die vier möchten ihr Leben keinesfalls so gestalten wie die normalen Bürger. Sie leben und arbeiten zusammen, bringen sich gegenseitig Maltechniken bei und entwickeln einen gemeinsamen Stil. Ihre Art zu malen – mit groben Formen und starken Farben – wird als Expressionismus bezeichnet.

Galerie für Fotografen

▶ **November 1905** ◀ Der bekannte Fotograf Alfred Stieglitz eröffnet in New York eine Galerie, in der er die Werke seiner Gruppe »Foto-Sezession« ausstellt. Die Gruppe will erreichen, dass Fotografie genauso als kreative Kunst anerkannt wird wie die Malerei oder die Bildhauerei. Stieglitz selbst fotografiert vorzugsweise bei Regen, Schnee oder in der Nacht.

▲ *Georgia O'Keeffe*

Blues blüht in USA

Der Blues, der schwermütige Gesang der Schwarzen in den Südstaaten der USA, wird Teil der Unterhaltungsmusik. Bisher waren die Lieder von Musiker zu Musiker weitergegeben worden, meist wurden sie nur gesungen oder auf selbstgebauten Instrumenten begleitet. Jetzt beginnt man die Lieder aufzuzeichnen.

▶ *W. C. Handy ist mit seinem Kornett (einer Art Horn) einer der ersten professionellen Bluesmusiker.*

1906

1900

1901

1902

1903

1904

1905

Briten bauen das größte Kriegsschiff

▶ **10. Februar 1906** ◀ In Anwesenheit von König Eduard VII. läuft im britischen Kriegshafen Portsmouth die »Dreadnought« vom Stapel. Dieses größte und schnellste hochseetaugliche Kriegsschiff der Welt ist mit zwölf riesigen Kanonen bestückt. Der Name bedeutet »Fürchtenichts«. Zehn weitere solcher Großkampfschiffe sollen gebaut werden.

Unter den Briten ist der Jubel groß, doch es herrscht hier und anderswo auch Besorgnis, denn Großbritannien und Deutschland rüsten ihre Flotte um die Wette auf. Viele fürchten, dass dieses Wettrüsten zur See unweigerlich in einen Krieg münden wird. Der deutsche Kaiser Wilhelm II. hatte 1900 eine Aufrüstung der deutschen Marine befohlen, um die Vorherrschaft der Briten auf See zu brechen.

▲ *Die Briten sind stolz auf ihre Marine.*

Musik aus dem Automaten

Ein »automatischer Unterhalter«, der Vorläufer der Musikbox, sorgt für Stimmung in den Tanzsälen der amerikanischen Stadt Chicago. Dieser Apparat, den die Firma John Gabel herausbringt, ist mit Schallplatten bestückt. Wer Geld einwirft, kann seine Lieblingsplatte wählen.

Erdbeben legt San Francisco in Trümmer

▶ **19. April 1906** ◀ In San Francisco bebt in den frühen Morgenstunden zweimal kräftig die Erde. Viele Häuser werden zerstört. Da die Gasleitungen den Erschütterungen nicht standhalten, bricht später ein Feuer aus. Weil auch die Wasserleitungen geborsten sind, kann die Feuerwehr den Brand nicht löschen, der schließlich fast die ganze Stadt zerstört. Fast 500 Menschen kommen bei der Katastrophe ums Leben. Der Bürgermeister befiehlt der Polizei, auf Plünderer zu schießen.

▼ *Nach dem Erdbeben und dem Feuersturm steht kaum noch ein Haus in San Francisco.*

1906

1907

1908

1909

INFO • 1906 • INFO

10. März • *Bei einer Grubenexplosion in Courrière (Frankreich) sterben 1140 Bergleute*

10. Mai • *Nach schweren Unruhen gibt der Zar den Russen ein Parlament*

19. Oktober • *Der Norweger Roald Amundsen durchfährt als erster die Nordwestpassage, den Seeweg vom Nordatlantik zum Pazifik, und erreicht San Francisco. Er ist 1903 gestartet und mehrmals im Eis stecken geblieben*

Vesuv bricht aus

▶ **8. April 1906** ◀ Nach dem Ausbruch des Vulkans Vesuv in der Nähe der Stadt Neapel in Süditalien ergießt sich ein Lavastrom ungehindert über das Land. Die Armee bringt die Bewohner aus den bedrohten Ortschaften nach Neapel. Am 10. April kommt es zu einem neuen heftigen Ausbruch. Bis zu 500 Meter hoch werden glühende Steine in die Luft geschleudert. Das Dorf Ottajano wird völlig zerstört. In Neapel stürzt unter dem Ascheregen das Dach einer Markthalle ein. Insgesamt sterben beim Vulkanausbruch über 100 Personen.

▲ *Eine riesige Aschewolke steigt aus dem Vesuv auf.*

Streit um Marokko beigelegt

▶ **7. April 1906** ◀ Der Streit zwischen Deutschland und Frankreich über Marokko (Nordafrika) ist beendet. Er hätte beinahe zum Krieg geführt. Marokko ist zwar ein selbständiges Land, doch die europäischen Kolonialmächte haben schon ein Auge darauf geworfen. Nun muss Deutschland anerkennen, dass Frankreich eine besondere Rolle in Marokko spielt. Das Streben des deutschen Kaisers nach Macht bekommt einen Dämpfer.

Lautloses Luxusauto

▶ **1906** ◀ 1904 entstand die englische Autofirma Rolls-Royce, nun bringt sie ein Luxusauto mit dem Namen »Silver Ghost« (Silbergeist) heraus. Sein Sechs-Zylinder-Motor läuft geisterhaft leise – daher der Name.

▲ *Festlich geschmückt: Der Simplontunnel bei der Eröffnung*

Der längste Tunnel

▶ **19. Mai 1906** ◀ Der längste Eisenbahntunnel der Welt, der Simplontunnel, wird nach acht Jahren Bauzeit feierlich eröffnet. Der 19,8 Kilometer lange Tunnel verläuft in den Alpen zwischen der Schweiz und Italien und verkürzt die Zugstrecke zwischen Paris und Mailand um 81 Kilometer. Die Tunnelbauarbeiter haben ihr Werk unter schwierigen Bedingungen verrichtet: Sie hatten mit unterirdischen Fluten zu kämpfen und die Temperaturen im Stollen stiegen bis auf 54 Grad Celsius. Der Ingenieur des Tunnels, Alfred Brandt, hat die Einweihung nicht mehr erlebt. Er starb 1899 an Überarbeitung.

Kellogg baut Corn-flakes-Fabrik

Der Amerikaner William Kellogg ist der »Vater« der knusprigen Getreide- und Maisflocken (Corn-flakes), die gern mit Milch zum Frühstück gegessen werden. Kellogg entdeckte eines Tages per Zufall, dass Körner beim Braten in der Pfanne aufgehen und knusprig werden. 1906 gründet er die Battle Creek Toasted Corn Flake Company, um seine Erfindung auf den Markt zu bringen.

Wettfahrt mit Ballon

Der Ballonsport findet immer neue begeisterte Anhänger. Im Juli 1906 wird in England die erste Ballon-Wettfahrt veranstaltet, gesponsert von der Zeitung »Daily Mail«. Das erste internationale Wettrennen gewinnt im gleichen Jahr der Amerikaner Frank Lahm. Er fliegt mit dem Ballon von Paris über den Ärmelkanal bis nach Yorkshire in Nordengland.

1900 – 1909

1907

Immer mehr Menschen gehen nach Amerika

▶ **1. Juli 1907** ◀ In den Vereinigten Staaten von Amerika (USA) wird ein neues Einwanderungsgesetz wirksam: Die »Kopfsteuer«, die jeder Einwanderer bei der Ankunft in den USA zahlen muss, wird von zwei auf vier Dollar (ungefähr 16,80 Mark) erhöht. Es werden nur noch Personen ins Land gelassen, die ihre Überfahrt selbst bezahlt haben. Außerdem handeln die amerikanische und die japanische Regierung aus, dass die Einwanderung aus Japan gestoppt wird.

Seit Beginn des Jahrhunderts sind fast sieben Millionen Menschen über die Meere gekommen, um sich in Amerika anzusiedeln und dort zu arbeiten. Der amerikanischen Wirtschaft geht es nämlich gut und deshalb erhalten die Arbeiter dort hohe Löhne. In ihrer Heimat finden dagegen viele keinen Arbeitsplatz. 1907 trifft die Rekordzahl von 1 285 349 Menschen in Amerika ein. Früher kamen die Einwanderer meistens aus England, Irland und Deutschland, nun kommen sie eher aus Süd- und Osteuropa. Sie alle lockt der »amerikanische Traum«, der ihnen ein freies Leben in Wohlstand verspricht. In letzter Minute machen sich auch noch etwa 30 000 Japaner auf den Weg.

▼ *Einwanderer im Hafen von New York*

▲ *USA-Aufenthaltserlaubnis*

Erstes Pfadfinderlager

▼ *Baden-Powell (links) mit seiner Frau (Mitte)*

▶ **29. Juli 1907** ◀ Robert Baden-Powell wird von englischen Jungen als Held des Burenkriegs verehrt. Während des Kriegs hatte er Jungen beauftragt, als Kundschafter tätig zu werden und Botengänge zu erledigen. Er stellte fest, dass sie in der Lage sind, solche Aufgaben zu erfüllen. Nun veranstaltet er das erste Pfadfinderlager. 22 Jungen – vom Adligen und Millionärskind bis zum Sohn einfacher Arbeiter – rudern auf eine englische Insel und schlagen ihre Zelte auf. Baden-Powell will ihr Pflichtgefühl und ihr Verantwortungsbewusstsein stärken. Damit beginnt die Pfadfinderbewegung.

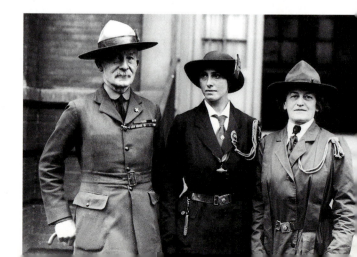

▲ *Kinder spielen in einem Montessori-Kindergarten.*

Maria Montessori lässt Kinder spielend lernen

▶ **6. Januar 1907** ◀ Maria Montessori eröffnet in Rom ein »Kinderhaus« für Kinder im Vorschulalter, um sie an ein freies, natürliches Lernen heranzuführen. Montessori war die erste Italienerin, die Medizin studieren durfte. Sie arbeitete danach in einer Klinik mit geistig behinderten Kindern, die unter ihrer Anleitung große Fortschritte machten. Montessori hat dort Spielzeug, Übungen und Spiele entwickelt, die die Aufmerksamkeit der Kinder fesseln und sie so ohne Zwang zu einem konzentrierten, selbständigen Lernen bringen sollen. Nun überträgt sie in ihrem »Kinderhaus« ihre Methoden auf normal begabte Kinder. Später werden in vielen Ländern Montessori-Kindergärten und -Schulen eingerichtet.

Preis für »Dschungelbuch«

▶ **10. Dezember 1907** ◀ Der Inderjunge Mogli wird von einem Tiger in den Dschungel verschleppt und dort von einer Wölfin großgezogen. Er versteht die Sprache der Tiere und befreundet sich mit einigen von ihnen. So erzählt der englische Schriftsteller Rudyard Kipling in seinem »Dschungelbuch«, das noch heute Kinder und Jugendliche begeistert lesen und das es auch als Zeichentrickfilm gibt.

Kipling wird nun mit dem in aller Welt hoch geschätzten Nobelpreis für Literatur ausgezeichnet. Geboren ist er in Indien, das noch zum britischen Reich gehört, zur Schule gegangen aber ist er in England. Von ihm stammt auch das Buch »Kim« über einen Inderjungen, der sich mit einem alten Weisen befreundet, viele Abenteuer erlebt und in einen Spionagefall verwickelt wird.

◀ *Rikki-Tikki-Tavi, der Mungo aus dem »Dschungelbuch«*

1900 – 1909

Nightingale – erste Frau mit Verdienstorden

▶ **29. November 1907** ◀ Der englische König Edward VII. verleiht der Krankenschwester Florence Nightingale als erster Frau den Verdienstorden. Frau Nightingale, mittlerweile 87 Jahre alt, wurde vor über 50 Jahren bekannt, als sie im Krimkrieg die englischen Militärkrankenhäuser leitete. Sie sorgte dafür, dass die verwundeten Soldaten in sauberer Umgebung und bei guter Verpflegung gesund werden konnten. Später gründete sie in London die erste Schule für Krankenpflege in England. Sie selbst erhielt ihre Ausbildung in Frankreich und Deutschland.

Tanzen mit Ziegfeld

Florenz Ziegfeld begeistert die New Yorker mit »The Follies of 1907« – übersetzen ließe sich das mit »Die Torheiten von 1907« oder »Die Revue von 1907«. Eine Revue ist eine Folge von Gesangs- und Tanzstücken, und eine solche flotte Nummernfolge läßt Ziegfeld nun von langbeinigen Girls am Broadway aufführen. Die Idee hat er aus Paris mitgebracht.

1907

Picasso schockiert die Kunstwelt

▲ »Les Demoiselles d'Avignon« von Pablo Picasso; die Figuren sind aus Formen zusammengesetzt, die sie gleichzeitig von verschiedenen Seiten zeigen.

► März 1907 ◄ Pablo Picasso beginnt ein Bild zu malen, das nach den üblichen Maßstäben weder schön noch naturgetreu ist. Später nennt er sein Kunstwerk »Les Demoiselles d'Avignon« (Die Fräulein von Avignon). Picasso ist 26 Jahre alt und wurde in Málaga in Spanien geboren, lebt aber in Frankreichs Hauptstadt Paris.

Das Gemälde zeigt fünf nackte Frauen in wilden Verrenkungen. Das Auffälligste ist, dass sie von vorne und von der Seite zugleich dargestellt sind. Außerdem sind ihre Körper – wie alles auf dem Bild – in einfachen, eckigen Formen gemalt, wie sie in der Geometrie, nicht aber in der Natur vorkommen. Die Gesichter erinnern teilweise an Masken, wie man sie aus Afrika kennt. Die Kunstrichtung, die Picasso mit diesem Bild begründet, nennt sich Kubismus. Das ist abgeleitet von dem lateinischen Wort für Würfel: cubus. Nicht alle Bilder, die Picasso nach den »Demoiselles d'Avignon« malt, sind kubistisch. Doch fast immer sind sie schockierend neuartig.

Neuer Kunststoff Bakelit

Zu Beginn des 20. Jahrhunderts werden einige für den Menschen nützliche Naturstoffe knapp. Deshalb machen sich die Chemiker daran, künstliche Ersatzstoffe zu entwickeln. Der Belgier Leo Hendrik Baekeland erfindet 1907 als Ersatz für Kautschuk einen Kunststoff, den er – nach seinem eigenen Namen – Bakelit nennt. Er wird zum Beispiel für Griffe von Kochtöpfen und Bratpfannen und für Elektrostecker verwendet. Die Vorteile: Gegenstände aus Bakelit behalten auch bei hohen Temperaturen und hohem Druck ihre Form und leiten Strom nicht weiter. Bakelit ist nach dem Zelluloid der zweite Kunststoff überhaupt. Er tritt nun seinen Siegeszug um die Welt an.

Hagenbecks Zoo mit Freigehege

► 7. Mai 1907 ◄ Der weltbekannte Tierhändler und Dompteur Carl Hagenbeck erfüllt sich einen Traum: Er eröffnet in Stellingen bei Hamburg einen Tierpark. Die Tiere werden dort nicht, wie in den üblichen Zoos, in engen Käfigen gehalten. Sie können sich in einer Umgebung bewegen, die ihrem Aufenthaltsort in freier Wildbahn ähnelt. Vor Löwen und anderen Raubtieren werden die Besucher durch unüberwindliche Wassergräben und Zäune geschützt. Hagenbecks Tierhaltung in Freigehegen wird bald auch anderswo nachgeahmt.

▲ In Hagenbecks Tierpark werden Walrosse und Pinguine gefüttert.

Finninnen wählen Frauen ins Parlament

► 15. März 1907 ◄ Die finnischen Frauen sind die Dritten, die nach den Australierinnen und den Neuseeländerinnen das Wahlrecht erhalten. In allen anderen Ländern der Welt dürfen nur Männer wählen und gewählt werden. Bei den finnischen Landtagswahlen dürfen die Frauen erstmals ihre Stimme abgeben – besonders in England und Amerika und es gibt auch Kandidatinnen. 19 von ihnen werden ins Parlament gewählt. Davon gehören neun der Sozialdemokratischen Partei an, die die meisten Stimmen erhält. Auch in anderen Ländern kämpfen viele Frauen für das Wahlrecht. Es ist für sie nicht einzusehen, warum nur Männer wählen dürfen.

▲ Miina Sillanpää wird ins Parlament gewählt.

1900–1909

Jeden Tag ein Comic mit Augustus Mutt

Amerika ist im Comic-Fieber. Diese gezeichneten Bildgeschichten mit Sprechblasen finden die Leser in Magazinen und Zeitungen. Die »San Francisco Chronicle« ist die erste Zeitung, die in jeder Ausgabe, also sechsmal die Woche (von Montag bis Samstag), einen Comic bringt. Der Held ihrer Serie heißt Augustus Mutt. Er ist stets auf der Suche nach der Chance seines Lebens. Sein Erfinder ist Bud Fisher, ein Sportreporter aus Chicago, der nach Kalifornien übergesiedelt ist. Durch den beliebten Augustus-Mutt-Comic soll der Verkauf der »San Francisco Chronicle« gesteigert werden, was auch gelingt.

▲ *Mutt und Jeff sind die verrückten Helden der Comic-Strips in der »San Francisco Chronicle«.*

Rattenflöhe übertragen die tödliche Beulenpest

▶ **1907** ◀ Die Beulenpest wird durch Rattenflöhe übertragen, da sind sich indische Wissenschaftler ganz sicher. Sie fordern deshalb weltweite Rattenbekämpfungsprogramme. Außerdem sollen Schiffe, die in indische Häfen einlaufen, unter Quarantäne gestellt werden, um eine weitere Ausbreitung der Seuche zu verhindern. Auf Schiffen gibt es nämlich besonders viele Ratten.

Der Pest ist im Mittelalter, also vor Jahrhunderten, ein Viertel der europäischen Bevölkerung zum Opfer gefallen. Mittlerweile ist die Seuche in Europa fast verschwunden. In Indien sind dagegen innerhalb der letzten zehn Jahre sechs Millionen Menschen an der Krankheit gestorben. Man bemerkt sie an schwarzen Beulen in den Achselhöhlen und in der Leistengegend, Kopfschmerzen, Fieber und Erbrechen. Schließlich verliert der Pestkranke das Bewusstsein und stirbt.

Nach Indien ist die Pest vermutlich von China aus gekommen. Dort brach die Seuche vor ungefähr 50 Jahren aus und erreichte 1894 den Hafen Hongkong. Von dort aus verbreitete sich die Krankheit mit Schiffen, die Ratten an Bord hatten.

▲ *Riesige Nachbildungen von Ratten und Rattenflöhen sollen die Inder über die Pest aufklären.*

Peking–Paris: Das längste Autorennen der Welt

▶ **10. August 1907** ◀ Genau zwei Monate nach dem Start in der chinesischen Hauptstadt Peking kommt der italienische Fürst Scipio Borghese mit seinem Begleiter, dem Journalisten Luigi Barzini, als erster in Paris an und gewinnt damit das längste Autorennen der Welt. Sein 50-PS-Itala-Wagen hat eine Strecke von 12 874 Kilometern zurückgelegt. 20 Tage nach Borghese, am 30. August, erreichen die beiden Franzosen Cornier und Colignon das Ziel. Die anderen Fahrer – gestartet sind fünf – mussten unterwegs aufgeben. Fast hätte auch Borghese das Ziel nicht erreicht: Schon zurück in Europa, in Belgien, wollte ihn ein Polizist wegen überhöhter Geschwindigkeit am Weiterfahren hindern.

▼ *Ein Fahrzeug bleibt in den Eisenbahnschienen stecken.*

INFO • 1907 • INFO

25. April • Das englische Parlament lehnt den Bau eines Tunnels unter dem Ärmelkanal nach Frankreich ab

10. Juni • Die Brüder Lumière veröffentlichen die ersten Farbfotos

4. Juli • Der Australier Norman Brooks gewinnt als erster Ausländer das Tennisturnier in Wimbledon

13. September • Die »Lusitania«, größtes Passagierschiff der Welt, startet zu ihrer Jungfernfahrt

1908

Fords »Blechliesl« – Auto für jedermann

▶ **1. Oktober 1908** ◀ Ab sofort ist in Amerika das »Auto für jedermann« zu kaufen. Henry Ford hat es in seiner Fabrik in Detroit bauen lassen. Bisher gab es nur große, prächtig ausgestattete Luxuskarossen, die sich die allerwenigsten leisten konnten. Fords neues Modell kostet dagegen nur 850 Dollar. Das liegt auch daran, dass Ford seine Arbeiter effektiv produzieren lässt: Jeder ist nur für einen bestimmten Handgriff zuständig.

Eine Schönheit ist Fords »Modell T« sicherlich nicht. Bald bürgert sich der Spitzname »Blechliesl« (Tin Lizzy) ein. Aber es ist robust, einfach zu bedienen und wegen der hoch liegenden Radaufhängung geländegängig. Wenn das Auto doch einmal im Schlamm stecken bleibt, kann man sich durch abwechselndes Einlegen des Vorwärts- und Rückwärtsgangs herausschaukeln. Die beiden Vorwärts- und der Rückwärtsgang werden nämlich nicht mit dem Schalthebel, sondern mit Fußpedalen bedient.

Mit seinem unverwüstlichen 21-PS-Motor bietet der Wagen bei 40 Stundenkilometern ein gutes Fahrgefühl. An Autorennen sollte man mit der »Blechliesl« aber nicht unbedingt teilnehmen.

Das »Modell T« wird ein Riesenerfolg. Bis 1927 verkauft Henry Fords Firma davon mehr als 15 Millionen Fahrzeuge.

> Das erste Kraftrad, 1868 gebaut, wurde mit einer Dampfmaschine angetrieben.
>
> 1886 erhielt der Deutsche Carl Benz das Patent für den ersten Wagen mit einem Ottomotor. Sein Motorwagen ist der Urahn aller Autos.

▲ Das »Modell T« ist das erste Auto mit dem Lenkrad auf der linken Seite.

Türkischer Sultan muss klein beigeben

▶ **24. Juli 1908** ◀ Der türkische Sultan Abdul Hamid II., der sich selbst »Schatten Gottes« nennt, verliert seine Macht. Er bleibt zwar Sultan, muss aber zustimmen, dass ein Parlament eingerichtet und seine Geheimpolizei abgeschafft wird. Künftig hat nicht mehr er, sondern die gewählte Regierung das Sagen im Osmanischen Reich – so heißt die (größere) Türkei. Der einzelne Bürger erhält mehr Rechte.

Der Sultan verzichtet nicht freiwillig auf seine Stellung. Vorher hatte es in Makedonien, das noch zum Osmanischen Reich gehört, einen Aufstand gegen ihn gegeben. Ihm schlossen sich die »Jungtürken« an, die seit langem dafür kämpfen, dass die Türkei ein moderner Staat wird. Sie haben einen ganz anderen Namen für den Sultan: »alte Spinne«. Am 27. April 1909 vertreiben sie ihn schließlich vom Thron.

▲ In einer offenen Kutsche fährt Sultan Abdul Hamid II. durch die Straßen von Konstantinopel, das heute Istanbul heißt.

1900 – 1909

Jack Johnson, der Superboxer

Jack Johnson, ein durchtrainierter Box-Riese aus Texas, tritt am 26. Dezember 1908 in Sydney (Australien) zum Weltmeisterschaftskampf gegen den Kanadier Tommy Burns an. Johnson ist 13 Zentimeter größer und 20 Kilogramm schwerer als sein Gegner. Er beherrscht den Fight von der ersten Runde an, verzichtet aber bis zur 14. auf den K.o.-Schlag. Danach bricht die Polizei den ungleichen Kampf ab.

◀ *Unschlagbar: Jack Johnson*

INFO • 1908 • INFO

9. Januar • Wilhelm Busch, der Schöpfer von »Max und Moritz« und vielen anderen Bildgeschichten, stirbt im Alter von 75 Jahren

1. Februar • Der portugiesische König Karl I. und sein ältester Sohn werden auf offener Straße erschossen

7. März • Der Reichstag, das deutsche Parlament, beschließt, künftig jedes Jahr zwei Schlachtschiffe der »Dreadnought«-Klasse zu bauen

Folie hält frisch

Der Schweizer Chemiker Jacques Edwin Brandenberger hat aus Zellulose einen neuen durchsichtigen, geschmeidigen Stoff entwickelt. Die Folie ist hervorragend geeignet, Lebensmittel luftdicht zu verpacken und frisch zu halten. Brandenberger nennt seine Erfindung Cellophan.

Raubzüge im Kongo

▶ **19. August 1908** ◀ Auch das gibt es Anfang des 20. Jahrhunderts noch: Einem einzigen Menschen gehört ein ganzer Staat. In diesem Fall ist es der belgische König Leopold II., dessen Privateigentum der Kongo in Afrika ist. Der König hat alles getan, um möglichst viel Geld aus seinem Besitz herauszuholen, und ist dabei brutal mit den Kongo-Bewohnern umgegangen. Überall in der Welt ist die Empörung groß. Deshalb wird nun beschlossen, dass der Kongo nicht mehr dem König gehören, sondern eine Kolonie Belgiens werden soll. Der Staat Belgien zahlt Leopold II. dafür acht Millionen Goldmark.

▼ *Szene aus dem belgischen Kongo*

In Europa droht Krieg

▶ **5. Oktober 1908** ◀ Seit 1878 sind Bosnien und Herzegowina von Österreich-Ungarn besetzt. Nun verkündet der österreichische Kaiser Franz Joseph, dass er seine Herrschaft auf diese Länder ausdehne. Zugleich erklärt Fürst Ferdinand sich zum König eines unabhängigen Landes Bulgarien. Bisher gehörten diese Gebiete zum Osmanischen Reich. Die Türken protestieren, doch noch schärfer reagiert Serbien, das zwischen Bosnien und Bulgarien liegt. Die Serben drohen mit Krieg und hoffen auf russische Hilfe. Doch Russland will keinen Krieg und stimmt den Veränderungen 1909 zu.

1908

Kaiser ist zwei Jahre

▶ **14. Oktober 1908** ◀ Der neue Kaiser von China, Pu Yi, ist ein noch nicht einmal dreijähriger Junge. Er besteigt den Thron, nachdem der bisherige Kaiser Kuang Hsü unter mysteriösen Umständen ums Leben gekommen ist. Gerüchte behaupten, dass Kuang Hsüs Tante, die 75-jährige Tzu Hsi, ihn hat umbringen lassen. Sie übte für den kranken Kuang Hsü die Herrschaft aus. Tzu Hsi überlebt ihren Neffen nur um wenige Stunden: Am 15. Oktober wird auch sie im Kaiserpalast tot aufgefunden. Der neue Kaiser Pu Yi ist Kuang Hsüs Neffe. Bis er erwachsen ist, soll für ihn sein Vater, Prinz Tschun, regieren. Pu Yi lebt mit seiner Familie in Peking in der Verbotenen Stadt, einer riesigen Palastanlage.

▲ *Pu Yi (rechts) mit seinem Vater und seinem Bruder*

»Kurven« sind unmodern

Eine neue Mode setzt sich durch: Zwar tragen die Frauen immer noch lange Kleider, aber sie müssen sich nicht mehr so stark in der Taille einschnüren. Die Kleider sitzen etwas lockerer und betonen nicht mehr so stark die »Kurven« des weiblichen Körpers. Viele Frauen erleben dies wie eine Befreiung.

▶ *Solche unbequemen Kleider mit geschnürter Taille sind unmodern.*

Zum Trost ein Pokal von der Königin

▶ **24. Juli 1908** ◀ Ein dramatisches Ende nimmt der Marathonlauf bei den Olympischen Spielen in London. Der Italiener Dorando Pietri läuft als erster ins Stadion ein und wird von den 90 000 Zuschauern mit Jubel empfangen. Doch er ist am Ende seiner Kräfte, taumelt über die Bahn, stürzt viermal, rappelt sich aber immer wieder hoch. Wenige Meter vor dem Ziel bricht er zusammen und versucht auf allen Vieren weiterzukommen. Zwei Streckenposten schleppen ihn schließlich über den Zielstrich. Doch Pietri hat damit gegen die Regeln verstoßen, weil er fremde Hilfe in Anspruch nahm. Das Kampfgericht disqualifiziert ihn und kürt John Joseph Hayes aus New York zum Olympiasieger. Als Trostpflaster erhält Pietri aber einen Goldpokal, den die englische Königin Alexandra für ihn gestiftet hat.

Die Spiele in London sind mit 2000 Teilnehmern und 21 Wettbewerben ein Riesenerfolg für die olympische Idee.

▲ *Olympische Siegerehrung im White City Stadion in London mit Königin Alexandra*

Nellie gewinnt Schönheitswettbewerb

Ein 18jähriges Mädchen aus England, Nellie Jarman, gewinnt in Folkestone den ersten internationalen Schönheitswettbewerb. Sie setzt sich gegen Konkurrentinnen aus Frankreich, Irland und Österreich durch.

Mit 60 zu alt fürs Kricketspiel

▶ **31. August 1908** ◀ Seit Jahrhunderten spielt man in England Kricket, ein Schlagballspiel mit komplizierten Regeln. Seit Jahrzehnten jubeln die Engländer W. G. Grace zu, der 1865 zum ersten Mal auf dem Kricketfeld stand. Der mittlerweile 60 Jahre alte Spieler mit dem buschigen Vollbart erklärt nun seinen Rücktritt.

1900 – 1909

Erster tödlicher Flugunfall

▶ 17. September 1908 ◀ Der Motorflug fordert sein erstes Opfer. Leutnant Thomas E. Selfridge stirbt bei einem Flugzeugabsturz im amerikanischen Fort Myer. Selfridge begleitet Flugpionier Orville Wright bei einem Schauflug für die amerikanische Armee. Auch viele Journalisten sind anwesend.

Unter den Augen der entsetzten Zuschauer bricht bei Wrights Doppeldecker ein Blatt des linken Propellers und zerfetzt das Steuersystem. Das Flugzeug stürzt aus einer Höhe von 23 Metern ab. Orville Wright wird schwer verletzt, Selfridge erleidet einen Schädelbruch. Alle Wiederbelebungsversuche sind bei ihm vergeblich.

▲ Leblos liegt Selfridge im Gras.

Frauen kämpfen für das Wahlrecht

▶ 21. Juni 1908 ◀ 250 000 Menschen versammeln sich im berühmten Hyde Park in London, um für das Frauenwahlrecht zu demonstrieren. Unter ihnen sind auch viele Männer, die diese Forderung unterstützen. Hauptrednerin der Veranstaltung ist die Engländerin Christabel Pankhurst. Sie hat mit ihrer Mutter Emmeline Pankhurst eine Organisation ins Leben gerufen, die dafür kämpft, dass Engländerinnen wählen und gewählt werden dürfen.

Das Frauenwahlrecht ist ein großes Thema in dieser Zeit, und die Wahlrechtskämpferinnen (auch »Suffragetten« genannt) setzen sich nicht nur mit Kundgebungen dafür ein. Sie versuchen ins Parlament einzudringen, ketten sich an den Torgittern des Ministerpalasts an und provozieren Polizisten, um eingesperrt zu werden. So wird Emmeline Pankhurst 1908 zu sechs Wochen Gefängnis verurteilt, weil sie sich den Anordnungen eines Polizeibeamten widersetzt hat. Ein anderes Mal werden 50 Suffragetten festgenommen, die versuchen, in einem großen Möbelwagen versteckt ins Parlament zu kommen, um die Abgeordneten von ihren Forderungen zu überzeugen.

▲ Frauen fordern öffentlich das Wahlrecht.

Sizilien leidet unter Erdbeben und Flutwellen

▶ 28. Dezember 1908 ◀ Die italienische Insel Sizilien wird von einem Erdbeben erschüttert. So stark hat wohl noch nie irgendwo in Europa die Erde gebebt. Die zweitgrößte Stadt der Insel, Messina, wird dem Erdboden gleichgemacht. Auch in dem Ort Reggio di Calabria steht kaum noch ein Haus. Das Erdbeben erzeugt im Mittelmeer haushohe Sturzwellen, die weite Teile Siziliens überschwemmen. Verzweifelt versuchen die Rettungsmannschaften, Überlebende aus den Wassermassen und den Trümmern der Häuser zu retten. Ärzte und Krankenschwestern vom italienischen Festland und aus anderen europäischen Ländern setzen nach Sizilien über, um die Verletzten zu behandeln, doch für viele Inselbewohner kommt jede Hilfe zu spät. Insgesamt kommen bei der Naturkatastrophe ungefähr 100 000 Menschen ums Leben.

▶ Bei dem Erdbeben wurde in Messina jeder zweite Einwohner getötet.

1900

1901

Leckeres Toastbrot

Viele Küchengeräte sind entwickelt worden, die das Leben erleichtern. Nun kommt eine neue Erfindung hinzu: Der elektrische Toaster. Die amerikanische Firma General Electric bringt das erste Modell auf den Markt, mit dem sich Toastscheiben perfekt rösten lassen. Dies geschieht mit Heizschlangen auf einer Platte.

1902

1903

1904

1905

1909

▲ Blériots Flugzeug vor dem Hangar, links der Pilot mit Fliegerkappe

Flug über den Ärmelkanal

▶ **25. Juli 1909** ◀ Frankreich hat einen neuen Nationalhelden, den Flieger Louis Blériot. Er überquert als Erster mit einem Flugzeug den Ärmelkanal, die Wasserstraße zwischen Frankreich und England. Sicher landet er bei Dover Castle an der englischen Südküste. Für die 41 Kilometer lange Strecke braucht er gut 27 Minuten.

Blériot musste fünf Tage lang auf besseres Wetter warten und auch jetzt gibt es Probleme. Der Pilot verliert in den Wolken die Orientierung und findet den Landeplatz nur, weil dort ein Reporter steht und wild die französische Flagge schwenkt. Blériot führt den Flug mit einem leicht gebauten Eindecker ohne Kompass durch. Er navigiert allein nach den Schiffen, die auf dem Kanal nach Dover unterwegs sind. Für seine Pionierleistung bekommt er von der englischen Zeitung »Daily Mail« einen Preis von 1000 Pfund. Zwei Konkurrenten haben das Nachsehen: Sie hatten ihre Flugvorbereitungen noch nicht abgeschlossen, als Blériot schon in die Luft ging.

1906

Japanischer Fürst ermordet

▶ **25. Oktober 1909** ◀ Während einer Reise in die Mandschurei wird Fürst Ito ermordet. Er ist ein einflussreicher japanischer Politiker, der viel für die Modernisierung des Landes getan hat. Seit 1907 ist er verantwortlich für die Verwaltung Koreas, das Japan besetzt hält. Er hat Tausende von Koreanern hinrichten lassen, weil sie gegen die japanische Herrschaft kämpften. Nun fällt er selbst dem Attentat eines Koreaners zum Opfer. Japan nimmt den Mord zum Anlass, sich 1910 Korea ganz einzuverleiben.

INFO • 1909 • INFO

5. Juli • Der Luxemburger Radrennfahrer François Faber gewinnt als erster Nicht-Franzose die Tour de France. Weil bei der letzten Etappe seine Kette reisst, muss er das Rad über die Ziellinie schieben

1907

1908

16. Juli • Nach schweren Unruhen verzichtet der Schah von Persien, Mohammad Ali, auf den Thron. Nachfolger wird nach nur zweijähriger Regierungszeit sein elfjähriger Sohn Ahmad Mirsa

1909

Mary geht zum Film

Schon mit fünf Jahren trat Mary Pickford zum ersten Mal im Theater auf. Mittlerweile ist sie 16. Nach einigen Monaten ohne Job bewirbt sie sich 1909 beim Film. Obwohl der amerikanische Filmemacher D.W. Griffith erklärt, sie sei zu klein und zu dick, lässt sie sich nicht abspeisen und erhält ihre erste Rolle. Schon bald ist sie ein Star. Die Zuschauer lieben das Mädchen mit den traurigen Augen und den Ringellöckchen.

▲ Kinostar Mary Pickford

1900 – 1909

Als erster am Nordpol

▶ **6. April 1909** ◀ Als erster Mensch erreicht der Amerikaner Robert E. Peary in Begleitung seines Helfers Matthew Henson und von vier Innit (Eskimos) den Nordpol. »Endlich der Pol. Mein Traum und Ziel seit 20 Jahren«, schreibt Peary ins Tagebuch. Doch nach der Rückkehr ist die Enttäuschung groß, denn der Amerikaner Frederick A. Cook behauptet, schon 1908 am Pol gewesen zu sein. Man glaubt ihm nicht. Zeugen erklären, Cook sei vor dem Ziel umgekehrt.

◀ *Peary und seine Expedition hissen die amerikanische Flagge auf dem Nordpol.*

»Blitzen-Benz« fährt schneller als 200

▶ **8. November 1909** ◀ Der »Blitzen-Benz« erreicht in Brookland (England) eine Geschwindigkeit von 202,7 Stundenkilometern. Es ist das erste mit einem Benzinmotor betriebene Auto, das schneller fährt als 200. Schon 1906 erreichte der Amerikaner Fred. H. Marriott in Florida 205,5 Stundenkilometer, allerdings mit einem dampfgetriebenen Fahrzeug. 1911 stellt der »Blitzen-Benz« mit 228,1 Stundenkilometern einen absoluten Rekord auf. Der Benzinmotor setzt sich durch.

▲ *Der »Blitzen-Benz« aus Mannheim*

Lehrer gründet Jugendherberge

▶ **26. August 1909** ◀ Der deutsche Lehrer Richard Schirrmann macht mit seiner Klasse einen Ausflug und gerät dabei in ein schweres Unwetter. Nur mit viel Mühe erhält er ein Quartier in der Schule des Dorfes. Ihm kommt die Idee, Schulräume während der Ferien als preiswerte Unterkünfte für Jugendliche zur Verfügung zu stellen. Daraus entwickelt sich die Jugendherbergsidee. 1911 gibt es in Deutschland schon 17 davon.

▶ *Burg Altena, die erste ständige Jugendherberge*

Johannsen erforscht die Gene

Der dänische Biologe Wilhelm Johannsen ist der erste Genforscher. Schon vorher haben sich Wissenschaftler mit der Frage beschäftigt, wie bei Menschen, Tieren und Pflanzen bestimmte Eigenschaften auf die Nachkommen übertragen werden. Wieso sehen z.B. Kinder ihren Eltern ähnlich? Dafür sorgen nach Johannsen die Gene, die Einheiten der Erbinformation.

Häuptling der Apachen

▶ **17. Februar 1909** ◀ Der Apachenhäuptling Geronimo ist tot. Er stirbt in Fort Sill/Oklahoma im Alter von ungefähr 80 Jahren. Geronimo und seine Chiricahua-Krieger waren am Apachen-Aufstand in New Mexico und Arizona beteiligt. Nach der Niederschlagung des Aufstands floh Geronimo zunächst, wurde aber aufgespürt und ergab sich am 3. September 1886 den Amerikanern, die ihn 18 Monate lang über 2000 Meilen verfolgt hatten. 1905 heiratete Geronimo zum achten Mal, 1906 war er bei der Amtseinführung des neuen amerikanischen Präsidenten Theodore Roosevelt dabei und sprach mit ihm.

2. JAHRZEHNT

1910 — 1919

1910

1911

Eine neue Blutkrankheit

Der amerikanische Arzt James Herrick berichtet 1910 über eine neue Blutkrankheit, die Sichelzellenanämie. Dabei verändern sich die roten Blutkörperchen so, dass sie wie eine Sichel aussehen. Während normale rote Blutkörperchen eine Lebensdauer von vier Monaten haben, leben die deformierten Blutkörperchen nur 40 Tage.

1912

1913

1914

1915

1916

1917

1918

1919

1910

Das Jahrzehnt des Ersten Weltkriegs, des Sturzes der Monarchie in vielen europäischen Staaten und der kommunistischen Oktoberrevolution in Russland begann vergleichsweise ruhig. Obwohl das Wettrüsten zur See zwischen Deutschland und England schon begonnen hatte und die Lage auf dem Balkan unsicher war, spürten nur wenige, dass der Weltfrieden akut bedroht war.

Doch die Zeiten änderten sich: Der Ruf vieler Frauen nach Gleichberechtigung wurde immer lauter, der wissenschaftliche und medizinische Fortschritt beschleunigte sich und hatte Auswirkungen auf das Alltagsleben.

- Der Kern des Halleyschen Kometen hat einen Durchmesser von 6 km.
- Bei Annäherung an die Sonne entsteht eine Hülle mit einer Ausdehnung von 100 000 km.
- Der Schweif des Kometen hat die unvorstellbare Länge von 30 Mio. km.

Unsichtbarer Komet Halley

▶ 19. Mai 1910 ◀ Alle 75 bis 79 Jahre fliegt der Komet Halley an der Erde vorbei. Zum ersten Mal wurde er vor über 2000 Jahren beobachtet. Diesmal haben die Astronomen errechnet, dass er in der Nacht zum 19. Mai seinen erdnächsten Punkt erreicht. Viele fürchten, dass dann die Welt untergeht. Doch nichts passiert. Der Komet ist nicht einmal mit dem besten Fernrohr zu sehen. Die Astronomen erklären dies damit, dass sein Schweif eine zu geringe Masse und Dichte habe. Kometen sind riesige Kugeln aus Staub und Eis, von dem Teile bei der Annäherung an die Sonne verdampfen. Es entsteht ein gasförmiger Schweif, der durch das Sonnenlicht sichtbar werden kann.

Der englische Astronom Edmund Halley (1656 bis 1742) konnte als Erster nachweisen, dass es sich bei den Kometen von 1531, 1607 und 1682 immer wieder um denselben handelte. Nach ihm wurde der Komet daraufhin benannt.

▶ *Amerika im Halley-Fieber*

Korea einverleibt

▶ 24. August 1910 ◀ Die japanische Regierung erklärt, dass sie sich das Land Korea einverleibt. Korea soll künftig ein Teil des Staates Japan sein. Sie begründet dies mit dem Attentat auf Fürst Ito 1909. Um Korea hatten Japan und Russland 1904/05 einen Krieg geführt. Danach erhielten die siegreichen Japaner die Kontrolle über das Land. Die Koreaner wollen nicht zu Japan gehören und gehen zu Protesten auf die Straße.

1910 – 1919

Portugals König vertrieben

▶ **4. Oktober 1910** ◀ 20 Kanonenschüsse geben das Signal zum Aufstand der portugiesischen Flotte und Armee gegen König Emanuel II. Er muss das Land verlassen, flieht mit seiner Yacht und sucht in der englischen Kolonie Gibraltar am Mittelmeer Zuflucht. Emanuel II. wurde 1908 im Alter von 18 Jahren König, nachdem sein Vater, König Karl, und sein älterer Bruder einem Attentat zum Opfer gefallen waren. Die aufständischen Offiziere rufen in Portugal die Republik aus. Sie stützen sich auf weite Teile der Bevölkerung, die von ihrem König vergeblich Reformen gefordert hatten. Neues Staatsoberhaupt des Landes wird der bekannte Literaturprofessor Teófilo Fernandes Braga.

▼ *Wassily Kandinsky*

▶ *Straßenkämpfe in der Hauptstadt Lissabon*

Milliardenspende

▶ **3. März 1910** ◀ Der reichste Mann der Welt heißt John Rockefeller. Er ist 70 Jahre alt und Chef des weltgrößten Ölkonzerns, des Standard-Oil-Trusts. Rockefeller ist dafür bekannt, dass er trotz seines großen Vermögens sehr sparsam ist. Doch nun stellt er ganz großzügig 1,2 Milliarden Mark für eine Stiftung zur Verfügung. Diese Rockefeller-Foundation soll die Armut bekämpfen und die Verbreitung der Wissenschaften fördern.

Die Geburt des Jazz

Eine neue Musik verbreitet sich in der amerikanischen Stadt New Orleans. Gespielt werden diese starken Rhythmen von Schwarzen in kleinen Instrumentalgruppen. Einzelne Spieler, vor allem Trompeter, legen zwischendurch ein Solo ein, das sie beim Spiel erfinden: Sie improvisieren. Später wird diese Musik »Jazz« genannt.

▶ *Jazzmusiker in New Orleans*

Kandinsky malt erstes abstraktes Gemälde

▶ **1910** ◀ Der in München lebende russische Maler Wassily Kandinsky, 44 Jahre alt, diskutiert mit Kollegen über die Zukunft der Malerei und schreibt dann das Buch »Das Geistige in der Kunst«. Darin fordert er eine neue Art der Malerei, die er abstrakt nennt. Sie soll nicht mehr die Wirklichkeit abbilden, sondern Farben und Formen so harmonisch zusammenstellen, wie es die Seele will. Gemälde sollen so komponiert werden wie Musik. Im gleichen Jahr malt Kandinsky das erste Gemälde ohne Gegenstände und Figuren – es ist die Geburtsstunde der abstrakten Malerei.

1910

Revolution in Mexiko

▶ **27. Juni 1910** ◀ Der mexikanische Diktator Porfirio Díaz regiert das Land seit 30 Jahren mit eiserner Faust. Unter seiner Herrschaft wurden die reichen Landbesitzer immer reicher, während die Industrie- und Landarbeiter zunehmend verarmten. Nun erklärt sich Díaz zum Sieger der Präsidentenwahlen. Doch er hat die Wahlergebnisse gefälscht und seinen Gegenkandidaten Francisco Madero ins Gefängnis werfen lassen.

Die Mexikaner lassen sich diese Machenschaften nicht länger gefallen. Eine Revolution bricht aus. Madero kann aus dem Gefängnis fliehen und erklärt sich Anfang Oktober zum Gegenpräsidenten. Die verarmten Bauern greifen unter der Führung von Pancho Villa im Norden des Landes und Emiliano Zapata im Süden zu den Waffen, um den verhassten Diktator zu stürzen. Villa und Zapata werden zu Volkshelden.

Madero wird 1911 tatsächlich zum Präsidenten gewählt, fällt aber 1913 einem politischen Mord zum Opfer. Danach halten die revolutionären Unruhen an und stürzen Mexiko ins Chaos. 1917 erhält das Land dann schließlich eine neue, demokratischere Verfassung. Nur die Anhänger von Villa und Zapata sind mit ihr nicht einverstanden und wollen weiterkämpfen.

▲ *Pancho Villa, ein Anführer des Aufstandes in Mexiko, mit seinen Truppen*

Filmwochenschau auch in Amerika

Die Gebrüder Pathé gehören zu den Filmpionieren in Frankreich. Schon 1896 gründeten sie eine eigene Filmgesellschaft. Mittlerweile haben sie eine beherrschende Stellung auf dem europäischen Filmmarkt. Nun versuchen sie auch Amerika zu erobern, und zwar mit dem »Pathé-Journal« mit Filmberichten über das aktuelle Weltgeschehen. Solche »Wochenschauen« werden vor oder nach dem Hauptprogramm im Kino gezeigt.

INFO • 1910 • INFO

1. Februar • Der Flugpionier und Ingenieur August Erler erhält den ersten deutschen Pilotenschein

15. Juni • Der britische Forscher Robert Scott startet seine Expedition zum Südpol

7. September • Die französische Wissenschaftlerin Marie Curie stellt zum ersten Mal Radium in reiner Form her. Sie erhält 1911 den Nobelpreis für Chemie. Den für Physik hat sie 1903 bekommen

▲ *Ministerpräsident Louis Botha*

Kolonien in Südafrika vereinigt

▶ **31. Mai 1910** ◀ Die englischen Kolonien Kapkolonie, Natal, Oranjefreistaat und Transvaal schließen sich zur Südafrikanischen Union zusammen, aus der später der Staat Südafrika entsteht. Nach dem Ende des Burenkriegs gibt es immer noch Spannungen zwischen Buren und Briten hinsichtlich der Behandlung der Schwarzen. Nun wird beschlossen, dass bestimmte Schwarze zwar weiterhin an Wahlen in der Kapkolonie teilnehmen dürfen, nicht jedoch an Wahlen in der ganzen Union. Louis Botha wird Ministerpräsident.

1910 – 1919

Tugendhafte Pfadfinderinnen

▶ **31. Mai 1910** ◀ Drei Jahre nach der Gründung der Boy Scouts, der ersten Pfadfinderorganisation für Jungen, gründen Robert Baden-Powell und seine Schwester Agnes eine entsprechende Organisation für Mädchen, die Girl Guides. In ihr sollen Mädchen die Tugenden des Gehorsams, der Reinlichkeit und Geschicklichkeit lernen.

Die Pfadfinderbewegung verbreitet sich weltweit. 1910 entstehen in Amerika unter William Boyce die ersten Boy-Scouts. Hier gibt es auch eine Organisation für Mädchen, die unter dem Motto »Arbeit, Gesundheit und Liebe« steht.

▲ *Fast militärisch geht es bei den Pfadfinderinnen zu.*

Amerikanische Schwarze kämpfen für ihre Rechte

▶ **1. Mai 1910** ◀ In Amerika gründet sich die National Association for the Advancement of Colored People (NAACP), die »Nationale Vereinigung zur Förderung Farbiger«. Sie will erreichen, dass schwarze Amerikaner die gleichen Rechte, Bildungsmöglichkeiten und Aufstiegschancen erhalten wie weiße.

Ein führendes Mitglied der NAACP ist W. E. B. DuBois, der sich dem Kampf der amerikanischen Schwarzen um Gleichberechtigung verschrieben hat. In den letzten 13 Jahren hat er an der Universität Atlanta Studien zu den Lebensbedingungen der Schwarzen in den Südstaaten der USA betrieben. DuBois übernimmt nun die Leitung der NAACP-Hauptgeschäftsstelle in New York.

▲ *DuBois tritt für die Rechte der Schwarzen ein.*

Spaß auf Rädern

Rollschuhlaufen wird vom Freizeitvergnügen zum ernsthaften Sport. 1909 werden die ersten deutschen Rollschuhvereine gegründet, 1910 gibt es erste Regeln für den Rollkunstlauf, 1911 werden die ersten deutschen Meisterschaften ausgetragen.

Abenteurer Mark Twain

▶ **21. April 1910** ◀ Einer der beliebtesten Schriftsteller der Welt ist tot, der Amerikaner Mark Twain. Vor allem Jugendliche erfreuen sich an seinen Büchern über die Abenteuer von Tom Sawyer und Huckleberry Finn.

Mark Twain kam 1835 unter dem Namen Samuel Langhorne Clemens zur Welt und wuchs am Fluss Mississippi auf. Als sein Vater starb, war er elf Jahre alt. Danach musste er zum Lebensunterhalt der Familie beitragen. Er arbeitete unter anderem als Lotse auf dem Mississippi. Seinen Künstlernamen Mark Twain gab er sich nach einem Ausruf, mit dem die Lotsen angeben, dass der Fluss genügend Tiefe für die Mississippi-Dampfer hat. Als Schriftsteller war Mark Twain sehr erfolgreich. Doch er lebte über seine Verhältnisse und war in den 90er Jahren regelrecht pleite. Danach reiste er um die Welt und hielt humorvolle Vorträge, um von den Einnahmen seine Schulden zu bezahlen.

◀ *Huckleberry Finn, eine Romanfigur von Mark Twain*

POL-WETTLAUF

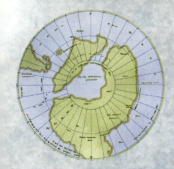

▲ Der Südpol

Anfang des 20. Jahrhunderts gab es auf der Erde kaum noch unerforschte Gebiete. Nur die Regionen am Nordpol (Arktis) und am Südpol (Antarktis) hatte noch kein Mensch betreten. Deshalb wurden in mehreren Ländern Expeditionen ausgerüstet, um die eisigsten Gebiete der Welt zu erkunden. Neben dem Forschungsinteresse spielten noch andere Motive eine Rolle: die Hoffnung auf ertragreiche Gewässer und Bodenschätze. Deshalb wollten mehrere Länder als Erste dort ankommen, um einen Teil der Polargebiete in Besitz nehmen zu können.

Der Südpol

Die britische Expedition von Robert F. Scott und das Team des Norwegers Roald Amundsen lieferten sich 1911 einen Wettlauf zum Südpol. Amundsen war schon in der Arktis gewesen und machte sich die Gewohnheiten der Inuit (Eskimos) zunutze. Hunde zogen seine Schlitten, die Abstände zwischen seinen Lebensmitteldepots für den Rückweg waren relativ gering und er wählte die kürzeste Strecke zum Pol. Scott benutzte Motorschlitten, Ponys und Hunde. Die Motoren gingen bald kaputt und die Ponys waren für die Eiswüste ungeeignet. Amundsen erreichte als Erster den Pol, am 14. Dezember 1911.

Scotts letzte Reise

Nur fünf Männer von Scotts elfköpfiger Gruppe erreichten den Südpol. Und nur drei konnten von dort den Rückweg antreten. Sie starben am 29. März 1912 in einem Blizzard, 20 Kilometer vor dem nächsten Essensdepot.

▲ Amundsen will in die Arktis, als er hört, dass Peary den Nordpol erreicht hat. Er wendet sich nach Süden.

▲ Der Nordpol

◀ Die Norweger am Südpol. Sie benutzen Hunde als Zugtiere und Fleischreserve. Scotts Leute müssen die Schlitten, die mit Gesteinsproben beladen sind, am Ende selbst ziehen.

◀ Peary lässt sich von Inuit erklären, wie man ein Hundeschlittengespann führt.

Der Nordpol

Den ersten Versuch, den Nordpol zu erreichen, unternahm 1827 der britische Marineoffizier Edward Parry. Unter den späteren Expeditionen war die 1893 bis 1896 von dem Norweger Fridtjof Nansen geführte die erfolgreichste. Mit einem eigens für diesen Zweck konstruierten Schiff, der »Fram«, ließ sich Nansen im Polarmeer einfrieren und hoffte, dass die Strömung ihn in die Nähe des Pols treiben würde. Dann versuchte er, den Nordpol auf Skiern und per Kanu zu erreichen. Das schaffte er zwar nicht, aber er brach den »am weitesten nördlich«-Rekord um 260 Kilometer.

Der Amerikaner Robert Peary war es schließlich, der am 6. April 1909 als erster zum Nordpol gelangte. Er hatte sich auf fünf Forschungsreisen gründlich über die Arktis informiert, und er hatte im Voraus Depots entlang der Strecke angelegt, die er nehmen wollte. Außerdem verließ er sich auf die Kenntnisse der Menschen, die in der Arktis leben. Neben seinem Gefährten Matt Henson begleiteten ihn vier Inuit zum Pol.

Nordpol
Der Nordpol liegt mitten im Meer. Dies ist allerdings größtenteils ständig von Eis bedeckt. Zur Arktis werden auch Grönland und der äußerste Norden von Amerika, Europa und Asien gerechnet.

Südpol
Das Gebiet um den Südpol ist ein eigener Kontinent, der aber ständig von einer 2 bis 4,5 Kilometer dicken Eisschicht bedeckt ist.

Mütze und Fausthandschuhe

Dörrfleisch

◀ Polarforscher brauchen eine Spezialausrüstung, zum Beispiel pelzgefütterte Kleidung und getrocknetes Fleisch, ähnlich dem Pemmikan der Indianer.

1911

Chinas letzter Kaiser muss abdanken

▶ **29. Dezember 1911** ◀ Die jahrtausendealte Kaiserherrschaft in China ist zu Ende. Ein Revolutionsparlament in der Stadt Nanking wählt Sun Yat-sen zum ersten Präsidenten der Republik China. Sun Yat-sen ist Arzt und Christ. Er war die treibende Kraft der Reformversuche der letzten Jahre und Jahrzehnte in China. Seine Bewegung wurde getragen von Studenten und Akademikern, von reichen Kaufleuten und auch vom Landadel. Sie alle erhofften sich vom Sturz der Kaiser-Dynastie der Mandschus eine Verbesserung der wirtschaftlichen und politischen Situation. Ihr Ziel war eine demokratische Verfassung für China. Sun hat die letzten Jahre im Ausland gelebt und ist immer nur kurz und inkognito in seine Heimat gereist. Am 25. Dezember 1911 traf er per Schiff von Frankreich aus in der chinesischen Stadt Schanghai ein.

Die Ausrufung der Republik in China geschieht nach zwei Monaten blutigen Bürgerkriegs, der sich an einen Aufstand in Zentralchina anschloss. Die Rebellion wurde von Einheiten der Neuen Armee getragen und von den revolutionären Truppen unterstützt, die nicht mit Sun Yat-sen in Verbindung standen. Um dem Aufstand die Spitze zu nehmen, erließ der knapp fünfjährige Kaiser Pu Yi im November 1911 eine Verfassung und setzte einen Ministerpräsidenten ein. Er folgte dabei dem Rat seines Vaters, Prinz Tschun. Doch die Verfassung kam zu spät. Prinz Tschun musste abdanken und die Verbotene Stadt unter dem Schutz einer bewaffneten Garde verlassen. Auch der kleine Pu Yi verliert nun alle seine Thronrechte. Die seit 300 Jahren regierenden Mandschu-Kaiser waren den Chinesen verhasst, weil sie als Eroberer ins Land gekommen waren. Außerdem hatten sie mit ihren machtlosen Herrschern China dem Einfluss des Auslands ausgeliefert.

Doch auch Sun Yat-sens Herrschaft ist nicht gesichert. China steht ein langer, blutiger Bürgerkrieg bevor.

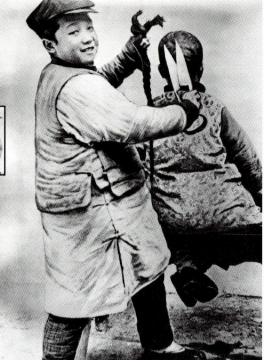

▲ *Die langen Zöpfe müssen ab: Sie gelten den Chinesen als Symbol für die überholten Sitten der Kaiserzeit.*

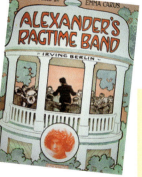

Hit vom König des Ragtime

Der Hit des Jahres 1911 heißt »Alexander's Ragtime Band«. Geschrieben hat ihn der in Sibirien geborene Irving Berlin, der seine Karriere in Amerika als singender Kellner in New Yorker Bars gestartet hat. Zwar ist sein Lied mit dem mitreißenden Rhythmus kein echter Ragtime, doch die Zeitungen erklären Berlin trotzdem zum König des Ragtime.

Die Tanzwelt liebt russisches Ballett

In Paris tanzt die berühmteste Balletttruppe der Welt, die Ballets Russes, am 13. Juni 1911 zum ersten Mal das Ballett »Petruschka«, das der Russe Igor Strawinsky komponiert hat. Es handelt von einer Marionette, die zum unglücklichen Helden der Jahrmärkte wird. Die Puppe wird vom Star der Truppe, dem 21-jährigen Waslaw Nijinski, getanzt. Er begeistert mit phantastischen Sprüngen.

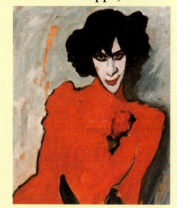

▶ *Gemälde eines Stars der Ballets Russes*

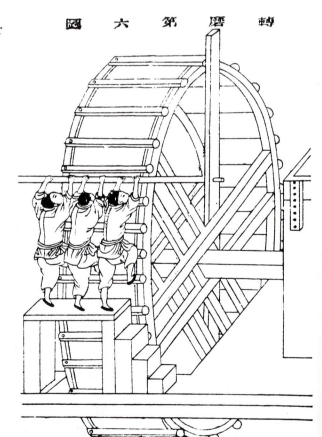

▲ *Bewässerungsmethoden im alten China*

INFO • 1911 • INFO

25. Mai • Der mexikanische Diktator Porfirio Díaz wird gestürzt

7. September • In Hamburg wird der Elbtunnel eröffnet – erster Flusstunnel Europas und erster Fahrstuhltunnel der Welt. Die Sohle liegt 23,5 Meter unter dem Flussspiegel

14. September • Der russische Ministerpräsident Pjotr Stolypin wird bei einem Theaterbesuch angeschossen und stirbt vier Tage später

Diebstahl im Pariser Louvre

▶ **22. August 1911** ◀ Die »Mona Lisa« von Leonardo da Vinci, das vielleicht berühmteste Gemälde der Welt, ist aus dem Louvre-Museum in Paris gestohlen worden. Dies stellen überraschte Museumswärter erst einen Tag später fest. Es ist davon auszugehen, dass der Dieb das Bild nicht verkaufen kann, weil es in aller Welt bekannt ist. Um weitere Diebstähle zu verhindern, wird ein Polizist zum Louvre-Direktor ernannt. Erst 1913 taucht das Bild wieder auf und der Täter, der Italiener Vincenzo Perugia, wird festgenommen. Er erklärt, er habe die »Mona Lisa« wieder in ihre Heimat Italien zurückbringen wollen.

▲ *Die weltberühmte Mona Lisa*

1910 – 1919

Filmleute gehen nach Hollywood

▶ **Oktober 1911** ◀ Die Nestor Film Company eröffnet an der Kreuzung Sunset Boulevard/Grower Street das erste Filmstudio in Hollywood. Innerhalb eines Jahres siedeln sich weitere 15 Studios in der zu Los Angeles gehörenden kalifornischen Kleinstadt an. Hier herrschen ideale Bedingungen, um Filme zu drehen, denn die Sonne scheint lange und das Klima ist angenehm und beständig. Hollywood steigt rasch zum Zentrum der amerikanischen Filmindustrie auf.

▲ *Dreharbeiten im Nestor-Studio*

Inka-Stadt entdeckt

Der amerikanische Entdecker Hiram Bingham berichtet über einen sensationellen archäologischen Fund. Er hat in den peruanischen Anden in 2600 Meter Höhe die alte Inka-Stadt Machu Picchu entdeckt. Sie ist seit Jahrhunderten nicht besucht worden und blieb auch den spanischen Eroberern verborgen. Wissenschaftler schätzen, dass Machu Picchu über 450 Jahre alt ist.

▼ *Hiram Bingham an seinem Zelt*

Salchow gewinnt Eiskunstlauf-WM

▶ **3. Februar 1911** ◀ Der Schwede Ulrich Salchow gewinnt in Berlin zum zehnten Mal die Weltmeisterschaften im Eiskunstlauf. Zweiter wird der Berliner Werner Rittberger. Beide haben durch gewagte Sprünge mit Drehungen in der Luft auf sich aufmerksam gemacht. Salchow ist auch erster Olympiasieger im Eiskunstlauf (1908).

Verrückt nach Puzzles

Das Puzzle-Fieber greift um sich. Das Spiel wurde im 8. Jahrhundert erfunden. Man zerschnitt Landkarten in kleine Stücke, die dann im Erdkunde-Unterricht zusammengesetzt werden mussten.

1910

1911

1912

1913

1914

1915

1916

1917

1918

1919

1912

▲ Die Schrecken des Untergangs, festgehalten in einer Zeichnung

INFO • 1912 • INFO

1. Januar • China wird Republik

17. Januar • Robert Scott erreicht (als Zweiter) den Südpol

14. Februar • Arizona wird 48. Bundesstaat der USA

28. Februar • Albert Berry wagt den ersten Fallschirmsprung aus einem Flugzeug

30. Juli • Yoshihito wird Kaiser von Japan

5. November • Neuer US-Präsident ist Woodrow Wilson

»Titanic«-Katastrophe

▶ **15. April 1912** ◀ Um 2.20 Uhr morgens sinkt der Luxusdampfer »Titanic« mit dem Heck voran auf den Grund des Atlantik und reißt 1513 Passagiere und Besatzungsmitglieder mit sich in die Tiefe. 703 Menschen können gerettet werden. Kurz vor Mitternacht hat das Schiff ungefähr auf halbem Weg zwischen England und New York einen Eisberg gerammt und ist leckgeschlagen. Dabei galt die »Titanic« als unsinkbar, denn sie hat eine doppelte Außenwand und der Rumpf ist durch 18 wasserdichte Schotten unterteilt, damit er bei einem Leck nicht voll Wasser läuft. Vielleicht war das der Grund, warum das Schiff die rasante Geschwindigkeit von 23 Knoten beibehielt, obwohl vor Eisbergen gewarnt wurde. Auch sonst war der Dampfer ein einziger Rekord: mit 272 Metern und 46 329 Bruttoregistertonnen das längste und größte Schiff der Welt und ein schwimmender Palast mit Ballsaal, Luxuskabinen, überdachten Gärten, Turnraum und Schwimmbecken – für die Passagiere der ersten Klasse. Genügend Rettungsboote hatte die »Titanic« nicht; die reichten nur für 1178 Menschen.

Notruf SOS

Wenige Minuten nach dem Zusammenstoß mit dem Eisberg sendet die »Titanic« den Notruf SOS (Abkürzung von »Save Our Souls« – »Rettet unsere Seelen«). Mehrere Schiffe fangen das Signal auf und ändern ihren Kurs, um dem sinkenden Luxusliner zu Hilfe zu kommen. Im Morsealphabet, das jeden Buchstaben durch eine Kombination von kurzen und langen Signalen wiedergibt, ist der Code für SOS kurz-kurz-kurz lang-lang-lang kurz-kurz-kurz. Diese Zeichenfolge ist leicht zu funken und leicht zu erkennen, also als Hilferuf gut geeignet.

Balkankrieg

▶ **8. Oktober 1912** ◀ Auf dem Balkan – im Südosten Europas – kommt es zum Krieg, weil die dort lebenden Völker nicht länger unter der Herrschaft des Osmanischen Reiches stehen wollen. Dieser Staat, dessen Zentrum die heutige Türkei ist, hat seit etwa 1300 Südosteuropa und einen Teil Nordafrikas erobert, doch ist seine Macht nun verfallen. Montenegro, Bulgarien, Griechenland und Serbien können die Türken zurückdrängen, allerdings gibt es 1913 Streit um die Aufteilung des Gebietes an die einzelnen Länder. Der Balkan wird zum »Pulverfass Europas«, das 1914 im Ersten Weltkrieg explodiert.

▼ Soldaten des Osmanischen Reiches

1910 – 1919

Jim Thorpe triumphiert

▶ **22. Juli 1912** ◀ Der Indianer Jim Thorpe aus den USA gewinnt bei den Olympischen Spielen in Stockholm Gold im Fünfkampf und – mit Weltrekord – im Zehnkampf. Als König Gustav V. von Schweden ihm den Eichenlaubkranz des Siegers aufsetzt, gratuliert er Jim mit den Worten: »Sie sind der beste Athlet der Welt.« Der Sportler, der nicht sicher ist, wie man Majestäten anredet, erwidert: »Danke, König.«

Sind die Kontinente auseinandergedriftet?

▶ **1912** ◀ Dem deutschen Wissenschaftler Alfred Wegener ist bei seiner Arbeit aufgefallen, dass Südamerika und Afrika zusammenpassen wie Puzzlesteine. Könnte es sein, dass sie einmal ein gemeinsamer Kontinent waren? Er vergleicht Steine und Fossilien aus Südafrika und Brasilien und stellt die Theorie auf, dass alle sieben Erdteile vor 200 Millionen Jahren den Urkontinent Pangäa bildeten. Warum sich die Kontinente verschoben haben, kann Wegener aber nicht erklären.

Pangäa war eine Landmasse ...

die sich spaltete ...

und weiter auseinanderdriftete ...

bis die Kontinente entstanden.

Bilder aus Schnipseln

Die Kubisten malen ziemlich merkwürdige Bilder von der Welt. Das finden viele Menschen im Jahr 1912, die daran gewöhnt sind, dass Dinge genauso gemalt werden wie sie in Wirklichkeit aussehen. Zwei dieser Kubisten haben sich etwas Neues ausgedacht.

▲ *Collage von Georges Braque*

Pablo Picasso und Georges Braque kleben Zeitungsschnipsel, Fadenreste und andere Materialien auf ihre Bilder. Sie nennen diese Technik »Collage« nach dem französischen Wort für kleben.

Moderne Autos haben keine Kurbel

▶ **1912** ◀ Autofahrer müssen den Motor ihres Wagens nicht mehr mühsam ankurbeln, sondern sie brauchen nur noch auf einen Knopf zu drücken und schon springt die Maschine an. Jedenfalls dann, wenn man einen Cadillac besitzt, denn diese amerikanische Automobilfirma ist die Erste, die ihre Fahrzeuge mit elektrischem Anlasser und elektrischer Beleuchtung anbietet.

Nofretete entdeckt

▶ **7. Dezember 1912** ◀ Deutsche Archäologen finden bei Ausgrabungen in Ägypten eine 48 Zentimeter hohe, bunt bemalte Kalksteinbüste der Königin Nofretete. Die Frau des Pharaos Echnaton lebte vor ungefähr 3300 Jahren. Die Skulptur ist in erstaunlich gutem Zustand. Die meisten ägyptischen Bilder und Statuen sind nach strengen Regeln angefertigt, so dass alle Leute ziemlich gleich aussehen, doch bei Nofretete wurde wohl eine Ausnahme gemacht. Möglicherweise ist die Büste das erste wirkliche Porträt eines Menschen. Heute kann man sich Nofretete im Ägyptischen Museum in Berlin anschauen.

1913

Albert Schweitzers Klinik in Lambaréné

▶ 1913 ◀ In der Nähe von Lambaréné, einer Stadt in Gabun/Afrika, wird ein neues Krankenhaus eröffnet. Hier können Menschen behandelt werden, die an Malaria, Lepra und anderen Tropenkrankheiten leiden. Der Mann, der die Klinik gegründet hat, ist der Theologe, Schriftsteller und Organist Albert Schweitzer aus dem Elsass. Er gab seinen bisherigen Beruf auf und studierte Medizin, weil er Menschen helfen wollte. Seine Frau Helen wurde Krankenschwester. Das erste Krankenhaus in Lambaréné ist ein alter Hühnerstall; erst 1926 erhält die Klinik ein neues Gebäude. Aber die Menschen aus der Umgebung fassen rasch Vertrauen und kommen zur Behandlung. Es geht dort anders zu als in einem europäischen Krankenhaus: Zum Beispiel übernachten die Patienten nicht in der Klinik und sie bringen ihr eigenes Essen mit. Albert Schweitzer bleibt fast sein ganzes Leben in Lambaréné. 1952 erhält er als Anerkennung für seine Arbeit in Afrika den Friedensnobelpreis.

Kartoffelchips weltweit

Die Kartoffelchips werden gleich zweimal erfunden: Der Franzose Cartier erklärt 1913, er habe sich eine ganz neue Art ausgedacht, um Kartoffeln zuzubereiten. Er schneidet sie in hauchdünne Scheiben und brät sie in sehr viel Öl. So hat schon 1853 der amerikanische Gastwirt George Crum Kartoffeln serviert, weil er sich ärgerte, dass seine Gäste immer dünnere Bratkartoffeln haben wollten.

▲ *Arbeiter setzen das Ford Model T zusammen.*

Autos vom Fließband

▶ 7. Oktober 1913 ◀ Der Amerikaner Henry Ford setzt seine neueste Erfindung in Gang – das Fließband. Auf diesem Band ziehen Autokarosserien an den Arbeitern vorbei; jeder muss nur noch einen bestimmten Handgriff tun. Die Zeit für den Zusammenbau eines Autos ist von zwölfeinhalb Stunden auf 93 Minuten geschrumpft, der Preis für ein Model T ist seit 1908 von 850 auf 440 Dollar gesunken. Die Arbeiter beschweren sich, dass ihr Job stumpfsinnig sei. Dafür sind ihre Löhne von 2 auf 5 Dollar pro Tag gestiegen.

Kühlschränke sind vorerst ein Luxus

Schon immer war es ein Problem, Lebensmittel während der Sommermonate frisch zu halten. Lange behalf man sich damit, im Winter Eis zu sammeln und es im Sommer zum Kühlen zu benutzen. Im 19. Jahrhundert wurden dann Maschinen entwickelt, die kalte Luft erzeugten, und seit einigen Jahren gibt es auch elektrische Kühlschränke. Allerdings sind die noch sehr teuer und nur wenige Haushalte können es sich leisten, die nützlichen Geräte anzuschaffen.

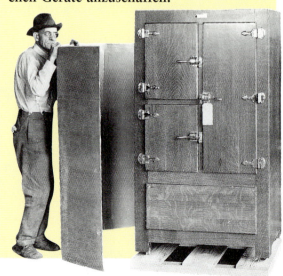

1910 – 1919

New York hat den weltgrößten Bahnhof

▶ **2. Februar 1913** ◀ Der größte Bahnhof der Welt wird in New York eröffnet. Die Grand Central Station, errichtet im Herzen von Manhattan, bedeckt eine Fläche von 19 Hektar und hat Platz für 42 Gleispaare für den Fernverkehr. Im Untergeschoss gibt es weitere 26 Gleise für Vorortzüge und U-Bahnen. Besonders beeindruckend ist die riesengroße Bahnhofshalle, durch deren hohe Fenster das Licht fällt. Die gewölbte Decke ist mit Goldornamenten geschmückt, die aus dem tiefblauen Hintergrund hervorschimmern.

Tote beim Kampf um Frauenrechte

▶ **8. Juni 1913** ◀ Der Kampf der englischen Frauen für das Wahlrecht fordert ein erstes Todesopfer. Emily Davison stirbt, als sie sich beim Pferderennen in Epsom dem Pferd des Königs in den Weg stellt. Die Frauenrechtlerinnen machen seit Jahren durch öffentliche Aktionen auf ihre Forderungen aufmerksam.

Woolworth-Gebäude

▶ **24. April 1913** ◀ New York hat einen neuen Wolkenkratzer – und was für einen! Mit 241 Metern ist das Woolworth-Gebäude, das von Präsident Wilson eingeweiht wird, das höchste der Welt. Eine ganze Armee von Bauarbeitern benötigte vier Jahre, um das Haus mit seinen 55 Stockwerken zu errichten. 13,5 Millionen Dollar hat der Bau gekostet. Das Woolworth-Gebäude ist aus Stahlträgern und Beton gebaut, aber die Außenmauern sind mit Tonziegeln verkleidet, so dass der Wolkenkratzer ein bisschen wie eine gotische Kathedrale aussieht.

INFO • 1913 • INFO

18. März • König Georg von Griechenland wird ermordet

29. Juni • Die Norwegerinnen dürfen wählen

1. August • In Belgien wird Boxen verboten

25. Oktober • Adolphe Pégoud fliegt Looping

17. November • Deutsche Soldaten dürfen nicht Tango tanzen

12. Dezember • Die 1911 gestohlene »Mona Lisa« ist wieder da

▶ *Das Woolworth-Gebäude wurde von Cass Gilbert entworfen.*

◀ *Der Komponist Igor Strawinsky*

Publikum brüllt Neue Musik nieder

▶ **29. Mai 1913** ◀ Die Ballettvorstellung im Pariser Théâtre des Champs-Elysées endet in einem Riesenskandal. Auf dem Programm steht das »Frühlingsopfer« des russischen Komponisten Igor Strawinsky. Er hat eine ungewöhnliche Musik voll schriller Klänge geschrieben und der Rhythmus wird stark betont. Die Zuschauer sind empört, sie schreien und pfeifen, so dass die Musik kaum noch zu hören ist.

1910

Zipp und fertig

1911

Schau dich mal an: Wieviele Reißverschlüsse sind an deinen Kleidern? Und stell dir mal vor, die Reißverschlusse waren nicht da; statt dessen gäbe es Knöpfe oder kleine Haken und Ösen. Was für eine Mordsarbeit, die alle zuzumachen, statt einfach zu ziehen - Zipp - und schon ist die Hose zu. Das Prinzip des Reißverschlusses hat sich der Amerikaner Whitcomb Judson 1893 ausgedacht, doch so richtig funktionierten seine Verschlüsse noch nicht. 1914 entwickelt der Ingenieur Gideon Sundback den Reißverschluss so, wie er heute noch aussieht, mit ineinandergreifenden Häkchen, die durch einen Schieber geschlossen werden. Praktisch, oder?

1912

1913

1914

1915

1916

1917

1918

1919

1914

Beginn des Weltkriegs

▶ **4. August 1914** ◀ Am frühen Morgen marschieren deutsche Truppen in Belgien ein mit dem Ziel, dessen Nachbarn Frankreich anzugreifen. Zuvor hat Deutschlands Verbündeter Österreich-Ungarn Serbien den Krieg erklärt und Deutschland selbst hat gegenüber Russland und Frankreich Kriegserklärungen abgegeben. Nach dem deutschen Überfall auf Belgien erklärt Großbritannien Deutschland den Krieg. Die meisten Leute sind begeistert, denn nach monatelangen Spannungen ist der Hass auf die anderen Länder so groß geworden, dass ein Krieg unvermeidlich schien. Viele rechnen damit, dass Weihnachten wieder Frieden herrscht; sie ahnen nicht, dass ihnen ein vierjähriger Weltkrieg bevorsteht.

Auslöser der Ereignisse war am 28. Juni die Ermordung des österreichischen Thronfolgers Franz Ferdinand durch einen serbischen Studenten in Sarajevo. Die Tat setzte eine Kette von Reaktionen in Gang, denn die europäischen Staaten haben sich zu mehreren miteinander verfeindeten Bündnissen zusammengeschlossen.

▲ *Mord an Franz Ferdinand und seiner Frau*

Kriegsgegner und Kampfgebiete

Die Bezeichnung Erster Weltkrieg lässt erkennen, dass dieser Krieg gegenüber allen vorherigen etwas Neues ist, und dies in mehrfacher Hinsicht. Zum ersten Mal sind fast alle Länder der Welt am Krieg beteiligt. Am meisten wird in Europa gekämpft, doch herrscht auch in Afrika und in Asien Krieg, denn dort besitzen die europäischen Länder Kolonien. Australien und Kanada kämpfen von Beginn an auf Seiten der Engländer mit und schließlich treten 1917 auch die USA, die sich bis dahin immer aus den europäischen Konflikten herausgehalten hatten, in den Krieg ein. Neu ist auch der Einsatz von Waffen, die eine bis dahin nicht gekannte Zerstörungskraft haben, zum Beispiel Panzer, U-Boote und Flugzeuge, aber auch Giftgas.

Es gibt zwei Gruppen von Ländern, die gegeneinander kämpfen. Auf der einen Seite stehen die »Mittelmächte« (Deutschland, Österreich mit Ungarn, später die Türkei und Bulgarien), auf der anderen die »Alliierten« (England, Frankreich, Russland, Serbien, Belgien und Japan, später auch Italien, Rumänien, Portugal und ab 1917 die USA, Griechenland, China, Brasilien und andere Länder in Südamerika). Die »Westfront« reicht von Flandern an der Küste des Ärmelkanals nach Süden bis an die Grenze zur Schweiz. Die »Ostfront« ist an der Grenze zwischen Deutschland, Österreich-Ungarn (die beide damals noch sehr viel größer waren) und Russland, also dort, wo heute Litauen, Polen und Weissrussland liegen, bis hinunter ans Schwarze Meer. Diese beiden Fronten sind die wichtigsten des Krieges, doch wird auch in anderen Gebieten gekämpft.

▲ *Deutsche Truppen in der belgischen Hauptstadt Brüssel*

1910–1919

Abkürzung für Schiffe

▶ 15. August 1914 ◀ Der 64 Kilometer lange Panamakanal, eine der wichtigsten Abkürzungen für den Schiffsverkehr, wird eröffnet. Der Kanal durchschneidet den schmalen Landstreifen zwischen Nord- und Südamerika und verkürzt so die Reise von der Karibik in den Pazifik um 11 300 Kilometer. Zehn Jahre und 352 Millionen Dollar waren für den Kanalbau notwendig. 5609 Arbeiter kamen dabei ums Leben.

▲ Die »Ancon«, die als erstes Schiff den Panamakanal durchquert

▼ Generalfeldmarschall von Schlieffen

Tarzan, der Herr des Dschungels, erobert die Welt des Comics

Ein Waisenjunge wurde im Dschungel ausgesetzt. Eine Herde Affen zog ihn auf, er schwingt sich von Baum zu Baum und verständigt sich mit anderen Tieren durch laute Schreie. Er ist Lord Greystoke, besser bekannt als Tarzan. Der amerikanische Schriftsteller Edgar Rice Burroughs hat den »Herrn des Dschungels« 1912 erfunden, jetzt widmet er ihm ein ganzes Buch – »Tarzan bei den Affen«. Neben vielen andern Abenteuern muß der Held Jane, die Tochter eines Forschers, retten.

Schlieffens Angriffsplan

▶ 1914 ◀ Die deutsche Kriegsstrategie beruht auf einem Plan des Generalfeldmarschalls Alfred von Schlieffen. Die Idee ist, dass Deutschland nicht gleichzeitig auf zwei Seiten – im Westen gegen Frankreich, im Osten gegen Russland – kämpfen kann. Deshalb soll Frankreich rasch geschlagen werden, während Russland noch seine Soldaten zusammenruft. Danach könnten alle deutschen Truppen gegen die Russen kämpfen. Der Plan misslingt, denn die Russen sind sofort kampfbereit und der Vormarsch in Frankreich wird gestoppt.

Gegner liegen im Grabenkrieg

▶ 10. September 1914 ◀ Französischen Truppen unter General Joseph Joffre gelingt es, den deutschen Einmarsch am Fluß Marne kurz vor Paris aufzuhalten. Joffre hatte heimlich in der Hauptstadt eine Armee zusammengezogen. Von dort wurden die Soldaten mit Taxis an die Front gebracht und griffen die überraschten Deutschen an. Der deutsche Befehlshaber Helmuth von Moltke hat seinen Männern befohlen, sich bis an den Fluß Aisne zurückzuziehen. Dort heben die Soldaten Gräben aus, aus denen sie schießen können. Ein paar hundert Meter entfernt legen auch die Alliierten Schützengräben an.

INFO • 1914 • INFO

2. Februar • Charlie Chaplins erster Film kommt ins Kino

3. Februar • Bruno Langer stellt mit gut 14 Stunden einen Dauerflugrekord auf

31. Juli • Die Aktienbörsen werden für die Dauer des Krieges geschlossen

21. August • In Teilen Europas sieht man eine totale Sonnenfinsternis

14. November • Der osmanische Sultan erklärt den Alliierten den »Heiligen Krieg«

◀ Französische Truppen bei der Schlacht an der Marne

U-Boot versenkt Passagierdampfer

▶ **7. Mai 1915** ◀ Nur 18 Minuten nachdem er von zwei Torpedos getroffen worden ist, versinkt der britische Passagierdampfer »Lusitania« vor der irischen Küste im Atlantik, 1198 Menschen ertrinken. Das Schiff war mit über 1900 Passagieren und Besatzungsmitgliedern an Bord auf der Rückfahrt von New York nach Liverpool, als ein deutsches U-Boot in der Nähe auftauchte und seine tödlichen Waffen abfeuerte. Der Angriff wird damit gerechtfertigt, dass die »Lusitania« große Mengen Kriegsmaterial geladen hatte.

Deutschland hat im Februar 1915 angekündigt, dass es alle feindlichen Handelsschiffe in der Nordsee angreifen wolle. Auf diese Weise sollte verhindert werden, dass in den englischen Häfen Nachschub aus den USA landet. Denn die Alliierten – Deutschlands Gegner im Ersten Weltkrieg – blockieren ihrerseits die deutschen Häfen.

Weil unter den Todesopfern des »Lusitania«-Untergangs aber auch 124 amerikanische Bürger sind, drohen die USA, dass sie sich am Krieg beteiligen werden. Davor hat Deutschland so große Angst, dass es verspricht, erst einmal auf den U-Boot-Krieg zu verzichten. Als 1917 die deutschen U-Boot-Angriffe wieder beginnen, macht Amerika seine Drohung wahr.

▼ *Ein U-Boot, das ein Handelsschiff beschossen hat, stoppt, um Überlebende zu retten.*

▼ *U-Boote sind mit Unterwasser-Torpedos und Kanonen bewaffnet.*

Italien wechselt die Seiten

▶ **23. Mai 1915** ◀ Die Alliierten gewinnen einen neuen Verbündeten, denn Italien erklärt Österreich den Krieg. Bis jetzt haben sich die Italiener – traditionell mit Österreich und Deutschland befreundet – aus dem Krieg herausgehalten. Als Österreich sich weigerte, Gebiete abzutreten, auf die Italien Anspruch erhob, waren immer mehr Italiener für einen Krieg. In einem Geheimvertrag hat Italien Frankreich, Russland und England deshalb seine Unterstützung versprochen, wenn die Alliierten den Italienern helfen, Österreich das Land wegzunehmen.

Der Propagandakrieg

▶ **1915** ◀ Ein altes Wort hat neue Bedeutung gewonnen. »Propaganda« von dem lateinischen Wort für »verbreiten« bezog sich einst auf den christlichen Glauben, aber jetzt bedeutet es »die öffentliche Meinung beeinflussen«. Deutschland ist das erste Land, das Plakate und Zeitungsartikel einsetzt, um die Menschen bei guter Stimmung zu halten und die Kriegsgegner als Verbrecher darzustellen. England steuert mit einem Bericht über angebliche deutsche Greueltaten in Belgien ein gewichtiges Dokument zum Propagandakrieg bei.

◀ *Propaganda auf Amerikanisch (hinten) und Deutsch (vorn)*

1910 – 1919

In »Geburt einer Nation« ist die Kamera der Star

»Die Geburt einer Nation«, der neueste Film des Regisseurs David Wark Griffith, wird zum ersten Mal gezeigt. In dem längsten (drei Stunden) und teuersten (110 000 Dollar) Film, der bisher gedreht wurde, steht die Kameraführung im Vordergrund: Extreme Nahaufnahmen machen Gefühle deutlich und es werden Szenen mit verschiedenen Handlungen zusammengeschnitten, um zu zeigen, dass sie gleichzeitig geschehen.

▲ Soldaten, die durch Giftgas blind geworden sind

Giftgas als Waffe

▶ **22. April 1915** ◀ Nahe der Stadt Ypern in Belgien setzen die Deutschen eine neue schreckliche Waffe ein – giftiges Chlorgas, das der Wind zu den feindlichen Linien treibt. Das Gift wirkt auf die Atemwege: Soldaten, die es einatmen, husten und ringen nach Luft; wer nicht fliehen kann, erstickt. Die Alliierten, die Deutschland wegen des Gaseinsatzes verurteilen, verwenden später selbst diese Waffe.

Lügen über Schrecken des Kriegs

Er hat den Krieg als eine Gelegenheit beschrieben, bei der sich jeder Mann als Held erweisen könne. Er hat behauptet, es sei für einen Soldaten ehrenvoll, im Krieg zu sterben und daran zu denken, dass man dem Heimatland nützlich war. Nun stirbt er selbst, der englische Schriftsteller Rupert Brooke. Vielleicht hat er noch gemerkt, dass die Wirklichkeit anders aussieht als in seinen Büchern.

Geheimbund Ku Klux Klan

▶ **3. Dezember 1915** ◀ In Atlanta im Süden der USA wird der Ku Klux Klan neu gegründet. Er entstand während des amerikanischen Bürgerkriegs, ist aber seit 1872 verboten. Sein Ziel ist, die Vorherrschaft der Weißen in Amerika beizubehalten – indem die schwarze Bevölkerung in Angst und Armut gehalten wird. Die Klan-Angehörigen in ihren weißen Kapuzenmänteln schrecken dabei selbst vor Mord nicht zurück.

INFO • 1915 • INFO

13. Januar • 29 000 Menschen sterben bei Erdbeben in Italien

31. Juli • Der amerikanische Nationalpark Yellowstone wird für Autos geöffnet

25. August • Deutsche Truppen erobern die russische Festung Brest-Litowsk

8. September • Deutsche Zeppeline werfen Bomben auf London

10. Dezember • Bei Ford wird das millionste Auto produziert

▼ Alliierte Truppen bei den Kämpfen in Gallipoli

Tod in Gallipoli

▶ **20. Dezember 1915** ◀ Die Alliierten geben ihre Stellungen auf Gallipoli auf. Die felsige Halbinsel, um die seit April erbittert gekämpft wurde, liegt an einer sehr wichtigen Stelle: Von Gallipoli aus kann man die Schifffahrtsstraße zwischen dem Mittelmeer und dem Schwarzen Meer kontrollieren. Die Alliierten wollten hier eine direkte Verbindung zu ihrem Verbündeten Russland herstellen. Es gelingt ihnen aber nicht, die Verteidigungsanlagen der Osmanen (Türken), zu deren Reich Gallipoli gehört, einzunehmen.

◀ Treffen von Ku-Klux-Klan-Mitgliedern

ERSTER WELTKRIEG

▼ *In Berlin erhalten Kinder von Soldaten ihr Essen von der Wohlfahrt.*

Der Erste Weltkrieg bedeutete für jeden Beteiligten eine entsetzliche Erfahrung. Zum ersten Mal wurde ein Krieg von normalen Menschen geführt – nicht von Männern, die sich das Soldatsein als Beruf ausgesucht hatten. Auch die Menschen, die zu Hause blieben, wurden ein Teil der Kriegsmaschinerie: Die meisten Fabriken stellten ihre Produktion auf Waffen und militärische Geräte um. Eine ganze Generation von Männern zog aus, um zu kämpfen, viele von ihnen kehrten nie mehr zurück, andere trugen körperliche Schäden davon oder behielten eine »Kriegsneurose«, weil sie die schrecklichen Erfahrungen nicht verkraften konnten.

Kriegsalltag der Kinder

Gerade in Deutschland mussten die Kinder im Ersten Weltkrieg Hunger leiden, weil keine Lebensmittel aus anderen Ländern eingeführt werden konnten. Außerdem hatte die Versorgung der Soldaten Vorrang. 1915 wurden Lebensmittelmarken eingeführt, so dass jeder nur eine bestimmte Menge Nahrung kaufen konnte. Besonders schlimm wurde die Lage im »Kohlrübenwinter« 1917, als es außer Steckrüben und Kartoffeln kaum noch etwas zu kaufen gab und bei eisigen Temperaturen auch nicht genügend Kohlen zum Heizen zur Verfügung standen. – Der Krieg bedeutete für die Kinder außerdem, dass sich niemand mehr richtig um sie kümmerte. Ihre Väter waren an der Front; die Mütter übernahmen die Arbeiten der Männer. Sich selbst überlassen wurden immer mehr Jugendliche kriminell.

▼ *Auch ein Beitrag zum Krieg: New Yorker Kinder helfen beim Gemüseanbau in Schrebergärten in der Nähe ihrer Häuser.*

»Auf Wiedersehen!«

Typische Abschiedsszene: Kinder gaben ihren Vätern einen Abschiedskuss und sie waren dabei nie sicher, ob sie sie je wiedersehen würden. Millionen Kinder waren so klein, dass sie ihre Väter nicht wiedererkannten, wenn diese von der Front heimkehrten. Oder sie behielten keine Erinnerung an ihre im Krieg getöteten Väter.

▶ *Ein amerikanischer Soldat verabschiedet sich von seiner Familie.*

Frauen leisten »Männerarbeit«

Wenn die Männer in den Krieg zogen, konnten sie natürlich nicht länger zu Hause ihre Arbeit tun. Deshalb übernahmen zum ersten Mal Frauen Arbeiten, von denen behauptet worden war, sie seien zu schwer oder zu verantwortungsvoll. Die Frauen nutzten die Gelegenheit, um neue Fertigkeiten zu erlernen, ihr eigenes Geld zu verdienen und ihren Beitrag zum Krieg zu leisten. Sie lenkten Busse und Straßenbahnen, sie schleppten Kohlen, sie trugen die Post aus und arbeiteten in Munitionsfabriken. »Mädchen vom Land« übernahmen die Arbeit der jungen Bauern. Als die Männer heimkehrten, fanden sie es selbstverständlich, dass die Frauen ihre neuen Arbeitsstellen räumten und an die Hausarbeit zurückgingen. Das taten die meisten auch, aber ihre Sichtweise hatte sich gründlich und unwiderruflich geändert.

▲ *Londoner Polizistinnen warnen vor Luftangriffen.*

▶ *Eine Arbeiterin schweisst Metallteile zusammen – traditionell eine Arbeit für Männer.*

Zahlen zum Ersten Weltkrieg

Etwa 8,5 Millionen Soldaten wurden getötet und 21 Millionen verwundet. Auch eine Million Zivilisten starben an den Folgen des Krieges – durch direkte Angriffe oder indirekt durch Hunger und Krankheiten.

Über 65 Millionen Soldaten waren irgendwann im Laufe der vier Kriegsjahre im Einsatz.

Die Kriegskosten beliefen sich auf 956 Milliarden Goldmark (100 Milliarden Dollar).

1916

Lawrence von Arabien

▲ *Die öde arabische Wüste ist ein schwieriges Kampfgebiet.*

Araber kämpfen für Freiheit

▶ **5. Juni 1916** ◀ Husein Ibn Ali, der Scherif von Mekka, stellt sich im Ersten Weltkrieg auf die Seite Englands, um beim Aufstand der Araber gegen das Osmanische Reich englische Unterstützung zu bekommen. Das Osmanische Reich – heute heißt das Land Türkei – hat seit Jahrhunderten den Nahen Osten beherrscht, das Gebiet also, in dem die arabischen Völker leben. Diese wollen nun für ihre Unabhängigkeit kämpfen. Das passt den Engländern gut, denn sie sind Feinde des Osmanischen Reiches. Der englische Geheimdienst schickt unter anderem den Archäologen und Schriftsteller Thomas Edward Lawrence, der den Arabern im Kampf gegen die Türken helfen soll. Der Engländer, der Arabisch spricht und mit den Menschen, ihren Gebräuchen und dem Land vertraut ist, wird bald Lawrence von Arabien genannt. Weil die arabischen Völker sich zusammenschließen, wird der Aufstand gegen die Türken ein voller Erfolg, doch 1919 folgt die Enttäuschung, denn England und Frankreich teilen das Land untereinander auf.

Bauchige Flasche für Coca-Cola

Der Hersteller von Coca-Cola hat sich etwas Neues einfallen lassen, um für sein Getränk Reklame zu machen. Die Cola wird jetzt in einer bauchigen Flasche verkauft, die mit den geraden Glasgefäßen anderer Erfrischungsgetränke nicht zu verwechseln ist. Die Form der Coca-Cola-Flasche erinnert an eine Kolanuß, denn die Frucht des afrikanischen Kolabaumes ist einer der geheimen Inhaltsstoffe des Getränks.

▶ *Bei Verdun führen Soldaten eine der blutigsten Schlachten des Ersten Weltkriegs.*

700 000 Tote bei Verdun

▶ **20. November 1916** ◀ Eine der schrecklichsten Schlachten des Ersten Weltkriegs endet ohne Sieger. Seit Ende Februar haben deutsche und französische Truppen um Festungen bei der Stadt Verdun im Nordosten Frankreichs gekämpft. Fast 700 000 Soldaten mussten sterben und am Ende stehen die Truppen beider Seiten wieder dort, wo sie vor zehn Monaten waren. Für keinen der Kriegsgegner ist Verdun von besonderer strategischer Bedeutung. Doch hofften die Deutschen, beim Angriff auf die Festung ihrem Gegner möglichst hohe Verluste zuzufügen. Für die Franzosen war die Verteidigung von Verdun eine Frage der Ehre.

1910 – 1919

Seeschlacht vor Dänemark

▶ **1. Juni 1916** ◀ Bei Tagesanbruch endet die erste und einzige große Seeschlacht des Ersten Weltkriegs. Die deutsche und die britische Hochseeflotte steuern vom Skagerrak nördlich von Dänemark aus wieder ihre Heimathäfen an. England hat fast 6500 Matrosen und 14 Schiffe verloren, auf deutscher Seite starben 2500 Matrosen und elf Schiffe wurden versenkt.

Die deutschen Schiffe sind am 31. Mai ausgelaufen, um die englische Flotte überraschend anzugreifen, die in der Nordsee die Einfahrt in die deutschen Häfen blockiert. Die Engländer erfuhren aber durch ihre Beobachtungsflugzeuge von dem geplanten Angriff und schickten ihrerseits Kriegsschiffe los.

◀ *Irische Freiheitskämpfer*

Geheimnisvoller Mönch ermordet

▶ **30. Dezember 1916** ◀ Rasputin, der am meisten gehasste Mann in ganz Russland, wird von Prinz Felix Jussupow ermordet. Der Mönch kam 1907 an den Hof des russischen Zaren, nachdem er der Zarin versprochen hatte, er könnte ihren kranken Sohn heilen. Weil es dem Jungen tatsächlich besser ging, erlangte Rasputin großen Einfluß auch auf die Politik für das ganze Land. Viele Menschen waren damit nicht einverstanden.

INFO • 1916 • INFO

15. Januar • Der erste durchgehende Zug von Berlin nach Konstantinopel (Istanbul) braucht 50 Stunden

27. Januar • Wehrpflicht in England

19. Februar • Ein Lawinenunglück bei Salzburg fordert über 100 Todesopfer

1. August • In Deutschland wird die Seife rationiert

7. November • Jeannette Rankin ist die erste Abgeordnete im Kongress der USA

Kinder sollen Krieg verstehen

▶ **2. März 1916** ◀ Das Kriegsministerium in Berlin ordnet an, dass die »Wehrerziehung« in den Schulen verstärkt wird. Dies bedeutet, dass den Schulkindern erklärt wird, der Krieg sei notwendig, weil die Gegner Deutschlands so böse seien. Aber allmählich haben viele den Krieg, den Hunger und die Angst um die Ehemänner, Väter, Brüder und Söhne gründlich satt: Sie wollen endlich Frieden.

Aufmüpfige Kunst

In Zürich öffnet das »Cabaret Voltaire«, ein Club für Künstler und Schriftsteller. Hier entsteht eine neue Kunstrichtung, die sich Dada nennt und »Unsinn« machen will. Zum Beispiel werden Gedichte zerschnitten und in zufälliger Reihenfolge wieder zusammengeklebt. Andere Dadaisten kombinieren irgendwelche Gegenstände und nennen dies Kunst. Auf diese Weise protestieren sie gegen den »Wahnsinn der Zeit«, den Krieg.

▶ *Der Dadaist Man Ray*

Iren kämpfen für ihre Freiheit

▶ **24. April 1916** ◀ In Dublin versucht eine Gruppe von Iren einen Aufstand gegen die Briten, die Irland seit 400 Jahren besetzt halten. Die Rebellen stürmen wichtige Gebäude und erklären Irland zu einer unabhängigen Republik. Sie denken, dass der Zeitpunkt günstig ist, weil die Engländer genug mit dem Ersten Weltkrieg zu tun haben. Aber das ist ein Irrtum: Nach fünf Tagen ist die Rebellion niedergeschlagen. Weitgehende Unabhängigkeit erhalten die Iren erst 1921.

1917

Bolschewiken versprechen »Frieden, Land, Brot«

▶ 7. November 1917 ◀ Russland erlebt die zweite Revolution innerhalb eines Jahres. Im März wurde Zar Nikolaus II. zum Abdanken gezwungen; jetzt übernehmen in der Hauptstadt Sankt Petersburg die Bolschewiken die Macht. Schon lange gibt es in Russland Unruhen. Die Bauern sind unzufrieden, weil nur wenige eigenes Land besitzen. Die Fabrikarbeiter wollen über ihre Arbeit mitbestimmen und viele Menschen haben die Bevormundung durch den Zaren satt und verlangen ein Parlament. Außerdem wollen die Russen endlich Frieden. Nach dem Sturz des Zaren wurde eine Regierung gebildet, die Reformen versprach, aber nichts gegen den Krieg tat. Deshalb fanden die Bolschewiken mit ihrem Versprechen »Frieden, Land, Brot« viele Anhänger. Mit ihrem Anführer Lenin wollen sie einen sozialistischen Staat, in dem das Land und die Fabriken allen gehören. Bei der Durchsetzung ihrer Ziele sind sie nicht zimperlich. Zwischen Anhängern und Gegnern der Bolschewiken bricht ein Bürgerkrieg aus und 1922 wird aus Russland ein neuer Staat, die kommunistische Sowjetunion.

▼ *Die Bolschewiken sind bereit, ihre Ziele notfalls mit Kanonen durchzusetzen.*

▶ *Bolschewistische Soldaten bewachen Lenins Tür.*

Ist das Kunst?

Der französische Künstler Marcel Duchamp sorgt in New York für Wirbel mit seinem »Ready-made«, einem Alltagsgegenstand, den er zur Kunst erklärt: ein Klobecken für eine Herrentoilette. Er nennt es »Brunnen« und signiert es »R. Mutt 1917«. Duchamp ist einer der Begründer von Dada, einer Bewegung, die sich gegen die bisherigen Vorstellungen von Kunst auflehnt.

Amerika greift ein

▶ 6. April 1917 ◀ Der Präsident der Vereinigten Staaten von Amerika, Woodrow Wilson, unterzeichnet die Kriegserklärung gegen Deutschland. Die USA sind nun Verbündete von Großbritannien und Frankreich.

Seit ihrer Gründung 1776 haben die USA es immer vermieden, in europäische Streitigkeiten hineingezogen zu werden – diese Politik wird Isolationismus genannt. Auch im Ersten Weltkrieg ist Amerika lange neutral geblieben und Präsident Wilson hat sich bemüht, Friedensgespräche in Gang zu bringen. Aber die Angriffe deutscher U-Boote auf amerikanische Schiffe im Atlantik und der Versuch Deutschlands, ein Bündnis mit Mexiko, dem südlichen Nachbarn der USA, zu schließen, bewirken jetzt eine völlige Abkehr von dieser Politik.

◀ *»Onkel Sam«, ein Symbol für die USA, sagt: »Ich brauche dich für die amerikanische Armee.«*

INFO • 1917 • INFO

Januar • Hauptnahrungsmittel in Deutschland sind Kohlrüben

31. März • Schallplatten der Original Dixieland Band machen den Jazz bekannt

16. April • In mehreren deutschen Städten gibt es Massenstreiks gegen den Krieg

15. Oktober • Die Tänzerin Mata Hari, die für Deutschland spioniert haben soll, wird in Frankreich hingerichtet

1910 – 1919

»Buffalo Bill«

Der Wildwest-Star William F. Cody stirbt am 10. Januar 1917 im Alter von 70 Jahren. »Buffalo Bill« (auf Deutsch »Büffel-Willy«) erhielt seinen Spitznamen, weil er die Arbeiter beim Bau der Eisenbahnen mit Büffelfleisch versorgte. 1883 organisierte er die erste Wildwest-Schau, bei der »Überfälle auf Postkutschen« und »Indianerkämpfe« vorgeführt wurden. Seine Shows waren in den USA und Europa sehr beliebt und trugen viel zu dem Bild bei, das wir uns heute vom Leben im Wilden Westen machen.

▲ *Gotha GV-Bomber*

Deutscher Bomber Gotha GV fliegt schnelle Attacken

▶ 13. Juni 1917 ◀ Zum ersten Mal werfen deutsche Flugzeuge Bomben über London ab. Über 100 Menschen, darunter auch Kinder, werden bei dem Überfall getötet. Der Angriff erfolgt mitten am Tag, und obwohl Flugabwehrgeschütze gegen die Bomber abgefeuert werden, wird keiner getroffen. Bisher ist London nur von den großen, langsamen Zeppelinen, die sehr viel leichter abzuschießen sind, angegriffen worden. Nun werden für den Angriff auf London Doppeldecker vom Typ Gotha GV eingesetzt. Sie erreichen eine Geschwindigkeit von fast 160 Stundenkilometern, können mit einer Tankfüllung 800 Kilometer weit fliegen und dabei sechs 50-Kilogramm-Bomben mitnehmen.

Schlammschlacht in Flandern

▶ 6. November 1917 ◀ Alliierte Truppen erobern eine Hügelkette nordöstlich von Ypern in Flandern/Belgien. Die Briten haben ihr Ziel, die Deutschen von dieser Anhöhe zu vertreiben, erreicht, aber statt der geplanten zwei Tage haben die Kämpfe drei schreckliche Monate gedauert. 245 000 englische und 200 000 deutsche Soldaten wurden getötet. Sintflutartige Regenfälle verwandelten das Schlachtfeld in eine einzige Schlammwüste voller wassergefüllter Bombenkrater, so dass die Soldaten kaum Deckung finden konnten und die Truppen fast nicht vorwärts kamen. Nach drei Monaten haben die Engländer lediglich einen zehn Kilometer breiten Streifen Land erobert.

▼ *Regen und heftiges Geschützfeuer haben Flandern in eine Schlammwüste verwandelt.*

Wunder von Fatima

Erstaunliches ist aus dem portugiesischen Dorf Fatima zu hören. Zwei Mädchen und ein Junge versichern, dass ihnen mehrmals die Jungfrau Maria, die Mutter Jesu, erschienen sei. Obwohl die Kinder noch klein sind, glauben ihnen die Leute. Ihre Beschreibung der Erscheinung und die gewichtigen Worte, die sie gebrauchen, machen es unwahrscheinlich, dass die Kinder sich die Geschichte ausgedacht haben.

England verspricht Juden neue Heimat

▶ 2. November 1917 ◀ Die Juden, die vor vielen hundert Jahren aus ihrem Land vertrieben wurden und seither über die ganze Welt verstreut leben, sollen ein neues Heimatland bekommen. Das verspricht der englische Außenminister James Balfour. Dieses Land soll dort sein, wo die Juden ursprünglich lebten, in Palästina. Aber inzwischen wohnen dort Araber, denen England ebenfalls Hilfe versprochen hat. Aus dieser Situation entsteht ein Konflikt, der bis heute nicht gelöst ist, der Konflikt zwischen Israelis und Palästinensern.

1910
1911
1912
1913
1914
1915
1916
1917
1918
1919

1918

Zarenfamilie ermordet

▼ *Zar Nikolaus II. und Zarin Alexandra mit ihren Kindern Maria, Tatjana, Olga, Anastasia und Alexei*

▶ 17. Juli 1918 ◀ Der russische Zar Nikolaus II., seine Frau und seine Kinder werden von ihren bolschewistischen Bewachern ermordet. Das Verbrechen geschieht in der Stadt Jekaterinburg, wohin der Zar nach seiner Abdankung im März 1917 ziehen musste und wo er in einem Haus gefangen gehalten wurde. Natürlich fragt man sich, warum die Zarenfamilie jetzt ermordet wird, obwohl der Herrscher doch auf seinen Thron verzichtet hat und die Revolution vom November 1917 schon mehrere Monate zurückliegt. Der Grund ist, dass die Bolschewiken durch die Revolution die Macht erlangt haben, aber nicht alle Russen mit der neuen Regierung einverstanden sind. Ein regelrechter Bürgerkrieg ist ausgebrochen, in dem die »Weißen« gegen die »Roten«, die Bolschewiken, kämpfen. Weil die Soldaten der »Weißen« Jekaterinburg belagern und die Bolschewiken fürchten, dass ihre Gegner die Stadt erobern und den Zaren erneut zum Herrscher machen könnten, müssen Nikolaus II. und seine Familie sterben. Auch der Arzt der Familie, die Diener und ein Hund werden getötet.

Russland schließt Frieden

▶ 3. März 1918 ◀ Russland zieht sich aus dem Krieg zurück. Vertreter der neuen bolschewistischen Regierung schließen in der Stadt Brest-Litowsk ein Friedensabkommen mit Deutschland und Österreich. Die russischen Verluste im Ersten Weltkrieg waren höher als die irgendeines anderen Landes und die Bolschewiken wollen den Krieg beenden. Großbritannien und Frankreich sind mit dem Friedensvertrag gar nicht einverstanden, denn sie verlieren einen wichtigen Verbündeten.

▼ *Russen und Deutsche schließen einen Friedensvertrag.*

»Dicke Berta« feuert 120 Kilometer weit

▶ 23. März 1918 ◀ Paris wird durch Granateneinschläge getroffen. Die Schüsse sind von der »Dicken Berta« abgefeuert worden, einem Ferngeschütz, das die Deutschen 120 Kilometer vor Paris aufgebaut haben. Im Laufe der nächsten Monate schlagen noch öfter deutsche Granaten ein. Über 1000 Menschen werden getötet und die Moral der Franzosen erleidet einen schweren Schlag. Die »Dicke Berta« ist nach der Tochter ihres Herstellers Gustav Krupp von Bohlen und Halbach benannt. Die riesige Kanone hat ein Rohr von 33,5 Metern Länge und wiegt 200 Tonnen.

▶ *»Dicke Berta«, die Riesenkanone*

Frauen dürfen wählen

▶ **14. Dezember 1918** ◀ Erstmals dürfen sich in England Frauen an der Parlamentswahl beteiligen. Allerdings werden noch Unterschiede gemacht. Männer sind mit 21 wahlberechtigt, Frauen erst mit 30. Nach und nach erhalten auch in anderen Ländern die Frauen das Wahlrecht. Dass sie bisher nicht mitentscheiden durften, wurde damit begründet, dass Frauen sich um Familie und Haushalt kümmern müssten, deshalb keine Zeit für die Politik hätten und sie auch gar nicht verstehen könnten.

Frauen in der Armee

▶ **1918** ◀ Je länger der Krieg dauert, in desto stärkerem Maße werden Frauen für Arbeiten eingesetzt, die bisher nur Männer ausgeführt haben. Gegen Ende des Krieges übernehmen Frauen auch Aufgaben bei der Armee. Zwar werden sie nicht für den Kampf ausgebildet und nicht als Soldatinnen an die Front geschickt, aber sie werden in der »Etappe« eingesetzt, das bedeutet in den Gebieten zwischen der Front und der Heimat. Sie müssen zum Beispiel Kriegsmaterial besorgen und transportieren, Kranke und Verwundete versorgen und beim Bau von Bunkern, Straßen und Flugplätzen mit anpacken. Außerdem werden sie zur Übermittlung von Nachrichten eingesetzt.

◀ *Britische Soldatinnen auf Patrouillenfahrt*

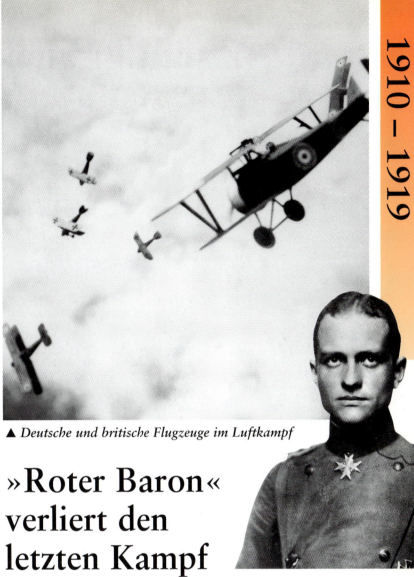

▲ *Deutsche und britische Flugzeuge im Luftkampf*

»Roter Baron« verliert den letzten Kampf

▶ **21. April 1918** ◀ Der »rote Baron« Manfred von Richthofen, ein gefürchteter deutscher Kampfflieger, wird über der Somme abgeschossen und getötet. Richthofen erhielt seinen Kampfnamen von seinem Flugzeug, einem roten Fokker-Dreidecker, mit dem er 80 Maschinen der Alliierten abschoss. Wegen seiner Kühnheit genoss er auch bei seinen Gegnern hohes Ansehen. Nach seinem Tod wird er von englischen Fliegeroffizieren feierlich begraben. Und noch Jahrzehnte später spielt Snoopy, der Hund von Charlie Brown aus den Peanuts-Comics, die Heldentaten des »roten Barons« nach.

Deutsche auf dem Rückzug

▶ **8. August 1918** ◀ An der Westfront erleiden die deutschen Truppen eine Niederlage. Mit der Unterstützung von etwa 1000 Panzern und 1000 Flugzeugen gelingt es den Alliierten, die in Frankreich eingedrungenen Deutschen zurückzudrängen. Viele deutsche Soldaten fliehen oder ergeben sich, und wer sich den Angreifern entgegenstellt, wird als »Kriegsverlängerer« beschimpft. Nach der Niederlage an der Westfront glauben auch die deutschen Militärführer nicht mehr daran, dass sie den Krieg gewinnen könnten. Sie nehmen vorsichtig Kontakt zu den Alliierten auf, um herauszufinden, wie die Chancen für einen Frieden stehen.

▶ *Amerikanische Soldaten an der Westfront in der Nähe des Flusses Marne*

1918

Endlich Frieden!

▶ **11. November 1918** ◀ Der Erste Weltkrieg – der bisher grausamste und kostspieligste Krieg in der Menschheitsgeschichte – ist vorbei. Ein Waffenstillstand wird vereinbart, und um 11 Uhr vormittags schweigen endlich die Kanonen und Gewehre.

Militärisch gesehen sind Deutschland und seine Verbündeten die Verlierer des Krieges. Seit August konnten die Alliierten an der Westfront die Deutschen zurückdrängen. Ende Oktober fingen deutsche Matrosen in Kiel und Wilhelmshaven an zu meutern. Dann gab es in vielen deutschen Städten Aufstände von Arbeitern und Soldaten, die ein Ende des Krieges verlangten und den Kaiser und seine Regierung absetzen wollten, weil die den Krieg angezettelt hatten. Am 9. November dankte Kaiser Wilhelm II. ab und in Deutschland wurde die Republik ausgerufen.

Da liefen bereits die Verhandlungen über den Waffenstillstand, der für die Verlierer ziemlich harte Bedingungen vorsieht. Deutschland muss zum Beispiel Elsass-Lothringen, eine frühere französische Provinz, die es 1871 erobert hatte, zurückgeben und alliierte Truppen besetzten die deutschen Gebiete westlich des Rheins.

Grippe wütet in Europa

Im Sommer 1918 wird Europa von einer Grippe-Epidemie heimgesucht. Weil die Menschen durch den Mangel an Lebensmitteln geschwächt sind, sterben viele an der Krankheit, in Europa über eine Million, auf der ganzen Welt sogar über 20 Millionen. Die Grippewelle ist die schlimmste Epidemie seit der Beulenpest, auch »Schwarzer Tod« genannt, die im 14. Jahrhundert ein Drittel der europäischen Bevölkerung dahinraffte.

▶ *In den USA feiern die Menschen fähnchenschwenkend den Waffenstillstand.*

▼ *Hinterlassenschaft des Krieges: Soldatenfriedhof*

Reaktionen auf den Waffenstillstand

In London blockieren Feiernde die Straßen, so dass die Busse nicht mehr durchkommen.

•

In den USA haben die Zeitungen den Waffenstillstand vier Tage zu früh gemeldet, so dass die Amerikaner zweimal feiern müssen.

•

Die Freude einiger Deutscher wird durch die Revolution im Land getrübt.

10 Millionen Kriegsopfer

▶ **1918** ◀ Der Erste Weltkrieg war in jeder Hinsicht der bis dahin kostspieligste in der Geschichte. Über zehn Millionen Menschen starben, meist junge Männer. Sie fehlen nicht nur ihren Familien und Freunden, sondern der ganzen Gesellschaft. Weil auch viele junge Offiziere getötet wurden, gibt es für die nächste Generation kaum noch Führungspersönlichkeiten. Für die Männer, die unverletzt überlebt haben, ist es schwer, ins normale Leben zurückzukehren. Die entsetzlichen Kriegserlebnisse haben tiefe seelische Wunden zurückgelassen. Nordfrankreich und das südliche Belgien liegen weitgehend in Trümmern. Die europäischen Länder sind hoch verschuldet: Allein die Alliierten müssen den USA über 7 Milliarden Dollar zurückzahlen. Bei all den Toten und Verwüstungen lässt sich sagen: Es gibt keine Sieger.

1910 – 1919

Österreich-Ungarn bricht auseinander

► 16. November 1918 ◄ Österreich und Ungarn, die bisher zusammen einen Staat mit einem gemeinsamen Kaiser bildeten, werden zu zwei unabhängigen Republiken, also zu Staaten, deren Regierung vom Volk gewählt wird. Polen, Tschechen und Slowaken, die bisher ebenfalls ein Teil des österreichisch-ungarischen Kaiserreichs waren, haben im Oktober ihre Unabhängigkeit erhalten.

Kaiser Karl I. hat die Hauptstadt Wien verlassen und ist ins Exil gegangen. Seine Familie, die Habsburger, waren seit dem Mittelalter Herrscher des Reiches.

◄ *Menschenmenge vor dem Berliner Reichstag*

INFO • 1918 • INFO

Januar • In Berlin wird ein Fahrrad vorgestellt, mit dem man nach Umbauten auch auf dem Wasser fahren kann

5. März • Moskau wird russische Hauptstadt an Stelle von Sankt Petersburg

18. April • In Deutschland werden Fußballfelder in Kartoffeläcker umfunktioniert

16. Mai • Die Brotration in Deutschland wird auf 150 Gramm pro Tag, ungefähr anderthalb Scheiben, gekürzt

Deutschland wird Republik

► 9. November 1918 ◄ Der Sozialdemokrat Philipp Scheidemann ruft in Berlin die Republik aus. Kaiser Wilhelm II. hat zwei Stunden vorher abgedankt und ist nach Holland geflohen. Die Regierung übernimmt jetzt SPD-Chef Friedrich Ebert. – In Deutschland ist in den letzten Kriegstagen die Revolution ausgebrochen. Vor allem zwei Gruppen streiten um die Neugestaltung des Landes. Die SPD strebt eine Demokratie an, wie wir sie heute in fast allen europäischen Ländern kennen. Dagegen wollen die Arbeiter- und Soldatenräte einen sozialistischen Staat nach dem Vorbild Russlands. Scheidemann kommt den Sozialisten zuvor und die neue Regierung geht nun mit Gewalt gegen die Räterepubliken vor.

Kassenhit »Tarzan«

Der Film »Tarzan bei den Affen« ist ein Riesenerfolg. Wie seine Romanvorlage erzählt der Film die Geschichte eines Jungen, der im Dschungel von Affen aufgezogen wird. Auf der Leinwand werden die meisten Affen von Menschen dargestellt und auch die Filmlandschaft wirkt nicht gerade echt. Aber die Zuschauer sind begeistert und es werden immer neue »Tarzan«-Filme gedreht. Berühmtester Tarzan wird ab 1932 der Schwimm-Olympiasieger Johnny Weissmuller.

Wilsons 14 Punkte

► 8. Januar 1918 ◄ Elf Monate vor dem Ende des Krieges veröffentlicht der amerikanische Präsident Woodrow Wilson ein 14-Punkte-Programm über die Kriegsziele der USA. Die Erklärung soll als Basis für Friedensverhandlungen dienen.

Wilson verlangt unter anderem freie und offene Verhandlungen zwischen den Ländern, freien Handel und freie Schifffahrt, die Verschrottung der meisten Kriegswaffen und die Räumung aller Gebiete, die von den Deutschen besetzt worden sind. Der letzte der 14 Punkte schlägt die Gründung eines Völkerbundes vor, der die Unabhängigkeit eines Landes garantieren könnte.

1919

Stars gründen Filmgesellschaft

17. April 1919 — Um die Macht der großen Filmgesellschaften zu brechen, gründen vier der größten Hollywood-Stars eine neue Firma, die sie United Artists, zu Deutsch Vereinigte Künstler, nennen. Sie planen, den Verleih ihrer Filme selbst zu organisieren. Bisher hat es nur wenige große Filmgesellschaften gegeben. Sie haben darüber entschieden, welche Filme gedreht werden, und dachten dabei meist vor allem an das Geld, das sich damit verdienen ließ. Außerdem haben sie ihre Stars zu einem festen Gehalt unter Vertrag genommen und brauchen ihnen deshalb nichts von den riesigen Gewinnen abzugeben, die ihre Filme einspielen.

Gründer der United Artists sind eine Frau und drei Männer: Die »kleine Amerikanerin« Mary Pickford, ihr Mann Douglas Fairbanks, ein beliebter Darsteller in Abenteuerfilmen, der Regisseur David Wark Griffith, der 1915 das erste Hollywood-Epos »Die Geburt einer Nation« drehte, und Charlie Chaplin. Der geniale Komiker ist berühmt für seine Rolle des »kleinen Kerls«, der oft betrogen und hereingelegt wird, sich aber immer wieder aufrappelt.

Niemals vergessen

Um 11 Uhr am 11. November, dem ersten Jahrestag der Beendigung des Ersten Weltkriegs, herrschen in England und den Ländern seiner Kriegsverbündeten zwei Minuten Stille. Die Menschen auf den Straßen bleiben stehen, die Arbeiter legen ihr Werkzeug beiseite, Kinder werden von ihren Müttern ruhig gehalten, während sie alle an diejenigen denken, die im Krieg ihr Leben verloren haben.

▲ Mary Pickford unterschreibt den Vertrag der United Artists, Fairbanks (links), Chaplin (Mitte), Griffith (2. von rechts) und ihre Anwälte sehen zu.

INFO • 1919 • INFO

1. Januar • In Deutschland wird der Acht-Stunden-Tag – an sechs Tagen pro Woche – eingeführt

18. Februar • Deutschland erhält die Nationalfarben Schwarz, Rot, Gold

23. März • Benito Mussolini gründet die Faschistische Partei Italiens

10. April • Emiliano Zapata, der Anführer der aufständischen Bauern in Mexiko, wird ermordet

Harte Strafen für Deutsche

21. Juni 1919 — Mit dem in Versailles (bei Paris) ausgehandelten Friedensvertrag wird der Erste Weltkrieg offiziell beendet. Das Abkommen, das Vertreter der am Krieg beteiligten Länder unterschreiben, ist 200 Seiten lang und es hat fünf Monate gedauert, sich über alle Bestimmungen zu einigen. Deutschland, das als Verursacher und Verlierer des Krieges bezeichnet wird, muss harte Strafen hinnehmen: Es muss Teile seines Gebietes an andere Länder abgeben und hohe Entschädigungen zahlen, es darf nur noch wenige Soldaten und Waffen haben, große Schiffe und Teile der Industrie muss es abgeben.

◄ Vertreter der Alliierten in Versailles

1910 – 1919

Verwegener Dichter erobert die Stadt Fiume

Gabriele D'Annunzio, italienischer Dichter, Kriegsheld und Abenteurer, erobert die Stadt Fiume an der dalmatinischen Adriaküste. Fiume, heute besser bekannt unter dem jugoslawischen Namen Rijeka, ist ein wichtiger Hafen, auf den Italien und Jugoslawien Anspruch erheben. Bisher steht die Stadt unter Kontrolle der Alliierten. D'Annunzio erklärt, dass Fiume zu Italien gehöre, wirft die Vertreter der Alliierten mit Hilfe von 300 Freiwilligen hinaus und setzt sich selbst als Herrscher ein. 1920 wird Rijeka/Fiume zunächst ein Freistaat, kommt aber 1924 zu Italien. Ab 1947 gehört die Stadt zu Jugoslawien.

◀ D'Annunzio mit seinen Anhängern

Deutsche zerstören Flotte

▶ **21. Juni 1919** ◀ Um 12 Uhr mittags öffnen die Besatzungen von 70 deutschen Kriegsschiffen auf ein verabredetes Signal hin die Absperrhähne in den Schiffsböden und versenken so die deutsche Hochseeflotte. Nach Kriegsende waren die besten deutschen Kriegsschiffe auf der Marinebasis Scapa Flow nördlich von Schottland festgesetzt worden. Als am 21. Juni 1919 der Friedensvertrag von Versailles unterschrieben wird, der festlegt, dass die Schiffe den Alliierten übergeben werden müssen, zerstören die Deutschen ihre eigene Flotte. Die Besatzungen können die Schiffe rechtzeitig verlassen, doch werden einige der Seeleute von britischen Wachtposten erschossen.

▲ Ein deutscher Zerstörer, der in Scapa Flow auf den Grund der Nordsee sinkt

Waldorf-Schüler lernen ohne Druck

▶ **September 1919** ◀ In Stuttgart wird die erste Waldorfschule eröffnet. Die Kinder, die dort unterrichtet werden, sollen ohne Leistungsdruck lernen. Deshalb gibt es keine Zensuren und niemand bleibt sitzen. Außerdem stehen Fächer wie Musik, Theaterspielen, Kunst und Werken sehr viel häufiger auf dem Stundenplan als in anderen Schulen.

Erste Umwandlung eines Atoms

▶ **1. Juni 1919** ◀ Dem bedeutenden britischen Atomphysiker Ernest Rutherford gelingt es, zum ersten Mal ein Atom zu »spalten«. Lange Zeit haben die Wissenschaftler angenommen, dass ein Atom der kleinste Baustein der Natur sei. Doch Rutherford hat schon 1911 entdeckt, dass Atome aus noch kleineren Teilchen bestehen, nämlich aus einem positiven Kern und einer Hülle aus negativen Elektronen. Jetzt schafft er es, ein Atom des chemischen Elementes Stickstoff in zwei ganz andere Elemente zu teilen, nämlich in Sauerstoff und Wasserstoff.

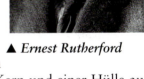

▲ Ernest Rutherford

Transatlantikflug mit Bier und Butterbrot

▶ **14. Juni 1919** ◀ Zwar endet der Flug mit einer Bruchlandung, aber eine Sensation ist er trotzdem: Zum ersten Mal hat ein Flugzeug ohne Zwischenlandung den Atlantik überquert. Pilot John Alcock und sein Navigator Arthur W. Brown, die mit ihrer Vickers »Vimy« in Clifden im Westen von Irland landen, kommen direkt aus St. John's auf Neufundland an der kanadischen Ostküste. 16 Stunden und 12 Minuten waren sie in der Luft. Die beiden britischen Flugpioniere mussten durch Nebel und Graupelschauer fliegen, stärkten sich aber mit Bier und Butterbroten.

▼ Alcock (Mitte, mit einem Modell seines Flugzeugs) und Brown (rechts) nach ihrer Landung

20ER JAHRE

1920

Neues und Altes prallte in den 20er Jahren aufeinander. Viele Menschen begeisterten sich für neue Moden, für Jazz und Tanzmusik, andere waren zu arm, um an solchen Vergnügungen teilzunehmen oder sie wollten, dass alles bleibt, wie es war.

Die Weltwirtschaft blühte zunächst, doch am Ende des Jahrzehnts kam es zu einer Krise mit hoher Arbeitslosigkeit und Armut. Die Demokratie in Deutschland geriet in Gefahr. Ihre Gegner brachten die Not damit in Verbindung, dass die Deutschen Millionen an die Sieger des Kriegs zahlen mussten.

▲ *Der Handfön erleichtert die Haarpflege.*

Erster Handfön erhältlich

Für die Haarpflege kommen immer mehr Hilfsmittel auf den Markt. In Amerika werden die ersten Handföne zum Trocknen der Haare verkauft. Außerdem kann man sich neuerdings auch eine Dauerwelle machen lassen. Oder man lässt sich das Haar färben – der Chemiker Eugène Schueller hat gerade die erste künstliche Haarfarbe erfunden.

▼ *Szene aus einem Gangsterfilm; solche Filme sind in den 20er Jahren sehr beliebt.*

In New York gab es 1929 etwa 100 000 Trinkerhöhlen, in denen Alkohol ausgeschenkt wurde. • 1929 starben 1000 Menschen daran, dass sie ungenießbar gemachten oder unreinen Alkohol getrunken hatten.

Alkoholverbot in Amerika freut Gangster

▶ **16. Januar 1920** ◀ Die Zeiten des gemütlichen Kneipenbesuchs sind für die Amerikaner vorbei. Eine Minute nach Mitternacht tritt ein Gesetz in Kraft, das Herstellung, Transport und Verkauf von Alkohol verbietet. Wer auf die Neuregelung anstoßen will, muss dies mit einem Glas Wasser oder Limonade tun. Religiöse Gruppen können triumphieren. Sie hatten eine lange Kampagne für den Verzicht auf Alkohol geführt.

Einige Leute haben ihre Zweifel, ob sich das neue Gesetz durchsetzen lässt. Sie fürchten, dass Leute, die gern einen trinken, nun in den »Untergrund« gehen und geheime Trinkerhöhlen besuchen, in denen verbotenerweise Alkohol ausgeschenkt wird. Gangster, die in Chicago und anderswo viel Geld verdienen, wittern in der illegalen Herstellung und im Verkauf von Alkohol ein neues, einträgliches Geschäft.

In Chicago haben Jim Colosino, Johnny Torrio und »Narbengesicht« Al Capone bereits ihre Vorbereitungen getroffen. Man rechnet damit, dass sich die Gangsterbanden nun auch auf dem Feld des verbotenen Alkoholhandels erbittert bekriegen werden. Durch das Alkoholverbot wird das Leben für die gesetzestreuen Amerikaner also noch gefährlicher.

▲ *Amerikanische Beamte beim Entleeren von Bierfässern*

Demokratie vorerst gerettet

▶ **13. März 1920** ◀ Eine Gruppe von deutschen Politikern und Militärs, die mit der Demokratie nicht einverstanden sind, will die Regierung stürzen. Die Putschisten sind dagegen, dass Deutschland abrüsten und Geld an die Sieger des Weltkriegs zahlen muss. Sie lassen Truppen in Berlin einmarschieren und rufen ihren Anführer Wolfgang Kapp zum Reichskanzler aus. Doch die Mehrheit der Deutschen steht zur Demokratie. Millionen treten aus Protest in den Generalstreik. Kapp gibt auf.

1920 – 1929

Bund für den Frieden

▶ **16. Januar 1920** ◀ Der Völkerbundrat tritt in Paris zur Eröffnungssitzung zusammen. Ihm gehören Großbritannien, Frankreich, Italien und Japan dauerhaft an; die anderen Ratsmitglieder wechseln sich ab. Der Völkerbund ist eine Organisation, die dazu dienen soll, Streit zwischen Staaten zu schlichten und den Frieden zu bewahren.

Der Völkerbund ist zwar eine Idee des US-Präsidenten Woodrow Wilson, bei der Sitzung in Paris ist aber kein Amerikaner dabei. Viele amerikanische Politiker möchten nämlich nicht, dass ihr Land in Streitigkeiten außerhalb des eigenen Landes verwickelt wird. Kritiker fürchten, dass der Völkerbund ohne die USA zu schwach ist, um einen weiteren Krieg zu verhindern.

▲ *Im November 1920 treffen sich erstmals alle Völkerbundstaaten zur Vollversammlung in Genf.*

Kommunisten siegen im Bürgerkrieg

▶ **11. November 1920** ◀ Nach einer Niederlage müssen die letzten Truppen der Weißgardisten aus Russland fliehen. Damit hat die Rote Armee der Kommunisten den fast dreijährigen Bürgerkrieg mit den »Weißen«, die sich in die Zarenzeit zurücksehnen, gewonnen. Die Weißen erhielten zu Beginn des Kriegs Hilfe aus Amerika, Frankreich, England und Japan, konnten sich aber nicht durchsetzen. Wegen des Kriegs ist Russland völlig verarmt. Nun droht eine Hungersnot.

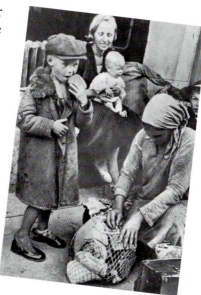

Amerikaner hören Radio

▶ **2. November 1920** ◀ Das Ergebnis der Präsidentenwahl in den USA – es gewinnt Warren Harding – erfahren die Amerikaner durch die Radiostation KDKA in Pittsburgh/Pennsylvania. Der Sender strahlt damit zum ersten Mal eine Sendung aus, die im ganzen Land empfangen werden kann. Es berichten Frank Conrad und Donald Little. Mit KDKA nimmt der erste regelmäßig arbeitende Rundfunksender der USA die Arbeit auf. Zwar gibt es im Land nur ungefähr 1000 Rundfunkgeräte, doch das Interesse am Radio wächst.

▲ *Das Gelände des Senders KDKA*

Spektakulärer Spieler-Wechsel im Baseball

Mit Baseball kann man in Amerika einiges Geld verdienen. 1920 wird der Spieler Babe Ruth für 125 000 Dollar von den Boston Red Sox an die New York Yankees verkauft. Dass die Red Sox 1915, 1916 und 1918 den Baseball-Weltcup gewannen, ist auch das Verdienst von Babe Ruth.

▶ *George H. Ruth, wegen seiner Fülle »Babe« genannt*

Experimente mit Tintenklecksen

▶ **Dezember 1920** ◀ Der Schweizer Arzt Hermann Rorschach legt seinen Patienten Blätter mit Tintenklecksen vor. Er bittet sie zu erzählen, was ihnen zu den Formen einfällt, die sich ergeben, wenn man Papier bekleckst und faltet. In denselben Formen sehen manche ein Flugzeug, andere ein Tier oder einen Menschen. Rorschach meint nun, dass sich an der Deutung zeigt, welche Persönlichkeit jemand hat. Seine Methode wird heute noch angewandt, zum Beispiel bei Berufseignungstests.

1920

Europa erhält ein neues Gesicht

▲ Die Aufteilung Europas in kleinere Staaten soll die Gefahr eines neuen Krieges bannen.

▶ **4. Juni 1920** ◀ Im Schloss Trianon bei Paris unterzeichnet Ungarn, das bis 1918 zur Doppelmonarchie Österreich-Ungarn gehörte, einen Friedensvertrag mit den Siegern des Weltkriegs. Ungarn verliert große Teile seines bisherigen Gebietes an die Nachbarländer. Die meisten dort lebenden Menschen sind allerdings keine Ungarn, sondern Slowaken, Kroaten oder Rumänen.

Die Siegermächte wollen mit den 1919 und 1920 geschlossenen Verträgen Europa so aufteilen, dass nicht mehr verschiedene Völker mit unterschiedlichen Interessen in einem Staat zusammenleben. Schon 1919 wurden die Tschechoslowakei und das Königreich der Serben, Kroaten und Slowenen (später umbenannt in Jugoslawien) als neue Staaten geschaffen; die Gebiete waren früher ein Teil Österreich-Ungarns. Die Polen erhielten 1919 einen eigenen Staat. Diese Region gehörte bis zum Krieg teils zu Russland, Deutschland und Österreich-Ungarn.

Roboter betreten die Bühne

Das Theaterstück »R.U.R.« von dem Tschechen Karel Čapek handelt von künstlichen Maschinenmenschen, die einen Aufstand gegen ihre Erfinder unternehmen und schließlich die Welt erobern. Čapek nennt diese künstlichen Wesen Roboter – nach dem tschechischen Wort »robot«, das auf Deutsch Zwangsarbeit bedeutet.

▲ Feierlicher Einzug mit der Kutsche

Osmanisches Reich zertrümmert

▶ **10. August 1920** ◀ Das Osmanische Reich, der Vorgänger der Türkei, war über Jahrhunderte ein riesiger Staat. Einst beherrschten die Osmanen weite Gebiete von Südosteuropa, Nordafrika und vom Nahen Osten. Der Staat hatte aber schon im 19. Jahrhundert viel von seiner Macht eingebüßt und gehörte dann auch zu den Verlierern des Ersten Weltkriegs. Nun müssen die Türken einen Friedensvertrag unterzeichnen. Die neue Türkei umfasst nur noch ein Zehntel des Gebiets, das einst zum Osmanischen Reich gehörte.

Ein Krimiheld mit Eierkopf

Hercule Poirot, ein pensionierter belgischer Polizist mit gepflegtem Schnurrbart und Eierkopf, ist der Held des Krimis »Das fehlende Glied in der Kette«, den die Engländerin Agatha Christie geschrieben hat. Der Roman schildert, wie der geniale Kombinierer Poirot einem alten Freund dabei behilflich ist, einen Mord aufzuklären.

Agatha Christie ist auf das Krimischreiben bestens vorbereitet: Da sie während des Krieges in einer Krankenhausapotheke Medikamente zusammengemixt hat, kennt sie sich mit allen Sorten von Gift gut aus. Ihre Bücher werden Bestseller.

◀ Krimischreiberin Agatha Christie

1920 – 1929

Horrorfilm über verrückten Irrenarzt

▶ **20. Februar 1920** ◀ In dem Stummfilm »Das Kabinett des Dr. Caligari« ist nichts wie im wirklichen Leben: Die Häuserwände sind schief und krumm, lange schwarze Schatten liegen über den engen Straßen. Auf einer Kirmes tritt Dr. Caligari mit seinem Medium Cesare auf, das er hypnotisiert. Bald geschehen geheimnisvolle Morde, die Cesare im Auftrag Caligaris begeht. Als man dem Doktor auf der Spur ist, flieht er in eine Irrenanstalt. Bald stellt sich heraus, dass er der Direktor des Irrenhauses ist, der selbst verrückt geworden ist. – In der ersten Vorstellung in Berlin gruseln sich die Zuschauer ziemlich, und danach auch anderswo. Eine amerikanische Zeitung schreibt über den Film: »Die Deutschen sind wegen des verlorenen Krieges verrückt geworden.«

▲ *Joselito kennt in der Arena keine Furcht.*

Der große Matador Joselito stirbt beim Stierkampf

In Spanien begeistern sich die Menschen für den Stierkampf, während viele Leute aus anderen Ländern meinen, das sei Tierquälerei. 1920 trauern die Spanier um den Matador Joselito, der beim Stierkampf ums Leben gekommen ist. Beim Stierkampf gibt es kein Happy End: Entweder der Stier wird tot aus der Arena getragen oder der Matador wird getötet oder schwer verletzt.

▶ *Dr. Caligari tritt mit hohem Hut auf einer Kirmes auf.*

INFO • 1920 • INFO

Juni • In deutschen Städten kommt es wegen der hohen Lebensmittelpreise zu Hungerunruhen

14. August • In Antwerpen werden die Olympischen Spiele eröffnet. Nicht dabei sind die Länder, die im Weltkrieg besiegt worden sind

7. September • Margaret Gorman wird im Schönheitswettbewerb zur ersten »Miss Amerika« gewählt

Amerikas Frauen dürfen wählen

▶ **26. August 1920** ◀ Die amerikanischen Frauen freuen sich: Endlich dürfen sie an Wahlen teilnehmen. Der Innenminister gibt bekannt, dass die Gesetze entsprechend geändert worden sind. Die Suffragetten, wie man die Kämpferinnen für das Frauenwahlrecht nennt, haben sich in Amerika über 80 Jahre lang dafür eingesetzt, dass sie gegenüber den Männern nicht länger benachteiligt und von Wahlen ausgeschlossen werden. 1920 können nur in Finnland, Norwegen, Dänemark, Russland, England und Deutschland Frauen wählen und selbst gewählt werden.

▲ *Jubel bei den Amerikanerinnen*

1920

1921

1921

Charlie Chaplin als kinderlieber Landstreicher

▶ **6. Februar 1921** ◀ Der englische Filmkomiker Charlie Chaplin und Jackie Coogan, ein sechsjähriger amerikanischer Junge, sind die Stars des Stummfilms »Der Vagabund und das Kind«, der in Amerika zum ersten Mal gezeigt wird. Die beiden bringen die Kinozuschauer mit ihren Späßen zum Lachen, rühren sie aber auch zu Tränen, denn die Geschichte des Films ist eher traurig. Eine alleinstehende Mutter muss wegen ihrer großen Armut ihr Kind aussetzen. Der Landstreicher und Glaser Charlie findet den Jungen und beschließt, ihn bei sich zu behalten. Die beiden gewinnen einander lieb und arbeiten gut zusammen: Der Junge wirft mit Steinen Scheiben ein, so dass Charlie als Glaser immer etwas zu tun hat. Die Mutter des Jungen wird eine berühmte Opernsängerin. Sie will ihr Kind zurückbekommen und setzt eine Belohnung aus. Mit Erfolg: Der Junge wird Charlie gestohlen. Nachdem der Glaser ihn tagelang verzweifelt gesucht hat, nimmt die Geschichte doch ein glückliches Ende. Charlie findet den Jungen und heiratet seine Mutter. – Charlie Chaplin tritt in dem Film – wie immer – mit Bärtchen, schwarzem Hut, enger Jacke, schlotternder Hose und viel zu großen Schuhen auf.

▼ *Charlie und Jackie – ein eingespieltes Team*

1922

1923

Neuer Duft aus Paris

Die Französin Coco Chanel bringt ein neues Parfüm heraus und gibt ihm einen einfachen Namen: »Chanel No 5«. Die Fünf ist nämlich ihre Glückszahl. Der elegante Duft wird bald zum bekanntesten Parfüm der Welt. Man kann es heute noch kaufen. Auch als Modeschöpferin ist Coco Chanel berühmt. Sie entwirft ein bis zum Knie reichendes, bequemes Kleid, in dem sich die Frauen wie befreit fühlen.

1924

1925

1926

Empörung über Todesurteil

▶ **14. Juli 1921** ◀ Die in Italien geborenen Amerikaner Nicola Sacco und Bartolomeo Vanzetti werden zum Tode verurteilt. Man beschuldigt sie, dass sie 1920 bei einem Raubüberfall zwei Menschen ermordet haben. Doch viele meinen, dass die Indizien gegen sie nicht ausreichen und dass sie nur deshalb verurteilt werden, weil sie kommunistische Ideen vertreten – und vor den Kommunisten haben damals viele Amerikaner Angst. Obwohl überall in der Welt gegen das Urteil protestiert wird, werden Sacco und Vanzetti 1927 hingerichtet.

Irland erhält Selbständigkeit

▶ **6. Dezember 1921** ◀ In London wird ein Vertrag geschlossen, mit dem Südirland ein »Freistaat« wird. Südirland ist zwar auch danach noch ein Teil des britischen Königreichs, es kann aber über seine Innenpolitik selbst bestimmen. Nordirland bleibt dagegen direkt bei Großbritannien. Die Mehrheit der Nordiren sind, wie die Briten, Protestanten.

Unter den katholischen Südiren wollen viele, dass ihr Land völlig selbständig wird. Als das südirische Parlament 1922 den Vertrag annimmt, bricht ein Bürgerkrieg aus.

1927

1928

1929

▼ *Proteste gegen das Todesurteil*

◀ *Eamon de Valera ist gegen den Vertrag.*

▶ *Collins und Griffith sind dafür.*

72

1920 – 1929

Frauen-Olympiade aus Protest

In Monte Carlo beginnt am 24. März 1921 eine Frauen-Olympiade in der Leichtathletik. Die Sportlerinnen protestieren so dagegen, dass sie 1920 an den Olympischen Spielen nicht teilnehmen durften. Zwar spielen Frauen schon seit 1900 bei den Olympischen Spielen eine Rolle, doch nur im Tennis und beim Schwimmen. Die Frauenwettkämpfe in Monte Carlo gelten auch deshalb als Sensation, weil die Läuferinnen, Springerinnen, Kugelstoßerinnen und Speerwerferinnen in kurzen Hosen antreten. Viele alte Leute sind schockiert über die nackten Frauenbeine. – Ab 1928 sind Leichtathletinnen dann bei Olympischen Spielen dabei.

▲ Den 50-Meter-Lauf gewinnt Mary Lines ebenso wie den Speerwurf und Weitsprung.

Glasturm für Berlin

Heute gibt es in fast jeder Großstadt Hochhäuser, in deren Glaswänden sich andere Häuser spiegeln. Doch 1921 erregt der deutsche Architekt Ludwig Mies van der Rohe großes Aufsehen, als er für einen Wettbewerb in Berlin einen Wolkenkratzer mit einer Glaswand entwirft. Sein Hochhaus aus Stahlbeton und Glas wird zwar nicht gebaut, doch auch auf dem Papier hatte man einen solchen »Glasturm« mit zerklüfteten Wänden noch nie gesehen.

Freiheit für die Mongolen

▶ **10. Juli 1921** ◀ Die Äußere Mongolei erklärt die Unabhängigkeit von China. 1911 erhielten die Mongolen zum ersten Mal einen selbständigen Staat, doch schon 1915 marschierten die Chinesen wieder dort ein. Sie werden nun von den Mongolen mit Hilfe von russischen Truppen geschlagen. Die Äußere Mongolei wird, wie Russland, ein kommunistisches Land. Die Innere Mongolei bleibt vorerst bei China.

▲ Mädchen aus der Mongolei mit typischem Kopfschmuck

INFO • 1921 • INFO

23. April • Der amerikanische Sprinter Charles Paddock stellt mit 10,4 Sekunden einen neuen Weltrekord über 100 Meter auf

11. Mai • Die deutsche Regierung erklärt sich bereit, 132 Milliarden Goldmark in 66 Jahresraten an die Sieger des Weltkriegs zu zahlen

10. Dezember • Albert Einstein erhält den Nobelpreis für Physik

▲ Mies van der Rohes »Glasturm«-Entwurf

Hoffnung auf Hilfe für Zuckerkranke

▶ **27. Juli 1921** ◀ Dem Kanadier Frederick Banting und dem Amerikaner Charles Best gelingt es, das Hormon Insulin zu isolieren. Es regelt den Zuckerhaushalt im Blut von Menschen und Säugetieren. Wer dieses Hormon nicht in genügender Menge erzeugen kann, ist zuckerkrank – er leidet an Diabetes. Zu viel oder zu wenig Zucker im Blut kann nämlich gefährlich sein und dazu führen, dass der Kranke das Gefühl in den Gliedern verliert oder sogar erblindet. Banting und Best behandeln am 27. Juli einen Hund mit dem Insulin und drei Tage später einen 13-jährigen Jungen, der sonst gestorben wäre. Diabetiker können aufatmen.

▲ C. H. Best

▼ F. G. Banting

Todesstrafe in Schweden abgeschafft

▶ **8. Mai 1921** ◀ Der schwedische Reichstag schafft die Todesstrafe ab, die seit elf Jahren im Land nicht mehr angewandt wurde. Die Todesstrafe wird überall in der Welt heiß diskutiert. Ihre Anhänger meinen, dass sie abschreckend wirkt: Die Drohung, hingerichtet zu werden, hält nach ihrer Überzeugung Menschen davon ab, Verbrechen zu begehen. Die Gegner glauben dagegen nicht an die abschreckende Wirkung der Todesstrafe und meinen, dass kein Mensch das Recht habe, einen anderen Menschen zu töten – auch nicht einen Mörder.

Schweden ist nicht das erste Land, das die Todesstrafe abschafft. In Portugal gilt sie schon seit 1867, in Holland seit 1870 und in Norwegen seit 1905 nicht mehr.

1922

Kostbares ägyptisches Königsgrab entdeckt

▶ 26. November 1922 ◀ In Ägypten entdecken zwei Briten einen sensationellen Grabschatz. Der Archäologe Howard Carter und sein Auftraggeber Lord Carnarvon öffnen das Grab des Pharaos Tutanchamun, der im Jahr 1337 vor Christus gestorben ist.

Das Grab liegt im Tal der Könige in der Nähe von Luxor in Mittelägypten und besteht aus mehreren Räumen. In der Grabkammer liegt der über 3000 Jahre alte Leichnam von Tutanchamun. Wie ihr vielleicht wisst, kannten die alten Ägypter eine besondere Methode, um Leichen vor dem Zerfall zu bewahren. Sie entfernten Eingeweide und Gehirn und legten den Körper des Toten einige Wochen in Salz und anderen Chemikalien ein, damit ihm das Wasser entzogen wurde. Danach rieben sie die Leiche mit Öl ein und wickelten sie in Tücher.

Um zur Mumie von Tutanchamun zu kommen, müssen drei Särge geöffnet werden. Der innerste ist aus Gold, wobei der Kopf der Mumie mit einer Maske bedeckt ist. Sie zeigt den Pharao als Osiris – so heißt der ägyptische Gott der Unterwelt. Im Sarg findet Carter mehrere kostbare Schmuckstücke. In den anderen Räumen des Grabes stößt er auf Waffen, Stoffe, Trinkgefäße, Möbel und Statuen.

Tutanchamun wurde im Alter von 18 Jahren ermordet. Er war der Nachfolger und vermutlich auch der Sohn des großen Pharaos Echnaton, der den Ägyptern eine neue Religion vorschrieb. Tutanchamun wollte dagegen zur alten Religion zurückkehren.

▲ *Die Mumie von Tutanchamun liegt in einem inneren Sarg aus purem Gold. Die äußeren Särge sind aus Holz.*

Fluch des Pharao bedroht Ausgrabungen

▶ 26. November 1922 ◀ Im Tal der Könige gibt es Gerüchte, dass Howard Carter und Lord Carnarvon von einem alten Fluch bedroht sind, weil sie die Grabruhe von Tutanchamun gestört haben. Carter räumt mit größter Vorsicht die Grabkammern leer. Es dauert fast drei Jahre, bis die Särge Tutanchamuns geöffnet werden. Und ausgerechnet in dieser Zeit stirbt Lord Carnavon. Er ist bei den Ausgrabungen von einer Mücke gestochen worden, und der Stich hat sich entzündet. Auch andere Forscher im Tal der Könige kommen auf geheimnisvolle Weise ums Leben. Howard Carter selbst bleibt gesund – er stirbt erst 1939.

▶ *Die Grabfunde werden abtransportiert.*

Die ältesten Mumien sind über 4000 Jahre alt.

In den Pharaonengräbern finden sich häufig kleine Boote. Nach dem Glauben der alten Ägypter fuhren die Toten damit in die Unterwelt.

Die Eingeweide der Toten wurden in besonderen Graburnen bestattet. Die Urne von Tutanchamun ist aus purem Gold.

1920 – 1929

Bösartiger Vampir erschreckt Zuschauer

»Nosferatu – eine Symphonie des Grauens« heißt ein Film von Friedrich Wilhelm Murnau, der 1922 in die Kinos kommt. Er erzählt die Geschichte des Vampirs Nosferatu, eines lebenden Leichnams, der sich von Menschenblut ernährt. Das Mädchen Ellen opfert sich dem Vampir, als er mit einem rattenverseuchten Schiff die Pest nach Bremen bringen will. Sie sorgt dafür, dass Nosferatu das Tageslicht erblickt und dadurch zu Staub zerfällt.

◀ *Max Schreck als Nosferatu mit Spinnenfingern, hohlen Wangen, Glatze und Fledermausohren*

▲ *Wasserkraftwerk am Niagara*

Größtes Wasserkraftwerk der Welt bei den Niagarafällen eröffnet

▶ **1922** ◀ Am Niagarafluss in der Nähe der kanadischen Stadt Ontario nimmt das größte Wasserkraftwerk der Welt den Betrieb auf. Wasserkraftwerke wandeln die Energie, die sich aus dem Druck strömenden Wassers ergibt, in Strom um. Kein Wunder, dass gerade in der Niagara-Gegend die Kraft des Wassers für die Stromerzeugung genutzt wird. Schließlich sind die berühmten Niagara-Wasserfälle ungefähr 60 Meter hoch und entsprechend groß ist die Energie des Wassers, das hier herabstürzt. Das erste Wasserkraftwerk in Amerika wurde schon vor 1900 in der Stadt Buffalo im Staat New York errichtet. Danach entstand ein Kraftwerk auf der kanadischen Seite der Niagarafälle.

▲ *Franzosen unterschreiben den Abrüstungsvertrag.*

Wettrennen zur See wird gestoppt

▶ **6. Februar 1922** ◀ Gut drei Jahre nach Kriegsende gibt es schon wieder ein »Wettrennen zur See«: Die großen Staaten bauen immer mehr Kriegsschiffe, um stärker zu sein als andere. Dieser schreckliche Wettlauf soll nun gestoppt werden. Amerika, Japan, England, Frankreich und Italien unterzeichnen einen Vertrag: Sie wollen in den nächsten zehn Jahren keine Schlachtschiffe bauen. Außerdem wird festgelegt, wie viele Kriegsschiffe jeder Staat haben darf.

Deutschland und Russland einigen sich

▶ **16. April 1922** ◀ In Rapallo einigen sich deutsche und russische Politiker auf engere Beziehungen. Deutschland ist das erste Land, das die kommunistische Führung in Russland anerkennt. Entsprechend froh sind die Russen über den Vertrag. Die Deutschen wollen eigentlich lieber gute Beziehungen zu England, Frankreich und Amerika, aber sie wollen auch weniger Kriegsschulden an sie zahlen. Weil sie damit nicht durchkommen, schließen sie nun den Vertrag mit den Russen.

▲ *Gespräche in Rapallo*

1922

Bohr erkennt den Aufbau von Atomen

▶ **10. Dezember 1922** ◀ Der dänische Wissenschaftler Niels Bohr erhält den Nobelpreis für Physik für seine Erkenntnisse über den Aufbau von Atomen.

Lange Zeit glaubte man, dass Atome die kleinsten Bausteine der Materie seien, dass man sie also nicht in noch kleinere Bestandteile zerlegen könnte. Doch moderne Physiker haben erkannt, dass dies nicht stimmt. Nach den Vorstellungen des Engländers Ernest Rutherford hat jedes Atom einen Kern in der Mitte und Elektronen, die um diesen Kern kreisen – so wie die Planeten um die Sonne kreisen. Bohr baute auf den Ideen von Rutherford auf und erklärte, dass die Elektronen von einer Kreisbahn zur anderen hüpfen können und dabei Energie abgeben. Bohr berichtete 1913 erstmals von dieser Theorie. Sie wurde durch zahlreiche Experimente bestätigt.

▼ *Niels Bohr überzeugt Kollegen von seiner Atomtheorie.*

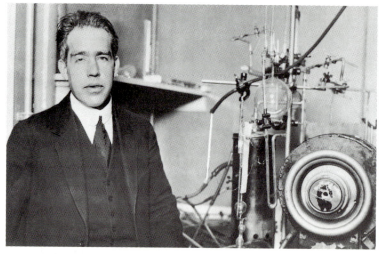

Männermode mit weiten Hosen

Die Studenten der englischen Universität Oxford haben eine neue Mode für sich entdeckt: extrem weite Schlabberhosen. Modebewusste Männer tragen außerdem breite Gürtel, bequeme Wildlederschuhe und weiche Hüte oder Mützen.

▲ *Modebewusster Engländer*

Radiosender für England

Der britische Rundfunksender BBC strahlt am 15. November 1922 seine erste Nachrichtensendung aus. Der Sender ist am 18. Oktober von einigen Radioherstellern gegründet worden, die für ihre neuartigen Rundfunkapparate werben wollen. Das BBC-Programm besteht aus Nachrichten, Gesprächen und Musik.

INFO • 1922 • INFO

18. März • Mahatma Gandhi, der für die Unabhängigkeit Indiens kämpft, wird zu sechs Jahren Gefängnis verurteilt

7. April • Zum ersten Mal stoßen zwei Flugzeuge in der Luft zusammen. Bei dem Unfall sterben sechs Menschen

12. Mai • In Amerika schlägt bei Blackstone/ Virginia ein Meteor mit einem Gewicht von 20 Tonnen auf und schlägt einen Krater von 60 Quadratmetern

Ein neuer Frauentyp erschreckt die alte Generation

Sie raucht und trinkt, trägt Lippenstift und flucht in der Öffentlichkeit. Sie trägt weite Kleider, die ihre Kurven verhüllen, zeigt den Männern aber ihre Knöchel und Waden. Ihr Haar ist modisch kurz geschnitten, doch sie versteckt es unter einem Hut. Ein neuer Frauentyp hat die europäischen und amerikanischen Städte erobert. In Amerika werden diese modernen Frauen »flapper girls« genannt. Auf Deutsch könnte man vielleicht von »frechen Gören« sprechen.

Die Frauen, die im Krieg ihren Mann gestanden haben und jetzt auch wählen dürfen, wollen anders leben als ihre Mütter. Sie haben bewiesen, dass ihnen die gleichen Rechte zustehen wie den Männern. Und sie sagen offen ihre Meinung. Auch dass Sex ihnen Spaß macht, verschweigen sie nicht länger. Die alten Leute können nur den Kopf schütteln.

◀ *Die moderne Frau ist modebewusst und achtet auf die Figur.*

Mussolinis Marsch auf Rom

▶ **30. Oktober 1922** ◀ Vor zwei Tagen hat eine Armee von 40 000 Faschisten einen Marsch auf Rom begonnen, um ihren Führer Benito Mussolini zur Macht zu bringen. Mit Erfolg: Der italienische König Viktor Emanuel III. lehnt es ab, die Stadt militärisch zu verteidigen. Er fürchtet einen Bürgerkrieg und hat auch Angst, seinen Thron zu verlieren.

Die Faschisten ziehen nun ungehindert in die Stadt ein. Mussolini zeigt sich mit Viktor Emanuel auf dem Balkon des Königspalastes und wird von der Menge bejubelt. In Italien herrscht seit Monaten eine Wirtschaftskrise mit vielen Streiks. Viele erhoffen sich von Mussolini, dass er als neuer Regierungschef diese Krise beendet.

Von der Demokratie hält Mussolini offenbar nicht viel, denn sonst hätte er nicht mit Gewalt die Macht übernommen. Später verbietet er andere Parteien und lässt Gegner seiner Politik verfolgen.

▲ *Mussolini schreitet Faschistentruppen ab.*

Letzter kastrierter Opernsänger gestorben

▶ **21. April 1922** ◀ Der Opernsänger Alessandro Moreschi stirbt im Alter von 63 Jahren. Damit geht eine Epoche zu Ende, denn Moreschi war der letzte bekannte Kastrat. So nennt man Sänger, denen vor der Pubertät die Hoden entfernt worden sind, damit sie eine helle Knabenstimme behalten.

Seit dem 16. Jahrhundert wurden in Italien immer wieder Jungen zwischen sechs und acht Jahren kastriert. Sie sangen als Erwachsene in den besten Kirchenchören und berühmtesten Opernhäusern. Moreschi wurde 1858 in Montecompatri in der Nähe von Rom geboren. Von 1883 bis 1913 sang er im Sixtinischen Chor des Papstes. 1902 und 1903 wurden einige Schallplatten von ihm aufgenommen. Wenn man sie heute hört, kann man verstehen, dass die hellen, klaren und doch starken Kastratenstimmen die Musikliebhaber früher begeisterten. Doch nur deshalb einem Menschen die Fähigkeit zu nehmen, ein Kind zu zeugen, das würde heute wohl niemandem mehr einfallen.

▲ *Alessandro Moreschi, der letzte Kastrat*

»Das wüste Land«

▶ **Oktober 1922** ◀ »Das wüste Land« heißt ein langes Gedicht, das T. S. Eliot veröffentlicht. Er ist ein amerikanischer Dichter, der in London lebt.

Mit »Das wüste Land« meint Eliot nicht ein bestimmtes Land, sondern die ganze Erde. In seinem Gedicht drückt er das Gefühl der Verzweiflung aus, das viele Menschen nach den Grausamkeiten des Krieges erfasst hat. Die moderne Welt erscheint in seinem Gedicht als alt und müde. Es gibt keine Hoffnung auf eine bessere Zukunft. »Das wüste Land« ist nicht gereimt und schwer zu entschlüsseln.

Viele Leser sind geschockt von dieser neuen Art zu schreiben. Das gilt auch für den Roman »Ulysses«, der ebenfalls 1922 erscheint. Der Ire James Joyce erzählt darin auf über 500 Seiten von den Ereignissen eines einzigen Tages, wie sie ein Tabakhändler in der Stadt Dublin erlebt. Sein Leben an diesem Tag erscheint wie eine lange Irrfahrt.

Weissmuller schwimmt einen Super-Rekord

Johnny Weissmuller schwimmt 1922 als erster Mensch die 100 Meter Kraul in weniger als einer Minute. Der 18-Jährige braucht für die Strecke 58,6 Sekunden. Weissmuller stammt ursprünglich aus Rumänien, lebt aber seit 1908 mit seiner Familie in Amerika. Später wird er als »Tarzan«-Filmstar noch berühmter.

▶ *Weissmuller stellt 1922 sechs Weltrekorde auf.*

RADIO HÖREN

Der Italiener Guglielmo Marconi machte 1894 eine bahnbrechende Erfindung: Es gelang ihm, drahtlos Radiowellen von einem Sender auf einen Empfänger zu übertragen. Diese Technik nutzte er ab 1897, um Nachrichten zu verbreiten.

Danach erlebte der Hörfunk einen großen Aufschwung. Feste Sendestationen mit regelmäßigen Programmen nahmen den Betrieb auf. Millionen von Radiogeräten fanden ihre Käufer. Statt selber zu musizieren, hörte man Musik im Radio, statt Zeitung zu lesen, hörte man Rundfunknachrichten.

▼ *Orson Welles, Regisseur und Sprecher von »Invasion vom Mars«*

▲ *Was nur ein Hörspiel ist, nehmen viele für bare Münze. Einige wollen sich mit Knüppeln vor den Marsmenschen schützen.*

Hörspiel ruft Panik hervor

Panik herrschte am 30. Oktober 1938 in Amerika, als ein Radiosprecher verkündete, dass ein Raumschiff in New Jersey gelandet sei. Mit Todesstrahlen bewaffnete Männer seien ihm entstiegen. Viele Hörer rannten voller Angst auf die Straße und versuchten zu fliehen. Später erfuhren sie, dass es sich nur um ein Hörspiel handelte: »Invasion vom Mars«.

Rundfunk-Chronik

1906 erfand der Amerikaner Lee De Forest die elektronische Verstärkerröhre, Audion genannt. Nun konnten auch Sprache und Musik drahtlos übertragen werden.

•

Die Erfindung von 1913 hieß Schwing-Audion. Dieser Röhrensender mit Rückkopplung verbesserte die Radioübertragung entscheidend.

•

Am 20. Dezember 1920 nahm der erste deutsche Radiosender in Königswusterhausen bei Berlin den Betrieb auf.

Rundfunk im Krieg

Das Radio wurde im Zweiten Weltkrieg (1939–1945) von allen Ländern als Propagandawaffe genutzt. Während die deutschen Sender zu Klängen aus Richard Wagners Oper »Die Walküre« verlogene Meldungen über Siege der Wehrmacht verbreiteten, wandte sich die britische BBC mit eigenen Programmen an die deutschen Hörer. Diese Sendungen wurden mit den ersten Takten aus Beethovens fünfter Sinfonie eingeleitet: da–da–da–daaam, was zugleich das Morsezeichen für »V« (victory, also Sieg) ist.

Hitlerdeutschland wandte sich mit englischsprachigen Sendungen an die Bevölkerung im »Feindesland«, doch ohne großen Erfolg. William Jones, der diese Programme sprach, wurde von den Engländern nicht ernst genommen. Ähnlich erging es der japanischen Sprecherin »Tokio Rose«, die amerikanische Soldaten in Fernost demoralisieren sollte. Sie wirkte mit ihrem Akzent unfreiwillig komisch.

▲ *William Jones (o. l.), Tokio Rose (u. r.) und Charles de Gaulle. Der französische General rief seine Landsleute von London aus zum Widerstand gegen die Deutschen auf.*

Werbung und Propaganda

Anfangs war Radio-Werbung allgemein verpönt. Doch ab den späten 20er Jahren finanzierten sich viele Rundfunksender dadurch, dass ihre Sprecher gegen Bezahlung Reklame für bestimmte Produkte machten. Auch die Politiker erkannten rasch die Bedeutung des neuen Massenmediums, das ihnen einen direkten Zugang zu den Menschen gab. Der deutsche »Führer« Adolf Hitler wandte sich ab 1933 mit Rundfunkansprachen an die Bevölkerung und versuchte sie mit flammenden Reden für seine verbrecherischen Ziele zu begeistern – leider vielfach mit Erfolg.

▶ *Die »Radio-Königin« versprüht Blitze wie eine antike Göttin.*

1923

Atatürk gründet die moderne Türkei

▶ **29. Oktober 1923** ◀ Die Türkei erklärt sich zur Republik und wählt Mustafa Kemal Pascha zum Präsidenten. Er nennt sich »Atatürk«, »Vater der Türken«.

Für die Türkei ist dies ein Neuanfang. Das Osmanische Reich, der Vorläufer der Türkei, gehörte zu den Kriegsverlierern und musste 1920 auf alle Gebiete außerhalb von Kleinasien und einem Zipfel des europäischen Festlands verzichten. Doch größere Verluste wollten die Türken nicht hinnehmen. Als daher Griechen Teile der »Kerntürkei« zu besetzen versuchten, leisteten sie Widerstand. Im Juli 1923 erhielten sie die Kontrolle über das Land zurück. Viele Griechen, deren Vorfahren seit Jahrhunderten in Kleinasien lebten, mussten fliehen.

Atatürk will die von Muslimen bewohnte Türkei zu einem modernen Staat nach europäischem Muster machen. Außerdem kämpft er dafür, dass alle Türken lesen und schreiben lernen und dass die Frauen mehr Rechte erhalten.

Neue Gesetze treten an die Stelle der islamischen Rechtsordnung. Statt der Koranschulen besuchen die Kinder staatliche Schulen.

Der Schleier wird abgeschafft, das Kopftuch bleibt erlaubt. Männer dürfen keine Fese mehr tragen.

Die arabische Schrift wird durch die lateinische ersetzt.

◀ *Mustafa Kemal Pascha, der sich »Vater der Türken« nennt, mit seiner Frau*

Schoko-Riegel wird ein Erfolg

Drei Jahre hat eine amerikanische Firma gebraucht, um eine neue Süßigkeit auf den Markt zu bringen: den Schokoladenriegel, den man vorher nicht kannte. »Milky Way« heißt der neue Riegel aus einer cremig-süßen, mit Schokolade überzogenen Masse.

Amerikaner im Dauertanzfieber

Angelockt von den hohen Preisen, die man gewinnen kann, strömen die jungen Amerikaner in Scharen in die Tanzhallen, um an Wettbewerben im Dauertanzen teilzunehmen. Doch auf einfache Weise verdient man damit sein Geld nicht. Viele Paare brechen vor Erschöpfung zusammen.

▼ *Paare nach 40 Stunden Tanz*

1920 – 1929

Salzsteuer empört Inder

▶ 24. März 1923 ◀ Weil dem Staat Geld fehlt, wird in Indien die Salzsteuer wieder eingeführt. Die Steuer betrifft alle Inder gleichermaßen, denn Salz braucht jede Familie, um das Essen zu würzen und Lebensmittel in der Hitze zu konservieren. Viele Familien, die schon vorher wenig Geld hatten, werden durch die Salzsteuer vollends in die Armut gestürzt. Indien gehört zu dieser Zeit noch zum britischen Königreich; die Inder haben nur wenig Mitbestimmungsrechte.

INFO • 1923 • INFO

10. Februar • Conrad Röntgen, der Erfinder der Röntgenaufnahme, stirbt in München

4. April • Lord Carnarvon trifft der »Fluch des Pharaos«. Er stirbt bei seinen Ausgrabungen in Ägypten an einem Insektenstich

12. August • Der Italiener Enrico Tirabochi durchschwimmt den Ärmelkanal in der Rekordzeit von 16 Stunden und 33 Minuten

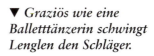

▼ Graziös wie eine Balletttänzerin schwingt Lenglen den Schläger.

Fünfter Lenglen-Sieg in Wimbledon

▶ 6. Juli 1923 ◀ Wieder heißt die Gewinnerin des Tennisturniers in Wimbledon Suzanne Lenglen. Die 24-jährige Französin hat seit 1919 jedes Jahr die Damenkonkurrenz gewonnen. Die Lenglen ist mit ihrem knielangen Tennisdress, dem praktischen Stirnband und den eleganten Bewegungen nicht nur eine eindrucksvolle Erscheinung, sie beherrscht mit ihrem Überkopf-Aufschlag und starker Vorhand auch seit Jahren fast jedes Spiel. Als sie erstmals die französische Meisterschaft gewann, war sie 15 Jahre alt. Der erste Damenwettbewerb in Wimbledon fand 1884 statt, 1877 waren männliche Tennissportler erstmals dort angetreten.

Erster Supermarkt

In San Francisco in den USA wird 1923 der erste Supermarkt eröffnet, ein Laden mit Selbstbedienung, in dem man verschiedene Waren – vor allem Lebensmittel – kaufen kann. Die Supermärkte sind meistens billiger als die kleinen Geschäfte mit Bedienung. Die Supermarktbesitzer müssen nämlich weniger Verkäuferinnen bezahlen.

▲ Einkauf im Supermarkt

Katastrophales Erdbeben verwüstet Japan

▶ 1. September 1923 ◀ In weiten Teilen Japans bebt die Erde. Die Stöße sind teilweise so heftig, dass die Messgeräte versagen. Besonders schwer betroffen sind die großen Städte Tokio und Yokohama. Ungefähr 300 000 Menschen kommen bei der Katastrophe ums Leben, mindestens zwei Millionen Personen verlieren ihr Zuhause. Viele Gebäude in den beiden Städten stürzen bei den Erdstößen sofort zusammen, andere fallen Bränden zum Opfer, denn durch das Beben werden Gasleitungen und Öltanks beschädigt, so dass überall Feuer ausbricht.

Das Erdbeben ereignet sich ohne Vorwarnung. Millionen Menschen fliehen vor der Katastrophe aufs Land, doch auch dort sind sie nicht sicher. Nach dem Beben treten nämlich mehrere Flüsse über die Ufer, so dass noch mehr Menschen obdachlos werden. Die Flüchtlinge leben eng zusammengedrängt und unter schlechten hygienischen Bedingungen in Lagern und sind deshalb von Seuchen wie Ruhr oder Cholera bedroht. Viele der Überlebenden können noch gar nicht fassen, was ihnen geschehen ist. Der Wiederaufbau der zerstörten Städte wird Jahre dauern.

◀ Die Schäden summieren sich auf über 20 Milliarden Goldmark.

1923

Brot kostet viele Milliarden Mark

▶ **16. November 1923** ◀ Deutschland erhält eine neue Währung: Die Papiermark wird durch die Rentenmark ersetzt. In den Monaten vorher sind die Preise immer schneller gestiegen. Zuletzt kostete ein Brot mehrere Milliarden Mark. Weil das Geld nichts mehr wert war, fingen die Leute an zu tauschen: Selbstgemachte Würste gegen ein Paar Schuhe, der Arzt behandelte einen Mechaniker, wenn der ihm dafür das Auto reparierte.

Die Wirtschaftskrise ist eine Folge der Zahlungen, die Deutschland an die Siegermächte leisten muss – als Ausgleich für die Zerstörungen, die im Krieg angerichtet wurden. Die meisten Deutschen meinen, dass sie zu schnell zu viel für einen Krieg bezahlen müssen, den sie nicht allein verschuldet haben. England und Amerika sind bereit, ihre Forderungen zu verringern. Doch Frankreich und Belgien, die während des Krieges von Deutschen besetzt waren, wollen einen vollen Ausgleich für die Kriegsschäden.

▶ *100 Billionen Mark – solches Geld kann man gleich verbrennen.*

Lenin ist krank – Machtkampf in Russland

▶ **9. März 1923** ◀ Wladimir Iljitsch Lenin erleidet seinen dritten Schlaganfall. Danach ist er halbseitig gelähmt und kann nicht mehr sprechen. Lenin hat 1917 die Oktoberrevolution in Russland angeführt und herrscht seitdem in dem kommunistischen Land.

Vor dem letzten Schlaganfall hat der kranke Lenin vom Bett aus regiert, doch auch damit ist es jetzt vorbei. Zwei Monate vorher hat Lenin noch in einem Brief an die Kommunistische Partei die Absetzung von Josef Stalin gefordert. Stalin spielt als Generalsekretär eine wichtige Rolle in der Partei. Doch Lenins Brief hat keine Wirkung, Stalin kann sich durchsetzen. Als Lenin am 21. Januar 1924 stirbt, wird er sein Nachfolger.

◀ *Lenin bei einer Rede*

Vier Brüder haben eine gute Idee

Vier Brüder mit den Vornamen Harry, Albert, Jack und Sam (drei von ihnen sind unten auf dem Foto zu sehen) und dem Nachnamen Warner sind in Amerika im Filmgeschäft tätig: Sie zeigen in ihren Kinos die neuesten Filme. 1923 entschließen sie sich, selber Filme zu machen. In ihnen soll das Leben der Gegenwart unterhaltsam dargestellt werden. Solche Filme sind billiger als die »Kostümschinken«, in denen aus vergangenen Zeiten erzählt wird. Die Idee der Warners ist nicht schlecht: Heute gehört Warner Brothers zu den größten Filmkonzernen.

1920 – 1929

Internationale Polizei bekämpft Verbrechen

▶ **März 1923** ◀ Wie wichtig es ist, dass die Polizei in verschiedenen Ländern zusammenarbeitet, dürfte jedem klar sein. Nur so kann verhindert werden, dass Kriminelle sich der Strafe durch Flucht über die Grenze entziehen. In Wien treffen sich Polizeivertreter aus 20 Staaten, um eine gemeinsame Organisation zur Bekämpfung von Verbrechen zu gründen. Interpol soll sie heißen, eine Abkürzung für internationale Polizei. Von nun an will man sich jedes Jahr in einer anderen Hauptstadt treffen und Informationen über die neuesten Methoden zur Identifizierung von Verbrechern austauschen.

▲ *Informationsaustausch über Verbrechen*

Immer am Puls der Zeit

»Time« – auf Deutsch: »Zeit« – heißt die erste Wochenzeitschrift aus Amerika. Sie wendet sich an Menschen, die keine Lust haben, jeden Tag eine Zeitung zu lesen, und doch über die neuesten Geschehnisse informiert sein wollen. Gleich beim Start 1923 hat »Time« 12 000 Abonnenten. Heute lesen Millionen Amerikaner Woche für Woche das Magazin.

▲ *»Time« berichtet über bedeutende Persönlichkeiten und Ereignisse der Gegenwart und enthält auch viele Fotos.*

Hitlerputsch in München gescheitert

▶ **8./9. November 1923** ◀ Adolf Hitler versucht mit einigen Gefolgsleuten die Macht in Bayern an sich zu reißen, um dann mit einem Marsch nach Berlin die deutsche Regierung zu stürzen. Doch ohne Erfolg. Er dringt am Abend des 8. November mit seinen Leuten in den Bürgerbräukeller in München ein, eins der größten Lokale der Stadt. Dort haben sich führende bayerische Politiker versammelt, die ebenfalls mit der Regierung in Berlin nicht einverstanden sind. Hitler wettert gegen den Versailler Friedensvertrag von 1919, den viele für die Probleme in Deutschland verantwortlich machen. Wenn er an der Macht wäre, würde er diesen Vertrag zerreißen, erklärt er. Die Anwesenden lassen sich zunächst von Hitler überrumpeln, überlegen es sich in der Nacht aber anders. Sie lassen den Putsch mit Hilfe der Polizei niederschlagen und Hitler verhaften. Ludendorff, ein hoher Offizier aus dem Ersten Weltkrieg, der mit Hitler gemeinsame Sache gemacht hat, wird unter Hausarrest gestellt.

Adolf Hitler ist der Führer der Nationalsozialisten (»Nazis«), damals noch eine kleine Partei. Zehn Jahre später, 1933, übernimmt er tatsächlich die Macht in Deutschland. Die Gewaltherrschaft der Nazis beginnt.

▲ *Demonstrationszug für Hitler in München*

Statt ins Kloster ging sie zum Theater

▶ **26. März 1923** ◀ Heute kennt sie kaum noch jemand, doch damals war sie ein großer Star: Sarah Bernhardt. Ob sie in Paris, London oder Berlin auf der Bühne stand – überall wurde die französische Schauspielerin umjubelt. Nun ist sie mit 78 Jahren in Paris gestorben.

Ihre Liebe zum Theater entdeckte die Bernhardt als Kind, als ihre Mutter sie in eine Vorstellung mitnahm. Die kleine Sarah wollte damals Nonne werden, doch statt ins Kloster ging sie zum Theater. Mit 16 hatte sie ihren ersten Auftritt.

1924

Olympia in Schnee und Eis

In Chamonix tragen Wintersportler 1924 Wettkämpfe im Skilanglauf, Skisprung, Eisschnellauf, Eiskunstlauf, Bob und Eishockey aus. Weil diese Internationale Sportwoche so erfolgreich ist, erklärt man sie nachher zu den ersten Olympischen Winterspielen.

»Laufwunder« Nurmi holt fünfmal Gold

▶ 10. Juli 1924 ◀ Star der achten Olympischen Sommerspiele, die in Paris ausgetragen werden, ist das »Laufwunder« Paavo Nurmi. Der Finne holt insgesamt fünf Goldmedaillen, zwei davon innerhalb von eineinhalb Stunden: Am 10. Juli gewinnt er zuerst über 1500 Meter und dann auch noch über 5000 Meter. Am 12. Juli hat Nurmi dann auch noch beim Querfeldeinlauf über 10,65 Kilometer die Nase vorn. Bei mörderischer Hitze starten 40 Teilnehmer, nur 15 erreichen das Ziel. Nurmi ist dafür bekannt, dass er nicht gegen seine Konkurrenten, sondern »gegen die Uhr« läuft. Eine Stoppuhr hat er beim Training immer dabei, um zu prüfen, ob er das richtige Tempo hält.

Mittlerweile ist es fast 30 Jahre her, dass die ersten Olympischen Spiele der Neuzeit in Athen ausgetragen wurden. Das war 1896. Der Franzose Pierre de Coubertin hatte die Idee, die Wettspiele der alten Griechen wieder zu beleben. Sie wurden ab 776 vor Christus über tausend Jahre lang alle vier Jahre ausgetragen.

Coubertin ist 1924 immer noch Präsident des Internationalen Olympischen Komitees. Auf ihn geht die Einführung des Marathonlaufs zurück, den es bei den Olympischen Spielen der Antike nicht gab. Und noch ein großer Unterschied: Im alten Griechenland traten die Sportler nackt auf – bei den modernen Wettkämpfen ist dies undenkbar.

▲ *Paavo Nurmi, der erfolgreichste Sportler der Olympischen Spiele in Paris*

INFO • 1924 • INFO

17. Oktober • *Es wird gemeldet, dass zwei Bergsteiger beim Aufstieg auf den Mount Everest ums Leben gekommen sind*

4. November • *In Texas wird zum ersten Mal eine Frau zum Gouverneur gewählt*

2. Dezember • *Der Filmkomiker Charlie Chaplin heiratet die 16-jährige Lita Grey. Er ist selbst 35 Jahre alt*

Millionärssöhne als Mörder vor Gericht

▶ 31. Mai 1924 ◀ Richard Loeb und Nathan Leopold, zwei 19-jährige amerikanische Millionärssöhne, gestehen, dass sie einen 14-jährigen Jungen aus der Nachbarschaft entführt und umgebracht haben. Als Grund für ihre Untat geben sie an, dass sie die Reaktionen ihres Opfers auf sein »Todesurteil« beobachten wollten. Sie zeigen keinerlei Reue. Die beiden Jungen werden nicht zum Tode, sondern zu lebenslanger Haft verurteilt. Ihr Anwalt hatte argumentiert, dass ihnen wegen ihrer Herkunft aus reichen Familien die Maßstäbe für Gut und Böse fehlten.

1920 – 1929

▲ *Gershwin komponiert im Großstadt-Rhythmus*

Musik zwischen Jazz und Klassik

▶ **12. Februar 1924** ◀ Jazzfreunde und Anhänger der klassischen Musik der Moderne sind gleichermaßen begeistert von dem Stück »Rhapsodie in Blue«, das in New York zum ersten Mal erklingt. Schöpfer dieses Werks für Klavier und Jazzorchester ist der junge Amerikaner George Gershwin, der bei der Uraufführung selbst das Klavier spielt.

Zehn Millionen Fords

▶ **Juni 1924** ◀ Der erfolgreichste Automobilhersteller ist zu Beginn des Jahrhunderts der Amerikaner Henry Ford. 1892 konstruierte er sein erstes Auto, 1903 gründete er die Ford Motor Co., 1913 führte er das Fließband in seiner Fabrik ein. Damit verkürzte sich die Arbeitszeit für den Bau eines Autos erheblich und die Wagen konnten entsprechend billiger verkauft werden. Im Juni 1924 läuft der zehnmillionste Ford in Amerikas Autostadt Detroit vom Band.

Lenin wird nach seinem Tod einbalsamiert

▶ **21. Januar 1924** ◀ Viele Russen trauern um Wladimir Iljitsch Lenin, der nach langer Krankheit gestorben ist. Der Kommunistenführer hatte sich ein schlichtes Begräbnis gewünscht. Doch die Regierung ordnet an, dass Lenins Leichnam einbalsamiert und in einem Mausoleum auf dem Roten Platz in Moskau zur Schau gestellt wird. Noch heute steht dieses Lenin-Grab, doch seitdem Russland nicht mehr kommunistisch ist, kommen immer weniger Menschen vorbei, um sich die Leiche anzusehen.

Träume und Phantasien werden zu Kunst

▶ **März 1924** ◀ Der französische Schriftsteller André Breton veröffentlicht das Manifest des Surrealismus. Darin plädiert er für ein »automatisches« Schreiben und Malen. Die Künstler sollten nicht bestimmten Regeln oder festgelegten Vorstellungen des Verstandes folgen, sondern sich ganz dem Fluss ihrer Träume und Phantasien hingeben. So würden sie an das kommen, was »über« (im Französischen »sur«) der Realität liegt. Immer mehr Maler, Filmemacher, Dichter und Fotografen sind von den Ideen Bretons fasziniert.

▶ *Gemälde von Joan Miró*

▲ *Erstmals um die Welt: Smith und Nelson*

In 175 Tagen per Flugzeug rund um die Erde

Lowell H. Smith and Erick H. Nelson von der US-Army sind die Helden des 28. September 1924. Sie haben in 175 Tagen die Welt umrundet und dabei in 57 Etappen 42 398 Flugkilometer zurückgelegt. Das Risiko von Langstreckenflügen über die Ozeane haben die Piloten vermieden. Sie sind lieber von Insel zu Insel »gehüpft«.

▶ *Das Flugzeug der Rekordflieger*

1925

Geldstrafe für einen mutigen Biologielehrer

▶ **21. Juli 1925** ◀ Der amerikanische Biologielehrer John Thomas Scopes wird zu einer Geldstrafe von 100 Dollar verurteilt. Sein »Verbrechen«: Er hat in seinem Unterricht in einer Schule in Tennessee die Theorien von Charles Darwin behandelt. Der englische Naturforscher lebte im 19. Jahrhundert.

Nach Darwins Theorie hat sich die heutige Tier- und Pflanzenwelt in einem Jahrtausende dauernden Prozess allmählich entwickelt. Dies steht aber im Gegensatz zur Schöpfungsgeschichte des Alten Testaments, denn in der Bibel heißt es, dass Gott die Welt innerhalb von sieben Tagen geschaffen hat.

In Amerika ist es seit kurzem verboten, in den Schulen etwas zu unterrichten, was den Aussagen der Bibel widerspricht. Auf dieses Gesetz berufen sich die strengen Christen, die Scopes vor Gericht gebracht haben. Die Vorstellung, dass Menschen und Affen miteinander verwandt sind, erscheint ihnen unmoralisch. Heute hat sich Darwins Theorie, die durch zahllose Fossilienfunde bestätigt wird, allgemein durchgesetzt.

▲ *Dass Menschen und Affen gemeinsame Vorfahren haben sollen, wie Charles Darwin behauptet, macht vielen Leuten Angst.*

▶ *Im Rechtsstreit um Darwins Theorie: Verteidiger Darrow und Ankläger Bryan (rechts)*

Revolutionsführer Chinas gestorben

▶ **12. März 1925** ◀ Dass ihr Land eine Republik ist, verdanken die Chinesen Sun Yat-sen. Nun ist der Politiker 68-jährig in Peking gestorben. Sun Yat-sen war der Organisator der Revolution von 1911, mit der das jahrtausendealte Kaisertum in China gestürzt wurde. Sein Traum eines einigen, demokratischen China hat sich zu seinen Lebzeiten aber nicht erfüllt.

Sun Yat-sens Schwager Chiang Kai-shek soll nun sein Erbe antreten und die Führung der Kuomintang-Partei übernehmen. Chiang Kai-shek ist kürzlich aus Moskau zurückgekehrt, wo er die Methoden der Roten Armee studiert hat. Seit 1923 erhält die Kuomintang Hilfe aus der Sowjetunion.

◀ *Sun Yat-sen, der Vater der chinesischen Republik*

1920 – 1929

▲ *Schlicht und funktional: Bauhaus-Gebäude in Dessau*

»Bauhaus«-Schule in neuer Umgebung

▶ **1. April 1925** ◀ Das »Bauhaus« muss Weimar verlassen und zieht nach Dessau um. Der Kunstschule wurde gekündigt, weil die Regierung mit dem Unterrichtskonzept nicht einverstanden war. Die Schule, an der berühmte Künstler unterrichten, strebt eine Verbindung von Bildhauerei, Malerei, Kunstgewerbe, Technik an. Bauhausleiter Walter Gropius entwirft die Gebäude für die neue Schule in Dessau. Gropius hatte das »Bauhaus« 1919 als eine Schule für Kunst, Design und Architektur ins Leben gerufen. Mit dem Umzug nach Dessau erhält das Bauhaus die offizielle Bezeichnung »Hochschule für Gestaltung«.

Hitlers Buch »Mein Kampf«

▶ **18. Juli 1925** ◀ Es gibt nur sehr wenige Bücher, die heute in Deutschland verboten sind. Eines davon ist »Mein Kampf« von Adolf Hitler aus dem Jahr 1925. Der Führer der Nationalsozialisten war nach dem Putsch 1923 acht Monate in Festungshaft gewesen und hatte dort dieses Buch geschrieben. Ganz offen legt Hitler darin seine Anschauungen dar, die später, nach 1933, seine Politik bestimmen: Judenhass, die Errichtung einer Diktatur mit einem Führer an der Spitze und die Herrschaft über andere Völker. Bis Jahresende werden nicht einmal 10 000 Exemplare des Werkes verkauft.

Streit der Experten über Rätsel

Die Gesundheitsbehörde von Chicago gibt bekannt, dass Kreuzworträtsel-Lösen eine gute Form des Gehirntrainings sei. Andere Experten meinen dagegen, die Rätsel-Manie sei nicht nur für die Augen schädlich, sondern führe auch zu Kopfschmerzen.

»Panzerkreuzer Potemkin« im Kino umjubelt

Als am 21. Dezember 1925 im Bolschoi-Kino in Moskau nach einer Filmvorführung die Lichter wieder angehen, bricht Beifall los. Gezeigt wurde der Stummfilm »Panzerkreuzer Potemkin« von Sergei Eisenstein. Er schildert den Aufstand von Matrosen gegen die unwürdigen Lebensbedingungen auf einem Panzerkreuzer im Jahr 1905.

▼ *»Die Straße«, Gemälde von George Grosz*

Moderne Großstadtbilder

▶ **14. Juni 1925** ◀ Eine »Neue Sachlichkeit« strebt eine Gruppe von deutschen Künstlern mit ihren Gemälden an. Ihr Ziel ist es, das Großstadtleben im Industriezeitalter in schonungsloser Offenheit in der Kunst abzubilden. Politiker, Wirtschaftsbosse, Prostituierte, Zuhälter und Stadtstreicher – sie alle finden sich auf den Gemälden von Anhängern dieser Kunstrichtung. Sie meinen, dass in einer korrupten, von Kriminalität geprägten Gesellschaft Bilder von schönen Blumen verfehlt sind. In Mannheim wird nun eine erste Ausstellung der »Neuen Sachlichkeit« eröffnet.

◀ *Otto Dix, ein Künstler der »Neuen Sachlichkeit«, bei der Arbeit*

1925

Das Pariser Publikum staunt über die geheimnisvollen Bilder der Surrealisten

▲ »Der Wald« heißt dieses geheimnisvolle Bild des Surrealisten Max Ernst von 1923.

▶ 14. November 1925 ◀ In Paris wird eine ungewöhnliche Kunstausstellung eröffnet. Die Künstler, deren Werke dort zu sehen sind, gehören zur Bewegung des Surrealismus. Es sind Hans Arp, Giorgio de Chirico, Paul Klee, Max Ernst, Joan Miró, André Masson, Pablo Picasso und Man Ray.

In dieser Ausstellung treten die surrealistischen Künstler zum ersten Mal wie eine Gruppe auf. Das ist in gewisser Weise ein Widerspruch, denn ihre einzige Regel ist die, dass es keine Regeln gibt. Die Surrealisten glauben allein an die schöpferische Kraft des Unbewussten. Schon im Manifest des Surrealismus von 1924, das der französische Arzt und Dichter André Breton verfasste, ist davon die Rede, dass der Künstler sich einfach seinen Träumen und Phantasien hingeben soll. Nun erkennt man, dass es noch andere Besonderheiten ihrer Kunst gibt: Viele Surrealisten »malen« ihre Bilder nicht einfach mit normaler Farbe und Pinsel, sondern sie verwenden ungewöhnliche Materialien aus der Natur. Max Ernst zum Beispiel legt Papier oder Leinwand auf ein Stück Holz oder auf Blätter von Bäumen und reibt die Struktur durch. Durch diese Technik, die Frottage heißt, erhalten seine Bilder etwas Geheimnisvolles. André Masson verwendet manchmal Sand oder trägt die Farben direkt aus der Tube, ohne Pinsel, auf die Leinwand auf.

INFO • 1925 • INFO

17. März • Ein Wirbelsturm verwüstet Teile der USA und tötet 900 Menschen, 3000 werden verletzt

18. März • Das berühmte Wachsfigurenkabinett von Madame Tussaud in London geht in Flammen auf. Erhalten bleibt nur das Gruselkabinett im Keller mit Nachbildungen berüchtigter Mörder

2. Mai • Ein Wasserflugzeug der US Navy bleibt 28,5 Stunden in der Luft – Rekord!

Irischer Dramatiker erhält Nobelpreis

▶ 10. Dezember 1925 ◀ George Bernard Shaw, ein in aller Welt gefeierter Stückeschreiber aus Irland, erhält den Nobelpreis für Literatur. Der mittlerweile 69-jährige Shaw war schon über 40, als er sich entschloss, durch Theaterstücke sein Geld zu verdienen. Vorher hatte er einige Romane geschrieben, die aber nicht veröffentlicht wurden.

Shaws letztes Stück »Die heilige Johanna« war nicht nur in Irland und England, sondern auch in anderen europäischen Ländern und in Amerika so erfolgreich, dass der Dramatiker zu einem reichen Mann geworden ist. Deshalb nimmt er auch das Geld für den Nobelpreis – immerhin 7000 Pfund – nicht an.

Shaw beschäftigt sich mit vielen Themen. Er versteht sich als Sozialist, als Vegetarier und Anhänger der Frauenbewegung. Aber er stößt die Leute mit seinen Ansichten nicht vor den Kopf, sondern versucht, sie mit Charme und Witz auf seine Seite zu ziehen.

Josephine Bakers »Bananentanz« in Paris

▶ **27. Oktober 1925** ◀ Ganz Paris liegt Josephine Baker zu Füßen, dem Star der amerikanischen Tanztruppe »La Revue Nègre«, die in der französischen Hauptstadt gastiert. Besonders umjubelt, aber auch skandalträchtig ist der »Bananentanz«, bei dem Josephine Baker nur mit einem Lendenschurz aus Bananen auftritt. Auch sonst sorgt die exotische Tänzerin für Aufregung. So geht sie zum Beispiel mit einem Leoparden an der Leine in den Straßen von Paris spazieren. Die in Missouri/USA geborene Josephine, mittlerweile 19, kam schon mit 13 Jahren zum Tanz.

Einigung in Locarno

▶ **1. Dezember 1925** ◀ Die Regierungen von Belgien, Deutschland, Frankreich, Großbritannien, Italien, Polen und der Tschechoslowakei bestätigen während eines Treffens in Locarno/Schweiz die Grenzen, die nach dem Ersten Weltkrieg in Europa gezogen worden sind. Besonders wichtig ist die Verständigung zwischen den Nachbarstaaten Deutschland und Frankreich. Der deutsche Außenminister Gustav Stresemann hofft, dass damit die Voraussetzungen für einen dauerhaften Frieden in Europa geschaffen sind. Die Alliierten sind bereit, sich schneller aus dem besetzten Rheinland zurückzuziehen, als ursprünglich geplant war.

▲ *Josephine Baker in einem ihrer aufregenden Kostüme*

◀ *Stresemann (Mitte, mit Stock) und seine Delegation in Locarno*

Fahrbahnmarkierungen und Ampeln erhöhen Sicherheit

▶ **29. September 1925** ◀ In Amerika und Europa wird der zunehmende Straßenverkehr zu einem ernsten Problem. Allein in den USA gibt es mittlerweile jedes Jahr 25 000 Verkehrstote. Den Politikern dämmert, dass endlich eindeutige Verkehrsregeln erlassen und die Straßen sicher gemacht werden müssen. Die englische Regierung beschließt nun, auf den Straßen wasserfeste weiße Striche anbringen zu lassen. Sie sollen die Fahrbahnen voneinander trennen und auf besondere Gefahren hinweisen. In London werden außerdem zur Regelung des Verkehrs die ersten Ampeln aufgestellt.

1920–1929

Kamera für jedermann

Hier ist der neue Fotoapparat für jedermann, die »Leica« von der Firma Leitz aus Wetzlar. Sie ist nicht nur klein und leicht, sondern auch problemlos zu bedienen. Man muss nur einen 35-Millimeter-Film laden, um 36 Aufnahmen von hoher Qualität machen zu können. Mit der »Leica«-Kleinbild-Kamera kommen die Schnappschussjäger voll auf ihre Kosten. Die Amateurfotografie erlebt einen Boom.

Buster Keaton verzieht keine Miene

Neben Charlie Chaplin ist Buster Keaton der berühmteste Stummfilmkomiker. Zu seinem Markenzeichen gehört, dass er auch in den turbulentesten und lächerlichsten Situationen keine Miene verzieht. Am 23. Dezember 1925 wird sein Film »Go West« zum ersten Mal gezeigt. Keaton spielt darin einen Cowboy, der Freundschaft mit einer Kuh schließt und sie überallhin mitnimmt. Der 30-jährige Keaton stand mit vier Jahren zum ersten Mal auf der Bühne.

1926

Die Abenteuer des Bären »Pu«

▶ 14. Oktober 1926 ◀

»Pu der Bär« ist der Held eines Bandes mit Kindererzählungen, der in England erscheint. Zusammen mit dem ängstlichen Ferkel, der weltfremden und gelehrten Eule, dem von Selbstmitleid geplagten Esel I-Ah, dem vielbeschäftigten Kaninchen und weiteren Tieren erlebt dieser vergessliche, zerstreute, aber gutmütige Bär immer wieder neue Abenteuer.

So rennt er mit Ferkel so lange um einen Baum herum, bis er die eigenen Fußstapfen für die Spuren wilder Tiere hält und erschrocken die Flucht ergreift. Der einzige Mensch in dieser Tierwelt ist Christopher Robin, ein kleiner Junge, der wieder für Ordnung sorgt, wenn es Streit gibt oder alles verkehrt läuft. Christopher Robin heißt auch der Sohn von Alexander Milne, der »Pu der Bär« geschrieben hat. Vorbilder für Pu und die anderen Tiere waren Christopher Robins Stofftiere.

▲ Alexander Milne, der Autor von »Pu der Bär«

▲ Alexander Milnes Sohn, der wirkliche Christopher Robin, im Arm seiner Mutter

▲ Der Christopher Robin des Buches bekommt Besuch von seinen Tier-Freunden.

▲ »Pu der Bär« will Honig naschen; Illustration von E. H. Shepard.

Wagenrennen und andere Spektakel

Der teuerste Film der Welt, »Ben Hur«, kommt 1926 in die Kinos. Der Film wird zum Kassenschlager und spielt die enormen Produktionskosten von fünf Millionen Dollar schnell wieder ein. Die Zuschauer begeistern sich an spektakulären Wagenrennen und Seeschlachten. Im Mittelpunkt steht ein von den Römern zum Sklaven gemachter jüdischer Adliger, der nach einem Zusammentreffen mit Jesus von Nazareth zum Christen wird und seinen Gegnern verzeiht.

▶ »Ben Hur« spielt im alten Rom.

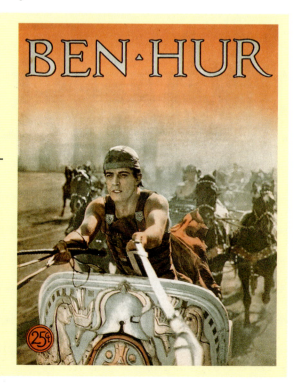

1920 – 1929

▲ Auf dieser Karte ist das britische Commonwealth der Nationen in Rosa eingezeichnet: Kanada, Australien, Neuseeland, Neufundland, Irland und Südafrika.

Briten verzichten auf Vorherrschaft

▶ **20. November 1926** ◀ Kanada, Australien, Neufundland, Südafrika und Neuseeland sind britische Kolonien, die von Weißen bewohnt oder zumindest beherrscht werden. Sie erhalten nun ihre Unabhängigkeit innerhalb des »Commonwealth«, bleiben aber dem britischen König unterstellt. Als Dominions werden sie von Großbritannien künftig als Partner behandelt. Auch der Freistaat Irland wird Dominion, muss aber die Vorherrschaft des Königs nicht anerkennen. Die englische Königin Elisabeth II. ist noch heute Staatsoberhaupt von Kanada, Australien und Neuseeland.

Muskeln kommen in Mode

Muskelmann Angelo Siciliano eröffnet in New York eine Bodybuilding-Schule für alle, die einen ähnlich eindrucksvollen Körper haben möchten wie er. Siciliano nennt sich mit Künstlernamen »Atlas« nach dem Titanen der antiken griechischen Mythologie, der die ganze Welt auf seinen Schultern getragen haben soll.

Versunkene Welten in Mexiko entdeckt

▶ **18. Februar 1926** ◀ Auf der Halbinsel Yucatán in Mexiko sind fünf Maya-Städte ausgegraben worden. Nach Schätzungen von Experten sind die ältesten der Bauten um das Jahr 300 entstanden. Ihre Bewohner waren möglicherweise Priester und Astronomen, die den heiligen Kalender der Maya überwachten und religiöse Feste organisierten. Wie die alten Ägypter hatten die indianischen Völker der Maya eine Hieroglyphenschrift für ihre gemeinsame Sprache. Da diese Schrift noch nicht entziffert werden konnte, bleibt das Geheimnis der Maya vorerst bewahrt.

▲ Detail einer Maya-Keramik

▲ »Atlas« stellt seine Kraft unter Beweis.

◀ Kaiser Hirohito

Pflanzen-Gebäude

▶ **10. Juni 1926** ◀ Drei Tage nachdem er unter einen Bus geraten war, stirbt der spanische Architekt Antoni Gaudí 74-jährig in seinem geliebten Barcelona. Er hat das Bild der Stadt mit eigenwilligen Bauten verändert. Sein Hauptwerk, die Kirche »Sagrada Familia« (heilige Familie), ist zum Zeitpunkt seines Todes allerdings noch nicht fertig, obwohl er schon 1882 mit dem Bau begonnen hat. Gaudís bizarre Gebäude sehen fast wie Pflanzen aus. Sie wirken so, als ob sie natürlich gewachsen und nicht von Menschenhand errichtet wären.

▶ Gaudís »Sagrada Familia« in Barcelona

Japaner umjubeln den neuen Kaiser

▶ **26. Dezember 1926** ◀ Der 25-jährige Kronprinz Hirohito besteigt nach dem Tod seines Vaters den japanischen Kaiserthron. Seine Untertanen, die ihn wie einen Gott verehren, nennen ihn »Tenno« oder »Tenno Heika«, was »Sohn des Himmels« bedeutet. Anders als seine Vorfahren war Hirohito schon in Europa. Trotzdem hält er an den alten japanischen Traditionen fest.

1926

Ärmelkanal von Gertrude Ederle durchschwommen

▶ **6. August 1926** ◀ Gertrude Ederle, eine 19-jährige New Yorkerin, schwimmt als erste Frau von Frankreich nach England, und zwar in der Rekordzeit von 14 Stunden und 31 Minuten. Der bisherige Rekordhalter Enrico Tirabocchi hatte zwei Stunden länger gebraucht, um den Ärmelkanal zu durchschwimmen. Diese Meeresstraße zwischen Frankreich und England trägt ihren Namen, weil sie auf der Landkarte wie ein Ärmel aussieht.

Gertrude Ederle hat 1924 bei den Olympischen Spielen die Bronzemedaille über 400 Meter Freistil gewonnen, doch ihr Ärmelkanal-Rekord zählt viel mehr, denn sie hat nicht nur ungeheure Ausdauer gezeigt, sondern auch Kälte, Stürmen und Gezeiten getrotzt.

◀ *Die Ärmelkanalschwimmerinnen Gertrude Ederle (rechts) und Lilian Cannon mit ihrem Trainer*

»Metropolis«: Stadt der Zukunft?

Der Science-fiction-Stummfilm »Metropolis«, den der Regisseur Fritz Lang 1926 in Berlin dreht, spielt im Jahr 2000. Er zeigt ein düsteres Bild der Zukunft: Die Reichen leben in der Oberstadt in Wolkenkratzern und lassen sich von den Arbeitern, die in einer unterirdischen Stadt riesige Maschinen bedienen, versorgen. Der Herrscher der Oberstadt lässt einen Roboter, die »falsche Maria«, konstruieren, um die Arbeiter endgültig zu unterdrücken. Doch dann erscheint die echte Maria, ein fast heiliges Wesen, und sorgt für Versöhnung. Besonders beeindruckend in dem Film sind die Kulissen.

▲ *Unruhen in Warschau während des Putsches*

Marschall Pilsudski putscht in Polen

▶ **14. Mai 1926** ◀ Marschall Jósef Klemens Pilsudski marschiert in die Hauptstadt Warschau ein und übernimmt nach heftigen Kämpfen die Macht in Polen. Pilsudski ist für viele ein Held: Er kämpfte im Ersten Weltkrieg dafür, dass Polen wieder ein selbständiger Staat wurde. Mit seinem Sieg im anschließenden Krieg gegen Russland trug er dazu bei, dass das neue Polen größer wurde, als ursprünglich geplant war. Nun erhoffen sich viele von Pilsudski ein Ende der Wirtschaftskrise mit Arbeitslosigkeit und Streiks. Doch der Marschall schafft als erstes die Demokratie ab. Kein Wunder, dass viele von ihm enttäuscht sind.

1920 – 1929

Zwei Flüge über den Nordpol

▶ 9./12. Mai 1926 ◀ Zwei Teams behaupten, als erste den Nordpol überflogen zu haben. Am 9. Mai starten Richard Byrd und Floyd Bennett mit dem Flugzeug in Spitzbergen, fliegen bis zum Pol und kehren zurück. Das behaupten sie jedenfalls, denn wie weit sie gekommen sind, kann ja keiner nachprüfen. Roald Amundsen und Umberto Nobile fliegen am 12. mit ihrem Luftschiff in Spitzbergen los, überqueren den Pol und landen drei Tage später in Alaska.

▲ Richard Byrd

◀ Religiöse Symbole der Muslime (links) und der Hindus

Religionsunruhen erschüttern Indien

▶ 24. April 1926 ◀ In der indischen Stadt Kalkutta kommt es wieder einmal zu Auseinandersetzungen zwischen radikalen Gruppen von Hindus und Muslime. Die Unruhen begannen vor ein paar Wochen, als Gerüchte über angebliche Greueltaten der Hindus in der Stadt verbreitet wurden. Gruppen von empörten Muslime griffen daraufhin zu den Waffen. Nun beherrschen rivalisierende Gangs die Straßen. Hunderte von Hindus und Muslime verlieren ihre Leben.

In den Fesseln des Todes

▶ 31. Oktober 1926 ◀ Der Zauberkünstler Harry Houdini, der sich mühelos aus Ketten und Handschellen befreien konnte, stirbt in Detroit an einer Bauchfellentzündung. Zwei Wochen vorher hatte Houdini vor Studenten damit angegeben, dass er mit seinen Bauchmuskeln starke Schläge abwehren könne. Ein Student boxte ihn daraufhin zweimal in den Bauch. Der Magier litt bald unter starken Schmerzen und ging ins Krankenhaus. Doch die notwendige Operation kam zu spät.

▲ Harry Houdini in Ketten

Streik legt Leben in England lahm

▶ 3. Mai 1926 ◀ Um die streikenden Bergleute zu unterstützen, gehen in England zwei Millionen Menschen neun Tage lang nicht zur Arbeit. Das öffentliche Leben wird dadurch völlig lahm gelegt. Im November müssen die Bergarbeiter ihren Streik aufgeben. Gegen die Kohlegruben-Besitzer, die ihre Löhne kürzen und die Arbeitszeit verlängern wollen, können sie sich nicht durchsetzen.

INFO • 1926 • INFO

1. Januar • Fast zwei Drittel aller Telefone, die es Anfang 1926 in der Welt gibt, stehen in Amerika

12. Januar • Das Pasteur-Institut in Paris meldet, dass es einen Impfstoff gegen Tetanus (Wundstarrkrampf) gefunden hat

21. April • Der britische König Georg V. wird zum ersten Mal Großvater. Seine Enkelin, Prinzessin Elisabeth, wird 1952 selbst Königin von England

Martha Grahams neuer Tanzstil

Drei Jahre nach ihrem Umzug nach New York eröffnet die 31-jährige Martha Graham 1926 ein Tanzstudio. Die Tänzerin und Tanzlehrerin hat einen ganz neuen Stil entwickelt, der auf der Einheit von Atmung und Bewegung beruht. Tanz ist für sie »Sprache der Seele«, also vor allem ein Ausdruck von Gefühlen. Martha Grahams Tanzgruppe besteht zunächst nur aus Frauen, später kommen einige wenige Männer hinzu.

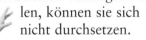

GOLDENE ZEITEN

Das Jahrzehnt nach dem Ersten Weltkrieg wird im Rückblick häufig als »die goldenen zwanziger Jahre« bezeichnet, denn in Europa und Amerika ging es vielen Leuten nicht nur finanziell gut, sie verstanden auch das Leben zu genießen. In Amerika spricht man auch von den »roaring twenties«, also den »brausenden Zwanzigern«. Doch das goldene Jahrzehnt nahm kein gutes Ende. 1929 kam es an der Börse in New York zum Crash. Die Aktienkurse stürzten in den Keller. Daraufhin brachen mehrere Banken zusammen, und viele Firmen gingen Konkurs. Eine hohe Arbeitslosigkeit und Massenarmut in Amerika und Europa waren die Folge.

Saxophon

Das Zeitalter des Jazz

Es gibt noch eine weitere englische Bezeichnung für die goldenen 20er Jahre: »Jazz age«, was auf deutsch »Zeitalter des Jazz« bedeutet. Jazz war in den 20er Jahren außerordentlich populär. Diese neue Art von Musik wurde Ende des 19. Jahrhunderts von Afroamerikanern entwickelt, also von Nachkommen der als Sklaven nach Amerika verschleppten Afrikaner.

Der Jazz verbindet Elemente aus der afrikanischen und der amerikanisch-europäischen Volksmusik. Typisch für ihn ist der mitreißende, vorwärtstreibende Rhythmus. Erst seit 1917 nennt man diese Musik »Jazz«, und was das Wort eigentlich bedeutet, wissen die Sprachforscher bis heute nicht.

Die Afroamerikaner (schwarze Amerikaner) lebten vor allem in den Südstaaten der USA. Als Anfang der 20er Jahre viele von ihnen nach Norden zogen, verbreitete sich der Jazz auch in den Großstädten der Nordstaaten, vor allem in Chicago und New York. 1922 wurde im New Yorker Stadtteil Harlem der Cotton Club eröffnet, der 700 Zuschauern Platz bot. Hier trat der Jazztrompeter Louis Armstrong auf, hier feierte der Pianist Duke Ellington mit seinem »Dschungel-Stil« ab 1927 große Erfolge. Ellington trat als erster mit einem großen Jazzorchester, der Bigband, auf.

◀ *Louis Armstrong, »Satchmo« genannt, ist der berühmteste Jazzmusiker überhaupt. Er kam 1900 in New Orleans zur Welt und lernte in einer Reformschule Trompete spielen.*

▶ *Im Cotton Club in New York treten viele berühmte schwarze Jazzmusiker auf, doch die Zuschauer sind meistens Weiße.*

Neuer Modestil

Die Frauen, die in den 20er Jahren jung waren, wollten es auch in der Mode lässiger und angenehmer haben als ihre Mütter. Sie zwängten sich nicht mehr in einengende Fischbeinkorsetts und bis zum Boden reichende unbequeme Kleider mit unförmigen Unterröcken. Die Kleider, die sie trugen, reichten gerade bis zum Knie und waren bequem und weit geschnitten. Die moderne Frau der 20er hatte einen »Bubikopf«, also kurze Haare, sie schminkte sich und legte gern auffälligen Modeschmuck an. Eine der führenden Modeschöpferinnen der 20er Jahre war die Französin Coco Chanel. Sie hatte während ihrer Zeit als Rot-Kreuz-Helferin im Ersten Weltkrieg erkannt, dass zur Befreiung der Frau auch eine Kleidung gehört, in der sie sich frei und ungezwungen bewegen kann.

Auch die jungen Männer trennten sich in den 20er Jahren vom Stil der Vorkriegszeit mit hohen steifen Hemdkragen und eng anliegendem »Gehrock«. Sie trugen Hemden und Anzüge aus weichen Stoffen mit bequemen weiten Hosen.

▲ *Modisches Zubehör*

Modetanz Charleston

Der beliebteste Modetanz der 20er Jahre ist der Charleston, der aus Amerika auch nach Deutschland kommt. Typisch sind schnelle Wechselschritte und schlenkernde Beinhebungen. Die Tanzpartner berühren sich beim Tanzen nicht, sondern führen nebeneinander dieselben Bewegungen aus.

▶ *Der Charleston wird mit angewinkelten Beinen und Armen getanzt.*

1920 wurde ein Höhenflug-Weltrekord aufgestellt. Ein von Karl Maybach konstruiertes Flugzeug erreichte eine Flughöhe von 10 093 Meter.
•
1927 hatte der erste Tonfilm Premiere. Die ersten Worte, die in »Der Jazzsänger« erklangen, waren: »Bisher habt ihr nie etwas gehört!«
•
1929 gab es in Deutschland mehr als eine Million Kraftfahrzeuge.
•
Anfang der 20er Jahre kreierte Coco Chanel ihr berühmtes Parfüm »No 5«.

▲ *Nicht nur auf die Kleider, auch auf den Kopfschmuck legt die moderne Frau großen Wert. Beliebt sind neben Kopftüchern die »Topfhüte«.*

▶ *Ganz besonders mutige Frauen kleiden sich im »Garçon-Stil« mit Herrenanzug, Weste und Krawatte.*

▲ Abenteurer und Flugpionier: Charles Lindbergh

▲ Charles Lindbergh vor seinem Flugzeug, der »Spirit of St. Louis«

Alleinflug über den Atlantik

▶ **21. Mai 1927** ◀ Nach einem einsamen Flug von 33 1/2 Stunden Dauer landet der amerikanische Postflieger Charles Lindbergh wohlbehalten auf dem Pariser Flughafen und wird dort von einer jubelnden Menschenmenge empfangen. Er hat als Erster den Atlantik in einem Nonstop-Alleinflug überquert.

Lindbergh war mit seinem Eindecker »Spirit of St. Louis« in New York gestartet. Ein Funkgerät und Navigationsinstrumente (außer einem Kompass) konnte er aus Gewichtsgründen nicht mitnehmen, denn das Flugzeug war extra für möglichst große Treibstoffvorräte konstruiert.

Zwar haben vor Lindbergh schon 69 Menschen den Atlantik in der Luft überquert, er ist jedoch der erste, der dieses Abenteuer allein, ohne Zwischenlandung und bis zum europäischen Festland unternimmt. Seine Vorgänger waren meistens in Irland gelandet. Er bekommt für seine Pionierleistung einen Preis von 25 000 Dollar.

Zehnjähriger Geiger umjubelt

Begeistert applaudieren die Franzosen dem amerikanischen Geiger Yehudi Menuhin, der am 6. Februar 1927 in Paris ein Konzert gibt. Er spielt die »Symphonie espagnole« von Edouard Lalo, ein sehr schweres Stück, das bei ihm aber so leicht klingt wie Vogelgezwitscher. Das Erstaunlichste ist: Yehudi Menuhin ist gerade mal zehn Jahre alt. Seinen ersten Auftritt hatte er schon mit sieben Jahren. Doch nun startet der kleine Yehudi eine große Karriere.

In China gibt es drei Regierungen

▶ **18. April 1927** ◀ In der chinesischen Stadt Nanking lässt der Militärführer Chiang Kai-shek eine Regierung ausrufen. Ihr gehören nur Mitglieder seiner Partei, der Kuomintang, an. Seine Truppen haben im März die Stadt Schanghai erobert. Es gibt nun drei chinesische Regierungen, eine in der Hauptstadt Peking, eine in der Stadt Wuhan und die neue mit Sitz in Nanking. Vor allem in ihrer Haltung gegenüber den Fremden, die in China leben und hier ihre Geschäfte treiben, unterscheiden sich die Regierungen voneinander. Sie bekämpfen sich nicht nur mit Worten, sondern auch mit Waffen: Noch immer herrscht blutiger Bürgerkrieg in China.

1920 – 1929

INFO • 1927 • INFO

7. Juli • In Deutschland wird eine Pflichtversicherung gegen Arbeitslosigkeit eingeführt

14. September • Die Tänzerin Isadora Duncan stirbt bei einer Fahrt mit dem Kabrio. Ihr Schal gerät in die Speichen eines Autoreifens und erdrosselt sie

22. September • In der britischen Kolonie Sierra Leone (Afrika) wird die Sklaverei abgeschafft

▲ *Modern und zweckmäßig sind die Wohnungen der Mustersiedlung Weißenhof.*

Mustersiedlung von 17 Architekten

▶ **23. Juli 1927** ◀ In Stuttgart-Weißenhof wird die Ausstellung »Die Wohnung« eröffnet, in der eine Mustersiedlung vorgestellt wird. 17 der berühmtesten Architekten aus dem In- und Ausland haben die 60 Wohneinheiten der Weißenhof-Siedlung entworfen. Die Häuser der Siedlung sind exakt auf die Bedürfnisse ihrer Bewohner zugeschnitten. Sie bieten einen hohen Komfort, sind durch die Verwendung von Fertigbauteilen aber trotzdem verhältnismäßig billig.

Erster Tonfilm hat in New York Premiere

Bisher wurde im Kino Klavier gespielt, denn im Stummfilm konnte man die Schauspieler nicht hören, sondern ihre Worte nur auf Texttafeln lesen. Diese Zeit neigt sich nun dem Ende zu. In New York hat am 23. Oktober 1927 der erste Tonfilm, »Der Jazzsänger«, Premiere.

Stalin entmachtet seine Gegner

▶ **15. November 1927** ◀ Neben Wladimir I. Lenin war Leo Trotzki einer der Führer der Oktoberrevolution, in der die Kommunisten 1917 die Macht in Russland übernahmen. Nun, zehn Jahre danach, verliert er alle seine Ämter, wird aus der Kommunistischen Partei der Sowjetunion (so heißt das Land mittlerweile) ausgeschlossen und in die Stadt Alma Ata im fernen Kasachstan verbannt. Dies hat Josef Stalin angeordnet, der nach 1924 zum allmächtigen Herrscher in der Partei und im Land aufgestiegen ist. Außer Trotzki verlieren andere wichtige Männer der Partei ihre Mitgliedschaft. Sie standen in Opposition zu Stalin und Kritik kann der Diktator offenbar nicht vertragen.

◀ *Leo Trotzki beim Angeln in Alma Ata*

Frühmenschen entdeckt

▶ **März 1927** ◀ Überreste eines Vorfahren des modernen Menschen werden in der Nähe von Peking gefunden. Davidson Black, ein kanadischer Professor, der in China unterrichtet, kann aufgrund eines einzigen Zahns feststellen, dass es sich um eine bisher unbekannte Art von Frühmenschen handelt. Weitere Funde bestätigen dies. Der Pekingmensch lebte vor etwa 350 000 Jahren.

▶ *Schädel des Pekingmenschen*

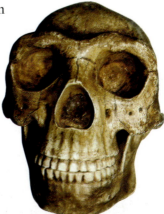

Schilder regeln den Verkehr

Das Autofahren wird in Amerika leichter und sicherer, denn es werden im ganzen Land einheitliche Verkehrsschilder aufgestellt. Vorher gab es in jedem Bundesstaat der USA andere Verkehrsschilder, so dass die Orientierung schwer fiel. Eine Expertengruppe der Regierung hat die neuen Schilder entworfen.

1928

Wissenschaftler entdeckt per Zufall einen Wunder-Heilpilz

▼ Die Globetrotters machen Basketball zur Show.

Basketball in neuer Dimension

Die Harlem Globetrotters unternehmen 1928 ihre erste Tournee durch die USA. Zu dieser Mannschaft haben sich 1926 in Chicago einige Profi-Basketballer zusammengeschlossen. Zuerst sind sie mit einem Lieferwagen herumgefahren und in der Umgebung aufgetreten, doch nun starten sie zu einer ersten größeren Tour. Für die Harlem Globetrotters ist Basketball kein Sport, sondern sie machen das Spiel zur Unterhaltungsshow. Mit verblüffenden technischen Tricks und einstudierten Spielereien bringen sie die Zuschauer zum Staunen, aber auch zum Lachen.

▼ Der Vertrag wird in Paris unterzeichnet.

▶ **September 1928** ◀ Der schottische Wissenschaftler Alexander Fleming macht per Zufall eine Entdeckung, die Millionen Menschen das Leben retten wird: Er stellt fest, dass der Schimmelpilz Penicillium notatum Bakterien abtötet. Der Stoff mit dieser wundersamen Wirkung wird später Penizillin genannt. Es trägt dazu bei, dass Infektionskrankheiten wie Lungenentzündung geheilt werden können. Vorher waren solche von Bakterien verursachten ansteckenden Krankheiten häufig tödlich verlaufen.

Fleming stellt Untersuchungen mit Bakterien an. Er bewahrt sie in kleinen Schalen in einer Nährlösung auf. Auf einer der Nährlösungen bildete sich nach einigen Tagen wegen einer Verunreinigung Schimmel. Meistens werden solche Lösungen einfach weggeschüttet. Doch Fleming macht die Beobachtung, dass in der Nähe des Schimmelpilzes die Bakterien zerstört sind. Der Pilz kann also Krankheitserreger abtöten! Erst nach zehn Jahren weiterer Forschung kann das Penizillin als Medizin eingesetzt werden. Später kommen weitere Antibiotika hinzu.

▶ *In der Nährlösung wächst der Schimmelpilz Penicillium notatum.*

▲ *Fleming bei der Arbeit im Laboratorium*

Die Entdeckung geschah per Zufall.

Penizillin zerstört Bakterien, greift aber menschliche Zellen nicht an.

Fleming entdeckte, dass es auch in 800-facher Verdünnung noch wirksam ist.

Ein Pakt soll Frieden sichern

▶ **27. August 1928** ◀ Nie wieder soll es Krieg geben. Das meinen nicht nur Millionen Menschen in aller Welt, sondern auch viele Politiker. Staatsmänner aus 15 der mächtigsten Länder kommen nach Paris und unterzeichnen einen Pakt. Darin erklären sie feierlich, dass ihr Land nie wieder einen Krieg anfangen wird. Nur wenn sie von einem anderen Land angegriffen werden, wollen sie sich verteidigen.

Ärzte gehen in die Luft

▶ **15. Mai 1928** ◀ Australien ist so dünn besiedelt, dass bei schwerer Krankheit der Arzt mit dem Auto häufig zu lange braucht, um dem Patienten noch helfen zu können. Deshalb wird ein Flugdienst eingerichtet. Per Funk kann man Kontakt mit dem fliegenden Doktor aufnehmen.

1920 – 1929

▲ Ein Kranker atmet mit Hilfe der eisernen Lunge.

Eiserne Lunge hilft Menschenleben retten

▶ 12. Oktober 1928 ◀ In einer Kinderklinik in der amerikanischen Stadt Boston kommt zum ersten Mal eine eiserne Lunge zum Einsatz. Dieses Gerät hilft Menschen, deren Lungen nicht mehr funktionieren, beim Atmen. Der Erfinder ist Philip Drinker von der Harvard Universität.

Der Apparat sieht wie ein großer Metalltank aus. Der Patient wird hineingelegt und die große Luke an einem Ende wird geschlossen. Nur der Kopf des Patienten ragt heraus und ein Gummiring schließt sich so eng um seinen Nacken, dass der Tank luftdicht ist. Wenn nun der Druck in der eisernen Lunge gesenkt wird, dehnt sich der Brustkorb des Kranken aus, so dass er Luft in seine Lungen zieht. Wenn dann der Druck in der eisernen Lunge wieder steigt, wird die Luft aus den Lungen ausgestoßen. Durch den Wechsel von hohem und niedrigem Druck im Tank kann der Kranke über eine längere Zeit »beatmet« werden.

Der junge Patient in Boston, der zum ersten Mal in eine eiserne Lunge gelegt wird, leidet an Kinderlähmung. Dies ist eine durch einen Virus hervorgerufene Krankheit, die zu Lähmungen der Arme und Beine führt. In besonders schweren Fällen sind auch die Atemorgane betroffen, so dass der Patient nicht mehr selbst atmen kann. – Seitdem 1954 ein Impfstoff eingeführt wurde, hat die Kinderlähmung ihren Schrecken weitgehend verloren.

Fünfjahresplan für russische Industrie

▶ 1. Oktober 1928 ◀ In der Sowjetunion (so heißt der kommunistische Staat, zu dem auch Russland gehört) tritt der erste Fünfjahresplan in Kraft. Er legt Ziele fest, die die Industrie in fünf Jahren erreichen soll, zum Beispiel wie viel Stahl erzeugt wird. Der Plan soll bewirken, dass die Fabriken besser und schneller arbeiten. Auch in den Dörfern gibt es Neuerungen: Die Bauern verlieren ihr Land. Es wird nun gemeinsam von allen Dorfbewohnern bestellt.

◀ Staudämme liefern Energie für sowjetische Fabriken.

INFO • 1928 • INFO

19. Februar • Bei den Olympischen Winterspielen in St. Moritz (Schweiz) ist Norwegen die erfolgreichste Nation

8. Juni • Chiang Kai-shek und seine Truppen erobern Peking

20. Juni • Der norwegische Forscher Roald Amundsen kehrt von einem Rettungsflug in die Arktis nicht zurück

5. November • Das Luftschiff »Graf Zeppelin« landet nach einem Amerikaflug sicher in Berlin

Rasieren ohne Blutvergießen

Der Amerikaner Jacob Schick tüftelt an einer Erfindung, die vielen Männern das Leben leichter machen könnte: einem Rasierapparat, der von einem kleinen Elektromotor angetrieben wird. Er macht das Rasieren sicherer, denn nun kann man sich nicht mehr, wie mit der Rasierklinge, schneiden. Schick braucht noch drei Jahre, bis seine Erfindung marktreif ist. Der Rasierer wird ein Erfolg.

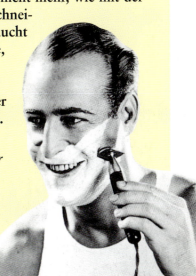

▶ Sichere Rasur mit dem neuen, elektrisch betriebenen Apparat

1928

Mickymaus tritt im Tonfilm auf

▶ **19. September 1928** ◀ Großer Jubel im Colony Theater in New York: Dort wird in der Kindervorstellung der Zeichentrick-Kurzfilm »Dampfschiff Willie« von Walt Disney gezeigt. Der Film ist für die damaligen Verhältnisse technisch sehr raffiniert. Zum Beispiel verwandelt sich die Schiffsladung, zu der auch Tiere gehören, plötzlich in ein Orchester. Noch eine andere große Neuerung kommt hinzu: Erstmals können die gezeichneten Filmfiguren sprechen. »Dampfschiff Willie« ist nämlich der erste Zeichentrick-Tonfilm.

Der Star des Films ist eine Maus namens Micky. Sie ist von Walt Disneys Freund, dem Zeichner Ub Iwerks, 1926 erfunden worden. Die kleine Micky-Maus – sie hieß zuerst Mortimer – ist schon in mehreren Comics und in zwei kurzen Stummfilmen aufgetreten. Nun erhält sie endlich eine Stimme. Walt Disney selbst spricht sie. Weitere Filme mit der Micky-Maus sind geplant. Doch damals ahnt noch keiner, wie berühmt und beliebt die Maus einmal bei den Kindern überall in der Welt werden wird.

▲ *Sprechende Filmfigur Mickymaus*

Jazz-Star Duke Ellington

▶ **1928** ◀ Der Cotton Club im Stadtteil Harlem ist Ende der 20er Jahre der Ort in New York, wo am meisten los ist. Auch anderswo wird Jazz gespielt, doch hier treten die größten Stars auf. Im Moment ist Bigband-Jazz im Kommen, also Musik, die von einem großen Orchester gespielt wird. Im Cotton Club feiert Duke Ellington die größten Triumphe. Er schreibt die Stücke für seine Bigband selbst und leitet das Orchester vom Klavier aus. Auch außerhalb von New York ist er durchs Radio populär.

◀ *Duke Ellington, Pianist, Bandleader und Jazzkomponist*

Ist sie eine russische Prinzessin?

▲ *Anastasia als Kind*

▶ **6. Februar 1928** ◀ In New York trifft eine Einwanderin ein, in deren Pass der Name Tschaikowski steht. Doch sie behauptet, die Tochter des letzten russischen Zaren zu sein und Prinzessin Anastasia zu heißen. Die Zarenfamilie wurde 1918 ermordet, es gibt aber Gerüchte, dass einige Familienmitglieder fliehen konnten. Der Sohn eines Arztes des Zaren meint Prinzessin Anastasia zu erkennen, andere haben ihre Zweifel.

1920 – 1929

◀ Neben Autos werden auch Bobs mit Raketen angetrieben.

Experimente mit dem Raketenauto

▶ **11. April 1928** ◀ Das erste von Raketen angetriebene Auto startet auf der Rennstrecke der Opel-Werke in Rüsselsheim. Es beschleunigt in acht Sekunden von null auf hundert Stundenkilometer. Das hat vorher noch kein mit Benzin angetriebener Rennwagen geschafft. Am 23. Mai wird ein weiterer Test mit einem verbesserten Raketenauto, »RAK II«, auf der Berliner Rennstrecke Avus durchgeführt. Dabei erreicht das Fahrzeug eine für damalige Verhältnisse beachtliche Höchstgeschwindigkeit von 230 Stundenkilometern. Das Auto wird von 24 aus dem Heck ragenden Pulverraketen angetrieben. Sie explodieren beim Start mit viel Lärm. Am Steuer sitzt Fritz von Opel, der das Fahrzeug zusammen mit dem Techniker Maximilian Valier entworfen hat. Fritz von Opel ist der Enkel von Adam Opel, der 1898 die Opel-Werke gründete.

Wahlrecht auch für junge Engländerinnen

▶ **7. Mai 1928** ◀ Zumindest am Wahltag haben die englischen Frauen endlich dieselben Rechte wie die Männer. Sie dürfen, sobald sie 21 Jahre alt sind, wählen und sich wählen lassen. 1917 erhielten nach langen Kämpfen Engländerinnen über 30 das Wahlrecht. Nun werden die Frauen auch beim Wahlalter den Männern gleichgestellt.

»Emil und die Detektive«

Der Schüler Emil Tischbein fährt allein nach Berlin, um seine Großmutter zu besuchen, und wird im Zug bestohlen. Er hat zwar einen Mann im Verdacht, mag sich aber nicht bei der Polizei melden. In Berlin lernt Emil Gustav kennen, der seine Freunde alarmiert. Gemeinsam machen sich die Kinder auf die Suche nach dem Dieb und können ihn entlarven. Er ist ein gesuchter Bankräuber. Diese Geschichte erzählt Erich Kästner in seinem spannenden Jugendroman »Emil und die Detektive«, der 1928 erscheint.

▶ Emil und seine Freunde im Schwimmbad

◀ Lina Radke-Batschauer (links), Goldmedaillengewinnerin in Amsterdam

Olympia mit Frauen-Leichtathletik

▶ **12. August 1928** ◀ In Amsterdam gehen die neunten Olympischen Spiele zu Ende, an denen etwa 3000 Sportlerinnen und Sportler aus 46 Ländern teilgenommen haben. Zum ersten Mal gibt es auch olympische Frauen-Wettbewerbe in der Leichtathletik. Den 800-Meter-Lauf gewinnt die Deutsche Lina Radke-Batschauer in der Weltrekordzeit von 2 Minuten und 16,8 Sekunden. Die anderen Teilnehmerinnen sind nach der anstrengenden Strecke so erschöpft, dass dieser Wettbewerb aus dem olympischen Frauenprogramm erst einmal wieder gestrichen wird.

1920

1921

▼ *Emil Jannings mit dem »Oscar« als bester Schauspieler*

Die ersten »Oscars«

1922

Am 16. Mai vergibt in Hollywood die Akademie für Filmkunst zum ersten Mal ihre Preise. Alle Gewinner erhalten die 33 Zentimeter hohe vergoldete Statue eines Mannes, der auf einer Filmrolle steht. Ab 1931 werden die Preise liebevoll »Oscar« genannt.

1923

1924

1925

1926

1927

1928

1929

1929

Am Anfang war ein Riesenknall

▶ **1929** ◀ Der amerikanische Astronom Edwin Hubble findet Beweise für seine »Urknall-Theorie«. Er ist überzeugt, dass das Universum einst ein einziger dichter Ball gewesen ist, der mit ungeheurer Kraft explodierte und dessen Teile seither immer weiter auseinander streben.

Seit längerem weiß man, dass die Erde um die Sonne kreist und dass die Sonne nur einer von vielen Sternen in einem riesigen System ist, das man Milchstraße nennt. 1924 hat Hubble nachgewiesen, dass unsere Milchstraße nicht die einzige Galaxie ist. Jetzt kann er zeigen, dass diese Galaxien sich von uns wegbewegen, was beweist, dass das Universum sich ausdehnt. Er hat auch entdeckt, dass die Milchstraßensysteme sich um so schneller bewegen, je weiter sie entfernt sind. Für seine Studien über ferne Galaxien benutzt Hubble das leistungsstarke Teleskop im Mount Wilson Observatorium in den USA.

▲ *Hubble entdeckt, dass es viele Galaxien gibt.*

Hubble war der Ansicht, das Universum sei vor zwei Milliarden Jahren entstanden, doch glauben die Wissenschaftler heute, dass es sogar noch zehnmal älter sein könnte.
● In unserem Milchstraßensystem gibt es ungefähr 100 000 000 000 Sterne.

▲ *Ein erfolgloser Geldanleger versucht, sein Auto zu verkaufen.*

»Schwarzer Freitag«

▶ **24. Oktober 1929** ◀ An der New Yorker Börse brechen an diesem Freitag die Aktienkurse zusammen. Erst sinken ein paar Kurse, dann geraten die Anleger in Panik und verkaufen zu jedem Preis. Im Laufe des Tages wechseln 12 894 650 Aktien den Besitzer, die Kurse fallen um bis zu 90 Prozent. In den USA haben wegen der guten Wirtschaftslage viele Menschen Aktien gekauft, deshalb sind die Kurse enorm gestiegen. Jetzt sind viele Firmen und Geldanleger ruiniert. Mindestens elf Menschen begehen Selbstmord. Der Börsenkrach ist der Beginn der Weltwirtschaftskrise mit Massenarbeitslosigkeit und großer Not.

Tim und Struppi

Tim, ein junger Reporter mit Sinn für Abenteuer, ist erstmals in einer belgischen Zeitung zu bewundern. Er ist der Held eines Comicstrips, den Georges Rémi unter dem Pseudonym »Hergé« gezeichnet hat. Tim hat auffallend rotes Haar und wohin er auch geht, folgt ihm sein kleiner weißer Hund Struppi. Der junge Held braucht immer wieder all seinen Grips, um zu überleben.

▼ *Tim mit seinem treuen Freund*

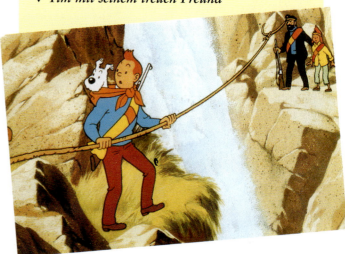

Sowjetische Bauern leisten Widerstand

▶ **1929** ◀ Die Bauern in der Sowjetunion werden gezwungen, sich mit ihrem Land und Besitz zusammenzuschließen. Dies ist Teil des Fünfjahresplans, der 1928 beschlossen wurde. Doch viele Bauern widersetzen sich der Kollektivierung. Sie schlachten ihr Vieh, um es nicht abgeben zu müssen, auch wenn sie furchtbare Strafen riskieren. Schließlich werden weniger Nahrungsmittel hergestellt als zuvor und 1932/33 verhungern in der Sowjetunion zehn Millionen Menschen.

▲ *Russische Bauern protestieren gegen die Kollektivierung.*

1920 – 1929

Tod einer Legende

▶ **13. Januar 1929** ◀ Wyatt Earp, Marshall und Glücksspieler, stirbt in Los Angeles. Die berühmteste Episode aus seinem Leben ist die Schießerei am OK-Corral 1881, bei der sich Earp, seine Brüder und seine Freunde Doc Holliday und Bat Masterson ein Feuergefecht mit den Clantons lieferten. Bis heute ist unklar, wer bei diesem Vorfall die Bösen und wer die Guten waren. Doch ein 1928 erschienenes Buch von Stuart Lake machte Earp und seine Leute zu Helden. Später wird die Schießerei zum Thema vieler Filme.

▲ *Wyatt Earp (Mitte) mit Freunden*

Über den Krieg

▶ **1929** ◀ Ein Roman über die Schrecken des Ersten Weltkriegs wird in Deutschland zum Bestseller: »Im Westen nichts Neues« von Erich Maria Remarque, der selbst Soldat war. Er erzählt von jungen Deutschen, die sich freiwillig melden, weil sie »Helden« sein und für ihr »Vaterland« kämpfen wollen. In den Schützengräben stellen sie fest, was Krieg bedeutet – Angst, Schmutz, Verstümmelung, Tod.

Massaker am Valentinstag

▶ **14. Februar 1929** ◀ Der Gangsterkrieg in Chicago wird immer brutaler. Sieben Mitglieder der Bande von »Bugsy« Moran werden erschossen. Die Polizei ist überzeugt, dass Al Capone der Anstifter des Verbrechens ist, aber man kann ihm wieder einmal nichts nachweisen. Seit 1925 hat Capone die illegalen Geschäfte in Chicago – Prostitution, Glücksspiel, Alkoholschmuggel, Erpressung von sogenannten Schutzgeldern – total unter Kontrolle und er will seine Gewinne mit niemandem teilen. Allerdings hat der Gangsterboss auch selbst Angst: Sein Schlafzimmer ist in einer riesigen Stahlkammer untergebracht.

▲ *Al Capone*

INFO • 1929 • INFO

11. Februar • Vatikanstadt wird ein eigener Staat

4. April • Der Autopionier Carl Benz stirbt

1. Juli • Popeye, der Seemann, hat seinen ersten Auftritt in einem amerikanischen Comic

29. August • Das deutsche Luftschiff »Graf Zeppelin« landet nach einem Flug rund um die Erde in New Jersey

29. November • Der amerikanische Forscher Richard Byrd überfliegt als erster den Südpol

FUSSBALL & BASEBALL

Hunderttausende in den Stadien und Millionen vor den Fernsehgeräten haben Woche für Woche nur eins im Kopf: Fußball! Und Millionen Kinder und Jugendliche »bolzen« auf der Straße, im Hinterhof oder auf einer Wiese. Weltweit ist Fußball das beliebteste Ballspiel. Und das Herz jedes Fans schlägt höher, wenn alle vier Jahre die besten Fußballnationen um den Weltmeistertitel kämpfen.

Die USA bilden eine Ausnahme. Natürlich wird auch hier Fußball gespielt, aber der wirkliche Nationalsport ist Baseball. Saisonhöhepunkt dieser Sportart ist die World Series, in der die Ersten der beiden besten Profi-Ligen – American League und National League – gegeneinander antreten.

Das Zubehör

Beim Baseball trägt der Schlagmann einen Schutzhelm und benutzt einen 106 Zentimeter langen, runden Schläger. Der Werfer schleudert einen kleinen Lederball auf den Schlagmann. Der Fänger hockt hinter dem Schlagmann. Er trägt den schweren Fanghandschuh und Schutzkleidung.

Helm, Schläger, Ball, Fanghandschuh

◀ Babe Ruth ist bis heute einer der populärsten Baseballspieler. Seinen Ruhm erwarb er als Schlagmann für die Yankees. Insgesamt schlug er 714 home runs, also Läufe über alle vier Male bei eigenem Schlag.

Stars im Stadion

Die New York Yankees sind das erfolgreichste Baseball-Team seit der Einführung der World Series. Ihre größten Zeiten erlebten sie mit den Stars Babe Ruth und Joe DiMaggio. Ruth kam 1920 von den Boston Red Sox zu den Yankees. In seiner ersten Saison stellte er mit 54 home runs einen Rekord auf. 1927 brachte er es sogar auf 60 home runs – bis 1961 ungeschlagen. 1935 trat Babe Ruth vom aktiven Sport zurück. 1936 kam Joe DiMaggio von den San Francisco Seals zu den Yankees – und schlug in seiner ersten Saison 29 home runs. Mit ihm gewannen die Yankees viermal hintereinander die World Series, von 1936 bis 1939. DiMaggio, der 1951 den aktiven Sport aufgab, wurde noch aus einem anderen Grund berühmt – er heiratete 1954 die Schauspielerin Marilyn Monroe.

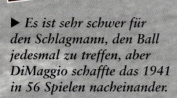

▶ Es ist sehr schwer für den Schlagmann, den Ball jedesmal zu treffen, aber DiMaggio schaffte das 1941 in 56 Spielen nacheinander.

▶ Die Mannschaft aus Uruguay gewinnt das olympische Fußball-Turnier 1924 und 1928. Bei der ersten Weltmeisterschaft 1930 sind sie die Top-Favoriten.

Uruguay gewinnt den ersten Weltcup

Ganz Uruguay fiel in einen Freudentaumel, als die Nationalelf am 30. Juli 1930 die erste Fußballweltmeisterschaft gewann. Der Fußballweltverband FIFA hatte schon oft ein weltweites Turnier vorgeschlagen. Aber die Begeisterung hielt sich in Grenzen. Nur vier europäische Teams waren bei der ersten WM dabei – Rumänien, Frankreich, Belgien, Jugoslawien. Die übrigen Teilnehmer waren die USA, Mexiko und sieben südamerikanische Teams.

Pelés Traumkarriere

Der brasilianische Stürmer Pelé ist als bester Spieler aller Zeiten in die Fußballgeschichte eingegangen. Er schoss 1090 Tore in 1114 Spielen für seinen brasilianischen Club Santos – also fast in jedem Spiel ein Tor. Mit 16 Jahren durfte er 1957 erstmals in der Nationalmannschaft mitspielen. Im folgenden Jahr schoss er zwei Tore im WM-Finale gegen Schweden. Der Titel ging an Brasilien. Die letzten beiden Jahre seiner Karriere spielte er für Cosmos New York. Sein Abschiedsspiel machte er 1977. Bis 1998 war Pelé Sportminister von Brasilien.

Fußball-Weltmeister seit 1930

1930 Uruguay (gegen Argentinien 4:2)
1934 Italien (gegen Tschechoslowakei 2:1)
1938 Italien (gegen Ungarn 4:2)
1950 Uruguay (gegen Brasilien 2:1)
1954 Westdeutschland (gegen Ungarn 3:2)
1958 Brasilien (gegen Schweden 5:2)
1962 Brasilien (gegen Tschechoslowakei 3:1)
1966 England (gegen Westdeutschland 4:2)
1970 Brasilien (gegen Italien 4:1)
1974 Westdeutschland (gegen Holland 2:1)
1978 Argentinien (gegen Holland 3:1)
1982 Italien (gegen Westdeutschland 3:2)
1986 Argentinien (gegen Westdeutschland 3:2)
1990 Deutschland (gegen Argentinien 1:0)
1994 Brasilien (gegen Italien 3:2)

30ER JAHRE

1930

Arbeitslosigkeit und Armut bestimmten in den 30er Jahren das Leben vieler Menschen. In den USA versuchte Präsident Franklin Roosevelt mit einem Reformprogramm die Lage zu verbessern. In mehreren europäischen Ländern setzten sich faschistische Diktaturen fest und brachten unendliches Leid über die Menschen: In Deutschland kamen Adolf Hitler und seine extrem nationalistische und rassistische NSDAP an die Macht. In Italien regierte Benito Mussolini und in Spanien erkämpfte sich Francisco Franco in einem blutigen Bürgerkrieg die Herrschaft. Am Ende des Jahrzehnts brach erneut ein verheerender Weltkrieg aus, der zweite innerhalb von 25 Jahren.

▼ Fisch, Obst und Gemüse sind die ersten Tiefkühlwaren.

▼ »Mahatma« bedeutet »dessen Seele groß ist«. Gandhi will erreichen, dass die Inder gemeinsam für ihre Unabhängigkeit kämpfen.

Gandhis friedlicher Widerstand

▶ **6. April 1930** ◀ Der Führer der indischen Unabhängigkeitsbewegung, Mahatma Gandhi, und seine Anhänger erreichen nach einem Protestmarsch über 483 Kilometer die Küste am Golf von Cambay. Dort hebt Gandhi eine Handvoll Meersalz auf, um zu zeigen, dass er ein Gesetz übertreten will, das den Indern die Herstellung von Salz verbietet. Seit über 500 Jahren wird Indien mehr oder weniger von Europäern beherrscht, denn die Gewürze, die es dort gibt, Stoffe und Kleidung, die dort hergestellt werden, sind eine gute Handelsware. Jetzt ist das Land eine britische Kolonie, doch fordern immer mehr Inder ihre Unabhängigkeit. Gandhi ruft seine Anhänger auf, nicht mit den Behörden zusammenzuarbeiten und ungerechte Gesetze zu übertreten, selbst wenn man dafür ins Gefängnis kommt. Sein wichtigstes Prinzip ist es, auf Gewalt zu verzichten.

Birdseye entdeckt Marktlücke

Der New Yorker Geschäftsmann Clarence Birdseye entwickelt eine Methode, um Nahrungsmittel schnell einzufrieren. Seine Produkte sind die ersten Tiefkühlwaren, die fast so gut schmecken wie frische Lebensmittel. Birdseye hat seine Idee aus Labrador in Kanada, wo die Menschen im Winter Essen einfrieren.

Erde hat neuen Nachbarn

▶ **18. Februar 1930** ◀ Ein neuer Planet wird entdeckt! Der Astronom Clyde Tombaugh vom Lowell Observatorium in Arizona (USA) findet den Himmelskörper, als er Bilder untersucht, die Ende Januar vom Nachthimmel gemacht wurden. Der Planet, der weiter von der Sonne entfernt ist als alle bisher bekannten, erhält den Namen Pluto. Von der Erde zum Pluto sind es ungefähr 7,4 Milliarden Kilometer.

▲ Pluto liegt am Rande unseres Sonnensystems.

1930 – 1939

Dekorativer Wolkenkratzer

▶ 1930 ◀ In New York wird das Chrysler-Gebäude eingeweiht, das im Art-déco-Stil gebaut ist. Der Wolkenkratzer läuft in einen Spitzturm aus, der durch Bögen und Dreiecke aus glänzendem Stahl geschmückt ist. Der Architekt William Van Alen schafft so einen Gegensatz zum »Neuen Bauen« ohne Verzierungen, wie es in Europa üblich ist.

Selassie gekrönt

▶ 2. November 1930 ◀ Prinz Tafari Makonnen wird als Haile Selassie zum Kaiser von Abessinien gekrönt. (Das Land im Osten Afrikas heißt heute Äthiopien.) Bei der Zeremonie trägt der neue Herrscher einen Mantel aus purpurrotem, mit Gold besticktem Samt und eine reich verzierte Krone. Der Prinz war seit 1916 Regent seines Landes an der Seite von Kaiserin Zauditu, die im April 1930 gestorben ist.

▶ Haile Selassie

▲ Der Wolkenkratzer der Autofirma Chrysler ist mit 319 Metern das bislang höchste Gebäude der Welt.

Maginot-Linie

▶ Dezember 1930 ◀ Französische Arbeiter beginnen an der Grenze zu Deutschland starke Befestigungsanlagen zu bauen. Angeordnet hat dies der französische Kriegsminister André Maginot, der auf diese Weise sein Land in Zukunft vor möglichen deutschen Angriffen schützen will. Die sogenannte Maginot-Linie besteht aus Festungen mit schwerer Bewaffnung und Panzersperren.

INFO • 1930 • INFO

12. Juni • Max Schmeling ist Boxweltmeister, weil Jack Sharkey (USA) wegen Tiefschlags disqualifiziert wird

8. Juli • Die Zahnradbahn auf die Zugspitze wird eingeweiht

30. Juli • Uruguay ist Fußballweltmeister

September • In den USA ist das Minigolf-Spiel ein Hit

5. Oktober • 48 Menschen sterben bei der Explosion des englischen Luftschiffs »R 101«.

Nazis finden mehr Wähler

▶ 14. September 1930 ◀ Bei der Wahl zum deutschen Parlament, dem Reichstag, kann die Nationalsozialistische Deutsche Arbeiterpartei (NSDAP) von Adolf Hitler viele Stimmen hinzugewinnen. Die Nationalsozialisten – oder Nazis – sind jetzt die zweitgrößte Partei hinter der SPD. Statt bisher zwölf haben sie 107 Abgeordnete im Reichstag. Den Nazis ist es gelungen, besonders jene Menschen anzusprechen, die unter der Wirtschaftskrise zu leiden haben. Allerdings haben sie im Wahlkampf nicht so sehr erklärt, was sie gegen die Krise unternehmen wollen, sondern vor allem aggressive Parolen gegen diejenigen verbreitet, die angeblich an der Krise schuld sind.

Lola macht Dietrich zum Weltstar

Die deutsche Schauspielerin Marlene Dietrich wird quasi über Nacht zum internationalen Star. Regisseur Josef von Sternberg hat die Dietrich in Berlin in einer Revue gesehen und vom Fleck weg für die Rolle der Nachtclub-Tänzerin Lola-Lola in dem Film »Der blaue Engel« verpflichtet. Die männliche Hauptrolle spielt der »Oscar«-Preisträger Emil Jannings.

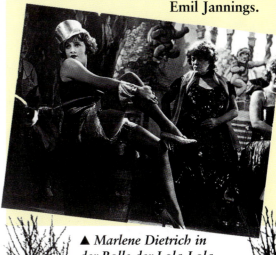

▲ Marlene Dietrich in der Rolle der Lola-Lola

1931

▲ Empire State Building

New York hat ein neues Wahrzeichen

▶ 1. Mai 1931 ◀ Wie ein Signal der Hoffnung mitten in der Weltwirtschaftskrise erscheint das Empire State Building in New York, das der amerikanische Präsident Herbert Hoover offiziell eröffnet. Mit 381 Metern und 102 Stockwerken ist das Bürohaus das bislang höchste Gebäude der Welt. Erst 1972 wird es durch das World Trade Center, das einige Kilometer weiter an der Südspitze Manhattans steht, übertroffen.

Errichtet wurde das Empire State in Rekordzeit – eine »Armee« von Bauarbeitern benötigte 13 Monate, um eine Aufgabe zu erledigen, für die 20 Monate vorgesehen waren. Zehn Millionen Ziegelsteine und 60 000 Tonnen Stahl wurden verarbeitet. Auf dem Dach des Empire State Building steht ein Landeturm, an dem Luftschiffe festmachen können. Die Besitzer des Hauses hoffen, dass es zum Terminal für Flugreisende aus aller Welt wird. Erst einmal aber müssen die vielen Büros vermietet werden. Man nennt den Wolkenkratzer schon »Empty State Building« – »Leeres State Building«.

Wer findet die besten Wörter?

Die Begeisterung für Kreuzworträtsel bringt den arbeitslosen Architekten Alfred Butts auf die Idee für ein neues Spiel. Aus zufällig ausgewählten Buchstaben muss ein Wort gebildet werden, jeder Buchstabe hat einen bestimmten Punktwert. Allgemein bekannt wird das »Scrabble« genannte Spiel erst 1948.

Japaner besetzen die Mandschurei

▶ 18. September 1931 Japanische Soldaten erobern die Mandschurei im Nordosten Chinas. Die chinesischen Soldaten ziehen sich fast kampflos zurück. Die Japaner rechtfertigen den Einmarsch mit angeblichen Überfällen auf die Südmandschurische Eisenbahn, die Japan gehört. In Wahrheit wollten die Japaner schon lange die Bodenschätze der Mandschurei in ihren Besitz bringen und warteten nur auf eine günstige Gelegenheit. 1932 wird die Mandschurei ein eigener Staat namens Mandschukuo, doch dieses Land wird wie eine Marionette von Japan gelenkt.

▶ Chinesische Gefangene

INFO • 1931 • INFO

5. Februar • Malcolm Campbell stellt mit 395 Stundenkilometern in einem Bluebird einen Geschwindigkeitsrekord für Autos auf

1. März • Die deutsche Zigarettenindustrie führt die Fünftagewoche ein

28. Mai • Auguste Piccard steigt mit einem Ballon in 15 990 Meter Höhe auf

1. Juli • Wiley Post umfliegt die Erde in acht Tagen und 15 Stunden

Spanien ist Republik

▶ **14. April 1931** ◀ Der spanische König Alfons XIII. verzichtet auf seine Regierungsgewalt und reist mit seiner Familie ins Ausland. Damit ist Spanien eine Republik geworden. Der letzte Anstoß dazu war, dass bei den Gemeindewahlen die meisten Spanier für die Republikaner gestimmt hatten.

Alfons XIII. war seit 1886 König, doch gelang es ihm nie, die großen Spannungen zwischen den einzelnen Bevölkerungsgruppen in Spanien zu verringern. Ab 1923 wurde das Land vom Militär regiert, denn zuvor hatte die Regierung so oft gewechselt, dass der König nach einer anderen Lösung suchen musste. Gefunden hat er sie nicht: Den Spaniern ging es unter der Militärherrschaft keineswegs besser.

▲ *In Spanien feiern die Republikaner.*

1930 – 1939

USA erhalten eine Hymne

▶ **3. März 1931** ◀

Seit dem Unabhängigkeitskrieg haben die Amerikaner bei patriotischen Gelegenheiten vom »Star-Spangled Banner«, von ihrer sternengeschmückten Fahne, gesungen. Nun wird das Lied offiziell zur Nationalhymne. Die Melodie geht auf ein altes englisches Trinklied zurück; den Text schrieb 1814 Francis Scott Key.

Spielparadies in der Wüste

Nevada ist einer der langweiligsten Bundesstaaten der USA; er besteht größtenteils aus Wüste und hat nur wenige Einwohner. Aber seitdem das Parlament in Carson City neue Gesetze erlassen hat, die das Glücksspiel erlauben und Ehescheidungen erleichtern, ist in Nevada der Teufel los. Die Stadt Las Vegas entwickelt sich nun zu einem Paradies für Spieler.

▲ *Roulette – der Gewinner ist Nevada!*

Cilly Aussem siegt in Wimbledon

▶ **3. Juli 1931** ◀ So etwas hat es in Wimbledon noch nie gegeben: Im Damenfinale des berühmten Tennisturniers stehen sich zwei Deutsche gegenüber, Cilly Aussem und Hilde Krahwinkel. Und es gibt eine weitere Sensation, als Aussem die Favoritin Krahwinkel besiegt. In Wimbledon geht es zu dieser Zeit noch sehr beschaulich zu und die Kleidung sieht ganz anders aus als heute: Die Herren tragen lange Hosen, die Damen knielange Röcke. Die Tennisspieler sind ganz in Weiß gekleidet, ohne einen einzigen Werbeaufnäher.

Die Welt verliert einen ihrer größten Erfinder

▶ **18. Oktober 1931** ◀ Mit Thomas Alva Edison stirbt einer der besten Erfinder. Schon als Kind interessierte er sich für Technik, Physik und Chemie, aber sein Lehrer sagte, er sei ein Wirrkopf. Edisons erste Erfindung war die Telegrafenschreibmaschine, mit der man Börsendaten ausdrucken konnte. Dann erfand oder verbesserte er das Telefon, den Vorläufer des Grammophons, die erste brauchbare Glühbirne, die Batterie und vieles mehr.

▶ *Thomas Alva Edison mit seinem Filmprojektor. Insgesamt erhielt er Patente für über 1000 Erfindungen.*

Wirtschaftskrise legt Industriestaaten lahm

▶ **Februar 1932** ◀ Über sechs Millionen Menschen in Deutschland sind arbeitslos, noch einmal drei Millionen müssen kurzarbeiten. Jeder vierte Erwerbstätige hat also keine oder zu wenig Arbeit. Das Arbeitslosengeld reicht kaum aus, um eine Familie zu ernähren. Viele Menschen essen in öffentlichen Suppenküchen, sie stopfen Löcher in den Schuhsohlen mit Pappe und flicken ihre Kleider ein ums andere Mal. Manche Leute haben sich große Papptafeln umgehängt, auf denen steht: »Ich suche Arbeit jeder Art!«

In anderen Ländern ist die Lage genauso schlimm. Die lähmende Wirtschaftskrise, die mit dem Börsenkrach von 1929 ihren Anfang nahm, ist noch immer nicht bewältigt. Ganze Fabriken müssen schließen. Weil die Arbeitslosen kein Geld haben, werden viele Firmen ihre Waren nicht los und gehen Pleite und die Arbeitslosigkeit steigt weiter. Die Situation, aus der es keinen Ausweg zu geben scheint, begünstigt in Deutschland den Aufstieg Hitlers und der NSDAP.

▲ *Menschen stehen um kostenloses Essen an.*

- 1932 war weltweit jeder Vierte arbeitslos.
- In Deutschland erhielt ein Arbeitsloser durchschnittlich 54 Reichsmark pro Monat. Um eine vierköpfige Familie zu ernähren, brauchte man mindestens 66 Reichsmark.
- Die Auslastung der deutschen Industrieanlagen sank von 75 % im Jahr 1929 auf 45 % im Jahr 1932.

Super-Brücke

Die Brücke über den Hafen von Sydney wird am 19. März 1932 eröffnet. Sie ist die größte aus Fertigteilen freitragend vorgebaute Brücke der Welt. Die Fahrbahn ist in einem einzigen Stahlgitterbogen aufgehängt, der eine Strecke von 503 Metern überspannt. Bald wird die Hafenbrücke liebevoll »Kleiderbügel« genannt.

Roosevelt ist neuer Präsident der USA

▶ **8. November 1932** ◀ Bei der Präsidentschaftswahl erteilen die Amerikaner Herbert Hoover, den sie für die anhaltende Wirtschaftskrise verantwortlich machen, eine Abfuhr. Stattdessen wählen sie den Kandidaten der Demokratischen Partei, Franklin Delano Roosevelt. Der künftige Präsident kann wegen Kinderlähmung seine Beine nicht mehr gebrauchen und bewegt sich im Rollstuhl oder mit eisernen Beinschienen fort. Roosevelt hat den Amerikanern einen »New Deal« versprochen, eine neue Politik, um die Armut zu beenden. Außerdem will er das seit 1920 bestehende Alkoholverbot aufheben.

▶ *Roosevelt (r.) hat im Wahlkampf per Zug über 20 000 Kilometer zurückgelegt.*

1930 – 1939

Dribbelkünstler wird Profi

▶ **1. Februar 1932** ◀ Stanley Matthews, Rechtsaußen beim englischen Erstliga-Club Stoke City, wird an seinem 17. Geburtstag der jüngste englische Fußballprofi. Matthews hat eine außergewöhnliche Karriere vor sich: Bis 1947 bleibt er bei Stoke City, wechselt dann zum FC Blackpool, mit dem er 1953 Pokalsieger wird, und kehrt 1961 als 46-Jähriger zu Stoke City zurück. Zwischen 1935 und 1954 spielt er in 54 Länderspielen mit und schießt 24 Tore. Am 28. April 1965 gibt Matthews sein Abschiedsspiel. Noch im selben Jahr wird der Volksheld geadelt; er darf sich fortan Sir Stanley nennen.

▲ *Antonio Salazar*

▲ *Stanley Matthews*

Diktatur in Portugal

▶ **5. Juli 1932** ◀ In Portugal wird Antonio Salazar zum Ministerpräsidenten ernannt. Aus seinem Programm ist klar zu erkennen, dass Portugal nun – wie Italien – eine faschistische Diktatur ist. Salazar hat den Portugiesen versprochen, die Wirtschaftsprobleme zu lösen und dem Land die Bedeutung wiederzugeben, die es früher hatte. Portugal selbst soll ein »neuer Staat« werden, der jedem Bürger vorschreibt, was er zu tun hat.

Earhart macht Fluggeschichte

▶ **21. Mai 1932** ◀ Auf den Tag genau fünf Jahre ist es her, dass Charles Lindbergh als erster allein den Atlantik überflog. Jetzt ziehen die Frauen gleich. Die amerikanische Fliegerin Amelia Earhart landet knapp 16 Stunden nach ihrem Start in Neufundland mit ihrer »Lockheed Vega« im nordirischen Culmore. Sie ist die erste Frau, die allein und ohne Zwischenlandung den Atlantik überflogen hat. Für dieses mutige Unternehmen erhält sie sogleich den Spitznamen »Lady Lindy«.

▼ *Amelia Earhart und ihre »Lockheed Vega«*

Calder erfindet ein neues Kunstwerk, das Mobile

Der amerikanische Bildhauer Alexander Calder entwickelt eine neue Art von Kunst: Er hängt kleine Plättchen aus Stahl, Messing und farbigem Aluminium an dünne Drahtfäden und verbindet sie zu einem genau ausbalancierten Gebilde, das er Mobile nennt. Das Kunstwerk verändert sich ständig, denn schon der kleinste Lufthauch setzt die einzelnen Teile in Bewegung.

◀ *Calder mit einem seiner Mobiles*

INFO • 1931 • INFO

2. März • Der 20 Monate alte Sohn von Charles Lindbergh wird entführt und später umgebracht

10. April • Paul von Hindenburg wird als deutscher Reichspräsident wieder gewählt

7. Mai • Frankreichs Präsident Paul Doumier stirbt nach einem Attentat

6. November • Bei den Wahlen zum deutschen Reichstag verlieren die Nazis 34 Sitze

Sechster Daviscup für Frankreich

▶ **31. Juli 1932** ◀ Im Finale um den Tennis-Daviscup in Paris schlägt Frankreich zum sechsten Mal die USA 3:2. Die fast unbesiegbaren Franzosen werden die »vier Musketiere« genannt: Das sind »Toto« Brugnon, Jean Borotra, Henri Jean Cochet und Jean René Lacoste (der später die Hemden mit dem Krokodil erfindet).

LEBEN IN DER STADT

▲ Blick auf New York City von Brooklyn aus

Das Wachstum der Städte ist ein wichtiges Merkmal des 20. Jahrhunderts. Die Menschen ziehen vom Land in die Stadt, weil sie hoffen, dort eine bessere Arbeit zu finden. In einigen Teilen Europas und der USA hat diese Wanderungsbewegung schon im 19. Jahrhundert eingesetzt. Im Jahr 2000 wird über die Hälfte der Weltbevölkerung in der Stadt leben. Städte verändern laufend ihr Gesicht. Alte Gebäude werden abgerissen, neue nehmen ihren Platz ein. Viele moderne Städte, wie zum Beispiel Tokio oder Hamburg, sind zum großen Teil nach dem Zweiten Weltkrieg neu erbaut worden, weil sie durch Bomben zerstört waren.

◀ Pause! Ein Arbeiter auf der Baustelle des Empire State Building ruht sich aus.

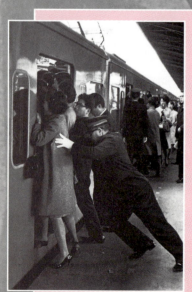

Verkehrsmittel

Die zunehmende Verbreitung von Autos, Zügen und Bussen erlaubte es den Menschen, sich außerhalb der Innenstadt anzusiedeln. Inzwischen können die öffentlichen Verkehrsmittel kaum noch all die Menschen transportieren. Die U-Bahn in Tokio zum Beispiel ist zeitweise so überfüllt, dass Bahnangestellte die Fahrgäste in die Züge hineindrücken müssen.

◀ Stoßzeit in der U-Bahn

Mit der Bevölkerung wachsen die Städte

In Europa und den USA haben sich Industriestädte wie London und New York im 19. Jahrhundert explosionsartig ausgedehnt und auch im 20. Jahrhundert hielt das Wachstum an. Mexiko City hatte 1960 fünf Millionen Einwohner; 1990 waren es schon über 15 Millionen. Das Bevölkerungswachstum zwingt die Städte dazu, sich auszudehnen. Wo der Platz beschränkt ist, schafft man Raum, indem man immer höhere Häuser baut. Das bekannteste Beispiel hierfür ist der New Yorker Stadtteil Manhattan, wo einige der höchsten Gebäude der Welt stehen – das Empire State Building, 1931 in gerade 13 Monaten gebaut, hat 102 Stockwerke und ist 381 Meter hoch. Andere Städte wie Los Angeles oder London dehnen sich stärker in die Breite aus und fressen sich in die sie umgebende Landschaft hinein.

▲ Dieses Bild, aufgenommen 1962, zeigt die Hausboote chinesischer Flüchtlinge in Hongkong.

▼ Eine obdachlose Frau mit Kind bettelt am Straßenrand in Buenos Aires.

Arm und obdachlos

Für die ärmeren Stadtbewohner ist das Leben sehr hart. Weil so viele in die Städte drängen, sind Häuser und Wohnungen knapp – Menschen mit wenig Geld werden obdachlos, oder sie müssen in schmutzigen, überfüllten Unterkünften hausen. Die meisten Städte haben heruntergekommene Viertel, in denen niemand wohnen möchte und wo Verbrechen und Gewalt zum Alltag gehören. Man hat sich schon daran gewöhnt, in Städten wie New York oder London obdachlose Menschen zu sehen, die mehr oder weniger auf der Straße schlafen. In einigen Teilen der Welt bauen die Obdachlosen ihre eigenen Notunterkünfte aus alten Kartons, Autoreifen oder Metallabfällen in den Außenbezirken der Städte. Experten schätzen, dass in Lateinamerika über 5 Millionen Familien in solchen Elendsvierteln leben.

- Die Zahl der Städte mit mehr als einer Million Einwohnern lag im Jahr 1900 bei 16. 1950 gab es 67 und 1985 schon 250 Millionenstädte.
- In den 80er Jahren stellte man fest, dass es allein in Tokio mehr Telefone gab als in ganz Afrika.
- Nach Schätzungen der UNO wird es im Jahr 2000 weltweit 21 Mega-Städte mit mindestens 10 Millionen Einwohnern geben.
- Die größte Stadt der Welt ist Tokio. Wenn man all ihre Vororte mitrechnet, hat sie über 25 Millionen Einwohner.

Kontrollzentren der Weltwirtschaft

Städte sind die Zentren, von denen aus Banken und Geldhandelsfirmen die Weltwirtschaft kontrollieren. Finanzentscheidungen, die an den Börsen in Tokio, New York und London getroffen werden, können dazu beitragen, dass Tausende von Kilometern weit entfernte Firmen Erfolg haben oder Pleite machen. In den meisten Städten konzentriert sich diese wirtschaftliche Macht im Finanzviertel, wo die größten Banken und Handelsfirmen ihre Büros haben. Und der Fluss des Geldes überall in den Städten hält diese am Leben.

▶ Händler an der Londoner Börse für Finanzterminkontrakte und Optionen haben Einfluss auf die Wirtschaft.

Adolf Hitler ist der neue deutsche Kanzler

▼ *Abgeordnete erheben die Hand zum »Hitler-Gruß«.*

▶ **30. Januar 1933** ◀ Reichspräsident Paul von Hindenburg ernennt Adolf Hitler zum Kanzler. Damit brechen für Deutschland zwölf Jahre der Unterdrückung und Diktatur, des Massenmordes und des Krieges an. Viele Dinge trugen dazu bei, dass Hitler zum »Führer« werden konnte: Zum Beispiel die hohe Arbeitslosigkeit, die Hitler zu beseitigen versprach. Zum Beispiel die Vorurteile vieler Menschen gegenüber der Demokratie. Zum Beispiel die Mängel der Verfassung, die nicht für eine starke Regierung sorgen konnte.

Hitler beginnt sogleich, den Staat nach seinen Vorstellungen umzugestalten. Die Regierung erhält das Recht, Gesetze zu beschließen, obwohl das in einer Demokratie die Aufgabe des Parlaments ist. Fast alle Lebensbereiche stehen unter der Kontrolle der Nazis – Fabriken, Schulen, Jugendgruppen, Vereine, Zeitungen und Rundfunk, Musik, Kunst und Literatur. Alle Deutschen werden »gleichgeschaltet«. Ihre Gegner und die jüdischen Bürger, die angeblich an allem schuld sind, verfolgen die Nazis erbarmungslos. Viele werden verhaftet und in Sondergefängnisse, sogenannte Konzentrationslager, gebracht.

Reichstag in Flammen

▶ **27. Februar 1933** ◀ Das Reichstagsgebäude in Berlin wird durch ein Feuer stark beschädigt. Die Polizei nimmt den Holländer Marinus van der Lubbe als Brandstifter fest. Doch bleibt ungeklärt, wer tatsächlich hinter dem Anschlag steckt. Die Nazis nutzen die Gelegenheit, Tausende ihrer Gegner zu verhaften und wichtige Menschenrechte einzuschränken. Deshalb glauben Hitler-Gegner, dass die Nazis den Brand selbst legten, um einen Vorwand für diese Maßnahmen zu haben.

Austritt aus Völkerbund

▶ **14. Oktober 1933** ◀ Überraschend verkündet Deutschland seinen Rückzug aus dem Völkerbund, der 1919 geschaffen wurde, um den Frieden zu bewahren. Auch bei der Abrüstungskonferenz in Genf wollen die Deutschen nicht länger mitmachen. Begründet wird der Schritt damit, dass Deutschland nicht als gleichberechtigt anerkannt worden sei. Im Ausland reagiert man besorgt, denn Adolf Hitler hat erklärt, er wolle »neuen Lebensraum« erobern. Außerdem glaubt er, die Deutschen seien eine »Herrenrasse«, die Europa beherrschen, es von den Juden »säubern« und die »Untermenschen« – zum Beispiel die Russen – versklaven müsse.

▲ *Lodernde Flammen im Berliner Reichstagsgebäude*

◄ *Links: Kurt Weill*
Rechts: Thomas Mann

▲ *Links: Bertolt Brecht*
Rechts: Arnold Schönberg

Flucht aus Deutschland

► 15. Oktober 1933 ◄ Adolf Hitler legt in München den Grundstein für ein »Haus der Deutschen Kunst«. Doch immer mehr Künstler verlassen Deutschland, weil sie sich der Nazi-Ideologie nicht anpassen wollen. Surrealistische Maler und moderne Komponisten werden als »entartet« bezeichnet und verboten. Bücher, deren Inhalt den Nazis nicht passt, werden öffentlich verbrannt.

»Hautnahe« Kontroverse

► 19. Januar 1933 ◄ Das englische Kricketteam gewinnt in Adelaide das dritte Länderspiel gegen Australien, aber seine Taktik der hautnahen Deckung hat einen erbitterten Streit ausgelöst. Die australischen Schlagmänner wurden dabei so unter Druck gesetzt, dass sie die Bälle dem Gegner direkt zuspielen mussten. Die Australier beklagen sich, dies sei kein Kricket mehr.

INFO • 1933 • INFO

28. März • Die Deutschen werden aufgefordert, jüdische Geschäfte zu boykottieren

3. April • Ein britischer Doppeldecker überfliegt den Mount Everest

3. Mai • In Hamburg läuft das Segelschulschiff »Gorch Fock« vom Stapel

23. Juni • In Deutschland werden alle Parteien außer der NSDAP aufgelöst

5. Dezember • In den USA endet das Alkoholverbot

▲ *Engländer bringen neue Spieltaktik nach Australien.*

Affe füllt Kinokassen

Tolle Spezialeffekte machen »King Kong« zum Kinohit des Jahres. In dem Film bricht ein Riesengorilla aus und richtet in New York schwere Verwüstungen an. Höhepunkt des Films: King Kong steht auf dem Empire State Building, hält in einer Hand die schreiende Fay Wray und scheucht mit der anderen Flugzeuge weg, als seien es Fliegen.

▲ *Gruseliges »King Kong«-Plakat.*

Hilfe für Farmer

► 12. Mai 1933 ◄ Der amerikanische Präsident Roosevelt kommt mit seinem Programm gegen Wirtschaftskrise, Arbeitslosigkeit und Armut einen guten Schritt voran. Das Parlament stimmt einem Landwirtschaftsgesetz zu, das den Staat zur Unterstützung der Farmer verpflichtet. Vor allem in den trockenen und wenig fruchtbaren Gebieten von Oklahoma und Texas, der »Sandkiste« der USA, brauchen die Bauern dringend Hilfe.

▼ *Sandstürme bedrohen Farmen.*

1930 – 1939

1934

Maos Marsch für die Freiheit

▼ *Mao Tsetung war 1921 einer der Mitbegründer der Kommunistischen Partei Chinas.*

▶ **15. Oktober 1934** ◀ Ungefähr 90 000 Soldaten der Roten Arbeiter- und Bauernarmee fliehen aus ihrem »Zentralen Revolutionären Stützpunktgebiet« in der südostchinesischen Provinz Kiangsi, wo sie von ihren Feinden, der Kuomintang-Armee, umzingelt worden sind. Die Kommunisten begeben sich auf einen »Langen Marsch« nach Nordosten. In den folgenden zwölf Monaten legen sie 12 000 Kilometer zurück, bis sie im Oktober 1935 in Yan'an in Zentralchina ankommen. Von den insgesamt etwa 300 000 Marschierern (unterwegs schließen sich weitere Menschen an) erreichen nur 30 000 ihr Ziel.

Die Kommunisten und die Kuomintang sind ehemalige Verbündete. Mitte der 20er Jahre haben sie gemeinsam gegen die sogenannten Warlords gekämpft, Generäle, die einzelne Teile Chinas beherrschten. Aber 1926 zerbrach das Bündnis, und seither bekämpfen die von Chiang Kai-shek geführten Kuomintang die Kommunisten und beanspruchen für sich die Herrschaft über ganz China.

Die Kommunisten erreichten Yan'an nach 368 Tagen. Auf ihrem Marsch überquerten sie 24 Flüsse und 18 Gebirgspässe.

Ein Drittel der 90 000 Soldaten, die von Kiangsi aufbrachen, starb in den ersten drei Monaten des Langen Marsches.

Österreichs Kanzler von Nazis ermordet

▶ **25. Juli 1934** ◀ Eine Gruppe von Nazis versucht in Österreich, gewaltsam an die Macht zu kommen. Sie besetzen einen Rundfunksender und stürmen das Büro des Kanzlers Engelbert Dollfuß, der dabei erschossen wird. Auch in anderen Städten Österreichs gibt es Aufstände. Jedoch gelingt es der Polizei, den Putsch zu beenden.

Im Ausland lösen der Aufstand und der Mord an Dollfuß Empörung aus. Viele glauben, dass der deutsche Nazi-Führer Adolf Hitler Anstifter des Verbrechens war. Doch der erklärt, er habe mit der österreichischen Partei nichts zu tun.

▶ *Dollfuß-Plakat, das von Nazis beschmiert wurde*

Ein komischer Vogel bereichert das Kino

Eine schlechtgelaunte Ente reiht sich in die Tierschar ein, die der amerikanische Trickfilmer Walt Disney geschaffen hat. Donald Duck hat seinen ersten Auftritt in »Kluge kleine Henne«. Die erste Disney-Figur, Mickymaus, ist seit 1928 ein Filmstar. 1933 trat sie im ersten farbigen Trickfilm »Blumen und Bäume« auf.

▼ *Donald Duck wird neben Mickymaus und Pluto zu Disneys beliebtester Figur.*

1930 – 1939

▲ *Mao Tse-tung ist einer der Anführer beim Langen Marsch.*

Nacht der langen Messer

▶ **30. Juni 1934** ◀ Früh am Morgen wird der Führer der NSDAP-Sturmabteilung SA, Ernst Röhm, aus dem Bett geholt und erschossen. Weitere führende SA-Leute werden verhaftet oder ermordet, ohne dass sie sich vor einem Gericht hätten verteidigen können. Die Säuberungsaktion, die Nazi-Führer Adolf Hitler selbst leitet, wird damit begründet, dass die SA angeblich einen Plan zum Sturz Hitlers ausgeheckt hat. Doch in Wahrheit wollte der »Führer« die SA einfach loswerden. Als die NSDAP aufzusteigen begann, wurden die gefürchteten SA-Sturmtruppen in ihren braunen Uniformhemden mit Vorliebe dazu eingesetzt, die politischen Gegner einzuschüchtern oder auch zu verprügeln. Nun, da Hitler Kanzler ist, fürchtet er, dass die »Braunhemden« ihn vielleicht gefährden könnten.

▶ *Ernst Röhm (rechts) mit Leutnant Brückner*

▲ *Sioux-Häuptling*

Italien gewinnt Fußball-WM

▶ **10. Juni 1934** ◀ Gastgeber Italien feiert bei der zweiten Fußball-Weltmeisterschaft überschwenglich den Titelgewinn. Im Finale gegen die Tschechoslowakei siegen die »Azzurri« (die »Himmelblauen« nach der Farbe des Nationaltrikots) 2:1. Zwar wurde schon 1930 in Uruguay die erste WM ausgetragen, aber es hatten fast keine europäischen Mannschaften teilgenommen, weil ihnen die Reise nach Südamerika zu teuer

Indianer-Reservate

▶ **Juni 1934** ◀ Das amerikanische Parlament erlässt ein neues Gesetz, das den Indianern das Recht zurückgibt, als Stamm gemeinsames Land zu besitzen. Seit dem Ende des 19. Jahrhunderts müssen in den USA die Indianer in sogenannten Reservaten leben, als ob sie eingefangene wilde Tiere wären. Nach den Vorstellungen der Regierung sollten die Indianer als Bauern arbeiten, aber viele Stämme sind traditionell keine Bauern, sondern Jäger. Diese können nicht mehr wie früher leben, weil die Weißen die Büffel und damit ihre Lebensgrundlage ausgerottet haben. Das neue Gesetz kann nichts daran ändern, dass sehr viele Indianer in den Reservaten arbeitslos, arm und verzweifelt sind.

▲ *Der Pokal für den Fußball-Weltmeister*

Gehen Sie über Los!

Einmal ein skrupelloser Immobilienbesitzer sein, der seine Mieter ausbeutet! Millionen Amerikaner erhalten dazu die Gelegenheit – mit dem neuen Brettspiel Monopoly. Ziel des Spiels ist es, wertvolle Straßen zu ergattern, sie mit Häusern und Hotels zu bebauen und den anderen Spielern hohe Mieten abzuknöpfen – bis zu deren Bankrott.

▼ *Monopoly spielen: Ein Vergnügen für Jung und Alt*

1934

Bonnie und Clyde – Ende ihrer »Laufbahn«

▲ *Nur Spaß: Bonnie zielt auf ihren Partner Clyde.*

▶ **23. Mai 1934** ◀ Nachdem es fast zwei Jahre lang Recht und Gesetz mit Füßen getreten hat, gerät das berühmt-berüchtigte Gangster-Paar Bonnie und Clyde in Louisiana in eine Falle und wird von Polizeibeamten mit Maschinenpistolen erschossen. In den Leichen findet man über 50 Kugeln: Die Schützen waren offenbar außer sich vor Zorn, denn Bonnie und Clyde haben mindestens zwölf Menschen getötet, darunter sechs Polizisten.

In einer 21 Monate andauernden Tour haben Bonnie Parker und Clyde Barrow, beide Mitte 20, im Südwesten der USA Banken, Tankstellen und Restaurants ausgeraubt. Immer wieder sind sie der Polizei entkommen – einmal entwischten sie von einem Picknickgelände in Iowa, obwohl es von 200 Gesetzeshütern abgesperrt war. Im April 1933 mussten sie auf der Flucht mit dem Auto ein geschlossenes Garagentor durchbrechen. Ihre Abenteuer gaben gute Geschichten für die Zeitungen ab und versahen das junge Paar mit einem romantischen Schimmer. Dieses Image behielten die beiden auch später, obwohl sie ja Verbrecher und Mörder waren. Die Geschichte von Bonnie und Clyde wurde mehrmals verfilmt und es gibt auch Lieder, die von den beiden berichten.

Damen in kurzen Hosen

Zum ersten Mal dürfen in Wimbledon die Tennisspielerinnen statt Röcken auch kurze Hosen tragen. Diese Neuerung bringt den Briten offenbar Glück: Fred Perry gewinnt das Herreneinzel, Dorothy Round siegt bei den Damen und – zusammen mit dem Japaner Ryuki Miki – im gemischten Doppel.

Neuer Präsident bringt Hoffnung für Mexiko

▶ **2. Juli 1934** ◀ Lázaro Cárdenas ist der neue Präsident von Mexiko. Wie seine Vorgänger seit 1917 (und auch seine Nachfolger) gehört er zur Nationalen Revolutionspartei.

Obwohl die Revolution in Mexiko lange zurückliegt, sind ihre Ziele nicht verwirklicht. Der Umsturz begann 1910 und richtete sich zunächst gegen den Diktator Porfirio Díaz. Unter seiner Herrschaft war die Landbevölkerung sehr arm geworden, während die Großgrundbesitzer immer reicher wurden. Nun verlangten die Bauern, das Land müsse neu verteilt werden. 1917 wurde tatsächlich eine neue Verfassung verabschiedet, die vorsah, dass die Bauern ihr Land zurückerhalten und auch die Indianer Land bekommen. Die Bodenschätze, zum Beispiel Erdöl, sollten nicht ausländischen Firmen, sondern dem Staat Mexiko gehören. Diese Grundsätze sind aber noch lange nicht in die Tat umgesetzt; der neue Präsident Cárdenas verspricht, für einen schnelleren Wandel zu sorgen.

◀ *Lázaro Cárdenas gewann im Wahlkampf, als er das ganze Land bereiste, viele neue Anhänger.*

INFO • 1934 • INFO

11. Februar • In Mailand wird Deutschland durch ein 2:1 über die Schweiz Europameister im Eishockey

7. April • Zwei Dörfer an der norwegischen Küste werden bei einem Erdrutsch ins Meer gerissen. 57 Menschen sterben

26. September • Die »Queen Mary«, der mit 81 240 Bruttoregistertonnen größte Passagierdampfer der Welt, läuft in Clydebank bei Glasgow vom Stapel

Londoner Pinguine genießen Badefreuden

▶ **Juni 1934** ◀ Das neu gebaute Becken für die Pinguine im Londoner Zoo wird rasch zur Attraktion. Das ovale Becken aus Stahlbeton ist in den Boden eingelassen. Zwei spiralförmige Rampen, auf denen die Pinguine herumwatscheln und klettern, führen von der Wasseroberfläche nach oben zur Besucherebene. – Die Anlage wurde von der Architektengruppe Tecton entworfen, die der Russe Berthold Lubetkin zusammen mit jungen Londoner Architekten gegründet hat. Ihre Arbeit gefiel dem Zoodirektor Peter Chalmers-Mitchell, der den Architekten den Auftrag für das Pinguinbecken gab. Auch das Gorillahaus stammt von Tecton.

▲ *In ihrem neuen Wasserbecken im Londoner Zoo unterhalten die Pinguine die Besucher.*

Fußgängerüberwege

▶ **12. Juni 1934** ◀ Im Zentrum von London werden 60 Fußgängerüberwege in Betrieb genommen. Bei dem ständig zunehmenden Autoverkehr geraten Fußgänger immer stärker in Gefahr: Laut Statistik sterben in Großbritannien jeden Tag 22 Menschen bei Verkehrsunfällen.

Die Überwege sind zunächst probehalber eingerichtet worden. Sie sind an Stellen platziert, wo Ampeln oder Polizisten den Verkehr regeln. Autos, die nach rechts oder links abbiegen, müssen Fußgänger an den Überwegen passieren lassen; die Fußgänger müssen den Autos Platz machen, die geradeaus fahren.

Stalin zwingt Künstler auf Partei-Linie

▶ **Dezember 1934** ◀ Josef Stalin, der diktatorische Führer der Sowjetunion, festigt seine Macht, indem er seine Gegner einsperren oder töten lässt und indem er strenge Vorschriften für Künstler und Schriftsteller aufstellt. Bücher und Kunstwerke sollen die sozialistische Gesellschaft darstellen, die Arbeiter ansprechen und eine optimistische Stimmung verbreiten. Moderne westliche Künstler wie Pablo Picasso und Georges Braque werden abgelehnt, weil sie sich zu sehr mit der künstlerischen Form beschäftigen.

◀ *Sowjetisches Propaganda-Plakat*

Tanz-Duo Ginger und Fred zeigt Stil und Klasse

Hollywood hat eine neues Traumpaar: Ginger Rogers und Fred Astaire, Stars in dem Filmmusical »Scheidung auf amerikanisch«, sind Tänzer, die perfekt miteinander harmonieren. Insgesamt drehen die beiden zehn Filme zusammen, in denen sie elegant und leichtfüßig ihre Tänze aufs Parkett legen, obwohl es ganz schön schwierig ist, die komplizierten Bewegungen genau aufeinander abzustimmen.

Fred Astaire, geboren 1899, wurde als Vierjähriger zur Tanzschule geschickt. Mit seiner Schwester Adele war er in den New Yorker Musicaltheatern der 20er Jahre ein großer Star und 1933 wurde er für den Film entdeckt. Ginger Rogers, geboren 1911, bekam mit fünf den ersten Tanzunterricht. Mit 14 gewann sie ein Charleston-Turnier (Charleston war damals ein Modetanz) und 1930 drehte sie ihren ersten Film.

▲ *Szenenbild aus »Scheidung auf amerikanisch«*

NAZIS/FASCHISTEN

Zwischen dem Ende des Ersten Weltkriegs 1918 und dem Beginn des Zweiten Weltkriegs 1939 bildeten sich in mehreren europäischen Staaten rechte Parteien und Bewegungen. Viele Menschen erhofften sich von ihnen Stabilität in Zeiten der Unsicherheit und materieller Not. Als die Nationalsozialisten (Nazis) in Deutschland und die Faschisten in Italien die Macht übernahmen, errichteten sie Diktaturen, in denen der Einzelne nicht zählte und die Menschenrechte nichts galten.

▲ *Das Rutenbündel, Symbol der Faschisten*

▼ *Hitler (links) und Mussolini treffen sich 1936 in Berlin.*

Diktatoren streben zur Macht

Der Parteiführer der Faschisten, Benito Mussolini, wurde 1922 Ministerpräsident von Italien. Bald darauf ließ er das Wahlrecht ändern, entmachtete das Parlament und regierte das Land diktatorisch. Als der Nationalsozialist Adolf Hitler 1933 deutscher Reichskanzler wurde, verhielt er sich ähnlich. Ein schnell verabschiedetes »Ermächtigungsgesetz« gab ihm unbeschränkte Macht.

Mussolini und Hitler hatten ähnliche Ziele. Beide beanspruchten für ihre Partei die Alleinherrschaft und die vollständige Kontrolle der Wirtschaft. Beide hatten die Absicht, ihr Land durch Eroberungen zu vergrößern. Sie waren also eine Bedrohung für ihre Nachbarn. 1936 schlossen Hitler und Mussolini ein Bündnis, die Achse Berlin–Rom, doch sie waren ungleiche Partner: Nazi-Deutschland war mächtiger und extremer, etwa in der Verfolgung der Juden.

▼ *Mussolini in Treviso: Die Massen jubeln ihm zu.*

▼ *Tausende von Armen heben sich zum »Hitlergruß«, wenn der »Führer« auftritt.*

▼ *Der spanische Diktator General Franco*

▲ *Auch Frauen kämpfen im Krieg.*

Krieg in Spanien

In Spanien gab es 1936 eine demokratisch gewählte Regierung. Gegen sie ging General Franco mit Truppen vor, so dass 1936 bis 1939 Bürgerkrieg herrschte. Die Nazis und Faschisten unterstützten Franco, der schließlich gewann und eine Diktatur errichtete.

▼ Aufmarsch beim Parteitag der Nazis 1935 in Nürnberg

Drill für Kinder

Den Nationalsozialisten war sehr daran gelegen, Kinder und Jugendliche in ihrem Sinne zu erziehen. Die Jugendorganisation der Nazis hieß »Hitlerjugend«. Alle Mädchen und Jungen zwischen zehn und 18 Jahren sollten Mitglied sein. Nur wenige Kinder, deren Eltern mit den Nazis nicht einverstanden waren, konnten sich dem Beitritt entziehen. Ab 1940 war die Mitgliedschaft dann Pflicht. In einem 1936 erlassenen Gesetz hieß es, dass die Hitlerjugend für die »körperlich-geistige und sittliche Erziehung der Jugend« wichtiger sei als das Elternhaus und die Schule.

1939 begann Deutschland den Zweiten Weltkrieg. Von diesem Jahr an diente die Hitlerjugend auch der »vormilitärischen Ertüchtigung«. Im Klartext: Die Jungen sollten dort auf ihre Rolle als Soldaten und Arbeiter in der Kriegsmaschinerie der Nazis vorbereitet werden, die Mädchen auf ihre Rolle als Mütter zukünftiger Soldaten. Weil die Nazis ein größeres, mächtigeres Deutschland anstrebten, wurden Familien mit vielen Kindern gefördert und bevorzugt. Hitler sprach in diesem Zusammenhang auch von einem »Geburtenkrieg«. Frauen, die vier oder mehr Kinder geboren hatten, bekamen als eine Art Orden ein »Mutterkreuz« in Bronze, Silber oder Gold verliehen.

Die Hitlerjugend (HJ)
Jungen von zehn bis 14 Jahren gehörten dem Deutschen Jungvolk, Mädchen dem Jungmädelbund an.

Jungen zwischen 14 und 18 bildeten die eigentliche Hitlerjugend. Die Organisation für Mädchen hieß Bund Deutscher Mädel (BDM).

»Zäh wie Leder und hart wie Kruppstahl« sollte die Jugend sein, erklärte Hitler 1935.

◀ Auch für die italienischen Faschisten spielt die militärische Erziehung der Jugend eine wichtige Rolle.

1930

1931

1932

1933

1934

1935

1936

1937

1938

1939

1935

Hollywood verleiht Kinderstar Shirley Temple einen Oscar

▶ 27. Februar 1935 ◀ Noch nicht ganz sieben Jahre alt und schon ein Ehren-Oscar! Die kleine Shirley Temple wird in Hollywood für ihre »Verdienste um die Filmunterhaltung« ausgezeichnet. Shirley, die 1928 in Santa Monica in Kalifornien geboren wurde, stand schon mit drei Jahren vor der Kamera. Ihren ersten Film drehte sie mit vier. Die Regisseure sind begeistert, denn Shirley Temple ist ein schauspielerisches Naturtalent, das keine Szene lange proben muss. Ihr wohl bekanntester Film ist »Der kleine Rebell«. Darin spielt sie ein aufgewecktes Mädchen, das mit Ideenreichtum und kindlicher Überzeugungskraft ihre Familie aus den Wirren des Bürgerkriegs rettet.

Als sie erwachsen ist, wird Shirley Temple jedoch keineswegs Schauspielerin, sondern sie arbeitet als Politikerin und Diplomatin. Von 1974 bis 1976 ist sie Botschafterin der USA in dem afrikanischen Staat Ghana.

▲ *Shirley Temple – bei der Oscar-Verleihung nennt man sie »das schönste Weihnachtsgeschenk an die Welt«.*

▲ *Shirley Temple mit Filmpartnern*

▼ *Eine jüdische Familie wird auf der Straße verhöhnt.*

Stachanow: Vorbild für alle Arbeiter

▶ 8. September 1935 ◀ In einer Kohlengrube in der Ukraine fördert der sowjetische Bergmann Alexei Stachanow in einer einzigen Nachtschicht 102 Tonnen Kohle. Das ist 13mal mehr als die durchschnittliche Förderung. Stachanows Rekord ist sorgfältig vorbereitet worden, denn er soll allen als Beispiel dienen. Um die Wirtschaftsleistung des Landes zu erhöhen, sollen alle mehr und besser arbeiten. Dafür erhalten die Arbeiter Prämien und höhere Löhne, doch weil es zu wenig zu kaufen gibt, ist das kein besonderer Anreiz.

Elektrische Gitarre geht in Produktion

Der amerikanische Gitarrenbauer Gibson bringt seine erste elektrische Gitarre auf den Markt. Anfang der 20er Jahre hat Lloyd Loar, Mitarbeiter bei Gibson, ein Spezialmikrophon entwickelt, um den Gitarrenklang zu verstärken. Doch das neue Verfahren mit Tonabnehmern ist sehr viel praktischer.

Geschwindigkeitsrekord

▶ 3. September 1935 ◀ Der Brite Malcolm Campbell durchbricht als erster die Geschwindigkeits-»Schallmauer« von 300 Meilen pro Stunde (482 km/h). Mit durchschnittlich 484,955 km/h rast er in seinem Bluebird über die Salzwüste von Utah. Campbell hat 1924 seinen ersten Geschwindigkeitsrekord aufgestellt, seinen letzten schafft er 1964.

◀ *Malcolm Campbell winkt stolz seinen Zuschauern zu.*

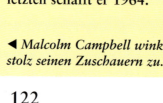

122

Italienische Soldaten besetzen Abessinien

▶ 2. Oktober 1935 ◀ Italienische Truppen marschieren in Abessinien ein (das ostafrikanische Land heißt heute Äthiopien). Zwar ruft der abessinische Kaiser Haile Selassie sein Volk dazu auf, das Land zu verteidigen, aber die Eindringlinge behalten die Oberhand.

Der Einmarsch erfolgt auf Befehl des italienischen faschistischen Diktators Benito Mussolini. Sein Ziel ist es, ein neues römisches Imperium zu schaffen, ein riesiges Reich also, wie es vor 2000 Jahren bestand. Ein erster Schritt dazu soll das »ostafrikanische Imperium« sein. Dazu gehören Eritrea und Italienisch-Somaliland (heute Somalia) und nun auch Abessinien.

▲ Abessinische Soldaten vor einem Mussolini-Plakat

INFO • 1935 • INFO

24. Januar • In den USA gibt es das erste Dosenbier zu kaufen

22. März • Das weltweit erste regelmäßige Fernsehprogramm geht in Berlin auf Sendung. Allerdings gibt es noch fast keine Empfangsgeräte

14. Juni • In Berlin werden 60 Autos zugelassen, die mit Holz statt mit Benzin angetrieben werden

3. August • Die Großglockner-Hochalpenstraße ist fertig

Deutsche Armee wird größer

▶ 16. März 1935 ◀ Die nationalsozialistische Regierung in Deutschland kündigt an, dass die Wehrpflicht wieder eingeführt wird. Das bedeutet, dass alle jungen Männer ein Jahr lang als Soldaten ausgebildet werden. Drei Wochen vorher ist schon die deutsche Armee um die Luftwaffe erweitert worden. Beide Schritte verstoßen gegen den Friedensvertrag von Versailles, mit dem 1919 der Erste Weltkrieg beendet wurde. Darin war festgelegt worden, dass Deutschland nur eine kleine Armee haben durfte. Die Sieger des Krieges protestieren zwar gegen die Aufrüstung in Deutschland, unternehmen aber nichts.

◀ Deutscher Soldat mit Signalhorn

Gallup erfragt Meinung des Volkes

George Gallup gründet in Princeton (USA) sein Institut für öffentliche Meinung. Gallup hat ein neues Verfahren für Meinungsumfragen entwickelt. Er lässt nur wenige Leute befragen, die aber so ausgewählt sind, dass sie als Stellvertreter für eine große Bevölkerungsgruppe gelten können. Den Erfolg seiner Methode beweist Gallup 1936 bei der Vorhersage zum Ausgang der Präsidentschaftswahl.

Deutsche Juden verlieren Bürgerrechte

▶ 15. September 1935 ◀ Auf dem Parteitag der Nazi-Partei NSDAP in Nürnberg werden zwei Gesetze verkündet, mit denen die Juden vom öffentlichen Leben ausgeschlossen werden. Das »Reichsbürgergesetz« legt fest, dass nur noch Menschen »deutschen Blutes« alle politischen Rechte haben, also zum Beispiel wählen dürfen. Das »Blutschutzgesetz« verbietet die Heirat zwischen deutschen »Reichsbürgern« und Juden. Festgelegt wird auch, wer für die Nazis Jude ist: jeder, der drei jüdische Großelternteile hat. Nazi-Führer Adolf Hitler und seine Gefolgsleute behaupten, dass nicht alle Menschen gleich viel wert seien. Sie erklären, die »Arier«, zu denen auch die Deutschen gehören, seien die »Herrenmenschen«. Dagegen gelten die Juden als »minderwertig«. Seit 1933 wird den Juden in Deutschland das Leben erschwert. Viele verlassen ihre Heimat und suchen im Ausland Zuflucht.

COMIC-FIEBER!

Popeye, Tim und Struppi, Mickymaus, Blondie, Superman, Prinz Eisenherz, Lucky Luke, Asterix oder Werner – all diese Comic-Helden haben eine riesengroße Fangemeinde. Seit der Jahrhundertwende gibt es Comicstrips – auf Deutsch: komische Streifen. Viele Comic-Figuren haben in Fortsetzungsgeschichten in Zeitungen angefangen, sind dann aber zu Film- und Fernsehstars geworden und begeistern Erwachsene ebenso wie Kinder.

Der erste Zeitungs-Comic in den USA war 1892 »Kleine Bären und Tiger« von James Swinnerton.

Den ersten großen Comic-Serienerfolg landete der in die USA ausgewanderte Deutsche Rudolf Dirks 1897 mit den »Katzenjammer Kids«.

Alle Kinder lieben Comics

Bildergeschichten gibt es schon ziemlich lange, man denke nur an »Max und Moritz« oder den »Struwwelpeter«. Aus diesen Bildstreifen wurden Anfang des 20. Jahrhundert die Comics, die eine ganz eigene Sprache entwickelten – zum Beispiel Sprechblasen oder Symbole für die Empfindungen der Figuren: Freude, Zorn, Nachdenklichkeit usw. 1933 wurde das Comic-Heft (darunter das Mickymaus-Magazin) erfunden, was der Gattung einen enormen Aufschwung brachte – und auch einen großen Bedarf an Zeichnern und Textern. Mit den ersten Heften begann in den USA ein Boom der Abenteuergeschichten, Helden wie Superman, Batman, Wonder Woman, Captain America und Captain Marvel hatten in den 30er und 40er Jahren ihren ersten Auftritt. Ab 1950 wurde die Comic-Welt immer vielfältiger, weil nun auch die Europäer Beiträge lieferten. Vor allem in Belgien und Frankreich wurden neue Comic-Helden geboren wie Asterix, Gaston oder Spirou und Fantasio.

◀ In einem New Yorker Kinderclub lesen Jungen mit 3-D-Brillen Comics.

Superhelden im Einsatz

Der amerikanische Verlag Marvel Comics wurde in den 60er Jahren mit einer neuen Generation von Superhelden zum Marktführer. Fantastic Four, X-Men, Spider Man, der Unglaubliche Hulk, Iron Man und ein muskelbepackter skandinavischer Krieger namens Thor bevölkerten die Hefte des Marvel-Verlags. Dass einige von ihnen in Wirklichkeit besonders schüchterne Menschen waren, die sich bei Bedarf zu kühnen, mit Wunderwaffen ausgerüsteten Kämpfern mauserten, machte sie nur noch beliebter.

Ausdrucksstarke Zeichnungen und witzige Dialoge trugen zum Erfolg der Hefte bei. Die Handlung ging meist drunter und drüber, aber das zeigte, dass man die gezeichneten Helden nicht zu ernst nehmen sollte.

◀ Wie eine Spinne klettert Marvels Superheld Spider Man Mauern hinauf.

◀ Asterix, das »Kind« von René Goscinny und Albert Uderzo, erblickte 1959 das Licht der Welt.

Tim und Struppi

Der belgische Zeichner Hergé erfand Tim, den Reporter mit detektivischem Spürsinn, 1929. Die ungewöhnlichen Geschichten um Tim, seinen schlauen Hund Struppi, Kapitän Haddock, die tolpatschigen Polizisten Schulze und Schultze und den zerstreuten Professor Bienlein wurden bald in viele Sprachen übersetzt.

1936

Die Internationale Brigade hält bei Madrid die Stellung gegen die Faschisten.

In den Reihen der Internationalen Brigaden kämpften auch die Schriftsteller Ernest Hemingway und George Orwell.

33 Monate lang verteidigten die Republikaner die Hauptstadt Madrid gegen die Franco-Truppen. Im März 1939 mussten sie kapitulieren. Damit war der Bürgerkrieg endgültig entschieden.

Mode für's Ohrläppchen

Durchstochene Ohrläppchen kommen immer mehr in Mode, besonders bei jüngeren Frauen. Ohrclips gehen leicht verloren und Frauen, die wertvolle Perlen oder Diamanten im Ohr tragen wollen, möchten da kein Risiko eingehen. Das Durchstechen der Ohrläppchen ist nichts Neues. Das wurde auch schon im Altertum gemacht, bei Frauen wie bei Männern.

Der Spanische Bürgerkrieg

▶ 17. Juli 1936 ◀ In der Kolonie Spanisch-Marokko bricht eine Revolte konservativer Soldaten aus, die General Francisco Franco anführt. Der Aufstand ergreift auch Spanien und führt dort zum Bürgerkrieg, an dessen Ende 1939 Franco als Diktator die Macht übernimmt.

Spanien wurde 1931 zur Republik. Doch herrschte Uneinigkeit darüber, wie das Land nun gestaltet werden sollte. Auf der einen Seite standen die katholische Kirche, die Armee und die Besitzer großer Ländereien, die alles so lassen wollten, wie es war. Arbeiter, Bauern, Intellektuelle und ein Großteil der Bevölkerung in den Landesteilen Baskenland und Katalonien strebten dagegen Veränderungen an. Zwischen beiden Gruppierungen wuchsen die Spannungen und als im Februar 1936 ein Bündnis linker Parteien die Wahl gewann, fühlten sich die Konservativen noch mehr bedroht.

In den Spanischen Bürgerkrieg greifen auch andere Länder ein: Franco erhält Hilfe von den faschistisch regierten Staaten Italien und Deutschland; die Republikaner werden von der Sowjetunion unterstützt – und von den Internationalen Brigaden, Männern aus allen möglichen Staaten, die bei der Rettung der spanischen Republik helfen wollen.

▲ Als die Kämpfe sich ausweiten, fliehen viele Spanier vor Francos Truppen aus ihren Dörfern.

▼ Arbeitslose aus Jarrow unterwegs nach London

Marsch der Arbeitslosen

▶ 5. Oktober 1936 ◀ In Jarrow, einem kleinen Städtchen im britischen Landesteil Wales, machen sich 200 Arbeitslose zu einem Protestmarsch nach London auf. Dort wollen sie der Regierung eine Liste mit 12 000 Unterschriften vorlegen und verlangen, dass ihrer Region geholfen wird. In ihrem Heimatort zum Beispiel ist die größte Fabrik 1933 geschlossen worden und nun haben zwei Drittel der arbeitsfähigen Männer keinen Job mehr. Zwar ist die Weltwirtschaftskrise überstanden, doch in einigen Gegenden Großbritanniens ist die Arbeitslosigkeit immer noch sehr hoch. Deshalb soll die Regierung nach dem Willen der Betroffenen für neue Fabriken sorgen.

1930 – 1939

◀ *Das von Edward VIII. unterzeichnete Dokument, in dem er seinen Thronverzicht erklärt*

▲ *Der britische König Edward mit Wallis Simpson*

Volksfront in Frankreich will soziale Reformen

▶ **3. Juni 1936** ◀ Die Volksfront, ein Bündnis von Sozialisten und anderen linken Parteien unter Führung von Léon Blum, gewinnt die Parlamentswahl in Frankreich. Das wichtigste Ziel der neuen Regierung sind soziale Reformen. Blum hat zum Beispiel versprochen, dass die Arbeitszeit auf 40 Stunden pro Woche verringert wird und dass es bezahlten Urlaub gibt. Nach dem Sieg der Volksfront treten massenweise Arbeiter in den Streik, um ihn gegen die Bosse zu unterstützen. Tatsächlich können viele Reformen durchgesetzt werden, doch weil die Neuerungen so schnell kommen und weil die Unternehmer nicht richtig mitmachen, bekommt Frankreich bald neue Probleme.

▲ *Kinderdemonstration für die Volksfront in Paris*

Rücktritt aus Liebe

▶ **11. Dezember 1936** ◀ In einer per Radio verbreiteten Rede verkündet Edward VIII., seit dem 20. Januar 1936 englischer König, dass er auf den Thron verzichtet. Er erklärt, dass er seine Pflichten nicht erfüllen könne ohne »die Frau, die ich liebe«. Mit diesen Worten meint er Wallis Simpson, eine 40-jährige Amerikanerin, die schon zweimal geschieden ist und deshalb als Königin nicht akzeptiert wird. Neuer König wird Edwards jüngerer Bruder Albert, der als Georg VI. am 12. Mai 1937 gekrönt wird. Im Juni 1937 heiraten Edward und Wallis Simpson in Frankreich.

Henie gewinnt drittes Gold

▶ **15. Februar 1936** ◀ Bei den Olympischen Winterspielen in Garmisch-Partenkirchen gewinnt die Norwegerin Sonja Henie ihre dritte Goldmedaille im Eiskunstlauf. Ihr erstes Olympiagold holte sie 1928 im Alter von 15 Jahren. Seit 1927 hat sie außerdem alle zehn Weltmeistertitel gewonnen. Doch allmählich wird die jüngere Konkurrenz so stark, dass Henie ihre sportliche Karriere beendet.

▲ *Sonja Henie springt ihrer dritten olympischen Goldmedaille im Eiskunstlauf entgegen.*

Porsches Volkswagen

In Deutschland werden drei Testwagen eines neuen Autotyps gebaut. Es sollen Autos sein, die sich auch Leute mit wenig Geld leisten können, also »Volkswagen«. Das von Ferdinand Porsche entworfene Auto sieht aus wie ein großer Käfer, was ihm bald seinen Spitznamen gibt. In Serie gebaut wird der Volkswagen allerdings vorerst nicht. Denn bis die Fabriken fertiggestellt sind, dauert es noch drei Jahre – und da bricht der Zweite Weltkrieg aus. Das neue Autowerk produziert nun Wagen für das Militär. Erst nach 1945 geht der Käfer in Produktion und wird zum meistverkauften Auto der Welt.

▶ *»Führer« Adolf Hitler gibt dem neuen Volkswagen seinen Segen.*

1936

Rivera – Mexikos Wandmaler

▶ **8. Dezember 1936** ◀ Der berühmte mexikanische Maler Diego Rivera feiert seinen 50. Geburtstag. Seine riesigen Wandgemälde, die sich meist auf den Mauern öffentlicher Gebäude finden, haben diese Art der Malerei in ganz Lateinamerika und in den USA populär gemacht. Meist zeigen Riveras Arbeiten Szenen aus der mexikanischen Geschichte und aus dem Alltagsleben.

Diego Rivera ist der wichtigste Maler des »Muralismo« (so nennt man diese Art der Wandmalerei). Als junger Mann hat er 13 Jahre in Europa verbracht und war besonders beeindruckt von den alten Meistern aus der Renaissance-Zeit (vor ungefähr 400 bis 500 Jahren), die sich ebenfalls auf Wandmalerei spezialisiert hatten. Er probierte auch die neuen Stilrichtungen in der europäischen Kunst aus, zum Beispiel den Kubismus. Aber als er 1921 nach Mexiko zurückkehrte, ging es ihm darum, Bilder zu schaffen, die für alle zugänglich waren und deren Sinn jeder sofort verstehen konnte. Auch Riveras Frau Frida Kahlo ist eine berühmte Malerin.

Ossietzky darf Preis nicht annehmen

▶ **10. Dezember 1936** ◀ Der deutsche Schriftsteller Carl von Ossietzky wird mit dem Friedensnobelpreis ausgezeichnet. Doch die Nazis haben ihn verhaftet und verbieten ihm, den Preis anzunehmen. Ossietzky hat viele Artikel für den Frieden und gegen die Aufrüstung in Deutschland geschrieben. 1938 stirbt er an den Folgen der schlechten Behandlung im Gefängnis.

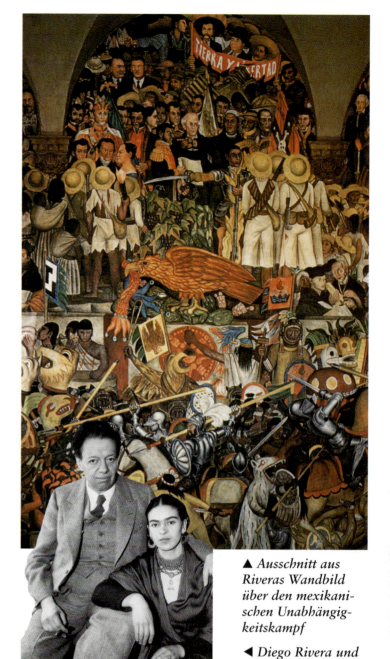

▲ *Ausschnitt aus Riveras Wandbild über den mexikanischen Unabhängigkeitskampf*

◀ *Diego Rivera und Frida Kahlo*

Ein Abend in der Oper mit den wild gewordenen Marx Brothers

In ihrem Film »Die Marx Brothers in der Oper« bringen die amerikanischen Komiker Groucho, Chico und Harpo Marx die vornehme Opernwelt völlig durcheinander. Um dem Tenor Riccardo zu helfen, reisen sie per Schiff von Genua nach New York. Da sie kein Geld haben, bezahlt nur einer und schmuggelt die anderen an Bord. Am Ziel angelangt schaffen sie es, eine Aufführung in der New Yorker Metropolitan Opera so lange zu stören, bis Riccardo vorsingen darf.

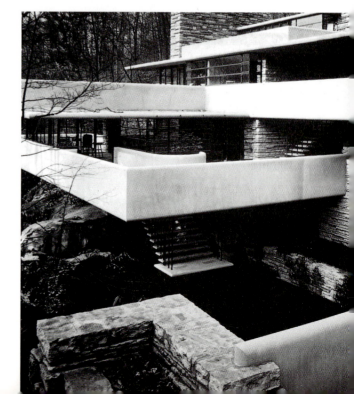

1930–1939

Jesse Owens, Star der »Propaganda-Olympiade«

▶ 16. August 1936 ◀ In der deutschen Hauptstadt Berlin enden die Olympischen Sommerspiele. Die Regierung von Adolf Hitler nutzte die sportlichen Ereignisse, um der ganzen Welt das Leben in Deutschland wie in einem Schaufenster vorzuführen. In Amerika zum Beispiel begannen viele Leute zu fordern, ihr Land dürfe nicht mehr mit Deutschland Handel treiben, weil dort die Juden verfolgt würden. Für die Olympische Spiele wurden daraufhin in Berlin alle gegen Juden gerichteten Plakate entfernt.

Der Star der Spiele war der amerikanische Sprinter Jesse Owens, der 1935 an einem einzigen Tag fünf Weltrekorde aufstellte. Er gewann vier Goldmedaillen (100 Meter, 200 Meter, Weitsprung und 4 x 100-Meter-Staffel). Das gefiel Hitler ganz und gar nicht, denn er wollte einen Deutschen siegen sehen und keinen schwarzen Amerikaner. Nach seiner Theorie hätten die Deutschen den Schwarzen überlegen sein müssen. Die Zuschauer jubelten Owens, der wegen seiner tollen Sprints, aber auch wegen seiner freundlichen Art und seiner Fairness weltweit bewundert wird, begeistert zu. Hitler gratulierte ihm zwar, ließ sich aber nicht mit ihm fotografieren.

▲ Oben: Die siegreiche deutsche 4 x 400-Meter-Staffel reckt den Arm zum Hitlergruß. Unten: Jesse Owens

Deutschland verstößt gegen Friedensvertrag

▶ 7. März 1936 ◀ 30 000 deutsche Soldaten marschieren ins Rheinland ein. Nach dem Ersten Weltkrieg war festgelegt worden, dass in diesem zu Deutschland gehörenden Gebiet westlich des Rheins überhaupt keine Soldaten stationiert sein sollten. Adolf Hitler schlägt jetzt vor, dass die Europäer ein neues Friedenskonzept entwickeln sollten. Er will die anderen Staaten damit beruhigen.

▲ Deutsche Truppen überqueren die Hohenzollern-Brücke in Köln.

Frank Lloyd Wrights »Fallendes Wasser«

▶ 1936 ◀ Ein Haus mit eigenem Wasserfall entwirft der amerikanische Architekt Frank Lloyd Wright. Für Edgar Kaufmann, der in Pittsburgh ein gut gehendes Warenhaus besitzt, wird im amerikanischen Bundesstaat Pennsylvania ein luxuriöses Wochenendhaus gebaut, das wie ein Teil der natürlichen Umgebung wirken soll. Die senkrechten Stützen des Hauses, das auf einem Felsen steht, sind aus Natursteinen. Die waagerechten Elemente, die in verschiedene Richtungen und verschieden weit herausragen, bestehen aus Beton. Der vorbeifließende Bach, der an dieser Stelle einen kleinen Wasserfall bildet, wird in den Entwurf mit einbezogen und gibt dem Haus seinen Namen »Fallendes Wasser«.

◀ Das Haus »Fallendes Wasser« in Pennsylvania

INFO • 1936 • INFO

13. Mai • Fort Knox, eine Art Festung, in der alle Goldbestände der USA gelagert werden, ist fertig

1. Juni • Der britische Luxusdampfer mit dem Namen »Queen Mary« erreicht auf seiner Jungfernfahrt den New Yorker Hafen

19. Juni • Unerwartet besiegt der deutsche Schwergewichtsboxer Max Schmeling in New York den Amerikaner Joe Louis durch K.o. in der zwölften Runde

1937

▶ *Die explodierende »Hindenburg« kracht beim Absturz gegen den Ankermast.*

INFO • 1937 • INFO

7. Januar • Die niederländische Kronprinzessin Juliana heiratet den deutschen Prinzen Bernhard von Lippe-Biesterfeld. 1938 wird das erste Kind des Paares geboren, die heutige Königin Beatrix

15. Januar • In Deutschland wird die Einrichtung von Adolf-Hitler-Schulen angeordnet, an denen Kinder ganz im Sinne der Nazis unterrichtet werden

Luftschiff explodiert nach Atlantiküberquerung

▶ **6. Mai 1937** ◀ Beim Absturz des deutschen Luftschiffs »Hindenburg« über dem amerikanischen Flughafen Lakehurst kommen 34 Passagiere und Besatzungsmitglieder sowie ein Arbeiter des Bodenpersonals ums Leben. Die »Hindenburg« kam aus Frankfurt am Main. Kurz vor der Landung musste sie einem Gewittersturm ausweichen. Als das Luftschiff schon nahe am Ankermast ist und die Landeleinen auswirft, gibt es im hinteren Teil des Ballons eine Explosion und innerhalb von Sekunden steht der mit leicht brennbarem Wasserstoff gefüllte Rumpf in Flammen.

Die »Hindenburg«, gebaut von der deutschen Firma Zeppelin, war mit 245 Metern Länge das größte Luftschiff der Welt und das erste, das für Transatlantikflüge eingesetzt wurde. Vor zwölf Monaten begann es mit seinen Linienflügen von Frankfurt nach Lakehurst. Das mit Bücherei und Bar ausgestattete »fliegende Hotel« konnte 75 Passagiere und 25 Besatzungsmitglieder transportieren. Nach dem Unfall der »Hindenburg« werden Transatlantikflüge per Luftschiff eingestellt.

Japan greift China an

▶ **7. Juli 1937** ◀ In der Nähe der Stadt Peking liefern sich chinesische und japanische Truppen eine Schießerei. In den nächsten Monaten wird die Auseinandersetzung zu einem richtigen Krieg. Der Grund für den Konflikt: Japan, das ja aus lauter Inseln besteht, will mehr Macht auf dem Festland und besonders in China gewinnen. Korea und die Mandschurei haben die Japaner schon erobert. Weil in China ein Bürgerkrieg herrscht, stellen die Japaner sich vor, dass sie dort nun leichtes Spiel haben. Und damit behalten sie recht: Bis 1939 erobert Japan die Hälfte von China und räumt dieses Gebiet erst 1945 mit dem Ende des Zweiten Weltkriegs.

▲ *Schanghai nach einem Bombenangriff*

1930 – 1939

San Francisco hat ein neues Wahrzeichen

▶ 27. Mai 1937 ◀ Die Golden Gate Bridge über die Bucht von San Francisco wird dem Verkehr übergeben. Die (bis 1964) längste Hängebrücke der Welt ist insgesamt 2700 Meter lang. Ihr Mittelstück (1280 Meter) ist an Kabeln mit 90 Zentimetern Durchmesser aufgehängt. Am ersten Tag überqueren 200 000 Menschen die Brücke.

▶ Bauarbeiter auf der Golden Gate Bridge

Bomben auf Guernica

▶ 26. April 1937 ◀ Drei Stunden lang bombardieren Flugzeuge der deutschen Legion Condor die kleine Stadt Guernica im Norden von Spanien. Damit greifen die Deutschen nicht nur ein weiteres Mal auf Seiten der Faschisten und ihres Führers General Franco in den Spanischen Bürgerkrieg ein, sondern sie wollen auch deren Gegner terrorisieren. In Guernica gibt es keine Ziele von militärischer Wichtigkeit, sondern die Bomben sollen ganz offensichtlich die Zivilbevölkerung treffen und einschüchtern.

▼ Nach dem Angriff besteht Guernica fast nur noch aus Ruinen.

Georg VI. gekrönt

▶ 12. Mai 1937 ◀ Eine jubelnde Menschenmenge säumt die Straßen vor der Londoner Kirche Westminster Abtei, als Prinz Albert, der jüngere Sohn des verstorbenen Georg V., zum König von England gekrönt wird. Zu Ehren seines Vaters nimmt der neue Herrscher den Namen Georg VI. an. Seine Frau, die frühere Lady Elisabeth Bowes-Lyon, wird zur Königin gekrönt. Das Paar hat zwei kleine Töchter, Elisabeth und Margaret. König Georg VI., ein schüchterner Mann, der mitunter stottert, trat unerwartet die Thronfolge an, nachdem sein älterer Bruder Edward VIII. im Dezember 1936 abgedankt hatte.

Stalin schaltet Gegner aus

▶ 12. Juni 1937 ◀ In Moskau werden acht hochrangige Soldaten von einem militärischen Sondergericht wegen Hochverrats und Spionage zum Tode verurteilt. Unter ihnen ist der frühere Verteidigungsminister Michail Tuchatschewski, der einst als Kriegsheld gefeiert wurde.

Der Prozess gegen die Generäle ist einer in einer ganzen Reihe von Verfahren, mit denen Josef Stalin, der in Russland als kommunistischer Diktator regiert, seine Herrschaft festigt und seine Gegner beseitigt. Bisher richteten sich die Gerichtsverfahren, bei denen es alles andere als fair zugeht, gegen Anhänger von Stalins Rivalen Leo Trotzki, der inzwischen in Mexiko lebt.

▶ Der Trotzki-Anhänger Karl Radek wird im Januar 1937 zu zehn Jahren Haft verurteilt; 1939 stirbt er im Gefängnis.

Fonteyn debütiert in Covent Garden

Eine brillante junge Tänzerin, Margot Fonteyn, verblüfft das Publikum mit ihrer Darstellung der »Giselle« bei der Ballettvorstellung der Londoner Compagnie Sadler's Wells. Obwohl sie erst 18 ist, zeigen ihr Stil und ihr musikalisches Empfinden, dass sie eine würdige Nachfolgerin von Alicia Markowa ist, die 1935 in den Ruhestand ging. Entdeckt wurde Margot Fonteyn an der Sadler's Wells Ballettschule.

◀ Fonteyn mit ihrem Partner Robert Helpmann, der in »Giselle« den Prinzen spielt

1938

▲ Achtlos gehen die Menschen an den zerstörten jüdischen Geschäftshäusern vorbei.

▲ Chamberlain schwenkt in London stolz die Vereinbarung mit Deutschland.

Lage der Juden lebensgefährlich

▶ **10. November 1938** ◀ Die Bürgersteige in vielen deutschen Städten sind noch voller Glasscherben nach der Nacht des Terrors, die die Nazis Kristallnacht nennen. Über 7500 jüdische Geschäfte wurden von uniformierten Nazi-Schlägern verwüstet und geplündert, Synagogen niedergebrannt. Viele jüdische Mitbürger wurden verprügelt und gedemütigt.

Obwohl es offensichtlich ist, dass diese Hetzjagd geplant und gut organisiert war, behauptet Propagandaminister Joseph Goebbels, die Regierung habe mit der Sache nichts zu tun. Die Gewalttaten hätten ganz normale Menschen verübt aus Wut über den Mord an einem Mitarbeiter der deutschen Botschaft in Paris. Dieser war von einem Juden erschossen worden. Als Naziführer Adolf Hitler 1933 an die Macht kam, lebten ungefähr 600 000 Juden in Deutschland, von denen inzwischen die Hälfte vor der Verfolgung geflohen sind. Die Zurückgebliebenen müssen um ihr Leben fürchten.

Münchner Abkommen

▶ **30. September 1938** ◀ Sichtlich erleichtert teilt der britische Regierungschef Neville Chamberlain nach seiner Rückkehr nach London mit, dass die Tschechoslowakei-Krise beendet sei. Großbritannien, Frankreich, Deutschland und Italien haben sich in München geeinigt, dass die Tschechoslowakei das deutschsprachige Sudetenland an Deutschland abgeben muss. Dafür sichert Adolf Hitler zu, er werde keinen Anspruch auf den Rest der Tschechoslowakei erheben. »Ich denke, damit ist der Frieden gesichert«, sagt Chamberlain, aber die tschechoslowakische Regierung ist davon nicht überzeugt. Bald zeigt sich, dass sie damit Recht hat.

Deutsche besetzen Tschechoslowakei

▶ **5. Oktober 1938** ◀ Die deutsche Armee marschiert im sudetendeutschen Gebiet im Nordwesten der Tschechoslowakei ein. Während die deutschsprachige Bevölkerung begeistert ist, verlassen Juden und Tschechen das Gebiet, weil sie Verfolgung fürchten müssen. Adolf Hitler hat im Münchner Abkommen die Übergabe des Sudetengebiets an Deutschland durchgesetzt. Sein Versprechen, die Tschechoslowakei nun in Ruhe zu lassen, bricht er. Am 15. März 1939 stellt die Prager Regierung »das tschechische Volk unter den Schutz des deutschen Reiches«, nachdem Deutschland mehrmals mit Besetzung gedroht hat. Deutschland hat damit nach Österreich ein weiteres Nachbarland in Besitz genommen.

INFO • 1938 • INFO

28. Januar • Der deutsche Autorennfahrer Bernd Rosemeyer kommt ums Leben, als er einen Geschwindigkeitsrekord aufzustellen versucht

19. Juni • Italien wird zum zweiten Mal Fußballweltmeister

30. Juni • Der erste »Superman«-Comic erscheint

30. Oktober • Der Mittellandkanal wird eröffnet, der die beiden Flüsse Elbe und Rhein verbindet

1930 – 1939

▲ *In Linz werden die deutschen Truppen freudig begrüßt.*

Österreich wird »Ostmark«

▶ **13. März 1938** ◀ Schon seit einigen Jahren wird Österreich von seinem mächtigen Nachbarn Deutschland unter Druck gesetzt. 1936 hatten beide Länder vereinbart, dass Österreich ein eigener Staat bleiben, seine Politik aber ganz auf Deutschland ausrichten sollte. Am 12. März rückten die deutschen Soldaten über die Grenzen vor. In Österreich wurden sie vielerorts von der Bevölkerung begeistert empfangen. Dies veranlasst Hitler, die »Wiedervereinigung Österreichs mit dem Deutschen Reich« zu verkünden und das Land zur »deutschen Ostmark« zu erklären. Für die Menschen, die vor den Nazis nach Österreich geflohen sind, ist der »Anschluss« eine Katastrophe.

▼ *In Eger im Sudetenland werden die deutschen Besatzungstruppen willkommen geheißen.*

▼ *Nestlé möchte mit dem neuen »Sofortkaffee« neue Kunden gewinnen.*

Benny Goodman spielt in der Carnegie Hall

In der New Yorker Carnegie Hall, die bislang ausschließlich der klassischen Musik vorbehalten war, sind zum ersten Mal Jazz-Klänge zu hören. Der Klarinettist Benny Goodman, der unbestrittene »König des Swing«, gibt dort mit seiner Band ein Konzert und das Publikum ist begeistert. Jazz-Musik wurde zuerst von den schwarzen Amerikanern gespielt, die ihre eigene Tanz- und Unterhaltungsmusik mit europäischen Klängen verbanden.

»Lebendes Fossil« sorgt für Aufregung

▶ **1938** ◀ Im Indischen Ozean entdecken Ichthyologen (das sind Fischforscher) ein Tier, von dem man glaubte, es sei seit 70 Millionen Jahren ausgestorben. Der Fisch, ein Quastenflosser, wird als »lebendes Fossil« bezeichnet, denn er gleicht Fossilien, also versteinerten Überresten oder Abdrücken, die an vielen Stellen der Erde gefunden wurden. Die Quastenflosser sind interessant, weil sie eine Lunge und Kiemen hatten und weil ihr Skelett und ihre Flossen so gebaut waren, dass sie sich vermutlich auch an Land bewegen konnten. Sie gelten als Urahnen der auf dem Land lebenden Wirbeltiere.

Im Handumdrehen ist der Kaffee fertig

▶ **1. April 1938** ◀ Kaffeemühle und Filter kann man getrost im Schrank lassen, wenn man künftig schnell eine Tasse Kaffee trinken will. Der Schweizer Lebensmittelhersteller Nestlé bringt ein neuartiges Kaffeepulver auf den Markt, das nur noch in eine Tasse heißes Wasser eingerührt werden muss – fertig. Diese Zubereitungsmethode ist in jahrelanger Tüftelei entwickelt worden. Nestlé erwartet, dass der Schnellkaffee bald in ganz Europa Verbreitung findet. – Das hoffen auch die Kaffeebauern in Brasilien. In den vergangenen Jahren haben sie einen gewaltigen Überschuss produziert, so dass Kaffee vernichtet werden musste, um die niedrigen Verkaufspreise nicht noch weiter abrutschen zu lassen.

1938

▲ »Schneewittchen« wird ein internationaler Erfolg.

Abendfüllender Zeichentrickfilm

▶ 1938 ◀ Der kurz vor Weihnachten 1937 in den USA angelaufene Zeichentrickfilm »Schneewittchen und die sieben Zwerge« wird weltweit zu einem ungeheuren Kinoerfolg. Walt Disney, der »Vater« des Märchenfilms, hat mit »Schneewittchen« zum ersten Mal einen Zeichentrickfilm mit Ton in Spielfilmlänge herausgebracht. Zusammen mit seinen Mitarbeitern investierte er drei Jahre Arbeit und 1,5 Millionen Dollar in das Vorhaben. Über eine Million einzelne Zeichnungen mussten angefertigt werden und viele davon wurden weggeworfen, weil alles perfekt sein sollte. Besonders arbeitsaufwendig war es, jeden einzelnen der sieben Zwerge mit einer eigenen Persönlichkeit auszustatten. Dafür war es notwendig, nicht nur jeden ein bisschen anders aussehen zu lassen, sondern jeder der Zwerge erhielt auch ganz typische Bewegungen. Ein unglaublicher Aufwand! Aber er lohnt sich: »Schneewittchen« bringt nicht nur viel Geld ein (6 Millionen Dollar), sondern wird auch als wirkliches Kunstwerk gelobt. Besonders die Zwerge mit ihren Liedern und ihren vielen komischen Szenen gewinnen die Herzen der Zuschauer.

Deutsche Kinder bekommen Disneys »Schneewittchen« erst 1950 zum ersten Mal zu sehen. Die Nazi-Regierung verbietet die Aufführung des Films in Deutschland, weil sie findet, dass die Hauptdarstellerin »jüdisch« aussieht.

Erster Grand Slam geht an Tennis-Star Budge

▶ 25. September 1938 ◀ Dem Amerikaner Donald Budge gelingt als erstem Tennisspieler der »Grand Slam« – der »Große Knall«: Er gewinnt innerhalb eines Jahres die vier wichtigsten Tennisturniere. Im Finale der Offenen Meisterschaften der USA schlägt er seinen Landsmann Gene Mako, mit dem er sonst Doppel spielt, in vier Sätzen. Vorher hat Budge schon die Turniere in Melbourne/Australien, in Paris und in Wimbledon gewonnen.

Die Bewunderung für den 22-jährigen Kalifornier kennt nun keine Grenzen mehr. Doch viele seiner Verehrer erinnern sich nach wie vor am liebsten an das »Spiel der Spiele«, das Budge 1937 im Wimbledon-Finale gegen den Deutschen Gottfried von Cramm absolvierte. Der Amerikaner lag mehrmals hoffnungslos zurück, holte aber immer wieder auf und gewann den entscheidenden fünften Satz.

▶ Tennis-As Donald Budge

England fürchtet einen neuen Krieg

▶ 15. Juli 1938 ◀ Als die britische Luftwaffe vor einem Monat Freiwillige suchte, meldeten sich an einem einzigen Tag 1000 Männer. Jetzt soll die Luftwaffe 1000 neue Kampfflugzeuge vom Typ »Spitfire« (»Feuerspucker«) bekommen. Das macht deutlich, wie ernst die britische Regierung die Bedrohung durch einen neuen Krieg nimmt, einen Krieg, in dem die Luftwaffe eine entscheidende Rolle spielen wird. Die »Spitfire« eignet sich hervorragend zur Abwehr feindlicher Flugzeuge. Auch die Bevölkerung wird auf einen möglichen Krieg vorbereitet. Jeder Brite erhält eine Gasmaske. Bunker stehen als Schutzräume bei Luftangriffen zur Verfügung und Kinder, die in besonders gefährdeten Gebieten leben, sollen im Kriegsfall an sichere Orte gebracht werden.

Größtes Passagierschiff läuft vom Stapel

▶ **27. September 1938** ◀ Der größte Ozeandampfer der Welt, die »Queen Elisabeth«, läuft vom Stapel. Das neueste Schiff der Reederei Cunard White Star Line, das für den Transatlantikverkehr gebaut wurde, hat 83 670 Bruttoregistertonnen.

Getauft wird das Schiff von der britischen Königin Elisabeth – in aller Eile. Als die Monarchin mit der Zeremonie beginnen will, geben die Haltebalken nach und der Schiffskörper setzt sich in Bewegung. Gerade noch rechtzeitig gibt die Königin der Champagnerflasche für die Taufe einen Schubs, so dass sie am Bug des Schiffes zerschellt, bevor es ins Wasser gleitet.

▲ *Die »Queen Elisabeth« wird im Zweiten Weltkrieg als Truppentransporter eingesetzt.*

◀ *Der Kompressor der Anlage wiegt 8000 Tonnen.*

Klimaanlage sorgt für Abkühlung

▶ **26. Juli 1938** ◀ Die Abgeordneten des amerikanischen Parlaments in Washington können künftig in angenehm kühlen Büros arbeiten, denn für das Parlamentsgebäude ist eine Klimaanlage installiert worden. Das System arbeitet im Prinzip wie ein Kühlschrank. Mit Hilfe der Chemikalie Freon werden täglich 55 650 000 Liter Wasser gekühlt und über ein Leitungssystem in die verschiedenen Gebäude geführt. Dort kühlt es die Luft ab, die dann durch Ventilatoren in die Räume gepustet wird. Klimaanlagen sind zuerst für Fabriken gebaut worden, wo Temperaturschwankungen das Material verdarben.

Dampflok Mallard auf Rekordkurs

Die britische Dampflokomotive Mallard (Wildente) stellt am 31. Juli 1938 einen Geschwindigkeitsrekord auf, der auch 60 Jahre später noch nicht gebrochen ist. Zwischen London und Newcastle erreicht sie mit sieben Waggons zeitweilig 202,7 Stundenkilometer.

Amerikaner fürchten Invasion vom Mars

▶ **30. Oktober 1938** ◀ In den östlichen Bundesstaaten der USA fliehen Tausende von Menschen vor einem angeblichen Angriff von Außerirdischen. Anlass für die Massenpanik ist ein Hörspiel, das vom Rundfunk ausgestrahlt wird und so echt wirkt, dass viele Zuhörer wirklich an eine »Invasion vom Mars« glauben. In dem Hörspiel wird behauptet, ein Raumschiff sei in New Jersey gelandet. Mit Todesstrahlen und anderen grausamen Waffen ausgerüstete Männer seien ausgestiegen. Der Autor des Hörspiels heißt Orson Welles. Später wird er als Filmregisseur weltberühmt.

Journalist erfindet Kuli

Der ungarische Journalist Lazlo Biró lässt eine Erfindung patentieren, die bald zum Welterfolg wird – den Kugelschreiber. Er kann 200 000 Wörter schreiben ohne zu klecksen, zu schmieren und ohne nachgefüllt zu werden. Der Stift enthält eine Mine mit Tinte, die über eine kleine Kugel an der Spitze auf das Papier gelangt.

1939

Beginn des Weltkriegs: Deutsche überfallen Polen

▶ **1. September 1939** ◀ Ohne Kriegserklärung greift die deutsche Wehrmacht Polen an. Mit dem Einmarsch beginnt ein Krieg, der sich Ende 1941 zum Weltkrieg ausweitet. Millionen Soldaten und Zivilisten sterben bis zum Ende der militärischen Auseinandersetzung 1945.

Als Vorwand für den Angriff auf Polen dient den Nazis ein von Deutschen in polnischen Uniformen vorgetäuschter Überfall auf einen deutschen Rundfunksender. Der Krieg gegen Polen wird von See aus, mit Bombenangriffen und zu Lande geführt. Die Polen können sich gegen die Übermacht der deutschen Truppen (über 1,5 Millionen Soldaten) nicht behaupten. Am 17. September greift die Sowjetunion Polen auch von Osten aus an. Die Voraussetzung dafür wurde am 23. August 1939 mit dem Hitler-Stalin-Pakt geschaffen. Am 6. Oktober geben die letzten polnischen Truppen auf. Ein Teil Polens, der früher einmal zu Deutschland gehörte, wird dem Deutschen Reich angeschlossen, aus dem anderen von Deutschland besetzten Teil wird das »Generalgouvernement« als Nebenland des Reiches gebildet.

Hitler hofft, dass England und Frankreich – wie 1938 beim »Anschluß« Österreichs und beim Einmarsch ins Sudetenland – sich auch mit dem Angriff auf Polen abfinden. Doch die Stimmung ist umgeschlagen, seitdem Nazi-Deutschland im März 1939 das Münchner Abkommen gebrochen und die »Rest-Tschechei« besetzt hat.

▲ *Die Nazi-Flagge wird in Danzig gehisst.*

◀ *Deutsche Soldaten öffnen den Schlagbaum an der Grenze zu Polen.*

▼ *Aus Furcht vor deutschen Bombenangriffen auf englische Städte werden die Kinder aufs Land gebracht.*

Westmächte erklären Hitler den Krieg

▶ **3. September 1939** ◀ Frankreich und Polen sind schon seit längerem Verbündete. Englands Premierminister Chamberlain hat am 31. März 1939 erklärt, dass sein Land die Freiheit Polens verteidigen werde. Als die deutschen Truppen nun in Polen einmarschieren, fordern die englische und die französische Regierung sie zum sofortigen Rückzug auf. Da dies nicht geschieht, erklären sie Deutschland am 3. September den Krieg. Doch sie sind auf eine militärische Auseinandersetzung noch nicht richtig vorbereitet und setzen ihre Truppen nicht gegen Deutschland in Bewegung. Deutschland eröffnet nun aber den Seekrieg gegen Großbritannien und versucht den Seeverkehr zu stören.

Erster Hubschrauber, der wirklich fliegt

▶ **14. September 1939** ◀ Igor Sikorsky entwickelt einen Hubschrauber, der diesmal auch wirklich fliegt! Schon 1909 hatte Sikorsky den ersten Hubschrauber gebaut, der aber nicht recht funktionierte. Daraufhin sattelte er um und konstruierte ein Flugboot, also ein Flugzeug, das vom Wasser aus starten und im Wasser landen kann. Der in Russland geborene Sikorsky wanderte 1917 nach Amerika aus. Der senkrecht startende Hubschrauber ist auch für den Einsatz im Krieg geeignet.

▲ Sikorsky fliegt über dem Testgelände bei Bridgeport. Der VS-300 ist einer der ersten einsatzfähigen Hubschrauber.

1930 – 1939

▲ Mussolini und Hitler treffen sich 1938.

Kinostart für »Vom Winde verweht«

Bis zu 200 Dollar zahlen Kinobegeisterte auf dem Schwarzmarkt für eine Karte, um bei der ersten Vorführung des Films »Vom Winde verweht« am 15. Dezember 1939 in Atlanta dabei zu sein. Der Film schildert die tragische Liebe zwischen der eigenwilligen Scarlett O'Hara und dem Draufgänger Rhett Butler während des Amerikanischen Bürgerkriegs (1861 bis 1865). Die Hauptrollen werden mit dem Hollywoodstar Clark Gable und der bisher unbekannten englischen Schauspielerin Vivien Leigh besetzt. Sie spielen großartig, der Film wird weltweit ein Riesenerfolg.

Berlin und Rom schließen Pakt

▶ **22. Mai 1939** ◀ Gut drei Monate vor dem deutschen Überfall auf Polen schließen Deutschland und Italien den »Stahlpakt«. Darin verpflichten sie sich, einander bei einem Krieg mit allen militärischen Kräften zu helfen. Wie Deutschland plant auch das faschistische Italien einen Krieg, um Gebiete im Mittelmeerraum zu erobern. Doch es hat 1939 noch nicht genug Waffen. Darum erklärt Benito Mussolini nach dem deutschen Angriff auf Polen, sein Land sei »nicht kriegführend«.

Hitler-Stalin-Pakt unterzeichnet

▶ **23. August 1939** ◀ Wenige Tage vor Kriegsbeginn unterzeichnen die Außenminister Ribbentrop und Molotow für Deutschland und die Sowjetunion einen Nichtangriffspakt. Sie vereinbaren, Polen unter sich aufzuteilen. Für Hitler ist der Pakt mit Stalin wichtig, weil er nicht gleichzeitig gegen die Sowjetunion und die Westmächte kämpfen will.

▲ Ribbentrop, Stalin und Molotow

1939

▼ Nach einem »Bad« in DDT ist der Zoo-Elefant Chang befreit von lästigen Insekten, die sich in seiner Haut festgesetzt haben.

◀ Das erstaunliche neue Insektengift DDT

Insektengift DDT: Segen oder Fluch?

▶ 1939 ◀ Dichlordiphenyltrichloräthan – das Wort ist nicht leicht auszusprechen, aber Bauern und Ärzte setzen große Hoffnungen in den Stoff, der unter der Abkürzung DDT bekannt wird. Der Schweizer Peter Hermann Müller entdeckt 1939, dass man mit DDT Insekten töten kann. Doch warum sollte man das tun? Nur weil Wespen beim Frühstück und Mückenstiche unangenehm sind? Sicher nicht. Viele Insekten haben eine schädlichere Wirkung: Sie vernichten einen großen Teil der Ernte. Und in heißen Ländern gibt es eine Mückenart, die eine für Menschen gefährliche Krankheit überträgt: Malaria. Das DDT erweist sich für Landwirtschaft und Medizin als Segen. Trotzdem ist es inzwischen in vielen Ländern verboten. Denn DDT ist auch für Menschen schädlich. Mit jedem Stück Obst, das mit DDT behandelt wurde, isst der Mensch etwas von dem Insektengift mit. Es wird im Körper nicht abgebaut. Außerdem haben viele Insekten inzwischen Abwehrkräfte gegen DDT entwickelt.

Kunststoff verändert die Welt

Die englische Firma Imperial Chemical Industries (Abkürzung: ICI) nimmt die Massenproduktion des Kunststoffs Polyäthylen auf. Er ist 1933 von zwei ICI-Chemikern entdeckt worden. Polyäthylen ist bis heute ein gebräuchlicher Kunststoff. Plastikverpackungen, aber auch Rohre und Abdeckfolien werden daraus hergestellt. Anfangs wird Polyäthylen verwendet, um Unterwasserkabel zu isolieren.

Eigenes Kriegsschiff versenkt

▶ 17. Dezember 1939 ◀ Das deutsche Kriegsschiff »Graf Spee« wird vor der Küste von Uruguay (Südamerika) von der eigenen Crew versenkt. Die »Graf Spee« hatte im Seekrieg mit Großbritannien im Indischen Ozean und im Südatlantik neun Schiffe versenkt. Vor der Küste von Uruguay wurde sie am 13. Dezember bei einem Gefecht mit drei englischen Kreuzern beschädigt. Zur Reparatur lief sie einen Hafen an, aber die Regierung von Uruguay drohte, das Schiff zu beschlagnahmen. Daraufhin ordnete Hitler die Selbstzerstörung an. Dies schien ihm heldenhafter als eine Niederlage gegen die Engländer. Die Crew versenkt das Schiff durch eine ferngezündete Explosion. Der Kapitän begeht Selbstmord.

▼ Selbstversenkung des deutschen Panzerschiffs »Graf Spee«

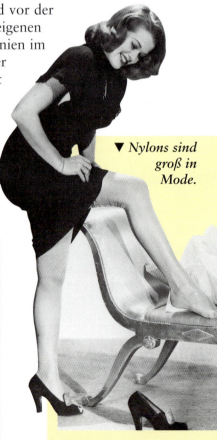

▼ Nylons sind groß in Mode.

1930 – 1939

Erster Pan-Am-Flug über den Atlantik

▶ **3. März 1939** ◀ Eleanor Roosevelt, die Frau des amerikanischen Präsidenten, tauft ein Flugboot auf den Namen »Yankee Clipper«. Es hat eine Woche vorher den ersten Passagierflug von Europa nach Amerika durchgeführt. Am 28. Juni nimmt die Fluggesellschaft Pan Am mit solchen Flugbooten den regelmäßigen Flugverkehr zwischen Europa und Amerika auf. Reisen mit dem »Yankee Clipper« ist echter Luxus. An Bord gibt es zum Beispiel einen Speisesaal für 14 Personen.

▲ *Passagiere besteigen das Flugboot.*

INFO • 1939 • INFO

17. Januar • *Die Nazis verbieten Juden, als Apotheker und Zahnärzte zu arbeiten*

28. März • *Der Spanische Bürgerkrieg endet mit dem Sieg Francos*

7. April • *Italien besetzt Albanien*

20. Juni • *Das erste Raketenflugzeug führt einen Testflug durch*

1. September • *Hitler ordnet den Massenmord an angeblich unheilbar Kranken an*

Finnland leidet im Winterkrieg

▶ **30. November 1939** ◀ Die Sowjetunion greift Finnland an. Damit beginnt der »Winterkrieg«, der am 13. März 1940 mit der finnischen Niederlage endet. Das Land muss Gebiete an die Sowjetunion abtreten, die Stadt Hangö 30 Jahre an sie verpachten und auf Kriegshäfen verzichten. Die Vorgeschichte des Krieges: Im Hitler-Stalin-Pakt hatten Deutschland und die Sowjetunion Osteuropa als »Interessensphären« untereinander aufgeteilt, ohne die dort lebenden Menschen zu fragen. Finnland wurde dem sowjetischen Bereich zugerechnet.

▲ *Eine finnische Familie flieht.*

Frauen sind verrückt nach Nylonstrümpfen

Die ersten Nylonstrümpfe kommen auf den Markt, und die Frauen sind ganz verrückt nach ihnen. Vorher trugen sie Seidenstrümpfe, doch die waren weniger haltbar und teurer. Das Nylon wurde 1937 von dem amerikanischen Chemiker Wallace Hume Carothers entwickelt. Dazu untersuchte er den Aufbau von Seidenfäden, die ja von Raupen, den Seidenspinnern, stammen. Carothers gelang es, ähnliche endlose Fäden künstlich zu erzeugen. Diese Kunstseide nannte er Nylon.

Attentat auf Hitler misslingt

▶ **8. November 1939** ◀ Eine gewaltige Bombe zerstört einen Münchner Bierkeller, kurz nachdem Hitler ihn verlassen hat. Der Nazi-Führer hatte im Bürgerbräukeller – wie jedes Jahr – zur Erinnerung an seinen Putschversuch 1923 eine Rede gehalten, war aber früher als üblich aufgebrochen. Durch das Attentat sterben acht Menschen, 63 werden verletzt. Wer hat die Bombe gelegt? Die Nazis gehen zunächst davon aus, dass der englische Geheimdienst dahinter steckt. Tatsächlich aber hat ein Deutscher, der Schreiner Johann Georg Elser, die Bombe gelegt, um den verhassten Diktator zu töten. Elser wird noch am gleichen Abend von der Polizei gefasst, als er in die Schweiz fliehen will.

▲ *Zerstörter Bürgerbräukeller*

KINO-VERGNÜGEN

In Paris fand 1895 die erste öffentliche Vorführung von bewegten Bildern statt. Rasch sprach sich herum, wie unterhaltsam es ist, sich Filme anzusehen. Zuerst wurden sie nur auf Jahrmärkten gezeigt, doch in den 20er Jahren entstanden die ersten prachtvoll ausgestatteten Kinopaläste. Hollywood eroberte ab Ende der 20er Jahre mit den ersten Tonfilmen die Welt. In den 50er Jahren drohte das Fernsehen, den Film zu verdrängen, doch Filmfans sind sich einig, dass weder TV noch Video sich mit dem Kino messen können.

Die ersten Stars der Leinwand

Schon in der Stummfilmzeit gab es umjubelte Leinwandstars: die blondgelockte Kanadierin Mary Pickford und die verruchte Dänin Asta Nielsen, den unwiderstehlichen Frauenhelden Rudolph Valentino und den sympathischen Abenteurer Douglas Fairbanks, dazu die Filmkomiker Harold Lloyd, Buster Keaton und Charlie Chaplin. Für sie alle kam Ende der 20er Jahre mit der Einführung des Tonfilms die Stunde der Wahrheit: Nun mussten sie das Publikum nicht mehr nur mit ihrem Aussehen und Auftreten, sondern auch mit ihrer Stimme beeindrucken. Viele enttäuschten ihre Fans, andere schafften den Sprung mühelos, zum Beispiel Greta Garbo. Sie wirkte mit ihrem schwedischen Akzent in den amerikanischen Tonfilmen nur noch geheimnisvoller. Charlie Chaplin wartete bis 1940, bis er seinen ersten Tonfilm, »Der große Diktator«, drehte – ein großer Erfolg. Neue Komikerstars stiegen nun auf, zum Beispiel die verrückten Marx-Brothers oder Oliver Hardy und Stan Laurel (»Dick und Doof«). Sie reizten auch wegen ihrer unterschiedlichen Stimmlagen – der piepsige Laurel und der brummige Hardy – die Zuschauer zum Lachen.

▲ *Greta Garbo, genannt »die Göttliche«, steht für Hollywood-Glamour.*

▶ *»Dick und Doof« heißen sie nur in Deutschland: Stan Laurel und Oliver Hardy.*

Kleine Mädchen kommen in Hollywood groß raus

Die 1928 geborene Shirley Temple sang, tanzte und schauspielerte sich 1934 bis 1940 durch die Filmmusicals, die alle zu Kassenschlagern werden. Sie war der beliebteste Kinderstar, den Hollywood hervorgebracht hat. 1935 erhielt sie einen kleinen Ehren-Oscar für ihre Verdienste um die Filmunterhaltung. Die blondgelockte Shirley spielte stets die Rolle des aufgeweckten Mädchens, das mit entwaffnender Direktheit und Ehrlichkeit die Probleme löst, an denen Erwachsene scheitern. Eine ganze Industrie entstand um ihre Person: Es gab Temple-Puppen, Temple-Malbücher, Temple-Kinderkleider ...

Die 1922 geborene Judy Garland stand mit drei Jahren zum ersten Mal auf der Bühne. Ihre große Chance erhielt sie 1939. Weil Shirley Temple verhindert war, spielte sie in dem Filmmusical »Das zauberhafte Land« das Mädchen Dorothy, das in ein Zauberland mit Zwergen, Feen, sprechenden Bäumen und Tieren verschlagen wird. Mit dem Lied »Somewhere over the Rainbow« sang sie sich in die Herzen der Zuschauer. Anders als Shirley Temple setzte Judy Garland ihre Karriere als Erwachsene fort. Doch der frühe Starruhm zerstörte ihr Leben: Sie wurde drogenabhängig und starb 1969 vereinsamt und vergessen.

▲ *Judy Garland (rechts) als unschuldiges Mädchen Dorothy in »Das zauberhafte Land«*

Der begehrteste Filmpreis ist eine kleine Statue, die »Oscar« genannt wird. Angeblich geht der Name auf die Schauspielerin Bette Davis zurück. Sie meinte, die Statue sehe wie ihr Onkel Oscar aus.
• Filmstars machen Mode: Durch Greta Garbo wurde die Baskenmütze populär, Marlene Dietrich sorgte dafür, dass Frauen sich für lange Hosen begeisterten.

◀ *In »Ausgerechnet Wolkenkratzer« (1923) klettert Harold Lloyd die Hochhausfassaden hoch.*

▲ *Shirley Temple, hier als »Heidi«, ist ein Naturtalent. Die meisten Szenen müssen nur einmal gedreht werden.*

Die Zauberwelt des Walt Disney

Walt Disney hieß der Mann, der die ersten abendfüllenden Zeichentrickfilme in die Kinos brachte. Er beschäftigte in seiner Produktionsfirma ein ganzes Heer von Grafikern. Sie zeichneten jene Millionen von Bildern, aus denen sich ein solcher Film zusammensetzt. Fünf Jahre brauchte ein Team von Zeichnern, bis 1942 »Bambi« in die Kinos kam. Der Held ist ein kleines Reh, das seine Mutter verloren hat und im Wald nun einige Abenteuer bestehen muss. Die Geschichte Bambis und seiner zahlreichen Freunde aus der Tierwelt des Waldes beruht auf einem Kinderbuch des Österreichers Felix Salten.

40ER JAHRE

1940

1941

1942

1943

1944

1945

1946

1947

1948

1949

1940

Die erste Hälfte der 40er Jahre war beherrscht vom Weltkrieg, in dem mehr als 55 Millionen Menschen starben, übrigens mehr Zivilisten als Soldaten. Nach dem Krieg begann überall der Wiederaufbau. Doch nach den furchtbaren Schrecken und Zerstörungen des Krieges würde die Welt nie wieder so sein wie vorher. Am Ende des Jahrzehnts zeichnete sich ein neuer, »kalter« Krieg zwischen dem »freien Westen« mit Marktwirtschaft und dem kommunistischen Osteuropa ab.

▼ *Rote Blutkörperchen*

Rhesus-Faktor im Blut entdeckt

Karl Landsteiner entdeckt in den Blutkörperchen der Rhesus-Affen einen speziellen Faktor. Er wird Rhesus-Faktor genannt. Auch die meisten Menschen (85%) haben diesen Faktor in ihrem Blut. Schwere Probleme kann es geben, wenn eine Frau ohne Rhesusfaktor Mutter wird, ihr Embryo aber den Rhesusfaktor hat. Sie entwickelt dann nämlich Antikörper gegen das Embryo.

◀ *Charlie Chaplin spielt als Diktator Hynkel mit dem Erdball.*

Chaplin spielt den »Großen Diktator«

▶ **15. Oktober 1940** ◀ Filmclown Charlie Chaplin stellt sein neuestes Werk vor, »Der große Diktator«. Es ist sein erster Tonfilm. Charlie spielt darin den Diktator Hynkel, eine Karikatur auf Nazi-Führer Adolf Hitler, der 1939 den Krieg begann und die Juden grausam verfolgen lässt. In dem Film spielt Charlie noch eine zweite Rolle, nämlich einen jüdischen Friseur, der von den Nazis mit seiner Freundin ins Konzentrationslager gebracht wird. Wegen seiner Ähnlichkeit mit Hynkel gelingt dem Friseur aber die Flucht. Obwohl Chaplin in dem Film ein ernstes Thema behandelt, bringt er die Zuschauer immer wieder zum Lachen. Er macht deutlich, dass Hitler, dem in Deutschland noch immer viele Menschen zujubeln, eine gefährliche, aber auch eine lächerliche Figur ist.

> Charlie Chaplins Karriere begann 1914 und endete 1967. Er drehte 89 Filme.
>
> Chaplin war Schauspieler, Regisseur und Drehbuchschreiber.
>
> Chaplin war viermal verheiratet und hatte zehn Kinder. Als er zum letzten Mal Vater wurde, war er 73 Jahre alt.

Blitzkrieg in Richtung Westen

▶ **28. Mai 1940** ◀ Zwei Wochen nach den Niederlanden kapituliert auch Belgien vor den deutschen Truppen, die am 10. Mai die Benelux-Staaten (Belgien, Niederlande, Luxemburg) überfallen hatten. Wie Polen 1939 sind auch diese Länder Opfer eines Blitzkriegs, also eines überraschenden, schnellen Angriffs. Unter der deutschen Besetzung haben die hier lebenden Juden am meisten zu leiden. Sie werden nun wie in Deutschland verfolgt. Schon im April haben deutsche Truppen Dänemark und Norwegen besetzt.

▲ *Panzer in einer kriegszerstörten belgischen Stadt*

▲ *Ein Gemälde von Charles Cundell zeigt den Rücktransport der Truppen bei Dünkirchen.*

300 000 Soldaten abtransportiert

▶ **4. Juni 1940** ◀ Mit dem Feldzug gegen die Benelux-Staaten verfolgt Hitler zwei Ziele: Er will die französischen und englischen Truppen im Nordosten Frankreichs voneinander trennen und zur Küste vorstoßen und er will den Engländern den Rückzug übers Meer abschneiden. Das zweite Ziel erreicht er nicht. Zwar sind die englischen Truppen bei Dünkirchen eingekesselt, doch Hitler zögert mit dem Angriff, weil er seine Truppen für den weiteren Krieg schonen will. Daraufhin können 338 226 Engländer, Franzosen und Belgier per Schiff nach England in Sicherheit gebracht werden.

Jeep für die Army

Die amerikanische Armee, die US-Army, erhält im Herbst 1940 einen neuen Wagen, der »Jeep« genannt wird. Der offene Wagen mit Vierradantrieb ist robust und geländegängig und erreicht eine Spitzengeschwindigkeit von 105 Stundenkilometern. Bei der Armee könnte das Fahrzeug bei der Feldbeobachtung oder zum Transport von Munition zum Einsatz kommen. Da die ersten Versuche mit dem Jeep erfolgreich verlaufen, ordert die amerikanische Armee eine größere Anzahl. Heute benutzt man Geländefahrzeuge wie den Jeep auch in der Freizeit.

Frankreich muss sich geschlagen geben

▶ **22. Juni 1940** ◀ Die deutschen Truppen setzen nach der Eroberung der Benelux-Staaten ihren Blitzkrieg nach Westen fort und besetzen weite Teile Frankreichs: Kriegswichtige Industriegebiete im Norden, die Kanal- und Atlantikküste und die Hauptstadt Paris. An dem Ort, an dem die Deutschen nach ihrer Niederlage im Ersten Weltkrieg den Waffenstillstand unterzeichnen mussten, werden nun den Franzosen die deutschen Bedingungen diktiert: Drei Fünftel Frankreichs kommen direkt unter deutsche Kontrolle, die Regierung im unbesetzten Teil muss sich verpflichten, mit Deutschland zusammenzuarbeiten.

▶ *Um seinen Triumph zu feiern, lässt sich Hitler durch Paris führen.*

Trotzki ermordet

▶ **21. August 1940** ◀ Mit einem Eispickel wird Leo Trotzki in Mexiko ermordet. Trotzki hatte bei der Oktoberrevolution 1917 mit Lenin für den Sieg der Kommunisten in Russland gekämpft, wurde dann aber unter Lenins Nachfolger Stalin aus der Partei ausgeschlossen und ins Ausland vertrieben. Der Mörder, ein Spanier, ist ein Agent von Stalins Geheimdienst.

Gefährliche Kriegsschiffe

▶ **3. Juli 1940** ◀ Bisher kämpften Engländer und Franzosen gemeinsam gegen die deutschen Eroberer. Nach der französischen Niederlage muss die britische Regierung umdenken: Die französischen Kriegsschiffe stellen nun eine Gefahr dar, denn sie könnten von den Deutschen beschlagnahmt werden. Um dies zu verhindern, ordnet der britische Premier Winston Churchill an, französische Kriegsschiffe vor der algerischen Stadt Oran (Algerien war damals eine französische Kolonie) zu beschießen. Sie werden schwer beschädigt. Französische Schiffe vor Alexandria (Ägypten) geben vor dem Angriff auf.

1940 – 1949

1940

Vierjähriger Junge regiert in Tibet

Der Dalai Lama wird im Kumbum-Kloster auf seine neue Rolle vorbereitet.

22. Februar 1940 — Tibet hat einen neuen Herrscher, einen vierjährigen Bauernjungen. Mit seiner Inthronisation als 14. Dalai Lama wird er geistliches und politisches Oberhaupt der Tibeter.

Tibet ist ein kleines Land im Himalaja, dem höchsten Gebirge der Welt. Die dort lebenden Menschen sind Buddhisten. Sie glauben, dass wir eine unsterbliche Seele haben. Wenn wir sterben, wandert sie in einen anderen Körper. Als der letzte Dalai Lama starb, kam nach dem Glauben der Tibeter irgendwo ein Junge mit seiner Seele zur Welt. Diesen Jungen mussten die bedeutendsten Mönche, die Lamas, suchen. Doch wo? Regenbogen zeigten ihnen an, dass der neue Dalai Lama im Nordosten lebte. Auch der alte Dalai Lama hatte vor seinem Tod nach Nordosten geschaut. Die Lamas verkleideten sich als Händler und wanderten nach Nordosten. In einem Bauernhaus wurden sie aufgenommen. Ein Junge, der dort lebte, wollte unbedingt mit den Perlen des gestorbenen Dalai Lama spielen. Als man ihm einige Gegenstände zeigte, pickte er sich genau die heraus, die dem Dalai Lama gehört hatten, und sagte: »Das sind meine.«

Da waren die Lamas überzeugt, dass er der neue Dalai Lama war. Dalai Lama bedeutet: »Lehrer, dessen Weisheit so groß ist wie der Ozean«. Um ein solcher Lehrer zu werden, muss der kleine Dalai Lama im Kloster noch viel lernen.

Im Potala, einem riesigen Palast und Kloster, wohnt der Dalai Lama im Winter.

INFO • 1940 • INFO

Februar • Der deutsche Physiker Manfred von Ardenne entwickelt das Elektronenmikroskop, das kleinste Teile sichtbar macht

9. April • Deutsche Truppen besetzen Dänemark und Norwegen

10. Juni • Italien tritt auf deutscher Seite in den Krieg ein

15.–17. Juni • Die Sowjetunion besetzt die Nachbarstaaten Estland, Lettland und Litauen

Churchill regiert Großbritannien

10. Mai 1940 — Der neue englische Premierminister heißt Winston Churchill. Er ist ein erfahrener Politiker, der früher schon mehrmals Minister war. Churchill bildet eine All-Parteien-Regierung, der die große Mehrheit der Briten vertraut. Zwei Tage vorher ist sein Vorgänger Arthur Neville Chamberlain zurückgetreten. Ihm wurde vorgeworfen, dass er gegenüber den Deutschen zu nachgiebig gewesen sei. Churchill dagegen will den Kampf gegen die Nazi-Tyrannei intensivieren. Er appelliert an den Durchhaltewillen der Bevölkerung und erklärt in seiner ersten Rede als Premier: »Ich habe nichts zu bieten als Blut, Mühsal, Tränen und Schweiß. Uns steht eine Prüfung allerschwerster Art bevor.«

Der neue Premierminister Churchill macht das Siegeszeichen.

Schlacht um England

▶ **17. September 1940** ◀ Hitler verschiebt die geplante Landung deutscher Truppen auf den Britischen Inseln »bis auf weiteres«. Seit Mitte August flogen deutsche Bomber Angriffe auf englische Städte. Hitler wollte die »Luftherrschaft« über Großbritannien gewinnen und damit die Voraussetzung für die Landung schaffen. Doch die britische Luftwaffe kann die Angriffe abwehren. Die englischen Flugzeuge sind den deutschen technisch überlegen und die Engländer haben ein gut funktionierendes Radarsystem. Außerdem haben sie den Geheimcode der deutschen Luftwaffe entschlüsselt. Die Landung in Großbritannien findet nie statt – eine erste schwere Niederlage für Hitler-Deutschland.

▶ *Englische Schüler vor ihrer zerstörten Schule*

▲ *Deutscher Schütze in einer Dornier DO-17*

Eingesperrt im Ghetto

▶ **19. November 1940** ◀ Ein Pole wird von den deutschen Behörden hingerichtet, weil er Brot über die Mauer ins Warschauer Ghetto geworfen hat. Dort müssen alle Juden der Stadt auf engstem Raum zusammenleben, im Durchschnitt sechs Personen pro Zimmer.

Hans Frank ist der deutsche Generalgouverneur im besetzten Polen. Er hat angeordnet, dass alle Juden in ein Stadtviertel umziehen und die bisher dort lebenden Menschen ausziehen müssen. Seit dem 15. November ist das Ghetto mit einer Mauer umgeben, so dass die Juden es nicht mehr verlassen können. Sie erhalten nur wenig Essen, denn Frank und seine Leute wollen sie verhungern lassen – nur weil sie Juden sind.

▲ *Eine Straße im Warschauer Ghetto*

Vertrag der Eroberer

▶ **27. September 1940** ◀ Deutschland, Italien und Japan sind die Länder, die durch Krieg ihre Staatsgebiete vergrößert haben oder noch vergrößern wollen. Sie schließen in Berlin den Dreimächtepakt. Darin sichern sie sich Unterstützung für den Fall zu, dass sie von einem noch nicht in den Krieg verwickelten Land angegriffen werden. Gemeint sind die USA.

▲ *De Gaulle leitet im Exil den Widerstand.*

De Gaulle macht Franzosen Mut

▶ **18. Juni 1940** ◀ Frankreich mag in die Hände der Deutschen gefallen sein, aber die Franzosen sind ungeschlagen. Das erklärt ihr General Charles de Gaulle in einer Rundfunkansprache in London. Er ist am 16. Juni nach England geflohen und will von dort aus den Kampf des »Freien Frankreich« gegen die deutschen Besatzer organisieren.

Uralte Malereien

Jugendliche entdecken per Zufall bei Lascaux in Frankreich eine Höhle mit uralten Wandmalereien. Die Bilder von Tieren – Wildpferden, Urrindern, Hirschen, Wildkatzen und Steinböcken – und ihren Jägern sind etwa 14 000 Jahre alt. Eine Szene zeigt, wie ein vom Speer getroffener Bison einen Mann umstößt.

ZWEITER WELTKRIEG

Nazi-Deutschland verleibte sich 1938 Österreich und Teile der Tschechoslowakei ein. Als im September 1939 deutsche Truppen in Polen einmarschierten, erklärten Briten und Franzosen den Nazis den Krieg. Bis Juni 1940 eroberten deutsche Truppen weite Teile Europas. 1941 marschierten sie auch in Russland ein, obwohl Hitler und Stalin 1939 einen Nichtangriffspakt geschlossen hatten. 1941 wurde der Krieg zum Weltkrieg: Die mit Deutschland verbündeten Japaner griffen die USA an und die Amerikaner erklärten Japan und Deutschland den Krieg. Nach schweren Niederlagen kapitulierte Deutschland im Mai 1945, die Japaner gaben nach dem Abwurf zweier amerikanischer Atombomben im September 1945 auf.

Schlimme Zerstörungen durch Bombenangriffe auf Städte

Der Zweite Weltkrieg ist der schlimmste Krieg, den es je gegeben hat. Er richtete furchtbare Zerstörungen an und kostete ungefähr 55 Millionen Menschen das Leben. Fast sechs Millionen von ihnen fielen dem Rassenwahn der Nazis zum Opfer, die meisten Juden.

Von den 110 Millionen Soldaten, die an den Kämpfen zu Wasser, zu Lande und in der Luft teilnahmen, kamen 27 Millionen um. Das heißt, von vier Soldaten kehrten nur drei lebend aus dem Krieg zurück.

Eine neue Dimension bekam der Krieg durch den Abwurf von Bomben aus Flugzeugen auf Städte. Diese Luftangriffe führten dazu, dass zum ersten Mal auch viele Zivilisten im Krieg starben. Man schätzt ihre Zahl auf 19 Millionen. Mit den Bombenangriffen sollte der Durchhaltewillen der Bevölkerung gebrochen werden. Die Deutschen machten auch hier den Anfang, sie bombardierten 1939 Warschau und 1940 englische Städte. Ab 1942 waren dann immer häufiger deutsche Städte britischen und ab 1943 auch amerikanischen Luftangriffen ausgesetzt.

Mit dem Krieg änderte sich die Welt total. Hatte es vorher mehrere Großmächte gegeben (England, Frankreich, Japan, Deutschland, die USA und die Sowjetunion), so blieben nun zwei Supermächte übrig: die USA und die Sowjetunion.

▲ Ein junger Überlebender sitzt nach dem Luftangriff deutscher Flugzeuge auf die polnische Hauptstadt Warschau im September 1939 zwischen den Trümmern.

▼ Im Hintergrund: Im Februar 1945, kurz vor Kriegsende, legen englische und amerikanische Bomber die Stadt Dresden in Schutt und Asche.

▲ Verheerende Zerstörungen in der japanischen Hauptstadt Tokio nach einem US-Luftangriff 1945

Kinder werden von ihren Familien getrennt

Unter den Bombenangriffen hatten natürlich auch die Kinder zu leiden. Viele Familien in den Großstädten entschlossen sich, die Kinder zu Verwandten aufs Land zu bringen, weil sie dort sicherer waren. In England gab es ein Programm der Regierung, um Kinder vor Luftangriffen zu schützen. Gleich bei Kriegsbeginn wurden eineinhalb Millionen Kinder evakuiert, also aus den Städten weggebracht. 1940 und 1944 führte die englische Regierung weitere Evakuierungen durch. Doch den englischen und deutschen Kindern ging es noch gut, wenn man ihr Schicksal mit dem der jüdischen Kinder vergleicht. Ob in Deutschland selbst oder in den von Deutschen besetzten Gebieten: Die Nazis schickten sie ins Konzentrationslager und brachten sie, wie ihre Eltern, um – nur weil sie Juden waren.

▲ Nach Kriegsende müssen viele Familien aus den ehemals deutschen, nun polnischen Gebieten zu Fuß fliehen.

▲ Englische Kinder werden mit dem Zug aufs Land gebracht.

◄ Schüler erhalten Gasmasken.

► Schild mit dem Namen eines evakuierten Kindes

Zehntausende deutsche Kinder starben bei Luftangriffen. In Japan verloren Tausende ihr Leben bei den Atombombenabwürfen auf Hiroshima und Nagasaki.
In Polen dienten Kinder als Kuriere. Dabei benutzten sie die Kanalisation, um nicht Opfer deutscher Scharfschützen zu werden.

▲ Viele suchen in U-Bahn-Stationen Schutz vor Bombenangriffen.

Jeder erhält seine Ration

▲ Kinder sammeln Blaubeeren, um zur Versorgung während des Krieges beizutragen.

Auf vieles, was gut schmeckt, musste man im Krieg verzichten. Sogar Grundnahrungsmittel wie Fleisch, Butter, Käse, Brot, Zucker und Eier waren knapp. Deshalb wurden viele Lebensmittel rationiert, das heißt, jeder bekam nur eine bestimmte Menge. Man musste die Lebensmittel weiterhin im Laden kaufen, dafür aber Karten vorzeigen oder Marken abgeben. So wurden die Lebensmittel gleichmäßig auf die Bevölkerung verteilt.

▼ Lebensmittel erhält man im Krieg nur gegen Marken.

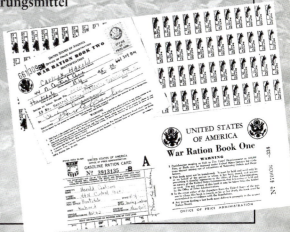

1940

1941

1942

1943

1944

1945

1946

1947

1948

1949

1941

Fast ein Computer

Die erste Rechenmaschine wurde 1640 entwickelt. Gut 300 Jahre später, am 12. Mai 1941, stellt Konrad Zuse den Rechenautomaten »Z 3« vor. Er kann addieren, subtrahieren, multiplizieren, dividieren und Quadratwurzeln ziehen. Das klingt zwar kompliziert, ist aber nichts Besonderes – das können inzwischen viele Rechenmaschinen. Und doch bedeutet der »Z 3« eine Revolution, denn er wird durch ein Programm gesteuert. Es ist in einen Kinofilmstreifen gelocht und betätigt elektromagnetische Schalter, sogenannte Relais. Der »Z 3« ist ein Vorläufer des Computers.

Angriff auf Pearl Harbor – USA im Krieg

▶ 8. Dezember 1941 ◀ Der amerikanische Präsident Roosevelt erklärt Japan den Krieg. Am Tag zuvor sind bei einem japanischen Überraschungsangriff auf die amerikanische Pazifikflotte bei Pearl Harbor auf Hawaii 2403 Menschen gestorben. Die Vereinigten Staaten von Amerika haben 19 Kriegsschiffe und 188 Flugzeuge verloren. Gleichzeitig mit dem Angriff auf Pearl Harbor landen japanische Truppen auf den Philippinen und anderen amerikanischen Besitzungen im Pazifik. Weitere Angriffsziele sind Thailand und die britischen Kolonien Hongkong und Malaya. Die Japaner wollen ganz Südostasien unter ihre Herrschaft bringen.

Mit dem Angriff auf Pearl Harbor wird der Krieg zum Weltkrieg. Innerhalb von fünf Tagen treten Dutzende von Staaten in den Krieg ein, auch wenn sich viele kleinere nicht an den Kämpfen beteiligen. Während die USA, Großbritannien und ihre Verbündeten ihre Kriegführung aufeinander abstimmen, gibt es auf der Gegenseite – Deutschland, Italien, Japan und ihre Verbündeten – kein gemeinsames Vorgehen.

◀ Konrad Zuse und sein Computer

▶ Roosevelt erklärt Japan den Krieg.

»Wunderboxer« Joe Louis

▶ 29. September 1941 ◀ Joe Louis ist nicht zu schlagen. Seit 1937 hat er 20-mal um die Weltmeisterschaft im Schwergewicht geboxt und jedesmal gewonnen. Allein 1941 absolviert der schwarze Amerikaner sieben Titelkämpfe, zuletzt gegen Lou Nova, den er in der sechsten Runde K.o. schlägt. Seine letzte Niederlage erlebte der »Wunderboxer« 1936 gegen den Deutschen Max Schmeling durch ein überraschendes K.o. in der zwölften Runde. Louis revanchierte sich 1938 und schlug Schmeling in der ersten Runde k.o.

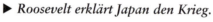

▼ Szene aus »Citizen Kane«

Sagenhafter Reichtum

Im Schloß »Xanadu« stirbt in sagenhaftem Reichtum Charles Foster Kane. So beginnt der Film »Citizen Kane«. Dann versucht ein Reporter herauszufinden, was für ein Mensch dieser Kane war. Er befragt Augenzeugen und stellt fest, dass Kane mit skrupellosen Methoden mehrere Zeitungen aufgekauft hat. Trotz seines Geldes und seiner Macht blieb er einsam. Schöpfer des Films ist Orson Welles, der auch die Hauptrolle spielt. »Citizen Kane« wird begeistert aufgenommen und gilt heute als einer der besten Filme überhaupt.

1940 – 1949

▲ Überreste eines amerikanischen Kriegsschiffs, das beim Angriff der Japaner auf Pearl Harbor zerstört wurde

Auch am Mittelmeer wird gekämpft

▶ **6. April 1941** ◀ Deutsche und italienische Truppen starten einen Angriff auf Jugoslawien und Griechenland. Am 17. April ist ganz Jugoslawien, am 11. Mai Griechenland erobert, bis Ende Mai auch die griechische Insel Kreta. Auch in Nordafrika wird mittlerweile gekämpft. Hitlers Kriegspläne werden dadurch gestört, denn er wollte sich ganz auf den Angriff auf die Sowjetunion konzentrieren. Statt dessen kommt er Italien zu Hilfe, das bei seinen Eroberungsversuchen am Mittelmeer den Briten unterlegen war.

▲ Deutsche Truppen landen auf Kreta.

Sowjetunion überfallen

▶ **22. Juni 1941** ◀ Am 23. August 1939 schlossen Deutschland und die Sowjetunion einen Nichtangriffspakt, den Hitler-Stalin-Pakt. Doch nun marschieren deutsche Truppen in die Sowjetunion ein. Der Grund: Der Pakt war nur Taktik. Hitler wollte nicht an zwei Fronten, im Osten und im Westen, gleichzeitig kämpfen, aber eigentlich war die kommunistische Sowjetunion sein Hauptfeind. Nach den Eroberungen im Westen 1940 sieht er jetzt keinen Grund mehr, den Angriff auf die Sowjetunion aufzuschieben. Doch seine Generäle warnen ihn. Zwar gibt es keine Front im Westen mehr, aber eine im Süden, im Mittelmeerraum. Außerdem meinen die Generäle, dass die Sowjetunion für eine schnelle Eroberung zu groß sei und dass der kalte sowjetische Winter für die deutschen Soldaten gefährlich werden könnte. Tatsächlich scheitert der Feldzug zuletzt. Hitlers Fehler ist kriegsentscheidend, wie sich später herausstellt. Deutschland und seine Verbündeten werden den Krieg verlieren.

▼ Deutsche Panzer auf dem Feldzug im Osten

Krieg ist nicht mehr nur Sache der Männer

▶ **4. Dezember 1941** ◀ Der britische Premierminister Winston Churchill ordnet an, dass unverheiratete Frauen zwischen 20 und 30 Jahren Dienst bei den Streitkräften, der Polizei oder der Feuerwehr leisten müssen. Ältere Frauen müssen sich zur Arbeit in den Rüstungs- und Munitionsfabriken melden. Die britischen Frauen sollen mithelfen, den deutschen Terror und Eroberungskrieg zu stoppen. Auch in Deutschland müssen Mädchen seit Sommer 1941 nach der Schule zuerst ein halbes Jahr Arbeitsdienst und dann ein halbes Jahr Kriegshilfsdienst leisten – in Wehrmachtbüros, Krankenhäusern, Lazaretten oder bei kinderreichen Familien.

1941

▼ Ernst und würdevoll schauen die Gesichter der Präsidenten Washington, Jefferson, Lincoln und Theodore Roosevelt in die Landschaft.

INFO • 1941 • INFO

11. März • Die USA beschließen, England im Krieg durch Waffenlieferungen zu helfen

5. April • Der deutsche General Erwin Rommel greift mit seinem Afrika-Korps Truppen der Alliierten in Nordafrika an

3. September • Die Nazi-Regierung setzt im Konzentrationslager Auschwitz zum ersten Mal das Giftgas Zyklon B ein, um Juden umzubringen

Vier Präsidentengesichter in einen Berg gemeißelt

▶ **1. November 1941** ◀ Nach 17 Jahren Arbeit ist ein riesiges steinernes Monument fertig gestellt: Der Bildhauer Gutzon Borglum hat die Köpfe von vier amerikanischen Präsidenten in South Dakota in einen Berg gemeißelt. Die Gesichter der Präsidenten George Washington, Thomas Jefferson, Abraham Lincoln und Theodore Roosevelt sind 18 Meter hoch und schauen ernst auf die Kiefernwälder der Black Hills. Ungefähr 450 000 Tonnen Granit mussten aus dem Felsen gesprengt und gemeißelt werden, um das Kunstwerk zu vollenden. Leider hat der Bildhauer sein Werk nie fertig gesehen, denn er ist im Frühjahr gestorben. Sein Sohn hat die letzten Arbeiten ausgeführt. Für die Amerikaner ist das Abbild ihrer großen Politiker fast ein nationales Heiligtum.

Kirchenproteste gegen Massenmord

▶ **24. August 1941** ◀ Im September 1939 hat Hitler den Befehl gegeben, Menschen, die er als »unheilbar krank« bezeichnet, umzubringen. Seitdem wurden über 70 000 Menschen getötet. Psychisch Kranke, Epileptiker und Alkoholkranke, die in Heilanstalten lebten, wurden von den Nazi-Behörden registriert und, je nach Schwere der Erkrankung, in speziellen Anstalten mit Gas getötet. Die Nazis versuchten diese Morde geheim zu halten. Sie glaubten, dass viele damit nicht einverstanden wären. Nach heftigen Protesten der Kirchen wird die Tötungsaktion nun vorerst eingestellt, später aber noch geheimer fortgesetzt.

Juden müssen einen Stern tragen

▶ **1. September 1941** ◀ Die Situation für die Juden in Deutschland wird immer schlimmer. Nun werden alle Juden, die älter sind als sechs Jahre, gezwungen, einen gelben Stern mit der Aufschrift »Jude« an ihrer Kleidung zu tragen. Ähnliches gilt für das besetzte Polen. Inzwischen laufen die Vorbereitungen zu dem an, was die Nazis als »Endlösung der Judenfrage« bezeichnen: Alle Juden sollen systematisch umgebracht werden. Am 3. September werden die ersten Juden im Konzentrationslager Auschwitz mit Giftgas getötet.

◀ *Junge mit einem Judenstern*

Zugeteilte Kleidung und Lebensmittel

▶ **2. Juni 1941** ◀ Wegen des Krieges wird in England Kleidung rationiert, d.h. jeder darf nur eine bestimmte Anzahl von Kleidungsstücken kaufen. Solche Zuteilungen gibt es auch für Fleisch, Zucker und Marmelade. In Deutschland wurden schon im August 1939 Lebensmittelmarken ausgegeben, die man beim Einkauf vorlegen muss. Nur Kartoffeln und Gemüse sind ausgenommen.

Wahnsinnsflug eines Verrückten?

▶ **10. Mai 1941** ◀ Rudolf Heß, der »Stellvertreter Hitlers«, fliegt nach Schottland und springt mit dem Fallschirm in der Nähe von Glasgow ab. Er will mit den Briten Frieden schließen, damit die deutsche Wehrmacht ihre Kraft auf den Einfall in die Sowjetunion konzentrieren kann. Während Heß behauptet, er handele mit Wissen Hitlers, lässt dieser ihn für verrückt erklären. Heß wird von den Briten in Haft genommen.

1940 – 1949

Was wird nach dem Krieg?

▶ **14. August 1941** ◀ Großbritannien und die USA veröffentlichen eine Erklärung über ihre gemeinsamen Ziele. Diese Atlantikcharta haben der amerikanische Präsident Franklin D. Roosevelt und der britische Premierminister Winston Churchill auf einem englischen Kriegsschiff vor Neufundland ausgearbeitet. Die Charta enthält die Prinzipien, die beide Länder nach dem Krieg verwirklichen wollen: Alle Völker sollen friedlich zusammenleben und über die Ordnung ihres Staates selbst entscheiden können.

◀ *Britisch-amerikanisches Treffen auf der »Prince of Wales« im Atlantik*

Jagd im Atlantik

▶ **27. Mai 1941** ◀ Die »Bismarck«, ein für unsinkbar gehaltenes deutsches Schlachtschiff, geht mit 1977 Mann Besatzung im Atlantik unter. Eine Woche vorher hatte die »Bismarck« den größten britischen Schlachtkreuzer, »Hood«, versenkt und die »Prince of Wales« beschädigt. Danach startete die britische Marine eine Verfolgungsjagd im Atlantik. Die »Bismarck« wurde am 26. Mai manövrierunfähig geschossen. Nach weiteren Treffern wird sie nun von der Besatzung gesprengt. Die deutsche und englische Presse verfolgte die Jagd auf die »Bismarck« mit großer Aufmerksamkeit, als ob es sich um einen sportlichen Wettkampf handelte.

▼ *Die »Bismarck«, mit 20 Kanonen und vier Flugzeugen bestückt*

Schutzsuchende im U-Bahn-Schacht

Der Engländer Henry Moore ist vor allem als Bildhauer bekannt. In seinen Skulpturen erscheint der menschliche Körper als abstrakte Gestalt mit weichen Rundungen. Doch als offizieller britischer »Kriegskünstler« macht Moore vor allem durch seine Zeichnungen von sich reden. Sie zeigen Bewohner aus London, die vor den Luftangriffen der Deutschen in den U-Bahn-Schächten Schutz suchen und dort in einen unruhigen Schlaf verfallen. Diese Zeichnungen strahlen eine Sehnsucht nach Frieden aus.

1942

General de Gaulle organisiert Widerstand

Frankreichs Widerstand

Die französischen Widerstandsgruppen benutzten Geheimnamen und wussten absichtlich nur wenig voneinander. Sie wollten sich so davor schützen, dass sie bei einer Gefangennahme unter Folter Geheimnisse verraten.

•

Bis Kriegsende wurden etwa 30 000 französische Widerstandskämpfer von der Gestapo hingerichtet. 75 000 starben in Konzentrationslagern.

Heilpilz im Einsatz

Größere Mengen von Penizillin werden 1942 von einem amerikanischen Pharmakonzern hergestellt. Der 1928 entdeckte Wirkstoff eines Schimmelpilzes tötet Bakterien ab. 1941 konnte ein Amerikaner, der an einer Blutvergiftung litt, mit Penizillin geheilt werden. Nun hofft man, auch verwundete Soldaten damit behandeln zu können.

▶ **14. Juli 1942** ◀ Gleich nach der Besetzung Frankreichs durch deutsche Truppen 1940 hatte sich der französische General Charles de Gaulle von London aus in einer Rundfunkrede an die französische Bevölkerung gewandt und sie zum Widerstand gegen die Besatzer aufgefordert. Die Kräfte, die diesem Widerstand angehören, erhalten nun den Namen »Das kämpfende Frankreich«. Sie arbeiten im Geheimen und unter größter Gefahr. Jeder Widerstandskämpfer muss damit rechnen, bei seiner Entdeckung von der deutschen Geheimpolizei, der Gestapo, festgenommen und hingerichtet zu werden. Die Widerstandsgruppen haben sich auf Sabotage, Propaganda und geheimdienstliche Tätigkeit spezialisiert; sie stehen nur lose miteinander in Verbindung.

Frankreich ist in das besetzte Gebiet im Norden und den unbesetzten Süden geteilt. Im November 1942 marschieren deutsche Truppen auch im bisher unbesetzten Frankreich ein, weil sie einen britisch-amerikanischen Angriff vom Mittelmeer her fürchten. Vorher waren britische und amerikanische Truppen im französischen Nordwestafrika gelandet.

▲ *Dieser französische Widerstandskämpfer hat sich auf Sabotage mit selbstgebauten Bomben spezialisiert.*

▲ *Das Penizillin wird verpackt.*

Liebe im Krieg

Der Amerikaner Rick betreibt in der marokkanischen Stadt Casablanca ein Café. Dort treffen sich Flüchtlinge, die nach Amerika auswandern wollen. Eines Tages kommt auch Ricks frühere Geliebte Ilsa mit ihrem Mann, einem Widerstandskämpfer, nach Casablanca. Obwohl er sie immer noch liebt, besorgt Rick den beiden ein Visum für Amerika. Dies ist die Geschichte des Films »Casablanca«.

▶ *»Casablanca«-Filmplakat*

INFO • 1942 • INFO

1. Januar • 26 Staaten schließen sich gegen Deutschland und Italien zusammen

10. Juni • Das tschechische Dorf Lidiče wird aus Rache für ein Attentat auf einen hohen Nazi niedergebrannt, die Männer erschossen

2. Dezember • Enrico Fermi leitet in Chicago die erste kontrollierte nukleare Kettenreaktion ein – das ist wichtig für den Bau der Atombombe

Japaner nehmen Singapur ein

15. Februar 1942

Nach dem Überfall auf den amerikanischen Stützpunkt Pearl Harbor am 7. Dezember 1941 haben die japanischen Truppen freie Hand bei ihren Eroberungen in Südostasien und im Pazifik. Nach Hongkong (25.12.1941) und der philippinischen Hauptstadt Manila (2.1.1942) nehmen sie nun auch die englische Kolonie Singapur ein. Am 8. März besetzen sie Niederländisch-Indien (das heutige Indonesien), am 20. Mai die englische Kolonie Birma. Die Japaner hatten den Einwohnern versprochen, die besetzten Gebiete von den Kolonialherren zu befreien. Tatsächlich herrschen sie dort selbst mit brutalen Mitteln.

▲ *Japanische Soldaten bei einer Jubelfeier auf den Philippinen*

Gegenangriff der USA

7. Juni 1942

Die Japaner erleiden die erste Niederlage seit ihrem Kriegseintritt. Vier ihrer größten Flugzeugträger werden in einer viertägigen See-Luftschlacht bei den Midway Inseln im Pazifik von amerikanischen Einheiten vernichtet; die USA verlieren nur einen Flugzeugträger. Die Schlacht leitet eine Wende im Pazifik-Krieg ein: Der japanische Eroberungszug ist vorerst gestoppt. – Der amerikanische Regisseur John Ford filmt das Schlachtgeschehen von amerikanischen Flugzeugträgern und Flugzeugen aus. Ford wird dabei verwundet und verliert sein linkes Auge. Er erhält für den Film »Die Schlacht von Midway« einen Oscar.

▲ *Torpedoangriff auf amerikanischen Flugzeugträger*

Goldene Schallplatte für Glenn Miller

Glenn Miller (vorn auf dem Foto) erhält eine Goldene Schallplatte. Sein Musikstück »Chattanooga choo choo« wurde mehr als eine Million Mal verkauft. Miller und seine Bigband spielen einen populären Jazz, den Swing. In deutschen Radiosendern wird solche Tanzmusik aus »Feindesland« nicht gespielt und das Hören ausländischer Sender ist verboten. Viele tun es trotzdem.

Mord an Juden beschlossen

20. Januar 1942

Hohe Nazi-Führer treffen sich in Berlin zur Wannsee-Konferenz und beschließen etwas Unvorstellbares: Alle Juden, die in Deutschland und in den von Deutschland besetzten Gebieten leben, sollen systematisch umgebracht werden. Sie sollen in eigens dafür gebaute Vernichtungslager gebracht und dort mit Giftgas getötet werden. Bis zum Ende des Krieges werden fast sechs Millionen Juden von den Nazis getötet.

Krieg in Nordafrika

4. November 1942

In Nordafrika stehen sich die deutsch-italienische Heeresgruppe und britische Truppen gegenüber. Seit Anfang 1942 haben Italiener und Deutsche unter General Erwin Rommel Eroberungen gemacht, doch nun werden sie bei Al Alamain in Ägypten zurückgeschlagen. Am 7. November landen britische und amerikanische Truppen in Algerien und Marokko. Am 13. Mai 1943 müssen Deutsche und Italiener kapitulieren.

▶ *Britischer Angriff auf deutschen Panzer bei Al Alamain*

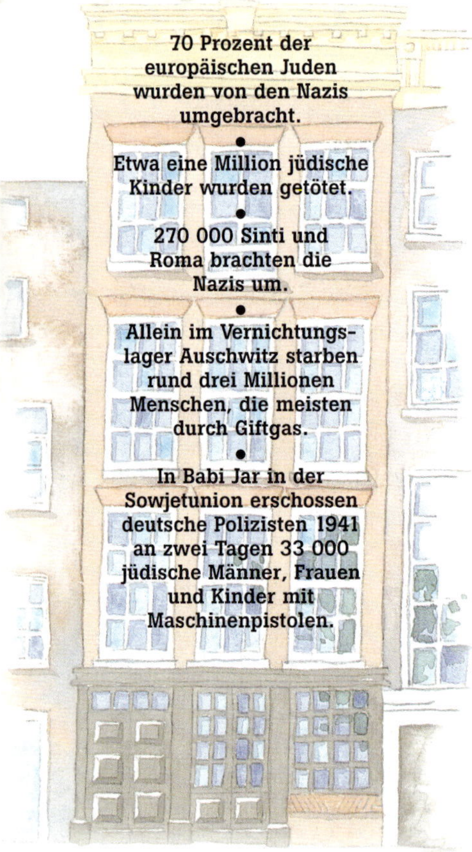

70 Prozent der europäischen Juden wurden von den Nazis umgebracht.

•

Etwa eine Million jüdische Kinder wurden getötet.

•

270 000 Sinti und Roma brachten die Nazis um.

•

Allein im Vernichtungslager Auschwitz starben rund drei Millionen Menschen, die meisten durch Giftgas.

•

In Babi Jar in der Sowjetunion erschossen deutsche Polizisten 1941 an zwei Tagen 33 000 jüdische Männer, Frauen und Kinder mit Maschinenpistolen.

DER HOLOCAUST

Hitler und die Nazis waren nicht nur schuld am Zweiten Weltkrieg, sie taten auch Schlimmeres: Angetrieben von der Wahnvorstellung, dass die Deutschen anderen überlegen wären und dass es »minderwertige« Menschen gäbe, brachten sie ganze Volksgruppen um: Sinti und Roma (abschätzig »Zigeuner« genannt), vor allem aber Juden, die die Nazis für alles Böse verantwortlich machten und ausrotten wollten. Die Nazi-Verbrechen an Juden nennt man Holocaust.

Während des Krieges besetzte Deutschland weite Teile Europas. Als deutsche Truppen 1941 in Russland einmarschierten, wurden viele der dort lebenden Juden von Deutschen erschossen. Doch dann entschloss sich die Hitler-Regierung, spezielle Vernichtungslager zu bauen. In diesen »Todesfabriken« wurden Millionen von Menschen schnell und im Geheimen in Gaskammern umgebracht.

Das Tagebuch der Anne Frank

Anne Frank hieß ein jüdisches Mädchen, das in Frankfurt geboren war und nach der Machtübernahme der Nazis mit der Familie in die Niederlande floh. Während der deutschen Besetzung im Weltkrieg war die Familie Frank auch dort nicht mehr sicher. Sie musste fürchten, in ein Vernichtungslager gebracht zu werden. Die Franks mussten also »untertauchen«. In einem Versteck über dem Büro des Vaters lebten sie mit vier anderen monatelang auf engem Raum zusammen. Angestellte des Vaters versorgten sie. Natürlich gab es im Versteck viel Langeweile und immer wieder Streit. Was sie dort erlebte, dachte und fühlte, schrieb Anne Frank in ihr Tagebuch. 1944 wurde das Versteck an die Nazis verraten und alle kamen ins Todeslager Auschwitz. Anne wurde kurz vor Kriegsende von dort ins Lager Bergen-Belsen gebracht, wo sie an Typhus starb. Nach dem Krieg wurde Anne Franks Tagebuch gefunden und 1947 veröffentlicht. Millionen haben es seither gelesen.

▼ Aus dem Tagebuch der Anne Frank wissen wir, was ein jüdisches Mädchen dachte und fühlte, das von den Nazis verfolgt wurde.

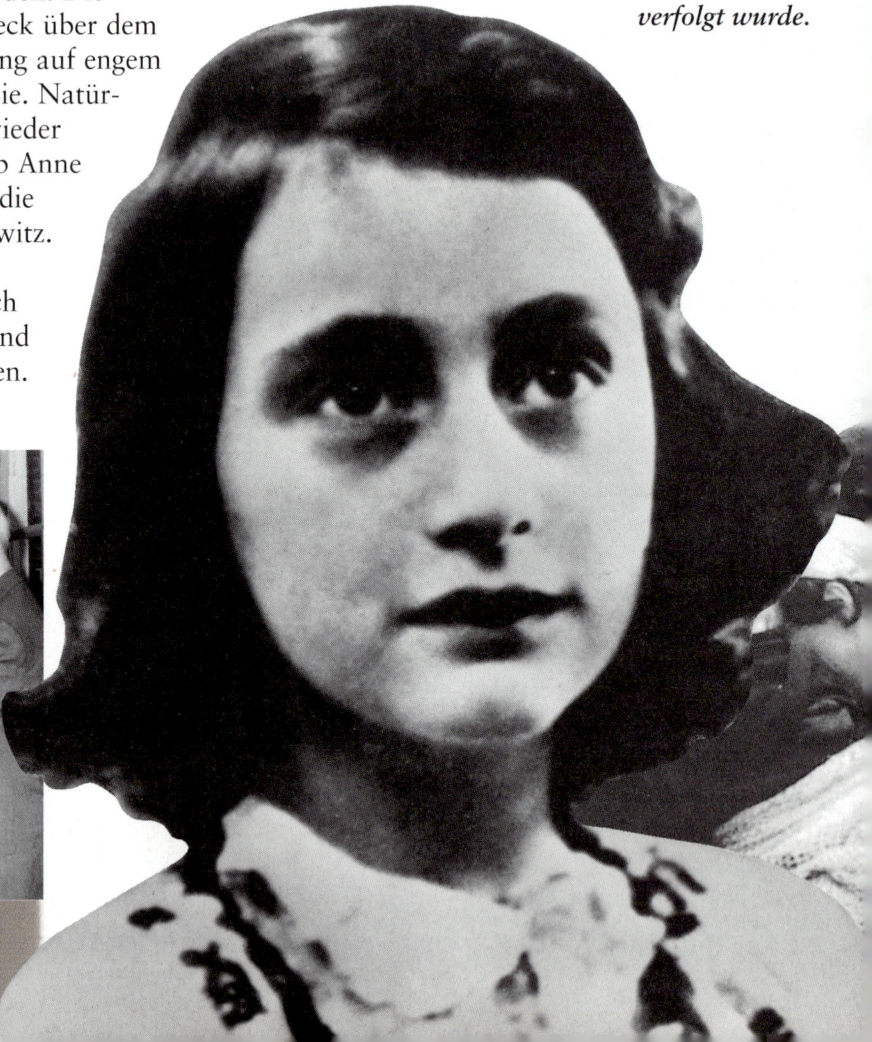

▼ Das Versteck der Franks in der Prinsengracht 263

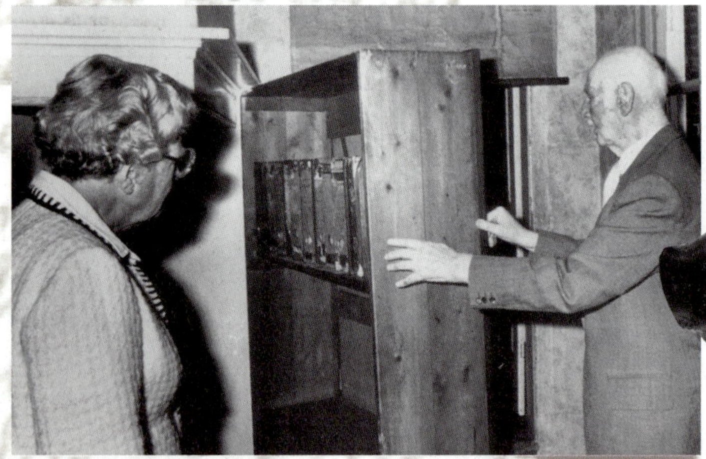

▶ Im Hintergrund zwei Seiten aus Annes Tagebuch

Aussonderung und Ghettos

Als die Nazis im September 1939 das Nachbarland Polen besetzten, ordneten sie an, dass die Juden vom Land in die größeren Städte zu bringen seien. Innerhalb der nächsten zwei Jahre richteten die deutschen Nazi-Behörden in mehreren Städten der besetzten Gebiete in Osteuropa – in Warschau, Lodz, Wilna und Riga – »Judenviertel« oder Ghettos ein. Dort mussten Juden dichtgedrängt und abgetrennt von der übrigen Bevölkerung ohne medizinische Versorgung und ohne ausreichende Ernährung leben und Zwangsarbeit leisten. Ab 1943 wurden die Ghettos aufgelöst und die jüdischen Bewohner wurden in die Todeslager gebracht.

▶ *Die Abgrenzung ging so weit, dass es eigene Straßenbahnen für Juden gab.*

▲ *Getrennter Unterricht für jüdische Kinder*

Die »Endlösung«

Die systematische Ausrottung der Juden begann 1941. Bei einem Treffen in Berlin beschlossen hohe Nazi-Funktionäre Anfang 1942 das, was sie »die Endlösung der Judenfrage« nannten: Alle europäischen Juden sollten in spezielle Lager im besetzten Polen transportiert und dort getötet werden. Aus Deutschland und anderen Teilen Europas, die von Deutschen besetzt waren, wurden Juden über Hunderte von Kilometern in Güterwaggons ohne Nahrung und Wasser in Lager wie Auschwitz, Treblinka und Sobibor gebracht. Die wenigsten ahnten, dass sie dort der Tod erwartete. Viele starben unterwegs. Die meisten Überlebenden – Kinder, Alte und Kranke – wurden direkt in Gaskammern getrieben, wo man sie mit Giftgas umbrachte. Nur die starken, arbeitsfähigen Männer blieben vorerst am Leben: Sie sollten sich im Lager zu Tode arbeiten oder es wurden grausame medizinische Experimente an ihnen durchgeführt.

▲ *Kinder in einem Konzentrationslager*

▼ *Juden auf dem Weg ins Todeslager*

1943

1940

1941

1942

1943

1944

1945

1946

1947

1948

1949

▲ Ghetto-Bewohner werden im Bunker entdeckt.

▲ Die Waffen-SS im Warschauer Ghetto

Aufstand im Warschauer Ghetto

▶ **19. April 1943** ◀ Angehörige der Waffen-SS, einer Elite-Einheit der Nationalsozialisten, rücken mit Panzerwagen in das jüdische Ghetto von Warschau ein. Sie wollen die dort lebenden Menschen ins Vernichtungslager bringen, wo sie getötet werden sollen. Doch die Bewohner des Ghettos wehren sich. Es kommt zu einem Aufstand. Als die Waffen-SS-Leute im Ghetto ankommen, prasseln von allen Dächern Wurfgeschosse auf sie nieder. Sie müssen sich zunächst zurückziehen, kommen dann aber am nächsten Tag mit Flammenwerfern zurück. Ein Haus nach dem anderen wird in Brand gesteckt. Viele Bewohner sterben in den Flammen, andere können sich in Bunkern und in der Kanalisation zunächst verstecken. Nach erbittertem Widerstand, auch mit eingeschmuggelten Waffen, müssen sie am 13. Mai aufgeben.

Im Warschauer Ghetto waren seit Herbst 1940 alle Juden der Stadt eingesperrt. Damals waren es 450 000 Menschen, bei Beginn des Aufstands sind es noch 60 000 bis 70 000. Die anderen sind an Krankheiten und Seuchen gestorben oder sie sind in Vernichtungslagern vergast worden.

Halluzinationen durch künstliche Droge LSD

▶ **19. April 1943** ◀ Zwei Schweizer Chemiker berichten über eine neue künstliche Droge. Bei Medikamenten-Versuchen stellten sie 1938 Lysergsäure-Diäthylamid (LSD) her. Dabei bemerkten sie, dass sie von LSD Kopfschmerzen bekamen und dass sich ihre Wahrnehmung veränderte: Alles um sie herum schien sich zu biegen und auch die Farben waren anders. Nun haben die beiden LSD noch einmal eingenommen und herausgefunden, dass es wirklich Sinnestäuschungen hervorruft.

»Kleiner Prinz« in der Fremde

Der Franzose Antoine de Saint-Exupéry veröffentlicht sein Märchen »Der kleine Prinz«, das er selbst illustriert hat. Der kleine Prinz, ein Wesen von einem fernen Planeten, macht auf einer Reise durchs All viele Bekanntschaften. Auf der Erde lernt er die Freundschaft kennen. Als er heimkehrt, lässt er hier sein Lachen zurück.

Stalingrad-Schlacht

▶ **2. Februar 1943** ◀ Zwei Tage nach der Südgruppe ergibt sich die Nordgruppe der 6. deutschen Armee, die seit dem 22. November 1942 bei Stalingrad eingeschlossen war. 90 000 Soldaten gehen in sowjetische Kriegsgefangenschaft. Nur etwa 6000 von ihnen kehren später lebend zurück. Seit August 1942 sind bei der Schlacht um die sowjetische Stadt Hunderttausende umgekommen. Im Dezember war ein Versuch, die Eingekesselten von außen zu befreien, gescheitert. Danach hatte Hitler dem Oberbefehlshaber der 6. Armee einen Ausbruchsversuch und die Kapitulation verboten. Die Schlacht um Stalingrad wird zum Symbol für sinnloses Sterben im Krieg.

▲ *Sowjetische Soldaten rücken gegen die bei Stalingrad eingeschlossene 6. deutsche Armee vor.*

Schrecken des Krieges

▶ **24. Juli 1943** ◀ Während in früheren Kriegen vor allem Soldaten zu leiden hatten, gibt es im Zweiten Weltkrieg auch viele Opfer unter der Zivilbevölkerung. Das liegt an den Bombenangriffen, die sich gegen Städte richten. Die deutsche Luftwaffe hatte 1940 mit Nachtangriffen auf englische Städte begonnen. Dabei wurde u. a. das Zentrum von Coventry zerstört. Nun wird Hamburg zum Ziel der britischen und amerikanischen Luftwaffe. Bis zum 3. August fliegt sie Angriffe auf die Stadt und wirft Bomben ab. 30 000 Menschen sterben, fast zwei Drittel aller Wohnungen werden zerstört.

◀ *Durch die Bombenangriffe kommt es zu Großbränden.*

Mutiger Widerstand von Hans und Sophie Scholl

▶ **22. Februar 1943** ◀ Die Geschwister Hans und Sophie Scholl und ihr Freund Christoph Probst werden vom Nazi-»Volksgerichtshof« zum Tode verurteilt. Die Studenten waren vier Tage vorher beim Verteilen von Flugblättern in der Münchner Universität verhaftet worden. Darin riefen sie zum Aufstand gegen den Nazi-Terror auf. Die Verurteilten gehören der Widerstandsgruppe »Weiße Rose« an. Nach dem Todesurteil ruft Sophie Scholl: »Was wir geschrieben haben, das denkt ihr ja alle auch, nur fehlt euch der Mut, es auszusprechen!«

▲ *Die Scholls, 24 und 21 Jahre alt*

Mädchen schwärmen für Frank Sinatra

Frank Sinatra ist der Schwarm der amerikanischen Mädchen. Sinatra kam 1915 als Sohn italienischer Einwanderer in New Jersey zur Welt, verließ mit 16 Jahren die Schule und verdiente sich sein Brot damit, dass er mit einer Band auf privaten Feiern sang. 1943 startet er eine Karriere als Solosänger in Nachtclubs. Seine warme Stimme lässt die Frauenherzen höher schlagen.

1943

Deutsche beginnen an Hitlers »Endsieg« zu zweifeln

▼ *Englische Piloten vor den Luftangriffen auf die Talsperren des Ruhrgebiets*

▶ **Mai 1943** ◀ Der deutschen Bevölkerung wird allmählich bewusst, dass der »Endsieg«, der ihr von der Nazi-Regierung gepredigt wird, keineswegs sicher ist. Die Zweifel werden durch mehrere Ereignisse bestärkt: Am 13. Mai muss sich die deutsche Heeresgruppe Afrika der Übermacht der Alliierten geschlagen geben. Am 17. Mai zerstört die britische Luftwaffe die Talsperren von Möhne und Eder in der Nähe des Ruhrgebiets. Durch die riesige Flutwelle werden 1284 Menschen getötet. Am 24. August bricht Großadmiral Karl Dönitz nach schweren Verlusten den deutschen U-Boot-Krieg gegen alliierte Schiffe im Nordatlantik ab. Dies ist eine entscheidende Wende im Seekrieg zugunsten der Amerikaner, Briten und ihrer Verbündeten. Es kommt noch schlimmer: Am 10. Juli landen die Alliierten auf Sizilien und dringen von dort aus in den Süden Italiens vor. Die Achse Berlin–Rom zerbricht: Am 8. September kapituliert die italienische Regierung, am 13. Oktober erklärt sie Deutschland den Krieg.

▶ *Barnes Wallis; er entwickelte spezielle Rollbomben für Talsperren-Angriffe.*

Wende in Italien

▶ **25. Juli 1943** ◀ Nach der Landung der Alliierten auf Sizilien wird Benito Mussolini vom italienischen König abgesetzt und verhaftet. Deutsche Fallschirmspringer befreien ihn am 12. September aus der Haft in einem Berghotel. Bei einem Treffen mit Hitler wird am 14. September verabredet, dass Mussolini am Gardasee eine Gegenregierung bildet.

▼ *Die zerstörte italienische Stadt Montecassino*

Erfolg für Musical »Oklahoma!«

Als am 31. März in New York das Musical »Oklahoma« zum ersten Mal gezeigt wird, ist das Theater nur zur Hälfte besetzt. Doch am nächsten Morgen erscheinen begeisterte Berichte in den Zeitungen. Das Stück von Oscar Hammerstein und Richard Rodgers wird schließlich ein Riesenerfolg. Jahrelang sind die Vorstellungen ausverkauft. Das Musical spielt auf dem Lande, im Bundesstaat Oklahoma. Es bietet eine willkommene Abwechslung in traurigen Kriegszeiten.

Schiff mit Verwundeten von Japan angegriffen

▶ **14. Mai 1943** ◀ Ein Angriffsziel der Japaner in ihrem Eroberungskrieg ist Australien, das mit Großbritannien und den anderen Alliierten Kriegsgegner der Achsenmächte Deutschland, Italien und Japan ist. Nun beschießen japanische U-Boote im Südpazifik ein australisches Lazarettschiff mit Torpedos. 300 Menschen kommen dabei ums Leben. Das Schiff, auf dem Verwundete gesund gepflegt werden, sieht nicht wie ein Kriegsschiff aus, so dass ein Irrtum der Japaner ausgeschlossen scheint. Ihr Angriff richtet sich wohl ganz bewusst gegen Wehrlose.

INFO • 1943 • INFO

13./21. März • Zwei Versuche deutscher Offiziere, Hitler zu töten, scheitern

10. Oktober • In Griechenland, das von deutschen Truppen besetzt ist, bricht ein Bürgerkrieg zwischen zwei Widerstandsgruppen aus

28. November • Die »großen Drei« – Stalin, Churchill und Roosevelt – treffen sich in Teheran, um ihr Vorgehen im Krieg abzustimmen

◀ *Durch einen japanischen U-Boot-Angriff zerstörtes australisches Kriegsschiff*

Frauenfotos im Soldatenschrank

Das Leben der Soldaten spielt sich in einer reinen Männerwelt ab. Nur bei einer Verwundung werden sie von Krankenschwestern gepflegt. So kommt es, dass in ihren Tagträumen schöne junge Frauen eine große Rolle spielen. Unter den amerikanischen Truppen ist es verbreitet, Fotos von Frauen im Badeanzug auf der Innenseite der Spindtür, also des Schranks, »anzupinnen«. Solche Frauen werden Pin-up-Girls genannt. Eine der bekanntesten ist die Filmschauspielerin Betty Grable, die ihre Beine für 250 000 Dollar versichern ließ.

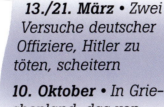

Künstliche Niere hilft

Der holländische Arzt Willem Kolff rettet einer Frau mit einer »künstlichen Niere« das Leben. Die Nieren haben die Aufgabe, das Blut zu reinigen. Wenn sie versagen, sind die Ärzte hilflos. Doch die »künstliche Niere« hilft nun weiter. Der Nierenkranke wird an diese Maschine angeschlossen und sie erledigt die Blutwäsche. Heute werden viele Kranke mit einer solchen Blutreinigung (Dialyse) behandelt.

Rassenunruhen in Amerika

▶ **Sommer 1943** ◀ Immer wieder kommt es in amerikanischen Großstädten zu Rassenunruhen, also zu Schlägereien zwischen weißen und schwarzen Jugendlichen. Einige der Banden fallen durch ihre Kleidung auf: Sie tragen helle, extrem lange Mäntel, lange Schals und bauschige, am Knöchel mit Klemmen zusammengehaltene Hosen. Bei den schlimmsten Unruhen am 20. bis 22. Juni in der »Autostadt« Detroit kommen 34 Menschen ums Leben. Die meisten der Opfer sind Schwarze. In New York sterben am 1. Juli fünf Personen.

◀ *Ein Jugendlicher wird festgenommen.*

1940

1941

1942

1943

1944

1945

1946

1947

1948

1949

▶ Alliierte Truppen und Panzer landen am Strand der Normandie.

Roosevelt bleibt Präsident

Franklin D. Roosevelt wird am 7. November 1944 wieder zum amerikanischen Präsidenten gewählt. Er gewann 1932, 1936 und 1940 die Präsidentenwahl. Roosevelt regiert damit länger als jeder andere Präsident der USA. Das Ende des Krieges erlebt der kranke Präsident nicht mehr. Er stirbt am 12. April 1945.

1944

Landung von 150 000 Soldaten

▶ **6. Juni 1944** ◀ Amerikaner und Engländer bereiten seit Ende 1942 von Großbritannien aus einen Angriff auf Nazi-Deutschland vor. Ihr Verbündeter Sowjetunion (Russland) fordert seit langem eine zweite Front neben der Ostfront, wo deutsche und sowjetische Truppen seit dem deutschen Überfall 1941 gegeneinander kämpfen. Nun ist es soweit: Zuerst springen Fallschirmspringer ab, dann landen 150 000 amerikanische und britische Soldaten auf einer Länge von 80 km an der Nordküste des von Deutschland besetzten Frankreich. Diese größte Militäraktion, die es je gegeben hat, wird mit 4000 Landungsschiffen, 2000 Kriegsschiffen und 14 000 Flugzeugen durchgeführt. Trotz heftiger Gegenwehr können die Deutschen die Invasion nicht verhindern. Die amerikanischen und englischen Truppen kommen rasch voran. Am 25. August befreien sie Paris, am 3. Oktober Brüssel, am 21. Oktober erreichen sie die deutsche Stadt Aachen. Deutschlands Niederlage scheint nur noch eine Frage der Zeit.

900 Tage Hunger und Leid

Show für Soldaten

Der deutsche Filmstar Marlene Dietrich lebt und arbeitet seit 1930 in Amerika. Hitler hat sie mehrfach aufgefordert, nach Deutschland zurückzukehren, doch sie will nicht in einer Diktatur leben. Stattdessen wird sie Amerikanerin. Bei ihren Besuchen auf Militärbasen jubeln die amerikanischen Soldaten ihr zu.

▶ Russische Soldaten vor Leningrad

▶ **28. Januar 1944** ◀ 900 Tage war die russische Stadt Leningrad von deutschen Truppen belagert. Dabei starben 900 000 Bewohner an Hunger, Kälte, Granaten und Bomben. Nun wird die Stadt von sowjetrussischen Soldaten befreit. Schon 1943 hatte die sowjetische Armee die deutschen Angreifer überall zurückgedrängt. Anfang 1944 startet sie eine neue Offensive. Die mit Deutschland verbündeten Länder Rumänien, Bulgarien und Finnland müssen mit Russland einen Waffenstillstand schließen, die Deutschen müssen aus Jugoslawien und Griechenland abziehen.

Flugbomben auf London

▶ 8. September 1944 ◀ Als sich abzeichnet, dass Deutschland den Krieg verlieren wird, weckt die Nazi-Regierung Zuversicht, indem sie von deutschen Wunderwaffen spricht. Es sind Bomben, die nicht von Flugzeugen abgeworfen, sondern von Startrampen abgeschossen werden. Im Juni flogen solche Raketenbomben auf England. Große Zerstörungen richteten sie nicht an, aber es starben 5000 Menschen. Viele dieser »V 1«-Waffen funktionierten nicht, andere vernichtete die englische Flugabwehr. Nun wird die verbesserte »V 2« eingesetzt. Doch auch ihre zerstörerische Wirkung ist gering.

▲ Rettung eines Kindes nach einem »V 2«-Bombenangriff auf England

INFO • 1944 • INFO

10. Juni • Angehörige der SS ermorden alle 647 Einwohner des Dorfes Oradour-sur-Glane in Frankreich

11. September • Churchill (England) und Roosevelt (Amerika) besprechen, was nach dem Krieg aus Deutschland werden soll

16. Dezember • Hitler startet eine Westoffensive, um die von Frankreich kommenden Alliierten aufzuhalten – vergeblich

Revolte in Warschau

▶ 1. August 1944 ◀ Die Polnische Heimatarmee, eine Widerstandsgruppe, erhebt sich gegen die deutschen Besatzer. Sie will die polnische Hauptstadt aus eigener Kraft befreien und dies nicht der sowjetischen Armee überlassen, die wenige Kilometer vor Warschau steht. Die Polen fürchten, dass ihr Land sonst nach dem Krieg in Abhängigkeit von der Sowjetunion geraten könnte. Der Aufstand bricht Anfang Oktober zusammen. 9000 Polen werden gefangengenommen.

Hitler-Attentat schlägt fehl

▶ 20. Juli 1944 ◀ Nur knapp entgeht Hitler einem Attentat. In seinem Hauptquartier, der »Wolfsschanze«, explodiert eine Bombe. Vier Berater werden getötet, aber Hitler erleidet nur leichte Verletzungen. Zwar ist er ganz nah am Explosionsort, doch wird er durch einen massiven Tisch geschützt. Die Bombe hat ein Offizier, Oberst Claus Graf Schenk von Stauffenberg, in einer Aktentasche versteckt. Stauffenberg gehört zu einer Widerstandsgruppe von hohen Offizieren, die Hitler töten und den Nazi-Terror beenden wollen. Die Gruppe wird nun zerschlagen, ihre Mitglieder werden hingerichtet.

▲ General de Gaulle wird von den befreiten Parisern umjubelt.

Paris ist befreit

▶ 25. August 1944 ◀ Zweieinhalb Monate nach der Landung alliierter Truppen in der Normandie (Nordfrankreich) marschieren amerikanische und »freifranzösische« Truppen in Paris ein und befreien die Stadt von der deutschen Besetzung. Der deutsche Stadtkommandant hatte vorher kapituliert, obwohl Hitler dies verboten hatte: Der Nazi-Führer wollte die Stadt in Flammen aufgehen lassen. Am Tag darauf zieht General Charles de Gaulle, der Chef der französischen Exilregierung, unter großem Jubel in Paris ein.

1940 – 1949

DIE ATOMBOMBE

Anfang des Jahrhunderts entwickelte der Physiker Albert Einstein die Theorie, dass Masse in Energie umgewandelt werden könne. Wenn man Neutronen, kleine neutrale Teilchen, auf das chemische Element Uran schießt, werden die Kerne der Uranatome gespalten. Dabei wird viel Energie freigesetzt. Denn die Bindungsenergie, die einen großen Kern zusammenhält, ist kleiner als die Summe der Bindungsenergien, die die kleinen Kerne zusammenhalten. Außerdem entstehen weitere Neutronen, die andere Atomkerne spalten usw. Es läuft eine Kettenreaktion ab, die noch mehr Energie freisetzt.

Streng geheime Forschung

1939 schrieb Einstein im Namen anderer bedeutender Physiker in den USA einen Brief an Präsident Roosevelt. Er erklärte, dass es durch die neuesten Entwicklungen der Kernphysik möglich sein könnte, eine Bombe von gewaltiger Zerstörungskraft zu bauen. Roosevelt ordnete ein streng geheimes Forschungsprojekt zur Entwicklung dieser Atombombe an. Die Sache war dringlich, denn in Europa hatte schon der Krieg begonnen. Man fürchtete, dass in Hitler-Deutschland ebenfalls eine solche Bombe gebaut werden könnte. 1942 wurde das Projekt »Manhattan« unter der Leitung von Robert Oppenheimer in dem kleinen Ort Los Alamos im amerikanischen Staat New Mexico gestartet. Viele Wissenschaftler, die vor den Nazis in die USA geflohen waren, beteiligten sich daran, darunter der Italiener Enrico Fermi. Am 12. Juli 1945 warf man in der Wüste bei Los Alamos zu Testzwecken die erste Atombombe ab. Die Wirkung war weitaus stärker, als die Wissenschaftler erwartet hatten: Ein greller Lichtblitz blendete die Beobachter, ein mehrere hundert Meter hoher Rauchpilz stieg auf, gefolgt von einem ohrenbetäubenden Knall. Die Forscher erklärten, beim Abwurf einer Atombombe auf ein Wohngebiet würden etwa 20 000 Menschen sterben. Tatsächlich waren beim Abwurf auf Hiroschima und Nagasaki in Japan am 6. und 9. August 1945 fast 150 000 Menschen sofort tot.

▲ Oppenheimer und General Groves prüfen die Wirkung des Testabwurfs in der Wüste bei Los Alamos im Juli 1945.

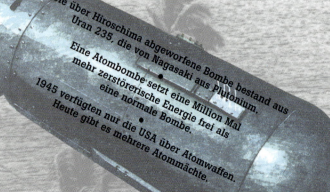

Die über Hiroschima abgeworfene Bombe bestand aus Uran 235, die von Nagasaki aus Plutonium. Eine Atombombe setzt eine Million Mal mehr zerstörerische Energie frei als eine normale Bombe. 1945 verfügten nur die USA über Atomwaffen. Heute gibt es mehrere Atommächte.

Versuchskaninchen

In den 50er Jahren war noch nicht klar, welche gefährliche Wirkung die radioaktive Strahlung der Atombombe hat. So führte man noch 1955 Tests mit Zuschauern durch, die sich nur durch Sonnenbrillen schützten. Viele wurden später krank.

Die dreifach tödliche Wirkung der Kernwaffen

Auf dreifache Weise entfalten Atomwaffen ihre tödliche Wirkung. Erstens durch Hitze: Durch die extrem hohen Temperaturen im Atompilz – 15 bis 20 Millionen Grad – entstehen in einem Umkreis von zehn Kilometern verheerende Brände. Zweitens durch die Druckwelle, die durch die Explosion ausgelöst wird, und drittens durch die radioaktive Strahlung, die bei einer Atombombenexplosion freigesetzt wird. Sie erscheint vielen als besonders unheimlich, denn Radioaktivität kann der Mensch nicht mit seinen Sinnen wahrnehmen, also weder sehen, noch hören, noch riechen oder schmecken. Außerdem entfaltet sie ihre gesundheitsschädigende Wirkung häufig erst nach einer gewissen Zeit: Menschen, die starker radioaktiver Strahlung ausgesetzt waren, werden manchmal erst nach Wochen, Monaten oder Jahren krank. Es kommt sogar vor, dass sie selbst gesund bleiben, dann aber später behinderte oder kranke Kinder zur Welt bringen.

▲ *In der Zeit des Kalten Krieges haben viele Menschen Angst vor einem Atomkrieg. Sie bauen unterirdische Schutzbunker mit dicken Mauern.*

◀ *In Amerika werden in den 50er Jahren auch in den Schulen Übungen zum Schutz vor Atombombenexplosionen durchgeführt.*

Atomrüstung

1949, vier Jahre nach den USA, zündete die Sowjetunion die erste Atombombe und später kamen einige Länder hinzu. In den 50er Jahren, als der »Kalte Krieg« zwischen den Supermächten USA und Sowjetunion herrschte, bauten beide so viele Atomwaffen, dass sie damit die ganze Welt hätten zerstören können. Alle Atommächte führten Atomtests durch. Dabei kamen zwar keine Menschen direkt zu Tode, doch der radioaktive Niederschlag verseuchte den Globus. Die Supermächte waren nicht bereit, auf diese Waffen zu verzichten, solange der mögliche Gegner sie besaß.

Viele Menschen sahen das anders. In Amerika und Westeuropa entstand eine Protestbewegung, die eine Zerstörung aller Atomwaffen und einen Stopp der Atomtests forderte. In der Sowjetunion waren solche Proteste verboten.

Der erste Vertrag, der weltweit oberirdische Atomtests verbot, wurde 1963 geschlossen. Weitere Vereinbarungen folgten. Mit dem Ende des »Kalten Krieges« 1989 ist auch die Gefahr eines weltweiten Atomkriegs weitgehend gebannt. Seitdem haben Amerika und Russland viele ihrer Atomraketen zerstört.

▲ *Protest gegen französische Atomtests im Pazifikraum 1995/96. Frankreich ist eines der letzten Länder, das Atomtests durchführt.*

▶ *Auf dem Bikini-Atoll führen die USA am 25. Juli 1946 den ersten Atomtest unter Wasser durch. Die durch die Explosion erzeugte Wassersäule steigt 1524 Meter hoch.*

1945

▲ Die Besatzung der »Enola Gay«, von der am 6. August über Hiroschima die erste Atombombe abgeworfen wird

▶ Hiroschima nach dem Bombenabwurf

Vor dem Abwurf auf Hiroschima und Nagasaki wurde die Atombombe nur ein einziges Mal getestet.

Nur 20 Gebäude im Stadtzentrum von Hiroschima blieben nach dem Atombombenabwurf stehen – alle aus Beton und Stahl.

Am 15. August rief der japanische Kaiser Hirohito seine Truppen auf, sich dem Feind zu ergeben.

Atombomben auf japanische Städte

▶ **6. August 1945** ◀ Amerikanische Flugzeuge werfen über der japanischen Großstadt Hiroschima und drei Tage später über Nagasaki eine Atombombe ab. Die neue Waffe wird zum ersten Mal eingesetzt und ihre Wirkung ist weitaus schlimmer, als Wissenschaftler und Militärs erwartet hatten. Die Zerstörungskraft ist eine Million Mal größer als die einer normalen Bombe. Im Zentrum von Hiroschima werden 68 000 Häuser zerstört. In beiden Städten kommen 146 000 Menschen sofort ums Leben. Die Radioaktivität, die beim Abwurf der Atombombe freigesetzt wird, ruft schwere Gesundheitsschäden hervor. Deshalb gibt es in den Jahren danach weitere Tausende von Opfern. Wenige Tage nach den Atombombenabwürfen kapitulieren die Japaner. Der Zweite Weltkrieg ist damit auch in Asien zu Ende. In Europa wird schon seit dem 8. Mai nicht mehr gekämpft.

Erstes Buch über Pippi

Die Schwedin Astrid Lindgren schreibt über ein neunjähriges Mädchen mit roten Zöpfen und Sommersprossen eine Geschichte, um sie ihrer kranken Tochter vorzulesen. 1945 wird ein Buch daraus: »Pippi Langstrumpf«. Heute kennt fast jedes Kind das bärenstarke Mädchen, das allein in der Villa Kunterbunt lebt und den Erwachsenen Streiche spielt.

▲ Millionen Kinder lieben Pippi Langstrumpf.

Todeslager Auschwitz ist befreit

▶ Häftling und Wachmann in einem befreiten Konzentrationslager

▶ **27. Januar 1945** ◀ Bei ihrem Marsch nach Westen befreien sowjetische Soldaten das Todeslager Auschwitz in Polen. Als sie dort ankommen, finden sie noch 7600 dem Hungertod nahe Häftlinge vor. In Auschwitz betreiben die Nazis die Ausrottung der Juden. Ab 1941 trafen dort die Menschentransporte ein, ab Frühjahr 1942 begann man, die Angekommenen mit Giftgas umzubringen und ihre Leichen in riesigen Öfen zu verbrennen. Insgesamt starben in Auschwitz etwa drei Millionen Menschen. Die Wachmannschaften zerstörten vor Ankunft der sowjetischen Soldaten die Gaskammern und verließen das Lager mit etwa 98 000 Häftlingen, um sie in andere Lager zu bringen.

»Farm der Tiere« von Orwell

▶ **17. August 1945** ◀ Der englische Schriftsteller George Orwell veröffentlicht das Buch »Farm der Tiere«. Das ist nicht nur eine Tiergeschichte, sondern auch eine harte Kritik an der Sowjetunion mit ihrem diktatorischen Herrscher Stalin. Er tritt im Buch als Führer der Schweine auf und erklärt: »Alle Tiere sind gleich, doch einige sind gleicher als andere.«

Pläne der großen Drei

▶ **12. Februar 1945** ◀ Der Krieg in Europa endet erst im Mai, doch im Februar steht lange fest, dass Deutschland ihn verlieren wird. Deshalb treffen sich in Jalta (Sowjetunion) die »großen Drei«: Winston Churchill für England, Josef Stalin für die Sowjetunion und Franklin D. Roosevelt für die USA. Sie beschließen, dass Deutschland besetzt werden soll. Die Sowjetunion wird ihren Einflussbereich auf Osteuropa ausdehnen. Obwohl Stalin verspricht, dass die Völker Osteuropas in freien Wahlen über ihr Schicksal bestimmen sollen, ist Churchill skeptisch. Er wird Recht behalten.

▲ *Churchill, Roosevelt und Stalin in Jalta*

Der Krieg ist aus

▶ **8. Mai 1945** ◀ Der Krieg in Europa ist vorbei. Deutsche Offiziere haben die Kapitulationsurkunde unterzeichnet. Damit hat Nazi-Deutschland anerkannt, dass es den Krieg verloren hat. Tatsächlich wird schon seit Tagen nicht mehr gekämpft. Am 29. April kapitulierten die deutschen Truppen in Italien, am Tag darauf beging Hitler Selbstmord, weitere zwei Tage später nahmen sowjetische Soldaten Berlin ein. Nach und nach gaben weitere deutsche Truppenteile auf. Während damit der Krieg in Europa mit einem Sieg der USA, Englands, der Sowjetunion, des befreiten Frankreich und ihrer Verbündeten endet, wird in Asien noch weiter gekämpft. – Kurz vor Kriegsende, im Februar, bombardierten alliierte Flugzeuge die Stadt Dresden. Dabei starben mindestens 60 000 Personen.

▲ *Dresden in Trümmern*

INFO • 1945 • INFO

28. April • Der italienische Faschistenführer Benito Mussolini wird von Partisanen erschossen, als er in die Schweiz fliehen will

26. Juni • Die Weltorganisation der Vereinten Nationen, die den Weltfrieden sichern soll, wird in San Francisco gegründet

20. November • In Nürnberg beginnt der Prozess gegen 21 Nazis. Sie sind als Kriegsverbrecher angeklagt

Nach dem Krieg ändert sich die Landkarte. Die Sowjetunion dehnt ihre Macht nach Osteuropa aus, so dass auch andere Staaten – meist unfreiwillig – kommunistisch werden. Außerdem erhält die Sowjetunion den östlichen Teil Polens. Deutschland muss weite Gebiete im Osten an Polen abgeben. Viele der dort lebenden Deutschen sind schon vor Kriegsende nach Westen geflohen. Die übrigen werden nun vertrieben. Über zwölf Millionen Menschen von dort und aus dem Sudetenland (Tschechoslowakei) müssen sich im kleineren Deutschland eine neue Heimat suchen.

▼ *Ein Sowjetsoldat hisst die Flagge seines Landes auf dem Reichstag, dem deutschen Parlament, in Berlin.*

Rhythmus der neuen Zeit

▼ *Dizzy Gillespie*

In den Klubs von Harlem, dem vor allem von Schwarzen bewohnten Stadtteil von New York, haben Musiker eine neue Form des Jazz entwickelt: Bebop. Die Musik klingt mit ihrem nervösen, schnellen Rhythmus so wie ihr Name. Einige meinen, dass mit dem Bebop der moderne Jazz beginnt. Ein großer Bebop-Musiker ist der Trompeter Dizzy Gillespie.

1946

Erstes Festival in Cannes

In Cannes, einem französischen Mittelmeerort, findet ab dem 20. September 1946 das erste internationale Filmfestival statt. Regisseure aus aller Welt zeigen dort ihre Filme und die besten werden ausgezeichnet. Das Festival sollte schon 1939 ins Leben gerufen werden, doch dann begann der Krieg. Das Filmfest in Cannes wird bald zum bedeutendsten europäischen Festival. Als Hauptpreis gibt es die »Goldene Palme«.

▲ *Der Strand von Cannes*

INFO • 1946 • INFO

10. Januar • In London findet die erste Vollversammlung der Vereinten Nationen statt. 51 Staaten sind vertreten

19. August • Bei Unruhen zwischen Muslimen und Hindus in Kalkutta (Indien) gibt es Tausende von Toten

10. Dezember • Der deutsche Dichter Hermann Hesse wird in Stockholm mit dem Literatur-Nobelpreis ausgezeichnet

▶ *Nazis auf der Anklagebank, links Göring, daneben Rudolf Heß*

Flott und elegant: die Vespa

▶ **1946** ◀

Motorrad fahren ist schick, aber ist Vespa fahren nicht vielleicht noch schicker? Die italienische Firma, die diesen Motorroller herstellt, meldet jedenfalls große Verkaufserfolge. Im Vergleich zum Motorrad hat die Vespa kleinere Räder, und der Motor ist über dem Hinterrad angebracht. Vor allem aber sitzt man ganz anders: Während beim Motorrad fahren die Beine wie beim Reiten seitlich herabhängen, nimmt man auf der Vespa wie auf einem Stuhl Platz. Dadurch sind die Beine vor dem Fahrtwind geschützt und man muss sich nicht extra Lederkleidung anziehen – zumal der Motorroller mit seinem 3-PS-Motor nur eine Geschwindigkeit von 60 Stundenkilometern erreicht. Frauen können sogar in Röcken damit fahren. Außerdem sieht das Vehikel selbst sehr elegant aus. Die Vespa hat zweifellos eine große Zukunft.

◀ *Die erste Vespa*

Kriegsverbrecher verurteilt

▶ **1. Oktober 1946** ◀

Die Siegermächte des Weltkriegs haben einen Militärgerichtshof in Nürnberg eingerichtet, der Prozesse gegen ehemalige Nazi-Politiker und -Militärs durchführt. Nun wird das erste Urteil gegen 21 Hauptangeklagte gesprochen. Ihnen wird vorgeworfen, den Krieg vorbereitet zu haben, Kriegsverbrechen und Verbrechen gegen die Menschlichkeit begangen zu haben. Zehn hohe Nazi-Funktionäre werden zum Tode verurteilt, acht erhalten Haftstrafen zwischen lebenslänglich und 15 Jahren, drei werden freigesprochen. Die Angeklagten hatten versucht, sich damit herauszureden, dass sie nur Befehle von oben befolgt hätten.

1940 – 1949

Statt viergeteilt nun dreigeteilt

▶ **2. Dezember 1946** ◀ Nach Kriegsende wurde Deutschland von Frankreich, England, den USA und Russland besetzt und in vier Besatzungszonen aufgeteilt. Obwohl beschlossen war, dass Deutschland wirtschaftlich eine Einheit bleiben sollte, waren Frankreich und Russland dagegen. Nun entscheiden Amerikaner und Engländer, zumindest ihre Zonen zusammenzulegen. Es entsteht die »Bizone«. Im April 1949 wird daraus – mit dem französischen Teil – die »Trizone«.

Eiserner Vorhang teilt Europa

▶ **5. März 1946** ◀ Winston Churchill spricht in einer Rede in Amerika davon, dass sich ein »eiserner Vorhang« zwischen Westeuropa und dem unter dem Einfluss der Sowjetunion stehenden Osteuropa niedergesenkt habe. »Eiserner Vorhang« wird zum Symbol für die Spaltung Europas in den demokratischen Westen und den kommunistischen Osten.

Schock über ersten Bikini

Am 5. Juli 1946 taucht in einem Pariser Schwimmbad erstmals eine Frau im zweiteiligen Badeanzug auf. Vor allem ältere Leute sind schockiert über so viel Nacktheit. Der Zweiteiler wird »Bikini« genannt, nach einer Inselgruppe im Südpazifik, dem Bikini-Atoll. Dort haben die Amerikaner sechs Tage vorher einen Atombombentest durchgeführt. Ebenso explosiv, aber bei weitem nicht so gefährlich, ist der neue Badeanzug.

Die Argentinier jubeln Perón zu

▶ **24. Februar 1946** ◀ In Argentinien, dem zweitgrößten Land Südamerikas, wird ein neuer Präsident gewählt. Die Wahl gewinnt General Juan Domingo Perón. Er ist bei Arbeitern und armen Leuten vom Lande besonders beliebt, denn er hat versprochen, ihre Lebensbedingungen zu verbessern. Der Einfluss ausländischer Firmen in Argentinien soll beschränkt werden. Zugleich ist Perón kein Demokrat. Das, was er für richtig hält, will er durchsetzen, ohne das Parlament, die Vertretung des Volkes, zu befragen. Noch populärer bei den Armen ist Peróns Frau Evita, eine frühere Sängerin und Filmschauspielerin. Ihr Leben wird lange nach ihrem Tod verfilmt und in einem Musical dargestellt.

Hilfspakete aus Amerika

▶ **6. Juni 1946** ◀ In weiten Teilen Europas herrschen nach dem Krieg Not und Elend. Viele Häuser sind zerstört, Lebensmittel sind knapp. Amerika leidet dagegen wenig unter den Folgen des Kriegs. Deshalb schickt die amerikanische Regierung Hilfslieferungen nach Europa. Auch viele Privatleute in Amerika sind hilfsbereit. Sie packen Pakete mit Konserven, Fett, Keksen, Marmelade, Schokolade, Bonbons, Zahncreme und Seife und geben sie an CARE. Diese Hilfsorganisation verteilt die Pakete in Europa. Nun wird beschlossen, dass auch Deutsche CARE-Pakete bekommen können.

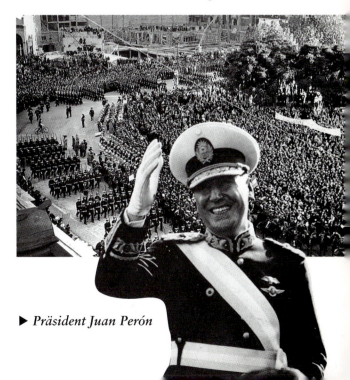

▶ *Präsident Juan Perón*

1947

Pazifik mit Floß überquert

Die Mannschaft der »Kon-Tiki« übergibt Präsident Truman die amerikanische Flagge, die am Mast wehte.

▶ **7. August 1947** ◀ Der norwegische Forscher Thor Heyerdahl hat mit einer fünfköpfigen Mannschaft mit einem primitiven Holzfloß den Pazifik überquert. 101 Tage nach dem Start in Peru (Südamerika) landet er wohlbehalten auf den Polynesischen Inseln im Südpazifik. Das Floß ist 14 Meter lang und fünfeinhalb Meter breit. Es wird von einem rechteckigen großen Segel angetrieben und ist in Handarbeit aus dem leichtesten Holz der Welt, Balsa, allein mit Tauen, ohne Schrauben und Nägel, erbaut worden.

Heyerdahl will mit seiner Floßfahrt beweisen, dass die Inkas, die Ureinwohner Südamerikas, schon vor Jahrhunderten von Peru aus nach Polynesien gesegelt sind und dort ihre Kultur verbreitet haben, denn es gibt viele Ähnlichkeiten zwischen den Kulturen der beiden Gebiete, die durch 7200 Kilometer Ozean voneinander getrennt sind.

Heyerdahl nennt sein Floß »Kon-Tiki«. So heißt auch der Sonnengott, den die Inkas verehrten, bevor Südamerika von den Spaniern erobert wurde.

▲ *Winde und Strömungen treiben die »Kon-Tiki« an.*

Wie alt ist die Muschel?

Es gibt versteinerte Meerestiere und Pflanzen aus uralter Zeit. Nun hat der Amerikaner Libby eine Methode entwickelt, um das Alter solcher Fossilien festzustellen, die Radio-Carbon-Methode. Sie beruht darauf, dass Pflanzen und Tiere radioaktiven Kohlenstoff in sich aufnehmen, der immer weiter zerfällt. Wenn man feststellt, wie viel Kohlenstoff zerfallen ist, weiß man, wie alt die Fossilien sind.

INFO • 1947 • INFO

12. März • Amerikas Präsident Truman erklärt, der Kommunismus müsse überall bekämpft werden

20. November • Elisabeth, die spätere englische Königin, heiratet Philip, Herzog von Edinburgh

21. November • In Hamburg wird das Theaterstück »Draußen vor der Tür« von Wolfgang Borchert aufgeführt. Es handelt von einem heimkehrenden Soldaten

Hilfsprogramm der USA für Europa

▶ **5. Juni 1947** ◀ Der amerikanische Außenminister George Marshall bietet Europa ein wirtschaftliches Hilfsprogramm an. Die Vereinigten Staaten von Amerika (USA) wollen Lebensmittel, Rohstoffe, Kredite und Know-how nach Europa liefern. Das Angebot richtet sich auch an die vier Besatzungszonen in Deutschland, dem früheren Kriegsgegner, und an die Sowjetunion. Doch keiner rechnet damit, dass die kommunistische Sowjetunion die amerikanische Hilfe annimmt. So kommt es auch: Die Sowjetunion lehnt nicht nur selbst ab, sie setzt auch die osteuropäischen Staaten unter Druck und zwingt sie, sich nicht zu beteiligen. So sorgt der Marshall-Plan zwar dafür, dass es den Westeuropäern besser geht, zugleich wird jedoch die Spaltung zwischen dem Westen und dem Osten zementiert.

▶ *George Marshall stellt sein Hilfsprogramm vor.*

▲ *Armut überall in Europa*

Zwei neue Länder: Indien und Pakistan

▶ **15. August 1947** ◀ 190 Jahre stand Indien unter britischer Herrschaft. Nun geben die Engländer den Indern die Unabhängigkeit. Doch außer Indien entsteht noch ein zweiter Staat: Pakistan. In Indien leben vorwiegend Hindus, in Pakistan Muslime. Vorher hatten sich Anhänger dieser Religionen blutig bekriegt. Mahatma Gandhi, der jahrzehntelang gewaltlos für Indiens Befreiung kämpfte, hat sich vergeblich um Frieden bemüht. Daher entschlossen sich die Briten zur Teilung des Gebiets.

▼ *Die Bell X-1, das erste Überschallflugzeug*

Schallmauer durchbrochen

▶ **14. Oktober 1947** ◀ Der amerikanische Pilot Chuck Yeager fliegt in seinem Jagdflugzeug Bell X-1 als erster Mensch schneller als der Schall, also schneller, als sich Geräusche in der Luft ausbreiten. Obwohl er sich am Abend vorher zwei Rippen gebrochen hat, geht er an den Start. Yeagers Flugzeug wird mit Raketen angetrieben und kann nicht allein starten. Es wird unter die Tragfläche eines Bombers gehängt, von ihm in die Höhe geschleppt und ausgeklinkt. Wenn Flugzeuge schneller fliegen als der Schall, hört man ihr Motorengeräusch auf der Erde mit Verzögerung. Vorher müssen sie die Schallmauer durchbrechen, die durch den Luftwiderstand gebildet wird. Auf der Erde hört man dies als Knall.

◀ *Jawaharlal Nehru, Indiens erster Regierungschef*

Uralte Schriftrollen entdeckt

▶ **1947** ◀ Arabische Nomaden entdecken in einer Höhle in der Nähe des Toten Meeres in Palästina Rollen aus Pergament und Leder, die mit uralten Schriftzeichen bedeckt sind. Sie stammen, wie Wissenschaftler feststellen, aus der Zeit unmittelbar vor Christi Geburt. In einigen Schriften hat eine jüdische Sekte ihre Glaubensgrundsätze niedergelegt, andere Schriftrollen enthalten Bücher des Alten Testaments, die man bisher nur in Übersetzungen kannte.

▶ *Die Schriftrollen von Kumran am Toten Meer werden sorgfältig untersucht.*

Jackson Pollock bringt Action in die Malerei

Was Actionfilme sind, braucht man wohl nicht zu erklären, doch was ist Action-Malerei? Der Amerikaner Jackson Pollock malt Bilder, die man so nennt. Seine Gemälde zeigen nicht Gegenstände, sondern wilde Farbmuster, die er mit viel Action aufgetragen hat. »Das Malen hat ein eigenes Leben. Ich versuche, es durch mich hindurchzulassen«, erklärt er.

▼ *Jackson Pollock beim Actionpainting*

Karneval in Venedig

▶ **3. März 1947** ◀ Zum ersten Mal nach 24 Jahren findet in Venedig wieder ein Karneval statt. Dieses Fest wurde über Jahrhunderte in der Stadt ausgelassen gefeiert. Doch 1923 erließ Faschistenführer Benito Mussolini ein Verbot. Er hatte Angst, dass sich unter den Karnevalsmasken Kommunisten und andere politische Gegner verbergen könnten. Heute ist das Fest wieder eine Touristenattraktion, das Besucher aus aller Welt in die romantische, auf Stelzen erbaute Stadt lockt.

1948

Juden gründen einen eigenen Staat: Israel

▶ **14. Mai 1948** ◀ Bis vor 1900 Jahren gab es im Nahen Osten den Staat Israel, in dem Juden lebten. Danach wurden sie in alle Welt vertrieben und vielfach verfolgt. Seit Anfang des 20. Jahrhunderts kamen Juden von überall her nach Palästina mit dem Traum, dort wieder einen Staat zu gründen. Doch das Gebiet war schon besiedelt. Es lebten dort Araber, die Palästinenser. Nach dem Ersten Weltkrieg übernahm Großbritannien die Verwaltung des Gebiets. Als immer mehr Juden einwanderten, gab es Spannungen mit den Arabern. Die Vereinten Nationen hielten es für das Beste, Palästina zwischen Juden und Arabern aufzuteilen. Nun ziehen die Briten ab, und die Juden gründen für sich den Staat Israel. Die Araber aber wollen das ganze Palästina und erklären Israel den Krieg. Er endet 1949 mit einer Niederlage der Palästinenser.

▲ *Jüdische Einwanderer im Hafen von Haifa*

▼ *Israels Regierungschef Ben-Gurion beobachtet den Abzug der Briten.*

Alle Menschen haben Rechte

▶ **10. Dezember 1948** ◀ Während des Kriegs beschlossen die gegen Deutschland verbündeten Länder, eine Weltorganisation zur Sicherung des Friedens zu schaffen. Am 26. Juni 1945 wurden diese Vereinten Nationen (UNO) gegründet. Nun beschließt die UNO auf einer Vollversammlung in Paris eine Liste von Menschenrechten, die überall in der Welt gelten sollen: Dazu gehören das Recht auf Leben, Freiheit, Gleichheit vor dem Gesetz, Eigentum, freie Meinungsäußerung und Religionsausübung, Arbeit und Beitritt zu einer Gewerkschaft; gleiche Arbeit soll auch gleich bezahlt werden. Viele der in Paris versammelten Staaten stimmen der Erklärung der Menschenrechte zu. Nur Saudi-Arabien, Südafrika und die osteuropäischen Staaten im Einflussbereich der Sowjetunion enthalten sich.

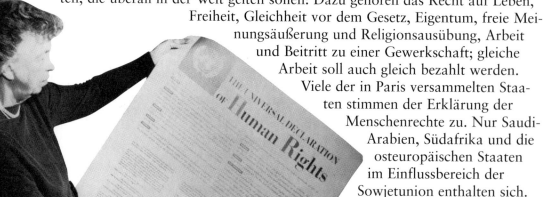

◀ *Eleanor Roosevelt hat bei der Menschenrechtserklärung mitgewirkt.*

Schneller Backofen

Wer abends hungrig von der Arbeit nach Hause kommt, muss auf sein warmes Essen nicht lange warten, denn der Amerikaner Percy LeBaron Spencer hat einen Mikrowellenherd erfunden. Das hineingestellte Essen wird mit kurzwelligen Strahlen bombardiert und so von innen aufgeheizt.

1940 – 1949

▲ *Das neu gewählte Kabinett in Südafrika*

Rassisten gewinnen Wahl in Südafrika

▶ **28. Mai 1948** ◀ Vor Jahrhunderten kamen Holländer, später auch Briten nach Südafrika und ließen sich dort nieder. Unter den etwa 10,8 Millionen Südafrikanern sind nur etwa 2,2 Millionen Weiße. Nur sie dürfen an den Wahlen, die nun stattfinden, teilnehmen. Es gewinnt die Nationalpartei. Sie nimmt den Schwarzen weitere Rechte: Schulen, Krankenhäuser, Busse, Theater werden nach Rassen getrennt; es gibt sogar Parkbänke nur für Weiße. Dieses System der »Apartheid« bleibt Jahrzehnte bestehen.

Inder trauern um Gandhi

▶ **30. Januar 1948** ◀ Mahatma Gandhi, der Führer des indischen Unabhängigkeitskampfes, ist tot. Der 78-jährige Gandhi wird in Neu-Delhi auf dem Weg zu einem öffentlichen Gebet im Kreise seiner Anhänger von einem fanatischen Hindu erschossen. Der Attentäter Nathuram Godse wird festgenommen. Mit seinen gewaltfreien Widerstandsaktionen hatte Gandhi 1947 endlich die Befreiung Indiens von britischer Herrschaft erreicht. Er setzte sich dafür ein, dass die blutigen Streitigkeiten zwischen Hindus und Muslimen aufhörten, und trat deshalb auch in den Hungerstreik.

◀ *Gandhi, Symbol des Befreiungskampfes der Inder*

Edwin Land erfindet die Sofortbildkamera

Der Amerikaner Edwin Land erfindet einen Fotoapparat, der die Bilder, die man mit ihm macht, selbst entwickelt und innerhalb von Minuten als Schwarzweißabzüge ausgibt. Lands Polaroid-Kamera wiegt 2,5 Kilogramm und kostet 95 Dollar. Später entwickelt Land auch eine Kamera für farbige Sofortbilder.

▼ *Edwin Land mit seinem eigenen Foto*

Luftbrücke nach Westberlin

▶ **26. Juni 1948** ◀ »Kalter Krieg« in Deutschland: Am 19. Juni wird in den drei Westzonen die D-Mark als neue Währung eingeführt. Daraufhin gibt es auch in der sowjetischen Besatzungszone, der Ostzone, eine neue Währung, die auch für Westberlin gelten soll. Doch das wollen die Westmächte nicht. Sie führen auch dort die D-Mark ein. Die Sowjets blockieren nun alle Straßen nach Westberlin, das wie eine Insel in der Ostzone liegt. Die Westmächte müssen die Westberliner aus der Luft versorgen. Amerikanische und englische Flugzeuge bringen fast ein Jahr lang alle lebenswichtigen Güter in die Stadt.

▶ *In fast 200 000 Flügen werden die Westberliner mit Gütern versorgt.*

1948

Kommunisten regieren in Osteuropa

▶ **27. Februar 1948** ◀ In der Tschechoslowakei wurde nach dem Krieg eine Regierung gebildet, der Minister verschiedener Parteien angehörten. Nun werden die nicht-kommunistischen Minister hinausgedrängt. Regierungschef Klement Gottwald stellt seine neue, von Kommunisten beherrschte Regierung vor. Präsident Eduard Beneš stimmt zu, weil er einen Bürgerkrieg fürchtet und weil im Hintergrund die mächtige Sowjetunion lauert.

Die kommunistische Sowjetunion mit Josef Stalin an der Spitze hat Osteuropa fest im Griff. In Bulgarien gewann ein Parteienbündnis, in dem die Kommunisten die Oberhand hatten, 1945 die Wahl. In Rumänien mussten 1946 die letzten nicht-kommunistischen Kräfte die Regierung verlassen. In Ungarn eroberten die Kommunisten mit Stalins Unterstützung bis 1947 die Macht. In Polen schalteten die Kommunisten mit Wahlfälschungen 1947 die Opposition aus. Nur in Jugoslawien ist die Situation anders. Hier regiert mit Tito zwar auch ein Kommunist, doch er lässt sich von Stalin nicht reinreden.

▲ *Der kommunistische Regierungschef Gottwald bei einer Rede*

Ein unerwarteter Wahlsieg

▶ **3. November 1948** ◀ Harry Truman hat gut lachen. Nach dem Tod des beliebten amerikanischen Präsidenten Roosevelt wurde er 1945 dessen Nachfolger. Nun stellt er sich zur Wahl und alle Meinungsumfragen sagen voraus, dass sein Gegenkandidat, Thomas Dewey, klarer Sieger sein wird. Die Zeitungen sind sich so sicher, dass sie schon im voraus ihre Schlagzeilen machen. »Dewey schlägt Truman« heißt zum Beispiel die Überschrift auf der ersten Seite der Chicago Tribune. Doch als alle Stimmen ausgezählt sind, ist die Überraschung groß: Truman hat die Wahl gewonnen, und seine Demokratische Partei hat auch im Kongress, dem Parlament, die Mehrheit.

◀ *Triumphierend zeigt Truman die Zeitung mit der falschen Schlagzeile.*

Neuer Olympia-Star Fanny Blankers-Koen

Erfolgreichste Teilnehmerin der Olympischen Spiele 1948 – den ersten nach dem Krieg – in London ist die Holländerin Fanny Blankers-Koen mit vier Goldmedaillen: im 100-Meter-Lauf, über 200 Meter, über 80 Meter Hürden und im Staffellauf über viermal 100 Meter.

▼ *Fanny Blankers-Koen ist 30 und hat zwei Kinder.*

1940 – 1949

1948

Gesundheit kostet Engländer nichts

▶ 5. Juli 1948 ◀ Von nun an werden medizinische Leistungen in Großbritannien vom Staat bezahlt. Jeder ist verpflichtet, in die staatliche Krankenversicherung einzuzahlen. Diese Versicherung stellt dann das Geld zur Verfügung, wenn jemand zum Arzt oder ins Krankenhaus geht oder Medikamente braucht. Das staatliche Gesundheitswesen gehört zum Programm der britischen Regierung, die von der Labour-Partei (Arbeitspartei) gebildet wird. Labour versprach den Engländern nach den schweren Kriegszeiten bessere Lebensverhältnisse für alle – für die Reichen, vor allem aber für die Armen, Alten und Kranken – und wurde 1945 an die Regierung gewählt.

Auch in anderen Ländern gibt es Pflichtversicherungen gegen Krankheit, meistens jedoch nur für Arbeiter und Angestellte, die nicht viel Geld verdienen. Die Gutverdiener, Selbständigen und Beamten können oder müssen sich privat gegen Krankheit versichern. Außerdem bezahlt heutzutage in Deutschland auch die Pflichtversicherung nicht mehr alle Kosten bei Krankheit.

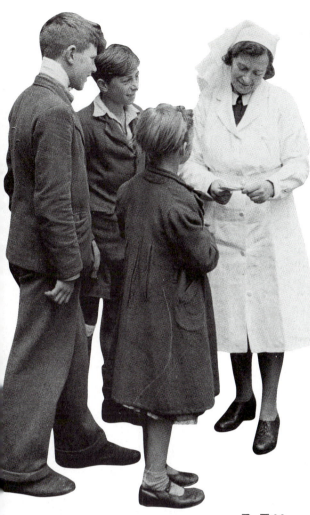

▲ *Eine Krankenschwester gibt Schülern Gesundheitsratschläge.*

Mehr Musik auf einer Platte

In Amerika wird die erste Langspielplatte vorgestellt. Die bisher üblichen Schallplatten boten nur Platz für ein kurzes Musikstück. Auf die neue Langspielplatte (LP) können längere Stücke oder mehrere Lieder gepresst werden. Ihre Klangrillen sind nämlich schmaler und außerdem läuft sie langsamer: Sie dreht sich nur 33,3-mal pro Minute. Um LPs hören zu können, muss man sich einen neuen Plattenspieler kaufen.

Nürnberg Fußballmeister

▶ 8. August 1948 ◀ Erstmals nach dem Krieg wird wieder eine Deutsche Fußballmeisterschaft ausgetragen. Das Endspiel in Köln gewinnt vor 75 000 Zuschauern der 1. FC Nürnberg gegen den 1. FC Kaiserslautern. Nürnberg holt zum siebten Mal den Titel des Deutschen Fußballmeisters und ist damit der erfolgreichste deutsche Verein. In der 12. Minute erzielt Konrad Winterstein per Kopfball das 1:0 für Nürnberg, in der 25. Minute erhöht Torjäger Hans Pöschl wieder mit dem Kopf auf 2:0. In der zweiten Halbzeit sehen die Lauterer besser aus. In der 69. Minute schießt Spielmacher Fritz Walter aus zehn Metern aufs Tor. Ein Nürnberger fälscht den Schuß zum 2:1 ab. Das ist auch der Endstand.

INFO • 1948 • INFO

27. März • In Assuan (Ägypten) wird der Grundstein für den Nil-Staudamm gelegt

19. Juni • In den Westzonen Deutschlands wird eine Währungsreform durchgeführt. Jeder bekommt von dem neuen Geld 40 D-Mark (DM). Alle hoffen, dass es mit der Wirtschaft nun aufwärts geht

Dezember • In Amerika eröffnet McDonald's die erste Hamburger-Bude

Bequemes Auto für die Familie

Auf dem Londoner Autosalon 1948 stellt Morris ein neues Auto der unteren Mittelklasse, den Minor, vor. Er beeindruckt durch aufwendige Ausstattung und einen großzügigen Innenraum. Die Breite des Morris Minor sorgt für einen großen Radabstand und einen entsprechend hohen Fahrkomfort. Besonders schick sind das runde Heck und die in die Karosserie eingelassenen Scheinwerfer.

▼ *Der Morris Minor*

MODE-ZIRKUS

Im 20. Jahrhundert scheint sich die Zeit zu beschleunigen: Was gerade noch als Neuigkeit gefeiert wurde, gilt nach wenigen Jahren als hoffnungslos veraltet. Diese Entwicklung spiegelt sich auch in der Mode wider. Es war ein langer Weg von den Rüschenkleidern des Jahrhundertbeginns bis zur schlichten, eleganten Mode der 50er Jahre. In der zweiten Jahrhunderthälfte drehte sich das Mode-Karussell dann immer schneller. Alte Stile wurden nach ein paar Jahrzehnten wieder entdeckt. Doch es gab auch einen stetigen Fortschritt: Kunststofffasern wie Nylon und Lycra, Reiß- und Klettverschlüsse, computergestützte Fertigung und neue Farben sorgten dafür, dass die Kleidung bequemer, billiger und pflegeleichter wurde.

1914 ist das Geburtsjahr des Reißverschlusses. Zuerst zierte er nur Tabaksbeutel und Stiefel, ab den 20er Jahren auch Kleidung.

Als der Schweizer Georges de Mestral sich 1948 beim Wandern über Kletten ärgerte, kam ihm die Idee, dass man aus Tausenden von Häkchen und Ösen einen Verschluss machen könnte: den Klettverschluss.

▶ Die 20er Jahre: kniekurzes, weit fallendes Kleid im orientalischen Look

◀ Der Jahrhundertbeginn: bodenlanges Kleid mit geschnürter Taille

Christian Dior macht die Frauen wieder weiblicher

1947 überraschte der Pariser Modedesigner Christian Dior die Welt mit einer neuen Kollektion, der er den Namen New Look gab. Auf einen Schlag machte er Schluss mit den geraden Linien, den eckigen Schultern und den kniekurzen Röcken der Kriegszeit, als die Kleidung vor allem praktisch sein musste.

Typisch für den Neuen Look sind eine sanft abfallende Schulterlinie, ein eng anliegendes Oberteil, eine schmale Taille und ein wadenlanger, weit schwingender Rock. Dieser romantische Stil trat seinen Siegeszug um die Welt an. Die Frauen, die im Krieg ihren Mann gestanden hatten, wollten nun wieder ganz Frau sein, hieß es. Oder waren es vielleicht doch die Männer, die sie wieder in ihre alte Rolle zurückdrängen wollten?

▲ Von der abstrakten Kunst lassen sich die Designer der 50er Jahre bei der Gestaltung von Stoffmustern für Kleider, Möbel und Gardinen inspirieren.

▲ Ensemble im New Look mit den passenden Accessoires: Strohhut, lange Handschuhe und elegante Pumps

Vom Schwimmkostüm zum ersten Bikini

▼ Badenixen posieren in den 20er Jahren in eng anliegenden einteiligen Schwimmtrikots.

Die australische Schwimmerin Annette Kellermann sorgte 1909 am Strand von Kalifornien für Aufsehen, als sie mit einem einteiligen Badeanzug ins Wasser ging. Solche Anzüge hatten damals nur Männer. Als sie dieses »Schwimmkostüm« auch in Boston trug, wurde sie wegen Erregung öffentlichen Ärgernisses festgenommen: So viel nacktes Fleisch wollte man an öffentlichen Stränden nicht sehen.

Erst im Ersten Weltkrieg kam der einteilige Badeanzug in Mode, der sich wegen eines besonders elastischen Strickmusters eng an den Körper anschmiegte. Eine Revolution der Bademode leitete nach dem Zweiten Weltkrieg der Franzose Louis Réard ein, der den Zweiteiler erfand und ihm den Namen »Bikini« gab. Er bestand nur aus einem Büstenhalter und einem knappen Slip.

▲ Nach den schockierend knappen ersten Bikinis wird der Zweiteiler wieder züchtiger.

▶ Die 60er Jahre: Minirock und Courrèges-Stiefel

◀ Die 50er Jahre: Pferdeschwanz, Pettycoat und Söckchen

▶ Die 80er Jahre: breite Schultern für die Karrierefrau

Der Trick mit dem Strich

Als Seiden- und Nylonstrümpfe, die damals noch eine Naht hatten, im Krieg knapp wurden, malten sich viele Frauen einfach auf die nackten Beine einen Strich, um Strümpfe vorzutäuschen.

Die 60er und 70er Jahre: Auffallen um jeden Preis

Die Mode lebt vom Wechsel und sie durchlebt in regelmäßigen Abständen besonders gewagte, abenteuerliche Phasen. Eine solche Zeit waren die 60er und 70er Jahre. Die Kleidung wurde in dieser Zeit bunter, auffälliger und individueller. Viele junge Männer hatten keine Lust mehr zum grauen Einheitslook mit Anzug und Schlips. Um sich von der Masse abzuheben, zwängten sie sich Ende der 60er Jahre in enge Jeans und Cowboystiefel, modebewusste Frauen fielen durch Mini-Kleider, hohe Plastikstiefel und streng geometrische Frisuren auf. Anfang der 70er Jahre durchlebte die Mode dann ihre verrückteste Zeit in diesem Jahrhundert. Alles wurde extrem: Junge Frauen trugen knapp geschnittene »heiße Höschen«, enge T-Shirts und Schuhe mit hohen Plateausohlen, häufig aus Kork, die jungen Männer hauteng Hemden im Blümchenmuster mit riesengroßen Kragen und Rüschen vor der Brust, dazu Hüfthosen mit breitem Schlag. Nicht nur die Frauen, auch die Männer ließen sich die Haare wachsen. Beliebt waren lange, breite Koteletten.

▼ Die »heißen Höschen« (hot pants) der 70er Jahre sind eng und extrem kurz.

▲ Rockstar Elton John, Paradiesvogel in der Modewelt der 70er

1940

1941

1942

1943

1944

1945

1946

1947

1948

1949

1949

Maos Kommunisten siegen in China

▶ In Schanghai, der größten Stadt Chinas, feiern die Menschen die neue Regierung.

▶ **1. Oktober 1949** ◀ In Peking ruft Mao Tse-tung die kommunistische Volksrepublik China aus. Die bisherige Regierung der Nationalisten unter Chiang Kai-shek ist vor den Truppen der Volksbefreiungsarmee auf die Insel Taiwan geflohen, wo sie 1950 einen eigenen Staat gründet.

Mitte der 20er Jahre ist zwischen Kommunisten und Nationalisten in China ein Bürgerkrieg ausgebrochen. Während des Zweiten Weltkriegs taten sich beide zusammen, um gegen den Eindringling Japan zu kämpfen. Aber der Bürgerkrieg flammte nach 1945 wieder auf. Obwohl die Nationalisten von den USA unterstützt wurden und sie den Kommunisten zahlenmäßig überlegen waren, schafften sie es nicht sich durchzusetzen. Dagegen gewannen die Kommunisten vor allem auf dem Land viele neue Anhänger, weil sie die Bauern ermutigten, sich Land von den Großgrundbesitzern einfach zu nehmen.

▲ Mao Tse-tung, Chef der kommunistischen Regierung in China

Briten freuen sich auf neue Kleider

Am 15. Mai 1949 wird in Großbritannien endlich die Rationierung für Kleider und Stoffe aufgehoben. Weil im Zweiten Weltkrieg nicht genügend Stoffe produziert werden konnten, durfte jeder nur noch eine bestimmte Menge kaufen. Das ist jetzt nicht mehr nötig.

George Orwells Schreckensbild von der Zukunft

▶ **10. Juni 1949** ◀ Der britische Schriftsteller George Orwell veröffentlicht seinen Roman »1984«. Er beschreibt darin eine Zukunft, in der jeder Teil des Lebens bis hin zu den Gedanken der Menschen durch die Regierung kontrolliert wird. In seinem ausgedachten Land muss jeder dem »Großen Bruder« dienen, dem Boss der herrschenden politischen Partei. Sogar die Geschichte wird umgeschrieben, damit sie zur Gegenwart passt. Der Held des Buches, Winston Smith, versucht sich zu wehren, aber er wird von der »Gedankenpolizei« verhaftet und gefoltert.

▼ Feier zur Gründung des sozialistischen deutschen Staates, der DDR

Deutschland in Ost und West geteilt

▶ **23. Mai 1949** ◀ In den drei Westzonen des besetzten Deutschland wird ein neuer Staat, die Bundesrepublik Deutschland, gegründet. Im September bestimmt der erste Bundestag Konrad Adenauer zum Bundeskanzler. Bundespräsident ist Theodor Heuss. In der sowjetisch besetzten Zone entsteht am 7. Oktober ebenfalls ein eigener Staat, die DDR. Ihr erster Präsident ist Wilhelm Pieck, ihr erster Regierungschef Otto Grotewohl.

▼ Konrad Adenauer, der erste Bundeskanzler

▲ *Der neue 2CV hat einen 335-ccm-Motor.*

Mit der »Ente« über Stock und Stein

Der französische Autohersteller Citroën bietet ein billiges, widerstandsfähiges Auto an, das vor allem für Menschen gedacht ist, die auf dem Land leben. Der Generaldirektor von Citroën hat seine Ingenieure beauftragt, ein Auto zu entwerfen, das einen Korb Eier über einen gepflügten Acker transportieren kann, ohne dass eines der Eier zerbricht. Der 2CV, in Deutschland »Ente« genannt, hat neun PS und braucht nur vier Liter Benzin auf 100 Kilometer.

Militärbund im Westen

▶ **4. April 1949** ◀ Zehn westeuropäische Länder, die USA und Kanada schließen sich zu einem militärischen Bündnis zusammen, das NATO genannt wird. Die Länder wollen sich im Kriegsfall gegenseitig helfen.

Seit dem Ende des Zweiten Weltkriegs sind zwei verfeindete Ländergruppen entstanden: Auf der einen Seite die kommunistische Sowjetunion mit ihren Verbündeten in Osteuropa, zu denen auch die DDR zählt. Ursprünglich strebten diese Länder ein gerechteres Wirtschaftssystem an, doch inzwischen wollen die Herrschenden vor allem möglichst viele Lebensbereiche kontrollieren. Diesem »Ostblock« steht die NATO gegenüber, der 1954 Westdeutschland beitritt.

▲ *Die NATO-Flagge in der Nähe des Eiffelturms*

Wohnungsnot

▶ **1949** ◀ Vier Jahre nach dem Ende des Zweiten Weltkriegs haben zwar die meisten Deutschen wieder genug zu essen, dafür herrscht aber große Wohnungsnot. Ganz allmählich erst werden die Trümmer in den Städten beseitigt. Für neue Wohnungen fehlen Geld und Material. 1949 gibt es in Westdeutschland ungefähr neun Millionen Wohnungen, aber 15 Millionen Haushalte. Viele Menschen leben deshalb in Notunterkünften, oder sie teilen sich eine Wohnung mit anderen Familien.

Coppi begeistert Italiens Radsportfans

▼ *Coppi hat schon viele Radrennen gewonnen.*

▶ **24. Juli 1949** ◀ Der italienische Radrennfahrer Fausto Coppi gewinnt die Tour de France und damit nach dem Giro d'Italia die zweite große Radrundfahrt dieses Sommers. Das hat vor ihm noch niemand geschafft. In beiden Rennen hat Coppi seinen Rivalen Gino Bartali geschlagen. Und er hat ihn auch von Platz 1 bei den italienischen Radsportfans verdrängt – Coppi ist nun »Champion der Champions«. 1952 gelingt Coppi noch einmal der Doppelsieg und 1953 wird er in Lugano Weltmeister im Straßenradfahren. Dann beendet ein Skandal seine Karriere: Coppi verlässt seine Frau, um mit seiner Geliebten zusammenzuleben, die ebenfalls verheiratet ist. Zu Beginn der 50er Jahre gilt so etwas geradezu als Verbrechen.

INFO • 1949 • INFO

1. März • Der amerikanische Boxer Joe Louis (34) tritt zurück, nachdem er zwölf Jahre lang Weltmeister war

3. April • Nach fast zehn Jahren gehen in London wieder die Leuchtreklamen an

27. Juli • Das erste Düsen-Verkehrsflugzeug der Welt startet zum Jungfernflug

28. Dezember • Die US-Luftwaffe teilt offiziell mit, dass es keine »fliegenden Untertassen« gibt

1940 – 1949

50ER JAHRE

1950

Der Zweite Weltkrieg war lange vorüber und auch über die Verbrechen der Nazis wurde nicht mehr viel gesprochen. Die Deutschen waren froh, dass sie überlebt hatten, und sie machten sich nun mit aller Kraft an den Wiederaufbau ihres Landes. Die 50er Jahre waren die Zeit des »Wirtschaftswunders«: Innerhalb weniger Jahre wurde Westdeutschland von einem zerbombten, verwüsteten und ausgehungerten Land zu einem der wichtigsten Industriestaaten der Welt. Die Menschen arbeiteten fleißig und waren froh, sich endlich wieder etwas leisten zu können, gutes Essen, eine schöne Wohnungseinrichtung, eine Reise. Die Jugendlichen allerdings fanden ihre Eltern furchtbar »spießig«, zum Beispiel gegenüber der neuen Musik aus den USA, dem Rock'n'Roll.

Kreditkarte aus Pappe

Die Amerikaner Frank Macnamara und Ralph Schneider erfinden eine »Kreditkarte«, mit der die Benutzer essen gehen können, aber erst am Ende des Monats bezahlen müssen. Macnamara kam auf die Idee, als er einmal nicht bezahlen konnte, weil er sein Geld vergessen hatte. Seine »Diners' Club«-Karte wird bald in vielen Restaurants anerkannt.

Ganz neu: Charlie Brown und Snoopy

▶ 2. Oktober 1950 ◀

In mehreren amerikanischen Zeitungen erscheint ein neuer Comicstrip namens »Peanuts« (das bedeutet »Kleinkram«). Hauptfigur der kurzen Geschichten ist Charlie Brown, ein kleiner Junge, der vom Pech verfolgt ist und den keiner so richtig mag (jedenfalls hat Charlie Brown diesen Eindruck). Erfinder der »Peanuts«-Kinder ist der Amerikaner Charles Schultz.

Da gibt es Lucy, die nicht gerade sanft mit ihren Freunden umgeht und für 5 Cent psychologische Tips verkauft. Ihr kleiner Bruder Linus ist nur glücklich, wenn er seine Schmusedecke hat, und der von Lucy so verehrte Schroeder spielt fast pausenlos auf seinem Spielzeugklavier mit aufgemalten Tasten Stücke von Beethoven. Aber der lustigste und vielleicht auch klügste der ganzen Gesellschaft ist Charlies Hund Snoopy.

»Peanuts« gehört zu einer ganzen Reihe neuer Comics, die mit witzigen Mitteln ernsthaften Dingen auf die Spur kommen wollen. Charlie Brown und seine Freunde zeigen, wie grausam Kinder miteinander umgehen können, aber die Spiele und Streitigkeiten der Kinder werden auch dazu benutzt, um sich über Verhaltensweisen der Erwachsenen lustig zu machen.

◀ Cartoonist Charles Schulz

◀ Von links: Linus, Marcia, Charlie Brown, Peppermint Patty und Snoopy

INFO • 1950 • INFO

1. Mai • In Westdeutschland werden die Lebensmittelkarten abgeschafft

17. Juni • Der amerikanische Chirurg R. H. Lawler führt die erste Nierentransplantation durch

17. Juni • Die ersten deutschen Taschenbücher erscheinen

3. September • In Japan kommen bei einem Wirbelsturm 250 Menschen ums Leben; 300 000 werden verletzt

1950 – 1959

▲ Über eine provisorische Brücke bringt China Soldaten nach Tibet.

Zweiter WM-Titel für Uruguay

▶ **16. Juli 1950** ◀ Brasilien steht unter Schock: Die Nationalelf des Landes verliert vor 200 000 Zuschauern in Rio de Janeiro das entscheidende Spiel der Fußball-WM 1:2 gegen Uruguay, das damit nach 1930 zum zweiten Mal Weltmeister wird. Bei der WM in Brasilien gibt es kein richtiges Finalspiel, sondern es wurden aus den 13 Teilnehmern vier Gruppen gebildet. Deren Sieger spielten schließlich jeder gegen jeden. Brasilien galt als Titelfavorit, nachdem es Schweden 7:1 und Spanien 6:1 geschlagen hatte.

China besetzt Tibet

▶ **24. Oktober 1950** ◀ Chinesische Truppen marschieren in Tibet ein. Sie bringen das Nachbarland unter ihre Kontrolle und im März 1951 wird Tibet offiziell zu einem Teil Chinas erklärt.

Tibet besteht aus einer gebirgigen Hochebene, die doppelt so hoch ist wie die Alpen. Im Süden liegt das Himalaja-Gebirge mit dem höchsten Berg der Welt, dem Mount Everest. Die abgeschiedene Lage hat dazu geführt, dass die Tibeter sich ein eigenes politisches und religiöses System geschaffen haben. Ihr Oberhaupt ist der (14.) Dalai Lama, der 1959, nachdem die Chinesen in Tibet einen Aufstand niedergeschlagen haben, aus seinem Land flieht.

Farina gewinnt erste Weltmeisterschaft der Formel 1

Der 44-jährige Italiener Giuseppe Farina gewinnt mit seinem Alfa Romeo die erste Weltmeisterschaft in der Formel 1. Vor dem letzten WM-Rennen am 3. September 1950 in Monza/Italien lag Farinas Team-Gefährte Juan Manuel Fangio noch vorn. Fangio muss in der 35. Runde aufgeben und Farina gewinnt den Titel.

▲ Farina im Alfa Romeo; der Rennstall belegt bei der ersten WM auch Platz 2 und 3.

Rassentrennung wird Gesetz in Südafrika

▶ **13. Juni 1950** ◀ In Südafrika wird ein Gesetz erlassen, das die Trennung der Rassen vorschreibt. Die Weißen, die in der Minderheit sind, aber das Land regieren, wollen auf diese Weise ihre Herrschaft sichern.

Die Bevölkerung Südafrikas wird durch das Gesetz in vier Gruppen aufgespalten – Weiße, Schwarze (Bantu), Farbige (deren Eltern nicht derselben Rasse angehören) und Asiaten. Ein weiteres Gesetz teilt Städte in streng getrennte Wohnbezirke für die einzelnen Gruppen auf. Die Angehörigen der Gruppen haben nicht dieselben Rechte. So behaupten zum Beispiel die Weißen, dass sie die Angelegenheiten der Schwarzen besser regeln könnten als die Schwarzen selbst. Deshalb dürfen diese Menschen, die ja die eigentlichen Südafrikaner sind, nicht wählen.

◀ Ein schwarzer Arbeiter schiebt einen Müllkarren bei Kapstadt an einem Strand entlang, den nur Weiße betreten dürfen.

1950

Krieg in Korea

▶ **31. Dezember 1950** ◀ Die Spannungen, die sich zwischen den USA und der Sowjetunion aufgebaut haben, brechen im Korea-Krieg offen aus. Damit gibt es im Kalten Krieg, wie der Zustand zwischen den beiden Supermächten genannt wird, zum ersten Mal eine direkte militärische Auseinandersetzung.

1945 musste Japan als einer der Verlierer des Zweiten Weltkriegs seine Besitzungen außerhalb des eigenen Landes abgeben. Korea, das seit 1910 zu Japan gehört hatte, wurde von sowjetischen und amerikanischen Truppen besetzt. Sie teilten das Land in zwei Hälften: Die Sowjets verwalteten das Gebiet nördlich des 38. Breitengrades und setzten dort 1948 eine kommunistische Regierung ein. Der Süden ging an die USA, die dort eine ihnen genehme Regierung aufbauten.

Am 25. Juni 1950 marschierten unerwartet nordkoreanische Truppen in Südkorea ein. Auf Drängen der USA schickte die UNO Truppen unter dem Befehl des amerikanischen Generals MacArthur, um Südkorea zu helfen. Bis Oktober hatte MacArthur die Kommunisten fast bis an die chinesische Grenze zurückgedrängt, da griffen Soldaten aus China in den Krieg ein. Die UNO-Truppen mussten sich zurückziehen und am Ende des Jahres ist die Gebietsaufteilung wieder so wie zu Beginn des Krieges.

▲ *General Douglas MacArthur*

◀ *Amerikanische Fallschirmspringer in Korea*

Achttausender bezwungen

▶ **3. Juni 1950** ◀ Zum ersten Mal gelingt es einer Expedition, einen der über 8000 Meter hohen Berge des Himalaja-Gebirges an der Grenze zwischen Tibet und Nepal zu besteigen. Das Team aus sieben Franzosen unter Leitung von Maurice Herzog kommt auf dem Gipfel des 8091 Meter hohen Annapurna an. Der Aufstieg war schwer und sehr gefährlich. Weil noch niemand in dem Gebiet gewesen ist, gibt es nur ungenaue oder falsche Karten. Das Wetter ist schlecht: Es weht ein eisiger Wind, der immer wieder Lawinen auslöst. Die Bergsteiger sind nicht besonders gut ausgerüstet, so dass einigen von ihnen Finger und Zehen abfrieren und amputiert werden müssen.

▶ *Überlebende des Erdbebens graben in den Trümmern zerstörter Häuser nach verschütteten Opfern.*

Erdbeben verwüstet Iran

▶ **29. Januar 1950** ◀ Drei schwere Erdbeben kurz hintereinander erschüttern den Süden des Iran. 1000 Menschen kommen ums Leben und 1500 werden verletzt.

Der Schaden ist gewaltig. Zwanzig Städte und Dörfer sind völlig zerstört und auch Schiras, die bedeutendste Stadt im Südiran, ist von den Verwüstungen betroffen. Weil die Erdstöße auch eine Flutwelle auslösen, werden viele kleinere Häfen an der südiranischen Küste überschwemmt.

Jolson stirbt

▶ **23. Oktober 1950** ◀ Einer der weltweit beliebtesten Unterhaltungskünstler stirbt im Alter von 70 Jahren. Al Jolson – geboren in Litauen als Asa Yoelson – wanderte 1895 mit seiner Familie in die USA aus. Mit seiner überschäumenden Persönlichkeit und seiner lauten Singstimme war er ein fester Bestandteil des Vaudeville-Zirkus, bis er am Broadway und in Hollywood berühmt wurde. Seine Rolle in dem ersten Tonfilm »The Jazz Singer« machte ihn 1927 zum internationalen Star.

▲ *Kinoreklame für den Film »The Jazz Singer«*

Ho Chi Minh gegen Bao Dai

▶ **7. Februar 1950** ◀ Vietnam, der östliche Teil von Indochina und offiziell eine französische Kolonie, die sich selbst verwaltet, wird praktisch in zwei Länder aufgeteilt. Vor einer Woche hat die Sowjetunion Ho Chi Minhs kommunistische Regierung in Hanoi als die Vertretung Vietnams anerkannt. Heute bestätigen westliche Nationen, angeführt von Frankreich, Großbritannien und den USA, den früheren Kaiser Bao Dai als Staatschef von Südvietnam mit der Hauptstadt Saigon.

Ho Chi Minhs Truppen, die so genannten Vietminh, kämpfen gegen die französische Herrschaft. Sie lehnen Bao Dai ab, weil er mit Frankreich zusammenarbeitet.

▶ *Ho Chi Minh*

▼ *Von links: Lauren Bacall, Humphrey Bogart, June Havoc, Evelyn Keyes und Danny Kaye. Viele Kino-Stars protestieren gegen die Hetzkampagne McCarthys.*

▼ *McCarthy zeigt Zentren der US-Kommunisten.*

McCarthy entfacht »Hexenjagd«

▶ **22. Februar 1950** ◀ In den USA wird ein Ausschuss zur Untersuchung »unamerikanischer Umtriebe« eingerichtet. Der Grund dafür ist, dass manche Leute überall Spione vermuten, seit zwischen den USA und der Sowjetunion »Kalter Krieg« herrscht. Einer dieser Leute ist Joseph McCarthy, Senator aus Wisconsin. Er behauptet u. a., dass im Außenministerium in Washington 205 Mitglieder der Kommunistischen Partei arbeiten.

McCarthy löst in der Presse und in der Bevölkerung eine antikommunistische Hysterie aus. Plötzlich werden zum Beispiel Schauspieler oder Schriftsteller beschuldigt, Kommunisten und sowjetische Spione zu sein, obwohl es dafür überhaupt keine Beweise gibt. Erst als McCarthy 1954 auch noch Präsident Eisenhower verdächtigt, wird er abgesetzt.

Katholiken in Ungarn verfolgt

▶ **30. Juni 1950** ◀ Die kommunistische Regierung in Ungarn ordnet an, dass alle theologischen Abteilungen an den Universitäten geschlossen werden müssen. Auf diese Weise soll die katholische Kirche, die im Land eine große Rolle spielt, möglichst ausgeschaltet werden. Vorher sind schon Priester verhaftet und Kirchen geschlossen worden.

1949 wurde Kardinal Jozsef Mindszenty, der Primas von Ungarn, zu lebenslanger Haft verurteilt, weil er angeblich sein Land verraten hat. Inzwischen ist der Priester zu einem Symbol des politischen und religiösen Widerstands gegen den Kommunismus geworden.

▶ *Kardinal Jozsef Mindszenty*

▲ *Die Stephanskrone des ersten christlichen Königs von Ungarn. 1945 wurde sie in die USA gebracht.*

1950 – 1959

AUTOMOBILE

Die Entwicklung des Benzinmotors war die Voraussetzung für den Siegeszug des Automobils (dieses lateinische Wort heißt übersetzt »Selbstbeweger«). Zunächst hatten Autos Seltenheitswert. Das erste Auto, das in großen Mengen produziert und relativ billig verkauft wurde, war das Model T des Amerikaners Henry Ford. Heute werden weltweit jährlich über 30 Millionen Personenwagen produziert. Das Auto ist zum Massenverkehrsmittel geworden, das auch jede Menge Probleme verursacht.

In den USA gab es 1914 fast 2000 Firmen, die Autos herstellten. 1976 waren es noch elf.

•

Die erste zweispurige Autobahn (80 km lang) wurde 1924 in Italien gebaut.

•

Das teuerste Auto, das je gebaut wurde, war ein Lincoln Continental Executive mit Sonderausstattung für den amerikanischen Präsidenten. Der Wagen kostete zwei Millionen DM.

◀ Der Ford Thunderbird Sports Sedan kommt genau 50 Jahre nach der »Blechliesl«, dem Model T, auf den Markt.

Das Zeitalter des Autos

Wenn es je ein Paradies für Autofahrer gegeben hat, so war dies Nordamerika in den 50er Jahren. Die Autos waren groß und luxuriös. Die Straßen waren ausgezeichnet, es gab wenig Verkehr, ein Liter Benzin kostete nur ein paar Pfennige. Niemand machte sich Gedanken über Luftverschmutzung. Bei der Gestaltung der Modelle achtete man nur auf schickes Aussehen. Die Autos hatten große Heckflossen oder gewaltige Stoßstangen aus Chrom. Selbst in ärmeren Stadtvierteln säumten Autos, die oft besser ausgestattet waren als die Häuser, die Straßen. In Europa baute man weniger auffällige Autos. Das meistverkaufte Auto mit mehr als 21 Millionen Stück ist bis heute der deutsche Volkswagen, der »Käfer«.

▶ In Autokinos kann man sich ohne auszusteigen auf einer gewaltigen Leinwand einen Film ansehen.

Wer ist der Schnellste?

1894 wurde auf der Straße von Paris nach Rouen das erste Autorennen ausgetragen. Spezielle Rennstrecken begann man zu bauen, nachdem es zu viele Unfälle gegeben hatte. Die erste entstand 1906 in Le Mans/Frankreich. Der Motorsport hat seither enormen Zulauf erhalten und Rennen werden mit allen möglichen Fahrzeugen ausgetragen – zum Beispiel Stockcar-Rennen mit umgebauten Serienwagen oder Dragster-Rennen, bei denen auf kurzen geraden Strecken Geschwindigkeiten bis zu 400 Stundenkilometer erreicht werden.

▼ *Alberto Ascari beim Sieg in Mar del Plata (1950). Wie sein Vater Antonio verunglückt der Italiener im Alter von 36 Jahren bei einer Testfahrt tödlich.*

▼ *Der Brasilianer Ayrton Senna auf Williams-Honda führt Anfang der 90er Jahre die Weltspitze der Formel 1 an – bis zu seinem tödlichen Unfall 1994 in Imola.*

◄ *Ein Kunde holt Geld bei der ersten Autobank in Puerto Rico.*

Autos verändern ihr Gesicht

Seit den ersten Modellen, »pferdelose Kutschen« genannt, haben Autos ihre Form stark verändert. Seit den 20er Jahren erhielten die Modelle oft eine neue Optik, um zu verhindern, dass die Leute gebrauchte Autos kauften, die wie die neuen aussahen, aber billiger waren.

▼ *Oldsmobile Curved Dash, 1901*

◄ *Austin 10, 1932*

◄ *Mercedes Benz, 1974*

► *Rambler Station Wagon, 1956*

► *Ford Ka, 1996*

1951

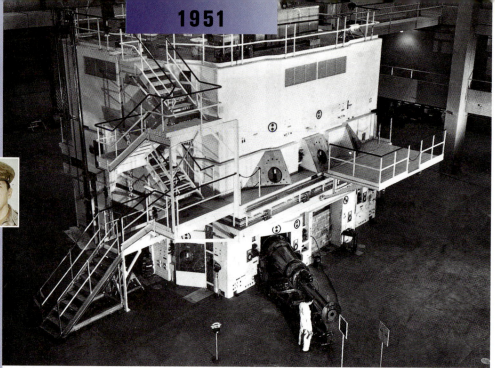

▲ Atomreaktor auf dem Testgelände in Arco Valley/Idaho

INFO • 1951 • INFO

18. Januar • Der Film »Die Sünderin« mit Hildegard Knef löst wegen einer Nacktszene einen Skandal aus

12. Februar • Traumhochzeit in Teheran: Der Schah heiratet Soraya

20. April • Die erste Photokina wird in Köln eröffnet

6. Juni • In Berlin findet erstmals die »Berlinale« statt. Spielfilm des Jahres wird »Das doppelte Lottchen«

Elektrizität erzeugt aus Atomkraft

29. Dezember 1951 — Zum ersten Mal wird die Atomenergie, die bisher nur für entsetzliche Waffen genutzt wurde, für friedliche Zwecke eingesetzt. Ein Forschungsreaktor im amerikanischen Bundesstaat Idaho erzeugt Elektrizität, wenn auch vorerst nur in kleinen Mengen.

Die Energieerzeugung funktioniert im Prinzip so: Atome, winzig kleine Bausteine der Materie, werden mit anderen kleinen Teilen, den Neutronen, beschossen. Dadurch werden die Atome gespalten und setzen Wärme frei. Diese Wärme wird zum Beispiel in Wasser geleitet und dorthin transportiert, wo sie in Elektrizität umgewandelt werden kann. Das größte Problem besteht darin, dass die Atomspaltung nicht außer Kontrolle geraten darf. Sonst kann sie verheerende Wirkungen haben.

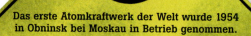

Das erste Atomkraftwerk der Welt wurde 1954 in Obninsk bei Moskau in Betrieb genommen.

In Deutschland wird ungefähr ein Drittel der Energie in Atomkraftwerken erzeugt.

Der bislang größte Atomenergie-Unfall ereignete sich 1986 in Tschernobyl in der Ukraine.

Truman ruft MacArthur zurück

11. April 1951 — Im Streit zwischen Regierung und Armee bleibt der amerikanische Präsident Truman Sieger: Er entzieht General Douglas MacArthur das Kommando über die Truppen der USA in Korea und auch alle anderen Aufgaben. Beide Männer sind schon seit langem uneins über das Vorgehen der USA im Korea-Krieg. Der Präsident möchte die Kämpfe eindämmen und durch Verhandlungen eine Lösung finden. »Bisher haben wir einen dritten Weltkrieg verhindert«, erklärt er dazu. MacArthur will dagegen den Krieg ausweiten und auch China angreifen, das Truppen geschickt hat, um die nordkoreanischen Soldaten zu unterstützen. »Wir müssen siegen«, ist seine Ansicht. Als MacArthur den Präsidenten auch noch öffentlich kritisiert, setzt der ihn kurzerhand ab. Neuer Befehlshaber in Korea ist General Matthew Ridgway.

◄ General Douglas MacArthur

▲ *Der Mississippi-Dampfer im Film*

»Showboat«

Was passiert, wenn eine Schauspielertruppe mit einem Theaterschiff den Mississippi hinunterdampft? Das kann man in dem Film »Showboat« herausfinden, der in den amerikanischen Kinos anläuft. Das erfolgreiche Musical wurde 1936 schon einmal verfilmt; 15 Jahre später gibt's das Ganze in Farbe. Allerdings finden einige, dass Paul Robeson, der 1936 das berühmte Lied »Ol' Man River« sang, besser war als William Warfield.

▲ *Blick auf das Ausstellungsgelände in London mit der eigens gebauten Festivalhalle*

3D-Filme beim Festival der Briten

▶ 3. Mai 1951 ◀ Die Briten geben sich mit dem »Festival Großbritanniens« selbst einen aufmunternden Klaps. Attraktionen der Ausstellung in London sind die »Kuppel der Erfindungen«, in der man sich zum Beispiel 3D-Filme ansehen kann und die mit dem größten Metalldach der Welt ausgestattet ist, und der 90 Meter hohe »Skylon«, eine gewaltige nadelförmige Skulptur.

J. D. Salinger beschreibt Gefühle der Jugendlichen

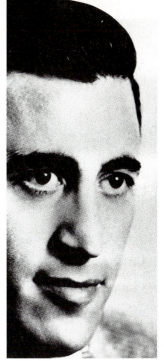

▲ *J. D. Salinger*

▶ 1951 ◀ Der Roman eines noch unbekannten Autors ist die literarische Sensation des Jahres. »Der Fänger im Roggen« von J. D. Salinger ist die Geschichte eines 16-Jährigen, der sich in New York herumtreibt, nachdem er zum vierten Mal von einer Internatsschule geflogen ist. Salingers Held, Holden Caulfield, weiß nicht, was er will, aber er weiß, dass er die »Schwindler« hasst, denen er überall zu begegnen scheint. Das Thema, aber auch die flapsige Sprache des Buches beeindrucken junge Leute auf der ganzen Welt.

Neue Familien für Waisenkinder

▶ 15. April 1951 ◀ In Tirol wird das erste SOS-Kinderdorf eröffnet. Hier sollen Waisenkinder eine neue Familie finden. Diese besteht aus einer »Mutter« und sieben bis neun Kindern, die zusammen in einem Haus leben. Die Idee zu solchen Dörfern kam dem Österreicher Hermann Gmeiner nach dem Zweiten Weltkrieg, als viele Kinder ihre Eltern verloren hatten. Gmeiner glaubte, dass diese Waisen in Familien besser aufgehoben seien als in Heimen. Also sorgte er dafür, dass solche Familien entstanden. Heute gibt es auf der ganzen Welt über 100 SOS-Kinderdörfer.

Baudouin zum König der Belgier gekrönt

▶ 16. Juli 1951 ◀ Belgien hat einen neuen König: Baudouin ist der Nachfolger seines Vaters Leopold III., dem seine Untertanen sein Verhalten im Zweiten Weltkrieg nicht verziehen haben. Als deutsche Soldaten 1940 Belgien besetzten, war Leopold nicht wie die Regierung ins Ausland geflohen, sondern hatte die Kapitulationserklärung unterschrieben. Die Belgier fanden, dass er sich nicht genügend gegen die Eindringlinge gewehrt, sondern mit ihnen zusammengearbeitet habe.

1952

USA testen Wasserstoff-Bombe

▶ **1. November 1952** ◀ Die friedlichen Gewässer des Eniwetok-Atolls im Pazifik werden durch die Explosion der mächtigsten Bombe erschüttert, die es je gegeben hat. Es handelt sich um die weltweit erste thermonukleare oder Wasserstoff-Bombe – eine noch entsetzlichere Ausgabe der Atombomben, die 1945 über Hiroshima und Nagasaki explodierten.

Ein heller lautloser Blitz markiert den Moment der Explosion; wenige Hundertstelsekunden später erscheint ein riesiger Feuerball. Innerhalb von Sekunden wird die gesamte Insel Eniwetok durch eine Detonation, die 10,4 Millionen Tonnen TNT oder 700 Hiroshima-Bomben entspricht, von der Erdoberfläche getilgt. Fünf Minuten später steigt eine wabernde Wolke aus weißglühenden radioaktiven Gasen auf, gefolgt von dem bekannten Atompilz aus zu Staub zermahlenem Gestein. Die Bombe setzt gewaltige Mengen radioaktiven Materials frei, das noch mehrere Jahre lang auf die Erde zurückfällt. Während die Atombombe ihre Stärke aus der Spaltung von Atomen gewinnt, funktioniert die Wasserstoff-Bombe durch die Verschmelzung der Kerne von zwei verschiedenen Wasserstoff-Formen.

Das Ziel der amerikanischen Wissenschaftler, die die Bombe entwickelt haben, war es, im Rüstungswettlauf einen Vorsprung gegenüber der Sowjetunion zu erreichen. Doch schon 1953 haben auch die Sowjets eine Wasserstoff-Bombe.

Der neue Hit heißt »Rock 'n' Roll«

Möglicherweise ist es der Diskjockey Alan Freed, der dem neuen Klang seinen Namen gibt: »Rock 'n' Roll«. Die zugehörige Musik ist eine Mischung aus dem Blues der schwarzen Amerikaner und der Folk- und Countrymusik der Weißen. Zwar dauert es noch ein bisschen, bis der Rock 'n' Roll überall in den USA und später auf der ganzen Welt bekannt wird, aber dann ist er nicht mehr aufzuhalten.

▲ *Explosion der amerikanischen Wasserstoff-Bombe im Pazifik*

Le Corbusiers »Wohnmaschine« ist fertig

▶ **14. Oktober 1952** ◀ Le Corbusier, der einfallsreiche Architekt aus der Schweiz, vollendet mit der »Wohnmaschine« in Marseille sein neuestes Aufsehen erregendes Werk. Die »vertikale Stadt« kombiniert in einem einzigen Gebäude 340 Wohnungen, Geschäfte, ein Hotel und viele Gemeinschaftseinrichtungen wie Kinderspielplatz, Turnhalle, Theater und Restaurants. Der Wohnkomplex ist also so angelegt, dass seine 1600 Bewohner in unmittelbarer Nähe alles finden, was sie zum täglichen Leben brauchen. Dies entspricht zwei wichtigen Grundsätzen Le Corbusiers: Erstens ist seiner Ansicht nach »ein Haus eine Maschine, um darin zu leben« – das Haus sollte also praktisch sein und gut funktionieren – und zweitens sollten die Menschen in festen Gemeinschaften leben.

◀ *Le Corbusier mit einem Modell seines Wohnkomplexes*

1950–1959

König Faruk von Ägypten tritt ab

▶ **26. Juli 1952** ◀ König Faruk von Ägypten dankt ab. Die neue Regierung von General Nagib, die vor drei Tagen in einem Staatsstreich die Macht übernahm, hat ihn dazu gezwungen. Zu Faruks Nachfolger wird sein Sohn Fuad bestimmt, der noch nicht einmal sechs Wochen alt ist. 1953 wird die Monarchie ganz abgeschafft. König Faruk galt als Playboy und Verschwender, der sich nicht um sein Volk kümmerte.

◀ *Ex-König Faruk von Ägypten in seiner Hotelsuite in Paris; nach seiner Abdankung lebt er im Ausland.*

INFO • 1952 • INFO

2. Februar • Die Dortmunder Westfalenhallen, das größte Sport- und Veranstaltungszentrum in Europa, werden eingeweiht

6. Februar • Der englische König Georg VI. stirbt. Seine Tochter Elisabeth wird 1953 gekrönt

24. Juni • In Deutschland erscheint die erste »Bild«-Zeitung

4. November • Dwight D. Eisenhower wird zum neuen US-Präsidenten gewählt

Vom Mann zur Frau – Geschlechtsumwandlung

▶ **15. Dezember 1952** ◀ Das Geheimnis der Christine Jorgensen, einer schlanken, attraktiven Frau von Mitte 20, wird öffentlich bekannt. Vor nicht allzu langer Zeit war Christine ein Mann namens George, bis sie ihr Heimatland USA verließ und nach Dänemark zog. Dort wurde sie durch eine Reihe von Operationen und Hormonspritzen zur Frau. Es ist die erste Geschlechtsumwandlung, von der die Öffentlichkeit erfährt und natürlich wird in der Presse viel darüber berichtet, oft allerdings so, als handele es sich um etwas Verbotenes oder Unanständiges.

Christine sagt, sie habe schon als kleines Kind gefühlt, dass sie eigentlich ein Mädchen sein sollte. Jetzt sei sie endlich die Frau, die sie schon immer sein wollte.

▶ *Christine Jorgensen geht in die Medizingeschichte ein.*

Ringrichter geht k.o.

»Anmeckern lass' ich mich nicht«, denkt sich offenbar der Boxer Peter Müller und streckt im Kampf um die Deutsche Meisterschaft Ringrichter Max Pippow mit einer kraftvollen Linken zu Boden. Der Ringrichter hat den Boxer vorher ermahnt. Müller, der dem deutschen Meister im Mittelgewicht Hans Stretz, den Titel abnehmen wollte, wird danach lebenslang gesperrt. Allerdings hebt der Boxverband das Verbot schon 1953 wieder auf. Peter Müller hat den Spitznamen »de Aap« – der Affe. Denn erstens hat er sehr lange Arme, also eine große Reichweite, und zweitens hat er im Ring schon immer seine Späßchen getrieben, eben wie ein Affe.

▼ *Gene Kelly in der Regenszene aus »Du sollst mein Glücksstern sein«*

Klatschnass aber glücklich

Der Kinohit des Jahres ist das Film-Musical »Du sollst mein Glücksstern sein« (der englische Titel lautet »Singin' in the Rain«, also »Singend im Regen«). Erzählt wird die Geschichte einer Chorsängerin, die ihre samtweiche Stimme einer Schauspielerin leiht, weil deren Gesang sich furchtbar anhört. Regisseur Don (Gene Kelly) verliebt sich in die junge Sängerin und sorgt am Ende dafür, dass alle Welt von ihrer Leistung erfährt. In der berühmtesten Szene des Films erklingt das Lied, das dem Musical den Namen gab: Der frisch verliebte Don tanzt und singt in einem Regenschauer mitten auf der Straße.

Befreiungskrieg der Mau Mau in Kenia

▶ 20. Oktober 1952 ◀ In Kenia/Ostafrika ruft die britische Kolonialmacht den Notstand aus, nachdem in den letzten Wochen mindestens 50 Menschen durch die Geheimorganisation Mau Mau ermordet worden sind. Die Mau-Mau-Bewegung will durchsetzen, dass Kenia unabhängig wird und dass alle weißen Siedler das Land verlassen. Trotz der Verhaftung ihres angeblichen Führers Jomo Kenyatta setzen die Mau Mau ihren Aufstand fort.

Die Briten haben Kenia Ende des 19. Jahrhunderts zu ihrem Besitz erklärt. Ungefähr 20 000 Europäer siedelten sich in dem afrikanischen Land an. Dabei beanspruchten sie für sich die besten und fruchtbarsten Böden. Die Kenianer wurden immer mehr zurückgedrängt und gezwungen, Ackerland zu übernehmen, auf dem nur wenig wachsen konnte. Außerdem erhielten sie keine politischen Rechte, durften also zum Beispiel nicht wählen. Schon 1922 entstand die Unabhängigkeitsbewegung KAU, die unter anderem dafür sorgte, dass die kenianischen Kinder in eigene Schulen gehen konnten und nicht nur das lernten, was ihnen die Briten beibrachten.

◀ *Ein Polizist im Gespräch mit einem Angehörigen des Kikuyu-Stammes*

John Cages neue Musik

▶ August 1952 ◀ Ein Pianist tritt auf, setzt sich ans Klavier, wartet vier Minuten und 33 Sekunden und geht wieder von der Bühne. Die verblüfften Konzertbesucher haben soeben die Premiere von »4:33«, dem neuesten Stück des amerikanischen Komponisten John Cage, erlebt. Cage möchte, dass man Klänge, Geräusche oder eben Stille ganz neu hört. Er findet, dass ein Ton nicht unbedingt zu einem komponierten Musikstück gehören muss, um etwas Besonderes zu sein. Er verändert zum Beispiel den Klang von Instrumenten, indem er Klaviersaiten mit Papier umwickelt.

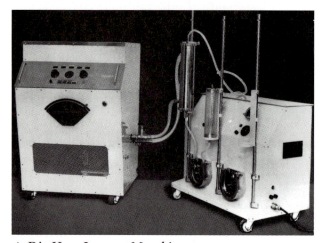

▲ *Die Herz-Lungen-Maschine*

Operation dank künstlichem Herz

▶ 8. März 1952 ◀ Die Herzchirurgie kommt einen gewaltigen Schritt voran: In Philadelphia wird der 41-jährige Peter During 80 Minuten lang von einer Maschine am Leben erhalten, während die Ärzte an seinem Herzen operieren. Der amerikanische Chirurg John Heynsham Gibbon erfand 1951 die erste Herz-Lungen-Maschine. Sie übernimmt eine Zeit lang die Aufgaben dieser Organe und versorgt den Körper mit sauerstoffreichem Blut – so dass die Ärzte das Herz vorübergehend stilllegen können. Dieser medizinische Durchbruch ist für Herzoperationen von sehr großer Bedeutung.

Opernstar Maria Callas

Die griechische Sopranistin Maria Callas ist auf dem Höhepunkt ihres Ruhms. Die europäischen Opernhäuser reißen sich geradezu um sie. Die Callas hat vielleicht nicht die allerschönste Stimme, aber sie beherrscht sie meisterhaft und vor allem ist sie eine mitreißende Darstellerin.

▼ *Langsam bewegt sich der Verkehr durch den dichten Nebel.*

Passagiere fliegen mit Düsenantrieb

▶ **2. Mai 1952** ◀ Die britische Fluggesellschaft BOAC setzt als erste einen Düsenjet als Linienflugzeug ein. Die viermotorige De Havilland Comet mit 36 Sitzen startet von London aus nach Johannesburg in Südafrika. Bei einer Reisegeschwindigkeit von 800 Stundenkilometern erreicht die Maschine ihr Ziel in 18 Stunden. Das sind 10 Stunden weniger als mit einem Propellerflugzeug.

▲ *Zuschauer winken der BOAC-Maschine, die zu ihrem ersten Linienflug startet.*

▲ *Evita Perón mit ihrem Mann Juan. Die Argentinier liebten und bewunderten sie.*

Trauer um Evita

▶ **26. Juli 1952** ◀ Nur 33 Jahre alt wurde Eva Perón, die Frau des argentinischen Präsidenten, die an Krebs stirbt. Evita, wie sie allgemein genannt wird, war vor allem für die Millionen Armen eine wahre Heldin.

Die Schauspielerin und Rundfunksprecherin hatte 1944 den argentinischen Vizepräsidenten Juan Perón kennengelernt und geheiratet. Um die Präsidentschaftskandidatur ihres Mann durchzusetzen, organisierte sie einen Generalstreik. 1946 wurde Perón argentinischer Präsident. Evita hatte zwar offiziell kein Amt in seiner Regierung, doch sie mischte kräftig in der Politik mit: beim Gesundheits- und Schulwesen sowie bei der Einführung des Frauenwahlrechts. Besonders kümmerte sie sich aber um die Armen.

Nach Evitas Tod haben es Juan Perón und seine Regierung schwer, ihre Politik durchzusetzen. Evita wird dagegen wie eine Heilige verehrt und sie ist so populär, dass Andrew Lloyd Webber ihre Lebensgeschichte 1978 zu einem Musical verarbeitet. In der Verfilmung dieses Stückes 1996 spielt Madonna die Rolle der Evita Perón.

Ehepaar Zatopek bei Olympia vorn

▶ **3. August 1952** ◀ Die diesjährigen Olympischen Spiele in Helsinki bleiben vor allem wegen des überzeugenden Auftritts des tschechischen Ehepaares Emil Zatopek und Dana Zatopkova in Erinnerung. Schon bei den Spielen 1948 hat Emil mit dem Gewinn der Goldmedaille über 10 000 Meter seine Fähigkeiten als Langstreckenläufer unter Beweis gestellt. Diesmal holt er nicht nur über 10 000, sondern auch über 5000 Meter Gold. Schließlich beteiligt er sich auch noch am Marathonlauf und gewinnt. Dana stellt unterdessen mit 50,46 Meter im Speerwurf einen Olympischen Rekord auf – das bedeutet die Goldmedaille.

▼ *Zatopek, die »tschechische Lokomotive«*

»Erbsensuppe« verursacht 4000 Todesfälle

▶ **31. Dezember 1952** ◀ Die Londoner haben in diesem Winter zehn Tage lang mit dem schlimmsten Smog zu kämpfen, den sie je erlebt haben. Diese »Erbsensuppe«, Nebel voller Schwefeldioxid und Ruß aus den Kohleheizungen, zwingt die britische Hauptstadt in die Knie. Ein ganzes Wochenende lang können die Menschen nicht die Hand vor Augen sehen. Anti-Smog-Masken werden ausgegeben, aber mindestens 4000 Menschen sterben an Atemwegserkrankungen.

1953

Hillary und Norgay am höchsten Punkt der Welt

▼ *Sherpa Tenzing Norgay (links) und der Neuseeländer Edmund Hillary*

▶ **29. Mai 1953** ◀ Um 11.30 Uhr setzen zwei Männer ihren Fuß auf den Gipfel des Mount Everest – dem mit 8848 Metern höchsten Punkt der Erde. Der Neuseeländer Edmund Hillary und der Sherpa Tenzing Norgay reichen einander zuerst höflich die Hand und umarmen sich dann vor Freude.

Die Expedition hat Katmandu, die Hauptstadt von Nepal, vor zehn Wochen verlassen, beladen mit fast acht Tonnen Ausrüstung.

Die letzte Nacht vor dem Gipfelsturm haben Norgay und Hillary in einem Zelt in 8595 Meter Höhe unterhalb des felsigen Südgipfelgrats verbracht. Am nächsten Tag läuft bei strahlender Sonne alles gut, bis die beiden Bergsteiger auf eine zwölf Meter hohe Felssperre treffen, die unüberwindlich scheint. Erst als Hillary eine schmale Rinne entdeckt, gelingt ihnen der Aufstieg.

Die beiden Männer bleiben eine Viertelstunde auf dem Gipfel – gerade lange genug, um die britische und die nepalesische Fahne sowie die Flagge der Vereinten Nationen zu hissen, Kekse zu essen, Limonade zu trinken und Fotos zu machen. Norgay vergräbt als Opfergabe Süßigkeiten und Kekse auf dem Gipfel; Hillary steckt ein kleines Kruzifix in den Schnee.

▼ *Die ganze Expeditionsgruppe etwas unterhalb des Everest-Gipfels*

▼ *Auf dem höchsten Berg der Welt trägt Norgay eine Sauerstoffmaske.*

Rosenbergs hingerichtet

▶ **19. Juni 1953** ◀ In New York werden Julius und Ethel Rosenberg auf dem elektrischen Stuhl hingerichtet. Das Paar, beide Kommunisten, wurde beschuldigt, Informationen über die Entwicklung der amerikanischen Atombombe an die Sowjetunion verraten zu haben. Hauptzeuge gegen die Rosenbergs war Ethels Bruder, der als Mechaniker im amerikanischen Atomzentrum in Los Alamos arbeitete. Auch er soll bei der Spionage mitgemacht haben, aber wegen seiner Aussagen wurde er nur zu 15 Jahren Haft verurteilt. Die Rosenbergs beteuerten dagegen immer wieder ihre Unschuld. Ihre Söhne Michael (10 Jahre) und Robert (7) sind nun Waisen.

▼ *Demonstration gegen die Hinrichtung*

Der Mount Everest, der im Grenzgebiet zwischen Tibet und Nepal liegt, ist nach Sir George Everest benannt, einem britischen Forscher, der 1850 zum ersten Mal über den Gipfel berichtete.

•

Von den Nepalesen und den Tibetern wird der Mount Everest Chomolungma genannt, das bedeutet »Göttinmutter des Landes«.

•

1947 erlaubte Nepal Ausländern zum ersten Mal die Einreise. Damit wurde die leichtere Südroute zum Mount Everest zugänglich.

•

Der Südtiroler Reinhold Messner erreichte 1978 als erster Mensch den Gipfel ohne Sauerstoffgerät.

1950 – 1959

▲ An Stalins Sarg (2. von rechts Nachfolger Chruschtschow)

Diktator Stalin tot

▶ **5. März 1953** ◀ Josef Stalin, der unumschränkte Herrscher der Sowjetunion, stirbt an einem Schlaganfall. Als Josef Djugaschwili wurde er vor 73 Jahren in Georgien geboren; während der Oktoberrevolution 1917 nahm er den Namen Stalin (Mann aus Stahl) an. 1922 wurde Stalin Chef der Kommunistischen Partei und ab 1927 Alleinherrscher.

In Erinnerung bleibt er als der Mann, der die Bürger bespitzeln und terrorisieren ließ, der Gegner erbarmungslos vernichtete, der rücksichtslos seine Wirtschaftpläne durchsetzte und der ab 1945 seinen Machtbereich auf ganz Osteuropa ausdehnte.

Gleiche Rechte

▶ **1. April 1953** ◀ In Westdeutschland werden alle Gesetze ungültig, die der Gleichberechtigung von Mann und Frau widersprechen. Im Grundgesetz von 1949 ist dieser Grundsatz festgelegt worden, aber vor allem in den Gesetzen über Ehe und Familie blieben die alten Vorstellungen erhalten. Einige Beispiele: Eine Ehefrau durfte nicht ohne Zustimmung ihres Mannes ein eigenes Konto eröffnen oder eine Wohnung mieten. Bei Streit über die Kindererziehung hatte der Vater immer das letzte Wort.

Piltdown-Mensch ist eine Fälschung

Kenneth Oakley deckt einen Riesenschwindel in der Archäologie auf. Seine Tests am »Piltdown-Menschen«, der 1912 in Sussex gefunden wurde, ergeben, dass der Schädel keineswegs eine halbe Million Jahre alt ist, sondern dass jemand den Unterkiefer eines Orang-Utans an einen 500 Jahre alten Menschenschädel gesetzt hat. Lange hatten Wissenschaftler geglaubt, der Piltdown-Mensch könnte Hinweise auf das »fehlende Glied« zwischen Affe und Mensch geben.

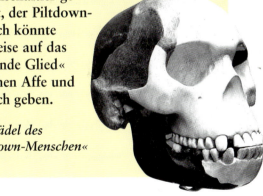

▶ Schädel des »Piltdown-Menschen«

▼ Das Paar schneidet die Hochzeitstorte an.

Die Hochzeit der Kennedys

▶ **12. September 1953** ◀ In den USA wird die Hochzeit des Jahres gefeiert: In New Port/Rhode Island heiraten John Fitzgerald Kennedy und Jacqueline Lee Bouvier. John, Sohn des früheren Botschafters der USA in London, Joseph Kennedy, ist Senator des Staates Massachusetts; Jacky stammt aus einer wohlhabenden Familie und hat gerade – wegen ihrer Heirat – ihre Arbeit als Fotoreporterin beim »Washington Times-Herald« aufgegeben. Kennedy ist ein sympathischer junger Politiker und stammt aus einer ehrgeizigen irisch-amerikanischen Familie. Ihm wird eine glänzende Zukunft vorausgesagt. Tatsächlich wird John F. Kennedy 1960 zum amerikanischen Präsidenten gewählt. Er ist der jüngste Mann, der je dieses Amt übernommen hat.

1953

Krönungszeremonie für die neue Königin

▶ **2. Juni 1953** ◀ Vertreter der europäischen Königshäuser, Staatsoberhäupter, Regierungschefs und viele ganz normale Leute sind Zeugen, als die britische Prinzessin Elisabeth in der Londoner Westminster Abtei den Krönungseid leistet. Die neue Königin Elisabeth II. wird von ihrem Mann, dem Herzog von Edinburgh, begleitet. Sie verpflichtet sich in einer bewegenden Zeremonie, den Völkern Britanniens und des Commonwealth zu dienen. Die Krönung wird vom Fernsehen übertragen; es ist das erste Mal, dass so Millionen Menschen in aller Welt das feierliche Geschehen verfolgen können. Die Königin hinterlässt einen unvergesslichen Eindruck, als sie in einer goldenen Kutsche mit acht grauen Pferden durch Londons Straßen fährt. Obwohl es kalt und regnerisch ist, haben sich entlang der Fahrtroute gewaltige Menschenmengen versammelt, die der Monarchin zujubeln und noch bis in die Nacht hinein feiern. Ein großartiges Feuerwerk über dem mondbeschienenen Fluss Themse schließt den Tag um Mitternacht ab.

▼ *Szene aus dem Film »Das Gewand«*

▶ *Millionen Menschen sehen im Fernsehen die Krönung von Elisabeth II.*

Aufstand der Arbeiter in der DDR

▶ **17. Juni 1953** ◀ In der DDR wird ein Aufstand gegen die kommunistische Regierung blutig niedergeschlagen. Die Unruhen haben am 16. Juni begonnen, als Bauarbeiter in Ost-Berlin in den Streik traten aus Protest dagegen, dass sie für den gleichen Lohn mehr arbeiten sollen. Die Regierung nahm daraufhin den Beschluss über die Arbeitsnormen zurück. Aber die Streikenden demonstrierten weiter und forderten nun die Absetzung der Regierung und freie Wahlen.

Am 17. Juni wird der Protest fortgesetzt. Immer mehr Menschen beteiligen sich. Gegen Mittag rücken sowjetische Panzer gegen die Demonstranten vor. Es wird geschossen; 21 Menschen werden getötet und am Abend ist der Aufstand beendet.

Weil die DDR-Regierung nicht zugeben will, dass die eigene Bevölkerung protestiert hat, behauptet sie, der Aufstand sei von »faschistischen Agenten ausländischer Mächte« inszeniert worden.

Film auf Breitwand

Die amerikanische Filmgesellschaft Twentieth Century Fox bringt den ersten CinemaScope-Film »Das Gewand« heraus. Weil das Fernsehen besonders in den USA den Kinos immer mehr Konkurrenz macht, versuchen die Filmgesellschaften ihr Angebot attraktiver zu machen. Ein Weg dazu ist das Breitwandformat CinemaScope, in dem gerade Massenszenen überwältigend wirken.

◀ *CinemaScope bringt Bilder ins Kino, die 2,5-mal so breit sind wie hoch.*

◀ *Ost-Berliner Demonstranten beim Marsch durch das Brandenburger Tor*

INFO • 1953 • INFO

13. August • Über 1000 Menschen werden durch Erdbeben und Flutwellen auf den griechischen Inseln getötet

24. September • Rocky Marciano verteidigt seinen Titel als Boxweltmeister im Schwergewicht durch einen K.o.-Sieg über Roland LaStarza

10. Dezember • Der frühere britische Regierungschef Winston Churchill erhält den Literaturnobelpreis

Durchbruch in der Genetik

▶ **25. April 1953** ◀ Der amerikanische Biologe James Watson und der britische Biochemiker Frances Crick haben das »Alphabet des Lebens« entschlüsselt. Sie haben herausgefunden, wie eine Zelle, die kleinste Einheit jedes Lebewesens, es fertigbringt, immer wieder genau gleiche Zellen herzustellen. In jeder Zelle findet sich die DNS (das ist die Abkürzung für Desoxyribonucleinsäure). Diese besteht, vereinfacht ausgedrückt, aus einem Faden, an dem chemische »Untereinheiten« wie Perlen auf einer Kette aufgereiht sind. Diese »Kette« ist gewunden wie eine Wendeltreppe, die von den Wissenschaftlern Helix genannt wird. Jeweils zwei DNS sind miteinander zu einer »Doppelhelix« verschlungen. Indem sie sich trennen, kann die DNS ein genaues Ebenbild der Ursprungszelle herstellen.

▲ *James Watson (oben) und Frances Crick*

▶ *Riesenmodell der DNS-Doppelhelix*

Little Mo gewinnt den Grand Slam

▶ **3. Juli 1953** ◀ Maureen Connolly (von ihren Fans »Little Mo« genannt) ist die erste Tennisspielerin, die den Grand Slam gewinnt, also innerhalb eines Jahres die britischen, amerikanischen, französischen und australischen Meisterschaften. Die Amerikanerin hat mit zehn Jahren begonnen Tennis zu spielen, jetzt ist sie 18.

Tito wird Staatspräsident

▶ **14. Januar 1953** ◀ Josip Broz, allgemein Tito genannt, wird zum ersten Staatspräsidenten Jugoslawiens gewählt. Tatsächlich regiert er das Land schon seit 1945. Titos Politik der »Blockfreiheit« gegenüber den USA und der Sowjetunion hat ihn auf beiden Seiten unbeliebt gemacht; dafür genießt er bei der eigenen Bevölkerung hohes Ansehen. Tito strebt einen kommunistischen Staat an. Außerdem will er die verschiedenen Völker, die in Jugoslawien leben, miteinander versöhnen, damit ihr gemeinsamer Staat stark ist.

▼ *Tito vereinigt den Vielvölkerstaat Jugoslawien.*

Flutkatastrophe in Holland

▶ **3. Februar 1953** ◀ In den Niederlanden durchbricht die Nordsee die Deiche und überschwemmt 2000 km² Land. Über 1000 Menschen kommen ums Leben, die Regierung erklärt die Region zum Notstandsgebiet.

Die Geschichte Zeelands ist geprägt vom dauernden Kampf mit dem Meer, das merkt man schon am Namen, der »Meerland« bedeutet. Die Küste ist von Deichen geschützt, aber oft genug können sie die Fluten nicht zurückhalten. Die Regierung plant deshalb dort das so genannte Delta Projekt, ein gewaltiges Sturmflutsperrwerk.

▼ *Bewohner überschwemmter Häuser werden in Sicherheit gebracht.*

UNABHÄNGIGKEIT

Nach dem Zweiten Weltkrieg bekamen die Staaten, die Kolonien besaßen, immer stärker zu spüren, dass die dort lebenden Völker selbst über sich bestimmen wollten. Der Weg der Kolonien in die Unabhängigkeit war nicht immer friedlich. Manche Länder mussten ihre Freiheit erkämpfen – wie die französische Besitzung Algerien. In anderen Ländern brachen Bürgerkriege aus, weil die Bewohner über die Zukunft ihres Landes uneins waren.

> Seit 1900 wurden 91 Kolonien unabhängig. 45 erlangten ihre Freiheit zwischen 1960 und 1969.
>
> Bis heute sind Großbritannien und Frankreich die größten Kolonialmächte. Sie besitzen Inseln in der Karibik, im Atlantik und Pazifik.
>
> 1982 verteidigte Großbritannien seine an der Südspitze Südamerikas liegende Kolonie Falklandinseln (Malvinen) gegen das benachbarte Argentinien.

Der Vietnamkrieg

Indochina, das heißt Vietnam, Laos und Kambodscha, war lange eine französische Kolonie, doch mussten sich die Franzosen 1954 den Vietnamesen geschlagen geben und abziehen. Vietnam wurde geteilt – in den kommunistischen Norden, der von der Sowjetunion unterstützt wurde, und den Süden, dem die USA Hilfe leisteten. 1964 eskalierten die ständigen Auseinandersetzungen zwischen Nord und Süd; die USA begannen einen Bombenkrieg gegen Nordvietnam, denn sie wollten ihren Einfluss in Südvietnam behalten, das sie als ihren Stützpunkt für ganz Südostasien betrachteten. Nach 14 Jahren Krieg, der 1,5 Millionen Vietnamesen und 58 000 Amerikaner das Leben kostete und dem Land unermesslichen Schaden zufügte, kapitulierte 1975 Südvietnam vor den Truppen des Nordens.

▼ Der Ochsenkarren eines vietnamesischen Bauern macht Platz für amerikanische Panzer. Die Bauern waren am schlimmsten vom Krieg betroffen.

▶ Gamal Abd el Nasser (2. von links), 1956 bis 1970 Präsident von Ägypten, setzte sich für den Zusammenhalt aller arabischen Völker ein.

Blockfreie Staaten

Nach 1945 spaltete sich die Welt in zwei verfeindete Blöcke: Die kapitalistischen USA und ihre Verbündeten standen der kommunistischen Sowjetunion und den von ihr abhängigen Staaten gegenüber. Eine dritte Gruppe von Ländern (zum Beispiel ehemalige Kolonien), die zu keiner der beiden Blöcke gehörten, schlossen sich als Blockfreie zusammen. Viele dieser Staaten waren arm und werden oft »Dritte Welt« genannt.

▶ Josip Broz Tito war einer der Führer der Blockfreien.

Die Teilung Indiens

Die Inder fanden einen ganz eigenen Weg, um ihre Kolonialmacht Großbritannien loszuwerden. Treibende Kraft war Mahatma Gandhi, der die Kampagne des »passiven Widerstands« ins Leben rief. Er forderte seine Landsleute zum Beispiel dazu auf, ungerechte Gesetze zu übertreten und sich durch Selbstversorgung von den Briten unabhängig zu machen. Gandhis wichtigstes Prinzip war, dass der Kampf um die Freiheit ohne jede Gewalt geführt wurde. Eines konnte er jedoch nicht durchsetzen, nämlich dass Indien als ein Land unabhängig wurde. Zwischen den beiden größten Glaubensrichtungen Indiens, Hindus und Muslimen, gab es heftige Streitigkeiten und weil sich kein Kompromiss finden ließ, wurde Britisch-Indien mit der Unabhängigkeit am 15. August 1947 geteilt. Pandit Nehru wurde der erste Premierminister des überwiegend von Hindus bewohnten Indien. Muhammad Ali Dschinnah regierte das muslimische Pakistan, das aus zwei weit auseinanderliegenden Teilen bestand. 1971 sagte sich das von Indien unterstützte Ostpakistan los und wurde zum unabhängigen Staat Bangladesch.

▼ *Nach der Teilung Indiens 1947 gab es viele Flüchtlinge, als Muslime nach Pakistan und Hindus nach Indien strömten. Dies löste eine Welle der Gewalt aus, der 1948 auch Mahatma Gandhi zum Opfer fiel.*

▲ *Muhammad Ali Dschinnah, der erste Regierungschef Pakistans, kämpfte zunächst für ein vereinigtes Indien, wurde dann aber Verfechter eines eigenen muslimischen Staates.*

▶ *Pandit Nehru hält in Neu-Delhi, der Hauptstadt des unabhängigen Indien, eine Ansprache. Rechts sieht man Lord Mountbatten, den letzten britischen Vizekönig von Indien.*

1950

1951

1952

1953

1954

1955

1956

1957

1958

1959

1954

Bannister läuft Traummeile

Das Meilenrennen mit den meisten Teilnehmern unter vier Minuten fand am 8. August 1980 in Berlin statt. 13 Läufer schafften in diesem Wettkampf die »Traummeile«.

Am zehnten Jahrestag von Roger Bannisters erster »Traummeile« waren 43 Männer aus 15 verschiedenen Ländern 138 weitere Vier-Minuten-Meilen gelaufen.

Schutz vor Polio

In den USA beginnen erste Versuchsimpfungen gegen Kinderlähmung (Polio). 1953 hat der Mediziner Jonas E. Salk einen Impfstoff gegen diese heimtückische Krankheit entwickelt, die vor allem kleine Kinder befällt. Die Polio-Viren lösen Lähmungen aus, die lebensgefährlich sein können. Meist sind die Lähmungen nur vorübergehend, doch manche bilden sich nicht mehr zurück. Ab 1956 kann der Impfstoff auch als Schluckimpfung eingenommen werde.

▶ **6. Mai 1954** ◀ Mit einem Rekord, den viele für unmöglich gehalten haben, schreibt der britische Leichtathlet Roger Bannister Sportgeschichte. Der 25-jährige Medizinstudent ist der erste Mensch, der eine Meile (1609,35 Meter) in weniger als vier Minuten läuft. Bannister erreicht bei einem Vergleichswettkampf zwischen Studenten der Universität Oxford und einer britischen Leichtathletikauswahl die phantastische Zeit von 3 Minuten 59,4 Sekunden. Zu Beginn des Rennens haben Bannisters Mitstudenten als »Hasen« das Tempo gemacht, doch in der letzten Runde muss er ganz allein seine Laufgeschwindigkeit noch erhöhen, um nicht nur den neun Jahre alten Rekord des Schweden Gunder Haegg zu brechen, sondern auch eine »Traummeile« hinzulegen.

▶ *Bannister unterbietet den bisherigen Weltrekord um fast zwei Sekunden.*

Algerische Freiheitskämpfer fordern Unabhängigkeit

▶ **1. November 1954** ◀ Eine Welle terroristischer Gewalt bricht über Algerien herein. Urheber der Bombenanschläge und Brandstiftungen ist die »Front der Nationalen Befreiung« (FLN). Seit 1830 ist Algerien eine französische Kolonie und 1881 wurde es sogar zu einem Teil Frankreichs erklärt. Doch nun verlangen die Algerier die Unabhängigkeit für ihr Land. Die FLN will durch Guerillakampf die französische Herrschaft aushöhlen. Gleichzeitig bemüht sie sich um internationale Anerkennung, besonders bei den Vereinten Nationen, wo sie auf die Unterstützung der arabischen Länder und anderer Staaten hofft.

Algerien stehen sieben schreckliche Jahre bevor. Mit aller Macht versucht Frankreich, die Unabhängigkeitsbewegung zu unterdrücken. Die FLN antwortet immer wieder mit Terroranschlägen. Erst 1962 endet der Krieg mit der Unabhängigkeit Alge-

▼ *Dr. Salk impft ein achtjähriges Mädchen gegen Kinderlähmung.*

▼ *Französische Soldaten bewachen algerische Freiheitskämpfer.*

1950 – 1959

Bill Haley läutet Rock 'n' Roll-Ära ein

Bill Haley und seine Band The Comets stehen mit ihrem neuesten Song »Rock Around the Clock« startbereit zum Sturm auf die Hitparaden. Der Titel wird 1955 zur meistverkauften Schallplatte des Jahres. Ein anderer Rock 'n' Roll-Star nimmt 1954 seine erste Platte auf: Elvis Presley singt für seine Mutter »That's all right, Mama«.

▼ *Bill Haley (Mitte) und seine »Kometen«*

Großer Dirigent tritt ab

▶ **4. April 1954** ◀ Der 87-jährige italienische Dirigent Arturo Toscanini verabschiedet sich mit einem Konzert in New York von seinem Publikum. Ein letztes Mal dirigiert er das NBC Sinfonie-Orchester, das eigens für ihn gegründet wurde, nachdem er Italien 1937 verlassen hatte.

Eigentlich wollte Toscanini Cellist werden, doch als er mit 19 Jahren an der Oper in Rio de Janeiro spielte, wurde er eines Abends gebeten, für den Dirigenten einzuspringen und die Oper »Aida« zu leiten. Dies war der Beginn einer großen Karriere: Lange arbeitete er am berühmtesten italienischen Opernhaus, der Mailänder Scala. Mehrere große Tourneen machten ihn in aller Welt berühmt. Toscanini stirbt 1957 kurz vor seinem 90. Geburtstag.

INFO • 1954 • INFO

12. Februar • *Eine amerikanische Untersuchung stellt fest, dass Raucher häufiger an Krebs erkranken*

2. April • *Der indische Regierungschef Nehru ruft dazu auf, den Rüstungswettlauf mit Atomwaffen zu stoppen*

15. Oktober • *William Goldings Roman »Herr der Fliegen« erscheint*

14. Dezember • *In Argentinien wird die Ehescheidung gesetzlich zugelassen*

▲ *Arturo Toscanini*

▼ *Die »Nautilus« wird von Mamie Eisenhower, der Frau des US-Präsidenten, getauft.*

U-Boot mit Atomantrieb läuft vom Stapel

▶ **21. Januar 1954** ◀ Die amerikanische Marine lässt das weltweit erste Unterseeboot mit Atomantrieb zu Wasser. Die »Nautilus« ist 97 Meter lang und wiegt 3180 Tonnen. Sie erreicht unter Wasser eine Geschwindigkeit von bis zu 20 Knoten (37 km/h) und kann dieses Tempo fast unbegrenzte Zeit beibehalten. Die Atomreaktoren an Bord erhitzen Wasser, mit dessen Dampf die Schiffsturbinen angetrieben werden. Die »Nautilus« ist das erste Unterseeboot, das dauerhaft unter Wasser bleiben kann. Diese Eigenschaft beweist das U-Boot zum Beispiel 1958, als es in sechs Tagen unter der Eiskappe der Arktis hindurchtaucht und dabei auch den geographischen Nordpol passiert. Benannt ist die »Nautilus« (dieses griechische Wort bedeutet »Seefahrer«) nach dem ersten U-Boot der Welt, das 1800 im Auftrag des französischen Feldherrn Napoleon gebaut und unter Wasser mit einer Handkurbel angetrieben wurde.

1954

◀ *Ho Chi Minh, Gründer und Führer des Vietminh*

Frankreich verliert Indochina

▶ 7. Mai 1954 ◀ Die französische Festung Dien Bien Phu mitten in Vietnam kapituliert, nachdem sie zwei Monate lang von der vietnamesischen Unabhängigkeitsbewegung Vietminh belagert worden ist. Für Frankreich bedeutet diese Niederlage den endgültigen Verlust der Kolonie Indochina, die Vietnam, Laos und Kambodscha umfasste. Im Juli wird in Genf ein Waffenstillstand vereinbart; die drei Staaten erhalten die Unabhängigkeit.

Im Zweiten Weltkrieg hatte Japan Indochina erobert. Als nach der japanischen Niederlage die Franzosen ihre Kolonialherrschaft erneuern wollten, stießen sie auf Widerstand. 1946 kam es zum offenen Krieg. Dabei waren die Franzosen zwar in Ausrüstung und Waffentechnik überlegen (zumal sie Unterstützung von den USA erhielten), aber die Vietnamesen hatten den größeren Kampfeswillen. So dachten die Franzosen, der Vietminh könnte Dien Bien Phu niemals mit schweren Waffen angreifen, weil es mitten im Dschungel lag. Doch die Vietnamesen zerlegten Kanonen und andere Waffen und brachten sie per Fahrrad vor die belagerte Festung.

◀ *Während der Belagerung von Dien Bien Phu werden die Franzosen aus der Luft versorgt.*

Radio für die Tasche

Bisher waren Radios ziemlich große Kästen, doch dank einer neuen Erfindung schrumpfen sie auf Taschenformat. Statt Röhren werden Transistoren als Empfänger benutzt. Die sind sehr viel kleiner, brauchen nicht aufgeheizt und gekühlt zu werden und sind unempfindlicher gegenüber Erschütterungen. Die amerikanische Firma Regency bringt 1954 das erste Transistorradio auf den Markt.

Boeing 707 auf Jungfernflug

▶ 15. Juli 1954 ◀ In den USA beginnt das Zeitalter der Düsenverkehrsflugzeuge: In Seattle startet ein Prototyp des Passagierflugzeugs Boeing 707 zu seinem ersten Flug. Bisher lagen die USA bei der Entwicklung von Düsenjets für den Passagierverkehr hinter Großbritannien zurück, denn die Briten haben schon 1952 mit der Comet ein erstes solches Flugzeug in Dienst gestellt. Nach mehreren Abstürzen darf die Comet seit Anfang 1954 aber nicht mehr fliegen. Das ist die Chance der Boeing 707, die größer ist als die Comet und Platz für 219 Passagiere bietet. Dank ihrer modernen Fan-Triebwerke erreicht die Boeing 707 eine Reisegeschwindigkeit von 900 Stundenkilometern.

▼ *Mit der 707 wird Boeing für lange Zeit der führende Hersteller von Düsenjets.*

Jasper Johns' erstes »Flagge«-Bild

▶ **1954** ◀ Der amerikanische Maler Jasper Johns löst mit seinem Bild »Flagge« heftige Diskussionen aus. Das Gemälde ist das Abbild einer ganz gewöhnlichen Fahne der USA. Allerdings kann man an den Pinselstrichen leicht erkennen, dass es eine gemalte Flagge ist. Johns interessiert sich für den Zusammenhang zwischen einem Gegenstand und dessen Abbildung. Er behauptet: »Das ist kein Gemälde, das ist eine Flagge.«

Detroit hat erstes Einkaufs-Zentrum

▶ **1954** ◀

Das Nordland-Zentrum in der Nähe der amerikanischen Stadt Detroit zieht Tausende begeisterter Käufer an. Es wird als Musterbeispiel für einen neuen Typ der Einkaufsstraße gefeiert. Das Riesengebäude hat Platz für 200 bis 300 Läden auf verschiedenen Etagen. Für ein besonderes Einkaufsvergnügen sorgen Klimaanlage, Musikberieselung, Kinderbetreuung, Restaurants und reichlich kostenlose Parkplätze.

▲ *Luftaufnahme des Nordland-Einkaufs-Zentrums bei Detroit*

▲ *Jasper Johns' »Flagge« ist mit Wachsfarben auf Leinwand gemalt.*

▶ *James Stewart als Fotograf Jeffries beobachtet den Verdächtigen mit dem Teleobjektiv.*

Hitchcocks Fenster-Krimi

»Fenster zum Hof« heißt der neueste Film von Alfred Hitchcock, mit dem er sein Publikum in atemlose Spannung versetzt. Mit gebrochenem Bein sitzt Jeffries am Fenster und beobachtet seine Nachbarn. Dabei kommt ihm der Verdacht, dass der Mann von gegenüber seine Frau ermordet hat. Hitchcock hat sich einen besonderen Kunstgriff ausgedacht: Der Zuschauer sieht den ganzen Film über wie Jeffries in den Hof.

New York Yankee heiratet Hollywood-Star

▶ **14. Januar 1954** ◀ Joe DiMaggio und Marilyn Monroe schließen den Bund fürs Leben. Baseball-Spieler DiMaggio führte die New York Yankees zu neun World-Series-Titeln. Monroe, die als Hollywoods »Sex-Bombe« gilt, hatte mit Filmen wie »Niagara« und »Wie angelt man sich einen Millionär« Riesenerfolge. Schon im Oktober 1954 lassen sich die beiden Superstars scheiden.

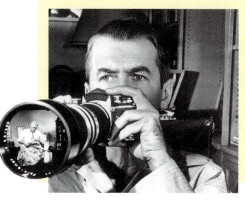

◀ *Joe DiMaggio und Marilyn Monroe heiraten in San Francisco.*

Deutschland siegt in Bern

▶ **4. Juli 1954** ◀ In einem packenden Endspiel besiegt in Bern die deutsche Nationalmannschaft bei der Fußball-WM Ungarn mit 3:2. Zwei der Tore für Deutschland schoss Helmut Rahn. »Das Wunder von Bern« macht die Elf von Trainer Sepp Herberger und Kapitän Fritz Walter zum Weltmeister und löst unbeschreiblichen Jubel aus. Der WM-Titel ist für die Deutschen nicht nur ein sportlicher Erfolg. Neun Jahre nach dem Zusammenbruch der Nazi-Herrschaft haben sie das Gefühl, endlich wieder etwas geleistet zu haben, das in aller Welt anerkannt wird.

1955

1950
1951
1952
1953
1954
1955
1956
1957
1958
1959

Jugend-Idol verunglückt

Modehit Blue Jeans

Mit ihrem festen Stoff und den doppelten, durch Nieten verstärkten Nähten waren sie eigentlich für Cowboys gemacht, jetzt sind sie ein Modehit für Jugendliche in den USA und bald auch in Europa – die Blue Jeans. Die »Röhrenhosen«, die möglichst eng sitzen sollen, führen zu manchem Krach mit den Eltern, denn diese finden die neue Mode ziemlich unanständig.

▲ Schulmädchen in Jeans

▶ 30. September 1955 ◀ Der amerikanische Schauspieler James Dean kommt – erst 24-jährig – in Kalifornien bei einem Autounfall ums Leben. Bei einer Spritztour mit seinem Porsche stößt er bei Tempo 120 an einer Kreuzung mit einem anderen Auto zusammen und stirbt auf dem Weg ins Krankenhaus. Teenager in aller Welt trauern um ihn und noch Jahre nach seinem Tod ist er der Lieblingsschauspieler vieler Jugendlicher.

Erst im Frühjahr 1955 war Dean mit dem Film »Jenseits von Eden« zum Kinostar geworden. Seine beiden anderen Filme »Denn sie wissen nicht, was sie tun« und »Giganten« kommen erst nach seinem Tod heraus und werden zu Kassenschlagern. Viele Teenager haben den Hauptdarsteller zu ihrem Helden erkoren, weil sie sich selbst in ihm wieder erkennen. »Jimmy« spielte gefühlvolle, aber rebellische Jugendliche, die sich von den Erwachsenen nicht verstanden fühlen, aber verzweifelt darum kämpfen, anerkannt zu werden. Er zeigte, wie einsam Jugendliche sein können und wie schwer es ist, eigene Ideen zu verwirklichen.

▶ Deans Auto nach dem Unfall

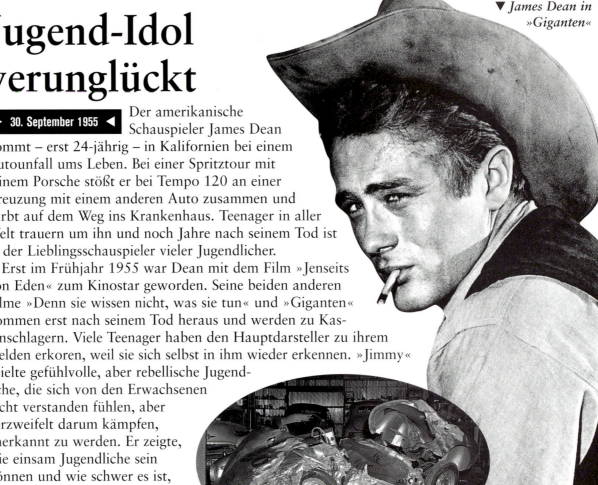

▼ James Dean in »Giganten«

Bündnis in Osteuropa

▶ 14. Mai 1955 ◀ Die Sowjetunion und ihre kommunistischen Verbündeten in Osteuropa unterzeichnen in der polnischen Hauptstadt Warschau einen »Vertrag über Freundschaft, Zusammenarbeit und gegenseitigen Beistand«. Das militärische Bündnis ist als Gegengewicht zur 1949 im Westen gegründeten NATO gedacht. Direkter Anlass für den Vertrag ist die Aufnahme Westdeutschlands in die NATO.

Mitgliedsstaaten des »Warschauer Paktes« sind Albanien, Bulgarien, die DDR, Polen, Rumänien, die Tschechoslowakei, Ungarn und die Sowjetunion. Diese Staaten vereinbaren, sich im Kriegsfall gegenseitig Hilfe zu leisten. In Wahrheit sucht die Sowjetunion aber vor allem einen guten Grund, um Soldaten und Waffen in den Ländern ihrer Verbündeten zu stationieren.

◀ Die Karte zeigt die verbündeten Staaten des Warschauer Paktes.

Eine Million »Käfer« auf den Straßen

Bei VW in Wolfsburg läuft ein goldfarbener »Käfer« vom Band, das millionste Exemplar des weltberühmten Autos mit Heckmotor. Entwickelt wurde der »Käfer« von Ferdinand Porsche. Die Nazis hatten ihm 1935 den Auftrag gegeben, denn sie wollten ein Auto, das sich möglichst viele Deutsche leisten konnten.

▼ Das VW-Werk feiert seinen »Käfer«.

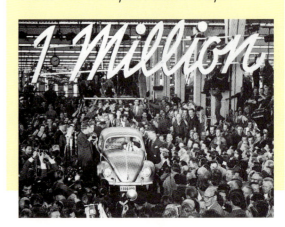

INFO • 1955 • INFO

3. April • Die europäische Fußballorganisation UEFA beschließt, eine Europameisterschaft zu organisieren

7. Oktober • Zehn Jahre nach Kriegsende kehren die letzten deutschen Kriegsgefangenen aus der Sowjetunion heim

31. Oktober • Die britische Prinzessin Margaret muss auf Drängen ihrer Familie ihre Verlobung mit Peter Townsend lösen, weil dieser geschieden ist

Katastrophe in Le Mans: 82 Tote

▶ **11. Juni 1955** ◀ Beim 24-Stunden-Rennen von Le Mans in Frankreich ereignet sich der entsetzlichste Unfall in der Geschichte des Motorsports. Nach einem Zusammenstoß mit einem anderen Wagen bei Tempo 240 wird der Mercedes des Franzosen Pierre Levegh in die vollbesetzten Zuschauerränge geschleudert. Der Rennfahrer und 81 weitere Menschen sterben, über 200 werden zum Teil schwer verletzt. Trotz der Katastrophe lassen die Organisatoren das Rennen weiterlaufen. Nur Mercedes-Benz nimmt seine »Silberpfeile« aus dem Rennen und erklärt im Oktober den Rückzug aus der Formel 1.

◀ *Aufräumen nach dem schrecklichsten Unfall der Rennsportgeschichte*

▼ *Pierre Levegh kann die nachfolgenden Fahrer noch warnen, bevor sein Mercedes in die Luft geschleudert wird.*

Kleinwagen machen mobil

▶ **5. April 1955** ◀ Die Münchner BMW-Werke stellen die Isetta vor: genau das richtige Auto für Leute, die sich nur ein Motorrad leisten können, aber vor Wind und Regen geschützt sein möchten. Es kostet nur 2550 DM, bietet Platz für drei Personen, ist rundherum geschlossen und bei schönem Wetter kann man das Faltdach aufklappen. Das Einzigartige an der Isetta ist ihre Tür, – die sitzt vorne, dort wo andere Autos ihre Motorhaube haben. In den 50er Jahren werden in Deutschland einige Kleinwagen entwickelt.

▲ *Die Isetta erreicht bis zu 85 Stundenkilometer.*

Erstes Disneyland

▶ **18. Juli 1955** ◀ Mickymaus schüttelt den Besuchern die Hand, Onkel Dagobert badet im Geld und die Kinder fahren in riesigen Kaffeetassen Karussell. Ganz klar – das kann nur in Disneyland passieren. In Anaheim bei Los Angeles in Kalifornien wird der bislang größte Vergnügungspark der Welt eröffnet, entworfen von dem Filmproduzenten Walt Disney, dem »Vater« vieler Comic-Figuren. Zwei Dollar (8,40 DM) kostet der Eintritt in die Märchenwelt einschließlich einer Fahrt mit einem Mississippi-Dampfer oder einer Reise zum Mond in der »Zukunftswelt«.

▼ *Besucher des neuen Disneylands werden von lebendigen Comic-Figuren begrüßt.*

Gespräche zwischen Bonn und Moskau

▶ **8. September 1955** ◀ Bundeskanzler Konrad Adenauer reist als erster westdeutscher Regierungschef in die Sowjetunion. Die Beziehungen zwischen beiden Ländern sind gespannt: Im Zweiten Weltkrieg waren sie zunächst Verbündete, bis die Deutschen 1941 die Sowjetunion überfielen. Umgekehrt misstrauen die Westdeutschen den Sowjets, weil diese den östlichen Teil Deutschlands, die DDR, unter ihre Kontrolle gebracht haben. Nach der Wiederaufnahme der Beziehungen erreicht Adenauer, dass die letzten deutschen Kriegsgefangenen heimkehren dürfen.

Bus-Boykott in Alabama

▶ **1. März 1956** ◀

Rosa Parks sitzt im Bus auf einer »weißen« Bank.

In Montgomery, der Hauptstadt des US-Bundesstaates Alabama, gibt es Proteste gegen die Rassentrennung in den öffentlichen Verkehrsmitteln. Anlass für die Kampagne ist die Verhaftung der Schwarzen Rosa Parks. (Sie hatte sich in einem Bus auf eine vordere Sitzbank gesetzt, die für Weiße reserviert war.) Daraufhin organisierten die Schwarzen einen »Bus-Boykott« und hinderten die Busse an der Abfahrt. Das Oberste Gericht der USA gibt ihnen am 24. April Recht: Die Rassentrennung in öffentlichen Verkehrsmitteln verstößt gegen die Verfassung.

Obwohl in den USA 1865 die Sklaverei offiziell abgeschafft wurde, sind die Schwarzen keineswegs gleichberechtigt. Zwar sollen sie die gleichen Chancen bekommen wie die Weißen, doch galt bisher der Grundsatz »separate but equal« – getrennt, aber gleich –, der die Schwarzen in vielen Bereichen benachteiligte. Zum Beispiel mussten Schwarze und Weiße unterschiedliche Schulen besuchen, doch erhielten die Schulen der Weißen mehr Geld. 1954 hat der Oberste Gerichtshof entschieden, dass alle öffentlichen Schulen schwarze Kinder ebenso annehmen müssen wie weiße. Dagegen haben viele Weiße heftig protestiert.

Obwohl der Oberste Gerichtshof der USA die Rassentrennung an Schulen 1954 verboten hat, gelang es den weißen Politikern in Alabama, die alten Verhältnisse noch bis 1963 aufrechtzuerhalten.

Im September 1956 setzte der Gouverneur von Arkansas die Nationalgarde ein, um neun schwarze Kinder am Besuch einer Schule in Little Rock zu hindern.

1962 mussten Bundestruppen das Recht des schwarzen Studenten James Meredith durchsetzen, die Universität von Mississippi zu besuchen.

INFO • 1956 • INFO

2. Januar • Die ersten Freiwilligen der neu geschaffenen Bundeswehr rücken in ihre Kasernen ein

5. Januar • Aus Italien kommen die ersten 50 Gastarbeiter nach Westdeutschland

Februar • In Europa herrscht der kälteste Winter seit 200 Jahren

29. Juni • Die Gewerkschaft IG Metall setzt durch, dass die normale Arbeitszeit von 48 auf 45 Stunden pro Woche gesenkt wird

Europas Besitz in Afrika schwindet

▶ **20. März 1956** ◀

▶ *Drei afrikanische Staaten werden 1956 unabhängig: Sudan, Marokko und Tunesien.*

Frankreich entlässt seine nordafrikanische Besitzung Tunesien in die Unabhängigkeit. Kurz zuvor ist schon Marokko, das teils spanische, teils französische Kolonie war, zu einem unabhängigen Königreich geworden und der Sudan, der von Großbritannien und Ägypten regiert wurde, ist seit dem 1. Januar selbständig. Die Europäer sehen allmählich ein, dass sie ihre Kolonien in Afrika an die dortige Bevölkerung zurückgeben müssen, doch in einigen Fällen stellen sie sich stur: So will Frankreich Algerien nicht freigeben, und Großbritannien glaubt, es könne die ägyptische Politik bestimmen.

Krise am Sueskanal

▶ 6. November 1956 ◀

Der Ausbruch eines neuen Weltkrieges wird nur knapp verhindert. Am Sueskanal hatte sich die Lage dramatisch zugespitzt. Auslöser der Krise war die Frage, wer die Kontrolle über den Sueskanal ausübt, der den Seeweg zwischen Europa und Asien erheblich verkürzt. Bisher gehörte die Schifffahrtsstraße der Sueskanalgesellschaft, die wiederum überwiegend Frankreich und Großbritannien gehörte, doch am 26. Juli 1956 ließ der ägyptische Präsident Gamal Abd el Nasser den Kanal verstaatlichen. Briten und Franzosen ermunterten daraufhin Israel zu einem Angriff auf Ägypten und besetzten am 5. November selbst das Gebiet am Sueskanal. Ägypten rief die Sowjetunion um Hilfe. Alle Zeichen standen auf Krieg. Am 6. November lenken Franzosen und Briten ein.

▶ *Präsident Nasser wird in Port Said von seinen Landsleuten bejubelt.*

Rocky tritt ungeschlagen ab

Schwergewichtsweltmeister Rocky Marciano zieht sich mit 33 Jahren vom Boxsport zurück. Berühmt wurde der Amerikaner durch seine enorme Schlagkraft: Rocky legte seine Gegner reihenweise um. 43 seiner 49 Profikämpfe gewann er durch K.o. 1952 holte er den Weltmeistertitel und verteidigte ihn sechsmal erfolgreich.

Königliche Eröffnung für Atomkraftwerk

▶ 17. Oktober 1956 ◀

Die britische Königin Elisabeth II. setzt in Calder Hall an der Westküste Englands das weltweit erste Atomkraftwerk in Gang, das Strom für die Allgemeinheit und nicht nur für das Militär produziert. Calder Hall ist Teil eines ganzen Komplexes, zu dem auch der Forschungsreaktor Windscale gehört. Die britische Regierung versichert, das Atomkraftwerk sei vollkommen ungefährlich. Dank umfangreicher Sicherheitsmaßnahmen könne keine Radioaktivität nach außen dringen.

▶ *Calder Hall im Nordwesten Englands*

Verbindung nach USA

Dank des ersten Transatlantikkabels (TAT 1) zwischen Europa und Nordamerika wird das Telefonieren in die USA viel einfacher. Bisher wurden Gespräche über den Atlantik per Funk übertragen, was sie sehr störanfällig machte. Die vorhandenen Telegrafenleitungen durch den Ozean waren für Telefongespräche ungeeignet.

Drei Goldmedaillen für den »Blitz von Kitz«

▶ 5. Februar 1956 ◀

Der österreichische Skiläufer Toni Sailer ist der Superstar bei den Olympischen Winterspielen in Cortina d'Ampezzo (Italien). Der »Blitz von Kitz«, wie ihn die Zuschauer nennen, gewinnt Gold in allen drei alpinen Wettkämpfen – im Slalom, bei dem nur 57 der 89 Teilnehmer ins Ziel kommen, im Riesenslalom mit sechs Sekunden und in der Abfahrt mit vier Sekunden Vorsprung.

◀ *Der 20-jährige Toni Sailer lehrt die Konkurrenz das Fürchten.*

▲ *Eröffnung der transatlantischen Telefonleitung*

1956

◀ In Budapest ist ein riesiges Stalin-Denkmal umgestürzt worden, aber die sowjetische Kontrolle über Ungarn ist nicht so leicht zu stürzen.

◀ Der sowjetische Führer Nikita Chruschtschow bezeichnet seinen Vorgänger Stalin als Massenmörder.

Chruschtschow leitet Entstalinisierung ein

▶ **15. Februar 1956** ◀ In einer Rede vor dem Parteitag der sowjetischen Kommunisten enthüllt Parteichef Nikita Chruschtschow die entsetzlichen Verbrechen seines Vorgängers Josef Stalin. Bisher war jede offene Kritik an dem 1953 gestorbenen Diktator streng verboten. Chruschtschow bezeichnet Stalin nun als machtbesessenen Massenmörder, der 30 Jahre lang mit terroristischen Methoden regiert und sein Land und die kommunistische Bewegung verraten habe. In Osteuropa sind die Menschen entsetzt, im Westen hofft man, dass Chruschtschows offene Worte dazu beitragen, den »Eisernen Vorhang« zwischen Ost und West zu öffnen.

Aufstand in Ungarn niedergeschlagen

▶ **13. November 1956** ◀ Ungarische Flüchtlinge berichten, dass aller Widerstand gegen den sowjetischen Einmarsch erloschen sei. Radio Budapest hat vor einer Woche eine verzweifelte Bitte um Hilfe ausgestrahlt, bevor das Programm abbrach.

Der ungarische Aufstand gegen die Sowjetunion begann am 23. Oktober mit Demonstrationen in Budapest. Die Menschen verlangten demokratische Reformen und den Abzug der sowjetischen Truppen. Zunächst sah es so aus, als hätten die Proteste Erfolg. Als aber der neue Regierungschef Imre Nagy am 31. Oktober ankündigte, dass Ungarn sich aus dem kommunistischen Warschauer Pakt zurückziehe, beließ es die Sowjetunion nicht länger bei Drohungen. Am Morgen des 4. November rückten sowjetische Panzer in Budapest ein. Die Freiheitskämpfer wehrten sich tapfer, hatten aber keine Chance. Jedem ist nun klar, dass die Sowjetunion keine Demokratie in Osteuropa dulden wird.

Elvis spaltet amerikanische Öffentlichkeit

Die amerikanischen Hitparaden werden 1956 von einem neuen Star dominiert – Elvis Presley. Er verbindet die Tradition des schwarzen Blues mit der weißen Country & Western-Musik und unterlegt sie mit einem harten schnellen Rhythmus. Mit einer ganzen Serie von Hits – darunter »Heartbreak Hotel«, »Don't Be Cruel« und »Blue Suede Shoes« – verkauft er sieben Millionen Platten und als er in der Ed-Sullivan-Show auftritt, versammeln sich 54 Millionen Zuschauer vor den Bildschirmen – Rekord! Elvis, ein armer Junge aus Mississippi, ist mit 21 Millionär. Bei seinen weiblichen Fans löst er hysterische Bewunderung aus, aber die Erwachsenen sind von seinem erotischen Hüftschwung keineswegs beeindruckt, sondern fürchten einen schlechten Einfluss auf ihre Kinder.

▶ *Elvis Presley trägt seine Lieder mit vollem Körpereinsatz vor.*

Grace Kelly heiratet Rainier

▶ **19. April 1956** ◀ Eine Märchenhochzeit wird an der französischen Riviera gefeiert. Der Bräutigam ist Fürst Rainier, dessen Familie seit über 500 Jahren den Zwergstaat Monaco regiert; die Braut ist die amerikanische Filmschauspielerin Grace Kelly. Tatsächlich sieht eher der Fürst wie ein Filmstar aus, während Grace Kelly mit ihrer kühlen Eleganz vom Scheitel bis zur Sohle wie eine Prinzessin wirkt. Etwa 1200 Gäste sind geladen und das Geklingel der Diamanten übertönt fast den Chor. Bei aller Freude kommt doch ein trauriger Gedanke auf: Jetzt, da sie Fürstin ist, wird Grace Kelly nie mehr einen Film drehen.

▲ *Rainier III. und Grace Kelly bei der Trauungszeremonie*

1950 – 1959

Frische Luft für die Briten

▶ **5. Juli 1956** ◀ Das Gesetz über die Luftreinhaltung, das das britische Parlament verabschiedet, soll die Luftqualität in den Städten verbessern. Dunkler und schmutziger Rauch wird verboten und die Stadträte erhalten das Recht, »rauchfreie Zonen« zu bestimmen. Das Verbot der Kohlenheizung soll der berühmten Londoner »Erbsensuppe« ein Ende setzen, die durch »Smog«, eine Mischung von Rauch (smoke) und Nebel (fog), entsteht. Im Winter bekommt die verschmutzungsgeplagte britische Hauptstadt nur halb so viel Sonne ab wie ländliche Gebiete, in denen die Luft sauber ist. Während des »Großen Smog« 1952 starben mindestens 4000 Londoner an Herz- und Lungenerkrankungen. Seit 1953 sind auf Rezept beim staatlichen Gesundheitsdienst Anti-Smog-Masken erhältlich.

◀ *Ein Londoner Bus auf dem Weg durch die gesundheitsschädliche »Erbsensuppe«*

Halla findet allein ihren Weg

▶ **30. September 1956** ◀ Die »Wunderstute« Halla absolviert ihren größten Auftritt. Bei den Olympischen Reiterspielen in Stockholm trägt sie ihren Reiter Hans Günter Winkler fehlerlos über den Parcours des Jagdspringens, obwohl der Reiter wegen einer Verletzung seinem Pferd keine Hilfen geben kann. Winkler gewinnt Gold, ebenso in der Mannschaftswertung. Es ist das erste Mal, dass die Reiter eigene Olympische Spiele abhalten. Der Grund: In Australien, wo die übrigen Sommerwettbewerbe ausgetragen werden, sind die Einfuhrbestimmungen für Pferde sehr streng.

▶ *Hans Günter Winkler auf der elfjährigen Halla*

Nachrichten der »Tagesschau« jetzt täglich

▶ **1. Oktober 1956** ◀ Die »Tagesschau« wird künftig von Montag bis Freitag jeden Tag ausgestrahlt. Bisher war sie nur dreimal pro Woche zu sehen. Am Samstag und Sonntag gibt es weiterhin keine Nachrichtensendung.

Das Fernsehen in Westdeutschland steckt immer noch in den Kinderschuhen. Es gibt nur einen Sender – die ARD – und normalerweise wird nur von 16.30 bis 17.30 Uhr und ab 20 Uhr zwei Stunden lang ein Programm ausgestrahlt. In den westdeutschen Haushalten stehen 140 000 Fernsehgeräte (bei ungefähr 50 Millionen Einwohnern).

1957

Der Wettlauf ins All ist entschieden

▶ **4. Oktober 1957** ◀ Die Sowjetunion schickt den ersten künstlichen Himmelskörper ins Weltall. Der Satellit »Sputnik 1« mit einem Gewicht von 84 Kilogramm umrundet die Erde in einer Höhe von über 800 Kilometern. Jede Erdumkreisung dauert bei einer Geschwindigkeit von 28 000 Stundenkilometern 96,17 Minuten.

Der Start des »Sputnik« versetzt die Welt in Aufregung. Für die Sowjetunion ist es auch deshalb ein großer Erfolg, weil die USA bisher als technisch überlegen galten. Dort ist es aber noch nicht gelungen, eine Rakete zu bauen, die einen Satelliten ins All bringen könnte, schon gar nicht einen so schweren Himmelskörper.

▲ *Ein Modell des »Sputnik 1« ist auf einer Weltraum-Ausstellung in Moskau zu sehen.*

Messgerät für Alkohol am Steuer

Die Polizei in den USA setzt erstmals einen Alkoholmesser ein. Autofahrer, die im Verdacht stehen, zu viel Alkohol getrunken zu haben, müssen in ein Röhrchen pusten. Daran ist ein Sack mit Kristallen befestigt, die je nach dem Alkoholgehalt der Atemluft ihre Farbe verändern. Bisher gab es nur einen unsicheren Test: Man musste auf einer geraden Linie entlanggehen.

Laika – erstes Lebewesen im Weltraum

▶ **3. November 1957** ◀ Einen Monat nach dem erfolgreichen Start von »Sputnik 1« schießt die Sowjetunion einen zweiten Himmelskörper in eine Erdumlaufbahn. An Bord befindet sich Laika, eine Hündin. Sie ist das erste Lebewesen, das die Erde verlässt und einen Flug ins Weltall unternimmt.

Laika hat im »Sputnik 2« Fressen und Wasser und damit sie atmen kann, wurde ein Sauerstofftank eingebaut. Ihr Flug ist Teil eines Forschungsprogramms, mit dem herausgefunden werden soll, wie Tiere auf die Bedingungen im All reagieren. Sensoren und Elektroden, die an ihrem Körper angebracht sind, registrieren Laikas Bewegungen, ihren Puls und ihre Atmung. Diese Informationen werden mit Hilfe eines Senders zur Erde übertragen und dort von Wissenschaftlern ausgewertet. Sie sollen dazu dienen, den Flug eines Menschen ins All vorzubereiten.

Laika wird allerdings niemals zur Erde zurückkehren, weil der Satellit im All bleibt. Sie stirbt nach ungefähr einer Woche, als der Sauerstoff verbraucht ist.

◀ *Die Hündin Laika an Bord des »Sputnik 2« beweist, dass Lebewesen ins All fliegen können.*

INFO • 1957 • INFO

7. Mai • Die ersten elektrischen Schreibmaschinen sind auf der Hannover-Messe zu sehen und finden reißenden Absatz

6. Juli • Althea Gibson aus den USA gewinnt als erste schwarze Sportlerin das Tennisturnier in Wimbledon/England

26. September • Leonard Bernsteins Musical »West Side Story« hat am New Yorker Broadway Premiere

Erster Schritt zum vereinten Europa

▶ 25. März 1957 ◀ Frankreich, Westdeutschland, Italien, Belgien, Luxemburg und Holland vereinbaren in Rom die Einrichtung eines gemeinsamen Wirtschaftsgebietes. Innerhalb der Europäischen Wirtschaftsgemeinschaft (EWG) sollen Menschen sich frei bewegen, Geld und Waren frei gehandelt werden können. Die Römischen Verträge über die EWG sind der erste Schritt zu einem vereinigten Europa. Im Verlauf der Jahre schließen sich weitere Länder der Vereinbarung an.

▲ *Unterschriften unter den Römischen Verträgen*

IBM entwickelt erste Programmiersprache

▶ April 1957 ◀ Einen Computer dazu zu bringen, komplizierte Arbeitsvorgänge auszuführen, wird nun leichter durch die Entwicklung von FORTRAN, der ersten Programmiersprache. Bislang funktionierten solche Sprachen nur mit Hilfe des Zweiersystems – sie bestanden aus den Ziffern 1 und 0 in verschiedenen Zusammenstellungen. FORTRAN benutzt stattdessen mathematische Symbole und wurde für Wissenschaftler entwickelt.

Stimme der Beat-Generation

▶ 1957 ◀ Der amerikanische Schriftsteller Jack Kerouac sorgt mit seinem ersten Roman »Unterwegs« für Aufsehen. Kerouac gehört zur so genannten Beat-Generation, einer Gruppe von jungen Leuten, die von den amerikanischen Wertstellungen und dem materiellen Wohlstand die Nase voll haben. Stattdessen beschäftigen sie sich mit Jazz, Gedichten, Drogen und östlichen Religionen – besonders mit dem Zen-Buddhismus.

▲ *Jack Kerouac*

»Unterwegs« beschreibt die Reise zweier Männer quer durch die USA. Die Handlung ist nicht durchgängig, sondern reiht einzelne Ereignisse aneinander. Kerouac hat das Buch in drei Wochen verfasst.

Fangio begeistert Rennsport-Fans

Der argentinische Rennfahrer Juan Manuel Fangio gewinnt zum fünften Mal die Weltmeisterschaft in der Formel 1. 1957 hat er mit seinem Maserati 250F die Grand-Prix-Rennen in Argentinien, Monaco, Frankreich und Deutschland gewonnen. Zum Abschluss der Saison hatte er 40 Punkte und damit 15 Punkte Vorsprung vor dem Briten Stirling Moss auf Vanwall. Welchen Wagen Fangio fährt, scheint egal zu sein. 1951 siegte er mit einem Alfa Romeo, 1954 und 1955 auf einem Mercedes »Silberpfeil« und 1956 mit einem Ferrari. Nun ist der Argentinier 46 und denkt ans Aufhören.

▶ *Viele Fans halten Fangio für den Besten.*

Soldaten schützen schwarze Schulkinder

▶ 25. September 1957 ◀ Der amerikanische Präsident Eisenhower schickt über 1000 Soldaten in den Bundesstaat Arkansas, um die Aufhebung der Rassentrennung in den Schulen durchzusetzen. Seit 1954 sollen die Kinder in den USA gleich welcher Hautfarbe gemeinsame Schulen besuchen. Trotzdem ließ der Gouverneur von Arkansas Soldaten aufmarschieren, um schwarze Kinder am Besuch der High School in Little Rock zu hindern. In Begleitung der von Eisenhower geschickten Soldaten können nun die neun schwarzen Kinder den Unterricht besuchen.

▼ *Der Schulbesuch schwarzer Kinder wird von Soldaten bewacht.*

1950 – 1959

1957

KONSUMZEITALTER

Wenn man sich früher einen Regenschirm kaufte, so wurde der sorgfältig ausgesucht, denn er war ziemlich teuer. Dafür hielt der Schirm viele Jahre. Heutzutage sind Schirme relativ billig, aber sie gehen leicht kaputt oder man vergisst den Schirm irgendwo und kauft sich einen neuen. Der alte war sowieso nicht mehr modern. Eine solche Gesellschaft, in der Waren in großen Mengen hergestellt, billig verkauft und schnell weggeworfen werden, in der die meisten Menschen dauernd etwas Neues kaufen können, das nicht gerade lebensnotwendig ist, nennt man Konsumgesellschaft.

◀ »Das Paradies jeder Gastgeberin« – auf einer Ausstellung 1952 in New York wurden Kücheneinrichtungen gezeigt, die den Raum vielfältig nutzbar machen.

▲ Alles fertig zur Grillparty der 50er Jahre mit eigens entworfenen, unzerbrechlichen Tabletts und Tellern!

▼ Siedlung im Stil der 50er Jahre auf Long Island bei New York

Maschinen im Haushalt

Dienstmädchen und Koch, die mit im Haus wohnten, waren zu Anfang des Jahrhunderts in jeder Mittelschichtsfamilie selbstverständlich. 50 Jahre später waren diese »guten Geister« verschwunden. Stattdessen kamen immer mehr Maschinen auf den Markt, die die Hausarbeit erleichterten. Toaster, Mixer, elektrische Bügeleisen und Staubsauger übernahmen die Arbeit der Dienstmädchen. Die Menschen genossen es, mit Zentralheizung und fließend warmem Wasser zu leben. Neue Möbel kamen auf den Markt. Sie waren hell und billig und man konnte sie leicht umstellen, wenn man die Einrichtung verändern wollte.

Vertreter

Es klingelt an der Tür. Ein lächelnder Mann tritt herein und schmeißt eine Ladung Schmutz und Dreck auf den Teppich. Dann packt er einen großartigen neuen Staubsauger aus – und schwups ist der ganze Schlamassel wieder weg. So oder so ähnlich versucht der Vertreter einen Staubsauger zu verkaufen, zahlbar in kleinen monatlichen Raten. Fast alles lässt sich an der Haustür verkaufen.

Die Kunst des Verkaufens

In den USA wurde das Verkaufen zu einer Kunst und Wissenschaft. Die Hersteller ließen Untersuchungen darüber anstellen, welche Farbe, welche Größe und welchen Preis ein Produkt haben sollte und wie man es am besten unter die Leute brachte. Wenn für Zahnpasta Werbung im Fernsehen gemacht wurde und dabei ein Zahnarzt oder ein Filmstar die Vorzüge genau dieser Paste pries, konnte das den Verkauf unglaublich ankurbeln. Gestaltung und Vermarktung waren untrennbar miteinander verbunden – jedes einzelne Produkt musste so einzigartig aufgemacht sein, dass es besser erschien als die Konkurrenz und dass die Käufer es im Laden wieder erkannten und von allen anderen gleichartigen Produkten unterscheiden konnten. Wie die Werbung das hinkriegt, kannst du beim Fernsehen oder im Kino selbst herausfinden!

◀ *Zahnpastareklame aus den 50er Jahren*

- Das größte Kaufhaus der Welt – Macy's mit 400 000 verschiedenen Artikeln – mitten in New York.
- Die weltweit erste Fernsehwerbung wurde am 1. Juli 1941 in New York ausgestrahlt. Angepriesen wurden Bulova-Uhren.
- 50 000 verschiedene Spielzeuge gibt es bei Hamleys in der Londoner Regent Street. Es ist das älteste, größte und bestsortierte Spielzeuggeschäft der Welt.

▶ *Waschmittel in einem Supermarkt – der Verkaufsständer ist wirklich kaum zu übersehen!*

1958

▲ *Chinesische Arbeiter mit Mao-Bildern*

China: Der »große Sprung nach vorn«

▶ **29. August 1958** ◀ Chinas kommunistischer Führer Mao Tse-tung verlangt einen »großen Sprung nach vorn« in der Wirtschaftsleistung, damit China vom Ausland unabhängig wird und mit den modernen Industriestaaten konkurrieren kann. Vorgesehen ist, dass bis 1968 die Industrieproduktion jedes Jahr um 45 Prozent und die Leistung der Landwirtschaft um 20 Prozent steigen sollen. Damit das funktioniert, wird vor allem die Landwirtschaft neu geordnet. Die Bauern sollen sich zu »Volkskommunen« zusammenschließen, ihren ganzen Besitz diesen Gemeinschaften übertragen und durch die gemeinsame Arbeit so viel Zeit einsparen, dass sie nebenbei noch in der Industrie arbeiten können. Die Hausarbeit wird von der Volkskommune übernommen – durch Gemeinschaftsküchen und Kindergärten. Doch schon 1959 zeigt sich, dass der »große Sprung nach vorn« gescheitert ist.

INFO • 1958 • INFO

1. Februar • Vier Monate nach der Sowjetunion schicken auch die USA einen Satelliten ins All, den 1,5 Kilo schweren »Explorer«

2. März • Der britische Forscher Vivian Fuchs beendet die erste Durchquerung der Antarktis

29. Juni • Der 17-jährige Brasilianer Pelé ist der Star bei der Fußball-Weltmeisterschaft in Schweden. Im Finale besiegt seine Elf die Gastgeber 5:2

Hula-Hoop versetzt die Welt in Schwingung

Nicht nur die Rock 'n' Roll-Fans schwingen die Hüften – in den USA und weiten Teilen Europas setzen Kinder und Erwachsene ihre Körper in Bewegung, um einen Plastikreifen um ihre Taille kreisen zu lassen. Die ersten Hula-Hoop-Reifen, die den Bambusreifen australischer Kinder abgeguckt sind, werden 1958 in Kalifornien angeboten. Noch im selben Jahr werden 25 Millionen verkauft.

◀ *Die zehnjährige Mimi Jordan stärkt sich bei ihrem Drei-Stunden-Hula-Hoop-Rekord.*

▼ *80 Kilometer weit marschieren die Atomgegner.*

Ostermarsch gegen Atomwaffen

▶ **7. April 1958** ◀ 3000 Menschen beteiligen sich an der letzten Etappe des Protestmarsches von London zur britischen Atomforschungsanlage Aldermaston. Die Demonstranten, denen sich vor dem Gelände 12 000 weitere anschließen, wollen die Regierung zum Verzicht auf Atomwaffen bewegen. Auch in anderen Teilen Europas protestieren viele Menschen mit »Ostermärschen« gegen die Atombewaffnung, doch die Politiker lassen sich davon nicht beeindrucken.

1950 – 1959

Tragischer Unfall zerstört United-Elf

▶ **6. Februar 1958** ◀ Ein Flugzeugabsturz auf dem Münchner Flughafen löst im englischen Fußball tiefe Trauer aus. Sieben Spieler aus der Elf von Manchester United werden getötet, als ihr Flugzeug bei einem Startversuch im Schneegestöber nicht ausreichend Höhe gewinnt und in ein Haus am Ende der Startbahn kracht. Die Fußballer waren auf dem Heimweg von Jugoslawien, wo sie durch ein 3:3 gegen Roter Stern Belgrad das Halbfinale des Europacups erreicht hatten.

▲ *Rettungsarbeiten werden durch Schnee behindert.*

Russischer Autor lehnt Nobelpreis ab

▶ **29. Oktober 1958** ◀ Der russische Autor Boris Pasternak weist den Literaturnobelpreis zurück, den er für seinen Roman »Doktor Schiwago« erhalten sollte.

Das Buch durfte in der Sowjetunion gar nicht erscheinen, weil es den Machthabern zu kritisch ist. Pasternak wurde angedroht, er müsse sein Land verlassen, wenn er die Auszeichnung annehme. Daraufhin verzichtete er auf den Preis.

▲ *Der Schriftsteller Boris Pasternak*

Weltausstellung in Brüssel

▶ **17. April 1958** ◀ Der belgische König Baudouin eröffnet die Weltausstellung in Brüssel, an der sich 53 Länder beteiligen. Das Wahrzeichen der Ausstellung ist das Modell eines Atoms in 165 milliardenfacher Vergrößerung. Das 110 Meter hohe »Atomium« besteht aus neun Kugeln mit einem Durchmesser von je 18 Metern, die durch Stahlrohre miteinander verbunden sind. Themen auf der »Expo 1958« sind Raumfahrt und Atomenergie. Zu sehen ist auch ein Modell des Erdsatelliten »Sputnik 1«.

▼ *Das Atomium überragt das Gelände der Weltausstellung in Brüssel.*

Stereo-Platten: ein Hit

Eine neue Klangwelt eröffnen die ersten Stereo-Schallplatten. Die Musik wird über Mikrofone auf zwei getrennte Tonspuren aufgenommen und von zwei Lautsprechern wieder ausgestrahlt, so dass ein Raumklang entsteht. Vorerst gibt es kaum entsprechende Abspielgeräte, aber schon bald verdrängen die Stereo-Schallplatten die alten Monoaufnahmen.

▲ *Für die neuen Stereo-Schallplatten braucht man zwei Lautsprecher.*

De Gaulle an der Spitze Frankreichs

▶ **21. Dezember 1958** ◀ Der französische Regierungschef General Charles de Gaulle wird zum Staatspräsidenten gewählt. Zuvor ist eine neue Verfassung verabschiedet worden, die dem Präsidenten viel Macht gibt und die den andauernden Regierungskrisen ein Ende setzt.

Im Mai war Frankreich über der Frage, ob Algerien eine Kolonie bleiben sollte, an den Rand eines Bürgerkrieges geraten. In dieser Lage schien de Gaulle, der den Widerstand gegen die deutsche Besetzung im Zweiten Weltkriegs angeführt hatte, als der richtige Mann zur Lösung der Krise.

1959

Castro beendet Batistas Diktatur

▶ **2. Januar 1959** ◀ Einen Tag nachdem der Diktator Fulgenico Batista das Land überstürzt verlassen hat, ruft Fidel Castro auf Kuba eine neue Regierung aus. Der Diktator, der im März 1952 durch einen Militärputsch an die Macht kam, hat Kuba völlig heruntergewirtschaftet. Viele sind arm und haben keine feste Arbeit, während Batistas Familie und Freunde immer reicher wurden. Fast die Hälfte der Landbevölkerung kann nicht lesen und schreiben. Der wichtigste Wirtschaftszweig, die Zuckerindustrie, befindet sich zu 70 Prozent in US-Besitz. Dies ändert sich bald. Im Februar beginnt Castro, die ausländischen Betriebe zu enteignen und den Landbesitz neu zu verteilen. Der große Nachbar USA, der noch bis zum Jahr 2002 den Militärstützpunkt Guantanamo auf Kuba gepachtet hat, reagiert auf die Umformung der Wirtschaft und Castros sozialistische Ziele mit immer größerer Ablehnung. Dies führt einerseits dazu, dass Kuba sich bald eng mit der Sowjetunion verbündet; zum anderen entwickelt sich 1962 aus dem Konflikt die Kubakrise, die den Weltfrieden bedroht.

▶ *Der frühere Rechtsanwalt Fidel Castro steht an der Spitze der Revolution auf Kuba.*

▶ *Batista, der bis zu seinem Sturz als Militärdiktator auf Kuba herrschte, ist ins Ausland geflüchtet.*

Skandal um TV-Quiz

Schockiert reagieren die Amerikaner auf die Nachricht, dass die Helden der beliebtesten TV-Quizshow Betrüger sind. Manch einer, der bei »Twenty-One« alle Antworten zu wissen schien, kannte schon vor der Sendung alle Fragen. Offenbar ist diese Art des Schummelns nicht ungewöhnlich. Oft bestimmen die Werbepartner, welche Kandidaten gewinnen sollen.

Alaska und Hawaii werden Bundesstaaten der USA

▶ **21. März 1959** ◀ Hawaii wird 50. Bundesstaat der USA – knapp neun Monate nachdem am 7. Juli 1958 Alaska der 49. Bundesstaat wurde. Die USA bekommen nun natürlich auch eine neue Flagge mit 50 Sternen in dem blauen Feld rechts oben.

Alaska, mit einer Fläche von 1,5 Millionen Quadratkilometern der weitaus größte Bundesstaat der USA, liegt im äußersten Nordwesten von Nordamerika und ist durch Kanada vom Rest der Vereinigten Staaten getrennt. Außerdem ist es dort kälter als irgendwo sonst in den USA. Hawaii, eine Inselgruppe im Pazifik, ist dagegen als sonniges Ferienparadies bekannt. Doch auch dieser neue Bundesstaat liegt weit vom Rest der USA entfernt – etwa 3000 Kilometer.

◀ *Kandidat bei »Twenty-One«*

▼ *Die USA kauften Alaska 1876 für 7,2 Millionen Dollar von Russland.*

Guggenheim-Museum eröffnet

▶ **21. Oktober 1959** ◀ Wie ein Schneckenhaus sieht das neueste Kunstmuseum in New York aus. Das Guggenheim-Museum wurde von dem amerikanischen Star-Architekten Frank Lloyd Wright entworfen, der vor einem halben Jahr 89-jährig gestorben ist. Er verwirklichte damit seinen Traum vom »organischen Bauen«, bei dem natürliche Formen nachgeahmt werden. Der Bau besteht aus einer riesigen Betonspirale. Im Inneren führt eine sanft absteigende Rampe an allen Kunstwerken vorbei.

◀ *Auch von innen sieht das Guggenheim-Museum wie ein Schneckenhaus aus.*

Erste Barbie-Puppe

Amerikanische Mädchen haben eine neue Freundin – Barbie, eine Puppe mit dem Aussehen einer eleganten jungen Frau. Die Idee zu der neuartigen Puppe kam der Spielzeugherstellerin Ruth Handler, als sie ihrer Tochter Barbara beim Spielen zusah. Die kleine Barbie ließ ihre Babypuppen liegen und spielte stattdessen lieber mit Papierpuppen, denen sie verschiedene Kleider anzog.

▶ *Barbies Garderobe reicht vom Strandanzug bis zum Abendkleid einer Sängerin.*

Chruschtschow besucht die USA

▶ **15. September 1959** ◀ Die beiden mächtigsten Männer der Welt, der sowjetische Regierungschef Nikita Chruschtschow und US-Präsident Dwight Eisenhower, treffen in Washington zu Gesprächen zusammen. Es ist das erste Mal, dass ein Führer der Sowjetunion die USA besucht. Chruschtschow hält eine Rede vor der UNO und besichtigt eine Farm in Iowa, eine Computer-Fabrik und die Filmstadt Hollywood.

▼ *Chruschtschow (links) winkt zum Abschied, während Eisenhower eine Erklärung verliest.*

▼ *Königin Elisabeth bei der Eröffnung*

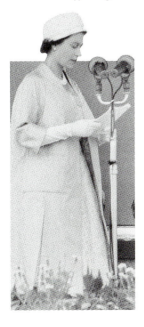

Sankt-Lorenz-Kanal in Kanada

▶ **26. Juni 1959** ◀ An der Sankt-Lambert-Schleuse in der Nähe der kanadischen Hauptstadt Montreal eröffnen die britische Königin Elisabeth, der amerikanische Präsident Dwight Eisenhower und der kanadische Regierungschef John Diefenbacher den Sankt-Lorenz-Seeweg im Grenzgebiet zwischen Kanada und den USA. Er verbindet Seen und Flüsse durch Kanäle und Schleusen zu einer 3780 Kilometer langen Wasserstraße, die von der kanadischen Atlantikküste bis zum Westufer des Oberen Sees im US-Bundesstaat Minnesota reicht. Der Sankt-Lorenz-Seeweg wird zu einer der wichtigsten Wasserstraßen der Welt.

1950–1959

1959

Dalai Lama flieht aus Tibet

▶ **20. April 1959** ◀ 7000 aus ihrer Heimat geflüchtete Tibeter begrüßen in Nordindien begeistert ihren geistigen Führer, den Dalai Lama. Als Diener verkleidet hat der Dalai Lama die lange und gefahrvolle Reise über den Himalaja zu Fuß, per Pferd und Yak sowie mit Booten hinter sich gebracht. Er ist im März aus Tibet geflohen, nachdem die Chinesen, die das Land seit 1951 besetzt halten, einen Aufstand der Tibeter brutal niedergeschlagen haben.

Die indische Regierung möchte es sich mit China nicht verderben, deshalb gewährt sie zwar dem Dalai Lama Asyl, verlangt aber, dass er keine politische Kampagne gegen die Besetzung Tibets durch China unternimmt.

▲ *Der indische Ministerpräsident Jawaharlal Nehru (rechts) begrüßt den Dalai Lama.*

Sowjetunion schickt Rakete zum Mond

▲ *Die Raumsonde »Lunik 3«*

▶ **6. Oktober 1959** ◀ Zum ersten Mal können Wissenschaftler einen Blick auf die Rückseite des Mondes werfen, die immer von der Erde abgewandt ist. Die sowjetische Raumsonde »Lunik 3« macht Fotos von der unbekannten Seite des Mondes und übermittelt diese in einem neuartigen Verfahren zurück zur Erde. Am 12. September erreichte »Lunik 2« als erster Flugkörper den Mond, vollführte dort allerdings eine Bruchlandung. Mit ihrem überaus erfolgreichen »Luna«-Programm (Luna ist das lateinische Wort für Mond) beweist die Sowjetunion einmal mehr ihren Vorsprung gegenüber den USA in der Raumfahrttechnik.

INFO • 1959 • INFO

1. Februar • Marika Kilius und Hans-Jürgen Bäumler aus Westdeutschland werden im schweizerischen Davos Europameister im Eiskunstlaufen der Paare

27. März • Bei einem Hurrikan auf Madagaskar sterben 3300 Menschen

1. Juli • Heinrich Lübke wird neuer Bundespräsident

21. Dezember • Der Schah des Iran heiratet Farah Diba

Die Antarktis wird zum Land der Wissenschaft

▶ **1. Dezember 1959** ◀ Die Antarktis wird ein Land für die Wissenschaft. Zwölf Länder – darunter die USA, die Sowjetunion und Großbritannien – unterzeichnen einen Vertrag, in dem sie garantieren, dass sie keinen Teil der Antarktis allein für sich beanspruchen wollen. Die Vereinbarung verbietet Atomwaffenversuche, das Abladen von Atommüll und die Einrichtung von Militärstationen in der Antarktis. Dagegen sollen Wissenschaftler aus allen Ländern die Erlaubnis erhalten, Forschungen für friedliche Zwecke auszuführen. Wenn der Vertrag in Kraft tritt, gilt er für alle Zeit. Er kann nur verändert werden, wenn alle Länder, die ihn unterschrieben haben, der Änderung zustimmen. Es ist das erste Mal, das eine solche internationale Vereinbarung zustande kommt.

▶ *Der Vertreter der Sowjetunion unterschreibt den Antarktisvertrag.*

Buddy Holly verunglückt

▶ **3. Februar 1959** ◀ Rock 'n' Roll-Fans in aller Welt sind erschüttert über die Nachricht vom Tod dreier junger Stars. Buddy Holly, Ritchie Valens und »Big Bopper« Richardson sterben beim Absturz eines Flugzeugs im amerikanischen Bundesstaat Iowa. Sie waren auf dem Weg zu einem gemeinsamen Konzert, zu dem Holly unbedingt per Flugzeug und nicht im Bus anreisen wollte.

Auch wenn Buddy Holly als der Beste unter den dreien galt, werden die Fans auch die beiden anderen Opfer vermissen. Der 17-jährige Valens hatte mit »Donna« bereits einen Top-Hit, der 24-jährige Richardson erzielte Erfolge mit »Chantily Lace« und »Big Bopper Wedding«. Buddy Holly, 22 Jahre alt, landete mit »That 'll Be The Day« und »Peggy Sue« Riesenerfolge. 30 Jahre nach seinem Tod wird sein Leben zum Stoff für das Musical »Buddy«.

▲ *Buddy Holly*

Ben Hurs Triumph

»Ben Hur«, eine Geschichte aus dem alten Rom, ist 1959 in den USA der Kassenhit. Außerdem kassiert der Film elf Oscars – Rekord! Hauptdarsteller Charlton Heston spielt einen versklavten Prinzen, Stephen Boyd seinen Gegenspieler. Die berühmteste Szene ist das Wagenrennen. Zwei Monate und 16 Millionen Dollar waren nötig, um diese elf Minuten zu drehen.

▼ *Szene aus »Ben Hur«*

Maxi-Erfolg für den Mini

Der Mini, der 1959 auf den Markt kommt, zeigt, dass auch ein kleines Auto große Bequemlichkeit bieten kann. Chefkonstrukteur Alec Issigonis hat einen Viersitzer mit überraschend viel Platz entworfen, der trotzdem von außen ganz klein ist. Auch der Motor des Mini ist mit 848 Kubikzentimeter Hubraum klein, aber er bringt das leichte Fahrzeug auf eine Spitzengeschwindigkeit von 120 Stundenkilometern. Der Mini wird zum Vorbild aller modernen Kleinwagen und 1964, 1965 und 1967 gewinnt er sogar, in etwas aufgemotzter Form, die Rallye Monte Carlo.

▶ *Der Mini von der British Motor Corp.*

Schwergewicht Johansson wird Weltmeister

▶ **26. Juni 1959** ◀ Der schwedische Boxer Ingemar Johansson sorgt im New Yorker Yankee-Stadion für eine Riesenüberraschung. Im Kampf um die Weltmeisterschaft im Schwergewicht schlägt er Titelverteidiger Floyd Patterson aus den USA durch K.o. in der dritten Runde. Schon siebenmal hat der Schwede den Amerikaner zu Boden geschickt, als der Ringrichter den Kampf abbricht.

Johansson wurde 1956 Europameister und besiegte 1958 den Amerikaner Eddie Machen in der ersten Runde durch K.o. Weltmeister bleibt er nur ein Jahr; dann holt sich Patterson den Titel zurück.

▲ *Der Ringrichter stoppt den ungleichen Kampf in der dritten Runde.*

Unzahn trifft Zickendraht

▶ **1959** ◀ Nicht nur in ihrer Kleidung, ihrer Musik und ihren Vorlieben setzen sich die Jugendlichen von ihren Eltern ab, nun entwickeln die Teenager auch eine eigene Sprache. So heisst ein hübsches Mädchen »steiler Zahn« oder gar »Überzahn«, wenn es sich auch noch um ein besonders nettes Mädchen handelt. »Unzahn« muss sie sich dagegen nennen lassen, wenn sie nicht nett ist. Ein Junge, der bei Teenie-Aktionen nicht mitmacht, wird schlicht »Zickendraht« getauft. Was einem gefällt wird »Bediene« genannt, das Gegenteil davon ist eine »Verlade«. Die Beine heißen neuerdings »Laufwerk« und das Bett »Schlummersarg«, das vielleicht in einem »duften Turm«, einem netten Zimmer, steht.

1950 – 1959

GENERATIONSKONFLIKT

Natürlich haben Jugendliche schon immer Streit mit Eltern, Lehrern und Ausbildern gehabt. Wie sonst sollte sich etwas auf der Welt ändern, wenn alles so gemacht wird, wie es schon immer gemacht wurde. In den 50er Jahren begannen Jugendliche, über die bloße Rebellion hinaus ihre eigene Welt zu gestalten. Sie hatten ihre eigene Musik und Mode und ihre eigenen Helden, sie gingen in Filme, die von Jugendlichen handelten, und lasen Zeitschriften, die sich an Jugendliche richteten. All das ließ den »Generationskonflikt« um so heftiger aufbrechen.

1994 verfügten in Deutschland die Jugendlichen zwischen 12 und 21 Jahren über ein Einkommen von zusammen 30 Milliarden DM.

Bei den Kommunalwahlen in Niedersachsen 1996 durften zum ersten Mal in Deutschland auch 16- und 17-Jährige ihre Stimme abgeben. Nur jeder zweite Jugendliche nutzte sein Wahlrecht.

Im Hula-Hoop-Fieber!

Australische Kinder kannten das Spiel, bei dem man einen Bambusring um die Hüften kreisen lässt, schon lange. 1958 entdeckte die kalifornische Firma Wham-O den Hula-Hoop-Reifen und bot ihn auf dem amerikanischen Markt an. Innerhalb von sechs Monaten wurden 20 Millionen Stück verkauft – und eine Teenagermode war geboren.

▼ Jugendliche in den 50er Jahren: Eine ihrer Lieblingsbeschäftigungen war das »Herumhängen« in einer Milchbar mit Jukebox, die die neuesten Hits spielte.

Trendforschung

Weil Jugendliche über eine ganze Menge Geld verfügen und weil sie großen Einfluss auf ihre Eltern ausüben, wenn diese etwas für die ganze Familie kaufen wollen, ist die Wirtschaft am Kaufverhalten junger Leute sehr interessiert. Hersteller von Kleidern, Schuhen, Make-up, Autos und allen möglichen anderen Dingen versuchen herauszufinden, was Jugendlichen gefällt, damit sie ihre Produkte genau für diesen Geschmack herstellen können. Vermarktungsexperten und Werbeagenturen entwickeln Pläne, um speziell Jugendliche für ihre Produkte zu interessieren, und sie benutzen Merkmale, die die Teenager für sich selbst erfunden haben, um einen neuen Trend zu entwickeln.

Wie gut das funktioniert, kann man zum Beispiel daran erkennen, dass viele Jugendliche bestimmte Marken bevorzugen. Oder dass zu Filmen, die Teenager toll finden, auch T-Shirts, Mützen, Spielfiguren und CDs zu kaufen sind.

Rebellierende Teenager

Als er gefragt wird, wogegen er rebelliert, antwortet der Anführer einer Motorradgang: »Was schlagen Sie vor?« Marlon Brando, der diesen Biker in dem Film »Der Wilde« spielte, gehörte wie James Dean zu den Schauspielern, die in den 50er Jahren aufmüpfige Teenager darstellten. Dean spielte in »Denn sie wissen nicht, was sie tun« eine Filmfigur, in der sich viele Jugendliche wieder fanden. Wie er fühlten sie sich unverstanden und wollten auf keinen Fall wie die Erwachsenen werden.

Auch die Musiker probten den Aufstand: Die New Yorker »Beatnik«-Szene brachte eine Generation von Protestsängern hervor, zum Beispiel Bob Dylan und Joan Baez. »Die Zeiten ändern sich«, drohte Dylan der Erwachsenenwelt. Eine der wichtigsten Veränderungen bestand darin, dass junge Leute die Normen und Überzeugungen ihrer Eltern ablehnten.

▶ Beatniks der 50er Jahre im New Yorker Stadtteil Greenwich Village. Die jungen Leute hatten nicht nur einen anderen Musikgeschmack als ihre Eltern, sondern sie wollten auch politisch etwas verändern.

▶ James Dean in seinem Sportwagen. Mit 24 Jahren starb der Schauspieler bei einem Autounfall.

▲ Poster und Erinnerungsstücke des Teenager-Helden James Dean schmücken das Zimmer einer glühenden Verehrerin.

Techno-Partys in den 90er Jahren

Junge Leute, die sich von den Erwachsenen unterscheiden wollen, müssen sich ständig etwas Neues ausdenken, um anders zu sein. Tanzmusik wie Techno, Jungle und Acid House kamen in den 80er Jahren auf. Im Gegensatz zur Disco-Welle der 70er ist diese Musik – gespielt bei Kaufhaus-Raves – aufrührerisch. Sie verbindet schnelle Rhythmen mit der Härte des Punk-Rock und sie wird oft aus älteren Musikstücken zusammengesetzt.

▼ Techno-Fest – Love Parade 1995 in Berlin

60ER JAHRE

1960

Die 60er Jahre waren eine Zeit raschen wissenschaftlichen und technologischen Fortschritts und großer gesellschaftlicher Veränderungen. Die Sowjetunion und die USA verlegten den »Kalten Krieg« in den Weltraum und starteten einen Wettlauf zum Mond, den die Amerikaner gewannen. Die westliche Welt erlebte eine Revolution in den Beziehungen zwischen den Generationen und Geschlechtern, auch wegen der Erfindung der Antibabypille. Doch die 60er waren nicht nur das Jahrzehnt der Studentenrevolte und der Hippie-Bewegung, die Welt geriet 1962 im Zusammenhang mit der Stationierung sowjetischer Atomraketen auf Kuba auch an den Rand eines Atomkrieges.

Kennedy ist jüngster Präsident der USA

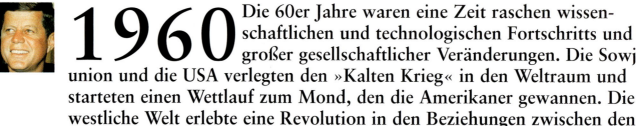

▼ *John F. und Jackie Kennedy beim Wahlkampf in New York*

▶ **8. November 1960** ◀ Mit ganz knapper Mehrheit gewinnt John F. Kennedy von der Demokratischen Partei die amerikanischen Präsidentenwahlen. Sein Vorsprung vor dem Kandidaten der Republikanischen Partei, dem bisherigen Vizepräsidenten Richard Nixon, beträgt bei 68 Millionen Wählerstimmen nur 118 000 Stimmen.

Kennedy ist der erste Katholik, der ins Weiße Haus einzieht, und zugleich mit 43 Jahren der jüngste amerikanische Präsident. Seinen Wahlerfolg verdankt er vor allem jungen Wählern, die sich für seinen Wahlslogan »Let's get America moving again« (Lasst uns Amerika wieder in Bewegung bringen) begeistern.

Erstmals spielte das Fernsehen im Wahlkampf eine bedeutende Rolle. Bei den in ganz Amerika ausgestrahlten Rededuellen beider Kandidaten machte der große, gut aussehende und geschliffen formulierende Kennedy einen besseren Eindruck als der unvorteilhaft gekleidete, von dickem Make-up entstellte und nervös wirkende Nixon.

Pille gegen ungewollte Kinder

In den USA kommt nach einer vierjährigen intensiven Testphase am 31. August 1960 die erste Antibabypille auf den Markt. Sie enthält Hormone, die den Eisprung und damit eine ungewollte Schwangerschaft verhindern. Für viele Frauen ist die Einnahme der Pille ein Akt der Befreiung, denn nun können sie endlich selbst darüber entscheiden, ob und wann sie ein Kind haben möchten.

▲ *Zur Verhütung einer Schwangerschaft muss täglich eine Antibabypille eingenommen werden. In Deutschland gibt es 1962 das erste Präparat.*

John F. Kennedys Vater Joseph war Millionär.
•
Während des Zweiten Weltkriegs diente John F. Kennedy in der Marine (Navy). Er erhielt eine Auszeichnung für die Rettung einiger Kameraden.
•
Auch seine Brüder Robert und Edward Kennedy sind Politiker.

1960 – 1969

▲ Demonstration in Sharpeville; die Polizisten schießen auch Flüchtenden in den Rücken.

Südafrika: Polizisten schießen in die Menge

▶ **21. März 1960** ◀ Zu den Maßnahmen zur Unterdrückung der schwarzen Bevölkerung in Südafrika gehören auch die Passgesetze. Sie schränken die Bewegungsfreiheit der Schwarzen ein. Jeder, der ohne Pass angetroffen wird, kann verhaftet werden. Dagegen demonstrieren in der Stadt Sharpeville 20 000 Menschen. Die Polizei eröffnet das Feuer auf die Menge und tötet 71 Personen, darunter auch viele Frauen und Kinder. Ungefähr 180 werden verletzt, Tausende werden verhaftet.

Hitchcock: Mord unter der Dusche

▲ Janet Leigh

Als gruseligsten Horrorfilm, den es je gegeben hat, bezeichnen viele Besucher den Film »Psycho« von Alfred Hitchcock. Er kommt 1960 in die Kinos. »Pünktlich kommen! Nichts verraten!« heißt es auf den Kinoplakaten. Der Film beginnt mit der blutigen Ermordung einer jungen Frau (gespielt von Janet Leigh) unter der Dusche. Als Mörder wird ein zunächst ganz harmlos wirkender, verrückter Motelbesitzer entlarvt.

Ceylon als erstes Land von einer Frau regiert

▶ **21. Juli 1960** ◀ Die erste Regierungschefin der Welt heißt Sirimawo Bandaranaike. Die 44-jährige Mutter von drei Kindern wird als neue Ministerpräsidentin von Ceylon (das heute Sri Lanka heißt) vereidigt. Am Tag zuvor hat ihre sozialistisch orientierte Partei die Parlamentswahlen gewonnen. Bandaranaike ist die Witwe des früheren Ministerpräsidenten Solomon Bandaranaike, der 1959 von einem buddhistischen Mönch ermordet wurde.

▲ Sirimawo Bandaranaike

Ost-West-Gipfel scheitert wegen einer Spionageaffäre

▼ Das einsitzige Flugzeug vom Typ U 2 wird vom Geheimdienst CIA zu Spionagezwecken eingesetzt.

▼ Der amerikanische Spion Francis G. Powers vor Gericht in Moskau

▶ **1. Mai 1960** ◀ In der Nähe der Stadt Swerdlowsk in der Sowjetunion wird ein amerikanisches Spionageflugzeug vom Typ U 2 abgeschossen. Der Pilot Francis G. Powers kann sich mit Schleudersitz und Fallschirm retten, ist aber nicht mehr in der Lage, den Selbstzerstörungsmechanismus des Flugzeugs auszulösen. Nach seiner Verhaftung gesteht er ein, vom CIA den Auftrag erhalten zu haben, sowjetische Militäranlagen auszuspähen. Der Zwischenfall kommt denkbar ungelegen, denn wenige Tage später soll ein amerikanisch-englisch-französisch-sowjetisches Gipfeltreffen in Paris stattfinden. Der sowjetische Ministerpräsident Nikita Chruschtschow kommt zwar nach Frankreich, lässt aber die Begegnung platzen, weil die Amerikaner nicht bereit sind, sich für den Vorfall zu entschuldigen. Powers wird von einem Gericht in Moskau zu zehn Jahren Haft verurteilt, aber schon 1962 gegen einen Ost-Spion ausgetauscht.

1960

▼ Jubel im Kongo nach dem Abzug belgischer Truppen

INFO • 1960 • INFO

2. April • Die USA schießen den ersten Wettersatelliten ins All

6. Mai • Prinzessin Margaret, die Schwester der englischen Königin Elisabeth II., heiratet den Fotografen Anthony Armstrong-Jones

13. Oktober • Der sowjetische Ministerpräsident Nikita Chruschtschow provoziert die UNO, als er während der Vollversammlung mit dem Schuh auf den Tisch haut

Unabhängigkeit für 17 Staaten Afrikas

▲ Die 17 farblich hervorgehobenen Staaten erhalten 1960 die Unabhängigkeit.

▶ **1. Oktober 1960** ◀ In ganz Afrika gab es bis zum Ende des Zweiten Weltkriegs (1945) nur vier selbständige Staaten: Ägypten, Äthiopien, Liberia und das von der weißen Minderheit beherrschte Südafrika. Der übrige Erdteil war im Besitz der europäischen Kolonialmächte. Bis 1959 erhielten nur sechs weitere afrikanische Staaten die Selbständigkeit.

1960 entlassen England, Frankreich und Belgien dann auf einen Schlag 17 Staaten Afrikas in die Unabhängigkeit. Zuletzt wird am 1. Oktober Nigeria selbständig, das bis dahin zum britischen Kolonialreich gehörte. Die meisten neu gebildeten Länder behalten enge Beziehungen zu den ehemaligen »Mutterländern«. Sie bleiben Teil des französischen Communauté oder des britischen Commonwealth. Insofern verläuft der gewaltige Übergang weitgehend friedlich. Nur in Belgisch-Kongo (Kinshasa) bricht nach der Unabhängigkeitserklärung am 30. Juni ein blutiger Bürgerkrieg aus. Die Belgier hätten ihre Kolonie auf die Selbständigkeit nicht genügend vorbereitet, heißt es.

Dass sich die Kolonialmächte zurückziehen, hat auch damit zu tun, dass sich immer mehr Afrikaner gegen eine weitere Bevormundung wehren. Außerdem ist die Verwaltung der Kolonien immer kostspieliger geworden.

Zypern keine Kolonie mehr

▶ **16. August 1960** ◀ Die im Mittelmeer gelegene Insel Zypern, die seit 81 Jahren britische Kolonie war, ist selbständig. Dies erklärt der griechische Erzbischof der Insel, Makarios. Er wird der erste Präsident von Zypern, der Vizepräsident ist ein Türke. Auf der Insel leben Griechen und Türken. Ihr Verhältnis zueinander ist nicht ungetrübt. Viele zypriotische Griechen sind dafür, dass Zypern ein Teil Griechenlands wird.

1960 – 1969

Wilma holt Olympiagold

▶ **11. September 1960** ◀ Ein Star der Olympischen Spiele in Rom ist die Amerikanerin Wilma Rudolph, die mit drei Goldmedaillen nach Hause fährt. Sie gewinnt den 100- und den 200-Meter-Lauf und ist bei der siegreichen amerikanischen Staffel über 4x100 Meter dabei. Ihr Erfolg ist umso erstaunlicher, als sie früher an Kinderlähmung litt und erst mit acht richtig gehen lernte. Für Aufmerksamkeit sorgt auch der Äthiopier Abebe Bikila, der überraschend – barfuß! – den Marathonlauf gewinnt.

▼ *Wilma Rudolph beim Start*

Piccard taucht in die Tiefe

Am 23. Januar 1960 stellen der Schweizer Jacques Piccard und der Amerikaner Don Walsh einen Rekord im Tieftauchen auf, der kaum überboten werden kann. In einer Stahlkabine lassen sie sich im Marianengraben im westlichen Pazifik auf 10 916 m hinabsenken. Dies ist der tiefste Punkt aller Weltmeere. Der »Abstieg« zum Meeresboden dauert über vier Stunden.

Attentat vor laufender Kamera

▶ **12. Oktober 1960** ◀ Vor den Augen der entsetzten Fernsehzuschauer wird der japanische Politiker Inejor Asanuma während einer Rede in Tokio erdolcht. Ein 17-jähriger rechtsradikaler Student fügt dem Führer der Sozialistischen Partei mehrere tödliche Stichwunden mit dem Kurzschwert zu. Erst danach kann er überwältigt werden. Ministerpräsident Hajato Ikeda ist unmittelbarer Zeuge des Attentats. Beide Politiker waren zu der Veranstaltung von einer Fernsehgesellschaft eingeladen worden. Sie wollte damit für einen fairen Wahlkampf bei den Parlamentswahlen werben. Seitdem die Regierung im Januar einen Sicherheitsvertrag mit den USA geschlossen hat, herrschen bürgerkriegsähnliche Unruhen in Japan.

▲ *Das Real-Team*

▲ *Stahlkabine der Taucher*

Frankfurt gegen Real ohne Chance

▶ **18. Mai 1960** ◀ Beim Fußball-Europapokal-Finale der Landesmeister in Glasgow ist die Mannschaft von Eintracht Frankfurt ohne Chance. Sie verliert gegen die spanische »Wunderelf« Real Madrid vor 135 000 Zuschauern mit 3:7. Vier Tore gehen auf das Konto von Ferenc Puskas. Der Pokalwettbewerb wird seit 1956 ausgetragen. Seitdem hat Real ihn immer gewonnen.

Brasilien erhält brandneue Hauptstadt

▶ **21. April 1960** ◀ Brasilien verlegt seine Hauptstadt von Rio de Janeiro 1000 Kilometer nach Norden, nach Brasilia. So heißt die im abgelegenen Hochland völlig neu errichtete Stadt. Weil es weder Eisenbahnlinien noch Straßen dorthin gibt, ist sie zunächst nur mit dem Flugzeug erreichbar. Von oben sieht die nach einem einheitlichen Plan erbaute Stadt selbst wie ein Flugzeug aus. Der Architekt Oscar Niemeyer hat seine modernen Regierungsgebäude an künstlichen Seen erbaut. In Brasilia sollen einmal 600 000 Menschen leben, doch bis jetzt sind erst Wohnungen für 50 000 fertig.

◀ *Oscar Niemeyers »Platz der drei Gewalten« in Brasilia*

1961

Eine Mauer teilt Berlin

▶ **13. August 1961** ◀ Die Deutsche Demokratische Republik (DDR) beginnt mit dem Bau einer Mauer mitten durch Berlin. Zuerst wird Ost-Berlin mit Stacheldraht und Sperrzäunen vom Westen abgeriegelt, und die U- und S-Bahnverbindungen werden unterbrochen. Zwei Tage danach beginnen DDR-Grenzpolizisten mit dem Bau einer festen Betonmauer. Die DDR-Regierung will ihre Bürger daran hindern, in den Westen zu fliehen.

Mit der Mauer wird die Teilung der Stadt und ganz Deutschlands verfestigt. Seit 1949 gibt es zwei deutsche Staaten, die Bundesrepublik im Westen und die kommunistische DDR im Osten. Obwohl Ost- und West-Berlin unter der Oberhoheit der vier alliierten Mächte stehen, ist Ost-Berlin Hauptstadt der DDR. West-Berlin ist mit der Bundesrepublik verbunden. Seit 1949 sind 2,6 Millionen DDR-Bürger in den Westen geflohen, 1960 fast 200 000. Das will die DDR-Regierung nicht länger zulassen. Jeder DDR-Bürger, der die Berliner Mauer oder die Grenze zwischen der DDR und der Bundesrepublik zu überwinden versucht, muss damit rechnen, erschossen zu werden.

▲ *49 km lang ist die Mauer, die Ost- und West-Berlin voneinander trennt. Sie besteht aus vorgefertigten Betonplatten.*

▶ *In allerletzter Minute flieht ein DDR-Volkspolizist über den Stacheldraht nach West-Berlin.*

Traum-Auto von Jaguar

Der neue Jaguar Sportwagen Typ E ist der Star des Genfer Autosalons 1961. Mit seinen 241 Stundenkilometern Spitze, seinem 3,8-Liter-Sechszylinder-Motor, vor allem aber mit seinem schnittigen Aussehen wird er zum Kultauto: Prominente lassen sich damit fotografieren, Fernseh- und Filmkommissare jagen damit Gangster und Spione.

▼ *Der Jaguar Cabrio mit Fließheck*

Im Friedenseinsatz mit dem Flugzeug abgestürzt

▶ **18. September 1961** ◀ Als Generalsekretär der Vereinten Nationen (UN) ist der Schwede Dag Hammarskjöld pausenlos unterwegs, um Kriege zu verhindern oder Streitigkeiten zu schlichten. Ihm ist auch sehr daran gelegen, dass sich die Kolonialmächte aus Afrika zurückziehen. Hier hat er einige Erfolge erzielt, denn 1960 wurden 17 afrikanische Staaten selbständig. In einem dieser neuen Staaten in Kongo/Kinshasa, herrscht Bürgerkrieg. Auf dem Flug zu Verhandlungen über einen Waffenstillstand verunglückt Dag Hammarskjöld in der Nähe der Stadt Ndola in Nordrhodesien tödlich. Für seine Friedensbemühungen wird er nach seinem Tod mit dem Friedensnobelpreis ausgezeichnet.

▼ *UN-Generalsekretär Hammarskjöld*

Fiasko in der Schweinebucht

▶ 19. April 1961 ◀ In der Nähe der USA liegt die Insel Kuba, die vom Sozialisten Fidel Castro regiert wird. Die amerikanische Regierung glaubt, dass die Bevölkerung Castro am liebsten stürzen will. Deshalb lässt sie 1500 bewaffnete Exil-Kubaner in der Schweinebucht der Insel absetzen. Die Amerikaner gehen davon aus, dass die kubanische Armee mit ihnen gegen Castro kämpfen wird. Doch sie täuschen sich. Die Eindringlinge werden in drei Tagen vertrieben.

◀ *Fidel Castros siegreiche Truppen*

Jugendbanden im Filmmusical

Zwei New Yorker Jugendbanden, die Sharks aus Puerto Rico und die Jets, kämpfen um die Macht. Tony, der Anführer der Jets, und Maria von den Sharks verlieben sich ineinander. Erst nachdem es zwei Tote gegeben hat, erkennen die Jugendlichen, wie sinnlos ihre Rivalität ist. Diese Geschichte des Musicals »West Side Story« von Leonard Bernstein wird 1961 verfilmt.

◀ *Tanzszene aus »West Side Story«*

1960 – 1969

Weißes Südafrika zieht sich zurück

▶ 31. Mai 1961 ◀ Die früheren britischen Kolonien in Afrika, die 1960 unabhängig wurden, blieben als Mitglieder des Commonwealth mit Großbritannien verbunden. Zum Commonwealth gehörte auch Südafrika, wo die schwarze Bevölkerungsmehrheit von der weißen Minderheit unterdrückt wird. Auf einer Commonwealth-Konferenz im März griffen die afrikanischen Regierungschefs die Rassenpolitik in Südafrika scharf an. Südafrika verlässt daraufhin das Commonwealth und erklärt sich zur Republik.

Juri Gagarin fliegt als Erster ins All

▶ 12. April 1961 ◀ Der russische Kosmonaut Juri Gagarin fliegt als erster Mensch ins All. Er umrundet mit der Raumkapsel »Wostok I« die Erde und landet nach 108 Minuten wohlbehalten auf der Erde. Von Kameras an Bord wird der Flug live auf die Erde übertragen. In der Sowjetunion ist der Jubel riesig. Die Amerikaner aber sind enttäuscht, denn nach dem »Sputnik-Schock« von 1957 haben sie zum zweiten Mal das Rennen in den Weltraum verloren. Sie schicken am 5. Mai den ersten Mann für 15 Minuten ins All.

▲ *Patrice Lumumba, der später ermordete Präsident des Kongo*

Bürgerkrieg im Kongo

▶ 21. Dezember 1961 ◀ Seit der Unabhängigkeit von Belgien herrscht im Kongo/Kinshasa Gewalt. Die reichste Provinz Katanga erklärte sich unter Tschombé für selbständig. Kongos Armeechef Mobutu nahm Ministerpräsident Lumumba fest. Später wurde Lumumba unter merkwürdigen Umständen in Katanga ermordet. Friedenstruppen der Vereinten Nationen (UN) kamen ins Land, um Katanga dazu zu zwingen, wieder Teil des Kongo zu werden. Nun kapituliert Tschombé. Doch das Chaos ist noch nicht zu Ende. 1965 übernimmt Mobutu die Macht.

▶ *Juri Gagarin, der erste Mensch im All*

1961

»Freiheitsfahrer« für Rassengleichheit

▶ 20. Mai 1961 ◀ In Montgomery, der Hauptstadt des amerikanischen Bundesstaates Alabama, kommt es zu schweren Rassenkrawallen. Eine Gruppe von Schwarzen und Weißen, die sich »Freiheitsfahrer« nennen, wehren sich im Busbahnhof gegen die Rassentrennung in öffentlichen Verkehrsmitteln. Sie ist seit 1955 offiziell in den USA verboten. Ob dieses Verbot auch eingehalten wird, wollen die »Freiheitsfahrer« überprüfen. Bei ihrer Aktion werden sie von weißen Bewohnern Montgomerys verprügelt.

Am nächsten Tag gehen die Unruhen weiter. Martin Luther King hält in einer Kirche eine Versammlung ab. King ist ein bekannter schwarzer Prediger, der mit gewaltlosen Mitteln für die Rassengleichheit kämpft. Weiße umlagern das Gebäude und zünden einen Personenwagen an. Bundespolizisten hindern die aufgebrachte Menge daran, die Kirche zu stürmen. Obwohl der Gouverneur von Alabama dies nicht wollte, hat der amerikanische Justizminister Robert Kennedy, ein Bruder von Präsident John F. Kennedy, die Polizisten nach Montgomery geschickt. Sie sollen die »Freiheitsfahrer« schützen.

◀ *Ein Polizist aus Alabama überprüft einen »Freiheitsfahrer«.*

Das erste Asterix-Heft

Asterix, der Gallier, und seine Freunde Obelix und Idefix, die im Jahr 50 v. Chr. gegen die Römer kämpften, bevölkern schon seit 1959 die französische Wochenzeitschrift »Pilote«. Nun bringen ihre Schöpfer, der Zeichner Albert Uderzo und der Texter René Goscinny, ihr erstes Comic-Heft über den gallischen Freiheitskämpfer heraus.

▲ *Asterix und seine beiden Erfinder*

Amnesty gegründet

▶ 28. Mai 1961 ◀ Der britische Rechtsanwalt Peter Benenson liest in der Zeitung, dass in Portugal zwei Studenten zu sieben Jahren Haft verurteilt worden sind, weil sie gemeinsam getrunken und dabei auf die Freiheit angestoßen haben – Portugal ist eine Diktatur. Benenson ist über dieses grausame Urteil so empört, dass er beschließt zu handeln. Er gründet die Organisation Amnesty international. Sie soll überall in der Welt politische Gefangene betreuen und ihnen zu ihrem Recht verhelfen. Es geht dabei um Menschen, die im Gefängnis sitzen, weil sie ohne Gewaltanwendung öffentlich ihre Meinung gesagt haben. Außerdem wendet sich Amnesty international gegen die Folter und die Todesstrafe. Die Organisation wird 1977 mit dem Friedensnobelpreis ausgezeichnet.

▶ *Das Symbol von Amnesty international, eine von Stacheldraht umgebene Kerze*

Gefleckte Hunde im Disney-Film

»101 Dalmatiner« heißt der neueste Zeichentrickfilm von Walt Disney, der 1961 in die Kinos kommt. Ihm liegt ein berühmtes Kinderbuch von Dodie Smith zugrunde.

Die gefleckten Hunde, nach denen der Film benannt ist, und eine ganze Herde anderer Tiere versetzen England auf ihrer Flucht vor der grausamen Hexe Cruella de Vil in Aufruhr.

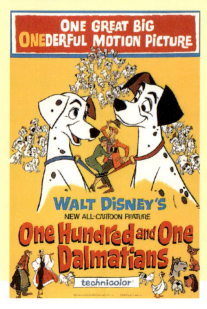

1960 – 1969

Todesurteil für Eichmann

▶ **15. Dezember 1961** ◀ Adolf Eichmann war während der Nazi-Zeit dafür verantwortlich, dass Hunderttausende von Juden aus dem deutschen Machtbereich in die KZs gebracht wurden, wo sie in den Gaskammern starben. Nach dem Krieg floh Eichmann nach Argentinien. Dort wurde er 1960 vom israelischen Geheimdienst aufgespürt. Eichmann stellte sich als kleines Rädchen in einer großen Maschinerie dar. Doch Hunderte von Zeugenaussagen bewiesen, dass er an führender Stelle am Vernichtungswerk der Nazis beteiligt war. Er wird nun in Israel zum Tode verurteilt.

▲ *Adolf Eichmann*

▲ *50 m lang ist der Rumpf der »Wasa«.*

333 Jahre altes Wrack gehoben

▶ **24. April 1961** ◀ Im Hafen von Stockholm wird die »Wasa« geborgen. Das ist ein schwedisches Kriegsschiff, das vor 333 Jahren gesunken war. Das Unglück ereignete sich am 10. August 1628 während der Jungfernfahrt in Sichtweite der Stockholmer Bevölkerung. Mindestens 50 Matrosen ertranken, als dieses teuerste und mit 50 Meter Länge und über 10 Meter Breite größte schwedische Kriegsschiff sank. Warum es kenterte, konnte sich damals niemand erklären. Deshalb wurde auch niemand für das Unglück bestraft. Die Archäologen erhoffen sich von der Bergung des Wracks eine Aufklärung der Unfallursache. Es soll später im Museum ausgestellt werden.

Die Menschheit ist viel älter

▶ **24. Februar 1961** ◀ Die britischen Forscher Mary und Louis Leakey erklären, dass sie in der Olduvaischlucht in Tansania (Afrika) einen Schädel und Überreste von Knochen gefunden haben, die vermutlich zu einem Urmenschen gehören. Wenn die beiden bekannten Forscher Recht haben, dann gab es schon vor fast drei Millionen Jahren Menschen.

▶ *Leakey mit dem Olduvai-Schädel*

INFO • 1961 • INFO

26. April • In Algier scheitert ein Putsch französischer Offiziere. Sie wollten nicht, dass die französische Kolonie Algerien unabhängig wird

3. Juni • Die Regierungschefs der Supermächte, John F. Kennedy und Nikita Chruschtschow, treffen sich in Wien

3. November • Neuer Generalsekretär der Vereinten Nationen ist der Birmaner Sithu U Thant

Tänzer Nurejew will im Westen bleiben

▶ **16. Juni 1961** ◀ Mit den Worten »Schützt mich!« wendet sich der sowjetische Balletttänzer Rudolf Nurejew auf dem Pariser Flughafen an die Polizei und bittet darum, in Frankreich bleiben zu dürfen. Er war mit dem Kirow-Ballett aus Leningrad in Paris aufgetreten und dort als virtuoser Tänzer begeistert gefeiert worden.

Nurejew möchte nicht mehr in seine Heimat zurückkehren. Das macht er auch Vertretern der sowjetischen Regierung deutlich, die ihn auf dem Flughafen umzustimmen versuchen. Nurejew erhält in Frankreich politisches Asyl und startet im Westen eine glanzvolle Karriere.

▶ *Der 23-jährige Rudolf Nurejew*

1960

1961

1962

1963

1964

1965

1966

1967

1968

1969

1962

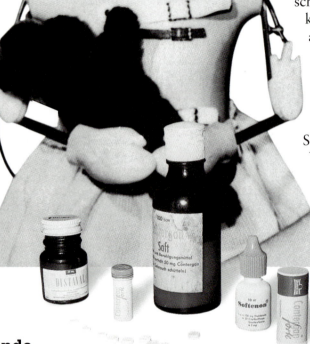

▶ *Die Einnahme von Thalidomid während der Schwangerschaft kann schwere Missbildungen beim Kind hervorrufen.*

Missbildungen durch Tabletten

▶ **5. November 1962** ◀ Eine belgische Familie und ihr Arzt werden von einem Gericht in Lüttich freigesprochen. Sie waren des Totschlags und der Beihilfe dazu angeklagt. Die Hauptangeklagte hatte am 29. Mai ein Mädchen zur Welt gebracht, dem die Arme fehlten. Der Familienrat hatte beschlossen, das Kind zu töten. Der Arzt hatte das tödliche Medikament verschrieben.

Das belgische Mädchen ist eines von zahllosen Kindern, die zwischen 1958 und 1962 mit schweren Missbildungen zur Welt kommen: Ihnen fehlen die Arme oder Beine, ihre Hände sind an den Schultern oder ihre Füße am Becken festgewachsen. Die Ursache dafür, dass in dieser Zeit so viele missgebildete Kinder zur Welt kamen, liegt in einem Medikament. Es enthält den Wirkstoff Thalidomid und wurde in Deutschland unter dem Namen »Contergan« verkauft. »Contergan« wurde von vielen Frauen während der Schwangerschaft als Schlafmittel eingenommen. Dass es eine solche verheerende Wirkung haben könnte, ahnte natürlich niemand. Erst nach und nach kam man den Zusammenhängen auf die Spur. Im November 1961 wurde das Medikament verboten.

Sonde macht Fotos vom Planeten Venus

Die amerikanische Raumsonde »Mariner 2« funkt am 14. Dezember 1962 die ersten Nahaufnahmen von der Venus zur Erde. Bisher wusste man wenig über den Planeten, der von dichten Wolken eingehüllt ist. Spätere Sonden stellen fest, dass auf der Oberfläche der Venus eine Temperatur von 460 Grad herrscht.

INFO • 1962 • INFO

24. Januar • Durch einen selbst gebauten Tunnel fliehen 28 Ost-Berliner in den Westen

13. Februar • Im Hamburger Star-Club treten die bislang noch unbekannten »Beatles« auf

20. Februar • John Glenn umrundet als erster Amerikaner in einer Raumkapsel die Erde

31. Mai • Wegen Kriegsverbrechen wird Adolf Eichmann in Israel hingerichtet

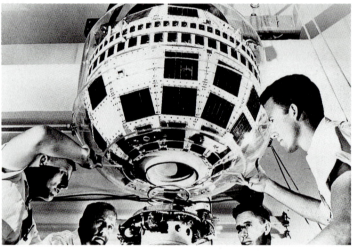

▲ *Vor dem Start: Ingenieure bei der Arbeit an »Telstar«*

Erster Fernsehsatellit

▶ **11. Juli 1962** ◀ Der erste Funk- und Fernsehsatellit wird von der amerikanischen Telefongesellschaft AT&T ins All geschossen. Der Satellit mit dem Namen »Telstar« empfängt von der Erde ausgesandte Fernsehbilder, verstärkt sie millionenfach und funkt sie an einen anderen Ort der Erde zurück. Damit werden zum ersten Mal Fernseh-Direktübertragungen aus Amerika nach Europa und umgekehrt möglich. Allerdings geht dies immer nur für 20 bis 30 Minuten. Danach verlässt die etwa 80 Kilogramm schwere Raumkapsel die für eine Übertragung günstige Position. Die erste Sendung aus Frankreich nach Amerika liefert hervorragende Bilder. Fast berühmter als der Satellit »Telstar« wird ein nach ihm benannter Schlager.

▲ *Indische Frauen werden an Waffen ausgebildet.*

Einen Monat Krieg

▶ 20. Oktober 1962 ◀ Zwischen Indien und China herrscht Streit darüber, wo genau die Grenze zwischen ihren Ländern im Himalaja verläuft. Immer wieder ist es deshalb zu kleineren Kämpfen gekommen. Nun dringen 20 000 chinesische Soldaten nach Indien ein. Sie überrollen die schlecht ausgerüsteten indischen Soldaten und besetzen einen Streifen Land. Die chinesische Regierung behauptet, das Gebiet gehöre schon seit Jahrhunderten zu China. Doch schon nach einem Monat ziehen die Chinesen wieder ab.

Algerien ist selbständig

▶ 3. Juli 1962 ◀ Nach mehr als einem Jahrhundert französischer Herrschaft ist Algerien ein selbständiger Staat. Zwei Tage vorher haben sich 99,9 Prozent der Algerier in einer Volksabstimmung dafür ausgesprochen, sich von Frankreich zu trennen. Die algerische Befreiungsfront FLN hatte seit 1954 für die Unabhängigkeit gekämpft. Eine Gruppe von in Algerien lebenden Franzosen, die OAS, hat sich mit Terroranschlägen dagegen gewehrt. Präsident des neuen Staates in Nordafrika wird der FLN-Führer Mohammed Ahmed Ben Bella. Er will aus Algerien ein sozialistisches Land machen.

◀ *Plakat für Frieden in Algerien*
▼ *Ben Bella an der Wahlurne*

Hollywoodstar Marylin Monroe tot

▶ 5. August 1962 ◀ Die Schauspielerin Marilyn Monroe wird in ihrer Wohnung in Hollywood tot aufgefunden. Mit 36 Jahren starb sie an einer Überdosis Schlaftabletten. Nach außen hin spielte Marilyn die lebenslustige Frau, doch tatsächlich war sie sehr unglücklich. Sie heiratete mit 16 zum ersten Mal. Nach vier Jahren folgte die Scheidung. Ihre zweite Ehe mit dem Baseballstar Joe DiMaggio dauerte nur neun Monate, die dritte mit dem Schriftsteller Arthur Miller viereinhalb Jahre. Zu den bekanntesten Filmen der Monroe gehören »Blondinen bevorzugt« und »Manche mögen's heiß«.

◀ *Blond, schön und verführerisch: Marilyn Monroe*

▶ *Campbell-Suppendose, gemalt von Andy Warhol, dem Meister der Pop-Art*

Schock: Das soll Kunst sein?

Der amerikanische Maler Andy Warhol zeigt 1962 auf einer Ausstellung in New York seine neuesten Werke: Gemälde von Suppendosen, Coca-Cola-Flaschen und Waschpulverpackungen. Das soll Kunst sein? Schon bald findet Warhols Pop-Art viele Anhänger. Das Wort klingt auf Englisch viel besser als die deutsche Übersetzung »Volkskunst«. Warhol war früher Werbegrafiker. Nun malt er einfach Alltagsgegenstände ab und lässt die Gemälde ins Museum hängen.

1960 – 1969

1962

Krise um Kuba

▶ 28. Oktober 1962 ◀ Die Welt atmet auf: Die Gefahr eines Atomkriegs zwischen den Supermächten scheint gebannt. Sie haben eine friedliche Lösung der Krise um die Insel Kuba gefunden.

Was war geschehen? Am 14. Oktober hatte ein amerikanisches U-2-Aufklärungsflugzeug sowjetische Raketenstützpunkte auf Kuba entdeckt. Da die Insel nur 150 Kilometer von der nordamerikanischen Küste entfernt liegt, waren die USA von den dort stationierten Atomraketen unmittelbar bedroht. Als der amerikanische Präsident John F. Kennedy die Fotos von den Raketenbasen sah, beschloss er zu handeln. Ab dem 24. Oktober wurde Kuba von amerikanischen Kriegsschiffen blockiert. Wegen der Seeblockade konnten die sowjetischen Frachter mit den Raketenteilen zwar nicht mehr auf der Insel landen, doch auf Kuba gingen die Arbeiten an den Raketenbasen weiter. In Briefen zwischen dem amerikanischen und dem sowjetischen Regierungschef fielen harte Worte und die Weltöffentlichkeit sah sich schon am Rande eines Atomkriegs, der die Menschheit vernichten könnte.

Die Vereinten Nationen schalteten sich ein und versuchten zu vermitteln. Endlich kommt am 28. Oktober die erlösende Meldung: Der sowjetische Ministerpräsident Nikita Chruschtschow erklärt, dass die Atomraketen aus Kuba abgezogen werden.

▶ *Der amerikanische Präsident John F. Kennedy kündigt die Seeblockade an.*

▲ *Luftaufnahme von sowjetischen Raketenbasen auf Kuba*

Auf einem Luftkissen über den Fluss

Hovercraft wird ein neues Verkehrsmittel genannt. Es schwebt auf einem »Kissen« aus zusammengedrückter Luft übers Wasser. Luftkissenfahrzeuge sind als Personenfähren geeignet, weil sie schneller sind als normale Schiffe. Im Juli 1962 nimmt das erste Hovercraft den Fährverkehr über den englischen Fluss Dee auf. 24 Personen sind an Bord.

Wieder Rassenunruhen im Süden der USA

▶ 30. Oktober 1962 ◀ Schon wieder gibt es Rassenunruhen in den USA. Diesmal geht es um James Meredith. Er will als erster Schwarzer in der Universitätsstadt Oxford/Mississippi studieren. Doch in den Südstaaten der USA gibt es noch viele Rassenvorurteile unter den Weißen. Viele wollen nicht zulassen, dass ein Schwarzer ein Studium aufnimmt. Auch der Gouverneur von Mississippi ist dagegen. Er ist nicht bereit, Meredith von seiner Polizei schützen zu lassen. Daraufhin schickt Präsident Kennedy Bundespolizisten nach Oxford. Sie begleiten Meredith zur Universität. Bei den Protesten dagegen sterben drei Menschen.

Ein elegantes Hochhaus

▶ **1962** ◀ An der Parkavenue in New York wird ein Wolkenkratzer mit 59 Stockwerken erbaut: das Pan Am Building. Es ist nach der amerikanischen Fluggesellschaft benannt, die hier ihre Büros haben soll. Insgesamt sollen in dem Gebäude einmal 25 000 Menschen arbeiten. Das moderne, elegante Hochhaus steht zwischen dem Hauptbahnhof und dem New York Central Building. Durch die Parkavenue läuft man direkt darauf zu. Die Architekten Emery Roth & Sons, Pietro Belluschi und Walter Gropius werden kritisiert, denn viele meinen, ihr Hochhaus passe nicht in diese noble Gegend.

▶ *Luftaufnahme des Pan-Am-Gebäudes.*

Heftiger Streit unter Pariser Modedesignern

▶ **21. März 1962** ◀ In der Modestadt Paris gibt es Streit und zwar ausgerechnet unter den berühmtesten Modedesignern, den Couturiers. Nun verurteilt ein Gericht das Modehaus Dior, an seinen Chefdesigner Yves Saint-Laurent eine Abfindung und Schadenersatz zu zahlen. Was ist geschehen? Saint-Laurent wurde vor eineinhalb Jahren zum Wehrdienst eingezogen, erlitt bei der Armee einen Nervenzusammenbruch und war für einige Zeit arbeitsunfähig. Dior stellte daraufhin einen neuen Chefdesigner ein. Als Saint-Laurent seine Stelle wieder antreten wollte, wurde ihm dies verweigert. Das wollte sich Saint-Laurent nicht gefallen lassen und klagte vor Gericht. Außerdem versucht er nun, Dior mit einer eigenen Modekollektion Konkurrenz zu machen. Seine erste Modenschau hat zwar noch keinen Erfolg, doch bald findet seine »A-Linie« mit sanft abfallenden Schultern große Beachtung. Die Frauen schließen den schüchternen jungen Mann mit der Hornbrille in ihr Herz.

▼ *Yves Saint-Laurent, umgeben von seinen Fotomodellen*

1960 – 1969

James Bond löst den ersten Fall

Geheimagent James Bond taucht 1962 zum ersten Mal auf der Leinwand auf. »007 jagt Dr. No« heißt der erste Film mit dem Superhelden, gespielt von Sean Connery – an seiner Seite Ursula Andress. Bond hat den Auftrag, einen Verbrecher unschädlich zu machen, der Raketen auf Wohngebiete lenken will. Der Agent übersteht einige Mordanschläge und kann den Verbrecher zur Strecke bringen.

Bergwerksunglück und Sturmflut

▶ **Februar 1962** ◀ Innerhalb von zehn Tagen ereignen sich in Deutschland zwei Katastrophen. Am 7. Februar kommt es in einem Bergwerk in Völklingen zu einer Explosion. Dabei werden die unter Tage arbeitenden Bergleute von der Außenwelt abgeschnitten. Einige können sich über die Förderkörbe retten, doch 299 Kumpel verlieren ihr Leben. Zehn Tage später wird Norddeutschland von einer Sturmflut überrascht. Die Elbdeiche werden überflutet oder brechen. Am schlimmsten ist die Situation in Hamburg. Über 300 Menschen kommen bei der Flutkatastrophe ums Leben, 75 000 werden obdachlos.

AGENT UND SPION

Die Tätigkeit der Spione und Geheimagenten regt seit jeher die Phantasie der Menschen an. Die Welt der Geheimdienste ist vielschichtig: Hier ist nicht nur der James-Bond-Held gefragt, sondern auch der »Maulwurf«, der ein normales Leben führt, mühsam Nachrichten sammelt und an eine fremde Macht weitergibt. Für einige Spione zählt nur das Geld, andere lassen sich von ihrer persönlichen Überzeugung leiten. Dazu gehörten in der Zeit des »Kalten Krieges« Männer und Frauen, die im Westen für die Sowjetunion spionierten, um dem Kommunismus zum Sieg zu verhelfen.

Geheimdienste im Kalten Krieg

◀ *Agenten im Kalten Krieg (von oben): Maclean, Philby, Fuchs, Blunt und Penkovsky*

Der Konflikt zwischen den westlichen Staaten und dem kommunistischen Ostblock zwischen 1945 und 1989 wird als Kalter Krieg bezeichnet, weil nur mit Worten gekämpft wurde. Doch Spionage gab es auf beiden Seiten.

Die Sowjetunion warb im Westen lebende Kommunisten als Agenten an. Donald Maclean arbeitete als Diplomat in der britischen Botschaft in Washington und verriet Geheimnisse an die Sowjetunion. Kim Philby war ein typischer Doppelagent. Er ließ sich erst von den Sowjets anwerben, machte dann im britischen Geheimdienst Karriere und gab seine Kenntnisse nach Moskau weiter. Klaus Fuchs, ein deutscher Physiker, floh 1933 vor den Nazis nach Großbritannien. Später arbeitete er am amerikanischen Atombombenprogramm mit und war gleichzeitig Spion der Sowjetunion. Der englische Kunsthistoriker Anthony Blunt warb als Dozent an der Universität Cambridge Agenten für den sowjetischen Geheimdienst an.

Doch der Westen hatte auch seine Leute in Moskau. Oleg Penkovsky, Leutnant des sowjetischen Militärischen Abschirmdienstes, wurde 1961 von den Briten angeworben und übermittelte über 5000 geheime Fotos nach London.

▼ *Julius und Ethel Rosenberg werden 1953 als sowjetische Atomspione in den USA hingerichtet.*

▲ *Gerät zum Abhören von Gesprächen*

▼ Elisabeth Schragmüller arbeitet im Ersten Weltkrieg als Wissenschaftlerin in Belgien und übermittelt geheime Nachrichten nach Deutschland.

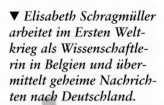

- Die Briten konnten im Zweiten Weltkrieg einen riesigen deutschen Spionagering ausheben.
- Die Deutschen versteckten in gedruckten Dokumenten geheime Nachrichten unter einem Punkt am Satzende.
- Die Russen bauten während des Kalten Krieges eine »amerikanische« Stadt auf, um Agenten für den Einsatz in den USA zu trainieren.

Geheimwaffe Liebe

Neben Geld gehören Liebe und Sex zu den bedeutendsten Waffen der internationalen Geheimdienste. Eine der bekanntesten Spioninnen der Geschichte, Mata Hari, setzte während des Ersten Weltkriegs diese Waffe ein. Die verführerische Niederländerin, die mit bürgerlichem Namen Margaretha Geertruida Zelle hieß, trat mit »buddhistischen Tempeltänzen« in Pariser Nachtclubs auf und hatte viele Liebhaber. Sie verriet Geheimnisse, die hohe französische und britische Offiziere ihr anvertrauten, gegen Bezahlung an den deutschen Nachrichtendienst. 1917 wurde sie zum Tode verurteilt.

Während des Kalten Krieges setzte der DDR-Geheimdienst spezielle Agenten, die »Romeos« genannt wurden, auf unverheiratete Frauen an, die für Bonner Politiker arbeiteten. Aus Liebe wurden diese Frauen selbst zu Agentinnen.

In England sorgte 1963 der Skandal um das »Callgirl« Christine Keeler für Aufsehen. Sie hatte eine intime Beziehung zum englischen Heeresminister Profumo, aber auch zu einem Mitarbeiter der sowjetischen Botschaft in London. An ihn soll sie Geheimnisse ausgeplaudert haben. Profumo musste zurücktreten.

▲ Im Hintergrund: Der Kreml, gut gesicherter Sitz der kommunistischen Regierung der Sowjetunion (Foto von 1947)

▶ Verführerisch: Mata Hari als Tempeltänzerin

Die Übermittlung von Nachrichten

Hauptaufgabe von Spionen ist es, an geheime Nachrichten zu gelangen und sie zu übermitteln. Dazu nutzen sie die modernsten Mittel der Nachrichtentechnik. Lange vorbei ist die Zeit, als ein Fass mit unsichtbarer Tinte genügte. Während des Zweiten Weltkriegs brauchte man noch Geräte von der Größe eines Koffers, um Nachrichten über die feindlichen Linien zu telegrafieren oder zu empfangen. Dreißig Jahre später genügte ein Funkgerät von der Größe einer Streichholzschachtel. Während des Vietnamkriegs wurde ein Verdächtiger als Spion entlarvt, nachdem man ein Mikrofon in seinem Uniformknopf gefunden hatte.

▶ Die Kamera im Hut ist eher eine Kuriosität.

▲ Schuhsohle als Versteck für Geheimnachrichten

▶ Die Handtasche ist tatsächlich eine Kamera. Auch die Uhr sieht verdächtig aus.

1963

250 000 fordern mehr Rechte für die Schwarzen

Rotes Ost–West Telefon

1963 kommt es zu einer Entspannung zwischen Ost und West. Es wird eine direkte Telefonleitung eingerichtet zwischen dem amerikanischen Präsidenten im Weißen Haus in Washington und dem Kreml in Moskau, dem Sitz der sowjetischen Regierung. Bevor die Chefs der Supermächte das Startsignal zum Atomkrieg geben, wollen sie erst mal miteinander telefonieren.

▶ **27. August 1963** ◀ Über 250 000 Menschen aller Hautfarben und vieler Religionen demonstrieren in der amerikanischen Hauptstadt Washington gegen die Rassendiskriminierung. Mit dabei sind auch die bekannten Sänger Joan Baez und Bob Dylan. Die Demonstranten unterstützen den amerikanischen Präsidenten John F. Kennedy in seinem Programm, auch in den Südstaaten der USA – gegen den Willen einiger Gouverneure – gleiche Rechte für die Schwarzen durchzusetzen. So soll die Rassentrennung an den Schulen noch 1963 abgeschafft werden. Auf der Veranstaltung hält der Prediger Martin Luther King eine berühmte Rede mit den Worten »I have a dream« (ich habe einen Traum). Zu seinem Traum gehört es, dass die Söhne der Sklaven von einst und die Söhne der Sklavenhalter einmal wie Brüder gemeinsam an einem Tisch sitzen werden.

▲ »I have a dream« – Martin Luther King bei seiner berühmten Rede vor dem Denkmal des früheren amerikanischen Präsidenten Abraham Lincoln, der die Sklaverei abgeschafft hat

Versöhnung in Paris

▶ **22. Januar 1963** ◀ Seit Jahrhunderten gab es in Mitteleuropa eine Rivalität zwischen Deutschen und Franzosen. Wiederholt führten die beiden Mächte Kriege gegeneinander. Das soll nun endgültig vorbei sein. Die »Erbfeindschaft« zwischen Deutschland und Frankreich wird durch die »deutsch-französische Freundschaft« abgelöst. Der deutsche Bundeskanzler Konrad Adenauer und der französische Staatspräsident Charles de Gaulle unterzeichnen in Paris den Elysée-Vertrag, in dem sie eine enge Zusammenarbeit vereinbaren. Künftig sollen sich die Regierungschefs und bestimmte Minister beider Länder mehrmals jährlich treffen und ihre Politik aufeinander abstimmen. Ein besonderes Gewicht wird auf den Jugendaustausch gelegt.

◀ *Die Beatles – George, John, Paul und Ringo*

Beatles-Fieber

Wo die »Beatles« auftauchen, sind die Teenager aus dem Häuschen. Die vier Musiker verkaufen in vier Wochen eine Million Schallplatten von ihrem Hit »She loves you«. Wegen ihrer Frisur werden sie »Pilzköpfe« genannt. Die Erwachsenen finden sie einfach furchtbar. Und nun lassen sich auch ihre Söhne, angesteckt vom Beatles-Fieber, die Haare wachsen!

1960 – 1969

1963

30-Millionen-Postraub

▶ **8. August 1963** ◀ 15 maskierte, mit Eisenstangen bewaffnete Männer überfallen am frühen Morgen einen Postzug, der von Glasgow nach London unterwegs ist. Sie erbeuten 30 Millionen DM. Der Raub ist perfekt vorbereitet: Die Gangster setzen ein Haltesignal in Betrieb und durchschneiden alle Telefonleitungen an der Bahnlinie. Als der Zug hält, ist es für sie ein Leichtes, die Lokführer und die Postbeamten zu überwältigen. Nur ein Hilfslokführer wird leicht verletzt. Die Polizei setzt eine hohe Belohnung zur Ergreifung der Täter aus. Zwei werden nie gefasst.

▶ *Zwei Männer, die des Postraubs verdächtig sind, werden zum Gericht gebracht.*

Keine Atomtests mehr

▶ **5. August 1963** ◀ In Moskau unterzeichnen die Außenminister der USA, Großbritanniens und der Sowjetunion einen Vertrag. Darin verpflichten sie sich, keine Atomtests mehr durchzuführen – weder oberirdisch, noch unterirdisch, noch unter Wasser. Damit ist der Rüstungswettlauf zwar nicht beendet, doch die drei Minister bekräftigen ihr Ziel, einen Abrüstungsvertrag zu schließen. Im Atomkrieg könne es keinen Sieger geben.

▼ *Kurz vor dem Attentat: John F. Kennedy und seine Frau Jackie fahren im offenen Wagen durch die Straßen von Dallas in Texas.*

INFO • 1963 • INFO

16. Juni • Die Russin Walentina Tereschkowa fliegt als erste Frau ins All

24. August • Im deutschen Fußball beginnt eine neue Ära: Die Bundesliga ersetzt die fünf Oberligen

7. November • Wie durch ein Wunder werden in Lengede 14 nach einem Grubenunglück verschüttete Bergleute gerettet. Elf von ihnen können erst nach 14 Tagen geborgen werden

Kennedy ermordet

▶ **22. November 1963** ◀ Bei wunderschönem Wetter säumen Tausende die Straßen, um ihrem Präsidenten zuzujubeln. John F. Kennedy fährt mit seiner Frau Jackie im offenen Wagen durch die texanische Stadt Dallas. Plötzlich fallen Schüsse, die den amerikanischen Präsidenten am Kopf treffen. Blutüberströmt sinkt er in die Arme seiner Frau. 25 Minuten später ist er tot. Der Gouverneur von Texas, John Connally, der ebenfalls im Auto sitzt, wird schwer verletzt. Die Polizei nimmt Lee Harvey Oswald als mutmaßlichen Attentäter fest. Er soll die Schüsse vom fünften Stock eines Schulbuchlagers aus abgegeben haben. Oswald leugnet die Tat. Bei der Überführung in ein anderes Gefängnis wird er am 24. November 1963 selbst von dem Gastwirt Jack Ruby erschossen. So werden die Hintergründe des Mordes wohl immer im Dunkeln bleiben.

Ägyptischer Tempel zersägt und verlegt

▶ 13. Mai 1964 ◀ In Ägypten wird die erste Baustufe des Assuan-Staudamms abgeschlossen. Der Damm soll den Nil zu einem 500 Kilometer langen See aufstauen. Mit dem Wasser sollen Wüstengebiete bewässert werden, um dort Getreide, Reis und Gemüse anzubauen. Außerdem sollen Kraftwerke elektrischen Strom erzeugen. Das Projekt kostet vier Milliarden DM. Tausende Menschen müssen umgesiedelt werden. Sie lebten in dem Gebiet, das durch den Stausee überflutet wird. Außerdem muss der Felsentempel von Abu Simbel verlegt werden. Die 3200 Jahre alte, von Pharao Ramses II. erbaute Anlage besteht aus vier riesigen sitzenden Figuren. Sie werden mit besonderen Steinsägen zerlegt. Kräne bringen die Einzelteile an den neuen Standort, wo sie auf den Millimeter genau wieder zusammengefügt werden. Es dauert fünf Jahre, bis die vier Figuren wieder über den Nil schauen. Der Assuandamm selbst ist erst 1970 fertig. Mehrere hundert Menschen sterben bei den Bauarbeiten.

▲ *Die Ausmaße der Figuren von Abu Simbel verdeutlicht dieses Foto. Sie werden vor dem Zersägen vermessen.*

Die Anlage von Abu Simbel besteht aus einem großen und einem kleinen Tempel.

Die vier vor den Tempeln sitzenden Figuren sind bis zu 22 Meter hoch und wiegen jeweils etwa 1200 Tonnen. Sie sind aus einem Sandsteinfelsen herausgehauen.

Die Einzelteile, in die sie zersägt werden, wiegen bis zu 30 Tonnen.

Die Verlegung kostet 144 Millionen DM.

▲ *Abu Simbel, erbaut vor 3200 Jahren von Pharao Ramses II.*

West-Berliner treffen Verwandte

▶ 5. Januar 1964 ◀ Über eine Million West-Berliner haben seit dem 23. Dezember 1963 von der Gelegenheit Gebrauch gemacht, Verwandte im Ostteil der Stadt zu besuchen. Seit dem Bau der Berliner Mauer am 13. August 1961 haben sich viele Verwandte nicht mehr sehen können: Ein Teil der Familie lebt im Westen, der andere im Osten. Über die Weihnachtsfeiertage 1963/64 gibt es für West-Berliner nun erstmals die Möglichkeit, mit einem »Passierschein« Familienangehörige in Ost-Berlin zu besuchen. Der Ehepartner darf mitgenommen werden. Erschütternde Szenen spielen sich beim Wiedersehen ab.

Chruschtschow von eigener Partei entmachtet

▶ 14. Oktober 1964 ◀ Ahnungslos kehrt Nikita Chruschtschow, der mächtigste Mann der Sowjetunion, aus dem Urlaub nach Moskau zurück. Dort erklärt ihm die Kommunistische Partei, dass er entmachtet ist. Das Amt des Parteichefs muss er an Leonid Breschnew abgeben, das Amt des Ministerpräsidenten an Alexei Kossygin. Chruschtschow muss sich schlimme Vorwürfe anhören: Er habe übereilte Entscheidungen getroffen und ausländische Politiker vor den Kopf gestoßen. Außerdem sei er ein Besserwisser.

1964

▲ Nach einem Angriff griechischer Kämpfer verlassen türkische Zyprioten ihr Dorf.

Friedenstruppen nach Zypern

▶ 14. März 1964 ◀ Die ersten Friedenstruppen der Vereinten Nationen (UN) treffen auf Zypern ein. Sie sollen den Konflikt zwischen der griechischen und der türkischen Volksgruppe auf der Insel schlichten. Nach kleineren Feindseligkeiten herrscht seit Dezember 1963 Bürgerkrieg. Die Ursache: Die Griechen wollen den Anschluss der Insel an Griechenland, die Türken sind für eine räumliche Trennung der bisher gemischt in den Dörfern zusammenlebenden Volksgruppen. Im August bombardiert die Türkei Dörfer auf Zypern. Erst im Oktober kommt es zu einem Waffenstillstand, der jedoch nur drei Jahre hält.

Rasender Zug in Japan

Zwischen den japanischen Städten Tokio und Osaka wird am 1. Oktober 1964 eine neue Eisenbahnlinie eröffnet. Die 515 Kilometer lange Strecke führt über 3100 Brücken und durchläuft 650 Tunnel. Die »Shinkansen«-Züge erreichen Geschwindigkeiten bis zu 220 Stundenkilometer. Die Fahrtzeit verringert sich von sechseinhalb auf drei Stunden.

1960 – 1969

Die Inder trauern

▶ 27. Mai 1964 ◀ Indien trauert um Jawaharlal Nehru, der das Land seit der Unabhängigkeit 1947 regiert hat. Er stirbt in Neu Delhi im Alter von 74 Jahren an einer Herzattacke. Nehru gelang es, eine stabile Demokratie in Indien zu sichern. Außenpolitisch trat er erfolgreich für einen neutralen Kurs ein. Über drei Millionen Menschen geben ihm das letzte Geleit, als der Verstorbene am 28. Mai zum Jumna-Fluss gebracht und dort nach hinduistischem Ritus verbrannt wird.

◀ Indiens Ministerpräsident Nehru

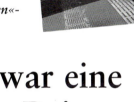

▶ Der neue japanische »Shinkansen«-Zug

»Es war eine lange Reise«

▶ 13. April 1964 ◀ Der amerikanische Filmschauspieler Sidney Poitier erhält einen Oscar als bester Hauptdarsteller in dem Film »Lilien auf dem Felde«. »Es war eine lange Reise«, kommentiert Sidney Poitier die Entscheidung der Jury. Es ist das erste Mal, dass ein schwarzer Schauspieler mit einem solchen Oscar ausgezeichnet wird. Die Filmkomödie »Lilien auf dem Felde« von Ralph Nelson wirbt für eine Gesellschaft, in der Menschen verschiedener Hautfarbe harmonisch zusammenleben.

▶ Mary Quant im selbst entworfenen Minikleid

»Oben ohne« und der Minirock

Drei Sensationen erschüttern 1964 die Modewelt: Der Österreicher Rudi Gernreich stellt seine »Oben ohne«-Badeanzüge (mit freier Brust) vor, der Franzose André Courrèges präsentiert seine Weltraummode mit weißen, den großen Zeh frei lassenden Plastikstiefeln und geraden, geometrisch geschnittenen Minikleidern und die Engländerin Mary Quant bietet kindliche, gerade bis zum Oberschenkel reichende Hängerkleidchen im Versandhandel an. Nur ganz kühne junge Frauen wagen sich allerdings mit der neuen Minimode auf die Straße.

▶ Sidney Poitier mit dem Oscar

1964

Raumsonde schickt 4308 Nahfotos vom Mond

▶ **31. Juli 1964** ◀ Bis spätestens 1970 will die amerikanische Weltraumbehörde NASA den ersten bemannten Mondflug durchführen. Um die Landung der Mondfähre planen zu können, muss man möglichst genau wissen, wie die Oberfläche des Mondes aussieht. Nun schickt die NASA die Raumsonde »Ranger 7« zum Mond. Kurz bevor sie auf der Oberfläche aufstößt und zerschellt, löst ein Mechanismus die Kameras an Bord aus. Sie funken 4308 Fotos vom Mond zur Erde. Einige sind aus einem Abstand von nur 300 Metern aufgenommen.

▲ *Mondfoto, aufgenommen von »Ranger 7«*

INFO • 1964 • INFO

4. Januar • Als erster Papst reist Paul VI. ins Heilige Land, nach Jordanien und Israel

14. März • Jack Ruby wird für schuldig befunden, den mutmaßlichen Kennedy-Mörder Lee Harvey Oswald umgebracht zu haben

24. März • Beim Fußball-Länderspiel Argentinien–Peru in Lima sterben durch eine Panik 328 Zuschauer

16. Oktober • Erster Atomtest in China

▲ *Nelson Mandela vor seiner Verurteilung Anfang der 60er Jahre*

Lebenslange Haft für Nelson Mandela

▶ **12. Juni 1964** ◀ Der südafrikanische Bürgerrechtler Nelson Mandela und sieben weitere Angeklagte werden wegen Verschwörung und Sabotage zu lebenslanger Haft auf der Insel Robben Island verurteilt. Mandela, der Chef der verbotenen Befreiungsbewegung ANC (Afrikanischer Nationalkongress), ist ein Symbol des Widerstands der schwarzen Bevölkerung gegen die Politik der Rassentrennung der weißen Regierung in Südafrika. Keiner kann ahnen, dass Mandela einmal Präsident eines freien Südafrika sein wird.

Stones in Amerika

Die Rolling Stones starten 1964 in Kalifornien ihre erste Amerika-Tournee. Seit ihrer ersten Single »Come on« und dem ersten Fernsehauftritt im Juni 1963 sind die Stones – mit Mick Jagger als Leadsänger, Brian Jones und Keith Richards an der Gitarre, Bill Wyman an der Bassgitarre und Charlie Watts am Schlagzeug – in aller Munde. Sie stehen zwar noch im Schatten der Beatles, doch viele Fans finden, die Musik der Stones sei härter, echter und weniger kommerziell.

▼ *Rivalen der Beatles: die Rolling Stones*

Bomben auf Nordvietnam

▶ 7. August 1964 ◀ Seit 1954 ist Vietnam geteilt. Im Norden regieren die Kommunisten, der Süden bekommt Hilfe von den USA. Die amerikanische Regierung fürchtet, dass auch Südvietnam kommunistisch werden könnte, denn dort kämpfen kommunistische Rebellen (Vietcong) gegen die Regierung. Nun greifen die USA direkt ein. Nachdem am 2. und 4. August nordvietnamesische Patrouillenboote zwei amerikanische Kriegsschiffe im Golf von Tonkin angegriffen haben, befiehlt der amerikanische Präsident Johnson Luftangriffe auf Ziele in Nordvietnam. Am 7. August billigt das Parlament mit nur zwei Gegenstimmen die Angriffe und gibt dem Präsidenten freie Hand für sein weiteres Vorgehen in Vietnam.

Gleiche Rechte für Schwarze

▶ 2. Juli 1964 ◀ Im gewaltlosen Kampf gegen die Rassenunterdrückung haben die Bürgerrechtler der USA einen großen Sieg errungen: Präsident Lyndon B. Johnson unterschreibt ein Gesetz, das die Benachteiligung von Schwarzen bei der Arbeit, in Restaurants, Theatern, Kinos, beim Sport, in Armee, Schule, Universität und anderen öffentlichen Einrichtungen verbietet. Es ist das wichtigste Bürgerrechtsgesetz in den USA seit der Abschaffung der Sklaverei.

▲ Händedruck zwischen Johnson und Martin Luther King

Strandschlacht zwischen Rockern und Mods

▶ 18. Mai 1964 ◀ Über die Pfingstferien kommt es in den englischen Badeorten Brighton und Margate zu schweren Jugendkrawallen. Gangs von Rockern und Mods gehen mit Fäusten aufeinander los und bewerfen sich mit Steinen und Flaschen. Mehr als zehn Jugendliche erleiden zum Teil schwere Verletzungen, mehr als 70 werden von der Polizei festgenommen. Während die Rocker schwere Motorräder und Lederkluft bevorzugen, legen die Mods Wert auf schicke Kleidung und vertanzen die Nächte in Diskos.

◀ Vor der Strandschlacht: Jugendliche am Strand von Brighton

▲ Amerikanische Hubschrauber in Vietnam

»Großmaul« Clay ist Weltmeister

▶ 25. Februar 1964 ◀ »I am the greatest« (ich bin der Größte) – immer wieder brüllt der Boxer Cassius Clay diesen Satz in die Mikrofone der Reporter, nachdem er den Weltmeisterschaftskampf im Schwergewicht in Miami Beach gegen Sonny Liston gewonnen hat. Liston musste wegen einer Verletzung aufgeben. Zwar wird der neue Weltmeister wegen seines Eigenlobs auch verspottet, doch dass er boxen kann, bestreitet niemand: Das Publikum ist begeistert von Clays Beinarbeit und seinen schnellen, gezielten Schlägen. Später nennt sich Clay Muhammad Ali.

1965

Nobelpreis für UNICEF

▶ 10. Dezember 1965 ◀ Den Friedensnobelpreis 1965 bekommt UNICEF, das Kinderhilfswerk der Vereinten Nationen. UNICEF wurde auf der ersten Vollversammlung der Vereinten Nationen 1946 gegründet. Die Abkürzung steht für United Nations International Children's Emergency Fund (Internationaler Fonds der Vereinten Nationen für Kinder in Not). Am Anfang hatte UNICEF vor allem die Aufgabe, sich um Kinder in den kriegszerstörten Ländern Europas zu kümmern. Das Kinderhilfswerk stellte Geld, Kleidung, Medikamente und Lebensmittel zur Verfügung. Seit Anfang der 50er Jahre konzentriert sich UNICEF auf Kinder in den Entwicklungsländern in Asien, Afrika und Südamerika. Die Organisation unterstützt die Hilfsprogramme der dortigen Regierungen, um den Kindern genügend Nahrung und eine bescheidene medizinische Versorgung zu gewährleisten. In Notlagen, also bei Naturkatastrophen, Hungersnöten oder Kriegen, liefert UNICEF direkt Lebensmittel und Medikamente in die betroffenen Gebiete. Das Geld bekommt UNICEF durch freiwillige Spenden von Mitgliedsstaaten der Vereinten Nationen und von Privatleuten. Das Kinderhilfswerk erzielt aber auch selbst Einnahmen: durch den Verkauf von Grußpostkarten. Die erste Grußpostkarte von UNICEF stammte von einem kleinen tschechischen Mädchen. Es bedankte sich 1946 mit einer gemalten Karte für die Milch, die UNICEF armen Kindern in der vom Krieg verwüsteten Tschechoslowakei zur Verfügung gestellt hatte.

▲ *Das UNICEF-Logo*

▶ *Gunnar Jahn vom norwegischen Nobelkomitee (rechts) übergibt in Oslo den Friedensnobelpreis an den Direktor von UNICEF, Henri Labouisse. UNICEF bekommt zugleich 225 000 DM.*

Schüsse auf Malcolm X

▼ *Malcolm X ruft zum Kampf gegen die Vorherrschaft der Weißen auf.*

▶ 21. Februar 1965 ◀ Während einer Rede im New Yorker Schwarzenviertel Harlem wird Malcolm X von mehr als zehn Pistolenschüssen getroffen und stirbt. Malcolm X war Führer der Organisation für Afro-Amerikanische Einheit. Sie will die Vorherrschaft der Weißen in Amerika brechen. Anders als der schwarze Bürgerrechtler Martin Luther King schloss Malcolm X die Anwendung von Gewalt nicht aus. Noch am Tatort werden drei Verdächtige festgenommen, die Mitglieder der islamischen Gruppe Black Muslims sind. Ob die Männer im Auftrag der Gruppe gehandelt haben, bleibt unklar. Gerüchteweise heißt es, der Geheimdienst CIA stecke hinter dem Attentat.

Malcolm X war früher selbst ein führendes Mitglied der Black Muslims, sagte sich jedoch 1963 von ihnen los. Er hatte wiederholt vorausgesagt, dass seine ehemaligen Freunde ihn ermorden würden. Schon Anfang Februar hatten Black Muslims im New Yorker Stadtteil Queens das Haus in Brand gesteckt, in dem Malcolm X mit seiner Frau und vier Kindern lebte.

INFO • 1965 • INFO

18. März • *Der sowjetische Kosmonaut Alexei Leonow schwebt als erster Mensch zehn Minuten lang frei im Weltraum*

24. März • *Eine amerikanische Raumsonde funkt die ersten Live-Bilder vom Mond zur Erde*

16. Juli • *Der Montblanc-Tunnel wird eröffnet. Er ist mit 11,6 Kilometern der längste Straßentunnel und verkürzt die Strecke Paris-Rom um 150 Kilometer*

Stromausfall!

▶ **10. November 1965** ◀ Wegen einer Störung im Schaltwerk bei den Niagara-Wasserfällen fällt im Nordwesten der USA und in einigen Gebieten Kanadas bis zu neun Stunden der Strom aus. Ungefähr 30 Millionen Menschen sitzen plötzlich im Dunkeln. Einige Verbrecher nutzen die Dunkelheit, um Geschäfte zu plündern. Auch New York ist betroffen. Auf den Straßen herrscht Chaos, Tausende stecken in den Fahrstühlen fest. Neun Monate später werden deutlich mehr Babys geboren.

◀ *Nur die Scheinwerfer der Autos sorgen in den Straßen von New York für etwas Licht.*

1960 – 1969

Erhard bleibt Bundeskanzler

▶ **19. September 1965** ◀ Als Konrad Adenauer 1949 Bundeskanzler wurde, war er 73 Jahre alt. Nachdem er zehn Jahre regiert hatte, drängte man ihn, das Amt einem Jüngeren zu überlassen. Doch »der Alte« trat erst 1963, mit 87, zurück. Das Parlament wählte Ludwig Erhard zum neuen Bundeskanzler. Nun finden die ersten Parlamentswahlen nach dem Wechsel statt. Erhards und Adenauers Partei, die CDU, erzielt einen großen Erfolg.

Folkstar Bob Dylan

▶ **25. Juli 1965** ◀ Die Stars des amerikanischen Folk-Festivals in Newport sind, wie schon in den Jahren zuvor, Joan Baez und Bob Dylan. Die beiden haben dazu beigetragen, dass Folk zur Musik des Jugendprotestes in Amerika geworden ist. Doch diesmal überrascht Dylan seine Fans, denn erstmals tritt er mit einer elektrischen Gitarre und mit einer Rockband auf. Dylans Folk-Rock-Lied »Like a Rolling Stone« wird in Newport von Buhrufen und Pfiffen begleitet.

▲ *Joan Baez und Bob Dylan geben mit ihrer Musik dem Jugendprotest eine Stimme.*

Die Trapp-Familie im Filmmusical

1965 kommt der Film »Meine Lieder, meine Träume« heraus. Erzählt wird die wahre Geschichte der Familie des Barons von Trapp aus Österreich. Mit dem Kindermädchen Maria lernen die Trapp-Kinder singen und der verwitwete Baron heiratet Maria. Sie wandern nach Amerika aus und machen als »Singing Trapp Family« Karriere.

▼ *Julie Andrews spielt das Kindermädchen Maria in dem Film »Meine Lieder, meine Träume«.*

Die Welt nimmt Abschied von Churchill

▶ **24. Januar 1965** ◀ Im Alter von 90 Jahren stirbt der britische Politiker Winston Churchill. Er war während des Krieges Premierminister und wird in England sehr verehrt. Eine Woche lang dauern die Feierlichkeiten zu Ehren des Verstorbenen, bevor er am 30. Januar beigesetzt wird. Am Trauergottesdienst in der St. Paul's Kathedrale nehmen Könige und Staatsmänner aus 111 Ländern teil, angeführt von der britischen Königin Elisabeth II.

▲ *Winston Churchill*

1966

Teenager fahren nach »Swinging London«

▶ **1966** ◀ Die Hauptstadt der Beat- und Popkultur ist »Swinging London«. Die Stadt zieht Jugendliche aus allen Teilen Europas an. Sie schlendern durch die Carnaby Street und die King's Road und decken sich mit den neuesten Schallplatten, Postern und Klamotten ein. Sie haben mehr Geld, mehr Macht und eine größere Freiheit als ihre Eltern und sie wissen sie zu nutzen: Die Haare der Jungen werden immer länger, die Röcke der Mädchen immer kürzer und frecher.

Die Teenager begeistern sich für englische Popgruppen wie die Beatles, die Rolling Stones, die Searchers, die Kinks, die Animals oder The Who. Für sie ist Beatmusik ein Ausdruck des Protestes gegen die Wohlstands- und Leistungsgesellschaft der Eltern. Die wissen sich häufig nur mit hilflosen Verboten gegen ihre selbstbewusst gewordenen Kinder zu wehren, die so einen ganz anderen Geschmack haben als sie.

◀ *Jugendliche Touristen aus aller Welt kommen zum Shopping nach London. Heißester Tip: die Carnaby Street und der Stadtteil Chelsea.*

▲ *»Twiggy«, das berühmte superschlanke Model der 60er*

INFO • 1966 • INFO

18. Januar • Robert C. Weaver ist der erste Schwarze in der amerikanischen Regierung

29. Juni • Amerikanische Bomber fliegen die ersten Angriffe auf die nordvietnamesischen Städte Hanoi und Haiphong

2. Oktober • Meisterspion George Blake kann aus dem Londoner Gefängnis entfliehen. Er hat britische Geheimnisse an die Sowjetunion weitergegeben

Kulturrevolution in China

▶ **8. August 1966** ◀ Unter Leitung des »großen Vorsitzenden« Mao Tse-tung verabschiedet die Führungsspitze der Kommunistischen Partei Chinas das Programm für eine »Kulturrevolution«. Es sagt »alten Ideen, der alten Kultur, alten Sitten und alten Gebräuchen« den Kampf an und richtet sich gegen alle, die nicht Maos Linie folgen. Unter der chinesischen Jugend bilden sich die Roten Garden. Diese fanatischen Gruppen gehen mit Gewalt gegen all diejenigen vor, denen sie »Verwestlichung« vorwerfen. Mit den Roten Garden schafft sich Mao ein Instrument, um gegen seine Gegner – auch in der eigenen Partei – vorzugehen.

▶ *Rote Garden, zumeist Studenten und Soldaten, verkünden die Kulturrevolution.*

Künstlicher Berg abgerutscht

▶ **21. Oktober 1966** Nach tagelangen schweren Regenfällen gerät in einem Bergwerksgebiet in Wales (Großbritannien) ein künstlicher Kohleberg ins Rutschen und begräbt eine Schule und 17 Häuser des Ortes Aberfan unter sich. Obwohl die Rettungsarbeiten sofort anlaufen und viele Eltern mit Schaufeln und bloßen Händen nach ihren Kindern graben, sterben bei dem Unglück 144 Menschen, darunter 116 Kinder.

Der künstliche Berg ist eine »Abraumhalde«. Das heißt, er wurde über Jahrzehnte aus Abfällen beim Kohlebergbau aufgeschüttet. Zuletzt war er 245 Meter hoch. Nun soll untersucht werden, wieso der Kohleberg in nur 800 Meter Entfernung vom Dorf in dieser Höhe aufgeschüttet wurde. Hatte niemand die Gefahr erkannt? Es gibt Hunderte solcher Abraumhalden in Wales.

▲ *Massengrab für die Opfer des Unglücks, bei dem eine Schule und 17 Häuser verschüttet wurden. Schon 1944 war in Aberfan eine Abraumhalde abgerutscht.*

Militärputsch während der Reise

▶ **24. Februar 1966** ◀ Während er sich zu einem Besuch in China aufhält, wird der Präsident des afrikanischen Staates Ghana, Kwame Nkrumah, von der Armee gestürzt. Nkrumah war einmal sehr beliebt bei den Ghanesen, denn er hatte 1957 erreicht, dass Ghana selbständig wurde. Doch in letzter Zeit herrscht Unzufriedenheit im Land. Den Leuten geht es immer schlechter, doch der Präsident lebt auf großem Fuß. Nun herrscht erst einmal das Militär in Ghana.

Weltcup ist wieder da

Fieberhaft durchkämmt die Polizei London, denn der Pokal für die Fußball-Weltmeisterschaft ist verschwunden. Nach ein paar Tagen taucht er wieder auf. Der Finder ist kein Polizist, sondern ein Hund. Sein Herrchen ging mit ihm spazieren, als der Hund plötzlich an einem in Zeitungspapier eingewickelten Gegenstand herumschnüffelte. Es war der berühmte Pokal. Den Dieb aber findet die Polizei.

H-Bombe verloren

▶ **17. Januar 1966** ◀ In Südspanien stürzt ein amerikanischer Bomber ab. Er hatte vier Wasserstoff-Bomben (H-Bomben) an Bord. Drei Bomben werden in einem Tomatenfeld gefunden, doch die vierte bleibt verschwunden. Ihre Wirkung ist 800-mal größer als die Atombombe, die 1945 auf Hiroschima abgeworfen wurde. Endlich, am 7. April, kommt die Nachricht, dass die Bombe auf dem Meeresboden gefunden wurde.

▼ *B-52-Bomber. Ein Flugzeug dieses Typs ist mit vier H-Bomben abgestürzt.*

»Schwarz ist schön«

▶ **30. Oktober 1966** ◀

Der Kampf der amerikanischen Schwarzen für Gleichberechtigung nimmt neue Formen an. Erst vor drei Jahren hat Martin Luther King von seinem Traum gesprochen, dass die Menschen einmal nicht nach ihrer Hautfarbe, sondern nach ihrem Charakter beurteilt werden. Nun wollen einige Schwarze nicht länger darauf warten, dass dieser Traum wahr wird, sondern direkt gegen Unrecht und Armut angehen. In der Stadt Oakland entsteht eine neue politische Organisation, die sich »Black Panther« nennt. Die »Panther« wollen die Schwarzen vor Übergriffen rassistischer Polizisten schützen, aber auch wohltätige Einrichtungen gründen. Ihre gewalttätige Sprache schreckt viele ältere Bürgerrechtler ab. Doch darin spiegelt sich ein neues Selbstbewusstsein unter den jungen Schwarzen in Amerika. »Black is beautiful« (schwarz ist schön) heißt die Parole der »Blackpower«-Bewegung. Sie sucht nach eigenen Werten und Traditionen. Ein Kennzeichen sind Frisuren im Afro-Look – der übrigens von vielen weißen Frauen, auch in Europa, imitiert wird.

◀ *Stokely Carmichael spricht von »Blackpower« (Macht der Schwarzen).*

▶ *Die geballte Faust – der Gruß der »Blackpower«-Bewegung*

Weltmeister mit umstrittenem Tor

England gewinnt das Endspiel um die Fußball-Weltmeisterschaft gegen Deutschland am 30. Juli 1966 im Londoner Wembley-Stadion mit 4:2. In der letzten Minute der regulären Spielzeit fällt der deutsche Ausgleich zum 2:2 – Verlängerung. In der 101. Minute kracht ein Schuss des Engländers Geoffrey Hurst gegen die Unterkante der Latte und prallt zu Boden. Vor, auf oder hinter der Linie? Der Linienrichter entscheidet auf Tor. Die deutschen Fans sind entsetzt.

◀ *Der englische Kapitän Bobby Moore*

Florenz: Flut zerstört Kunstwerke

▶ **5. November 1966** ◀

Schwere Regenfälle und heftige Wirbelstürme setzen weite Teile Italiens unter Wasser. Über 200 Menschen kommen ums Leben. Am schlimmsten ist die Lage in Florenz. Der Fluss Arno tritt über die Ufer und braust mit 60 Stundenkilometern durch die Innenstadt. Heizöl- und Benzinbehälter werden von den Wassermassen zerstört. Die Fluten dringen auch in die Gemäldesammlung der Uffizien vor. 1300 Kunstwerke werden schwer beschädigt.

▲ *Die Flutwelle des Arno drückt ein Auto gegen ein Denkmal in Florenz.*

1960 – 1969

Vater der Mickymaus

▶ **15. Dezember 1966** ◀ Walt Disney, einer der Begründer des Zeichentrickfilms, stirbt 65-jährig in Hollywood. Seine Studios werden auch ohne ihn weiter Filme produzieren. Disney und sein Partner Ub Iwerks sind die Erfinder von Mickymaus, Goofy und Donald Duck. Seit 1955 bevölkern sie und andere Disney-Gestalten den Märchenpark »Disneyland« bei Los Angeles.

Große Parteien regieren gemeinsam

▶ **1. Dezember 1966** ◀ In der Bundesrepublik Deutschland wird eine große Koalition gebildet. Die beiden großen Parteien im Parlament, die CDU (mit ihrer bayerischen Schwester CSU) und die SPD, bilden nun gemeinsam die Regierung. Vorher hatte die CDU zusammen mit der kleinen FDP regiert. Es gibt auch einen neuen Bundeskanzler: Kurt Georg Kiesinger ist der Nachfolger von Ludwig Erhard. Für die Sozialdemokraten (SPD) ist es das erste Mal seit der Gründung der Bundesrepublik 1949, dass sie an der Regierung beteiligt sind.

»Raumschiff Enterprise« startet

Im Fernsehen läuft eine neue Sciencefictionserie an, die ein Riesenerfolg wird: »Raumschiff Enterprise«. Der spitzohrige Mister Spock ist mit an Bord des Raumschiffs, das Erkundungsreisen in ferne, der Menschheit noch unerschlossene Welten unternimmt. Er stammt von einer anderen Galaxie und ist unfähig, irgendetwas zu fühlen. Auch wenn es mal brenzlig wird, bleibt er seelenruhig. Gespielt wird Mister Spock von Leonard Nimoy.

▶ *Der Commander und der Arzt der »Enterprise« mit Mister Spock*

▲ *Beatrix und Claus vor dem Traualtar*

Hochzeit von Prinzessin Beatrix

▶ **10. März 1966** ◀ Die niederländische Prinzessin Beatrix heiratet in Amsterdam den ehemaligen deutschen Diplomaten Claus von Amsberg. Die beiden haben sich vor über einem Jahr beim Skiurlaub kennengelernt. Die 28-jährige Beatrix wird einmal ihrer Mutter, Königin Juliana, auf dem Thron folgen. Dass sie sich gerade einen Deutschen zum Gemahl gewählt hat, ist in den Niederlanden nicht sehr populär. Deshalb gibt es auch Proteste, als die Hochzeitskutsche durch die Straßen von Amsterdam fährt. Unvergessen ist für viele Niederländer die Zeit, als sie während des Zweiten Weltkriegs unter den brutalen deutschen Besatzern zu leiden hatten.

Indira Gandhi regiert Indien

▶ **19. Januar 1966** ◀ Indira Gandhi tritt in die Fußstapfen ihres Vaters, des 1964 gestorbenen indischen Premierministers Jawaharlal Nehru. Nach dem überraschenden Tod von Lal Bahadur Shastri wurde sie von ihrer Partei, der Kongresspartei, zur neuen Premierministerin von Indien gewählt. Die 48-jährige Witwe war in der letzten Regierung Ministerin. Sie ist nach Sirimawo Banadaranaike, die von 1960 bis 1965 in Ceylon (Sri Lanka) regierte, erst die zweite Frau an der Spitze eines Staates.

▶ *Indira Gandhi, Tochter Nehrus und nicht verwandt mit Mahatma Gandhi*

1967

Fremdes Herz schlägt in Washkanskys Brust

▼ *Louis Washkansky nach der Herzverpflanzung*

▶ 3. Dezember 1967 ◀

Der südafrikanische Herzspezialist Christiaan Barnard führt in Kapstadt die erste Herztransplantation durch. Der Patient ist der schwer herzkranke 53-jährige Louis Washkansky. Er ist mit der Operation einverstanden, da er nur so eine Chance zum Überleben hat. Der Vater einer jungen Bankangestellten, die einen tödlichen Autounfall erlitten hat, stimmt zu, dass Barnard das Herz seiner Tochter benutzt. Sechs Stunden dauert die Operation, mit der ihr Herz in Washkanskys Körper eingepflanzt wird. 30 Ärzte sind beteiligt. Danach wird das Herz mit einem Stromstoß zum Schlagen gebracht. Washkansky geht es zunächst gut. Er stirbt dann aber 18 Tage nach der Operation an einer Lungenentzündung. Sein neues Herz schlägt problemlos bis zu seinem Tod. Das Problem bei der Herztransplantation ist weniger die Operation selbst. Kritisch ist die Zeit danach, denn der Körper will das fremde Gewebe abstoßen. Um dies zu verhindern, muss seine Immunabwehr geschwächt werden, doch das macht ihn anfällig für andere Krankheiten.

1952 erhielt ein Patient während einer Operation 50 Minuten lang ein mechanisches Herz.

1953 wurde die Herz-Lungen-Maschine erfunden, die Operationen am offenen Herzen ermöglicht.

▶ *Dr. Christiaan Barnard (links) im Gespräch mit den internationalen Herzspezialisten Michael de Bakey und Adirn Kantrowitz*

Das neueste Album der Beatles

Die Beatles bringen 1967 eine neue Langspielplatte heraus, die viele Musikkritiker für ihre beste halten: Sergeant Pepper's Lonely Hearts Club Band. Die Platte enthält viele psychedelische Songs. Das Plattencover hat der englische Pop-Art-Künstler Peter Blake gestaltet.

Nigeria: Hunger und Krieg

▶ 30. Mai 1967 ◀

Der afrikanische Staat Nigeria ist ein künstliches Gebilde. Bis 1960 lebten dort unter britischer Kolonialherrschaft Volksgruppen zusammen, die eigentlich nichts miteinander zu tun haben wollten. Auch nach der Unabhängigkeit ergeht es ihnen nicht besser miteinander. Insbesondere die Volksgruppe der Ibo wird unterdrückt und verfolgt. Die Ibos flüchten deshalb in den Norden des Landes und rufen einen eigenen Staat mit Namen Biafra aus. Das wollen sich die anderen Nigerianer nicht gefallen lassen. Es kommt zu einem Bürgerkrieg und in Biafra herrscht bald eine Hungersnot.

▶ *Junge Ibo beim Training; sie wollen für ein unabhängiges Biafra kämpfen.*

Sechs Tage Krieg im Nahen Osten

▶ **10. Juni 1967** ◀ Nur sechs Tage dauert der Krieg zwischen Israel und den arabischen Nachbarn. Nach Drohungen arabischer Politiker begann die israelische Armee am 5. Juni den Krieg und eroberte große Gebiete: Von Ägypten den Gazastreifen und die Halbinsel Sinai, von Syrien die Golanhöhen, von Jordanien das Westjordanland und den Osten Jerusalems. Jahre- und jahrzehntelang hält Israel danach die Gebiete besetzt. Der Nahe Osten bleibt ein Krisengebiet.

▲ *Verteidigungsminister Moshe Dayan, der Organisator des israelischen Blitzkriegs*

1960 – 1969

INFO • 1967 • INFO

27. Januar • Drei amerikanische Astronauten verbrennen beim Training auf der Erde in ihrer Raumkapsel

21. April • Mit einem Putsch übernimmt die Armee die Macht in Griechenland

27. Mai • Francis Chichester wird bei seiner Ankunft im Hafen von Plymouth gefeiert. Der 65-jährige Engländer hat mit seiner Jacht in neun Monaten allein die Welt umsegelt

Ein Toter bei Studentendemo

▶ **2. Juni 1967** ◀ Mohammed Reza Pahlawi, der Schah des Iran, kommt nach Berlin. Viele Studenten sind von dem Besuch des orientalischen Herrschers gar nicht angetan. Sie wissen, dass der Schah in seinem Land die Opposition brutal unterdrücken lässt und demonstrieren gegen ihn. Dabei wird ein Student von einer Polizeikugel tödlich getroffen. Wütend gehen danach Hunderttausende Studenten auf die Straße.

Revolutionsheld Che Guevara tot

▶ **9. Oktober 1967** ◀ Der lateinamerikanische Revolutionsheld Che Guevara wird in Bolivien erschossen. Che Guevara wurde in Argentinien geboren, studierte Medizin und war als »rechte Hand« Castros an der kubanischen Revolution 1959 beteiligt. Seit 1965 lenkte er den revolutionären Kampf in Lateinamerika. Nach seinem Tod wird »Che« in weiten Teilen der Welt als Idol verehrt.

▲ *Che (rechts) mit Castro*

Proteste gegen den Vietnamkrieg

▶ **21. Oktober 1967** ◀ Zehntausende belagern das Pentagon, das amerikanische Verteidigungsministerium, um gegen die Beteiligung der USA am Vietnamkrieg zu protestieren. Dabei kommt es zu Auseinandersetzungen mit der Polizei, die auch Tränengas einsetzt. Hunderte Demonstranten werden festgenommen. Die amerikanische Politik in Vietnam spaltet Amerika. Insbesondere Jugendliche sind dagegen, dass über 300 000 amerikanische Soldaten im fernen Asien einen brutalen Krieg gegen vietnamesische Kommunisten führen.

▶ *Vietnamkriegsgegner beschimpfen Militärpolizisten am Pentagon.*

POPMUSIK

Anfang des 20. Jahrhunderts revolutionierte eine technische Erfindung die Musikwelt: Grammophon und Schallplatte brachten die Musik nun ins Haus. Ungefähr zur gleichen Zeit entstand im Süden der USA durch die Vermischung von afrikanischer und europäischer Musik eine neue Unterhaltungsmusik – der Jazz. Als während des Zweiten Weltkriegs viele Schwarze in den Norden zogen, um dort zu arbeiten, entwickelte sich ein neuer Jazz-Stil – Rhythm and Blues. Es war der Blues, die schwermütige Volksmusik der schwarzen Amerikaner, der zur Grundlage des Rock 'n' Roll und der gesamten Popmusik bis hin zu Heavymetal, Grunge und Techno wurde.

▲ *Chuck Berry beginnt seine Karriere als Bluesgitarrist in Tanzbars.*

▼ *Elvis Presley, der »König« des Rock 'n' Roll*

▶ *Die Beatles aus Liverpool, die erste Supergruppe der Popmusik*

Rock 'n' Roll

Mit »Rock around the clock« nahmen Bill Haley und The Comets 1954 den ersten Rock 'n' Roll-Song auf. Dieser neue Musikstil war eine Mischung aus der Rhythm-and-Blues-Musik der schwarzen und der Volksmusik der weißen Amerikaner, genannt Country and Western. Der Rock 'n' Roll kam bei den Jugendlichen sehr gut an und auch viele Musiker fanden diese Art der Musik toll. Elvis Presley zum Beispiel oder der Gitarrist und Songschreiber Chuck Berry, der eine ganze Reihe von Hits landete wie »Maybelline«, »Sweet Little Sixteen«, »Johnny B. Goode« und »Back in the USA«. Er war es auch, der Rhythmen und Gitarrengriffe entwickelte, die dann in den 60er Jahren von englischen Gruppen wie den Beatles und den Rolling Stones übernommen wurden.

Musik bekommt eine Botschaft

Findest du die Beatles besser oder die Stones? Das war für Jugendliche in den 60er Jahren eine wichtige Frage. Die Beatles waren, zumindest nach Meinung vieler Eltern, schon schlimm genug mit ihren langen Haaren und den Liedern, die alle Mädchen zum Kreischen brachten. Aber gegen die Rolling Stones waren sie noch harmlos, denn die zertrümmerten die Einrichtung ihrer Hotelzimmer und sangen über Sex und Drogen. Die Beat- und Rockmusik der 60er Jahre enthielt oft politische Botschaften, die auf Rockfestivals lautstark zu Gehör gebracht wurden. Bob Dylan war einer von denen, die in Songs ihren Protest zum Ausdruck brachten.

▲ Madonna schockiert mit ihrer auf der Bühne, in Videos und Songtexten offen zur Schau gestellten Sexualität.

Die erfolgreichste Band der Pop-Geschichte sind die Beatles. Mehr als eine Milliarde Schallplatten und Kassetten mit ihren Liedern sind verkauft worden.

Die erfolgreichste Langspielplatte aller Zeiten ist Michael Jacksons 1982 aufgenommenes Album »Thriller«, das ungefähr 40 Millionen Mal verkauft wurde.

▶ Die Supremes – Florence Ballard, Diana Ross und Mary Wilson

Blues, Pop, Gospel: Motown

Die meisten schwarzen amerikanischen Musikstars begannen ihre Karriere als Sänger im Gospelchor (Kirchenchor), zum Beispiel Aretha Franklin und Marvin Gaye. In den 60er Jahren begannen Gospelsänger über persönliche Beziehungen und soziale Probleme zu singen. Dieser neue Stil in der schwarzen Musik wurde unter dem Namen Soul bekannt. Motown, das erfolgreichste Plattenlabel für schwarze Musik, hat so bedeutende Künstler wie zum Beispiel Stevie Wonder, Diana Ross und die Jackson Five vertreten.

1960

1961

1962

1963

1964

1965

1966

1967

1968

1969

1968

▶ *Ein Ziel der Tet-Offensive der Vietcong ist die südvietnamesische Hauptstadt Saigon.*

Angriff zu Neujahr

▶ **30. Januar 1968** ◀

Zum buddhistischen Neujahrsfest (Tet) starten die Vietcong einen Angriff auf über 100 Städte in Südvietnam. Die Vietcong sind kleine kämpfende Verbände von Südvietnamesen, die von der kommunistischen Regierung in Nordvietnam unterstützt werden. Ihr Ziel ist es, die Regierung Südvietnams zu stürzen und die Amerikaner aus Vietnam zu vertreiben. Die Vietcong sind in ihrem Kleinkrieg (Guerilla) gegen die amerikanische Kriegsmaschinerie sehr erfolgreich, denn sie können als Einheimische immer wieder überraschend losschlagen. Bei der Tet-Offensive erobern sie zeitweise die amerikanische Botschaft. Der Oberbefehlshaber der US-Truppen fordert, 200 000 weitere amerikanische Soldaten nach Vietnam zu schicken. Doch viele Amerikaner haben genug von diesem Krieg. Im Mai beginnen Friedensgespräche.

Mai-Unruhen in Frankreich

▶ **3. Mai 1968** ◀

Nach blutigen Straßenschlachten zwischen demonstrierenden Studenten und der Polizei wird die Pariser Universität geschlossen. Doch die Proteste gegen die Regierung und für einen sozialistischen Umsturz sind nicht mehr aufzuhalten. Denn viele Unzufriedene, vor allem Arbeiter, solidarisieren sich mit den Studenten. Massenproteste und Fabrikbesetzungen stürzen das Land ins Chaos. Es gibt bis Monatsende 5000 Verhaftungen, 1000 Verletzte und ungefähr ein Dutzend Tote. Ab dem 13. Mai wird gestreikt. Ende Mai gehen zehn Millionen Franzosen aus Protest nicht zur Arbeit.

▶ *Rangeleien mit der Polizei*

INFO • 1968 • INFO

1. Januar • In Westdeutschland wird die Mehrwertsteuer eingeführt

2. Januar • Christiaan Barnard führt die zweite Herztransplantation durch. Der Patient Philip Blaiberg überlebt die Operation eineinhalb Jahre.

7. November • Beate Klarsfeld gibt Bundeskanzler Kurt Georg Kiesinger eine Ohrfeige, um auf seine angebliche Nazi-Vergangenheit hinzuweisen

Tödliche Schüsse auf Robert Kennedy

▶ **5. Juni 1968** ◀

Robert Kennedy, der Bruder des ermordeten amerikanischen Präsidenten John F. Kennedy, wird Opfer eines Attentats. Er wird während des Wahlkampfs – er wollte selbst Präsident werden – in Los Angeles von zwei Kugeln aus dem Revolver des Jordaniers Sirhan Sirhan getroffen und stirbt am nächsten Tag. Der Attentäter wird sofort überwältigt. Nach dem Verbrechen steht Amerika unter Schock.

▶ *Kennedy im Wahlkampf*

1968

Sowjetpanzer in Prag

▶ **20. August 1968** ◀ Die Sowjetunion und vier andere Staaten Osteuropas schicken Panzer nach Prag, die das Experiment eines liberalen Sozialismus in der Tschechoslowakei gewaltsam beenden. Die neue Führung der kommunistischen Partei des Landes hatte im Frühjahr Reformen eingeleitet: Die Bevölkerung durfte offen ihre Meinung sagen und neue Parteien gründen.

Die Kommunisten in Moskau fürchten eine Ausweitung des »Prager Frühlings« auf andere Staaten in ihrem Machtbereich und lassen das Land besetzen. Die Bewohner Prags wehren sich verzweifelt, doch ohne Erfolg: Die Reformen werden zurückgenommen.

◀ *Tschechische Studenten wehren sich gegen die Sowjetpanzer in Prag.*

Studentenführer Dutschke verletzt

▶ **11. April 1968** ◀ Durch drei Schüsse wird Rudi Dutschke in Berlin schwer verletzt, überlebt aber. Er ist der Anführer der Studentenrevolte und der Außerparlamentarischen Opposition (APO) gegen den Staat. Mit seinem Kampf für eine sozialistische Gesellschaft hat er sich viele Gegner gemacht. Die APO beschuldigt die Zeitungen des Springer-Konzerns, durch ihre Hetze gegen Dutschke das Attentat mitverursacht zu haben. 10 000 demonstrieren gegen Springer.

Rassenkrawalle nach Mord an Martin Luther King

▶ **4. April 1968** ◀ Der schwarze Bürgerrechtler Martin Luther King wird in Memphis von einem entflohenen weißen Häftling erschossen. King hatte seit den 50er Jahren gewaltlos für die Gleichstellung der Rassen in den USA gekämpft. In den letzten Jahren geriet er immer mehr in den Schatten der radikaleren »Black Panthers«. Der Mord an King leitet eine neue Welle des Hasses und der Gewalt ein. In den Tagen danach kommt es in 85 Städten zu Rassenunruhen mit sieben Toten.

▶ *Rassenunruhen nach dem Mord an King*

Odyssee im Weltraum

Der Sciencefictionfilm »2001: Odyssee im Weltraum« von Stanley Kubrick kommt 1968 in die Kinos. Geschildert wird mit phantastischen Trickaufnahmen, wie der Bordcomputer eines Raumschiffs verrückt spielt und den Tod der Besatzung herbeiführt. Erst dem letzten Überlebenden gelingt es, ihn auszuschalten. Für den einsamen Raumfahrer beginnt nun eine Irrfahrt durchs All.

▲ *Im Innern des Raumschiffs*

Blackpower bei Olympia

▶ **16. Oktober 1968** ◀ Die beiden schwarzen amerikanischen Sportler Tommie Smith und John Carlos nutzen die Olympischen Spiele in Mexiko zum Protest gegen den Rassismus in den USA. Als sie bei der Siegerehrung ihre Gold- und Bronzemedaillen für den 200-Meter-Lauf bekommen, recken sie ihre geballte Faust in einem schwarzen Handschuh in die Höhe. Das ist der Gruß von Blackpower, der militanten Schwarzenbewegung in den USA. Die Sportler werden aus der US-Mannschaft ausgeschlossen.

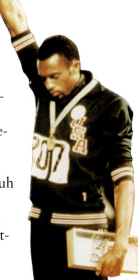

▼ *Sieger Tommie Smith reckt die Faust.*

1969

Erste Mondlandung

▶ 21. Juli 1969 ◀

Der amerikanische Astronaut Neil A. Armstrong betritt um 3.56 Uhr mitteleuropäischer Zeit als erster Mensch den Mond. Er erklärt: »Das ist nur ein kleiner Schritt für einen Menschen, aber ein gewaltiger Sprung für die Menschheit.« 18 Minuten später verlässt auch Edwin E. Aldrin die Mondlandefähre. Die Astronauten bleiben gut zwei Stunden auf dem Mond. Dabei enthüllen sie eine Metallplakette, hissen die amerikanische Flagge, sammeln mehr als 20 Kilogramm Steine ein und fotografieren einander. Danach kehren sie in die Mondlandefähre zurück. Währenddessen umkreist ihr Kollege Michael Collins mit dem Mutterschiff »Apollo 11« den Mond. Um 22.35 Uhr dockt die Mondlandefähre am Mutterschiff an. Armstrong und Aldrin steigen um. Drei Tage später landen die drei Astronauten auf der Erde. Dort werden sie mit ungeheurem Jubel empfangen.

▶ *Ein Fußabdruck auf dem Mond*

▶ *Die Flagge gehisst – endlich haben die Amerikaner im Wettlauf mit den Sowjets die Nase vorn.*

Das Mondlandeprogramm kostete 350 Millionen Dollar. Allein die Trägerrakete »Saturn« machte davon 185 Millionen Dollar aus.

•

Die Mondfähre »Eagle« musste zuletzt von Armstrong per Hand gesteuert werden, da der ursprünglich vorgesehene Landeplatz nicht geeignet war.

Nach der Rückkehr zur Erde wurden die Astronauten 14 Tage isoliert – für den Fall, dass sie eine ansteckende Krankheit vom Mond mitgebracht hatten.

Ho Chi Minh ist tot

▶ 3. September 1969 ◀

Der 79-jährige Chef der kommunistischen Partei und Präsident von Nordvietnam, Ho Chi Minh, stirbt nach einem schweren Herzanfall. Seit über 30 Jahren führte Ho Chi Minh den Widerstandskampf gegen ausländische Mächte in seinem Land an. Zuerst kämpfte er gegen die französischen Kolonialherren, danach gegen die amerikanischen Soldaten. Sein Ziel ist die Wiedervereinigung des seit 1954 geteilten Vietnam unter kommunistischer Herrschaft. Auch die revoltierenden Studenten in Europa verehren Ho Chi Minh.

◀ *Ho Chi Minh war Schiffskoch bevor er in die Politik ging.*

1960 – 1969

▲ *Charles Manson nach der Festnahme*

Bluttat in der Prominentenvilla

▶ **8. August 1969** Die amerikanische Filmschauspielerin Sharon Tate und vier weitere Menschen werden in einer Prominentenvilla in Los Angeles grausam ermordet. Die Leiche der hochschwangeren Sharon Tate weist 16 Messerstiche auf. An den Wänden steht mit Blut das Wort »pig« (Schwein). Später stellt sich heraus, dass Charles Manson und vier seiner Anhänger die Tat begangen haben. Manson ist der Anführer einer Hippie-Kommune und predigt einen verrückten Hass auf die Gesellschaft. Die Täter werden zum Tode verurteilt und später zu lebenslänglich begnadigt.

Keine Strafe mehr für homosexuelle Liebe

▶ **1. September 1969** ◀ Die homosexuelle Liebe zwischen Erwachsenen wird in der Bundesrepublik Deutschland endlich nicht mehr bestraft. Bis dahin konnten Schwule, also männliche Homosexuelle, mit Gefängnis bestraft werden, wenn sie eine Liebesbeziehung hatten. Auch der Ehebruch, also der Geschlechtsverkehr mit einem verheirateten Mann oder einer verheirateten Frau, ist von nun an straffrei.

»Easy Rider«

Der Film »Easy Rider« ist der Überraschungserfolg von 1969, auch wegen der Songs von The Byrds und Jimi Hendrix. Mit der Harley Davidson fahren Billy und Wyatt, gespielt von Dennis Hopper und Peter Fonda, durchs Land. Sie suchen das alte, freie Amerika, finden aber nur Spießernester und werden von einem Lkw-Fahrer niedergeschossen.

Wieder Unruhen in Nordirland

▶ **12. August 1969** ◀ In der nordirischen Stadt Londonderry kommt es zu Straßenschlachten zwischen Protestanten und Katholiken. Die Unruhen weiten sich später aus. Mehrere hundert Menschen werden verletzt, neun Personen kommen ums Leben. Die britische Armee soll nun für Sicherheit in Nordirland sorgen. Nordirland gehört zu Großbritannien, was die Protestanten begrüßen, die Katholiken aber ablehnen.

▶ *Ein britischer Soldat in Nordirland*

Golda Meir – eine Frau an der Spitze Israels

▶ **17. März 1969** ◀ Das israelische Parlament wählt die 70-jährige Golda Meir zur Regierungschefin. Golda Meir wurde in der Ukraine geboren und wanderte als Kind mit ihren Eltern zunächst in die USA aus. Mit 23 Jahren siedelte sie nach Palästina über und kämpfte für einen eigenen Staat der Juden. Sie war entscheidend daran beteiligt, dass dieser Staat – Israel – 1948 entstand. Seitdem war sie zweimal Ministerin. Ein Kollege sagte einmal über sie, dass sie der einzige Mann in der Regierung sei.

▶ *Golda Meir, ein alter Hase in der Politik*

1969

400 000 Hippies in Woodstock

▼ *Erschöpfung nach dem Festival in Woodstock – die Fans reisen ab.*

▶ **17. August 1969** ◀ Eine Million junger Amerikaner macht sich auf den Weg, um am Woodstock-Rockfestival im Bundesstaat New York teilzunehmen, doch nur knapp die Hälfte von ihnen findet auf dem Festivalgelände Platz. Die Jugendlichen kampieren drei Tage lang auf dem Land eines Farmers und erleben trotz starker Regenfälle und anderer widriger Umstände ein Festival der Superlative. Es treten auf: Joan Baez, Joe Cocker, Janis Joplin, Jimi Hendrix, Crosby, Stills, Nash & Young, The Who, Jefferson Airplane und viele andere.

Viele Jugendliche erfahren in Woodstock zum ersten Mal die Gemeinschaft anderer Hippies. Die auch »Blumenkinder« genannten Hippies begeistern sich für »Love and Peace« (Liebe und Frieden) und wollen die bestehende Gewalt überwinden. Neben dem gemeinsamen Musikhören werden Sex und Drogengenuss für einige zu den großen Erlebnissen des Festivals. Höhepunkt des Programms ist Jimi Hendrix' Nummer »Star Sprangled Banner«, eine unerhörte Version der amerikanischen Nationalhymne und ein heftiger Protest gegen die Einmischung der USA im Vietnamkrieg. Hendrix und Joplin sterben 1970 an einer Überdosis Schlaftabletten bzw. Rauschgift.

Erdöl in der Nordsee

Bei Probebohrungen wird festgestellt, dass es unter dem eisigen Wasser der Nordsee Erdöl gibt. Die Funde sind weit vom Festland entfernt und das Meer ist dort sehr tief. Trotzdem lohnt es sich, das Öl zu gewinnen. Großbritannien und Norwegen profitieren davon.

Arafat leitet die PLO

▶ **3. Februar 1969** ◀ Der neue Vorsitzende der PLO (Palästinensische Befreiungsorganisation) heißt Jassir Arafat. Die PLO vertritt die Araber, die in Palästina lebten und mit der Gründung des Staates Israel 1948 ihre Heimat verloren haben. Mehr als eine halbe Million Palästinenser verließen damals ihr Heim. Weitere 200 000 bis 400 000 flüchteten, als Israel im Sechstagekrieg 1967 weite Gebiete in Jordanien besetzte, in denen sie vorher gewohnt hatten. Die meisten Palästinenser leben in Flüchtlingslagern. Die PLO möchte einen eigenen Staat auf dem Gebiet einrichten, das heute zu Israel gehört. Um dieses Ziel zu erreichen, begeht sie auch Terroranschläge – zumindest in der ersten Zeit. Später nimmt Arafat Abstand vom Terror und sucht eine friedliche Lösung mit Israel.

▶ *Jassir Arafat, der neue Vorsitzende der Palästinensischen Befreiungsorganisation*

INFO • 1969 • INFO

5. März • *Gustav Heimann (SPD) wird zum deutschen Bundespräsidenten gewählt. Er ist der erste Sozialdemokrat in diesem Amt*

10. März • *Der Mörder von Martin Luther King wird zu 99 Jahren Haft verurteilt*

8. Juni • *Die deutschen Schriftsteller gründen eine Gewerkschaft*

5. Juli • *Die Rolling Stones treten ohne Gage im Londoner Hyde Park auf*

Armee stürzt libyschen König

▶ **1. September 1969** ◀ Unter der Leitung von Muammar al-Gaddhafi stürzt eine Gruppe junger Offiziere den libyschen König Idris I. und ruft die Republik aus. Die Offiziere übernehmen in einem unblutigen Putsch die Macht, während der 70-jährige König sich zu einer Kur in der Türkei aufhält. Der Kronprinz erklärt, dass er mit der neuen Führung einverstanden sei. Oberst Gaddhafi wird Präsident des afrikanischen Landes. Er will Libyen zu einem sozialistischen, aber auch islamischen Staat machen.

◀ *Oberst Gaddhafi, der neue Mann in Libyen*

Willy Brandt wird Kanzler

▶ **21. Dezember 1969** ◀ Der erste sozialdemokratische (SPD-) Kanzler der Bundesrepublik heißt Willy Brandt. Er war früher Berliner Bürgermeister und in der letzten Regierung, einer großen Koalition aus CDU/CSU und SPD, Außenminister. Bei den Wahlen am 28. September hatten CDU/CSU zwar wieder die meisten Stimmen gewonnen, doch die SPD holte auf. Zusammen mit der kleinen FDP hat sie die Mehrheit im Bundestag. Die beiden Parteien bilden eine gemeinsame Regierung, die sozialliberale Koalition. Brandt will das Verhältnis zum Osten verbessern.

1960 – 1969

Hilfsflüge nach Biafra gestoppt

▶ **5. Juni 1969** ◀ Das Rote Kreuz stellt seine Hilfsflüge nach Biafra ein, nachdem eines seiner Flugzeuge abgeschossen worden ist. Biafra ist der Teil des afrikanischen Staates Nigeria, der sich 1967 selbständig erklärt hat. Seitdem herrscht Bürgerkrieg. Die Regierung von Nigeria will die Selbständigkeit Biafras nicht dulden. Sie erhält Hilfe von Großbritannien, denn in Nigeria gibt es Erdöl, das von einer britischen Firma gefördert wird. Die nigerianischen Regierungstruppen können weite Gebiete Biafras zurückerobern. Für die Volksgruppe der Ibo, die sich nach Biafra geflüchtet hat, wird der Raum immer enger. Außerdem herrscht dort eine große Hungersnot. Deshalb hatten Hilfsorganisationen Nahrungsmittel eingeflogen. Damit ist es nun vorbei. Anfang 1970 endet der Krieg mit der Niederlage Biafras.

▶ *Die Kinder in Biafra sind auf Hilfe von außen dringend angewiesen, um Bürgerkrieg und Hunger zu überleben.*

Die erste Sesamstraße

Die Vorschulkinder in den USA haben es gut. Ihnen fällt das Lernen von Buchstaben und Zahlen leicht, seitdem es die neue Kindersendung »Sesamstraße« gibt. Außerdem macht es Spaß, den putzigen Figuren im Fernsehen zuzuschauen. Die »Sesamstraße« kommt bald nach dem Start 1969 auch nach Europa.

◀ *Bibo, ein Bewohner der Sesamstraße*

Ein Student verbrennt sich aus Protest

▶ **16. Januar 1969** ◀ Auf dem Wenzelsplatz in der Innenstadt von Prag übergießt sich der Student Jan Palach mit Benzin und zündet sich selbst an. Wenige Stunden später stirbt er im Krankenhaus. Der 21-Jährige will mit seinem Tod gegen die Besetzung der Tschechoslowakei durch sowjetische Truppen und gegen die Unterdrückung der Meinungsfreiheit protestieren.

▲ *Trauer um Jan Palach*

SCHALT DIE GLOTZE AN

▲ *1962 wurden mit Hilfe des Telstar-Satelliten Farbbilder über den Atlantik von London nach New York übertragen.*

Heutzutage kann man sich kaum noch vorstellen, was die Leute gemacht haben, als es noch kein Fernsehen gab. Denn heute ist es ja selbstverständlich, dass man – gemütlich vom Wohnzimmer aus – Nachrichten aus aller Welt empfängt, Sportereignisse miterlebt, Kinofilme anschaut, sich bei Shows und Serien amüsiert. Werbefachleute verlassen sich zum größten Teil aufs Fernsehen, um ihre Produkte zu verkaufen und machen das Medium so zu einem Milliardengeschäft.

Und das Fernsehen gewinnt noch immer an Bedeutung. Immer mehr Sender strahlen immer mehr Programme aus. Der »Kasten« selbst wird ebenfalls dauernd technisch überarbeitet und verbessert.

Unterhaltung im Wohnzimmer

Nach dem Zweiten Weltkrieg begann der Fernsehapparat in amerikanischen und britischen Haushalten das Radio als wichtigstes Informations- und Unterhaltungsmedium zu ersetzen. 1949 gab es in Amerika eine Million Apparate. 1959 waren es schon 50 Millionen. 1990 hatten 98 Prozent der Haushalte in Westeuropa und den USA mindestens einen Fernseher.

Das weltweit erste Fernsehprogramm wurde 1935 in Deutschland ausgestrahlt, an drei Abenden in der Woche jeweils anderthalb Stunden lang. Öffentliche Fernsehstuben wurden eingerichtet, denn zu Hause hatte kaum jemand ein Empfangsgerät. Im Zweiten Weltkrieg wurde das Programm wegen der Bombenangriffe schließlich eingestellt. Nach dem Krieg mussten die Deutschen bis Weihnachten 1952 auf den Neubeginn des Fernsehens warten. Es startete mit einem Sender und ungefähr zwei Stunden Programm täglich.

▼ *Das Fernsehen ist mehr als ein Kasten; in vielen Haushalten ist es das wichtigste Möbelstück.*

Am 25. Dezember 1952 begann das Deutsche Fernsehen (ARD) seinen Sendebetrieb. Am 1. April 1963 kam das ZDF hinzu.

•

Im Juli 1969 bestaunten über 100 Millionen Fernsehzuschauer die Landung des ersten Menschen auf dem Mond.

•

Die erste reguläre Farbfernsehsendung in Deutschland wurde am 25. August 1967 ausgestrahlt.

Kinder als Fernsehpublikum

»Sesamstraße«, 1969 in den USA zum ersten Mal ausgestrahlt, war ganz anders als die bisherigen Fernsehprogramme für Kinder. Knallige Farben und schnelle Schnitte – das rasche Wechseln von einem Bild zu einem anderen – sorgten für Abwechslung. Die Bewohner der »Sesamstraße« waren von Jim Henson entworfen worden.

Natürlich gab es schon vor der »Sesamstraße« Kindersendungen. Ab 1953 wurden Stücke der Augsburger Puppenkiste ausgestrahlt, zum Beispiel »Urmel aus dem Eis«. Ende der 50er Jahre wurden amerikanische Serien populär, in denen oft Tiere mitspielten – »Rin-Tin-Tin«, »Lassie«, »Fury« oder »Flipper« – oder Westernserien wie »Am Fuß der blauen Berge«, »Rauchende Colts« oder »Bonanza«. In den 70er Jahren wurden die Vorschulkinder als Fernsehpublikum entdeckt. Für sie gab es »Die Sendung mit der Maus«, oder »Rappelkiste«. Inzwischen haben die Kinder in Deutschland einen eigenen Kinderkanal und vor Zeichentrickserien können sie sich kaum noch retten.

▼ *Bewohner der »Sesamstraße«, darunter Bibo, Oscar, Sherlock, Ernie und Bert*

▼ *John Logie Baird 1926 bei einer Fernsehvorführung*

▶ *Früher konnten Fernsehsendungen nur über die Dachantenne empfangen werden. In den 90er Jahren empfangen immer mehr Menschen ihre Fernsehbilder per Satellitenschüssel oder Kabel. Die Fernsehantennen, die hier abgebildet sind, wurden in Amerika entwickelt.*

Fernsehpionier

Der schottische Erfinder John Logie Baird konnte als erster der Öffentlichkeit einen funktionierenden Fernseher vorführen. Am 27. Januar 1926 sandte er mit Hilfe einer Kamera und eines Empfängers ein Bild von einem Londoner Studio zu einem anderen. Der britische Sender BBC entschied sich 1929 aber für ein anderes Übertragungssystem.

70ER JAHRE

1970

Die 70er Jahre waren das Jahrzehnt, in dem Aussteiger und »Alternative« nach neuen Lebensformen abseits der Leistungs- und Wohlstandsgesellschaft suchten. Sie gründeten Landkommunen und selbstverwaltete Betriebe ohne Chef. Proteste Jugendlicher richteten sich gegen die zunehmende Umweltverschmutzung und gegen Atomkraftwerke. In der offiziellen Politik gab es eine Zeit der »Entspannung« zwischen Ost und West. Abrüstungsverträge wurden geschlossen.

150 000 Tote durch Flut

▶ **20. November 1970** ◀ In Pakistan herrscht Staatstrauer um die etwa 150 000 Opfer der Flutkatastrophe im Ostteil des Landes, dem späteren Bangladesch. Eine Woche zuvor war nach einem schweren Wirbelsturm eine neun Meter hohe Flutwelle über das Gebiet hereingebrochen, hatte das Vieh auf der Weide getötet, die Ernte vernichtet und ganze Dörfer zerstört. Etwa drei Millionen Menschen verloren ihr Haus oder ihre Wohnung.

Die internationale Hilfe für die Betroffenen der Katastrophe lief sofort an. Sie gestaltete sich aber schwierig, denn viele Straßen waren durch die Wassermassen einfach weggespült worden. Daher blieb vielfach nur die Hilfe mit Hubschraubern aus der Luft. In den verwüsteten Regionen brechen außerdem Seuchen aus.

▲ *Ein Schiff ist von der Flut in ein Feld geschleudert worden (oben); Trauer unter Überlebenden.*

Die erste Computer-Diskette

Die amerikanische Firma IBM stellt 1970 eine bahnbrechende Neuerung in der Computertechnik vor: die Diskette. Auf ihr können auf einfache Weise Daten gespeichert werden. Vorher war dies nur sehr kompliziert mit teuren Magnetbändern möglich. Der Computer 3740, den IBM auf den Markt bringt, ist erstmals mit einem Diskettenlaufwerk ausgestattet. Die ersten Computerdisketten sind relativ weich und größer als die heute üblichen.

Vietnamkrieg erfasst auch Kambodscha

▶ **30. April 1970** ◀ Auf Befehl des amerikanischen Präsidenten Richard Nixon marschieren etwa 25 000 amerikanische und südvietnamesische Soldaten in Kambodscha ein. Sie sollen Nachschublager und Stützpunkte von vietnamesischen Kommunisten zerstören und den neuen kambodschanischen Präsidenten, General Lon Nol, gegen seine Gegner unterstützen. Die Aktion erweist sich aus der Sicht der amerikanischen Regierung jedoch als Fehlschlag. Außerdem wächst der Widerstand in den USA gegen die amerikanische Einmischung in Vietnam und Kambodscha.

▶ *Amerikaner in Kambodscha; der Einsatz soll höchstens sieben Wochen dauern.*

1970 – 1979

Schwarzer September für Palästinenser

▶ **27. September 1970** ◀ Nach zehn Tagen blutiger Kämpfe zwischen in Jordanien lebenden Palästinensern und jordanischen Regierungstruppen wird ein Waffenstillstand geschlossen. Die Jordanier gingen auch mit Panzern gegen die schlecht bewaffneten Palästinenser vor. Die Auseinandersetzungen waren ausgebrochen, nachdem palästinensische Terroristen vier Flugzeuge gekapert, 56 Geiseln genommen und drei der Maschinen in die Luft gesprengt hatten. Schon seit längerem gibt es in Jordanien Konflikte zwischen Palästinensern und dem jordanischen König Hussein II. um die Macht im Staat. Der »schwarze September« bedeutet für viele palästinensische Flüchtlinge, dass sie sich eine neue Heimat suchen müssen. Die meisten gehen in den Libanon.

▲ *Jordanische Soldaten beim Angriff*

Franzosen trauern um de Gaulle

▶ **9. November 1970** ◀ Die Franzosen trauern um Charles de Gaulle, der 79-jährig gestorben ist. Er zählt zu den bekanntesten Politikern des Jahrhunderts. De Gaulle führte im Zweiten Weltkrieg den Kampf der Franzosen gegen die Nazi-Besatzer an und war 1958 bis 1969 Präsident. »Frankreich ist eine Witwe«, erklärt sein Nachfolger Georges Pompidou nach seinem Tod.

»Love Story« im Kino

»Love Story« heißt ein Hollywood-Film, der 1970 in die europäischen Kinos kommt und kaum ein Auge trocken lässt. Erzählt wird die Geschichte des Studenten Oliver (gespielt von Ryan O'Neal), der sich in Jenny (Ali MacGraw) verliebt und sie gegen den Willen seiner Familie heiratet. Als sie an Krebs stirbt, versöhnen sich Oliver und sein Vater.

▲ *Auseinandersetzungen zwischen protestierenden Studenten und der Polizei an der Universität in Kent*

Vier Demonstranten getötet

▶ **4. Mai 1970** ◀ Nach dem Einmarsch von Truppen der USA in Kambodscha stehen sich in Amerika Befürworter und Gegner des Krieges in Vietnam schroffer gegenüber als jemals zuvor. Tausende Studenten demonstrieren gegen die Vietnampolitik der Regierung. An 441 der 2100 Colleges und Universitäten der USA wird gestreikt.

Auch an der Staatsuniversität Kent im Bundesstaat Ohio protestieren die Studenten gegen den Krieg. Polizisten der Nationalgarde eröffnen dabei das Feuer auf die Demonstranten. Vier Studenten werden getötet, zwölf weitere verletzt. Später erklären die Polizisten, sie hätten ihre Tränengasvorräte verschossen gehabt und hätten sich bedroht gefühlt. Nach dem brutalen Vorgehen der Polizei ist die Empörung groß. Die Protestwelle in den USA weitet sich danach noch aus. Auch in Europa und Australien wird demonstriert.

▼ *Traumpaar: Ryan O'Neal und Ali MacGraw*

1970

Glückliches Ende bei Panne im All

▶ **14. April 1970** ◀ »Hey, wir haben da ein Problem« – mit diesen Worten meldet sich der amerikanische Astronaut James Lovell bei der Bodenstation in Houston. Er und seine Kollegen Fred Haise und John Swigert sind an Bord der Raumkapsel »Apollo 13« etwa 335 000 Kilometer von der Erde entfernt auf dem Weg zum Mond. Und sie sind in höchster Lebensgefahr, denn ein Sauerstofftank an Bord ist explodiert. Dadurch fallen alle Versorgungssysteme aus. Es gibt nur noch eine kleine Sauerstoffreserve und weder genügend Treibstoff noch genügend Energie, um die Triebwerke für die Rückkehr zur Erde zu zünden. Die Mondfähre »Aquarius«, mit der die Astronauten eigentlich auf dem Mond landen wollten, wird für sie zum »Rettungsboot«: Dort gibt es genügend Sauerstoff und Treibstoff, und mit Hilfe ihrer Triebwerke kann »Apollo 13« auch auf Rückkehrkurs gebracht werden. Zwar gibt es beim Rückflug weitere Pannen, doch schließlich kehren die Astronauten am 17. April unversehrt zur Erde zurück.

◀ *Nach der Landung von »Apollo 13« im Pazifik*

Die Rockoper »Tommy«

Solche Musik haben Opernbesucher noch nie gehört: Die Rockoper »Tommy« von der englischen Gruppe »The Who« wird im Juni 1970 an der Metropolitan-Oper in New York gezeigt. Das ist das berühmteste Opernhaus der Welt. »Tommy« handelt von einem Jungen, der blind und taubstumm wird, als er einen Mord beobachtet. Aber er gibt nicht auf. Schließlich steigt er zum Flipper-König auf.

Weltmeister Brasilien

▶ **21. Juni 1970** ◀ Mit Ballzauber und Traumfußball gewinnen die Brasilianer die Fußball-Weltmeisterschaft. Im Endspiel vor 107 000 Zuschauern in Mexiko-Stadt lassen Stürmer Pelé und seine Teamkameraden der italienischen Elf keine Chance. Am Ende heißt es 4:1 für Brasilien. Da die Brasilianer schon zweimal, 1958 und 1962, die Weltmeisterschaft gewonnen haben, dürfen sie den Pokal behalten. Für die Endrunde 1974 muss ein neuer hergestellt werden.

▲ *Szene aus dem Spiel Brasilien – Italien*

Kniefall vor den Opfern

▶ **7. Dezember 1970** ◀ Ein Bild geht um die Welt: Der deutsche Bundeskanzler Willy Brandt kniet in der polnischen Hauptstadt Warschau vor einem Denkmal nieder. Es erinnert an die Menschen, die während des Zweiten Weltkriegs im Warschauer Ghetto starben. Mit seinem Kniefall will Brandt der Millionen Opfer gedenken, die von den Nazis umgebracht wurden.

Brandt bemüht sich um ein besseres Verhältnis zu den kommunistischen Staaten in Osteuropa – mit Erfolg: 1970 werden der deutsch-sowjetische und der deutsch-polnische Vertrag unterzeichnet. Außerdem trifft sich Brandt 1970 mit dem Ministerpräsidenten der DDR, Willi Stoph.

▶ *Bundeskanzler Brandt kniet vor dem Denkmal des Warschauer Ghettos.*

1970 – 1979

▲ Unschlagbar: Der belgische Radsportler Eddy Merckx

Tour de France: Merckx siegt

▶ **19. Juli 1970** ◀ Der Belgier Eddy Merckx gewinnt die Tour de France, das schwerste Radrennen der Welt. Zuvor hat er schon bei der zweiten bedeutenden Radrundfahrt, dem Giro d'Italia, den ersten Platz erzielt. Einen solchen Doppelerfolg haben vor ihm nur zwei Radrennfahrer erreicht: Fausto Coppi aus Italien und Jacques Anquetil aus Frankreich. Beiden Rennen fehlt es an Spannung, da Merckx allzu eindeutig überlegen ist. Der Belgier hängt seine Gegner 1970 auch noch bei den Rennen Paris–Nizza, Gent–Wevelgem, Paris–Roubaix und Wallonischer Pfeil ab.

INFO • 1970 • INFO

14. Mai • Der wegen Kaufhausbrandstiftung verurteilte Andreas Baader wird aus der Haft befreit. Er wird später ein gefürchteter Terrorist

1. Juli • In New York wird Frauen die Abtreibung erlaubt. Bis zur 24. Woche dürfen Frauen, die kein Kind wollen, die Schwangerschaft abbrechen

18. September • Der Rockstar Jimi Hendrix stirbt an einer Überdosis Schlaftabletten

Jacklin gewinnt Golfmeisterschaft

Der britische Golfer Tony Jacklin gewinnt im Juni 1970 die offenen amerikanischen Meisterschaften (US Open) im Golf. Bisher haben fast immer Amerikaner den Wettbewerb gewonnen. Jacklin führt von der ersten Runde an und liegt zum Schluss sieben Schläge vor dem Zweitplatzierten, dem Amerikaner Dave Hill. Jacklin wurde 1967 berühmt, als er den Dunlop-Masters-Wettbewerb gewann. Als erster Brite seit 1951 holte er 1969 auch den Titel bei den British Open.

◀ Tony Jacklin bei den amerikanischen Golfmeisterschaften

◀ Die bekannte Feministin Germaine Greer

Feministinnen attackieren die Ehe

▶ **1970** ◀ Seit Ende der 60er Jahre ist in Europa und den USA eine neue Bewegung von Frauen entstanden, die gegen die Unterdrückung der Frau in der Männerwelt kämpfen. Während sich die erste Frauenbewegung zu Beginn des Jahrhunderts vor allem für das Wahlrecht einsetzte, geht es den Feministinnen nun um sexuelle Befreiung und die Gleichbehandlung in Wirtschaft und Gesellschaft. Zu ihnen gehört Germaine Greer, die 1970 das Buch »Der weibliche Eunuch« veröffentlicht. Darin behauptet sie, dass die Frau durch die Ehe zum Sklaven des Mannes werde.

▲ Die Freiheitsstatue in New York, geschmückt mit einer feministischen Parole

AUFBRUCH INS ALL

Jahrtausendelang haben die Menschen davon geträumt, den Himmel zu erforschen. Die technischen Fortschritte im 20. Jahrhundert ließen diesen Traum Wirklichkeit werden. 1961 flog erstmals ein Mensch ins All, 1969 betrat der erste Mensch den Mond.

Unbemannte Raumsonden sind Milliarden von Kilometern weit ins All gereist. »Viking« 1977 und »Pathfinder« 1997 sandten Daten über den Mars zur Erde. »Pioneer 11« flog 1979 am Saturn vorbei. Andere Raumschiffe sollen die Grenzen unseres Sonnensystem hinter sich lassen. Die Sonden enthalten Botschaften von der Erde für den Fall, dass andere lebende Wesen sie finden.

▼ *Astronauten bekommen ein ganz neues Bild von der Erde, wenn diese am Horizont des Mondes »aufgeht«.*

Wettlauf im Weltraum

In der 50er und 60er Jahren lieferten sich die USA und die Sowjetunion einen Wettlauf darum, wer als erstes in den Weltraum vorstoße. Einerseits hatte diese Konkurrenz militärische Gründe, daneben ging es aber auch um das Ansehen und die Ehre der beiden großen Mächte. Die Sowjetunion gewann den Kampf: Am 4. Oktober 1957 schoss sie den ersten künstlichen Himmelskörper, den »Sputnik 1« ins All. Am 12. April 1961 wurde der sowjetische Kosmonaut Juri Gagarin der erste Mensch im All.

Die Amerikaner wiederholten die Erfolge der Sowjets immer mit einigen Wochen Verspätung, aber schließlich hatten sie doch die Nase vorn: Am 21. Juli 1969 machten die amerikanischen Astronauten Neil Armstrong und Edwin Aldrin als erste Menschen Schritte auf dem Mond. Der amerikanische Präsident Richard Nixon nannte diesen Tag »den wichtigsten Tag der Geschichte der Erde seit ihrer Erschaffung«.

- Die »Saturn V«-Rakete, die für die amerikanische Mission zum Mond benutzt wurde, leistete einen Schub von 4 082 000 Kilogramm. Um diese Kraft zu erzeugen, sind 50 Jumbojets nötig.
- Die erste Raumstation war »Saljut 1«, die die Sowjetunion am 19. April 1971 ins All schickte. Die USA schossen ihre erste Raumstation »Skylab« am 12. Mai 1973 in den Weltraum.
- Eine Hündin namens Laika war das erste Tier im All. Sie flog in einem sowjetischen »Sputnik«-Satelliten am 3. November 1957 in den Weltraum und starb nach einer Woche.

▼ *Englische Zeitungen verkünden in großen Überschriften, Russland habe den Wettlauf im All gewonnen.*

▶ *Juri Gagarin, der erste Mensch im All, erreicht eine Höhe von 315 Kilometern über der Erde.*

Frei schwebend im Weltraum

Der sowjetische Kosmonaut Alexei Leonow verließ am 18. März 1965 sein Raumschiff »Woschod 2«, nur mit einem Seil mit der Kapsel verbunden. Während dieses ersten Weltraumspaziergangs probierte Leonow Werkzeuge aus, machte Fotos und schlug einen Purzelbaum. Sein Ausflug dauerte zehn Minuten. Am 3. Juni 1965 unternahm der Astronaut Edward White als erster Amerikaner einen Spaziergang im All. 20 Minuten blieb er außerhalb der »Gemini 4« und legte bei einer Geschwindigkeit von 28 000 Stundenkilometern 9600 Kilometer zurück. Der Amerikaner war so fasziniert, dass er gar nicht aufhören wollte. Es sei der traurigste Moment seines Lebens gewesen, als er wieder einsteigen musste, erklärte White.

▶ Edward White hat ein Antriebssystem dabei, mit dem er sich in Bewegung setzen kann.

▲ Walentina Tereschkowa

Frauen erforschen das All

Die sowjetische Kosmonautin Walentina Tereschkowa war am 16. Juni 1963 die erste Frau im Weltraum. Sie umkreiste die Erde in ihrem Raumschiff »Wostok 6« 49-mal. Während ihres Fluges sprach sie mit dem sowjetischen Regierungschef Nikita Chruschtschow. Bevor Tereschkowa für das Raumfahrtprogramm ausgewählt wurde, hatte sie schon große Erfahrungen als Fallschirmspringerin.

Die erste Amerikanerin im All war die Physikerin Sally Ride, die am 18. Juni 1983 an Bord der Raumfähre »Challenger« startete.

Begegnungen im Kosmos

Astronauten müssen in der Lage sein, ihr Raumschiff auf den Zentimeter genau zu manövrieren. Am 15. Dezember 1965 steuerten Wally Schirra und Thomas Stafford ihre »Gemini 6« bis auf etwa 30 Zentimeter an »Gemini 7«, mit Frank Bormann und James Lovell an Bord, heran. Das erste Kopplungsmanöver im All fand am 17. März 1966 zwischen »Gemini 8« und einer Agena-Rakete statt.

▼ »Gemini 6« verfolgt »Gemini 7« 160 000 Kilometer weit.

1971

▲ *Greeanpeace-Aktion vor Amtschitka*

- Nach der Aktion in Amtschitka wurde Greenpeace eine internationale Organisation.
- 1972 beschloss die amerikanische Regierung, keine weiteren Atomtests im Aleuten-Gebiet mehr durchzuführen.
- In den 80er Jahren wurde die Insel Amtschitka zum Naturschutzpark erklärt.

Greenpeace-Protest gegen Atomversuche

▶ **30. September 1971** ◀ Ein Fischkutter mit acht Greenpeace-Mitgliedern und vier Journalisten wird von der amerikanischen Küstenwache zur Rückkehr zum Festland gezwungen. Greenpeace wollte mit der Bootsfahrt zu den Aleuten-Inseln einen geplanten Atomtest der USA unter der Insel Amtschitka verhindern.

Der Test wird von der amerikanischen Regierung auf den 6. November verschoben. Greenpeace hat inzwischen mit Spenden ein moderneres Schiff gekauft. Es ist aber zum Zeitpunkt der Atomexplosion noch 1100 Kilometer von Amtschitka entfernt.

Greenpeace (grüner Frieden) hat sich 1970 in der kanadischen Stadt Vancouver gegründet. Die Organisation will mit öffentlichkeitswirksamen Aktionen für eine saubere Umwelt kämpfen.

Neuer Staat Bangladesch

▶ **26. März 1971** ◀ Pakistan hat zwei Teile, die nicht verbunden sind: Zwischen West- und Ostpakistan liegt Indien. Die Leute im Osten sehen sich vom Westen unterdrückt. Nun erklärt sich Ostpakistan unter dem Namen Bangladesch für unabhängig. Die pakistanische Regierung ist damit nicht einverstanden. Sie beginnt einen Bürgerkrieg. Zehn Millionen Bangladescher fliehen nach Indien. Die indische Regierung kommt dem neuen Staat zu Hilfe und erklärt Pakistan im Dezember den Krieg. Nach zwei Wochen ist es besiegt und muss die Unabhängigkeit von Bangladesch anerkennen.

▼ *Soldaten feiern die Unabhängigkeit von Bangladesch.*

Musical über Jesus

Empörte Christen protestieren jeden Abend vor einem Londoner Theater gegen das Musical »Jesus Christ Superstar«, das dort 1971 gezeigt wird. Das Musical von Tim Rice (Text) und Andrew Lloyd Webber (Musik) bringt die Geschichte von Jesus Christus auf die Bühne, so wie sie in der Bibel erzählt ist – allerdings untermalt mit Rockmusik. Jesus erscheint darin fast wie ein Hippie. Vielen frommen Christen der alten Schule geht das zu weit.

▼ *Der Texter Tim Rice (links) und der Komponist Andrew Lloyd Webber*

1970 – 1979

Endlich dürfen auch Schweizerinnen wählen

▶ **7. Februar 1971** ◀ In einer Volksabstimmung beschließen die Schweizer Männer, dass auch die Frauen künftig wählen und gewählt werden dürfen. Dafür stimmen 621 403, dagegen 323 596. Damit führt endlich auch die Schweiz als eines der letzten Länder in Europa das Frauenwahlrecht ein. Am 31. Oktober finden die ersten Parlamentswahlen statt, an denen auch Frauen teilnehmen. Zum ersten Mal werden zehn weibliche Abgeordnete in den Nationalrat, das Schweizer Parlament, gewählt. In anderen Ländern ist dies längst selbstverständlich.

◀ *Schweizerinnen kämpfen für das Frauenwahlrecht.*

Idi Amin putscht in Uganda

▶ **25. Januar 1971** ◀ Der Offizier Idi Amin nutzt eine Reise des Präsidenten Milton Obote, um die Macht in Uganda in Afrika zu übernehmen. Bei Kämpfen seiner Anhänger mit regierungstreuen Truppen sterben 300 Menschen. Idi Amin regiert mit harter Hand. Bereits 1971 lässt er Tausende umbringen, die mit seiner Politik nicht einverstanden sind.

▲ *Idi Amin*

Disneyworld in Florida eröffnet

Die Stadt Orlando in Florida (USA) hat als neues Wahrzeichen ein Dornröschenschloss und beherbergt seit dem 1. Oktober 1971 einige neue Bewohner: Mickymaus, Pluto, Goofy und andere Comicgestalten. An diesem Tag wird hier der Freizeitpark »Disneyworld« feierlich eröffnet. 75 000 Menschen sind bei der gigantischen Einweihungsfeier dabei.

INFO • 1971 • INFO

2. Januar • 66 Fußballfans sterben, weil im Glasgower Ibrox-Park-Stadion (Schottland) ein Geländer bricht

14. April • Der Regierungschef des kommunistischen China empfängt die Tischtennis-Nationalmannschaft der USA

10. Dezember • Für seine Politik der Aussöhnung mit dem Osten erhält Bundeskanzler Willy Brandt den Friedensnobelpreis

Raumfahrt fordert Opfer

▶ **31. Juli 1971** ◀ Bei der vierten Mondlandung der USA kommt erstmals ein Mondauto zum Einsatz. Damit können die Astronauten David Scott und James Irwin größere Ausflüge unternehmen.

Die Sowjetunion macht den Amerikanern auf dem Mond keine Konkurrenz, sie konzentriert sich auf Dauerrekorde. Am 6. Juni starten drei Kosmonauten mit dem Raumschiff »Sojus 11« zu einem neuen Rekordversuch. Sie bleiben 24 Tage im All – so lange war noch nie ein Mensch dort. Doch bei der Rückkehr zur Erde gibt es eine Panne. Alle drei Kosmonauten sind sofort tot.

▲ *Mickymaus und seine Freunde bei der Eröffnungsfeier von Disneyworld in Florida*

1972

◀ Von links: Romano, Zabari und ihr Trainer Weinberg

▲ Ein maskierter Terrorist in der Unterkunft der israelischen Sportler in München

»Schwarzer September« überfällt Israels Olympia-Mannschaft

▶ 5. September 1972 ◀ Die Olympischen Spiele in München werden durch einen Terroranschlag brutal unterbrochen. Mitglieder der palästinensischen Terrorgruppe »Schwarzer September« dringen am frühen Morgen in die Unterkunft der israelischen Sportler auf dem Olympia-Gelände ein und erschießen den Trainer Mosche Weinberg und den Gewichtheber Joseph Romano. Fünfzehn Sportler können entkommen, doch neun weitere werden als Geiseln festgehalten. Die Terroristen fordern die Freilassung von über 200 Palästinensern aus israelischen Gefängnissen. Israels Regierungschefin Golda Meir lehnt dies ab. Die westdeutsche Regierung nimmt Verhandlungen mit den Geiselnehmern auf. Am Ende wird vereinbart, dass die Terroristen nach Kairo ausreisen können. Zusammen mit den Geiseln werden sie zum Militärflughafen Fürstenfeldbruck gebracht. Plötzlich erlöschen alle Lichter auf dem Flugfeld und Scharfschützen eröffnen das Feuer. Alle Geiseln, fünf Palästinenser und ein deutscher Polizist werden getötet. Die überlebenden israelischen Sportler fliegen sofort nach Hause. Nach einer heftigen Diskussion verkündet der Präsident des Olympischen Komitees: »Die Spiele müssen weitergehen!«

Bobby Fischer ist Schach-Champion

Der 29-jährige Bobby Fischer ist der erste Schach-Weltmeister, der aus den USA stammt. In Reykjavik schlägt er den russischen Titelträger Boris Spasski mit 12½ zu 8½ Punkten. Fischer hat vor dem Kampf für Wirbel gesorgt, weil er an den Einnahmen beteiligt werden wollte, und verlor dann die ersten beiden Partien. Dann erwies er sich als »genialer Spieler«.

▲ Der entscheidende 69. Zug in einer der Partien, mit denen Fischer Spasski den Weltmeistertitel abnimmt

»Blutsonntag« in Londonderry

▶ 30. Januar 1972 ◀ Britische Truppen lösen gewaltsam eine Demonstration in der nordirischen Stadt Londonderry auf, 13 Katholiken werden erschossen. Der Chef der britischen Truppen erklärt, die Soldaten hätten das Feuer eröffnet, weil auf sie geschossen worden sei. Andere Augenzeugen sagen aus, dass die Demonstranten allenfalls mit Steinen bewaffnet gewesen seien. Der »Blutsonntag« verschärft die Spannungen zwischen den britischen Soldaten, die 1971 nach Nordirland geschickt wurden, und den katholischen Nationalisten. Diese verlangen, dass Nordirland nicht mehr zu Großbritannien, sondern zur Republik Irland gehören solle.

◀ Britische Fallschirmjäger überspringen eine Barrikade im katholischen Stadtviertel.

1970 – 1979

▲ Eine freundliche Atmosphäre bestimmt die Gespräche zwischen Nixon und Tschou En-lai.

Mark Spitz gewinnt sieben Goldmedaillen auf einen Streich

Er ist der Superstar der Olympischen Spiele in München: Sieben Goldmedaillen gewinnt der amerikanische Schwimmer Mark Spitz, alle in Weltrekordzeiten. Der 22-Jährige hat schon 1968 in Mexiko City zweimal Gold geholt, nun kommen die Trophäen für Siege im Freistil, Schmetterling und drei erste Plätze mit den Staffeln hinzu.

▶ Mark Spitz auf dem Weg zur siebten Goldmedaille in der 4×100-Meter-Lagen-Staffel

Nixons Chinabesuch öffnet neue Horizonte

▶ **28. Februar 1972** ◀ Der amerikanische Präsident Richard Nixon beendet seinen historischen Staatsbesuch in China. Zusammen mit Außenminister Henry Kissinger hat er die Einladung der kommunistischen Regierung in Peking angenommen und ist mit Parteichef Mao Tse-tung und Regierungschef Tschou En-lai zusammengetroffen. Bisher waren die Beziehungen zwischen China und den USA schlecht, weil die Amerikaner die nationalchinesische Regierung in Taiwan anerkannt haben. Nach den Gesprächen sehen die Führungen beider Länder »einen langen gemeinsamen Weg« vor sich. Die Freundschaft wird durch Geschenke besiegelt: Pandabären aus China und Moschusochsen aus den USA.

Hutus und Tutsis führen Krieg

▶ **6. Mai 1972** ◀ In der ostafrikanischen Republik Burundi sollen in der letzten Woche Tausende Menschen ermordet worden sein. Dies berichten Flüchtlinge, die sich in Tansania in Sicherheit bringen konnten. Die Massenmorde folgten einem Aufstand von Rebellen aus dem Stamm der Hutu, die mit Unterstützung aus dem Nachbarland Zaire die Regierung von Präsident Michel Micombero stürzen wollten. Dieser gehört dem Volk der Tutsi an, die zwar nur 14 Prozent der Bevölkerung stellen, aber in allen wichtigen Bereichen die Macht haben.

▼ Uniformierte Soldaten, die zum Stamm der Tutsi gehören, führen gefangene Hutu-Rebellen ab.

INFO • 1972 • INFO

15. Januar • Nach dem Tod ihres Vaters Frederik IX. wird Kronprinzessin Margarete Königin von Dänemark

18. Juni • Die deutsche Fußball-Nationalelf wird Europameister

1. Oktober • In Westdeutschland gilt Tempo 100 auf Landstraßen. Bisher gab es keine Geschwindigkeitsbegrenzung

28. Oktober • Das Großraumflugzeug Airbus absolviert den ersten Probeflug

Willy Brandt bleibt Kanzler

▶ **27. April 1972** ◀ Der SPD-Politiker Willy Brandt bleibt Bundeskanzler. Der Opposition aus CDU und CSU gelingt es nicht, im Bundestag eine Mehrheit für seinen Sturz zu erreichen. Sie hat ein »konstruktives Misstrauensvotum« beantragt, mit dem Brandt abgesetzt und Rainer Barzel (CDU) zum Kanzler gewählt werden sollte. Die Bundesregierung aus SPD und FDP hatte im Parlament immer mehr Stimmen verloren, weil Abgeordnete zur CDU überwechselten. Durch Neuwahlen im November werden wieder klare Mehrheitsverhältnisse geschaffen – für Brandts Regierung.

1972

Singende Brüder erobern die Herzen der Teenies

▶ **1972** ◀ Boygroups lassen schon zu Beginn der 70er Jahre die Mädchenherzen höher schlagen. Vorzugsweise sind es Brüder, die mit ihrem Gesang die Teenies umwerben. Der 14-jährige Michael Jackson, der jüngste der Jackson-Five-Brüder, hat mit dem Titelsong zu dem Film »Ben – die Ratte« einen Nummer-1-Hit in den USA. Ein anderes Teenie-Idol ist David Cassidy, der in der Fernsehserie »Die Partridge-Familie« Keith spielt, aber auch als Sänger seine Fans begeistert. Die streng mormonischen Osmond-Brothers stehen ebenfalls hoch in der Gunst der Teenager. Nach ihrem gemeinsamen Hit »Crazy Horses«, hat der umschwärmte Donny »Puppy Love« aufgenommen und Little Jimmy – neun Jahre alt – konnte mit »Long-Haired Lover from Liverpool« landen.

▼ Unten: The Jackson Five. Den Namen hat ein Nachbar erfunden. Unten rechts: die Osmond-Brothers Alan, Wayne, Merrill, Jay und Donny.

▲ Sänger und Schauspieler David Cassidy

Der erste Videorecorder kommt auf den Markt

Die holländische Elektronik-Firma Philips stellt den ersten Videorecorder für den Hausgebrauch vor. Das Gerät kann Fernsehfilme aufzeichnen und wiedergeben und dabei so programmiert werden, dass es sich zum gewünschten Zeitpunkt selbsttätig einschaltet.

Schweres Erdbeben in Managua fordert 10 000 Todesopfer

▶ **24. Dezember 1972** ◀ Mehrere Erstöße mit einer Stärke von bis zu 6,5 auf der Richter-Skala verwüsten die nicaraguanische Hauptstadt Managua. 10 000 Todesopfer sind zu beklagen. 75 Prozent der Gebäude sind zerstört. Die Regierung ordnet die vollständige Räumung der Stadt an. Daraufhin setzt eine Massenflucht der etwa 325 000 Einwohner ein.

Unter den Überlebenden ist der amerikanische Milliardär Howard Hughes, der sich im Intercontinental Hotel aufhielt, als die Erdstöße einsetzten. Er suchte in der Hotelgarage Zuflucht. Nicaraguas Präsident General Anastasio Somoza – dessen Palast bei dem Beben zerstört wurde – erklärt: »Managua wird nie wieder so sein, wie wir es kannten. Wir müssen die Stadt neu aufbauen.«

▶ Managua ist zu einer Trümmerstadt geworden.

Überleben durch Kannibalismus

▶ **22. Dezember 1972** ◀ Nach zehn Wochen werden 16 Überlebende eines Flugzeugabsturzes in den chilenischen Anden gefunden. Sie kamen mit dem Leben davon, weil sie von dem Fleisch ihrer Mitpassagiere aßen, die bei dem Unfall gestorben waren. Die Überlebenden hatten nach drei Wochen alle Nahrungsmittel aufgegessen. Ihr Anführer, ein Medizinstudent, überzeugte sie, dass sie von dem Fleisch der Toten essen müssten, um eine Überlebenschance zu haben. Bevor sie die Leichen zerlegten, baten die Männer mit einem riesigen Kreuz im Schnee Gott um Vergebung.

▶ *Am Ende ihres zehnwöchigen Alptraums begrüßen die Überlebenden des Flugzeugabsturzes ihre Retter.*

1970 – 1979

Horror in Vietnam

▶ **9. Juni 1972** ◀ Amerikanische Flugzeuge, die Militäranlagen des Vietcong angreifen sollen, bombardieren stattdessen ein Dorf. Bilder zeigen das ganze Ausmaß des Schreckens. Kinder rennen um ihr Leben; das Entsetzen steht ihnen im Gesicht. Weltberühmt wird das Bild von der kleinen Phan Thi Kim Phuc, die sich die Kleider vom Leib gerissen hat, um dem brennenden Napalm zu entkommen. Dieser heimtückische Kampfstoff verursacht Brände, die kaum zu löschen sind.

▼ *Kinder laufen entsetzt aus ihrem brennenden Dorf.*

▲ *Patient bei der Computertomographie*

Computer kann ins Hirn gucken

▶ **1972** ◀ Dank einer neuen Technik ist es nun möglich, in einen Schädel zu gucken, ohne ihn öffnen zu müssen. Mit Hilfe der Computertomographie, einer Weiterentwicklung des Röntgenverfahrens, kann das Gehirn eines Menschen schichtweise durchleuchtet werden. Der Computer wandelt die so gewonnenen Daten in Bilder um, auf denen man die unterschiedliche Dichte des Gewebes erkennen kann. Auf diese Weise lassen sich schmerzlos Gehirnstörungen oder -krankheiten des Patienten aufspüren.

Gipfeltreffen in Moskau

▶ **1. Juni 1972** ◀ Der amerikanische Präsident Richard Nixon und der sowjetische Parteichef Leonid Breschnew vereinbaren, das Wettrüsten mit Atomwaffen zu begrenzen. Zum Abschluss des ersten Ost-West-Gipfeltreffens in Moskau unterzeichnen die Politiker zwei Abrüstungsverträge. Beide Supermächte begrenzen daraufhin die Zahl ihrer Raketen. In einer Fernsehrede an die Bevölkerung der Sowjetunion sagte Nixon: »Unser Ziel ist jetzt eine Welt ohne Angst ...«

▶ *Richard Nixon (rechts) und Leonid Breschnew (3. von rechts)*

DIE ERDE IN GEFAHR

Gegen Ende des 20. Jahrhunderts beginnen die Menschen zu begreifen, dass sie lernen müssen, mit der Erde anders umzugehen. Wenn ein Tanker verunglückt und Öl ausläuft, sterben unzählige Vögel und Fische. Meere werden auch von Industrieabfällen und Abwässern vergiftet.

Aktionsgruppen und Regierungen bemühen sich, einen neuen Anfang für unseren Planeten zu finden. Eine Reihe von Projekten zum Umweltschutz sind erste Schritte auf dem langen Weg, der vor uns liegt.

»Grüner Frieden«

Die Protestgruppe Greenpeace wurde 1971 in Kanada gegründet. Ihre erste Aktion bestand darin, Atomtests zu stören, die die amerikanische Regierung auf der Insel Amtschitka in Alaska plante. Dies hatte Erfolg – und Greenpeace wuchs rasch zu einer internationalen Organisation heran.

Greenpeace kämpft gegen die Umweltverschmutzung und gegen Atomwaffen, aber die Gruppe versucht auch Pflanzen und Tiere zu retten, die vom Aussterben bedroht sind. Greenpeace-Aktivisten gebrauchen keine Gewalt, aber sie denken sich oft Aufsehen erregende Aktionen aus, um Regierungen oder Industrien aufzuhalten, die nicht genug Rücksicht auf die Umwelt nehmen.

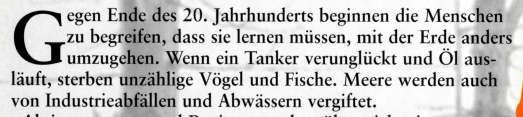

Tiere und Pflanzen

- Wissenschaftler schätzen, dass es auf der Erde 8 Millionen verschiedene Tier- und Pflanzenarten gibt, benannt sind aber erst 1,5 Millionen.
- Drei Viertel der Tier- und Pflanzenarten auf der Welt leben in tropischen Regenwäldern.
- 5929 Tierarten sind vom Aussterben bedroht.
- 1905 lebten in Indien über 50 000 Tiger, 1972 waren es nur noch 1827. Durch Umweltprogramme wurde den Tigern geholfen, 1986 gab es wieder über 4000.

▲ Greenpeace-Mitglieder hängen sich an eine Rheinbrücke und blockieren den Schiffsverkehr, um gegen die Verschmutzung des Flusses zu protestieren.

▼ Tschechische Kinder protestieren gegen Luftverschmutzung.

Luftverschmutzung

Die Natur ist ein sehr gut funktionierendes System, in dem jeder Teil seine Aufgabe hat. Wenn – beispielsweise durch die Luftverschmutzung – etwas in dem System verändert wird, gerät alles ins Rutschen. Die Abgase von Autos und von Kraftwerken enthalten Gase, die sich in den Wolken mit Wasserdampf vermischen. Die Folge ist »saurer Regen«, der Bäume und Pflanzen vernichtet.

Eine andere Gefahr ist der »Treibhauseffekt«. Bestimmte Gase in der Erdatmosphäre halten einen Teil der Sonnenwärme zurück, die sonst ins Weltall zurückgestrahlt würde. Das ist für das Leben auf der Erde sehr wichtig, aber wenn in der Atmosphäre zu viele dieser Gase sind, wird es zu warm. Das könnte das Eis am Nord- und am Südpol zum Schmelzen bringen, was die Meere ansteigen lassen und furchtbare Überschwemmungen auslösen könnte.

Ozonloch

Mitte der 80er Jahre wurde über der Antarktis eine Verringerung der Ozonschicht festgestellt. Als eines der Gase in der Erdatmosphäre hält Ozon die gefährlichen ultravioletten Strahlen der Sonne fern. Das Loch in der Ozonschicht ist zum Teil eine Folge der Luftverschmutzung.

▲ Abfall ist auch eine Form der Umweltverschmutzung. Deshalb versucht man, den Müll zu verringern. Wertstoffe werden gesammelt und zu neuem Material verarbeitet.

▲ Wenn aus einem Tanker Öl ausläuft, bedeutet das für die Meeresbewohner eine Katastrophe.

▶ Vernichtung von Elefantenstoßzähnen, die Wilderer sich illegal beschafft haben

Bedrohte Arten

Viele Tierarten sind durch die Menschen vom Aussterben bedroht, vor allem dadurch, dass die Landschaften, in denen die Tiere leben, zerstört werden. Zum Beispiel gibt es heute in Deutschland nur noch wenig Störche, weil die sumpfigen Wiesen, auf denen die Vögel viele Frösche fanden, trockengelegt wurden. Der Handel mit Teilen von Tieren ist ebenfalls ein Problem. Elefanten werden wegen ihrer Stoßzähne aus Elfenbein getötet; die Zahl der Elefanten ist rapide gesunken.

1973

Chile: Allende bei Putsch ermordet

▶ **11. September 1973** ◀ Anhänger des rechtsgerichteten Generals Augusto Pinochet besetzen die chilenische Hauptstadt Santiago und greifen den Präsidentenpalast mit Bomben und Raketen an. Präsident Salvador Allende wird getötet, das Militär übernimmt die Macht.

Allende, der 1970 zum Präsidenten gewählt wurde, wollte in seinem Land einen demokratischen Sozialismus verwirklichen, fand dafür aber keine guten Ausgangsbedingungen vor. Vor allem die Wirtschaft musste reformiert werden, denn die meisten Menschen waren arm und viele chilenische Unternehmen gehörten Ausländern, so dass die Gewinne nicht im Land blieben. Allende begann, die Bodenschätze zu verstaatlichen – zum Beispiel die amerikanischen Silberminen – und das Land neu zu verteilen. Damit fand er in der Bevölkerung viele Anhänger, doch die großen Wirtschaftsunternehmen waren unzufrieden.

Der Staatsstreich bedeutet für lange Zeit das Ende der Demokratie und für die Gegner des neuen Präsidenten Pinochet bricht eine Zeit der erbarmungslosen Verfolgung und Unterdrückung an.

▼ *Pinochet-Truppen bewachen gefangene Allende-Anhänger im Stadion von Santiago.*

▲ *Allende (mit Brille) und seine Mitarbeiter versuchen, den Präsidentenpalast zu verteidigen.*

INFO • 1973 • INFO

15. Januar • »Ein Herz und eine Seele« hat auf WDR 3 Premiere

27. Januar • In Paris vereinbaren die Gegner im Vietnamkrieg einen Waffenstillstand

28. Februar • Die Fußballer von Eintracht Braunschweig haben als erste Werbung auf den Trikots

14. Mai • Die US-Weltraumstation »Skylab« wird in eine Erdumlaufbahn gebracht

Nobelpreis für Konrad Lorenz

Der österreichische Verhaltensforscher Konrad Lorenz erhält zusammen mit seinen Kollegen Karl von Frisch und Nikolaas Tinbergen den diesjährigen Nobelpreis für Medizin. Lorenz ist der Begründer der Ethologie, der Wissenschaft, die die Verhaltensweisen von Tieren mit denen der Menschen vergleicht. Bekannt ist Lorenz vor allem wegen seiner Arbeit mit Graugänsen, mit denen er eng zusammenlebte, um sie zu erforschen.

Drei neue Mitglieder für Europäische Gemeinschaft

▶ **1. Januar 1973** ◀ Großbritannien, Irland und Dänemark treten der Europäischen Gemeinschaft (EG) bei und bilden nun mit Belgien, Frankreich, Italien, Luxemburg, den Niederlanden und Westdeutschland den größten Wirtschaftsblock der Welt. Dank der Erweiterung – es ist die erste seit der Gründung 1957 – hat die EG mehr Einwohner als die USA. Norwegen, das ebenfalls beitreten wollte, bleibt der EG fern, weil sich die Mehrheit der Wähler in einer Volksabstimmung gegen das Bündnis ausgesprochen hat. Die Briten stimmen nach einer zweijährigen Probezeit 1975 für die Mitgliedschaft.

▼ *Konrad Lorenz mit seinen Forschungsobjekten*

▲ *Nun gehören neun Staaten zur Europäischen Gemeinschaft.*

1970 – 1979

Nach Schlappe gegen Israel drehen Araber Ölhahn zu

▶ **6. Oktober 1973** ◀ Am jüdischen Feiertag Jom Kippur greifen ägyptische und syrische Truppen Israel an. Sie können den Überraschungseffekt nutzen und erobern die Golanhöhen und die Sinai-Halbinsel. Diese Gebiete gehörten zu Syrien beziehungsweise Ägypten, bis Israel sie 1967 besetzte. Israelische Soldaten drängen die Angreifer dann aber rasch zurück und als am 25. Oktober ein Waffenstillstand geschlossen wird, hat Israel sogar mehr Land als vorher.

Syrien, Ägypten und die übrigen arabischen Länder, die weltweit die wichtigsten Erdöl-Lieferanten sind, reagieren auf die Niederlage mit einem neuartigen politischen Druckmittel. Sie stoppen die Öllieferungen an Länder, die mit Israel befreundet sind, und erhöhen kräftig die Preise. Damit wollen sie erreichen, dass Amerikaner und Europäer Israel dazu bewegen, die besetzten Gebiete zurückzugeben.

▼ *Israelis hissen auf syrischem Gebiet ihre Fahne.*

Die verringerten Öllieferungen lösen in den betroffenen Ländern einen regelrechten Schock aus. In Westdeutschland wird an einigen Sonntagen das Autofahren verboten, um Benzin zu sparen. In England arbeiten die Fabriken zeitweilig nur noch an drei Tagen in der Woche und das Fernsehprogramm endet abends eine Stunde früher. Im Dezember kehren die Öländer allmählich zu den alten Liefermengen zurück, aber die Ölpreise haben sich verdoppelt.

▲ *Das Opernhaus im Hafen von Sydney*

Opernhaus in Sydney

Wie ein Haufen riesiger schneeweißer Muschelschalen sieht das neue Opernhaus der australischen Stadt Sydney aus, das nach 14-jähriger Bauzeit endlich fertig ist. Entworfen wurde das Gebäude von dem dänischen Architekten Jörn Utzorn. Es beherbergt vier Theater- und Konzertsäle; in den größten passen bis zu 2690 Personen. Am 20. Oktober 1973 wird das Opernhaus von der britischen Königin Elisabeth II. feierlich eröffnet.

Amerikas Ureinwohner besetzen Wounded Knee

▶ **27. Februar 1973** ◀ 200 Sioux-Indianer belagern den Ort Wounded Knee in Süddakota. Mit ihrer Aktion wollen sie auf die Verhältnisse in den Reservaten aufmerksam machen und die Regierung in Washington zwingen, ihre Verträge einzuhalten. Die Sioux müssen in einem Gebiet leben, das nur halb so groß ist wie vertraglich zugesichert. Wounded Knee weckt in den Indianern schmerzliche Erinnerungen, denn 1890 wurden hier 200 ihrer Stammesbrüder von Soldaten ermordet. Die Besetzung endet nach 69 Tagen, nachdem die Regierung Verhandlungen zugesichert hat.

◀ *Die Besetzer vor der katholischen Kirche von Wounded Knee*

▲ *Die britische Königsfamilie nach der Hochzeit*

Prinzessin Anne heiratet

▶ **14. November 1973** ◀ Das von Arbeiterunruhen und Ölknappheit gebeutelte Großbritannien hat endlich Grund zu feiern, nämlich die erste königliche Hochzeit seit zehn Jahren. Weltweit verfolgen 500 Millionen Fernsehzuschauer, wie Prinzessin Anne, die Tochter der britischen Königin, in der Londoner Westminster Abtei Mark Phillips das Jawort gibt. Die Braut trägt ein weißes Seidenkleid, der Bräutigam die Uniform der Dragonergarde.

1974

▲ *Zeitungsleser am Tag von Nixons Rücktritt vor dem Weißen Haus in Washington*

◀ *Nixon ist der erste Präsident der USA, der von seinem Amt zurücktritt.*

Watergate-Skandal bringt Nixon zu Fall

▶ 9. August 1974 ◀ »Unser Alptraum ist vorbei«, erklärt der neue amerikanische Präsident Gerald Ford, der gerade Nachfolger des zurückgetretenen Richard Nixon geworden ist. Der Alptraum begann im Juni 1972, als im Watergate-Haus in Washington Einbrecher ertappt wurden, die Kameras, Abhörgeräte und Mikrofone (»Wanzen«) anbringen wollten. Die Männer waren in die Büros der Demokratischen Partei eingedrungen, der Konkurrenz von Nixons Republikanern, und sie gehörten alle zum »Komitee zur Wiederwahl des Präsidenten«. Die Demokraten sollten belauscht werden, damit die Republikaner sich im Wahlkampf besser auf den Gegner einstellen konnten. Zwei Journalisten von der »Washington Post« sorgten dafür, dass der Skandal nicht vertuscht wurde. Bald wurde bekannt, dass Nixons Helfer und Berater von den »schmutzigen Tricks« gewusst hatten und es gab Beweise, dass der Präsident selbst von dem Watergate-Einbruch wusste. Bevor er abgesetzt werden konnte, trat Nixon zurück.

Queen: Pioniere des Videoclips

»Bohemian Rhapsody« von der Pop-Gruppe Queen steht wochenlang an der Spitze der britischen Hitparade. Der Erfolg des Liedes, das Balladenhaftes mit Hardrock und Heavymetal mischt, wird auch auf ein Video zurückgeführt, das die Gruppe zu dem Song aufgenommen hat.

▼ *Queen: Brian May, Roger Taylor, Freddie Mercury, John Deacon*

»Nelkenrevolution« in Portugal

▶ 25. April 1974 ◀ Wenn in einem Land das Militär die Macht übernimmt, bedeutet dies meist, dass Demokratie und Freiheit eingeschränkt werden – im Fall von Portugal ist es genau umgekehrt. Die »Bewegung der Streitkräfte« unter der Führung von General Antonio Spínola beendet nach 41 Jahren die Diktatur und verspricht den Portugiesen Demokratie und freie Wahlen, den portugiesischen Kolonien die Unabhängigkeit. Die Bevölkerung ist begeistert und die Soldaten stecken Nelken in ihre Gewehrläufe.

▼ *»Nelkenrevolutionäre« in Lissabon*

1970 – 1979

Türkei besetzt Zypern

▶ **23. Juli 1974** ◀ Die griechische Militärdiktatur bricht zusammen, vier Tage nachdem ihr Versuch gescheitert ist, die Insel Zypern zu einem Teil von Griechenland zu machen. Am 15. Juli hatte eine Gruppe griechischer Offiziere den gemäßigten Präsidenten von Zypern, Erzbischof Makarios, gestürzt. Die Aufrührer waren Kämpfer für die »Enosis« – die Vereinigung von Griechenland und Zypern – und sie wurden von den Generälen unterstützt, die Griechenland regieren. Am 20. Juli schickte die türkische Regierung Soldaten nach Nordost-Zypern, um die türkische Minderheit auf der Insel zu schützen. Zwischen Griechen und Türken auf Zypern brach ein Krieg aus. Zwar wird bald ein Waffenstillstand vereinbart, aber die Insel ist von nun an geteilt. Grund zum Jubeln haben nur die Menschen in Griechenland, denn nach zehn Jahren kehrt ihr Land zur Demokratie zurück.

◀ *Türkische Truppen in Famagusta auf Zypern*

INFO • 1974 • INFO

7. Juli • Deutschland wird Fußball-Weltmeister

12. September • Der äthiopische Kaiser Haile Selassie wird gestürzt

30. Oktober • Der amerikanische Schwergewichtsboxer Muhammad Ali, dem vor sieben Jahren der WM-Titel aberkannt wurde, weil er den Wehrdienst verweigerte, besiegt Weltmeister George Foreman durch K.o.

Spionageaffäre bringt Kanzler zu Fall

▶ **6. Mai 1974** ◀ Bundeskanzler Willy Brandt (SPD) tritt zurück, nachdem sein Mitarbeiter Günter Guillaume als DDR-Spion enttarnt worden ist. Seit 1972 hat sich Guillaume meist in der Nähe des Regierungschefs aufgehalten – sogar wenn der mit seiner Familie Urlaub machte – und vermutlich alle wichtigen Dinge, die er dabei erfuhr, an seine Auftraggeber in Ost-Berlin gemeldet. Auch nach seinem Rücktritt steht Brandts Name aber für eine Epoche in der Geschichte Westdeutschlands, in der die Versöhnung mit den osteuropäischen Nachbarn gelang und das Verhältnis zur DDR zumindest so normal wurde, dass beide Seiten miteinander reden konnten. Neuer Regierungschef in Bonn wird Helmut Schmidt; Brandt bleibt SPD-Chef.

Riesenturm in Toronto

In der kanadischen Stadt Toronto entsteht das höchste freistehende Gebäude der Welt, der Canadian National Tower. Der 553,34 Meter hohe Turm wird ohne die sonst bei solchen Bauwerken üblichen Abspannseile gebaut. Er soll eine Beobachtungsplattform und ein Restaurant beherbergen; die Spitze des Turmes ist ein Sendemast.

Solschenizyn muss Sowjetunion verlassen

▶ **14. Februar 1974** ◀ Der Schriftsteller Alexander Solschenizyn wird aus seiner Heimat ausgewiesen. Anlass ist Solschenizyns neuestes Buch »Archipel Gulag«, in dem er das Leben in sowjetischen Straflagern beschreibt. Nach Auffassung der Regierung ist dies »Hochverrat«. Da Solschenizyn schon mehrfach bestraft wurde, will man ihn nun ganz loswerden.

▶ *Solschenizyn (links) mit Böll*

1970 1971 1972 1973 1974 1975 1976 1977 1978 1979

1975

Terrakotta-Armee in China ausgegraben

▶ 11. Juli 1975 ◀ Vor etwas mehr als einem Jahr haben Dorfbewohner im Norden Chinas einen Brunnen gegraben und sind dabei auf seltsame Tonfiguren gestoßen. Archäologen nahmen sich der Funde an und nun ist die außergewöhnliche Armee des ersten Kaisers von China freigelegt worden. Die lebensgroßen Figuren aus gebrannten Ton sind Abbilder der Soldaten von Qin Shih Huang Ti. Dieser Kaiser war ein brutaler Tyrann, der die Macht der bis dahin in kleineren Gebieten regierenden Herrscher brach. Er schuf ein einziges chinesisches Reich, führte eine einheitliche Schrift und gemeinsame Maße und Gewichte ein und ließ Straßen bauen. Unter seiner Herrschaft wurde der Bau der Chinesischen Mauer als Schutz gegen Feinde begonnen. Der Kaiser ließ für sich einen Grabhügel mit mehreren Schutzwällen anlegen und als er etwa 210 vor Christus starb, waren auch die tönernen Abbilder seiner Soldaten fertig, um ihn in der Ewigkeit zu beschützen.

Die Archäologen haben bis jetzt die Soldaten im Graben Nummer 1 freigelegt, der 210 Meter von Ost nach West und 60 Meter von Nord nach Süd misst. In elf Reihen nebeneinander stehen 3000 Männer. Außerdem ist die Terrakotta-Armee mit Pferden, Streitwagen und Waffen ausgerüstet.

▲ *Die Tonsoldaten stehen in Schlachtformation. Ihre Gesichter sind alle verschieden.*

Computer für zu Hause

▶ 1975 ◀ Ein Mikrocomputer, der erste seiner Art, der für den Hausgebrauch entwickelt wurde, wird in den USA zum Kauf angeboten. Zum sensationellen Preis von 297 Dollar (das sind ungefähr 770 DM) bietet der MITS Altair 8800 eine Speicherkapazität von 256 Bytes. Doch ist es ziemlich kompliziert, den Computer zu starten. 25 Tasten müssen in der richtigen Reihenfolge gedrückt werden, bevor das Gerät läuft. Deshalb ist der erste Homecomputer nur für Technik-Freaks geeignet. Die Hersteller arbeiten jetzt an einem benutzerfreundlicheren Gerät.

Für Spanien beginnt eine neue Zeit

▲ *Franco regierte Spanien 36 Jahre lang mit harter Hand.*

▶ 22. November 1975 ◀ Der Mann, der Spanien seit dem Ende des Bürgerkrieges 1939 mit diktatorischer Gewalt regiert hat, ist tot. Generalissimo Francisco Franco stirbt im Alter von 82 Jahren in Madrid. Zwei Tage später wird Prinz Juan Carlos als spanischer König vereidigt. In seiner Rede vor dem Parlament erklärt der neue Monarch, er wolle sich für »weitreichende Verbesserungen« einsetzen. Damit macht Juan Carlos der Bevölkerung Hoffnung, dass nun nach 36 Jahren der Unterdrückung die Demokratie wieder in Spanien Einzug hält.

INFO • 1975 • INFO

1. Januar • *In Westdeutschland wird das Volljährigkeitsalter von 21 auf 18 Jahre gesenkt*

10. Januar • *In Hamburg wird der Elbtunnel eröffnet*

24. Februar • *Die Österreicherin Annemarie Moser-Pröll gewinnt zum fünften Mal hintereinander den Ski-Weltcup*

4. März • *Charlie Chaplin wird von der britischen Königin zum Ritter geschlagen*

1970 – 1979

Sowjets und Amerikaner treffen sich im All

Das sowjetische Raumschiff »Sojus« und die amerikanische »Apollo«-Kapsel docken zu einer 48-stündigen Begegnung der Supermächte im Weltraum aneinander an. Kosmonaut Alexei Leonow und Astronaut Thomas Stafford begrüßen einander auf Russisch und Englisch. Anschließend besuchen sich die Raumfahrer gegenseitig, um wissenschaftliche Versuche auszuführen, Weltraumerfahrungen auszutauschen und gemeinsam zu essen.

◀ Begegnung im Weltraum

Sprays schädigen Ozonschicht

Amerikanische Wissenschaftler finden heraus, dass der Ozonmantel, der die Erde vor schädlicher ultravioletter Strahlung schützt, an einigen Stellen dünn geworden ist. Schuld daran sind die Fluorchlorkohlenwasserstoffe (FCKW), die in großen Mengen in die Erdatmosphäre gelangt sind. FCKW werden hauptsächlich als Treibmittel in Spraydosen und als Kältemittel für Kühlschränke verwendet.

Bürgerkrieg im Libanon

▶ 16. September 1975 ◀

Beirut, die weltoffene Hauptstadt des Libanon, wird zu einem Schlachtfeld, während im Land der Bürgerkrieg tobt. Seit immer mehr Palästinenserorganisationen Libanon zu ihrem Hauptstützpunkt gemacht haben, ist das Land zu einem Angriffsziel für Israel geworden. Die andauernden Kämpfe zwischen Israel und den Palästinensern haben das empfindliche Machtgleichgewicht im Libanon durcheinandergebracht. Nun bekämpfen sich Bevölkerungsgruppen, die bisher einigermaßen miteinander auskamen. Im Libanon sind Anhänger von 14 verschiedenen Religionen zu Hause, viele dieser Gruppen verfügen nun über eigene kleine Armeen, so genannte Milizen.

▲ Mitglieder einer Muslim-Miliz in Beirut

Vietnam ist wieder vereint

▶ 30. April 1975 ◀

Die Truppen der siegreichen vietnamesischen Kommunisten besetzen Saigon, die Hauptstadt von Südvietnam. Die Kapitulation der Stadt bedeutet das wirkliche Ende des Vietnamkrieges. Nach dem Waffenstillstand von 1973 hatten sich die USA aus dem Krieg zurückgezogen, aber die Kämpfe zwischen Südvietnam und dem kommunistischen Vietcong gingen weiter. Nun wird die Botschaft der USA in Saigon von Menschen bestürmt, die ihr Land verlassen wollen, bevor die Kommunisten endgültig siegen.

◀ Das zerstörte Saigon; oben: Kampf um einen Platz in einem amerikanischen Hubschrauber

Internationales Jahr der Frau

▶ 1. Januar 1975 ◀

Die UNO erklärt 1975 zum »Jahr der Frau«, in dem besondere Anstrengungen unternommen werden sollen, um die Benachteiligung von Frauen zu beseitigen. In Westdeutschland zum Beispiel werden berufstätige Frauen oft schlechter bezahlt als Männer. Wenn ein Ehepaar Kinder bekommt, so bleibt meistens die Frau zu Hause. Ohne eigenes Geld ist sie dann von ihrem Mann abhängig.

▶ In London protestieren Frauen gegen das Lokal »El Vino«, in dem nur Männer an der Bar etwas trinken dürfen.

1970
 1971
 1972
 1973
 1974
 1975
 1976
 1977
 1978
1979

 1976

Protest der Punks

Laut, schrill und hässlich wollen sie sein und ihr Name bedeutet »wertlos« – Punk. Die Punkbewegung entsteht in England, wo Jugendliche von Arbeitslosigkeit und Langeweile genug haben. Sie zeigen deutlich, was sie von einer Gesellschaft halten, die sich nicht um die Interessen der jungen Menschen kümmert. Sie tragen »Müll-Mode« und färben sich das Haar.

▼ *Sex Pistols – die Kultband der Punks*

◀ *Der Aufruhr in Soweto lenkt das Interesse der Welt auf die Apartheid.*

▼ *Südafrikanische Polizisten gehen gegen Kinder vor.*

Schwarze wehren sich

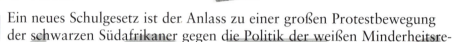 16. Juni 1976

Ein neues Schulgesetz ist der Anlass zu einer großen Protestbewegung der schwarzen Südafrikaner gegen die Politik der weißen Minderheitsregierung. Das Gesetz sieht vor, dass an den Schulen der Schwarzen mehr Unterricht in Afrikaans abgehalten werden soll. Doch für die Betroffenen ist Afrikaans die Sprache der Unterdrückung und der Apartheid – der Rassentrennung, die seit 1950 zum Nachteil der Schwarzen auf alle Lebensbereiche ausgedehnt wurde.

In Soweto, einer Vorstadt von Johannesburg, gehen Tausende auf die Straße. Doch Regierungschef John Vorster befiehlt, die Ordnung müsse »um jeden Preis« wiederhergestellt werden. Die Polizei erhält die Erlaubnis, ohne Vorwarnung in eine Menschenmenge zu schießen. Rasch breiten sich die Proteste auf das ganze Land aus, aber die Polizei schlägt den Aufstand nieder. Mindestens 100 Menschen kommen ums Leben, darunter viele Kinder.

INFO • 1976 • INFO

1. Januar • Autofahrer in Westdeutschland dürfen nur noch angeschnallt fahren

18. Mai • Der Zirkus Roncalli gibt in Bonn seine erste Vorstellung

29. Juli • Die chinesische Stadt Tangschan wird von einem schweren Erdbeben heimgesucht. Es gibt über 650 000 Todesopfer

3. Oktober • Bei der Bundestagswahl wird die SPD/FDP-Koalition bestätigt

Israels Überfall auf Entebbe

▶ 4. Juli 1976 ◀

Auf dem Flughafen der Stadt Entebbe in Uganda stürmen israelische Soldaten ein Verkehrsflugzeug, in dem Terroristen über 100 Passagiere als Geiseln gefangen halten. Am Ende der Aktion sind 31 Menschen tot – alle sieben Entführer, drei Geiseln und 21 ugandische Soldaten, die das Flugzeug umstellt hatten. Israel hat die Regierung von Uganda vor der Befreiungsaktion nicht einmal informiert. Die Terroristen hatten das Flugzeug vor einer Woche entführt und damit gedroht, die Passagiere, größtenteils Israelis, zu erschießen, wenn nicht 53 ihrer Freunde aus Gefängnissen in fünf Ländern freigelassen würden.

◀ *Nach ihrer Befreiung werden die Geiseln von Entebbe nach Israel zurückgebracht.*

Mao – der »Große Vorsitzende« – ist tot

▶ **9. September 1976** ◀ Im Alter von 82 Jahren stirbt in Peking Mao Tse-tung, der 1949 die Volksrepublik China gründete und seit 1945 Vorsitzender der Kommunistischen Partei war. Während sich der Platz des Himmlischen Friedens in Peking mit Trauernden füllt, setzt unter Maos möglichen Nachfolgern ein erbitterter Kampf ein. Maos Witwe Chiang Ching und ihre »Viererbande« beanspruchen die Macht ebenso wie Ministerpräsident Hua Guo-feng. Am Ende bleibt Deng Xiao-ping Sieger, der in der Wirtschaftspolitik die strenge kommunistische Linie verlässt, den Chinesen aber nicht mehr Freiheiten einräumt.

▲ *Chinesen nehmen Abschied von Mao Tse-tung, der die Politik Chinas bestimmte, auch wenn er zuletzt an Macht verlor.*

1970 – 1979

Mit Überschall über den Atlantik

▶ **21. Januar 1976** ◀ Das Überschallflugzeug Concorde startet zu seinem ersten Linienflug von London nach Washington. Bei einer Reisegeschwindigkeit von 2179 Stundenkilometern erreicht es sein Ziel nach 3 Stunden und 45 Minuten. Ein normales Düsenflugzeug benötigt 6 Stunden und 15 Minuten. Problematisch an der Concorde sind der große Lärm und der sehr hohe Treibstoffverbrauch.

Militär stürzt Präsidentin

▶ **24. März 1976** ◀ Die argentinische Präsidentin Isabel Perón wird verhaftet. An ihrer Stelle übernimmt das Militär die Macht. Perón hatte die Regierung 1974 nach dem Tod ihres Mannes Juan Perón übernommen, aber es gelang ihr nicht, Argentiniens Probleme zu lösen – im Gegenteil: Mit der Wirtschaft ging es bergab, das Geld war immer weniger wert und ohne Bestechung lief gar nichts mehr. Das Militär löst nun das Parlament auf und nimmt den Menschen ihre Rechte.

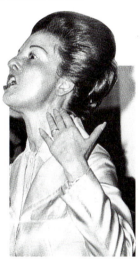

▲ *Argentiniens Präsidentin Isabel Martinez De Perón*

Traumnote 10,0 für Nadia Comaneci

Die 14-jährige rumänische Turnerin Nadia Comaneci gewinnt bei den Olympischen Sommerspielen in Montreal drei Goldmedaillen und erreicht dabei siebenmal die Höchstnote – 10,0 Punkte. Immerhin zweimal den Traumwert 10,0 und zwei Goldmedaillen erzielt die Russin Nellie Kim.

▶ *Nadia gewinnt Gold am Stufenbarren, am Schwebebalken und im Mehrkampf.*

Dioxin vergiftet die Umwelt

▼ *Dioxingeschädigtes Kind*

▶ **10. Juli 1976** ◀ Eine Giftgaswolke, die nach einer Explosion aus einer Fabrik in der Nähe von Mailand in Norditalien entweicht, tötet Tiere und Pflanzen in der Umgebung. Mindestens 15 Menschen müssen wegen Verätzungen der Haut behandelt werden. Das hochgiftige TCDD oder Dioxin ist Teil der Chemikalie, die von den USA im Vietnamkrieg zur Entlaubung der Wälder eingesetzt wurde.

▶ *Männer untersuchen das verseuchte Gebiet.*

1970

1971

1972

1973

1974

1975

1976

1977
1978
1979

1977

575 Tote bei Flugunfall

▶ **27. März 1977** ◀ Auf dem Flughafen der spanischen Ferieninsel Teneriffa stoßen zwei Jumbojets zusammen. 575 Menschen kommen ums Leben. Es ist der bisher schwerste Unfall in der Geschichte der Luftfahrt.

Die Maschine der amerikanischen Fluglinie Pan Am soll gerade starten, als der Jet der niederländischen KLM ohne offizielle Erlaubnis ebenfalls auf die Startbahn rollt und frontal auf das Pan Am-Flugzeug prallt. Beide Maschinen fangen sofort an zu brennen. Alle 248 KLM-Passagiere sind auf der Stelle tot, von den 326 Insassen des amerikanischen Jets können 70 gerettet werden.

Beide Flugzeuge sollten eigentlich auf Gran Canaria landen. Doch weil der dortige Flugplatz nach einer Bombendrohung geschlossen war, wurden sie umgeleitet – mit entsetzlichen Folgen.

▲ *Vor dem Kontrollturm des Flughafens von Teneriffa ragt die Tragfläche des verunglückten Pan-Am-Jets in die Luft.*

▶ *Die Namen auf den Särgen der Opfer werden überprüft, bevor sie von der Insel gebracht werden.*

Centre Pompidou in Paris

Im alten Großmarktbezirk von Paris wird das Centre Pompidou eröffnet, ein riesiges Kunstzentrum. Mit seinen bunten Rohren, die außen am Gebäude zu sehen sind, ist das Haus selbst auch ein Kunstwerk. Innen gibt es ein Museum, eine große Bibliothek und einen Raum, in dem große Kunstobjekte ausgestellt werden können.

▼ *Das Centre Pompidou in Paris*

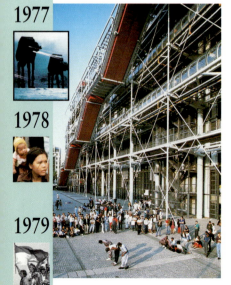

Opposition in Prag bildet Charta 77

▶ **6. Januar 1977** ◀ Westdeutsche Zeitungen veröffentlichen ein Aufsehen erregendes Dokument, dessen Verfasser die Wiederherstellung der Menschenrechte in der Tschechoslowakei fordern. Die »Charta 77« wird von 242 Regimegegnern unterstützt, unter ihnen der Schriftsteller Václav Havel. Die Bürgerrechtler fühlten sich durch die Konferenz über Sicherheit und Zusammenarbeit in Europa ermutigt. Dabei haben 1975 in Helsinki auch die osteuropäischen Staaten zugesagt, dass sie ihren Bürgern mehr Freiheiten zugestehen wollen. Mit der »Charta 77« wird zum ersten Mal seit 1968, als der »Prager Frühling« niedergewalzt wurde, die Opposition gegen das kommunistische Regime wieder aktiv.

Zia stürzt Bhutto

▶ **5. Juli 1977** ◀ Zulfikar Ali Khan Bhutto, der Regierungschef von Pakistan, wird vom Oberbefehlshaber der Armee, General Muhammad Zia ul-Haq, abgesetzt und verhaftet. Zia ul-Haq übernimmt selbst die Macht und setzt die demokratischen Regeln außer Kraft. Bhuttos Sturz sind Monate der Unruhe vorausgegangen, denn bei der Parlamentswahl im März hatte die Partei des Regierungschefs ungewöhnlich viele Stimmen bekommen. Die Opposition glaubte – wohl zu Recht –, dass dabei etwas nicht mit rechten Dingen zugegangen war. Es gab Proteste und Aktionen, mehrere Hundert Menschen starben.

▲ *Da war er noch im Amt: Regierungschef Bhutto bei einem Besuch in Paris.*

1970 – 1979

▲ *Phantasie-Wesen aus »Krieg der Sterne«*

Disco und Sternenkrieg

Die beiden »Filme des Jahres« könnten kaum gegensätzlicher sein. Mit seinem »Krieg der Sterne« entführt Regisseur George Lucas die Zuschauer mit Hilfe von Tricktechnik und Spezialeffekten in ferne Welten. »Nur Samstag Nacht« führt dagegen in die nächste Disco. Hauptdarsteller John Travolta und die Musik von den Bee Gees lösen bei den Jugendlichen ein wahres Disco-Fieber aus.

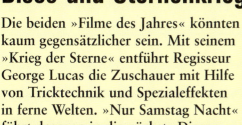

◀ *John Travoltas Traum wird »Nur Samstag Nacht« wahr.*

Elvis ist tot

▶ **16. August 1977** ◀ Elvis Presley, der König des Rock 'n' Roll, wird tot in Graceland, seinem palastähnlichen Haus in Memphis im US-Bundesstaat Tennessee, aufgefunden. Presley, der nur 42 Jahre alt wurde, war Ende der 50er Jahre der Spitzenstar der Popmusik und landete 107 Top-Hits. 1969 gelang ihm ein Comeback, aber es war nicht zu übersehen, dass der »King« Probleme hatte. Elvis war dick geworden und er war tablettensüchtig, was vermutlich zu seinem frühen Tod führte.

▲ *Elvis bei einem Auftritt in Las Vegas*

Terror in Deutschland

▶ **19. Oktober 1977** ◀ In Mulhouse in Ostfrankreich wird die Leiche von Hanns Martin Schleyer gefunden. Der deutsche Wirtschaftsboss war am 5. September in Köln entführt worden. Seine Kidnapper, Mitglieder der Terrorgruppe Rote Armee Fraktion (RAF), drohten ihn zu ermorden, wenn nicht elf ihrer Leute aus dem Gefängnis freigelassen würden. Die Bundesregierung ließ sich auf diese Forderung nicht ein. Um noch mehr Druck zu machen, entführten palästinensische Terroristen eine Lufthansa-Maschine in die somalische Hauptstadt Mogadischu. Doch der deutschen Spezialeinheit GSG 9 gelang es am 18. Oktober, das Flugzeug zu stürmen. In derselben Nacht begingen die Anführer der RAF, Andreas Baader, Gudrun Ensslin und Jan-Carl Raspe, im Gefängnis Selbstmord.

◀ *Brief des entführten Schleyer, der einer französischen Zeitung zugeschickt wird*

INFO • 1977 • INFO

20. Januar • Der neue amerikanische Präsident Jimmy Carter tritt sein Amt an

27. Juni • Dschibuti, die letzte französische Kolonie in Afrika, wird unabhängig

26. August • Als erste Frau springt Rosemarie Ackermann aus der DDR beim Hochsprung über 2,00 Meter

25. Dezember • Der Schauspieler und Regisseur Charlie Chaplin stirbt im Alter von 88 Jahren

Biko stirbt in Haft

▶ **13. September 1977** ◀ Der südafrikanische schwarze Studentenführer Steve Biko stirbt an seinen schweren Verletzungen, die er nach seiner Festnahme durch die Polizei erlitten hat. Eine offizielle Untersuchung kommt dennoch zu dem Ergebnis, dass die Polizei keine Schuld an seinem Tod habe. Die schweren Kopfverletzungen seien nicht durch Misshandlung und Folter hervorgerufen worden, sondern die Folge von »Zusammenstößen mit Wänden und Tischen«. Der Fall macht einmal mehr deutlich, wie die weiße Regierung in Südafrika mit ihren Gegnern umgeht.

▲ *20 000 Menschen folgen Steve Bikos Sarg auf dem Weg zur Beerdigung.*

GEGENKULTUR

In den 60er Jahren zettelten in den USA und Westeuropa viele junge Leute einen totalen Aufstand gegen die Lebensweise ihrer Eltern an. Sie protestierten gegen das traditionelle Familienleben, die Macht des Geldes, die Konflikte zwischen Menschen verschiedener Hautfarben und den Krieg. Sie glaubten an die Möglichkeit, in großen Gruppen friedlich zusammenzuleben und an die Macht der Liebe. Wegen ihrer Verbundenheit mit der Natur wurden sie auch Blumenkinder genannt. Im Gegensatz zur Lebensweise der Eltern entstand nun also eine »Gegenkultur«.

▼ *Hippies tragen gern farbenfrohe Kleider aus natürlichem Material. Viele nähen ihre Kleidung selbst.*

Liebe, Frieden, Drogen

Die Hippie-Bewegung entstand Mitte der 60er Jahre in Kalifornien und verbreitete sich in den ganzen USA und in Westeuropa. Ihre Bezeichnung stammt von dem Ausdruck »hip«, der »voll dabei« bedeutet. Hippies lehnten althergebrachte Werte ab, viele richteten auf dem Land Wohngemeinschaften ein, um sich von der Gesellschaft abzugrenzen.

Hippies wollten an der Welt, wie sie war, nicht teilhaben, und sie waren entschlossen, die Welt zu verändern. Einige protestierten gegen den Krieg, den die USA in Vietnam führten, und unterstützen die Bewegung für die Bürgerrechte der Schwarzen.

Andere sahen den richtigen Weg darin, sich selbst zu verändern. Sie beschäftigten sich mit Religionen aus süd- und ostasiatischen Ländern und erlernten Yoga, eine sanfte Form des körperlichen und geistigen Trainings, und Meditationstechniken. Oder sie experimentierten mit bewusstseinsverändernden Drogen. Mitte der 70er Jahre ebbte die Hippie-Welle ab.

▲ *Szene aus dem Rock-Musical »Hair«, in dem das Leben der Hippies dargestellt wird*

Frieden und Harmonie

Die amerikanische Sängerin Joan Baez trat 1959 zum ersten Mal auf dem Folk-Festival in New Port auf Rhode Island auf und zusammen mit Bob Dylan machte sie die Folk-Musik populär. Ihre Religion als Quäkerin machte sie zu einer überzeugten Gegnerin von Krieg und Rassendiskriminierung und im Leben wie in ihren Liedern setzte sie sich für ihre Überzeugungen ein. 1964 bezahlte sie einen Teil ihrer Steuern nicht, weil sie nicht wollte, dass ihr Geld zum Waffenkauf verwendet wurde.

◀ *Joan Baez singt bei einer Demonstration. Ihr Lied »We shall overcome« (Eines Tages werden wir siegen) wird zu einer Art Hymne.*

Die Punk-Revolution

Mitte der 70er Jahre hielt der Punk-Rock Einzug in die Popmusik-Szene. Vielleicht war er eine Reaktion auf die ständige Forderung der Hippies nach Frieden und Liebe; jedenfalls war es nun angesagt, schrill und aggressiv zu sein und so den Hass auf die bürgerliche Gesellschaft zum Ausdruck zu bringen. Die jungen Musiker setzten wieder auf harte Rhythmen und deutliche Worte, und sie waren berühmt dafür, dass sie ihre Instrumente nicht gerade beherrschen.

Die britische Gruppe, die den Punk-Rock in Gang brachte, waren die Sex Pistols, die 1976 ihre erste Platte herausbrachten. 1977 feuerten die Pistols ihren Bassgitarristen Glen Matlock mit der Begründung, er könne zu gut spielen. Seinen Platz nahm Sid Vicious ein, der eigentlich gar nicht spielen konnte – dafür aber genau die richtige, total abgebrühte Haltung hatte.

Die Konzerte mit der lauten, heruntergedroschenen Punkmusik endeten oft damit, dass die Fans die Sitzpolster zerrissen oder eine Schlägerei anzettelten. Viele Behörden verboten Auftritte von Punk-Bands, aber diese spielten einfach unter einem anderen Namen.

▼ Punks lehnen sich gegen das »Normale« auf – sie verpassen sich schrille Haarschnitte und tragen zerrissene Kleider.

▼ Sid Vicious (links) und Johnny Rotten von den Sex Pistols strapazieren die Trommelfelle ihrer Fans. Die Band trennte sich 1978 auf einer USA-Tournee.

Das erste Hippie-Rockkonzert fand am 16. Oktober 1965 in San Francisco statt. Eine Hippie-Kommune hatte das Festival organisiert, bei dem Gruppen wie Jefferson Airplane und die Charlatans auftraten.

●

Die Platte der Sex Pistols »God Save the Queen« (übersetzt heißt das »Gott schütze die Königin« und es ist die englische Nationalhymne) zeigte auf dem Umschlag ein Bild von Königin Elisabeth II. mit einer Sicherheitsnadel in der Nase. Das Lied wurde von vielen Plattenläden und dem englischen Rundfunksender BBC boykottiert, im Mai 1977 kam es aber trotzdem auf Platz 2 der Hitparade.

1970

1971

1972

1973

1974

1975

1976

1977

1978

1979

1978

▲ Die Bootsflüchtlinge nehmen mit der Flucht große Risiken auf sich.

INFO • 1978 • INFO

8. Mai • Reinhold Messner und Peter Habeler gelangen als Erste ohne Sauerstoffgeräte auf den Gipfel des Mount Everest

25. Juni • Argentinien gewinnt die Fußball-Weltmeisterschaft

11. Juli • Bei einer Explosion auf einem spanischen Campingplatz werden 200 Menschen getötet

26. August • Der DDR-Kosmonaut Sigmund Jähn ist der erste Deutsche im Weltall

Flüchtlinge aus Vietnam

▶ **3. Dezember 1978** ◀ 163 Flüchtlinge aus Vietnam treffen in Westdeutschland ein, wo sie Asyl erhalten sollen. Sie sind aus ihrer Heimat geflohen, um der politischen und religiösen Verfolgung zu entgehen. Seit dem Sieg der Kommunisten im Vietnamkrieg 1975 werden vor allem diejenigen verfolgt, die vorher in Südvietnam lebten und Anhänger der dortigen Regierung waren. Schätzungen zufolge flüchten monatlich etwa 10 000 Menschen aus Vietnam. Die meisten versuchen es auf dem Landweg, doch viele fliehen auch über das Meer, oft genug in nicht seetüchtigen Booten. Sie hoffen, von vorbeifahrenden Schiffen aufgefischt zu werden, denn die Nachbarländer haben schon so viele Flüchtlinge untergebracht, dass sie keine weiteren mehr aufnehmen wollen. Deshalb müssen nun auch die Europäer und Amerikaner helfen.

Baby aus dem Reagenzglas

▶ **26. Juli 1978** ◀ In Oldham nördlich von London erblickt Louise Brown das Licht der Welt – und sie ist eine medizinische Sensation: Weil ihre Eltern auf natürlichem Weg keine Kinder bekommen konnten, wurde Louise als erstes Kind der Welt im Reagenzglas gezeugt. Die Ärzte befruchteten eine Eizelle der Mutter mit dem Samen des Vaters und verpflanzten sie in die Gebärmutter von Frau Brown – mit Erfolg!

▶ Louise, ein medizinisches Wunder

▶ Nach dem Durchbruch bei den Friedensverhandlungen umarmen sich der ägyptische Präsident Sadat und Israels Regierungschef Begin.

Frieden in Sicht

▶ **17. September 1978** ◀ Seit der Gründung des Staates Israel 1948 hat es im Nahen Osten immer wieder Krieg gegeben. Nun soll zum ersten Mal ein Friedensvertrag geschlossen werden: Ägyptens Staatspräsident Anwar as Sadat und Israels Regierungschef Menachim Begin treffen sich in den USA. Israel verspricht, die besetzte Sinai-Halbinsel an Ägypten zurückzugeben und die Rechte der Palästinenser anzuerkennen. Dafür will Ägypten künftig ganz normale freundschaftliche Beziehungen zu Israel unterhalten. Die übrigen arabischen Länder schließen Ägypten deshalb aus ihrer Gemeinschaft aus.

1970–1979

▲ *Das Wrack des Öltankers »Amoco Cadiz« vor der Küste der Bretagne*

Ölpest vor der bretonischen Küste

▶ **16. März 1978** ◀ Vor der Küste der Bretagne in Nordfrankreich ereignet sich die bislang schwerste Umweltkatastrophe. Der Supertanker »Amoco Cadiz« mit 234 000 Tonnen Rohöl an Bord läuft auf ein Riff und wird dabei stark beschädigt. Bei einem heftigen Sturm geht auch die Ruderanlage kaputt. Aus den Lecks der »Amoco Cadiz« strömt Öl aus und in den nächsten Tagen gelingt es nicht, die Lecks zu schließen oder das Öl abzupumpen. Schließlich bricht der Tanker in zwei Teile, die gesamte Ladung läuft aus. Die bretonische Küste wird auf einer Länge von 200 Kilometern mit Öl verseucht, Zehntausende Vögel sterben, weil die bräunliche Masse ihr Gefieder verklebt.

Drogenkinder in Berlin

▶ **September 1978** ◀ Unter dem Titel »Wir Kinder vom Bahnhof Zoo« veröffentlicht die Zeitschrift »Stern« den Bericht der 16-jährigen Christiane F. über ihre Erfahrungen mit Drogen. Sehr eindringlich schildert das Mädchen, wie sie in der Drogenszene am Berliner Bahnhof Zoo in den Teufelskreis von Heroin, Beschaffungskriminalität und Prostitution geraten ist.

In den letzten Jahren ist der Drogenkonsum in Westdeutschland dramatisch angestiegen. Die Süchtigen werden immer jünger und immer mehr Jugendliche nehmen »harte Drogen« wie Heroin.

Aldo Moro ermordet

▶ **9. Mai 1978** ◀ Der frühere italienische Ministerpräsident Aldo Moro wird ermordet aufgefunden. Die Leiche liegt im Kofferraum eines Kleinwagens, der im Zentrum von Rom geparkt ist. Vor zwei Monaten ist Moro von Mitgliedern der italienischen Terrorgruppe »Rote Brigaden« entführt worden. Die Kidnapper verlangten die Freilassung von 13 Terroristen aus dem Gefängnis. Aus seiner Gefangenschaft schrieb Moro Bittbriefe an seine einflussreichen Freunde in der Regierung, aber sie weigerten sich, mit den Entführern zu verhandeln. Auch das Bitten seiner Familie nützte nichts.

▲ *Bei der Trauerfeier erinnert ein riesiges Bild an Aldo Moro.*

▶ *Der Ballon kurz vor der Landung in Frankreich*

In sechs Tagen per Ballon über den Atlantik

Zum ersten Mal gelingt es, den Atlantik mit einem Ballon zu überqueren. Eine dreiköpfige amerikanische Mannschaft landet nach dem Abenteuer am 17. August in Frankreich. Der »Double Eagle II« mit Ben Abruzzo, Maxie Anderson und Larry Newman an Bord ist sechs Tage zuvor in Presque Island im US-Bundesstaat Maine gestartet. Während ihrer Fahrt in Höhen zwischen 1500 und 5000 Metern hatten sie mit eisigen Winden und gefrierendem Regen zu kämpfen. Sie ernährten sich vor allem von Würstchen und Fisch aus der Dose. Vor »Double Eagle II« hatten schon 17 andere Ballonfahrer-Teams eine Atlantiküberquerung versucht, doch alle waren gescheitert.

Neuer Papst ist Pole

Zum ersten Mal seit über 400 Jahren ist der Papst kein Italiener. Nach dem Tod seines Vorgängers Johannes Paul I., der nur 34 Tage im Amt war, wird der polnische Kardinal Karol Wojtyla am 16. Oktober in Rom zum Oberhaupt der katholischen Kirche gewählt. Er nimmt den Namen Johannes Paul II. an. Der 58-Jährige hält seine Begrüßungsansprache nicht wie üblich auf Latein, sondern auf Italienisch.

▲ *Johannes Paul II. ist der jüngste Papst des 20. Jahrhunderts.*

1979

1970
1971
1972
1973
1974
1975
1976
1977
1978
1979

▲ Schah Mohammad Resa Pahlawi und seine Frau Farah Diba auf dem Weg zu dem Flugzeug, das sie nach Ägypten bringen soll

Der Schah geht ins Exil

▶ **16. Januar 1979** ◀ In der iranischen Hauptstadt Teheran tanzen die Menschen auf den Straßen, als sie erfahren, dass ihr verhasster Herrscher, der Schah, das Land verlassen hat. Der Schah wollte den an Erdöl reichen Iran zu einem modernen Staat machen, hat dabei aber die Bedürfnisse und Interessen vieler Iraner missachtet. Die Löhne blieben niedrig und politische Gegner wurden von der gefürchteten Geheimpolizei SAVAK verfolgt. Besonders unbeliebt war der Schah bei den Religionsführern und ihren Anhängern, denn nach ihrer Ansicht verstieß er gegen die Regeln des Islam.

Am 1. Februar kehrt der Religionsführer Khomeini in den Iran zurück, den er 1964 hatte verlassen müssen. Er übernimmt die Herrschaft über das Land und setzt strenge islamische Gesetze durch, zum Beispiel, dass Frauen sich nur verschleiert in der Öffentlichkeit zeigen dürfen. Seine politischen Gegner lässt er hinrichten.

▼ Margaret Thatcher freut sich über ihren Sieg bei den Parlamentswahlen in Großbritannien.

Briten haben eine Regierungschefin

▶ **4. Mai 1979** ◀ Einen überwältigenden Sieg erringt die Konservative Partei bei den britischen Parlamentswahlen. Zum ersten Mal steht eine Frau an der Spitze der Regierung in London, die 53-jährige Margaret Thatcher. Die »eiserne Lady« will vor allem in der Wirtschaftspolitik neue Wege gehen. Der Staat soll weniger Geld ausgeben, die Geldentwertung soll gestoppt werden, auch wenn dies zu Pleiten und hoher Arbeitslosigkeit führt.

Flucht im Heißluftballon

▶ **16. September 1979** ◀ Mit einem selbst gebauten Heißluftballon überfliegen acht Menschen aus der DDR in fast 2500 Meter Höhe die gefährliche Grenze zwischen Ost- und Westdeutschland. Weil DDR-Bürger nicht in den Westen reisen dürfen und die Grenze fast unüberwindlich geworden ist, riskieren viele ihr Leben, um in den Westen zu gelangen.

Rap ist hip

Die Sugarhill Gang aus dem New Yorker Stadtteil Bronx landet mit ihrem Titel »Rapper's Delight« einen Hit. Der Rap, ein neuer Stil der Popmusik, wird nun einem breiten Publikum bekannt. »Erfunden« wurde der Rap von schwarzen Jugendlichen. Zu Disco-Musik wird ein rhythmischer Sprechgesang vorgetragen, der in klaren Worten von den Problemen der Jugendlichen erzählt.

1970 – 1979

Siegreiche Sandinisten setzen Somoza ab

▶ 17. Juli 1979 ◀ Nach monatelangem Bürgerkrieg flieht der nicaraguanische Diktator Anastasio Somoza ins Ausland. Damit hat die Nationale Befreiungsfront, die »Sandinisten«, gesiegt. Die Familie Somoza hat Nicaragua 42 Jahre lang beherrscht. Am Ende besaß sie ein Viertel der gesamten landwirtschaftlichen Fläche des Landes mitsamt Tabak-, Zuckerrohr- und Kaffeeplantagen. Die Sandinisten wollen nun unter anderem für eine gerechtere Aufteilung des Bodens sorgen. Zunächst einmal müssen aber die Folgen des Krieges beseitigt werden, der etwa ein Viertel der Menschen obdach- und arbeitslos gemacht hat.

◀ *Nach dem Sieg der Sandinisten wird in Nicaragua gefeiert.*

INFO • 1979 • INFO

11. April • *Der ugandische Diktator Idi Amin wird entmachtet*

23. Mai • *Der CDU-Politiker Karl Carstens wird zum Bundespräsidenten gewählt. Er ist Nachfolger von Gustav Heinemann (SPD)*

7./10. Juni • *Die Bevölkerung in der Europäischen Gemeinschaft wählt zum ersten Mal ein Europa-Parlament*

24. Dezember • *Zum ersten Mal startet eine Europa-Rakete, die »Ariane«*

Fast eine Atom-Katastrophe

▶ 28. März 1979 ◀ Im amerikanischen Atomkraftwerk Three Mile Island ereignet sich ein schwerer Unfall: Das Kühlsystem der Anlage fällt aus. Dann schalten Mitarbeiter die Ersatzkühlung ab, weil sie Warnsignale falsch verstanden haben. Tagelang besteht die Gefahr eines GAU, des Größten Anzunehmenden Unfalls in einem Atomkraftwerk. 1,5 Millionen Liter radioaktives Wasser verseuchen den Susquehanna-Fluss. Kinder und Schwangere werden vorsorglich aus der Umgebung evakuiert.

▶ *Ein kaputtes Ventil ist Auslöser des Atom-Unfalls.*

Rauchen verursacht Krebs

Zigarettenrauchen kann Krebs auslösen: Dies ist das Ergebnis einer neuen amerikanischen Studie. Auf 1200 Seiten listet der Bericht ganz genau die gefährlichen Folgen des Nikotin-Missbrauchs auf. Nicht nur Krebs, sondern auch eine Reihe weiterer Krankheiten werden auf das Rauchen zurückgeführt.

Einmarsch in Afghanistan

▶ 26. Dezember 1979 ◀ Die Sowjetunion lässt Truppen in Afghanistan einmarschieren und erklärt, die Regierung in Kabul habe sie um Hilfe gebeten. In Afghanistan herrscht Bürgerkrieg und die Regierung in Moskau fürchtet, dass wie im Iran islamische Gruppen die Macht übernehmen könnten. Sie will aber ihren Einfluss auf das Nachbarland behalten. Doch als die Sowjets 1989 ihre Truppen endlich abziehen, haben sie – wie die Amerikaner in Vietnam – die Erfahrung gemacht, dass sie sich auf einen Krieg eingelassen hatten, den sie nicht gewinnen konnten.

▶ *Ein sowjetischer Konvoi mit Nachschub fährt nach Afghanistan.*

TERRORISMUS

Terroristen sind Menschen, die Gewalttaten begehen, um politische Ziele zu erreichen, die sie mit erlaubten Mitteln nicht durchsetzen können. Sie wollen Angst und Schrecken verbreiten und so den Staat aus den Angeln heben. Meistens bilden sie eine Vereinigung, die mit Entführungen, Bombenattentaten und Morden auf sich aufmerksam macht. Häufig steckt politischer oder religiöser Fanatismus hinter ihren Verbrechen.

Aldo Moro und die Roten Brigaden

Die Roten Brigaden waren eine Gruppe der extremen Linken, die in den 70er Jahren in Italien aktiv war. Sie entführte und ermordete mehrere Richter und Politiker. Ihr prominentestes Opfer war der frühere Ministerpräsident Aldo Moro, Vorsitzender der Regierungspartei Democrazia Cristiana. Er wurde am 16. März 1978 auf dem Weg zur Arbeit entführt. Die Geiselnehmer forderten die Freilassung von Mitgliedern der Roten Brigaden, die im Gefängnis saßen. Doch die Regierung war zu Verhandlungen mit den Entführern nicht bereit. Acht Wochen später wurde die Leiche Moros in einem abgestellten Auto in Rom gefunden. Während der Geiselhaft schrieb Moro mehrere Briefe, in denen er sich bitter über die harte Haltung der Regierung beklagte.

▲ *Der Fall Moro: Die Zeitungen enthalten verzweifelte Briefe des Entführten und Forderungen der Roten Brigaden.*

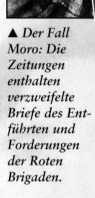

▶ *Auf dem Foto der Entführer hält Aldo Moro eine aktuelle Tageszeitung in der Hand, damit klar ist, an welchem Tag die Aufnahme gemacht wurde.*

Die Basken-Gruppe der ETA

Eine der ältesten Terroristengruppen in Europa ist die 1959 gegründete ETA (Euzkadi ta Azkatasuna – »Baskenland und Freiheit«). Ihr Ziel ist ein unabhängiger Staat für die Basken, die im Norden Spaniens (und zu einem kleineren Teil in Westfrankreich) leben. Seit 1968 fielen in Spanien den Gewalttaten der ETA über 800 Menschen zum Opfer. Obwohl die spanische Regierung den Forderungen der gemäßigten Basken entgegenkam und 1979 dem Baskenland größere Selbständigkeit gab, ging der Terror der ETA auch danach weiter.

▶ *Begräbnis für einen Terroristen der ETA im Baskenland*

Palästinenser-Gruppen

1964 schlossen sich mehrere Gruppen von Palästinensern zur PLO (Palästinensische Befreiungsorganisation) zusammen, um gemeinsam gegen Israel und für einen eigenen Staat zu kämpfen. Auf ihr Konto gingen bis in die 80er Jahre zahlreiche Bombenattentate in Israel. Heute bemüht sich die PLO mit ihrem Chef Jassir Arafat dagegen um eine friedliche Durchsetzung ihrer Ziele, extreme Palästinenser-Organisationen wie Hamas verüben aber weiter Anschläge. Auch die Baader-Meinhof-Gruppe (Rote Armee Fraktion, RAF), die in den 70er und 80er Jahre mit ihren Terrorakten Deutschland unsicher machte, hatte Sympathien mit der PLO.

▶ *Freilassung von Geiseln, die Araber 1977 für die RAF entführten*

▲ *Palästinenser mit einem Foto von Jassir Arafat*

◀ *Fahndungsfotos von Terroristen der Roten Brigaden*

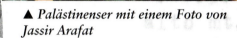

Deutschland: Von 1972 bis 1991 begingen RAF-Terroristen mindestens 14 Morde.

Libanon: 1983 starben fast 300 Menschen, vor allem amerikanische Soldaten, durch palästinensische Selbstmordkommandos.

USA: 1995 sprengten Fanatiker in Oklahoma ein Gebäude in die Luft: 168 Tote.

Terror der IRA

Die IRA (Irisch-Republikanische Armee) ist eine katholische Untergrundorganisation. Sie kämpft mit Terrorakten für die Unabhängigkeit Nordirlands von Großbritannien und für den Anschluss an die katholische Republik Irland. Die protestantische Mehrheit von Nordirland will dagegen bei Großbritannien bleiben. Die IRA wurde 1919 gegründet und 1936 von der Regierung der Republik Irland verboten. Seit 1969 ist die IRA wieder aktiv. Durch ihre terroristischen Anschläge kamen bis Mitte der 90er Jahre über 3000 Menschen ums Leben. 1994 rief die IRA einen Waffenstillstand aus, um Friedensgespräche für Nordirland in Gang zu bringen. Doch die Waffenruhe hielt nur bis Anfang 1996. Seit 1997 bemühen sich die Regierungen in London und Dublin (Hauptstadt der Republik Irland) wieder um eine Friedenslösung mit der IRA.

◀ *Ein Bürogebäude in London, zerstört durch einen Bombenanschlag der IRA*

▶ *IRA-Männer tragen den Sarg eines Kameraden, der bei einem Hungerstreik im Gefängnis gestorben ist.*

80ER JAHRE

1980

Politisch gesehen ist am Ende der 80er Jahre nichts mehr so wie es zu Beginn des Jahrzehnts war. 1989 brechen die kommunistischen Regierungen in den osteuropäischen Staaten zusammen. Die Mauer, die seit 1961 Berlin geteilt hatte, wird überwunden und Deutschland, das fast 45 Jahre lang von einer Grenze durchschnitten war, kann wieder ein einheitlicher Staat werden.

In einem großen Teil der Welt ist allerdings von einer solch positiven Entwicklung nichts zu spüren. Dürre, Hunger und Bürgerkriege stürzen die Menschen in den Entwicklungsländern in immer größere Not.

▲ *Der Danziger Werftarbeiter Lech Walesa steht an der Spitze der unabhängigen polnischen Gewerkschaft »Solidarität«.*

»Solidarität« für Polen

▶ **17. September 1980** ◀ Eine politische Sensation ereignet sich in Polen. Mit der »Solidarität« wird eine Gewerkschaft gegründet, die von der kommunistischen Partei unabhängig ist. Innerhalb kurzer Zeit treten 10 Millionen Menschen der »Solidarität« bei. Seit Wochen haben die polnischen Arbeiter unter der Führung des Werftarbeiters Lech Walesa für das Recht auf eine freie Gewerkschaft gekämpft. Die polnische Regierung geriet in die Klemme. Einerseits wurde der Druck durch Streiks und Proteste so groß, dass sie nachgeben musste; andererseits fürchtete sie, dass wie in Ungarn 1956 oder in der Tschechoslowakei 1968 die Sowjetunion Truppen nach Polen schicken würde, falls die Bürger dort zu große Freiheiten erhielten. Tatsächlich wird den polnischen Freiheitsträumen 1981 erst einmal wieder ein Ende gesetzt, allerdings nicht durch das sowjetische, sondern durch das polnische Militär.

Rubiks Würfel

Ein Puzzle des Ungarn Ernö Rubik macht alle Leute verrückt. »Rubiks Würfel« besteht aus 27 kleinen Würfeln, von denen sich immer neun zusammen drehen lassen. Die Würfel haben sechs verschiedene Farben. Ziel ist es, die kleinen Würfel so zu drehen, dass jede Seite des großen Würfels eine Farbe hat. Manche Leute schaffen das in wenigen Minuten, die meisten schaffen es nie.

Bombenattentat in Bologna

▶ **2. August 1980** ◀ 84 Menschen sterben, Hunderte werden verletzt, als eine entsetzliche Explosion den Hauptbahnhof der norditalienischen Stadt Bologna förmlich zerreißt. Die Detonation, die einen gewaltigen Krater hinterlässt, wird durch eine große Bombe ausgelöst, 45 Kilogramm Sprengstoff, in einen Koffer gepackt und im Wartesaal deponiert.

Eine rechtsextreme Terrorgruppe übernimmt die Verantwortung für das Attentat. Offenbar ist es ein Racheakt von Freunden der acht Faschisten, die zu Gefängnisstrafen verurteilt wurden, weil sie 1974 eine Bombe in einem Zug zur Explosion gebracht hatten. Ein weiteres Motiv liegt möglicherweise darin, dass Bologna eine kommunistische Stadtregierung hat.

▼ *Der Bahnhof von Bologna nach dem Bombenanschlag*

1980 – 1989

»Global 2000« warnt vor Umweltzerstörung

▶ **23. Juli 1980** ◀ Ein düsteres Zukunftsbild zeichnet die Umweltstudie »Global 2000«, für die Wissenschaftler im Auftrag der UNO drei Jahre lang eine Bestandsaufnahme gemacht haben. Wenn alles so weitergeht wie bisher, werden bald eine Million Tier- und Pflanzenarten von der Erde verschwunden sein. Das Klima wird sich verändern und damit drohen gewaltige Überschwemmungen und Hungersnöte. Bis zum Jahr 2000 werden Schäden entstanden sein, die sich nicht mehr rückgängig machen lassen, warnen die Wissenschaftler. Deshalb rufen sie alle Länder dazu auf, Pläne zu entwickeln, um die Umwelt zu bewahren.

▲ *Umweltzerstörung in Südamerika: Regenwald wird durch Brandrodung vernichtet.*

John Lennon ermordet

▶ **8. Dezember 1980** ◀ Der 40-jährige Popmusiker John Lennon wird in New York auf offener Straße erschossen. Sein Mörder Mark Chapman hat ihn noch kurz vorher um ein Autogramm gebeten. Lennon wurde als Mitglied der Beatles weltberühmt. Zusammen mit seiner Frau Yoko Ono machte er eine Reihe spektakulärer Aktionen, zum Beispiel das »Bed In«: Die beiden blieben 1969 in einem Hotel in Amsterdam eine Woche lang im Bett, um für den Frieden zu demonstrieren.

Tito ist tot

▶ **4. Mai 1980** ◀ Marschall Tito, der Gründer des modernen Jugoslawien, stirbt im Alter von 87 Jahren. Josip Broz, wie Tito eigentlich hieß, führte im Zweiten Weltkrieg die Partisanen gegen die deutschen Besatzer an und machte sein Land 1945 zu einem sozialistischen Staat. In den 50er Jahren wurde er zum Führer der Blockfreien (die weder mit den USA noch mit der Sowjetunion verbündet waren). In seinem eigenen Land gelang es dem Kroaten Tito, die verschiedenen Völker in einem Staat zusammenzuhalten. Nach seinem Tod brechen die alten Konflikte zwischen den Völkern wieder auf.

Zimbabwe wird unabhängig

▶ **18. April 1980** ◀ Aus der britischen Kolonie Rhodesien wird die afrikanische Republik Zimbabwe. Rhodesien wurde wie Südafrika von einer weißen Minderheit beherrscht. Regierungschef Ian Smith hatte das Land 1965 für unabhängig erklärt, aber nur, um die Macht der Weißen zu erhalten. Dann aber wurde er immer stärker unter Druck gesetzt – unter anderem vom bewaffneten Widerstand der Schwarzen und dadurch, dass viele Länder keinen Handel mehr mit Rhodesien betrieben.

▶ *Robert Mugabe ist der erste Regierungschef der Republik Zimbabwe.*

Brodys neues »Gesicht«

Schon kurz nach ihrer Veröffentlichung weckt eine neue britische Illustrierte das Interesse der Medienwelt. »The Face« (das Gesicht) widmet sich Kunst, Design, Musik und Mode, aber das Blatt sieht vergleichbaren Zeitschriften nicht ähnlich. Der Grafikdesigner Neville Brody zeigt eine neue Form der Modefotografie, bei der Atmosphäre, Einstellung und Lebensstil im Mittelpunkt stehen. »The Face«, herausgegeben von Verleger Nick Logan, zeigt deutlich, das die Illustrierte aus London kommt. Sie wird zur einflussreichsten Zeitschrift des Jahrzehnts.

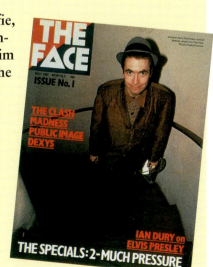

▶ *Das erste Titelbild von »The Face«*

1980

Krieg zwischen Irak und Iran bricht aus

▶ **22. September 1980** ◀ Irakische Soldaten überschreiten die Grenze zum Iran und dringen weit ins Nachbarland vor. Seit Monaten hat es an der iranisch-irakischen Grenze immer wieder Schießereien gegeben; nun sind die Auseinandersetzungen zu einem wirklichen Krieg geworden.

Iraks Herrscher Saddam Hussein hofft offenbar, aus der Lage im Iran Gewinn ziehen zu können. Seit der Schah des Iran 1979 gestürzt wurde, hat Religionsführer Ajatollah Khomeini einen fundamentalistischen islamischen Staat errichtet, aus dem alle westlichen Einflüsse verbannt werden sollen. Deshalb haben die westlichen Staaten dem Iran ihre Unterstützung entzogen. Doch Saddam irrt sich: Der Iran ist zwar schlecht ausgerüstet, dafür verfügt er aber über sehr viele Soldaten. Die Vorstellung, für Khomeini und seine islamische Revolution zu kämpfen, veranlasst sogar Kinder, in den Krieg zu ziehen. Bis 1988 dauern die Kämpfe an.

Es gibt mehrere Gründe für den Krieg: Iran und Irak wollen beide eine Führungsrolle unter den Staaten am Persischen Golf einnehmen. Außerdem fürchtet Saddam, die islamische Revolution könnte auch sein Land erfassen. Offiziell nehmen die Großmächte für keine der beiden Seiten Partei. Aber sie beobachten das Geschehen genau, denn durch den Persischen Golf fahren die meisten Öltanker.

◀ *Irakische Soldaten vor einem zerschossenen Khomeini-Plakat*

Töne aus dem Kopfhörer

Menschen mit einem kleinen Kopfhörer werden nach und nach zu einem gewohnten Bild. Der Grund dafür ist das neueste Produkt der Elektronikfirma Sony – der »Walkman«. Das Stereo-Radio mit Kassettenrekorder ist so klein, dass man es leicht in die Tasche stecken kann. Über den Kopfhörer dringt die Musik an die Ohren des Zuhörers.

INFO • 1980 • INFO

24. Februar • Bei den Olympischen Winterspielen in Lake Placid/USA holt der amerikanische Eisschnellläufer Eric Heiden auf allen fünf Strecken Gold

27. März • 124 Menschen sterben, als eine Ölbohrplattform in der Nordsee kentert

14. April • »Die Blechtrommel« erhält einen Oscar als bester ausländischer Film

5. Oktober • Helmut Schmidt bleibt Bundeskanzler

◀ *Walkman, Radio und Kassettenrekorder im Taschenformat*

Westen bleibt Spielen in Moskau fern

▶ **3. August 1980** ◀ Der völkerübergreifende Geist kann sich bei den Olympischen Spielen in Moskau nicht richtig entfalten, denn 65 Länder, darunter die USA, Westdeutschland und Kenia, sind aus Protest gegen den sowjetischen Einmarsch in Afghanistan nicht gekommen. Dennoch gibt es 36 Weltrekorde und zwei aufregende Duelle der britischen Sprinter Sebastian Coe und Steve Ovett im 1500- und 800-Meter-Lauf. Ansonsten liegen die Sportler aus der Sowjetunion und der DDR vorn. Bei den Schwimmwettkämpfen der Frauen gewinnen die Ostdeutschen 29 der 42 Medaillen.

Reagan ist der neue US-Präsident

▶ **4. November 1980** ◀ Herausforderer schlägt Titelverteidiger! Bei den Präsidentenwahlen in den USA gewinnt Ronald Reagan deutlich gegenüber Amtsinhaber Jimmy Carter. Reagan siegt in 44 der 50 Bundesstaaten; insgesamt erhält er 44 Millionen Stimmen gegenüber 35 Millionen für Carter. Der neue Präsident war Filmschauspieler, bevor er in den 60er Jahren in die Politik ging. Er ist ein konservativer Republikaner mit streng antikommunistischen Ansichten, der aber auch zu Kompromissen bereit ist. Dies hat er als Gouverneur von Kalifornien bewiesen. Im Wahlkampf wurde mitunter gefragt, ob Reagan mit seinen 69 Jahren nicht zu alt sei, um Präsident zu werden, aber seine lockere Art hat viele Wähler vom Gegenteil überzeugt.

Björn Borg gewinnt 5. Titel in Wimbledon

Der schwedische Tennis-Star Björn Borg schreibt sich am 5. Juli in die Rekordlisten des Sports ein, als er zum fünften Mal hintereinander das Turnier in Wimbledon gewinnt. In einem vierstündigen Marathon-Match besiegt er den Amerikaner John McEnroe in fünf Sätzen. Seine Fans feiern Borg als den besten Spieler aller Zeiten.

◀ Borg hält in Wimbledon zum fünften Mal den Siegerpokal in Händen. Weil er sich nie nervös machen lässt, hat der Schwede den Spitznamen »Eis-Borg«.

1980 – 1989

◀ Ronald Reagan und seine Frau Nancy bedanken sich bei den jubelnden Anhängern der Republikanischen Partei für die Unterstützung im Wahlkampf.

Pocken von der Erde verbannt

▶ **8. Mai 1980** ◀ Nach Angaben der Weltgesundheitsorganisation WHO sind die Pocken ausgerottet. Der Virus, der die Krankheit auslöst, ist vollständig von der Erde verbannt worden. Die Pocken waren eine fast immer tödlich verlaufende Krankheit. Wer sie überlebte, behielt entsetzliche Narben zurück. 1796 entwickelte der englische Arzt Edward Jenner einen Impfstoff gegen die Pocken, aber ein Heilmittel gegen die Krankheit gab es nicht. In Deutschland wurde 1874 die Pockenschutzimpfung zur Pflicht. 1967 startete die WHO eine weltweite Impfkampagne. Schon 1977 glaubte man, die Krankheit sei ausgerottet, aber ein Jahr später gelangte der Virus aus einem Labor nach draußen und verursachte etliche Todesfälle.

Die Japaner führen den Automarkt an

▶ **31. Dezember 1980** ◀ Japan ist der größte Autohersteller der Welt. In diesem Jahr haben die Asiaten mit 12,7 Millionen Fahrzeugen die Amerikaner auf den zweiten Platz verdrängt. Die amerikanische Autoindustrie ist in großen Schwierigkeiten. Die Firma Chrysler konnte nur durch einen Kredit in Höhe von 1,5 Milliarden Dollar vor der Pleite gerettet werden. Ford und General Motors sind ebenfalls hoch verschuldet. Der starke Anstieg der Benzinpreise hat viele Menschen dazu bewogen, sich ein kleineres Auto anzuschaffen. Darauf waren die amerikanischen Hersteller nicht vorbereitet, Nissan, Toyota und Honda konnten dagegen mit ihren Kleinwagen viele neue Kunden gewinnen.

1980

1981

1982

1983

1984

1985

1986

1987

1988

1989

1981

Charles und Diana heiraten

▶ **29. Juli 1981** ◀ Es ist nicht nur die Hochzeit des Jahres, es ist die Hochzeit des Jahrzehnts! Der britische Thronfolger Charles, Prinz von Wales, und Lady Diana Spencer heiraten in der Sankt-Pauls-Kathedrale in London. Hunderttausende säumen die Straßen der britischen Hauptstadt und weltweit werden etwa 700 Millionen Fernsehzuschauer Zeugen des Ereignisses. Die 20-jährige Braut trägt ein elfenbeinfarbenes Kleid mit einer acht Meter langen Schleppe. Der zwölf Jahre ältere Bräutigam ist in eine Galauniform der königlichen Marine gekleidet. Diana wirkt ein wenig schüchtern, als sie mit einer Kutsche vor der Kirche vorfährt. Die Tochter des 8. Grafen von Spencer kann ebenso wie der Sohn von Königin Elisabeth auf eine beeindruckende Ahnenreihe zurückblicken. Unter ihren Vorfahren sind die Stuart-Könige Charles II. und James II., die im 17. Jahrhundert regierten.

- Diana und Charles lernten sich bei einer Jagd kennen. Charles war mit Dianas Schwester befreundet
- Charles war der erst britische Thronfolger seit 1659, der eine Engländerin zur Frau nahm.
- 20 Staatsoberhäupter nahmen als Ehrengäste an der Hochzeit teil.

▲ Nach der Zeremonie küssen sich die Neuvermählten.

Mitterrand wird Präsident

▶ **10. Mai 1981** ◀ Zum ersten Mal seit den 30er Jahren hat Frankreich wieder einen sozialistischen Präsidenten. François Mitterrand, der Parteichef der Sozialisten, gewinnt die Präsidentschaftswahlen gegen den Amtsinhaber Valérie Giscard d'Estaing. Sein Sieg wird darauf zurückgeführt, dass er alle Linksparteien einschließlich der Kommunisten als Verbündete gewonnen hat. Mitterrand verspricht, die Banken zu verstaatlichen, die Steuern für die Reichen zu erhöhen und die Arbeitslosigkeit zu beseitigen. Im Parlament haben noch die Konservativen die Mehrheit. Doch der neue Präsident lässt Neuwahlen ausschreiben, bei denen seine Links-Koalition 289 der 491 Sitze gewinnt.

▲ François Mitterrand gibt seine Stimme ab.

Schock für Amerikaner: Schüsse auf Reagan

▶ **30. März 1981** ◀ Der Alptraum der Amerikaner – der Mord an Präsident Kennedy im November 1963 in Dallas – scheint sich zu wiederholen. Ronald Reagan, seit drei Monaten Präsident der Vereinigten Staaten, wird in Washington niedergeschossen. Er wird sofort ins Krankenhaus gebracht, wo eine Kugel aus seiner Brust entfernt werden muss. Doch der Präsident wird wieder völlig gesund. Drei andere Männer sind ebenfalls verletzt worden, als der Attentäter aus nächster Nähe sechs Kugeln abfeuert. Der 25-Jährige erklärt, er habe mit seiner Tat die Schauspielerin Jodie Foster beeindrucken wollen.

▲ Der Attentäter wird festgenommen, während Reagans Auto zum Krankenhaus rast.

Protest gegen Atomkraft

▶ **28. Februar 1981** ◀ 100 000 Menschen demonstrieren bei Brokdorf nordwestlich von Hamburg gegen den Bau eines Atomkraftwerks. In Westdeutschland ist die Nutzung der Atomenergie seit Jahren sehr umstritten. Die Befürworter sind der Ansicht, dass nur durch Atomkraftwerke der Energiebedarf auf die Dauer gedeckt werden könne. Die Gegner halten die Nutzung der Atomenergie für zu gefährlich, weil bei einem Unfall große Gebiete verseucht werden können. Sie weisen außerdem darauf hin, dass es noch keine sichere Lagermöglichkeit für die Atomabfälle gebe.

Lloyd Webbers Katzen singen und tanzen

»Cats« (Katzen), das neueste Musical von Andrew Lloyd Webber, wird in London zu einem Hit. Angeregt von den Versen des Dichters T. S. Eliot sind aufregende Tanzszenen und einprägsame Songs entstanden. Make-up, Kostüme und Bewegungen machen die Darsteller zu Katzen. »Cats« kommt 1986 nach Hamburg wo es auch zehn Jahre später noch läuft und läuft und läuft ...

1980 – 1989

Prozess gegen Viererbande

▶ **25. Januar 1981** ◀ Chiang Ching, die Witwe des früheren chinesischen Staatschefs Mao Tse-tung, wird wegen Verbrechen gegen den Staat zum Tode verurteilt. Die frühere Schauspielerin gehört zur »Viererbande«, die 1976 verhaftet wurde, als sie nach Maos Tod die Macht übernehmen wollte. Von den übrigen drei Angeklagten wird einer zum Tode, die beiden anderen zu lebenslanger Haft verurteilt. Der Prozess zeigt, dass die chinesische Führung mit Maos Politik endgültig Schluss machen will.

▲ *Chiang Ching vor Gericht*

▲ *Geschmeidige Katzen als Musical-Stars*

▲ *Sadat (Mitte, mit Ringkennzeichnung) kurz vor seiner Ermordung*

Ägyptens Präsident wird ermordet

▶ **6. Oktober 1981** ◀ Der ägyptische Präsident Anwar As Sadat wird bei einer Militärparade in Kairo von einem seiner eigenen Soldaten erschossen. Mit ihm sterben sechs weitere Menschen. Der Mörder ist in einem Jeep vor die Zuschauertribüne gefahren und hat das Feuer eröffnet, während alle nach oben guckten, wo die Luftwaffe einen Formationsflug absolvierte.

Sadat wurde 1970 Präsident. Durch seine Außenpolitik hat er sich viele Feinde geschaffen, denn als erstes arabisches Staatsoberhaupt schloss er einen Friedensvertrag mit Israel. Deshalb galt er bei vielen Menschen als »Verräter«. Sein Nachfolger Husni Mubarak kündigt aber an, er werde Sadats Politik fortsetzen.

INFO • 1981 • INFO

3. Februar • Gro Harlem Brundtland wird die erste norwegische Regierungschefin

14. Februar • Das ZDF strahlt zum ersten Mal die Spiel-Show »Wetten dass ...?« aus

26. August • Die amerikanische Raumsonde »Voyager 2« fliegt am Saturn vorbei und funkt Bilder des Planeten zur Erde

11. September • Die westdeutschen Wasserballer werden erstmals Europameister

1981

Iran lässt Geiseln nach 444 Tagen frei

21. Januar 1981 Die amerikanischen Geiseln, die seit November 1979 im Iran festgehalten wurden, treffen in Algier ein, der ersten Station ihrer Heimreise. Fünfzehn Monate zuvor waren 400 radikale iranische Studenten in die amerikanische Botschaft in Teheran eingedrungen und hatten 66 Botschaftsmitarbeiter gefangen genommen. Die meisten Frauen und alle Schwarzen wurden rasch freigelassen, doch 53 Menschen blieben in der Gewalt der Kidnapper. Diese verlangten, dass der frühere iranische Schah aus den USA in den Iran zurückkehren müsse, damit er vor Gericht gestellt werden könnte. Die iranische Regierung behauptete, sie habe mit der Aktion nichts zu tun und könne nicht eingreifen. Nachdem Verhandlungen kein Ergebnis gebracht hatten, versuchten die USA im April 1980 die Geiseln per Hubschrauber zu befreien, doch diese Aktion scheiterte kläglich. Im Juli 1980 starb der Schah; daraufhin verlangten die Geiselnehmer dessen Geld, das auf Konten in den USA lag. Nun ist es endlich gelungen, eine Einigung zu erreichen.

▲ Die Geiseln werden bei ihrer Rückkehr in die USA mit Jubel empfangen.

▲ »Lasst Bobby Sands sterben« liest man in einem Protestanten-Viertel von Belfast.

Bobby Sands stirbt nach 65 Tagen Hungerstreik

5. Mai 1981 Eine Welle der Gewalt erfasst die nordirische Hauptstadt Belfast, als der Tod von Bobby Sands bekannt wird. Der Häftling, der zur Terrororganisation IRA gehörte, ist nach 65-tägigem Hungerstreik gestorben. Sands und einige seiner Mitgefangenen wollten erreichen, dass sie als politische Gefangene und nicht als Kriminelle behandelt werden. Außerdem verlangten sie bessere Haftbedingungen. Doch die britische Regierungschefin Margaret Thatcher lehnte dies strikt ab. Sands ist wenige Wochen vor seinem Tod zum Parlamentsabgeordneten gewählt worden, doch konnte er die Wahl nicht annehmen, weil er im Gefängnis saß.

Kampf der Serien: Denver gegen Dallas

Deutschland gerät ins »Dallas«-Fieber, nachdem die US-Serie um den Ölmillionär J.R. Ewing und seine Familie im Fernsehen angelaufen ist. Woche für Woche verfolgen 17 Millionen Zuschauer die Ereignisse, doch bald bekommt »Dallas« Konkurrenz – die amerikanische Serie »Denver Clan«.

▲ Joan Collins in »Denver Clan«

Bob Marley ist tot

11. Mai 1981 Der Reggae-Musiker Bob Marley stirbt im Alter von 36 Jahren in einem Krankenhaus in Miami an Krebs. Reggae, ein Musikstil, der mit der amerikanischen Soul-Musik verwandt ist, kommt aus den Elendsvierteln der jamaikanischen Hauptstadt Kingston. Dort wurde Marley geboren. Mit seiner Gruppe The Wailers machte er in den 70er Jahren den Reggae bekannt. Themen seiner Lieder waren die Ausbeutung der Schwarzen und die Hoffnung auf eine gerechtere Welt.

▶ Bob Marley, der Super-Star des Reggae

General Jaruzelski verhängt über Polen das Kriegsrecht

▶ **13. Dezember 1981** ◀ Der »starke Mann« Polens, General Jaruzelski, verhängt das Kriegsrecht über das Land. Die Grenzen werden geschlossen und Soldaten beenden Streiks und Proteste. Noch 1980 hatte die Gewerkschaft »Solidarität« der polnischen Regierung Freiheiten abgetrotzt, die im kommunistischen Ostblock einzigartig waren. Aber die miserable Wirtschaftslage Polens mit großen Auslandsschulden und einem hohen Wertverlust des Geldes führte zu politischen Unruhen. Es drohte die Gefahr, dass die Sowjetunion gewaltsam eingreifen könnte. Jaruzelski, seit Februar Regierungschef, will nun – auch im Sinne der sowjetischen Regierung – die alte Ordnung wiederherstellen.

▲ *Der schnellste Zug der Welt vor der Abfahrt aus Lyon*

TGV – der schnellste Zug der Welt

In 2 Stunden und 40 Minuten von Paris ins 430 Kilometer entfernte Lyon – der neue französische TGV (train à grande vitesse = Hochgeschwindigkeitszug) macht's möglich. Der Zug erreicht eine Durchschnittsgeschwindigkeit von 260 Stundenkilometern. Der TGV soll bald auch bis nach Marseille an der Mittelmeerküste fahren. Die Fahrpreise bleiben unverändert.

▶ *In die USA ausgewanderte Polen demonstrieren in New York für Demokratie in ihrer Heimat und gegen ein Eingreifen der Sowjetunion.*

Start des Spaceshuttle

Das neueste Raumschiff der amerikanischen Raumfahrtbehörde NASA, der »Space-shuttle« (Weltraumfähre), startet am 12. April 1981 ins All. Es ist das erste wiederverwendbare Raumschiff, das aus eigener Kraft zur Erde zurückkehrt und wie ein Flugzeug landet. Es kann fast 30 000 Kilogramm Fracht transportieren, zum Beispiel Satelliten, die in eine Erdumlaufbahn gebracht werden.

◀ *Die Raumfähre »Columbia« hebt ab.*

Papst überlebt Mordanschlag

▶ **13. Mai 1981** ◀ Papst Johannes Paul II. wird auf dem Petersplatz in Rom durch vier Schüsse lebensgefährlich verletzt. Das Oberhaupt der katholischen Kirche fährt in seinem offenen »Papa-Mobil« durch die Menge, als ein Mann auf ihn feuert. Der Papst wird sofort ins Krankenhaus gebracht und operiert. Erst nach Monaten erholt er sich von seinen schweren Verletzungen. Der Attentäter muss durch Polizisten vor der wütenden Menge geschützt werden. Es ist der 23-jährige Mehmet Ali Agca, der aus einem türkischen Gefängnis geflohen ist, wo er wegen Mordes in Haft saß. Agca wird am 22. Juli zu lebenslanger Haft verurteilt.

▶ *Johannes Paul II. sinkt von den Schüssen getroffen zusammen.*

1982

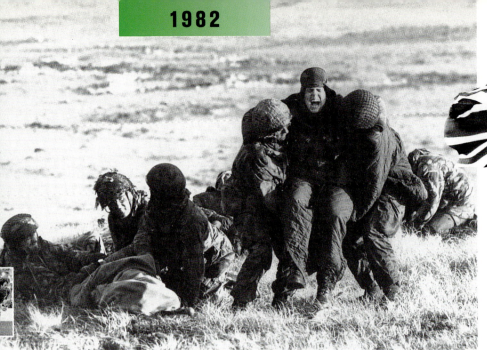

▲ Die britische Flagge, der »Union Jack«, flattert nach über zwei Monaten wieder auf den Falklandinseln.

◀ Britische Fallschirmjäger transportieren Kameraden ab, die bei den Kämpfen auf den Falklandinseln verletzt wurden.

Briten führen Krieg um die Falklands

▶ 14. Juni 1982 ◀ Britische Soldaten erobern Port Stanley, die Hauptstadt der Falklandinseln, die 480 Kilometer östlich von Argentinien im Südatlantik liegen. Damit ist nach zehn Wochen der Krieg um die Falklands (oder Malvinen, wie sie die Argentinier nennen) beendet. Die Inselgruppe ist seit 1833 eine britische Kolonie, doch auch Argentinien erhebt Anspruch darauf. Anfang April besetzten argentinische Soldaten die Falklands. Drei Tage später wurden von Großbritannien aus Truppen verschifft, um die 13 000 Kilometer entfernten Inseln zurückzuerobern. Der Krieg hat fast 1000 Menschen das Leben gekostet. Die Niederlage bringt die argentinische Militärregierung ins Wanken. 1983 muss sie abtreten und einem demokratisch gewählten Präsidenten Platz machen.

CD löst Schallplatte ab

Die Compactdiscs (abgekürzt CD) von Philips und Sony treten ihren Siegeszug auf dem Tonträgermarkt an. Die Plastikscheiben mit einem Durchmesser von 12 Zentimetern sind viel haltbarer und kratzfester als die 30 Zentimeter großen Langspielplatten aus Vinyl. Die CD wird beim Abspielen von einem Laserstrahl abgetastet, der die gespeicherten Signale in Klänge verwandelt.

INFO • 1982 • INFO

28. Mai • Der Argentinier Diego Maradona ist der teuerste Fußballspieler der Welt. Der FC Barcelona zahlt für ihn 19 Millionen DM Ablösesumme

21. Juni • Prinz William, das erste Kind des britischen Thronfolgers Charles und seiner Frau Diana, wird geboren

Dezember • Michael Jacksons Album »Thriller« erscheint. Bis Ende 1984 wird es 40 Millionen Mal verkauft

Israel greift PLO in Beirut an

▶ 6. Juni 1982 ◀ Israel marschiert im Libanon ein und zwingt in wochenlangen Kämpfen die Palästinensische Befreiungsorganisation PLO, ihr Hauptquartier in der Hauptstadt Beirut zu räumen. Die PLO kämpft für einen eigenen Staat im Nahen Osten und verübt immer wieder Gewalttaten gegen Israel. Israel weist die Forderung zurück und reagiert auf jeden Angriff mit einem Vergeltungsschlag. Nun erreichen die Israelis zwar den Abzug der PLO, aber die Welt ist entsetzt über die Angriffe auf Beirut.

▶ Brennende Vororte in Beirut

1980 – 1989

Italien zum dritten Mal Fußball-Weltmeister

Vor 90 000 Zuschauern besiegt die italienische Fußball-Nationalelf Westdeutschland mit 3:1 und ist damit zum dritten Mal Weltmeister. Das wichtige erste Tor schoss der Ballkünstler Paolo Rossi. Das spannendste Spiel der WM in Spanien war das Halbfinale zwischen Westdeutschland und Frankreich, in dem es nach Verlängerung 3:3 stand. Erst durch Elfmeter-Schießen kamen die Deutschen in die letzte Runde.

▲ *Zweikampf zwischen dem Italiener Oriali und dem Deutschen Förster*

▲ *Die Antarktis, geschützt für die Wissenschaft*

Mehr Schutz für die Antarktis

▶ **7. April 1982** ◀ Ein internationales Abkommen schützt die lebenden Schätze der Antarktis vor der Ausbeutung. Bewahrt werden sollen in erster Linie Fische, Tintenfische und vor allem der Krill. Das sind kleine Krebstierchen, die in den Gewässern der Antarktis in riesigen Mengen leben. Sie sind die Hauptnahrung für die Bartenwale, könnten möglicherweise aber als eiweißreiche Nahrung für Menschen dienen. 1959 ist ein erster Vertrag zum Schutz der Antarktis geschlossen worden.

Spielbergs »E.T.« wird Kassenhit

Der amerikanische Filmregisseur Steven Spielberg hat allen Grund zur Freude, denn sein neuestes Werk »E.T. – der Außerirdische« zieht weltweit mehr Zuschauer an als irgendein Film vor ihm. E.T. ist versehentlich von seinen Artgenossen auf der Erde vergessen worden. Mit Hilfe eines kalifornischen Jungen gelingt es ihm, nach Hause zurückzukehren.

Fürstin Gracia von Monaco stirbt bei Unfall

▶ **14. September 1982** ◀ Fürstin Gracia von Monaco kommt ums Leben, als ihr Wagen auf einer Bergstraße ins Schleudern gerät und 37 Meter tief abstürzt. Ihre jüngste Tochter Stephanie, die neben ihr im Auto saß, überlebt den Unfall. Vor 25 Jahren war Fürstin Gracia noch der Hollywood-Star Grace Kelly, der durch Hauptrollen in »Fenster zum Hof« und »Über den Dächern von Nizza« berühmt wurde. 1956 gab sie ihre Karriere auf, um Fürst Rainier von Monaco zu heiraten.

▶ *1956: Grace Kelly auf dem Weg nach Monaco, wo sie Fürstin werden soll*

Helmut Kohl wird Bundeskanzler

▶ **1. Oktober 1982** ◀ Bundeskanzler Helmut Schmidt (SPD) wird durch ein so genanntes konstruktives Misstrauensvotum gestürzt. Die Bundestagsabgeordneten wählen an seiner Stelle Helmut Kohl, seit neun Jahren Vorsitzender der CDU, zum Regierungschef. Schmidt führte seit 1974 ein Regierungsbündnis aus SPD und FDP. Doch weil er sich weigerte, weniger Geld für soziale Leistungen auszugeben, kündigte die FDP die Koalition. Sie arbeitet nun mit der CDU zusammen. Im März 1983 wird der Bundestag vorzeitig neu gewählt. Im neuen Parlament haben CDU und FDP mit zusammen 278 von 498 Stimmen eine große Mehrheit. Zum ersten Mal sind die Grünen im Bundestag vertreten.

TRICK-EFFEKTE

Schon die ersten Filmemacher erkannten, dass der Film sich gut dazu eignet, das Publikum durch Tricks in die Irre zu führen. Schließlich beruht er selbst auf einem Trick: Filme bestehen nämlich aus lauter einzelnen »stehenden« Fotos, die ganz schnell hintereinander aufgenommen und bei der Vorführung genauso schnell auf die Leinwand geworfen werden. Dadurch entsteht der Eindruck von Bewegung – wie beim Daumenkino. Um in einem Film eine Figur zum Verschwinden zu bringen, muss man bei der Aufnahme nur die Kamera anhalten, damit der Schauspieler die Szene verlassen kann, und danach weiterdrehen.

Verblüffende Wirkung im Film

Die vielen Spezialeffekte im Film lassen sich in zwei Gruppen unterteilen: Da gibt es einmal künstliche Lebewesen, die auf der Leinwand täuschend echt wirken, und zum anderen die Trickfotografie. Dabei wird der Filmstreifen raffiniert geschnitten oder auf andere Weise verändert. Bei der »wandernden Maske« werden zum Beispiel die Schauspieler vor einem neutralen Hintergrund aufgenommen und mit einem Kopiertrick vor einen künstlichen Hintergrund gestellt. In Sciencefictionfilmen sind Spezialeffekte besonders beliebt.

Der »König« solcher Effekte ist Steven Spielberg. Er hat die Filme »Unheimliche Begegnung der dritten Art«, »E.T. – der Außerirdische« und »Jurassic Park« gedreht. Der Held von »E.T.« ist ein Wesen von einem anderen Stern. Es landet mit einem Raumschiff auf der Erde, wird von seinen Begleitern allein zurückgelassen und freundet sich mit dem zehnjährigen Elliott an. Im Film wird E.T. von einer Puppe »gespielt«, deren Bewegungen von einem Computer gesteuert werden – früher musste man das aufwendig mit der Hand tun. Die Computertechnik ermöglicht eine Vielzahl weitere Spezialeffekte, denn die digitalisierten Computerbilder lassen sich beliebig in Form und Farbe verändern.

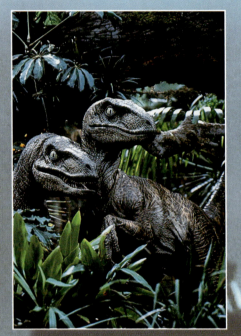

▲ Täuschend echt wirken die Dinosaurier in Steven Spielbergs Film »Jurassic Park«.

◄ E.T. und Elliott beobachten die Landung des Raumschiffs, das den heimwehkranken Außerirdischen nach Hause zurückbringen soll.

Wie Spezialeffekte gemacht werden

Studios für Spezialeffekte benutzen verkleinerte Modelle, wenn sie Raumschiffe oder Ähnliches filmen. Die Bewegungen der Gegenstände und die Bewegungen der Kamera sind computergesteuert. Manchmal bringt der Regisseur Modelle und wirkliche Gegenstände, Puppen und Menschen, zusammen. In einer Szene von »Zurück in die Zukunft« fliegt ein Auto durch die Luft, landet auf der Straße, hält an und Leute steigen aus. Das fliegende Auto ist ein verkleinertes Modell, die darin sitzenden Menschen sind Puppen. Nach der Landung fährt das Auto an einer Straßenlaterne vorbei. Hier ist der Schnitt: Vorher ist es ein Modell, nachher ein wirkliches Auto. Die Leute, die aussteigen, sind echte Schauspieler.

▲ Für eine Szene des Films »Das Imperium schlägt zurück« werden Modelle vor dem Hintergrund einer Berglandschaft aufgestellt.

◀ Im Hintergrund: George Lucas nutzt 1977 in »Krieg der Sterne« die neuen Möglichkeiten der Computeranimation.

Der Franzose George Méliès drehte 1902 den ersten Sciencefictionfilm, »Die Reise zum Mond«, mit vielen Trickeffekten. Bevor er zum Film kam, trat Méliès als Zauberkünstler auf.

»Superman« fliegt im Film mit Hilfe von Drähten.

In »Forrest Gump« tritt Tom Hanks mit berühmten Persönlichkeiten auf, die lange gestorben sind.

Drei-D-Kino mit Spezialbrillen

Um sich gegen die Konkurrenz des Fernsehens zu wehren, brachte die Filmindustrie in den 50er Jahren das 3-D-Verfahren heraus. Bei 3-D-Filmen entsteht beim Zuschauer der Eindruck, dass sich Menschen und Gegenstände wie im echten (dreidimensionalen) Raum bewegen. Um diesen Effekt zu haben, mussten die Zuschauer eine Spezialbrille mit einem roten und einem grünen Glas aufsetzen. Am Anfang schrien sie vor Angst und duckten sich, wenn Bälle auf sie zu flogen oder Eisenbahnen ins Kino zu rasen schienen. Doch das Drei-D-Verfahren setzte sich nie richtig durch. Vielleicht waren die Filme einfach zu schlecht!

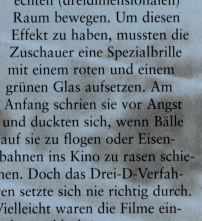

Echter Detektiv und falscher Hase

Es gibt nur wenige Filme, in denen Zeichentrickfiguren in der wirklichen Welt auftreten. Dazu gehört »Falsches Spiel um Roger Rabbit« (1988), ein Film, in dem ein echter Privatdetektiv, gespielt von Bob Hoskins, dem gezeichneten Kaninchen Roger Rabbit aus einer Notlage hilft. Zuerst werden die »echten« Szenen gedreht, dann kommen die gezeichneten Figuren hinzu. Die Schauspieler sehen sie natürlich nicht. Sie müssen sich mit Luft unterhalten.

▼ Hoskins mit einer gezeichneten Figur

1983

Hunderttausende protestieren gegen Atomwaffen

▶ 22. Oktober 1983 ◀ Der »heiße Herbst« der westeuropäischen Friedensbewegung erreicht mit Massendemonstrationen seinen Höhepunkt. Allein in Westdeutschland gehen 1,3 Millionen Menschen aus Protest gegen neue Waffen auf die Straße. Grund für die Aktionen ist der Plan, neue amerikanische Raketen in Westeuropa aufzustellen. Diese mit Atomsprengköpfen ausgerüsteten Waffen könnten innerhalb weniger Minuten die sowjetische Hauptstadt Moskau erreichen. Zwar wollen weder die USA noch die Westeuropäer Moskau angreifen, doch sie sind der Ansicht, im Westen müssten ebenso viele Raketen stehen wie in der Sowjetunion. Die Mitglieder der Friedensbewegung finden dies völlig überflüssig, denn schon jetzt reichen die vorhandenen Waffen aus, um die ganze Weltbevölkerung zu vernichten.

An den Aktionen im Herbst 1983 beteiligen sich auch viele Politiker der Grünen und viele Prominente. So gehört der Schriftsteller und Literaturnobelpreisträger Heinrich Böll zu denjenigen, die das Militärdepot in Mutlangen blockieren, wo die neuen Raketen stationiert werden sollen. Bei einer Kundgebung in Bonn sind auch Bundeswehrsoldaten unter den Demonstranten, obwohl ihnen das Mitmachen verboten worden ist.

Die neueste Mode: Swatch

Ein Schweizer Uhrenhersteller bringt Uhren unter dem Markennamen »Swatch« auf den Markt. Mit ihren bunten Plastikgehäusen und den niedrigen Preisen unterscheiden sie sich stark von den übrigen Schweizer Uhren, die so aussehen wie sie sind: solide, seriös und teuer. Swatch soll den Billig-Uhren aus Japan und Hongkong Konkurrenz machen und dank ihrer witzigen Zifferblätter werden diese Uhren sogar zu begehrten Modeartikeln.

▲ In Neu-Ulm veranstaltet die Friedensbewegung ein symbolisches »Sterben«, um zu zeigen, welche schrecklichen Wirkungen die Atomwaffen haben.

◀ Bruce Kent, Organisator der britischen Friedensbewegung

Sowjetischer Kampfjet schießt Jumbo ab

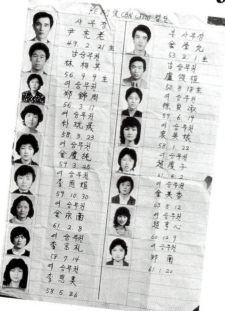

▶ 1. September 1983 ◀ Ein sowjetischer Abfangjäger schießt ein südkoreanisches Verkehrsflugzeug ab. Alle 269 Menschen an Bord kommen ums Leben. Die Sowjetunion erklärt, sie habe die Maschine für ein Spionageflugzeug gehalten. Der Jumbo hat auf dem Weg von New York nach Seoul den üblichen Kurs verlassen und ist in den Luftraum über einem streng geheimen sowjetischen Militärbezirk eingedrungen. Nach Angaben aus Moskau hat die Luftabwehr vergeblich versucht, Funkkontakt aufzunehmen.

◀ Liste mit Namen und Bildern der koreanischen Absturzopfer

INFO • 1983 • INFO

24. April • Nach der Wahlniederlage seiner Partei tritt Österreichs Bundeskanzler Bruno Kreisky zurück

25. Mai • Der HSV gewinnt den Fußball-Europapokal der Landesmeister

12. Juli • Auf der Nordseeinsel Pellworm nimmt das größte europäische Sonnenkraftwerk den Betrieb auf

1. Oktober • Die EG verhängt ein Einfuhrverbot für Felle von Robbenbabys

Rassenkrawalle in Sri Lanka

▶ 27. Juli 1983 ◀ Über 100 Todesopfer sind bei den Kämpfen zwischen Singhalesen und Tamilen in Sri Lanka zu beklagen. Die buddhistischen Singhalesen sind in dem Inselstaat südöstlich von Indien gegenüber den hinduistischen Tamilen deutlich in der Mehrheit. Seit Jahren fordern die extremistischen »Tamil-Tiger« einen eigenen Staat.

◀ Straßenkämpfe in Sri Lanka

Hitler-Tagebücher sind eine Fälschung

▶ 25. April 1983 ◀ Voller Stolz präsentieren die Redakteure der Zeitschrift »Stern« auf einer Pressekonferenz in Hamburg 60 Tagebücher, die Adolf Hitler zwischen 1932 und 1945 verfasst haben soll. Die Geschichte der Nazi-Zeit, so wird verkündet, müsse dank dieser Entdeckung zum großen Teil neu geschrieben werden. Doch kaum eine Woche später muss der »Stern« zugeben, dass er auf eine Fälschung hereingefallen ist. Die angeblichen Tagebücher hat keineswegs Hitler verfasst, sondern ein gewisser Konrad Kujau, der sich zudem auch noch eine komplizierte Geschichte ausgedacht hat, um zu erklären, wo die Dokumente so lange gesteckt haben. Für die falschen Tagebücher hat er vom »Stern« mehrere Millionen DM erhalten. Die Zeitschrift hat nicht nur diese Summe verloren, sondern sie muss sich auch viel Spott gefallen lassen und fürchtet um ihren guten Ruf. Fälscher Kujau wird ebenso wie der »Stern«-Reporter Gerd Heidemann 1985 zu einer mehrjährigen Gefängnisstrafe verurteilt.

▶ Gerd Heidemann, der Journalist, der die falschen Hitler-Tagebücher »entdeckt« hat

1980 – 1989

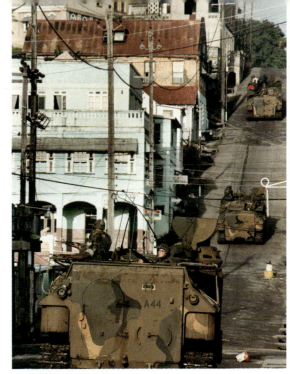

▲ US-Panzer in St. Georges/Grenada

Überfall auf Grenada

▶ 25. Oktober 1983 ◀ Die kleine Karibik-Insel Grenada wird von amerikanischen Soldaten besetzt. Präsident Ronald Reagan hat seine Truppen in Marsch gesetzt, um die linksgerichtete Militärregierung von Grenada zu stürzen, die nach einem Staatsstreich die Macht übernommen hat. Er begründet den Einmarsch damit, dass die in Grenada lebenden Amerikaner geschützt werden müssten. Außerdem hätten die Nachbarstaaten um Hilfe gebeten. Der UNO-Sicherheitsrat verurteilt die Aktion gegen ein unabhängiges Land als Bruch der internationalen Gesetze.

Ride ist erste Amerikanerin im All

▶ 24. Juni 1983 ◀ Sally Ride, die erste amerikanische Astronautin, kehrt an Bord der Raumfähre »Challenger« nach sechs Tagen im All zur Erde zurück. Schon 20 Jahre vorher ist die sowjetische Kosmonautin Walentina Tereschkowa als erste Frau ins Weltall geflogen.

Madonna wird zum Rock-Star

Die 24-jährige Madonna, mit vollem Namen Madonna Louise Ciccone, wird mit dem Song »Holiday« berühmt. Madonna hat in einer New Yorker Bäckerei gearbeitet, bevor sie ein Stipendium für eine Tanzausbildung gewann und so den Grundstein für ihre Karriere legte.

1984

Von April 1984 bis Mitte 1985 hat sich in den USA die Zahl der gemeldeten Aids-Fälle verdoppelt.

Bis Dezember 1997 sind weltweit 2,3 Millionen Menschen an Aids gestorben.

Am schlimmsten betroffen ist Afrika. Ende 1996 sind dort 14 Millionen Menschen infiziert.

Wissenschaftler entdecken tödliches Aids-Virus

▶ 23. April 1984 ◀ Amerikanische und französische Forscher haben den Mikroorganismus entdeckt, der die schreckliche neue Krankheit Aids verursacht. Die meisten Menschen können mit Infektionen fertig werden – ihr natürliches Abwehrsystem bekämpft und besiegt die Krankheitserreger. Aber Aids, die englische Abkürzung für den Begriff »erworbene Abwehrschwäche«, schädigt das Immunsystem. Wer mit dem Virus infiziert ist, kann Krankheiten wie Lungenentzündung oder Tuberkulose nicht mehr abwehren. Seit die Krankheit 1979 zum ersten Mal aufgetreten ist, sind allein aus den USA 3775 Fälle gemeldet worden; 1642 Menschen sind bereits an den Folgen der Krankheit gestorben. Übertragen wird die Krankheit durch Blut und andere Körperflüssigkeiten. Vor allem beim Sex kann das Virus von einem Menschen an einen anderen weitergegeben werden.

Die Entdeckung des Virus macht es möglich, einen Aids-Test zu entwickeln. Doch bis Anfang 1998 ist es noch nicht gelungen, einen Impfstoff gegen die Krankheit zu finden. Aber es gibt Medikamente, die das Abwehrsystem der Erkrankten stärken.

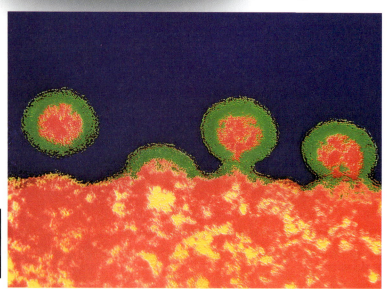

◀ Das Aids-Virus unter dem Mikroskop. Es zerstört die weißen Blutkörperchen, die für die Krankheitsabwehr zuständig sind.

»Jogging-Papst« stirbt beim Laufen

Der »Jogging-Papst« James Fixx stirbt während eines Laufs an einer Herzattacke. Der Mann, der unermüdlich die positiven gesundheitlichen Auswirkungen des Laufens angepriesen hat, begann mit dem Jogging, weil in seiner Familie häufig Herzerkrankungen auftraten. Er wurde 52 Jahre alt.

2000 Tote bei Giftgas-Unfall

▶ 3. Dezember 1984 ◀ Giftiges Gas, das aus einer Chemiefabrik in der indischen Stadt Bhopal ausströmt, tötet 2000 Menschen. 200 000 erblinden oder erleiden Nieren- oder Leberversagen. Die Fabrik stellt Insektenvernichtungsmittel her, das Pflanzen vor Schädlingen schützen soll. Die Anlage gehört der amerikanischen Gesellschaft Union Carbide, die verspricht, sie wolle die indischen Arbeiter ebenso entschädigen, wie sie es bei Amerikanern getan hätte. Die indische Presse wirft Union Carbide vor, sie habe die Sicherheitsmaßnahmen vernachlässigt. Schon oft seien aus kleinen Lecks Giftstoffe in die Umgebung gelangt.

▶ Union Carbides Chemiefabrik im indischen Bhopal steht nun in einem verseuchten Gebiet.

Treibhauseffekt verändert Klima

▶ 1984 ◀ Auf der Erde wird es immer wärmer. Der Grund dafür ist, dass immer mehr fossile Brennstoffe wie Kohle und Erdöl verbrannt werden. Dadurch entsteht immer mehr Kohlendioxid, das die Wärme in die Erdatmosphäre festhält. Als Folge davon steigen weltweit die Temperaturen. Eine Erwärmung um 5° Celsius würde dazu führen, dass der Meeresspiegel um drei Meter ansteigt.

Itaipus Wasserkraft für São Paulo

▶ **25. November 1984** ◀ Itaipu, das größte Wasserkraftwerk der Welt, das den Fluss Paraná im Grenzgebiet zwischen Brasilien und Paraguay aufstaut, geht in Betrieb. Wenn alle 18 Turbinen laufen, erzeugt das Kraftwerk 75 Milliarden Kilowatt, von denen ein Teil für die Versorgung der Großstadt São Paulo vorgesehen ist. Ein 189 Meter hoher Damm aus Erde und Steinen ist errichtet worden, durch den ein 1460 Quadratkilometer großer Stausee entstanden ist. Ganze Dörfer sind dadurch überschwemmt worden; die Bewohner wurden umgesiedelt. Kritische Stimmen bezweifeln, dass so viel Strom benötigt wird, wie Itaipu erzeugt.

▲ Das gigantische Wasserkraftwerk Itaipu in Brasilien

Springsteen stürmt die Hitparaden

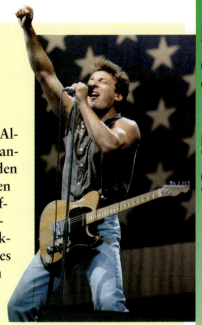

Bruce Springsteens »Born in the USA« ist 1984 das bestverkaufte Album in den USA und in Großbritannien. Seine bodenständigen Balladen über das Leben der amerikanischen Arbeiter und seine tollen Live-Auftritte haben den Sänger und Songschreiber zum besten weißen Rock-Star der Welt gemacht. Trotz seines Erfolges hebt er nicht ab, sondern spielt immer noch gern mit den Bands aus seiner Heimatstadt.

1980 – 1989

Indira Gandhi ermordet

▶ **31. Oktober 1984** ◀ Die indische Regierungschefin Indira Gandhi wird von zwei Mitgliedern ihrer Leibwache erschossen. Die Wächter, die der Religionsgemeinschaft der Sikhs angehören, nehmen Rache für den Angriff der indischen Armee auf den Goldenen Tempel in Amritsar, das größte Heiligtum der Sikhs. Im Juni hatten sich radikale Anhänger dieser Religion im Goldenen Tempel verschanzt, um ihre Forderung nach mehr Unabhängigkeit durchzusetzen. Die Regierungstruppen stürmten das Gebäude; 90 Soldaten und 712 Sikhs kamen ums Leben. Zum Nachfolger von Indira Gandhi wird ihr Sohn Rajiv ernannt.

▶ Indira Gandhi mit ihrem Sohn Rajiv

INFO • 1984 • INFO

1. Januar • In Westdeutschland gibt es zum ersten Mal Kabelfernsehen

23. Mai • Der CDU-Politiker Richard von Weizsäcker wird Bundespräsident

20. Juli • Dem DDR-Athleten Uwe Hohn gelingt mit 104,80 Meter der »Speerwurf des Jahrhunderts«

2. Oktober • Mit Elisabeth Kopp wird zum ersten Mal eine Frau in die Schweizer Regierung gewählt

Carl Lewis gewinnt in Los Angeles vier Goldmedaillen

▶ **8. August 1984** ◀ Star der Olympischen Spiele in Los Angeles ist Carl Lewis. Ebenfalls viermal Gold und noch einmal Silber holt die rumänische Turnerin Ecaterina Szabo. Leider nehmen die Sportler der Sowjetunion und viele ihrer Verbündeten nicht an den Spielen teil, so wie die USA und viele ihrer Verbündeten 1980 nicht nach Moskau kamen.

1985

Musiker wollen Hunger in Afrika lindern

▶ **13. Juli 1985** ◀ Sechzig der weltbesten Rockstars bringen mit einem Riesenspektakel 130 Millionen DM für hungernde Menschen in Afrika zusammen. Die Hilfsorganisation Band Aid (zu Deutsch: Hilfe von den Bands) hat zwei Monster-Konzerte organisiert – eines in London und eines in Philadelphia/USA. Über 160 000 Zuschauer sind live bei den Shows dabei und viele Millionen Fernsehzuschauer rund um die Welt. Die Stars verzichten auf ihre Gage und die Zuschauer werden gebeten, Geld zu spenden. Stars wie Madonna, Tina Turner, U 2, Dire Straits und Queen treten auf. Bob Geldof und Midge Ure haben Band Aid 1984 ins Leben gerufen. Sie haben auch den Song »Do They Know It's Christmas?« herausgebracht, der Millionen für die Opfer einer Hungersnot in Äthiopien einbrachte.

Das Live Aid-Konzert wird in 50 Länder übertragen.

Phil Collins tritt zuerst in London, dann in Philadelphia auf. Den Weg legt er mit dem Überschallflugzeug Concorde zurück.

Ex-Beatle George Harrison sammelte 1971 mit einem Konzert 1 Million DM für Bangladesch.

▲ Bob Geldof

Amadeus holt acht Oscars

»Amadeus«, der Film über die Streitigkeiten zwischen zwei Komponisten aus dem 18. Jahrhundert – nämlich Wolfgang Amadeus Mozart und Antonio Salieri – erhält acht Oscars, unter anderem als bester Film, für die beste Regie (Milos Forman) und den besten Hauptdarsteller (F. Murray Abraham als Salieri).

▼ *Die Schöpfer von »Amadeus« mit ihren Preisen*

INFO • 1985 • INFO

18. Januar • In Teilen des Ruhrgebiets wird wegen Smog das Autofahren verboten

11. März • Michail Gorbatschow wird der neue Parteichef der Sowjetunion

16. Oktober • In Hessen beteiligen sich die Grünen zum ersten Mal an einer Landesregierung

9. November • Der 22-jährige Garri Kasparow wird der jüngste Schachweltmeister aller Zeiten

Vulkanausbruch tötet 23 000 Menschen

▶ **13. November 1985** ◀ Nach 140 Jahren Ruhe bricht der Vulkan Nevado del Ruiz in Kolumbien wieder aus. Die Menschen in vier nahe gelegenen Städten, die mitten in der Nacht in ihren Betten liegen und schlafen, werden von der Lawine aus Felsbrocken, Schlamm, Asche und Wasser völlig überrascht. Über 23 000 Menschen kommen ums Leben. Die Stadt Armero mit bisher 50 000 Einwohnern liegt unter einer bis zu 8 Meter dicken Schlammschicht. Der Nevado del Ruiz, der 130 Kilometer westlich der kolumbianischen Hauptstadt Bogotá liegt, hatte schon im Dezember 1984 Anzeichen von Aktivität gezeigt. Vulkanexperten empfahlen, das Gebiet rund um den 5398 Meter hohen Berg zu evakuieren, doch nichts geschah.

▶ *Ein Kind wird aus den Schlammmassen des Nevado del Ruiz gezogen.*

1980 – 1989

Hinault ist Erster, zum fünften Mal

▶ 21. Juli 1985 ◀ Der Franzose Bernard Hinault gewinnt zum fünften Mal das schwerste Radrennen der Welt, die Tour de France. Der 30-Jährige siegt eine Minute und 42 Sekunden vor Greg Lemond aus den USA. Am 13. Juli schien die Tour für Hinault schon vorbei zu sein, als er stürzte und sich das Nasenbein brach. Blutüberströmt, sonst aber völlig unbeeindruckt setzte er das Rennen fort.

▲ *Bernard Hinault*

Fußball-Massaker in Brüssel

▶ 29. Mai 1985 ◀ Britische Fußball-Fans fallen im Brüsseler Heysel-Stadion über Zuschauer aus Italien her. Daraufhin bricht eine Panik aus. 38 Menschen kommen im Gedränge ums Leben, über 400 werden verletzt. All dies ereignet sich vor dem Europacup-Finale zwischen dem 1. FC Liverpool und Juventus Turin. Trotz der Krawalle und der Todesopfer wird das Spiel angepfiffen. Die Verantwortlichen erklären, bei einer Absage sei noch mehr Gewalt zu befürchten gewesen.

Attentat auf Greenpeace

▶ 10. Juli 1985 ◀ Die »Rainbow Warrior« (Regenbogen-Krieger), das Schiff der Umweltorganisation Greenpeace, wird im Hafen von Auckland/Neuseeland durch zwei Haftminen versenkt. Neun Besatzungsmitglieder können sich in Sicherheit bringen, doch der Fotograf Fernando Pereira kommt ums Leben. Das Schiff war auf dem Weg zum Mururoa-Atoll im Pazifik, einer kleinen Insel-Gruppe, auf der Frankreich unterirdische Atomwaffen-Tests durchführt. Im September stellt sich heraus, dass es zwei französische Geheimagenten waren, die den Anschlag verübt haben. Frankreichs Verteidigungsminister Charles Hernu tritt zurück.

▲ *Die »Rainbow Warrior« nach der Explosion*

Becker siegt in Wimbledon

▶ 7. Juli 1985 ◀ Der 17-jährige Boris Becker sorgt mit seinem Sieg beim Tennisturnier in Wimbledon für eine Riesensensation und mehrere Rekorde: Er ist der erste Deutsche, der in Wimbledon gewinnt, er ist der jüngste Sieger und der erste »Ungesetzte«. Bei den Turnieren werden die besten Spieler vor der Auslosung der Begegnungen »gesetzt«, damit sie nicht schon in den ersten Runden aufeinander treffen. Becker besiegt im Finale den Amerikaner Kevin Curren in drei Sätzen. Die britischen Zeitungen haben ihn wegen seiner harten Schläge »Bumm-Bumm-Boris« getauft.

◀ *Boris Becker hält zum ersten Mal den Siegerpokal von Wimbledon in die Höhe.*

Verpackte Brücke

Der bulgarische Künstler Christo verpackt den Pont Neuf (Neue Brücke) über der Seine in Paris in Leinwand. Christo ist auf diese Art der Kunst spezialisiert, denn er ist davon überzeugt, dass man Bauwerke oder Landschaften ganz neu entdecken kann, wenn sie eingepackt sind. 1995 verpackt Christo das Reichstagsgebäude in Berlin.

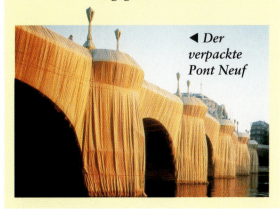

◀ *Der verpackte Pont Neuf*

1980

1981

1982

▶ *Der Atomreaktor von Tschernobyl nach dem entsetzlichen Unfall*

1983

1984

Halleys Komet kommt

Alle 76 Jahre kehrt ein Ball aus Wasserdampf und Staubteilchen ins Zentrum unseres Sonnensystems zurück. Halleys Komet wird er genannt, nach dem englischen Astronomen Edmund Halley, der 1705 feststellte, dass es sich immer wieder um denselben Himmelskörper handelt. Der Besuch des Kometen im Jahr 1986 wird von einer ganzen Flotte von Raumschiffen beobachtet.

1985

1986

1987

▲ *Halleys Komet*

1988

1989

1986

Atomkatastrophe in Tschernobyl

▶ **26. April 1986** ◀ Der bisher schwerste Unfall bei der Nutzung der Kernenergie ereignet sich im Atomkraftwerk Tschernobyl in der Ukraine. Nach mehreren Bedienungsfehlern kommt es zu zwei Explosionen, die das Betondach des Reaktors zerfetzen. Gleichzeitig beginnt die Anlage zu brennen. Eine radioaktive Wolke wird freigesetzt, die 40- bis 50-mal mehr Strahlung enthält als die Atombombenexplosion über Hiroshima 1945. 28 Menschen sterben, 200 müssen mit Strahlenkrankheiten ins Krankenhaus gebracht werden. Vermutlich werden durch die Spätfolgen der atomaren Verseuchung mehrere Tausend Menschen an Krebs erkranken. 135 000 Menschen werden evakuiert. Der Wind treibt die Wolke nach Mitteleuropa. Auch in Deutschland wird erhöhte Radioaktivität festgestellt.

INFO • 1986 • INFO

1. Januar • Spanien und Portugal werden Mitglieder der Europäischen Gemeinschaft

29. Juni • Im Endspiel um die Fußball-Weltmeisterschaft schlägt Argentinien Westdeutschland 3:2

6. Juli • Boris Becker gewinnt zum zweiten Mal das Tennis-Turnier in Wimbledon

23. Juli • Prinz Andrew, der Sohn der britischen Königin Elisabeth II., heiratet Sarah Ferguson

Marcos muss gehen

▶ **25. Februar 1986** ◀ In einem unblutigen Staatsstreich wird der Präsident der Philippinen, Ferdinand Marcos, aus seinem Amt vertrieben. Er war 1965 an die Macht gekommen und sorgte 1973 dafür, dass er als Diktator weiterregieren konnte. Seine wichtigsten Ziele bestanden offenbar darin, reich zu werden und seinen Freunden und Verwandten Regierungsämter zu geben. Marcos' Nachfolgerin ist Corazon Aquino, die Witwe eines Oppositionspolitikers, der 1983 von Marcos' Soldaten ermordet wurde.

▶ *Vor einer Statue von Ex-Präsident Marcos feiert Aquino ihren Sieg.*

Raumfähre explodiert

▶ **28. Januar 1986** ◀ Entsetzt müssen die Besucher im amerikanischen Raumfahrtzentrum in Florida zusehen, wie die Raumfähre »Challenger« 73 Sekunden nach dem Start explodiert und als riesiger Feuerball zur Erde stürzt. Alle sieben Besatzungsmitglieder kommen ums Leben. Die »Challenger« raste mit einer Geschwindigkeit von 3200 Stundenkilometern in den Himmel, als sich eine Feststoffrakete löste und den Außentank in Brand setzte. Der Unfall ist der schwerste in der Geschichte der Raumfahrt. Wie es zu dem Unglück gekommen ist, kann nicht völlig geklärt werden. Nach der »Challenger«-Katastrophe stellen die USA für über zwei Jahre alle bemannten Raumflüge ein.

▶ *Kurz nach dem Start verwandelt sich die »Challenger« in einen Feuerball.*

Box-Champion mit zwanzig Jahren

Mike Tyson, der 20-jährige Amerikaner mit dem wuchtigen Schlag, besiegt den Kanadier Trevor Berbick durch K.o. in der zweiten Runde und wird so der jüngste Schwergewichts-Boxweltmeister aller Zeiten.

Baby Doc verlässt Haiti

▶ **7. Februar 1986** ◀ Der Präsident des Karibik-Staates Haiti, Jean-Claude Duvalier, wird aus seinem Land vertrieben. Duvalier, genannt Baby Doc, hat 1971 die Macht von seinem Vater, genannt Papa Doc, übernommen. Der war seit 1957 Präsident gewesen. Beide sorgten für das Wohl ihrer Familie, nicht aber für das ihres Volkes. Besonders gefürchtet war die Geheimpolizei Tonton Macoutes (»Schreckgespenster«), die brutal gegen alle Gegner vorging.

▶ *Baby Doc flieht nach Frankreich.*

▼ *Olof Palme*

Palme auf offener Straße ermordet

▶ **28. Februar 1986** ◀ Nach einem Kinobesuch wird der schwedische Regierungschef Olof Palme in der Stockholmer Innenstadt erschossen. Der Attentäter kann unerkannt entkommen. Palme war von 1969 bis 1976 und wieder seit 1982 Ministerpräsident. Über sein Land hinaus wurde er für sein Engagement für den Frieden bekannt. Vor seiner Wiederwahl 1982 versuchte er im Auftrag der UNO den Krieg zwischen Irak und Iran beizulegen.

Waldheim siegt

▶ **8. Juli 1986** ◀ Mit einer überraschend großen Mehrheit wählen die Österreicher Kurt Waldheim zu ihrem Bundespräsidenten. Enthüllungen über Waldheims Verhalten während des Zweiten Weltkrieg haben vor der Wahl Aufsehen erregt. Der Politiker gehörte zu einer Abteilung der deutschen Wehrmacht, die in Jugoslawien Kriegsverbrechen begangen hat. Ob er aber direkt daran beteiligt war, ist nicht erwiesen.

1987

Gorbatschow verlangt »Perestroika« und »Glasnost«

▲ Michail Gorbatschow, der reformfreudige Sowjetführer

29. Januar 1987 — In der kommunistischen Sowjetunion weht ein neuer Wind: Parteichef Michail Gorbatschow fordert seine Kommunistische Partei auf, sich mehr zu öffnen. Außerdem möchte er, dass bei Wahlen künftig die Bürger eine Auswahl zwischen mehreren Kandidaten haben. Seit er im März 1985 zum Parteiführer gewählt worden ist, hat er kein Geheimnis daraus gemacht, dass er die Sowjetunion verändern und verbessern will. Seine Politik umfasst »Perestroika«, das bedeutet gesellschaftliche Umgestaltung, und »Glasnost«, das heisst offene Information der Bürger.

Die Menschen in der Sowjetunion sind daran gewöhnt, dass ihr Leben überwacht wird, aber Gorbatschow verringert die Zensur der Presse, so dass in den Zeitungen, im Rundfunk und im Fernsehen Kritik an der Regierung geübt werden darf.

Gorbatschow will außerdem die Gefahr eines Atomkrieges verringern und beginnt deshalb umfassende Abrüstungsverhandlungen mit den Amerikanern. Den übrigen kommunistischen Staaten in Osteuropa, die bislang sehr stark von der Sowjetunion beeinflusst wurden, will er mehr Freiheiten geben.

Verheerender Brand in Londoner U-Bahn

▼ Ein Polizist legt Blumen vor den Eingang der U-Bahn-Station King's Cross.

19. November 1987 — Bei einem Brand in der Londoner U-Bahn-Station King's Cross sterben 30 Menschen und viele weitere erleiden Verletzungen. Das Feuer ist in einem hölzernen Fahrstuhl ausgebrochen und hat auf die Eingangshalle übergegriffen. Der Rauch zieht bis auf die Bahnsteige, wo immer noch Züge ankommen.

Nach dem Unglück werden Vorwürfe gegen die Transportgesellschaft laut. Die Station hatte keine Sprinkleranlage, obwohl der Einbau eines solchen Löschsystems schon vor drei Jahren vorgeschlagen worden war.

◀ Die verwüstete Eingangshalle der Londoner U-Bahn-Station King's Cross nach dem Brand

INFO • 1987 • INFO

6. März • Fußballtorwart Harald »Toni« Schumacher wird aus der Nationalmannschaft ausgeschlossen, nachdem er in seinem Buch »Abpfiff« erklärt hat, in der Bundesliga sei Doping normal

22. Juli • Der Marokkaner Said Aouita läuft als erster Mensch 5000 Meter in weniger als 13 Minuten

26. Juli • Der irische Radrennfahrer Stephen Roche gewinnt die Tour de France

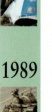

1980 – 1989

Van Goghs Blumenbilder erzielen Höchstpreise

Für 72,5 Millionen DM wird das Bild »Sonnenblumen« des 1890 gestorbenen niederländischen Malers Vincent van Gogh bei einer Auktion im März an eine japanische Versicherungsgesellschaft verkauft. Es ist der höchste Preis, der je für ein Gemälde bezahlt worden ist. Doch noch vor Jahresende wird dieser Rekord überboten. Van Goghs »Schwertlilien« werden für 90 Millionen DM versteigert – an wen, bleibt ein Geheimnis.

Techno macht Tempo

Computer machen Musik! Seit der Preis für Synthesizer und Sequenzer immer mehr sinkt, werden Clubs und Partys geradezu von elektronischer Musik überschwemmt. Die neueste Pop-Richtung »Techno«, abgeleitet von dem Wort Technologie, ist elektronische Musik, die aus vorhandenen Musikstücken, elektronisch erzeugten Klängen und vor allem einem harten durchgehenden Rhythmus zusammengesetzt wird.

Fährunglück vor Zeebrügge

▶ **7. März 1987** ◀ Über 200 Menschen sterben im eisigen Wasser der Nordsee, als die Autofähre »Herald of Free Enterprise« kentert. Das Schiff hat vorn und hinten große Tore, so dass die Autos an einem Ende hinein- und am anderen wieder herausfahren können. Die »Herald of Freeprise« hatte in Zeebrügge/Belgien abgelegt, bevor die Tore richtig geschlossen waren. Wasser drang ins Autodeck ein, die riesige Fähre kam aus dem Gleichgewicht und kenterte. Obwohl schon wenige Minuten nach dem Unglück Helfer vor Ort sind, werden nur 408 Menschen gerettet.

▼ *Gekentert: die »Herald of Free Enterprise«*

Schutzmaßnahmen für Ozonschicht

▶ **16. September 1987** ◀ Ein internationales Abkommen zum Schutz der Erdatmosphäre wird in Montreal/Kanada unterzeichnet. 27 Länder, darunter die USA und viele europäische Staaten, verpflichten sich, den Gebrauch von Fluorchlorkohlenwasserstoffen (FCKW) bis 1999 zu halbieren. Die Chemikalie, die als Treibmittel in Sprühdosen und als Kältemittel in Kühlschränken eingesetzt wird, schädigt den Ozonmantel der Erde. Dieser dient dazu, die Erde vor zu starken Sonnenstrahlen zu schützen. Ende der 70er Jahre wurde festgestellt, dass die Ozonschicht über der Antarktis dünner geworden ist.

»Kremlflieger« landet in Moskau

▶ **28. Mai 1987** ◀ Ein 19-jähriger Deutscher trickst die beste Luftabwehr der Welt aus. Der Hamburger Mathias Rust dringt mit seinem Sportflugzeug, einer Cessna 172, in den sowjetischen Luftraum ein und landet schließlich mitten in Moskau auf dem Roten Platz. Weil er sehr niedrig fliegt, wird er vom Radar nicht entdeckt. Die sowjetische Führung fühlt sich von dem tollkühnen Flug offenbar so blamiert, dass sie hart reagiert: Rust wird zu vier Jahren Arbeitslager verurteilt.

▼ *Rusts Cessna vor der Basilius-Kathedrale auf dem Roten Platz*

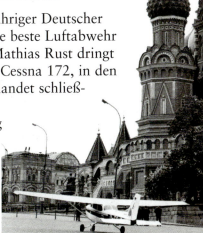

▲ Experten untersuchen das Wrack des Jumbojets, der über Lockerbie explodiert ist.

Bombenanschlag auf Jumbojet

▶ **21. Dezember 1988** ◀ Ein Terroranschlag auf einen Jumbojet der amerikanischen Fluglinie Pan Am kostet 270 Menschen das Leben. Das Flugzeug explodiert in 9500 Meter Höhe über dem schottischen Städtchen Lockerbie. Alle 259 Insassen und elf Bewohner des Ortes werden getötet. Der Jumbo war auf dem Weg von Frankfurt am Main nach New York. Augenzeugen berichten, das Flugzeug habe sich in der Luft plötzlich in einen riesigen Feuerball verwandelt. Die brennenden Wrackteile stürzen auf die Erde und zerstören über 30 Häuser.

Bei der Untersuchung des Wracks zeigt sich, dass in dem Flugzeug ein Koffer mit Plastiksprengstoff explodiert ist. Wer die Verantwortung für den Anschlag trägt, kann nicht endgültig geklärt werden. Mehrere arabische und iranische Terrorgruppen bekennen sich zu der Tat. Vermutlich handelt es sich um einen Racheakt für den Abschuss einer iranischen Verkehrsmaschine durch ein amerikanisches Kriegsschiff. Dabei waren am 3. Juli 290 Menschen getötet worden. Die Amerikaner hatten den Airbus für ein Kampfflugzeug gehalten.

INFO • 1988 • INFO

13. März • Der Seikan-Tunnel zwischen den japanischen Inseln Honshu und Hokkaido wird eröffnet. Er ist der längste Unterwassertunnel der Welt

10. September • Die 19-jährige Steffi Graf gewinnt den »Grand Slam«, das heißt innerhalb eines Jahres die vier wichtigsten Tennisturniere

18. Dezember • Zum ersten Mal gewinnt Deutschland den Tennis-Davispokal

Gewaltwelle in Nordirland

▶ **16. März 1988** ◀ Die Beerdigung von drei Angehörigen der katholischen nordirischen Terrorgruppe IRA in Belfast endet in einem Blutbad. Ein fanatischer Protestant wirft Handgranaten in die Menge der Trauergäste und schießt dann wild um sich. Drei Menschen werden getötet und 68 verletzt. Die Polizei muss den Attentäter schützen, damit er nicht von der aufgebrachten Menge erschlagen wird. Die Vorfälle lösen eine neue Welle der Gewalt in der britischen Provinz Nordirland aus, wo seit 1968 Bürgerkrieg zwischen Katholiken und Protestanten herrscht.

Die drei IRA-Mitglieder, die in Belfast begraben werden, sind am 6. März in der britischen Kronkolonie Gibraltar im Süden von Spanien von Angehörigen der britischen Anti-Terror-Einheit SAS erschossen worden. Nach offiziellen Angaben fühlten sich die SAS-Leute bedroht und eröffneten deshalb das Feuer. Eine Augenzeugin erklärte aber, die Briten hätten sofort ohne Vorwarnung geschossen.

▼ Trauerzug für die IRA-Mitglieder

1980 – 1989

▲ Bangladesch nach der Flutwelle. Viele Gebiete sind nur per Hubschrauber zu erreichen.

Methadon für Heroinabhängige

▶ 1. März 1988 ◀ Im Kampf gegen Drogen geht man in Nordrhein-Westfalen neue Wege. Versuchsweise sollen dort Heroinsüchtige unter bestimmten Voraussetzungen die Ersatzdroge Methadon erhalten. Das Medikament sorgt dafür, dass die Süchtigen keine quälenden Entzugserscheinungen haben, aber es versetzt sie nicht in einen Rausch. Wichtigstes Ziel des Methadon-Versuches ist es, den Drogenabhängigen wieder ein normales Leben zu ermöglichen, ohne ständig auf der Jagd nach Geld für neuen Stoff zu sein. Außerdem sollen die Drogen-Szene verkleinert und den Rauschgifthändlern das Geschäft verdorben werden.

Flut in Bangladesch bringt Millionen in Gefahr

▶ 5. September 1988 ◀ Bangladesch, eines der ärmsten Länder der Welt, wird von der schlimmsten Flutkatastrophe der letzten Jahre heimgesucht. Fast zwei Drittel des Landes stehen unter Wasser und über 20 Millionen Menschen sind obdachlos. Lebensmittelvorräte sind verdorben, Felder überschwemmt, Straßen und Deiche zerstört. Der wichtigste Hafen und der zentrale Flugplatz können nicht benutzt werden und die Eisenbahngleise, die auf Trassen einen Meter oberhalb der erwarteten Hochwassermarke verlaufen, sind überschwemmt. Die Zahl der Todesopfer liegt bei mindestens 2600. Über 100 000 Menschen werden durch verdorbenes Essen und verseuchtes Wasser krank. Die Regierung bittet um internationale Hilfe, doch Lebensmittel und Medikamente können nur über Umwege ins Land gebracht werden und die Verteilung der Hilfsmittel ist schwierig.

▲ Demonstrant mit palästinensischer Fahne

Intifada in Israel

▶ 15. November 1988 ◀ In Algier wird ein unabhängiger Staat Palästina ausgerufen. Die Hauptstadt des Landes, dessen Grenzen nicht genau festgelegt werden, soll Jerusalem sein, das auch Israel als seine Hauptstadt betrachtet. Die Palästinenser stammen aus dem Gebiet, in dem 1948 der Staat Israel gegründet wurde. Seither kämpfen sie darum, ein eigenes Land zu erhalten. Im Dezember 1987 begannen die Palästinenser, die in den von Israel besetzten Gebieten leben, einen Aufstand, die so genannte Intifada. Vor allem Kinder und Jugendliche, deren Familien seit Jahrzehnten in Flüchtlingslagern leben, liefern sich Straßenkämpfe mit israelischen Soldaten. Die Intifada bringt zwar keine greifbaren Erfolge, doch die internationale Öffentlichkeit stellt sich stärker auf die Seite der Palästinenser, weil sie über das brutale Vorgehen Israels gegen die Aufständischen entsetzt ist.

Ben Johnson verliert Olympiamedaille

Drei Tage nach seinem grandiosen Sieg im 100-Meter-Lauf bei den Olympischen Spielen in Seoul muss Ben Johnson seine Goldmedaille zurückgeben. Der Kanadier ist des Dopings überführt worden. Seine Weltrekordzeit von 9,79 Sekunden wird aus den Listen gestrichen und Carl Lewis aus den USA wird zum Sieger erklärt.

▲ Ben Johnson, der gestürzte Champion

Erdbeben in Armenien

▶ **7. Dezember 1988** ◀ Schwere Erdstöße erschüttern die Sowjetrepublik Armenien. 25 000 Menschen kommen ums Leben, 400 000 werden obdachlos. Die Städte Leninakan und Spitak liegen zu einem großen Teil in Trümmern. Viele mehrstöckige Neubauten, die schlampig errichtet wurden, sind wie Kartenhäuser zusammengestürzt und haben ihre Bewohner unter sich begraben. Überlebende versuchen mit bloßen Händen und unzureichenden Werkzeugen, Freunde und Verwandte aus den Ruinen zu befreien. Der sowjetische Präsident Michail Gorbatschow bricht seinen Besuch in den USA ab, um in das Katastrophengebiet zu reisen. Zwar läuft sofort eine internationale Hilfskampagne an, doch vor Ort sind nicht genügend Bagger und Kräne vorhanden, um die Trümmer beiseite zu schaffen. Außerdem fehlt es an einer vernünftigen Organisation der Rettungsarbeiten. Schon vor der Naturkatastrophe hat Armenien ein Jahr schwerer Unruhen hinter sich gebracht, denn die christlichen Armenier liegen mit der von Muslimen bewohnten Nachbarrepublik Aserbaidschan in Streit.

▲ *Überlebende und Helfer suchen in den Trümmern der Stadt Leninakan nach Opfern.*

Turiner Grabtuch eine Fälschung?

Wissenschaftliche Tests wecken Zweifel daran, ob das Turiner Grabtuch, eine der berühmtesten Reliquien des Christentums, echt ist. Der Leichnam Christi soll in dieses Tuch eingewickelt worden sein. Doch neueste Untersuchungen kommen zu dem Schluss, dass der Stoff nach dem Jahr 1260 angefertigt wurde. Die Gläubigen stört das wenig. Sie verehren das Grabtuch weiter als Heiligtum.

▲ *Auf dem Grabtuch erkennt man Gesichtszüge.*

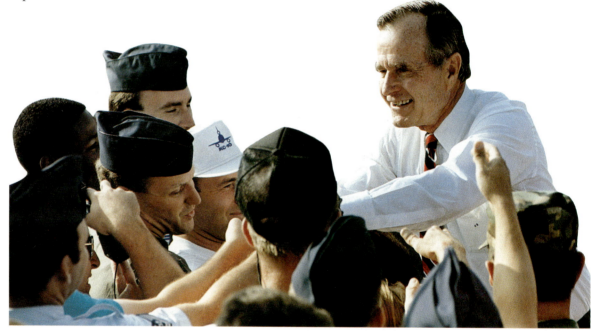

▲ *George Bush, künftiger Präsident der USA, nimmt die Glückwünsche seiner Wähler entgegen. Der frühere Chef des Geheimdienstes CIA galt schon lange vor der Wahl als der große Favorit.*

George Bush wird zum Präsidenten der Vereinigten Staaten gewählt

▶ **8. November 1988** ◀ Wie erwartet erzielt der Republikaner George Bush bei den Präsidentschaftswahlen in den USA einen haushohen Sieg. Der Stellvertreter des bisherigen Präsidenten Ronald Reagan gewinnt die Mehrheit in 40 der 50 Bundesstaaten und erhält insgesamt 54 Prozent der Wählerstimmen. Seinem Gegenkandidaten, dem Demokraten Michael Dukakis, wurden von Beginn an keine großen Chancen eingeräumt.

Ganz leicht wird es Bush trotzdem nicht haben, denn im amerikanischen Parlament, dem Kongress, haben die Demokraten eine große Mehrheit. Außerdem hat ihm sein Vorgänger große Wirtschaftsprobleme mit hohen Staatsschulden, Arbeitslosigkeit und einem immer größer werdenden Abstand zwischen Armen und Reichen hinterlassen.

Golfkrieg beendet

▶ **20. August 1988** ◀ Nach acht Jahren, vermutlich einer Million Toten und unzähligen Verwundeten tritt im irakisch-iranischen Krieg ein Waffenstillstand in Kraft. Beide Seiten erklären, sie hätten gesiegt. Doch kann man wohl eher beide Länder als Verlierer bezeichnen, denn der Krieg hat nicht nur vielen Menschen das Leben gekostet, sondern auch Städte, Industrie- und Ölanlagen, Häfen und Eisenbahnlinien zerstört. Experten schätzen die Kriegskosten auf 1800 Milliarden DM.

▼ *Teheraner bejubeln den Waffenstillstand.*

Weiße feiern 200 Jahre Australien

Über eine Million Menschen versammeln sich am 26. Januar im Hafen von Sydney, um an die Ankunft der ersten weißen Siedler in Australien vor 200 Jahren zu erinnern. Die Ureinwohner, die Aborigines, beteiligen sich nicht an den Jubiläumsfeiern, denn für sie begann mit der Ankunft der Weißen eine Zeit des Unrechts.

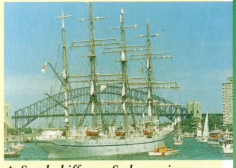

▲ *Segelschiffe vor Sydney erinnern an die Ankunft der ersten Siedler.*

1980 – 1989

Benazir Bhutto ist Pakistans Regierungschefin

▶ **17. November 1988** ◀ Bei den ersten demokratischen Wahlen in Pakistan nach elf Jahren Militärdiktatur gewinnt die Volkspartei PPP die meisten Stimmen. Parteichefin Benazir Bhutto wird die erste Ministerpräsidentin eines islamischen Landes. Die neue Regierungschefin ist die Tochter von Zulfikar Ali Bhutto, der 1977 als Regierungschef gestürzt und 1979 hingerichtet wurde. An seiner Stelle hatte 1977 General Zia ul-Haq die Macht übernommen. Er wollte aus Pakistan einen streng islamischen Staat machen. Im August 1988 kam der Diktator bei einem Flugzeugabsturz ums Leben.

▲ *Pakistans Regierungschefin Benazir Bhutto bei einer öffentlichen Veranstaltung*

Nordsee in Not

▶ **Sommer 1988** ◀ In der Nordsee sterben Tausende Robben an einer Viruserkrankung. Allein an den deutschen Küsten werden 3000 tote Tiere gezählt. Schon im Frühjahr gab es Schreckensmeldungen von der Nordsee, als ein riesiger Algenteppich sich auf dem Meer ausbreitete. Dass die Algen so enorm wachsen, liegt daran, dass zu viele Düngemittel von Feldern entlang der Flüsse in die Nordsee gespült werden.

Bohrinsel steht in Flammen

▶ **6. Juli 1988** ◀ Nachdem ausströmendes Gas eine Reihe von Explosionen verursacht hat, wird die Ölbohrinsel »Piper Alpha«, die vor der schottischen Ostküste in der Nordsee steht, zu einem Flammenmeer. Bis zu 100 Meter hoch schießen die Feuersäulen in die Luft und die enorme Hitze spürt man noch in zwei Kilometern Entfernung. 167 Männer, etwa zwei Drittel der Mannschaft, kommen ums Leben. Viele von ihnen wurden im Schlaf überrascht. Andere entkommen dem Inferno durch einen Sprung in die kalte Nordsee, wo sie von Helfern aufgefischt werden. Der Brand auf »Piper Alpha« kann erst nach 23 Tagen gelöscht werden.

▶ *Die brennende Ölbohrinsel »Piper Alpha« vor der Küste Schottlands*

COMPUTER

Die ersten echten elektronischen Rechengeräte wurden Anfang der 40er Jahre entwickelt. Sie waren riesengroß, langsam und nicht besonders leistungsfähig. Und fünf Jahrzehnte später? Heute gehört der Computer zum Alltagsleben. Dieses Buch wurde am Computer entworfen und mit Hilfe von Computern gedruckt. Der Buchhändler hat es am Computer bestellt und vielleicht habt ihr es auch mit einer Banküberweisung per Computer bezahlt.

Computer sind heute Helfer des Menschen in allen Lebenslagen. Sie kommen bei Spezialeffekten im Film und bei der Produktion von CDs zum Einsatz. Sie erleichtern das Schreiben von Briefen, das Einkaufen und das Bezahlen von Rechnungen. Sie regeln die Versorgungsnetze für Strom, Wasser und Telefon.

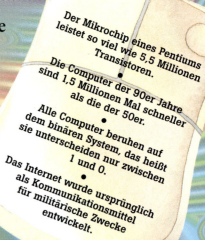

- Der Mikrochip eines Pentiums leistet so viel wie 5,5 Millionen Transistoren.
- Die Computer der 90er Jahre sind 1,5 Millionen Mal schneller als die der 50er.
- Alle Computer beruhen auf dem binären System, das heißt sie unterscheiden nur zwischen 1 und 0.
- Das Internet wurde ursprünglich als Kommunikationsmittel für militärische Zwecke entwickelt.

◀ ENIAC-Rechner im Kontrollzentrum der Universität Pennsylvania

Ungetüme der Anfangszeit

Wann das Computerzeitalter genau beginnt, darüber streiten sich die Experten. Manche meinen, dass der deutsche Ingenieur Konrad Zuse 1941 mit seinem »Z 3« den ersten Computer baute. Er war programmgesteuert, wurde allerdings noch mechanisch betrieben. Im Dezember 1943 ging in England der »Colossus« in Betrieb, der mit 1500 Elektronenröhren ausgestattet war und deshalb viel schneller rechnen konnte als der »Z 3«.

1945 stellten amerikanische Wissenschaftler von der Universität Pennsylvania alles Bisherige in den Schatten. Sie entwickelten mit »ENIAC« die erste elektronische Großrechenanlage der Welt. Der Rechner mit seinen 18 000 Elektronenröhren war 30 Tonnen schwer und so groß, dass er in einer normalen Drei-Zimmer-Wohnung nicht unterzubringen wäre. Anfang der 50er Jahre kamen dann »UNIVAC«-Computer heraus, die wie das Cockpit eines Flugzeugs aussahen. Sie speicherten ihre Daten nicht mehr auf Lochkarten, sondern auf Magnetbändern, die in den Rechenanlagen ganze Wände füllten. Später wurden die Röhren durch weniger störanfällige Transistoren ersetzt.

Der Mikrochip

Eine Revolution der Computertechnik war Ende der 60er Jahre die Erfindung des Mikrochips. Dabei wird ein ganzes Rechenwerk auf einem Halbleiterkristall untergebracht. Nun wurden die Computer kleiner. Heute sind viele Produkte mit solchen Chips ausgestattet.

Computer für jedermann

1981 brachte der amerikanische Großkonzern IBM den ersten PC auf den Markt. Nun mussten in den Büros nicht mehr mehrere Personen ein Großgerät gemeinsam benutzen, sondern jeder hatte seinen persönlichen Computer – daher auch der Name Personalcomputer, PC. Solche Computer konnte man auch zu Hause gut gebrauchen. Für den IBM-PC lieferte die US-Softwarefirma Microsoft das Betriebssystem MS-DOS, der Hauptprozessor stammte von Intel.

Der PC wurde ein echter Bestseller. 1984 verkaufte IBM mehr als drei Millionen. Im gleichen Jahr brachte die amerikanische Firma Apple ihren Macintosh auf den Markt, der ein wenig anders funktionierte. Zusätzlich zur Tastatur gab es eine »Maus«, was die Bedienung in den Augen vieler erleichterte. Durch kleine Symbole konnte man sich besser auf dem Bildschirm zurechtfinden. Microsoft antwortete mit der Erfindung von Windows und so ging das Wettrennen bei den Computern für Haus und Büro immer weiter.

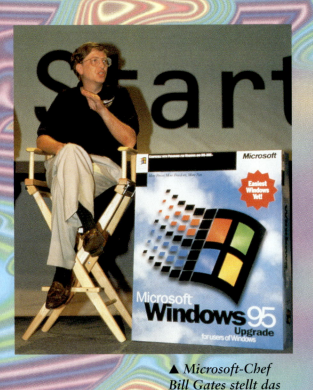

▲ *Microsoft-Chef Bill Gates stellt das Software-System Windows '95 vor.*

▲ *Firmengründer John Scully, Steve Jobs und Steve Wozniak mit einem Apple IIc aus dem Jahre 1984*

◀ *Auf dem Chip: Szene aus dem 3-D-Computerspiel »Red Planet«*

Computerspiele

»Pong« von Atari bestand aus einer Konsole mit zwei Steuerhebeln (Joysticks) und wurde auf einem normalen Fernsehapparat gespielt. Mit den Joysticks ließen sich zwei Schläger bewegen, mit denen ein Ball ins gegnerische Feld zu schlagen war. Dieses »Pong« war das erste Computerspiel der Welt. Es kam 1972 heraus.

Inzwischen sind die Computerspiele immer komplizierter und spannender geworden. Sie werden nicht mehr nur mit Spielkonsole am Fernseher, sondern auch mit dem Gameboy oder dem PC gespielt. Beliebt sind Flug- und Autorennsimulatoren, Sport-, Kriegs- Abenteuer-, Sciencefiction-, Fantasy- und Strategiespiele. Die Computerspiele haben auch ihre eigenen Stars hervorgebracht: Duke Nukem, Super Mario und andere. Auch das Tamagotchi ist ein Computerspiel.

◀ *Vergrößerte Darstellung eines Computerchips*

▲ Freudentänze auf der Berliner Mauer vor dem Brandenburger Tor

INFO • 1989 • INFO

15. Februar • Nach zehn Jahren verlassen die letzten sowjetischen Truppen Afghanistan

8./9. Juli • Doppelsieg in Wimbledon: Steffi Graf und Boris Becker gewinnen das Tennisturnier bei den Damen und Herren

24. August • Zum ersten Mal seit dem Zweiten Weltkrieg wird Polen von einem Nicht-Kommunisten regiert. Er heißt Tadeusz Mazowiecki

Die Berliner Mauer fällt

▶ **9. November 1989** ◀

28 Jahre waren Ost- und West-Berlin durch die Mauer, Ost- und Westdeutschland durch eine Grenze mit Wachtürmen und Stacheldraht geteilt. Sie hinderten die Ostdeutschen daran, nach Westen zu reisen oder überzusiedeln. Nun erklärt die DDR-Regierung in Ostdeutschland, dass sie ihren Bürgern Reisefreiheit gibt. Mauer und Grenze sind offen! Um 21.35 Uhr treffen die ersten Ost-Berliner in West-Berlin ein. Am Wochenende danach reisen vier Millionen DDR-Bürger in den Westen. Sie werden mit Jubel empfangen. Die Freude ist grenzenlos.

Was ist in diesem Jahr alles geschehen! In Ost-Berlin, Prag und Warschau versammelten sich DDR-Bürger in den westdeutschen Botschaften, um ihre Ausreise in den Westen zu erzwingen. Sie kamen im September und Oktober zu Tausenden frei. Am 11. September öffnete Ungarn seine Westgrenze. Zehntausende DDR-Bürger nutzten dieses »Loch« im Eisernen Vorhang.

Jeden Montag versammelten sich in Leipzig Demonstranten zum Protest gegen die DDR-Führung. Am 23. Oktober waren 300 000 dabei. Der Protest griff auf andere Städte über. Am 4. November demonstrierten 500 000 Menschen in Ost-Berlin. Fünf Tage später fällt die Mauer.

Kommunisten in Osteuropa gestürzt

▲ Nicolae Ceausescu und seine Frau Elena; die beiden werden am 25. Dezember hingerichtet.

▶ **31. Dezember 1989** ◀

Wenn man Anfang 1989 erzählt hätte, wie Europa am Jahresende aussehen würde, kaum jemand hätte es geglaubt. Anfang 1989 war Europa geteilt in die westlichen Demokratien und die kommunistischen Staaten des Ostblocks. Es sah nicht so aus, als ob sich daran etwas ändern würde. Doch am Jahresende sind die alten Machthaber in Osteuropa gestürzt, das kommunistische System ist zusammengebrochen.

Überall bildeten sich Oppositionsgruppen, die für größere Freiheiten demonstrierten. In Polen und Ungarn verlief der Umsturz friedlich, weil die Kommunisten gesprächsbereit waren. In der Tschechoslowakei und Bulgarien versuchten die Machthaber, die Demonstrationen gewaltsam zu unterdrücken, mussten aber schließlich aufgeben. In Rumänien versuchte Diktator Nicolae Ceausescu, die Opposition in einem Blutbad zu ersticken. Über 1000 Demonstranten starben. Doch auch Ceausescu wurde gestürzt und hingerichtet.

Todesbann gegen Rushdie

14. Februar 1989 Der religiöse Führer des Iran, Ajatollah Khomeini, erklärt, dass es die Pflicht jedes Muslim sei, den Schriftsteller Salman Rushdie zu töten. Der Mordbefehl bezieht sich auf Rushdies Roman »Satanische Verse«, in dem Komeini eine Beleidigung des Islam sieht. Rushdie wurde als Sohn eines Muslim in Indien geboren und lebt in Großbritannien. Er muss sich nun verstecken. Die Empörung in aller Welt ist groß.

▲ *Aufruf zum Mord an Rushdie: Iranerin vor einem Khomeini-Plakat*

China: Panzer gegen Studenten

4. Juni 1989 Auch in China regt sich Widerstand gegen die kommunistische Führung. 100 000 Studenten und andere junge Leute versammeln sich auf dem Platz des Himmlischen Friedens in der Hauptstadt Peking, um friedlich für Veränderungen zu demonstrieren. Die Regierung lässt den Protest brutal im Keim ersticken und von Panzern niederrollen. Soldaten schießen wahllos in die Menge. Ungefähr 3600 Menschen sterben, 60 000 werden verletzt.

»Batman« wird zum Filmhelden

In Amerika stehen die Leute Schlange, um sich den Film »Batman« anzuschauen. Den Joker mimt der bekannte Schauspieler Jack Nicholson. Der Film wird im Juni gestartet und spielt innerhalb von drei Tagen in den USA 40 Millionen Dollar ein. In Deutschland bleiben dagegen die Kinos leer.

▲ *Jack Nicholson als Joker*

◄ *Hilfloser Protest eines Einzelnen gegen heranrollende Panzer*

Amerikaner in Panama

20. Dezember 1989 Amerikanische Truppen greifen Militäreinrichtungen in Panama an. Sie sollen General Manuel Antonio Noriega gefangen nehmen. Er soll in Amerika wegen Drogenschmuggels vor Gericht gestellt werden. Noriega kann jedoch in die Botschaft des Vatikan in Panama fliehen. Erst am 3. Januar 1990 stellt er sich.

Die Invasion der USA wird von der Mehrheit des Weltsicherheitsrats der Vereinten Nationen verurteilt. Sie meint, Amerika habe kein Recht, sich militärisch in die Angelegenheiten eines anderen Staates einzumischen.

▼ *Amerikanischer Soldat in Panama-Stadt*

96 tote Fußballfans

15. April 1989 Bei einem Fußball-Pokalendspiel in der englischen Stadt Sheffield kommt es zu einer Katastrophe: Als in das ausverkaufte Stadion weitere 4000 Zuschauer ohne Eintrittskarte drängen, werden die Fans gegen die Sicherheitszäune zum Spielfeld gequetscht. Dabei gibt es 96 Tote und 170 Verletzte. Das Spielfeld wird zum Notlazarett.

Ölunglück vor Alaska

24. März 1989 Vor der Küste Alaskas schlägt der Tanker »Exxon Valdez« leck. 55 Millionen Liter Rohöl laufen ins Wasser und führen zu einer verheerenden Umweltkatastrophe. Der Kapitän des Tankers war offenbar betrunken und hatte das Steuer dem Dritten Offizier überlassen. Der steuerte den Riesentanker auf ein Riff. Die Reinigung der Strände kostet eine Milliarde Dollar.

▶ *Ein Rettungsboot beim Supertanker*

1980 – 1989

90ER JAHRE

1990

Zu Beginn der 90er Jahre schien die Welt sicherer als vorher. Mit dem Zusammenbruch des kommunistischen Systems in Osteuropa endete der Kalte Krieg. Israelis und Palästinenser suchten nach einer dauerhaften Aussöhnung. Doch es gab neue Bedrohungen für den Frieden. Der Staat Jugoslawien zerbrach in einem blutigen Konflikt zwischen den dort lebenden Völkern. Der irakische Präsident Saddam Hussein provozierte 1991 den Golfkrieg. Und immer wieder gab es terroristische Anschläge auf unschuldige Bürger.

▼ *Nelson Mandela und seine Frau Winnie jubeln.*

In Südafrika lebten 1990 5,1 Millionen Weiße und 29,8 Millionen »Nicht-Weiße« (Schwarze, Inder, Mischlinge).

• 22 000 zwangsweise im Ausland lebende Südafrikaner konnten bis Ende 1990 zurückkehren.

• Bis zum 30. April 1991 wurden 3000 politische Gefangene freigelassen.

Hoffnungsträger Mandela frei

▶ **11. Februar 1990** ◀

Der prominenteste Häftling in Südafrika wird freigelassen: Nelson Mandela. Die weiße Regierung Südafrikas hatte ihn 27 Jahre lang wegen seines Kampfes für die Rechte der Schwarzen inhaftiert. Mandela ist mit seinen 71 Jahren ein alter Mann. Doch seine Landsleute haben nicht vergessen, wie er sich früher dafür einsetzte, dass die Apartheid-Politik der weißen Minderheit in Südafrika ein Ende hat. Diese Politik verweigert den Schwarzen alle Menschenrechte. Sie dürfen nicht wählen, müssen in eigenen Vierteln wohnen, eigene Schulen besuchen und dürfen nicht auf Parkbänken oder in Zugabteilen sitzen, die für Weiße reserviert sind.

Mandela setzt seinen Kampf nach der Freilassung fort. Er wird wieder Vorsitzender des Afrikanischen Nationalkongresses (ANC), der größten politischen Organisation der Schwarzen. Mit dem weißen Präsidenten Frederik Willem de Klerk führt er Gespräche über die Zukunft Südafrikas ohne Rassenunterdrückung. Anders als seine Vorgänger ist de Klerk zu einer solchen Änderung bereit. Die Apartheid wird abgeschafft.

Welttreffen für die Kinder

Das UNO-Kinderhilfswerk Unicef führt am 29./30. September 1990 einen »Weltkindergipfel« mit Experten aus 157 Ländern durch. Sie verpflichten sich, die Lebensbedingungen der Kinder zu verbessern. Es darf nicht sein, dass jeden Tag 40 000 Kinder an Hunger sterben, dass jedes Jahr 200 000 Kinder als Soldaten in Kriegen verheizt werden, dass 300 Millionen Kinder unter 15 regelmäßig arbeiten müssen.

Eiserne Lady geht

▶ **22. November 1990** ◀

Seit elf Jahren regiert eine Frau in Großbritannien, die Konservative Margaret Thatcher. Wegen ihres strengen Auftretens wird Thatcher auch »Eiserne Lady« genannt. Doch ihr selbstherrliches Verhalten will sich die Konservative Partei nicht länger gefallen lassen. Sie zwingt die Lady zum Rücktritt. Seit Anfang des Jahres gibt es heftige Kritik an Thatcher. Im März und April kam es zu Demonstrationen und schweren Krawallen wegen der »Kopfsteuer«. Während die frühere Gemeindesteuer sich nach der Größe des Eigenheims berechnete, ist die neue Steuer für alle gleich hoch. Das finden viele ungerecht.

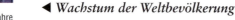

◀ *Wachstum der Weltbevölkerung*

1990 – 1997

Neunmal in Wimbledon erfolgreich

Die 33-jährige Martina Navratilova gewinnt 1990 zum neunten Mal das Tennisturnier in Wimbledon. Das hat vor ihr noch niemand geschafft. Nun schlägt sie die Amerikanerin Zina Garrison in zwei Sätzen 6:4 und 6:1. Martina ist gebürtige Tschechin, lebt aber heute in den USA.

▲ Begeisterte SWAPO-Anhänger halten die Flagge des neuen afrikanischen Staates Namibia hoch.

Rockspektakel »The Wall« in Berlin

▶ **21. Juli 1990** ◀ Achteinhalb Monate nach der Öffnung der Berliner Mauer bringt die britische Altrock-Band Pink Floyd sie in ihrem Rockspektakel »The Wall« noch einmal zum Einsturz. Vor 320 000 Zuschauern vor der Bühne und einer Milliarde an den Fernsehschirmen erzählt die Gruppe die Geschichte des Rockmusikers Pink in seinem Kampf gegen Unterdrückung in Elternhaus, Schule und Gesellschaft. Am Ende der Show fällt schließlich die Mauer, für Pink Floyd das Symbol für alles Schlechte in der Welt.

Nach 25 Jahren Kampf ist Namibia unabhängig

▶ **21. März 1990** ◀ Namibia ist endlich ein selbständiger Staat. Das Land war bis zum Ersten Weltkrieg unter dem Namen Südwestafrika eine deutsche Kolonie. Danach erhielt Südafrika vom Völkerbund den Auftrag zur Verwaltung. Doch Südafrika behandelte Namibia wie einen Teil des eigenen Staates. Seit Mitte der 60er Jahre kämpfte die SWAPO (South West African People's Party) für ein unabhängiges Namibia. Auch als die Vereinten Nationen 1973 die SWAPO als einzige Vertretung des Landes anerkannten, wollte Südafrika dem Land nicht die Freiheit geben. Insgesamt starben beim Unabhängigkeitskrieg 15 000 Menschen. Die SWAPO übernimmt nun die Regierung.

INFO • 1990 • INFO

12. Februar • Der Südtiroler Bergsteiger Reinhold Messner und der deutsche Seemann Arved Fuchs haben als erste Menschen die Antarktis zu Fuß durchquert

15. April • Die schwedische Filmdiva Greta Garbo stirbt im Alter von 84 Jahren

12. November • In Japan wird 22 Monate nach dem Tod von Kaiser Hirohito sein Sohn Akihito zum neuen Kaiser gekrönt

Walesa wird Präsident Polens

▶ **9. Dezember 1990** ◀ Die Präsidentenwahlen in Polen gewinnt Arbeiterführer Lech Walesa. Er erhält fast drei Viertel aller abgegebenen Stimmen, der Gegenkandidat Stanislaw Tyminski gut ein Viertel. Walesa hat eine beispiellose Karriere hinter sich. Ab 1967 arbeitete er als Elektromonteur auf einer Werft. Er war 1980 der Anführer einer großen Streik- und Protestwelle gegen die damals noch kommunistische Führung des Landes und Gründer der oppositionellen Gewerkschaft Solidarität. Dass Polen heute nicht mehr kommunistisch ist, dazu hat er entscheidend beigetragen.

▶ *Lech Walesa nach seinem Wahlsieg*

1990

Irak besetzt Kuwait

▶ **2. August 1990** ◀ 130 000 irakische Soldaten überfallen auf Befehl von Präsident Saddam Hussein den Nachbarstaat Kuwait und besetzen ihn. Kuwait ist ein sehr kleiner Staat und kann sich nicht wehren. Wegen seiner Erdölvorkommen ist es aber auch ein sehr reicher Staat. Das kuwaitische Erdöl ist der Grund für den irakischen Überfall.

Der Einmarsch wird vom Sicherheitsrat der Vereinten Nationen, vom amerikanischen Präsidenten George Bush und anderen Politikern scharf verurteilt. Die Vereinten Nationen verhängen Wirtschaftssanktionen gegen den Irak. Das heißt, sie sorgen dafür, dass der Irak kein Erdöl ausführen und keine Waren aus dem Ausland einführen kann. In Ägypten und Saudi-Arabien leben wie im Irak Araber. Trotzdem verurteilen auch diese Staaten den Einmarsch von Saddam Hussein und fordern den sofortigen Rückzug der irakischen Truppen aus Kuwait. Wenn der irakische Diktator nicht bald nachgibt, ist mit einem Angriff der USA zu rechnen. Großbritannien, Frankreich, Ägypten, Saudi-Arabien und andere Staaten wollen die Amerikaner dabei unterstützen.

▲ *Hussein zeigt sich mit einem Ausländerkind im Fernsehen, um zu sagen: Beim Angriff stirbt auch dieses Kind.*

▼ *Kreis in einem Kornfeld in Hampshire; haben Aliens oder Spaßmacher dabei ihre Hand im Spiel?*

Geheimnisvolle Kreise

▶ **30. Juli 1990** ◀ Wissenschaftler versammeln sich in Wiltshire in Südengland, um dem Geheimnis über Nacht aufgetauchter geometrischer Muster in Getreidefeldern auf die Spur zu kommen. In diesen Mustern legen sich die Getreidehalme flach, ohne zu brechen.
Einige gehen davon aus, dass kleine Wirbelwinde die Kreise in die Kornfelder zaubern, andere sprechen sogar von Außerirdischen, die die Muster ins Getreide zeichnen. Doch die Lösung ist viel einfacher: Spaßmacher stecken hinter den Kreisen in Kornfeldern. Das gilt zumindest für die Muster in den Getreidefeldern bei Wiltshire, wo die Wissenschaftler tagen.

Deutsche Elf wieder Fußball-Weltmeister

Wieder wird eine Elf aus Deutschland Fußball-Weltmeister. Die Mannschaft von Franz Beckenbauer besiegt Argentinien im Endspiel in Rom am 8. Juli 1990 mit 1:0. Das einzige Tor fällt nach einem umstrittenen Elfmeter in der 85. Minute. Deutschland ist mit drei Weltmeister- und drei Vizeweltmeistertiteln die bedeutendste Fußballnation.

Friedensnobelpreis für Gorbatschow

▶ **10. Dezember 1990** ◀ Der sowjetische Staatspräsident Michail Gorbatschow erhält den Friedensnobelpreis des Jahres 1990. Das Nobelkomitee würdigt damit seine Leistungen für die internationale Entspannung. Dass die Ost-West-Konfrontation nicht mehr besteht, ist im Wesentlichen sein Verdienst. Die Deutschen verehren Gorbatschow, weil er sich ihrem Streben nach Vereinigung in Freiheit nicht widersetzt hat. Er gilt als einer der großen Staatsmänner des 20. Jahrhunderts.

▶ *Michail Gorbatschow*

1990 – 1997

Vor der Einheit kommt die D-Mark

▶ **1. Juli 1990** ◀ Dass die DDR und die Bundesrepublik Deutschland, also Ost- und Westdeutschland, wieder ein Staat werden sollen, ist zwar schon beschlossen, aber noch nicht geschehen, da erhalten die DDR-Bürger schon das im Westen übliche Geld, die D-Mark. Ihr bisheriges Geld, die DDR-Mark, können sie umtauschen: Für eine DDR-Mark gibt es eine D-Mark. Dies gilt jedoch nur bis zu einem Betrag von 6000 Mark, für alle darüber hinaus gehenden Guthaben erhält man für zwei DDR-Mark eine D-Mark. Das klingt nicht wie ein guter Tausch, doch tatsächlich sind die DDR-Bürger froh über die Einführung der D-Mark, denn mit dem neuen Geld kommen auch neue Waren aus dem Westen in die Geschäfte. Um rechtzeitig an das neue Geld zu kommen, versammeln sich schon in der Nacht Tausende vor den Bankfilialen.

▶ *oben: Vereinigungsfeier in Berlin; unten: Genscher, Hannelore und Helmut Kohl, Weizsäcker (v. l.)*

▲ *Ein Bungee-Springer beim Absprung*

Abenteuer mit Bungee

Ein Abenteuer, bei dem das Leben am (seidenen) Faden hängt, ist das Bungee-Springen. Beim Sprung von Brücke oder Turm bewahrt nur eine elastische Leine den Springer davor, auf dem Boden aufzuschlagen. Stattdessen wird er erneut in die Höhe geschleudert. Der Nervenkitzel setzt das Hormon Adrenalin frei, das den Herzschlag beschleunigt und den Blutzuckerspiegel erhöht – der Springer fühlt sich wie im Rausch.

Teilung überwunden: Deutschland ist ein Staat

▶ **3 . Oktober 1990** ◀ Überall in Deutschland ist der Jubel groß, denn die Deutschen in Ost und West leben wieder in einem Staat zusammen. Die DDR gibt es von nun an nicht mehr, sondern nur noch eine große Bundesrepublik Deutschland, die beide bisherigen deutschen Staaten umfasst.

Nach der Maueröffnung am 9. November 1989 bis zur deutschen Einheit hat es nicht einmal ein Jahr gedauert. Viele Oppositionelle in der DDR, die vorher mehr Freiheit in ihrem Staat gefordert hatten, sprachen sich nach dem 9. November für die Vereinigung mit der Bundesrepublik aus. Doch die DDR-Bürger sollten in Freiheit darüber bestimmen, ob sie die deutsche Einheit wollten.
Also mussten zum ersten Mal wirklich freie Wahlen für die Volkskammer, das Parlament der DDR, stattfinden. Das geschah am 18. März 1990. Die meisten Stimmen erhielt die konservative CDU im Bündnis mit kleineren Gruppen, zweitstärkste Partei wurden die Sozialdemokraten (SPD). CDU und SPD bildeten die erste frei gewählte Regierung der DDR. Am 23. August 1990 beschloss die Volkskammer den Beitritt zur Bundesrepublik.

Doch die Deutschen konnten nicht allein über ihre Zukunft bestimmen. Sie waren auch 45 Jahre nach dem Ende des Zweiten Weltkrieges noch von den Siegermächten abhängig. Die Westmächte Frankreich, Großbritannien und die USA hatten nichts gegen die deutsche Einheit, doch wie sah es mit der Sowjetunion aus? Der sowjetische Präsident Michail Gorbatschow erwies sich als wahrer Freund der Deutschen. Er, der mit seiner Öffnungspolitik die Demokratisierung in Osteuropa und der DDR ermöglicht hatte, gab 1990 auch den Weg frei für eine deutsche Vereinigung in Freiheit.

ENDE DES OSTBLOCKS

In den Jahren 1989 und 1990 veränderte sich die Welt total. Innerhalb ganz kurzer Zeit brach das kommunistische System in Osteuropa zusammen. Damit endete auch der Ost-West-Konflikt zwischen den Supermächten USA und Sowjetunion, die Zeit des Kalten Krieges, in der die Supermächte ihre Atomwaffen aufeinander gerichtet hatten.

Der Kommunismus bricht zusammen

Der Zusammenbruch des Kommunismus in der Sowjetunion und den osteuropäischen Staaten, die unter ihrem Einfluss standen, hatte mehrere Ursachen. Eine davon war, dass das kommunistische Wirtschaftssystem dem westlichen offenbar unterlegen war. Zwar gab es im Osten nicht so große Unterschiede zwischen Arm und Reich, doch insgesamt herrschte im Westen mehr Wohlstand. Eine Besserung im Osten war nicht in Sicht. Außerdem war das Leben im Westen nicht so stark reglementiert, während sich die Staatsführung im Ostblock vielfach direkt in den Alltag der Menschen einmischte, sie aber von politischen Entscheidungen ausschloss. Michail Gorbatschow gab in den 80er Jahren den Sowjetbürgern und den osteuropäischen Staaten etwas mehr Freiheit. Die Menschen mussten nun nicht mehr mit Bestrafung rechnen, wenn sie ihre Meinung offen sagten. Und die Mehrheit war der Meinung, dass es sich ohne den Kommunismus besser leben ließe.

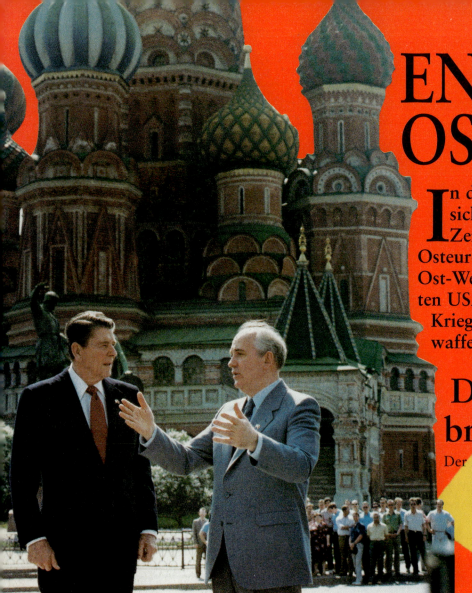

▲ Ronald Reagan und Michail Gorbatschow auf dem Roten Platz in Moskau

Kämpfer für mehr Freiheiten

Nach der Wende übernahmen einige Männer, die vorher gegen den Kommunismus gekämpft hatten, hohe politische Ämter. Lech Walesa wurde 1990 zum Präsidenten des demokratischen Polen gewählt. Zuvor war er Chef der Gewerkschaft »Solidarität«, die von den kommunistischen Führern mehr Freiheiten gefordert hatte. In der Tschechoslowakei vertrieb die Bevölkerung 1989 ihre kommunistische Führung. Der Schriftsteller Václav Havel wurde Präsident. Er hatte sich für die Menschenrechte in seinem Land eingesetzt und war deshalb auch in Haft gewesen.

▶ Vom Dissidenten zum Präsidenten: Václav Havel

▲ Lech Walesa spricht zu Werftarbeitern.

Eiserner Vorhang hebt sich

Als nach dem Zweiten Weltkrieg die osteuropäischen Staaten unter sowjetische Kontrolle gerieten, sprach man von einem Eisernen Vorhang mitten durch Europa. Befestigte und scharf bewachte Grenzen hinderten die Osteuropäer daran, in den Westen zu reisen oder überzusiedeln. Am schlimmsten war die Situation in Deutschland, das ab 1961 durch Mauer, Stacheldraht und Todesstreifen geteilt war. 1989 demonstrierten die Bürger der DDR für mehr Freiheiten. Und das Wunder geschah: Der Eiserne Vorhang hob sich allmählich. Zuerst baute Ungarn die Grenzbefestigungen ab. Über dieses Land kamen viele aus der DDR in den Westen. Am 9. November 1989 öffnete die DDR-Führung die Mauer und ließ ihre Bürger ausreisen. Bis Jahresende brach die kommunistische Herrschaft in Ungarn, der Tschechoslowakei, Rumänien, der DDR und anderswo zusammen.

◀ Im Hintergrund: Hammer und Sichel, Symbole des Kommunismus

▶ Ungarische Soldaten bauen im Mai 1989 den Stacheldraht an der Grenze ab.

▶ Die amerikanische Fast-food-Kette »Pizza Hut« eröffnet 1990 ihr erstes Restaurant in Moskau.

▲ West- und Ost-Berliner feiern gemeinsam den Fall der Mauer, die seit 1961 ihre Stadt teilte.

Kritik von innen

In der Sowjetunion wurden Kritiker des kommunistischen Systems als Verräter betrachtet. Für seine Beschreibung des Lebens in sowjetischen Gefangenenlagern erhielt der Sowjetrusse Alexander Solschenizyn 1970 den Nobelpreis für Literatur; aus seiner Heimat wurde er dafür vertrieben. Der sowjetische Physiker Andrei Sacharow setzte sich für die Menschenrechte ein. Der Westen zeichnete ihn dafür 1975 mit dem Friedensnobelpreis aus, die Sowjetführung schickte ihn in die Verbannung.

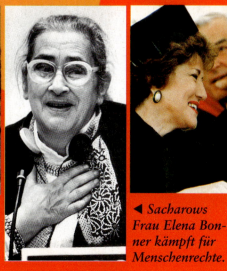

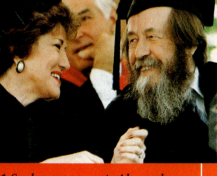

▲ Andrei Sacharow riskiert offene Worte gegen die sowjetische Führung.

◀ Sacharows Frau Elena Bonner kämpft für Menschenrechte.

▲ Alexander Solschenizyn prangert die Zustände an.

1991

Krieg am Golf

▶ **28. Februar 1991** ◀ Der irakische Diktator Saddam Hussein und sein Land haben eine Niederlage erlitten. Irakische Truppen hatten im August 1990 das Nachbarland Kuwait besetzt und so einen Krieg mit den USA und ihren Verbündeten (Alliierte) provoziert. Das kleine Kuwait ist wegen seines Erdöls eines der reichsten Länder der Erde. Am 30. November drohten die Vereinten Nationen mit Krieg, falls die Iraker sich nicht bis zum 15. Januar 1991 aus Kuwait zurückzögen. Doch Saddam Hussein weigerte sich. Daraufhin begann am 17. Januar die »Operation Wüstensturm«. Die Alliierten flogen Luftangriffe auf den Irak. Am 24. Februar starteten sie eine Bodenoffensive. In 100 Stunden ist der Krieg zugunsten der Alliierten entschieden.

▲ *Irakische Kriegsgefangene ergeben sich den Alliierten. Im Golfkrieg geht es auch um Erdöl.*

▲ *Norman Schwarzkopf (rechts), amerikanischer Oberbefehlshaber*

Klima-Labor in der Wüste

Acht Wissenschaftler beginnen am 26. September 1991 ein ungewöhnliches Experiment. Sie schließen sich zwei Jahre lang freiwillig in der Wüste von Arizona (USA) in ein Glashaus ein. Ihr gläsernes Labor enthält als Klimazonen einen tropischen Regenwald, eine Wüste, ein Moor und ein Mini-Meer. Die Wissenschaftler erhoffen sich Erkenntnisse darüber, wie ein abgeschlossenes ökologisches System funktioniert.

▲ *August 1991: Putsch in Moskau niedergeschlagen*

Sowjets am Ende

▶ **25. Dezember 1991** ◀ Präsident Michail Gorbatschow wollte die Sowjetunion von innen heraus demokratisieren, sie aber als kommunistischen Staat erhalten. Dieses Experiment ist, wie er nun erkennen muss, gescheitert. Die Sowjetunion bricht 74 Jahre nach der Oktoberrevolution auseinander. Stattdessen gibt es auf dem Gebiet der ehemaligen Sowjetunion nun 15 voneinander unabhängige Staaten. Der größte dieser Staaten ist Russland, das von Boris Jelzin regiert wird. Schon seit August 1991 stand Gorbatschow in seinem Schatten. Damals hatte Jelzin ihm geholfen, einen Putsch konservativer Kommunisten abzuwehren. Nun erklärt Gorbatschow seinen Rücktritt als Präsident der Sowjetunion.

Geiseln endlich frei

▶ **4. Dezember 1991** ◀ Arabische Terroristen haben in den letzten Jahrzehnten immer wieder im Libanon Geiseln aus westlichen Ländern genommen. Sie wollten damit zum Beispiel andere Terroristen aus israelischen Gefängnissen freipressen. Nun kommt endlich die letzte amerikanische Geisel frei: Terry Anderson. Er war sechseinhalb Jahre in Gefangenschaft. Seit April 1990 sind insgesamt 18 Amerikaner, Briten und Iren von ihren Kidnappern im Libanon freigelassen worden, die letzten drei am 2., 3. und 4. Dezember. Die beiden letzten deutschen Geiseln können erst im Sommer 1992 nach Deutschland zurückkehren.

▶ *Überglücklich: Terry Waite aus Großbritannien kommt nach 1763 Tagen Geiselhaft im Libanon am 18. November frei.*

▲ *Die acht Wissenschaftler versammeln sich vor dem Glashaus von Biosphäre II.*

Massenflucht aus Albanien

▶ **8. August 1991** ◀ 10 000 Albaner fliehen auf einem einzigen Schiff, der »Vlora«, nach Italien. Der Frachter läuft in der Hafenstadt Bari ein, doch die italienischen Behörden wollen die Flüchtlinge nicht haben. Sie werden in einem Fußballstadion eingesperrt und nach einigen Tagen wieder in ihre Heimat zurückgeschickt.

Seit März haben sich ungefähr 30 000 Albaner auf den Weg übers Meer nach Italien gemacht. Sie flohen vor der Not in ihrem Land und vor dem politischen Chaos. Viele waren enttäuscht, dass es im kommunistischen Albanien nicht zu einer grundlegenden politischen Erneuerung gekommen ist wie in anderen osteuropäischen Ländern. Die Wahlen am 31. März hat wieder die kommunistische Partei gewonnen. Viele Albaner meinen, dass es dabei nicht mit rechten Dingen zuging.

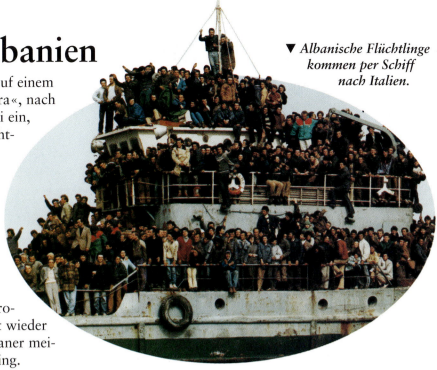
▼ *Albanische Flüchtlinge kommen per Schiff nach Italien.*

1990 – 1997

INFO • 1991 • INFO

21. Mai • Der indische Ministerpräsident Rajiv Gandhi wird ermordet. Auch seine Mutter Indira Gandhi wurde 1984 Opfer eines Attentats

27. Juni • In Jugoslawien bricht ein Bürgerkrieg aus, nachdem sich Kroatien und Slowenien für unabhängig erklärt haben

31. Juli • Der sowjetische und der amerikanische Präsident, Gorbatschow und Bush, schließen einen Abrüstungsvertrag

»Ötzi« im Eis entdeckt

▶ **19. September 1991** ◀ Bei einem Bergausflug in den Ötztaler Alpen (Österreich) machen Touristen einen sensationellen Fund. Sie entdecken im Schmelzwassersee eines Gletschers eine Leiche, die – wie sich später herausstellt – ungefähr 5000 Jahre alt ist. Der Gletschermann wurde durch das Eis so gut konserviert, dass Haut, Muskeln und innere Organe in einem hervorragenden Zustand sind. Er war tätowiert, trug Kleidung aus Leder und mit Gras gepolsterte Schnürschuhe. Der 25 bis 40 Jahre alte Mann hatte einen Bogen aus Eibenholz, Nähzeug, ein Messer mit Steinklingen und ein Beil mit Kupferklinge bei sich. Der Tote wird nach seinem Fundort liebevoll »Ötzi« genannt.

▼ *Im Eis konserviert: Gletschermann »Ötzi«*

Mike Powell springt neuen Rekord

Der älteste Leichtathletik-Weltrekord stammt von 1968. Damals sprang Bob Beamon (USA) 8,90 Meter weit. Eine Viertelstunde maßen die Kampfrichter nach, weil sie ihren Augen nicht trauten. Doch am 30. August 1991 gibt's endlich einen neuen Rekord: Mike Powell aus den USA springt bei der Weltmeisterschaft in Tokio 8,95 Meter weit.

▶ *Mike Powells Siegessprung*

Umzug nach Berlin

▶ **20. Juni 1991** ◀ In der Zeit der deutschen Teilung gab es zwei Hauptstädte: Ost-Berlin für die DDR und Bonn für die Bundesrepublik. Das 1990 vereinigte Deutschland wird zunächst von Bonn aus weiter regiert. Doch nun entscheidet der Bundestag, dass er und die Regierung in den nächsten Jahren nach Berlin umziehen werden. Berlin ist die größte deutsche Stadt, sie liegt auch nicht so sehr am Rand von Deutschland wie Bonn und war früher schon Hauptstadt.

1992

◀ Das Parlamentsgebäude in der bosnischen Hauptstadt Sarajevo steht nach einem Artilleriebeschuss bosnischer Serben in Flammen.

▼ Der Krieg in Bosnien betrifft alle; eine Frau weint am Grab ihres Sohnes, der bei den Kämpfen gefallen ist.

Krieg in Bosnien

▶ **1. März 1992** ◀ Der früher einmal kommunistische Staat Jugoslawien bricht in einem brutalen Bürgerkrieg auseinander. Jugoslawien war ein Vielvölkerstaat: Hier lebten Serben, Kroaten, Slowenen, Makedonier, bosnische Muslime und andere Volksgruppen mehr schlecht als recht zusammen. Nun sehen sich einige dieser Volksgruppen von den mächtigen Serben unterdrückt und streben nach Unabhängigkeit für ihre Provinzen. Dabei kommt es immer wieder zu blutigen Kämpfen. Nachdem sich am 27. Juni 1991 Slowenien und Kroatien für selbständig erklärt hatten, lieferten sich Serben und Kroaten heftige Gefechte. Nun spricht sich auch die Mehrheit der in Bosnien-Herzegowina lebenden Menschen in einer Volksabstimmung für die Unabhängigkeit aus. Hier leben Muslime, Kroaten und Serben zusammen. Die bosnischen Serben wollen die Unabhängigkeit nicht. Auch in Bosnien bricht Krieg aus.

Disneyland für Europas Kids

Endlich gibt es auch in Europa ein Disneyland. Am 12. April 1992 wird der Freizeitpark in der Nähe der französischen Hauptstadt Paris eröffnet. Hier geht es ähnlich zu wie in Disneyland und Disneyworld in Amerika. Es gibt Comicfiguren, Märchenschlösser und andere Attraktionen zu bestaunen.

Teilung der Tschechoslowakei

▶ **25. November 1992** ◀ Das Parlament der Tschechoslowakei beschließt die Teilung des 1918 gegründeten Staates. Ab dem 1. Januar 1993 wird es zwei Länder geben: Die Tschechische Republik (Tschechien) und die Slowakische Republik (Slowakei). Im Juni hatte die Mehrheit der Slowaken dafür gestimmt, sich von den Tschechen zu trennen. Die Nationalität spielt plötzlich wieder eine große Rolle.

Umweltgipfel in Rio

▶ **14. Juni 1992** ◀ Die größte Konferenz, die es je gab, geht in Rio de Janeiro zu Ende. Vertreter fast aller Staaten der Erde verabschieden eine Erklärung über die Rechte und Pflichten der Menschen im Umgang mit der Natur. Die Erkenntnis setzt sich durch, dass wir alle für den Fortbestand unseres Planeten verantwortlich sind.

▶ Symbol der Hoffnung: Ein Baum wird gepflanzt.

1990 – 1997

Krieg und Hunger in Somalia

▶ **9. Dezember 1992** ◀ Friedenstruppen der Vereinten Nationen landen an der Küste des ostafrikanischen Staates Somalia. Sie wollen den Bürgerkrieg im Land schlichten und die Hungersnot der Bevölkerung lindern. In Somalia sind schon 300 000 Menschen an Hunger gestorben. Insgesamt nehmen 32 000 Soldaten aus 120 Ländern an der Aktion unter der Leitung der USA teil. Zum ersten Mal sind auch deutsche Soldaten bei einem internationalen Einsatz dabei. Der Hunger kann zwar besiegt werden, doch Frieden gibt es nicht.

▲ *Vor allem die Kinder in Somalia leiden unter dem Krieg.*

Krawalle in USA

▶ **29. April 1992** ◀ Nach einem merkwürdigen Gerichtsurteil kommt es in Los Angeles und vielen anderen amerikanischen Städten zu Rassenunruhen. Erst mit einem Großeinsatz von Sicherheitskräften wird der Aufstand der Schwarzen am 2. Mai beendet. 58 Menschen sterben. – Das Urteil: Vier weiße Polizisten wurden von dem Vorwurf freigesprochen, einen schwarzen Autofahrer verprügelt zu haben. Dabei lieferte ein Video den eindeutigen Beweis, dass es so gewesen war. Danach ziehen empörte Schwarze plündernd durch die Straßen.

INFO • 1992 • INFO

2. Januar • Jeder Deutsche hat das Recht, sich alle Dokumente anzusehen, die die Stasi über ihn gesammelt hat. Die Stasi war der Geheimdienst, der die DDR-Bürger ausgeschnüffelt hat

2. Januar • Präsident Boris Jelzin ordnet an, dass Russland eine freie Marktwirtschaft erhalten soll

23. November • Bei einem Anschlag von Neonazis sterben in Mölln drei Türkinnen

▲ *Video von dem Polizeieinsatz*

▼ *Clinton mit Vizepräsident Al Gore*

Amerikaner wählen Clinton zum Präsidenten

▶ **3. November 1992** ◀ Bill Clinton von der Demokratischen Partei ist der Sieger der Präsidentenwahlen in Amerika. Er gewinnt gegen den bisherigen Präsidenten George Bush und den parteilosen Ross Perot, einen Geschäftsmann und Milliardär. Für Clinton spricht auch seine Jugend. Er ist 46 Jahre alt, Bush ist 68, Perot 62. Die Amerikaner erhoffen sich von einem »jugendlichen« Präsidenten eine Politik der Erneuerung.

Krieg in Angola

▶ **30. September 1992** ◀ Seitdem das afrikanische Land Angola 1975 unabhängig wurde, herrschte dort Krieg zwischen der Regierungspartei MPLA und der Organisation UNITA. Doch nun besteht Hoffnung auf Frieden und erstmals kann die Bevölkerung frei wählen. Die MPLA erhält 129 Sitze im Parlament, die UNITA nur 70. Doch die UNITA will sich damit nicht abfinden. Der Krieg flammt wieder auf. Ungefähr 1000 Angolaner verlieren dabei Tag für Tag ihr Leben.

▶ *Präsident Dos Santos von der MPLA bei der Wahl*

Friedensregelung für den Nahen Osten

▷ **13. September 1993** ◁ Mit einem Handschlag besiegeln der israelische Ministerpräsident Yitzhak Rabin und Jassir Arafat von der Palästinenserorganisation PLO in Washington einen Friedensvertrag. Viele Israelis hatten die PLO vorher als Terroristenorganisation beschimpft. Nun erkennt Rabin sie als Vertretung aller Palästinenser an. Viele Palästinenser hatten gedroht, dass sie Israel vernichten wollten. Nun erkennt Arafat an, dass es diesen Staat der Juden gibt und weiter geben wird.

Die meisten Palästinenser leben im Westjordanland und im Gazastreifen. Diese Gebiete sind seit 1967 von Israel besetzt. Nun erhalten die Palästinenser dort das Recht, ihre eigene Politik zu gestalten. Schritt für Schritt will sich die israelische Armee von dort zurückziehen. Nach hoffnungsvollen Anfängen gerät der Friedensprozess jedoch ins Stocken.

▲ *Friedlich nebeneinander: die israelische und die palästinensische Flagge*

◁ *Rabin (links) und Arafat beim Händedruck vor Präsident Clinton (USA)*

Surfen im Internet

Millionen surfen im Internet. Das ist ein Computernetzwerk, das die ganze Welt umspannt. Früher benutzten es nur Spezialisten, doch seitdem es die »Oberfläche« World Wide Web gibt, steht es jedem offen, der einen Computer mit Netzanschluss hat. Der Ursprung des Internets liegt im ARPANET. Es wurde vom amerikanischen Außenministerium zum Austausch von Computerdaten eingerichtet.

Brandanschlag in Solingen

▷ **29. Mai 1993** ◁ In der deutschen Stadt Solingen wird ein Wohnhaus in Brand gesteckt. In dem Feuer sterben zwei Frauen und drei Mädchen im Alter von vier, neun und zwölf Jahren. Die Toten gehören alle zu einer türkischen Familie, die seit Jahren in Deutschland lebt. Bald stellt sich heraus, dass vier Jugendliche das Feuer gelegt haben – aus Hass auf Ausländer. Sie werden zu Jugendstrafen verurteilt und müssen für zehn, einer sogar für 15 Jahre ins Gefängnis. Überall in Deutschland wird gegen Gewalttaten von Neonazis demonstriert.

Land für Aborigines

▷ **22. Dezember 1993** ◁ Bevor vor 200 Jahren die ersten Weißen nach Australien kamen, lebten dort schon seit Jahrhunderten die Aborigines, Menschen dunkler Hautfarbe. Ihre Nachfahren leben immer noch in Australien, doch ihnen geht es – ähnlich wie den Indianern in Nordamerika – meistens nicht besonders gut. Das Sagen haben die Nachkommen der weißen Siedler. Nun verabschiedet das australische Parlament immerhin ein Gesetz für sie. Es erkennt das Recht der Aborigines auf Land an, das ihren Vorfahren weggenommen wurde.

▲ *Die Aborigines feiern das neue Gesetz.*

1993

Putschversuch in Moskau

▶ 4. Oktober 1993 ◀ Während der russische Präsident Boris Jelzin das Land reformieren und der Wirtschaft größere Freiheiten geben will, wollen viele Parlamentarier das alte kommunistische System wiederherstellen. Sie verweigern Jelzins Gesetzen die Zustimmung. Jelzin löst deshalb das Parlament auf. Doch das beschließt stattdessen die Absetzung Jelzins. Der aber will auf keinen Fall gehen. Einige Abgeordneten wollen ihn nun gewaltsam stürzen. Sie verschanzen sich im Parlamentsgebäude, ihre Anhänger versammeln sich davor. Doch die Armee hält zu Jelzin, der Putsch wird niedergeschlagen.

▲ Das Parlament nach dem Putsch

Europas Einheit

▶ 1. November 1993 ◀ Die Europäische Gemeinschaft aus zwölf Staaten heißt ab heute Europäische Union (EU). Die Länder der EU wollen politisch und wirtschaftlich noch enger zusammenarbeiten. Später soll es überall das gleiche Geld geben. Das hat man 1991 in Maastricht beschlossen. 1995 kommen drei Länder zur EU hinzu: Schweden, Finnland und Österreich.

▶ Die Flagge der EU: Die zwölf Sterne vor blauem Hintergrund stehen für die zwölf Mitgliedsländer.

INFO • 1993 • INFO

26. April • Bei einem Anschlag auf den Wolkenkratzer des World Trade Center in New York finden sechs Menschen den Tod

30. April • Bei einem Turnier in Hamburg wird die Tennisspielerin Monica Seles von einem Zuschauer durch Messerstiche verletzt

13. Oktober • Ein amerikanischer Wissenschaftler erklärt, dass er menschliche Embryonen geklont hat

Filmheld Schindler gegen Nazi-Terror

In seinem Film »Schindlers Liste« erzählt Steven Spielberg eine wahre Geschichte. Der deutsche Unternehmer Oskar Schindler hatte im Zweiten Weltkrieg den Mut, dem Terror der Nazis zu trotzen. Er rettete seine jüdischen Arbeiter vor dem Vernichtungslager, indem er den Behörden erklärte, dass er ohne sie seinen Betrieb zumachen müsse.

Gewaltsames Ende für eine Sekte

▶ 19. April 1993 ◀ Anhänger einer Sekte haben sich seit Wochen in einer Ranch in Waco im amerikanischen Bundesstaat Texas verschanzt und weigern sich, das Gebäude nach Waffen durchsuchen zu lassen. Sie verehren ihren Anführer David Koresh wie einen Messias und leisten ihm blind Gehorsam. Nun stürmt die Polizei das Haus. Es geht dabei in Flammen auf. Nur wenige der 120 Sektenmitglieder überleben. Unter den Toten sind auch 17 Kinder.

▶ Überlebende Sektenmitglieder werden festgenommen.

WELT DER GENE

Die Genetik beschäftigt sich mit der Vererbung, also mit der Frage, wie Lebewesen Merkmale an ihre Nachkommen weitergeben. Sie versucht zum Beispiel zu erklären, warum Kinder ihren Eltern meistens ähnlich sehen.

Begründer der Genetik war im 19. Jahrhundert der österreichische Mönch Gregor Mendel. An Erbsen und Bohnen, die er auf verschiedene Weise im Klostergarten miteinander »kreuzte«, untersuchte er systematisch die Vererbung und entdeckte dabei bestimmte Regeln. Erst später nannte man die kleinsten Einheiten der Erbinformation Gene.

◀ Der Träger der Erbinformationen, die DNS (Desoxyribonukleinsäure), hat die Form einer Doppelspirale, wie dieses Modell zeigt.

▶ Das berühmte Schaf Dolly, 1996 am Roslin-Institut in Schottland geklont

▼ Ein auseinander gebrochenes Virus mit freigesetzter DNS (vergrößert)

Das vaterlose Klonschaf Dolly

Normalerweise sind zwei Lebewesen – ein männliches und ein weibliches – an der Fortpflanzung beteiligt. Das gemeinsame Kind, das nach dem Geschlechtsverkehr entsteht, hat seine Erbanlagen teils vom Vater, teils von der Mutter. Außerdem gibt es noch die ungeschlechtliche Vermehrung, an der nur ein Lebewesen beteiligt ist: Mikroorganismen teilen sich oder Zweige wachsen, in die Erde gesteckt, zu neuen Pflanzen heran. Bei Säugetieren ist eine solche ungeschlechtliche Vermehrung (Klonen) von der Natur nicht vorgesehen. 1996 haben Wissenschaftler aber zum ersten Mal künstlich ein Schaf geklont. Es hat genau die gleichen Erbanlagen wie seine Mutter und keinen Vater. Nun fürchten viele, dass man bald auch Menschen klonen könnte – eine Horrorvorstellung!

Wundersame DNS

Am Beginn der Entwicklung jedes Lebewesens steht eine einzige befruchtete Eizelle. Sie enthält im Prinzip alle Erbinformationen des späteren Lebewesens, und zwar auf der DNS (Desoxyribonukleinsäure), einer komplizierten chemischen Verbindung. Die DNS besteht aus zwei Strängen, die sich wie zwei Wendeltreppen spiralförmig umeinander drehen.

Aus der befruchteten Eizelle entwickelt sich nach und nach das Lebewesen. Dies geschieht dadurch, dass durch Teilung der Eizelle neue Zellen entstehen, die sich wiederum teilen usw. Bei dieser Teilung werden die Erbinformationen nicht geteilt, sondern sie werden komplett an die bei der Teilung entstehenden Zellen weitergegeben. Das liegt daran, dass die DNS die Fähigkeit hat, sich zu verdoppeln. Dazu trennen sich die beiden Stränge. Jeder Strang erzeugt einen neuen Partner, mit dem er wieder eine neue Doppel-Wendeltreppe bildet. Mittlerweile können Genetiker auf der DNS einzelne Abschnitte unterscheiden, die bestimmten Merkmalen des Lebewesens entsprechen.

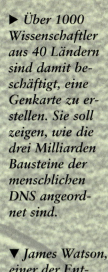

▶ Über 1000 Wissenschaftler aus 40 Ländern sind damit beschäftigt, eine Genkarte zu erstellen. Sie soll zeigen, wie die drei Milliarden Bausteine der menschlichen DNS angeordnet sind.

▼ James Watson, einer der Entdecker der DNS

Niemand weiß genau, wie viele Gene es eigentlich gibt. Ein einziger Mensch hat vielleicht 100 000.

•

Schimpansen und Menschen unterscheiden sich nur in zwei Prozent ihrer Gene, die anderen 98 Prozent sind gleich.

•

Gentechniker benutzen für ihre Experimente gern die Taufliege (Drosophila), weil sie sich sehr schnell – ungefähr alle zwei Wochen – fortpflanzt. Deshalb lässt sich die Wirkung gentechnischer Veränderungen an ihr gut beobachten.

◀ Zwei Baumwollpflanzen; die rechte ist gentechnisch »verbessert« und ertragreicher.

Veränderung von Genen

Die gezielte Veränderung von Genen wird Gentechnik genannt. Damit lassen sich ertragreichere Pflanzen, haltbarere Lebensmittel und wichtige Medikamente herstellen. Trotzdem lehnen viele die Gentechnik ab. Warum? Sie meinen, dass wir die langfristigen Folgen nicht abschätzen können und nicht wissen, ob gentechnisch veränderte Nahrung nicht schädlich ist. Sie wollen nicht, dass Menschen irgendwann einmal nach ihren Erbanlagen beurteilt und benachteiligt werden, wenn ihre Gene nicht perfekt sind. Am Ende stünde der ideale Menschenklon.

▶ Ein Wissenschaftler mit gentechnisch verändertem Mais

▼ Im Hintergrund: DNS-Ketten in 100 000-facher Vergrößerung

1990

1991

1992

1993

1994

1995

1996

1997

1994

Nelson Mandela wird Südafrikas Präsident

▶ 26. April 1994 ◀ Zum ersten Mal dürfen alle Südafrikaner, egal welcher Hautfarbe, an Parlamentswahlen teilnehmen. Die mit Abstand meisten Stimmen erhält der Afrikanische Nationalkongress (ANC) von Nelson Mandela, der während der Rassentrennung in Südafrika 27 Jahre im Gefängnis saß. Nelson Mandela wird erster Präsident des freien, nicht-rassistischen Südafrika. Als er das Amt übernimmt, würdigt Mandela die Leistung seines Vorgängers Frederik Willem de Klerk, der die neue Politik möglich gemacht hat. De Klerk wird Vizepräsident.

Mit dem Zug nach England

Wer vom europäischen Festland nach England will, muss nicht mehr unbedingt die Fähre nehmen. Am 6. Mai 1994 wird der Eurotunnel unter dem Ärmelkanal eröffnet. Er ist 50 Kilometer lang, wobei 37 Kilometer unter Wasser verlaufen. Der Eurotunnel ist ein Eisenbahntunnel. Autos werden auf Waggons verladen. Der Autoreisezug braucht vom englischen Dover zum französischen Calais 35 Minuten, eine Stunde weniger als die Fähre.

▲ Nelson Mandela bei der Wahl

▲ Stark für ein neues Südafrika: De Klerk und Mandela

▲ Englischer und französischer Eisenbahnzug vor dem Tunnel

Letzte fremde Soldaten gehen

▶ 31. August 1994 ◀ Nach der deutschen Niederlage im Zweiten Weltkrieg ließen die Siegermächte Truppen im Land. In der Bundesrepublik waren Amerikaner, Briten und Franzosen stationiert, in der DDR sowjetische Soldaten. Seit der Vereinigung 1990 ist Deutschland ein souveräner Staat: Keine äußere Macht kann mehr über die Deutschen bestimmen. Deshalb haben die fremden Truppen ihren Sinn verloren. Am 31. August zieht Russland die letzten Soldaten ab, am 8. September die USA, Großbritannien und Frankreich.

Massenmord

▶ 4. Juli 1994 ◀ Der Krieg zwischen den Volksgruppen der Tutsi und Hutu in dem afrikanischen Staat Ruanda scheint beendet. Das Land wird wieder von Tutsi regiert. Bei dem Morden der letzten Monate starben eine Million Menschen. Das Gemetzel begann, als der Präsident von Ruanda mit dem Flugzeug abstürzte. Er war ein Hutu. Vielleicht war es Sabotage? Danach riefen Hetzer die Hutus dazu auf, die Tutsi umzubringen. Doch auch friedliche Hutus wurden ermordet. Als die Tutsi die Oberhand gewannen, flohen viele Hutus ins Nachbarland Zaire. Dort sterben Unzählige an Hunger und Krankheit.

▶ Ausländischer Helfer in einem Flüchtlingslager in Zaire

Haitis Präsident kehrt zurück

▶ **19. September 1994** ◀ Auf der Insel Haiti regieren seit drei Jahren die Generäle. Sie haben damals den gewählten Präsidenten Jean Bertrand Aristide abgesetzt. Er lebt seitdem in den USA. Nun gehen 20 000 amerikanische Soldaten in Haiti an Land, damit Aristide wieder Präsident wird. Die Militärs müssen vor der Übermacht der Amerikaner klein beigeben. In den Monaten vorher sind 10 000 Haitianer mit kleinen Booten nach Florida im Süden der USA geflohen. Viele starben dabei.

▲ *Amerikanische Soldaten im Einsatz auf der Insel Haiti*

1990 – 1997

INFO • 1994 • INFO

6. Januar • Die amerikanische Eiskunstläuferin Nancy Kerrigan wird mit einer Eisenstange verletzt. Ihre Konkurrentin Tonya Harding ist an dem Anschlag beteiligt

17. Juli • Brasilien gewinnt die Fußballweltmeisterschaft gegen Italien im Elfmeterschießen

28. November • Die Norweger entscheiden sich gegen einen Beitritt zur Europäischen Union

Tödlicher Unfall bei Autorennen

▶ **1. Mai 1994** ◀ Der Rennfahrer Ayrton Senna aus Brasilien verunglückt beim Großen Preis von Imola tödlich. Bei dem Formel-1-Rennen kommt sein Wagen von der Strecke ab und rast mit 240 Stundenkilometern in eine Betonmauer. Einen Tag vorher gab es schon beim Training einen tödlichen Unfall. Senna war dreimaliger Formel-1-Weltmeister.

Erdbeben in Los Angeles

▶ **17. Januar 1994** ◀ Ein Erdbeben erschüttert die Stadt Los Angeles in Kalifornien. 30 Menschen werden getötet und viele Häuser zerstört. Gebrochene Wasserleitungen und beschädigte Stromleitungen führen zu Überflutungen und Bränden. Eine Hochstraße bricht ein. Bei einem ähnlich starken Erdbeben in Armenien starben 1988 Tausende von Menschen. Weil die meisten Häuser in Kalifornien erdbebensicher gebaut sind, gibt es hier nicht so viele Schäden und Opfer.

◀ *Zerstörte Häuser in Kalifornien*

Fähre gesunken

▶ **28. September 1994** ◀ Über 900 Menschen ertrinken in der Ostsee, als die Fähre »Estonia« auf dem Weg von Estland nach Schweden untergeht. Nur 137 Personen können gerettet werden. Bei hohem Wellengang reißt die Bugklappe weg, so dass die Fähre innerhalb weniger Minuten sinkt. Die »Estonia« ist eine Roll-on-roll-off-Fähre. Dabei fahren die Autos durch große Bug- und Heckklappen an Bord und können das Schiff nach der Ankunft ohne Wenden und Rückwärtsfahren wieder verlassen. Nun fragt man sich, ob solche Roll-on-roll-off-Fähren wirklich sicher sind.

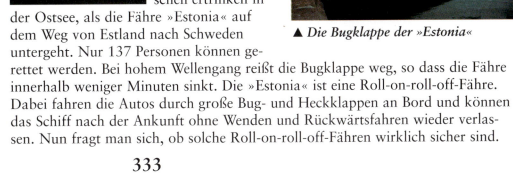

▲ *Die Bugklappe der »Estonia«*

1995

1990

1991

1992

1993

1994

1995

1996

1997

◀ Verfolgungsjagd auf Simpson

▲ Das Polizeifoto von Simpson nach der Festnahme

Freispruch für O. J.

▶ **3. Oktober 1995** ◀ Der frühere amerikanische Football-Star O. J. Simpson wird von dem Vorwurf freigesprochen, seine Ex-Frau Nicole Brown Simpson und ihren Freund umgebracht zu haben. Millionen Amerikaner haben den Prozess gegen ihn im Fernsehen verfolgt.

Die Tat ereignete sich am 12. Juni 1994. Am nächsten Morgen entdeckten Kriminalbeamte in Simpsons Garten einen blutigen Handschuh. Nach einer im Fernsehen übertragenen Verfolgungsjagd wurde er am 17. Juni von der Polizei gestellt. Am 24. Januar 1995 begann der Prozess. Obwohl Simpson kein Alibi hat und die Indizien gegen ihn sprechen, befinden die Geschworenen ihn für »nicht schuldig«. In Amerika fällt das Urteil eine Jury aus einfachen Bürgern. In einem späteren Prozess wird Simpson dazu verurteilt, an die Verwandten der Opfer Millionen an Schadenersatz zu zahlen.

133 Zeugen wurden verhört und 1105 Beweisstücke vorgelegt.

•

Der Prozess kostete acht Millionen Dollar.

•

Nach Meinung der Verteidiger hat der Kriminalbeamte den Handschuh in Simpsons Garten geschmuggelt. Er wurde vor Gericht als Rassist entlarvt.

▲ Zu den Trauerfeiern für Rabin (links) kommen Politiker aus aller Welt nach Jerusalem.

Friedenspräsident Yitzhak Rabin brutal ermordet

▶ **4. November 1995** ◀ Der israelische Ministerpräsident Yitzhak Rabin und sein Außenminister Schimon Peres sind die »Architekten« des Vertrages von 1993 mit den Palästinensern, der dem Nahen Osten dauerhaft Frieden bringen soll. Nun wird Rabin unmittelbar nach einer Friedenskundgebung mit 100 000 Teilnehmern durch drei gezielte Schüsse ermordet. Der Täter ist ein israelischer Student. Er wollte mit dieser Gewalttat den Friedensprozess stoppen. Rabins Nachfolger Peres erklärt aber, dass er die Politik der Aussöhnung mit den Palästinensern fortsetzen werde.

Oklahoma-Terror

▶ **19. April 1995** ◀ Durch die Explosion einer Autobombe wird ein neunstöckiges Regierungsgebäude in der amerikanische Stadt Oklahoma City völlig zerstört. Bei dem Bombenanschlag sterben 167 Menschen. Es ist das schlimmste Attentat in der Geschichte der USA. Durch einen Zufall kommt die Polizei dem Täter auf die Spur. Er wird bei einer Verkehrskontrolle verhaftet, weil er eine Waffe bei sich hat. Später erkennt ihn ein Polizist aufgrund eines Phantombildes. Der 27-jährige Amerikaner hat die Tat aus einem tiefen Hass auf die amerikanische Regierung begangen. Er wird später zum Tode verurteilt.

▲ *Das Regierungsgebäude in Oklahoma City nach dem Anschlag*

Verwüstungen nach Erdbeben in Japan

▶ **17. Januar 1995** ◀ Ein 20 Sekunden andauerndes Erdbeben der Stärke 7,2 verwüstet die japanische Millionenstadt Kobe. Sie sieht danach wie ein Trümmerfeld aus. 6055 Menschen sterben, 300 000 verlieren ihr Dach über dem Kopf. An vielen Stellen entstehen Brände durch zerstörte Gasleitungen, es gibt kein Wasser und keinen Strom. Die japanischen Verbrecherorganisationen, die Yakuza, verteilen Trinkwasser, Milchpulver, Windeln, Brot und Fertiggerichte an die Erdbebenopfer.

▼ *Zerstörte Hochstraße*

Reichstag wird verpackt

▶ **6. Juli 1995** ◀ Zwei Wochen lang war der Reichstag in Berlin eingehüllt, nun wird die silbrig glänzende Stoffhülle entfernt. Zwei Wochen hatten der amerikanisch-bulgarische Künstler Christo und seine Frau Jeanne-Claude das Gebäude in ein Kunstwerk verwandelt und damit Millionen begeisterte Besucher angelockt. Für die »Verpackung« des Reichstags brauchten die beiden Stoff von 100 000 Quadratmeter Größe, Nähgarn von 1300 Kilometer Länge und Bodengewichte von insgesamt 1000 Tonnen.

◀ *Greenpeace-Proteste gegen die Brent Spar*

Windows 95 ist da

Mit großem Rummel bringt die amerikanische Software-Firma Microsoft (deutsche Übersetzung: Winzigweich) am 24. August ihr neues Betriebssystem Windows 95 auf den Markt. Windows 95 bietet den Benutzern größeren Komfort, Multimedia-Anwendungen und den Zugang zum Online-Dienst Microsoft-Network.

Greenpeace gegen Ölmulti Shell

▶ **20. Juni 1995** ◀ Der Ölmulti Shell gibt bekannt, dass die Ölplattform »Brent Spar« nicht im Nordatlantik versenkt werden soll. Greenpeace besetzte mehrmals die Plattform, um die Versenkung zu verhindern, denn sie fürchtete eine Verschmutzung des Meeres. Viele Autobesitzer schlossen sich dem Protest an und tankten nicht mehr bei Shell. Deshalb gibt Shell nun klein bei.

Protest gegen französische Atomtests

▶ **5. September 1995** ◀ Die französische Regierung lässt einen unterirdischen Atomtest unter der Mururoa-Insel im Südpazifik durchführen. Die Bombe ist ungefähr sechsmal stärker als die Hiroschima-Bombe von 1945. Das ist der Beginn einer Serie von Atombombenversuchen – allein fünf bis Ende 1995.

Überall in der Welt demonstrieren Atomtestgegner gegen die Tests. Boote von Greenpeace und anderen Organisationen fahren ins Testgebiet, sie können die Versuche aber nicht verhindern. Fünf Jahre nach dem Ende der Ost-West-Spannung sind nicht nur Umweltschützer über das französische Verhalten empört, sondern auch die Regierungen von Australien, Neuseeland, Japan und anderen in der Nähe des Testgeländes liegenden Staaten. Auch China führt 1995 zwei Atomtests durch. Großbritannien, die USA und Russland verzichten seit 1992 freiwillig auf solche Versuche.

▲ *Die Mururoa-Insel nach dem Atomtest*

Friede für Bosnien

▶ **21. November 1995** ◀ Nach über drei Jahren ist der Krieg zwischen Muslimen, Kroaten und Serben in Bosnien-Herzegowina zu Ende. Dafür hat die amerikanische Regierung gesorgt. Sie zwang die drei Volksgruppen zu Verhandlungen. Das Ergebnis: Bosnien bleibt ein Staat, besteht aber aus zwei Teilen, einem muslimisch-kroatischen und einem serbischen. Die Feindschaft ist damit zwar nicht beendet, aber es wird nicht mehr gekämpft.

▶ *Handschlag nach dem Friedensschluss*

Riskante Geldgeschäfte

▶ **27. Februar 1995** ◀ Ein Jongleur ist ein Geschicklichkeitskünstler, der im Zirkus auftritt. Und was ist ein Finanzjongleur? Er jongliert nicht mit Bällen, sondern mit Geld und Wertpapieren. Ein solcher – gescheiterter – Finanzjongleur ist der 28-jährige Nick Leeson. Er hat mit riskanten, unerlaubten Geldgeschäften in Singapur die englische Baring Bank in den Ruin getrieben. Sie muss jetzt schließen. Leeson wird verhaftet.

Das Schweinchen Babe

»Ein Schweinchen namens Babe« ist der Held des Films mit gleichem Namen, der 1995 in die Kinos kommt. Das sprechende Schweinchen möchte unbedingt Hirtenhund werden. Es hütet auch deshalb die Schafe, weil es fürchtet, sonst geschlachtet zu werden. Tatsächlich ist es als Hirtenhund so gut, dass es sogar einen Preis gewinnt. Das Besondere an dem Film von Chris Noonan ist, dass richtige Tiere darin mitspielen.

1990 – 1997

Prinzessin Diana öffnet ihr Herz

▶ **20. November 1995** ◀ Prinzessin Diana, die Frau des britischen Thronfolger Charles, spricht in einem Fernsehinterview über ihre gescheiterte Ehe, ihre Liebesaffäre mit einem Reitlehrer und ihre Hoffnungen für die Zukunft. Sie möchte gern »Botschafterin« ihres Landes werden. Mit ihrer Offenheit beeindruckt die Prinzessin die Fernsehzuschauer. Ein halbes Jahr später wird die Ehe von Prinzessin Diana und Prinz Charles geschieden.

▲ *Prinzessin Diana während des Interviews mit dem Sender BBC*

INFO • 1995 • INFO

18. Januar • Per Zufall ist in Südfrankreich eine Höhle mit 30 000 Jahre alten Wandmalereien entdeckt worden

2. Juni • Der erste deutsche Hochgeschwindigkeitszug ICE fährt von Hamburg nach München

22. Juni • Die japanische Polizei befreit auf dem Flughafen der japanischen Hauptstadt Tokio 365 Passagiere aus der Gewalt eines Flugzeugentführers

Verbrechen mit Giftgas

▶ **20. März 1995** ◀ Eine ganze Stadt ist das Ziel eines Attentats: Tokio, die japanische Hauptstadt. In mehreren U-Bahn-Linien werden harmlose Fahrgäste mit Giftgas getötet oder verletzt. Zwölf Menschen verlieren dabei ihr Leben, 5000 müssen ärztlich behandelt werden. Hinter dem Anschlag steckt die Sekte Aum Shinri Kyo, was auf deutsch »höchste Weisheit« bedeutet. Ihr Anführer Shoko Asahara ist ein zweieinhalb Zentner schwerer, fast blinder Mann. Er wird zusammen mit mehreren Mitarbeitern festgenommen. Doch vorher gibt es noch weitere Giftgas-Attentate, allerdings ohne Tote.

▶ *Mit Gasmasken ausgerüstete Sanitäter in Tokio*

Ost-West-Treffen im Weltall

▶ **29. Juni 1995** ◀ Die amerikanische Raumfähre »Atlantis« dockt in fast 400 Kilometer Entfernung von der Erde an die russische Raumstation »Mir« an. Dabei muss Kommandant Robert Gibson die »Atlantis« mit der Hand steuern. Fünf Tage lang bleiben die Fähre und die Station miteinander verbunden, so dass die amerikanischen Astronauten und die russischen Kosmonauten einander besuchen können. Danach kehrt die »Atlantis« mit einem Amerikaner und zwei Russen an Bord zur Erde zurück. Schon 1975 hatte es einmal eine Ost-West-Begegnung im Weltall gegeben. Weitere Treffen sind geplant.

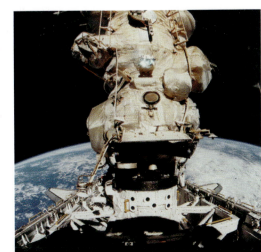

▶ *Die »Atlantis« dockt an die »Mir« an.*

1996

Bedroht Rinderwahn auch Menschen?

20. März 1996 — Seit 1986 ist die tödliche Rinderkrankheit BSE (Rinderwahnsinn) bekannt. Sie befällt fast nur britische Tiere. Nun muss die britische Regierung zugeben, dass BSE möglicherweise beim Essen von Rindfleisch auf den Menschen übertragen wird. Es gibt ganz wenige Fälle einer ähnlichen Krankheit beim Menschen, die sich so erklären ließen. Die Europäische Union verbietet den Briten, Rindfleisch auszuführen. Millionen Tiere müssen zwangsgeschlachtet werden, ohne dass das Fleisch verkauft werden darf.

▲ Viele englische Bauern und Schlachter stehen vor dem Ruin. Sie kritisieren Regierung und EU.

BSE zerstört das Gehirn von Rindern. Beim Schlachten lässt sich nicht feststellen, ob ein Rind den BSE-Erreger in sich trug.

Seit 1985 sind etwa 160 000 britische Rinder Opfer der Krankheit geworden.

1995 gab es in England zehn Fälle einer BSE-ähnlichen Krankheit beim Menschen. Forscher wollen nicht mehr ausschließen, dass sie durch den Verzehr verseuchten Rindfleisches verursacht sind.

▶ Ein Wissenschaftler mit dem Gehirn eines BSE-kranken Rindes

Spielzeug wird lebendig

»Toy Story« ist der erste Film, der komplett am Computer entstanden ist. Der Disney-Film kommt 1996 in die deutschen Kinos. Die Helden sind zwei Spielzeuge, der Cowboy Woody und der supercoole Space-Ranger Buzz Lightyear. Er erscheint zum siebten Geburtstag von Andy und reißt gleich die Führung an sich.

»Love Parade« in Berlin

13. Juli 1996 — 750 000 Anhänger von Techno, House und Acid-Music kommen aus allen Teilen Deutschlands und aus dem europäischen Ausland nach Berlin, um gemeinsam die »Love Parade« zu feiern. Sie steht unter dem Motto »We are one family« (wir sind eine Familie). Zu der Massentanzveranstaltung spielen bis zu 20 000 Watt starke Musikanlagen auf. Sie werden mit 40 Sattelschleppern durch die Stadt gezogen. Knapp 180 Dezibel Lautstärke hat die Polizei erlaubt. Die Stimmung ist riesig.

Bombe in Atlanta bei Olympia

27. Juli 1996 — Mitten in die Feststimmung zum 100. Geburtstag der Olympischen Spiele in Atlanta explodiert eine Bombe: um halb zwei Uhr nachts im Centennial Park im Herzen der Olympiastadt. Zu dieser Zeit halten sich 50 000 Menschen dort auf. Zwei von ihnen sterben, 111 werden verletzt. Dass es nicht schlimmer kommt, dafür sorgt ein Wachmann, der das Paket mit der Bombe entdeckt. Die Spiele werden fortgesetzt.

▲ Erste Hilfe für Verletzte des Bombenanschlags im Centennial Park von Atlanta

»Hubble« funkt Bilder

▶ 16. Januar 1996 ◀ Ein amerikanischer Astronom gibt bekannt, dass das Weltraumteleskop »Hubble« erstaunliche Bilder von fernen Galaxien (Sternengruppen) zur Erde gefunkt hat. Sie zeigen, wie sich solche Galaxien nach und nach entwickeln. Das Teleskop wurde 1990 im Weltraum ausgesetzt. Es hat so starke Linsen, dass es bis in eine Entfernung von 14 Milliarden Lichtjahre blicken kann. Das, was »Hubble« dort sieht, ist vor Milliarden Jahren geschehen.

▲ Bild einer fernen Galaxie, aufgenommen von »Hubble«

Magic wieder da

Earvin »Magic« Johnson spielt ab dem 30. Januar 1996 wieder bei den Los Angeles Lakers Basketball. Der berühmteste Basketballer aller Zeiten hatte sich 1991 vom Sport zurückgezogen, weil er sich eine Aids-Infektion zugezogen hatte.

◀ Magic Johnson feiert den Sieg bei den Olympischen Spielen 1990. Trotz seiner Aids-Infektion kehrt der 36-Jährige nun zurück.

INFO • 1996 • INFO

5. Januar • Das europäische Kernforschungszentrum CERN bei Genf gibt bekannt, dass Wissenschaftler erstmals Atome aus Antimaterie hergestellt haben

11. März • Das höchste Hochhaus der Welt ist im Rohbau fertig. Es ist 451,9 Meter hoch und steht in Kuala Lumpur, Malaysia

27. März • Der Mörder von Yitzhak Rabin, Jigal Amir, wird zu lebenslänglich verurteilt

TWA-Jumbo in der Luft explodiert

▶ 17. Juli 1996 ◀ Ein Jumbo der amerikanischen Fluggesellschaft TWA explodiert kurz nach dem Start vor der Küste von Long Island, einer Halbinsel bei New York. Alle 230 Passagiere sind sofort tot. Lange Zeit glaubt man, dass eine Bombe an Bord das Unglück verursacht hat. Einige Augenzeugen behaupten sogar, das Flugzeug sei von einer Rakete vom Boden aus abgeschossen worden. Die Wrackteile werden aus dem Meer gefischt und gründlich untersucht. Schließlich steht fest, dass ein technischer Fehler in der Maschine die Explosion ausgelöst hat.

▼ Teile des Wracks schwimmen im Meer. Die Maschine war unterwegs nach Paris.

Mord in der Schulturnhalle

▶ 13. März 1996 ◀ Ein Amokschütze dringt in die Turnhalle einer Grundschule im schottischen Dunblane ein und erschießt 16 Schulkinder im Alter von fünf bis sechs Jahren und ihre Lehrerin. Danach schießt er sich selbst eine Kugel in den Kopf. Die Polizei stellt fest, dass es sich um den 43-jährigen Thomas Hamilton handelt. Er arbeitete früher im Ort als Jugendleiter, wurde aber wegen seines merkwürdigen Verhaltens gegenüber Kindern entlassen.

◀ Königin Elisabeth II. legt in Dunblane einen Kranz nieder.

OLYMPISCHE SPIELE

▼ *Die gewaltige Schale mit dem olympischen Feuer bei der Eröffnung der Sommerspiele 1988 in Seoul/ Südkorea*

Alle vier Jahre treffen sich die besten Sportler der Welt bei den Olympischen Spielen zum aufregendsten aller Sportwettkämpfe. Jahre des Trainings und der geistigen Vorbereitung müssen darauf abgestimmt werden, dass der Sportler genau zum richtigen Zeitpunkt den Höhepunkt seiner Leistungsfähigkeit erreicht. Vor ungefähr 2000 Jahren im alten Griechenland begründet, wurden die Olympischen Spiele 1896 durch den Franzosen Baron Pierre de Coubertin neu belebt. Seither hat sich vieles verändert.

▼ *Der französische Skiläufer Jean Claude Killy war der Star bei den Winterspielen 1968.*

Die Winterspiele

Als die Olympischen Spiele im vorigen Jahrhundert wieder entdeckt wurden, spielte der Wintersport kaum eine Rolle. Zwar zählte Eiskunstlauf 1908 in London zu den Wettbewerben, und 1920 in Antwerpen kam noch Eishockey dazu, aber Bob- oder Skifahren gab es nicht. Der Vorschlag, eigene Olympische Spiele für den Wintersport einzuführen, wurde von Norwegen, Finnland und Schweden abgelehnt. Dennoch veranstaltete das Internationale Olympische Komitee (IOC) – sozusagen die Regierung der Spiele – als Test eine »Internationale Wintersportwoche«, die 1924 im französischen Chamonix Riesenerfolg hatte. Die ersten Winterspiele wurden dann im Februar 1928 im Schweizer Skigebiet Sankt Moritz veranstaltet mit Wettkämpfen im Langlaufski, Skispringen, Eiskunstlauf, Eisschnelllauf, Bobfahren und Eishockey. Der Skiläufer Johan Gröttumsbraten aus Norwegen und der Eisschnellläufer Clas Thunberg aus Finnland waren mit je zwei Goldmedaillen die herausragenden Athleten. Bis 1992 wurden die Winterspiele alle vier Jahre im selben Jahr wie die Sommerspiele abgehalten. Dann beschloss man, alle zwei Jahre Olympische Spiele zu veranstalten, immer abwechselnd im Sommer und im Winter.

▲ *Die Schweizerin Denise Biellmann begeistert das Publikum, wurde 1980 beim Eiskunstlauf-Wettkampf aber nur Vierte.*

Die Besten im Winter

1. Skilangläufer Björn Dählie (Norwegen; 8 Gold, 4 Silber)
2. Skilangläuferin Lyubov Yegorova (Russland; 6 Gold-, 3 Silbermedaillen)
3. Eisschnellläuferin Lidiya Skoblikova (Sowjetunion; 6 Gold)
4. Eisschnellläufer Clas Thunberg (Finnland; 5 Gold, 1 Silber, 1 Bronze)
4. Skilangläuferin Larissa Lasutina (Russland; 5 Gold, 1 Silber, 1 Bronze)

▶ *Eiskunstläuferin Katarina Witt gewann zweimal Gold.*

◀ *1964 gewann Lidiya Skoblikova Goldmedaillen in allen vier Eisschnelllauf-Wettbewerben.*

◀ Olympia-Team der USA 1900

Die Sommerspiele

1896 nahmen 211 Sportler aus 14 Ländern an den ersten Olympischen Spielen der Neuzeit in Athen teil. 1996 in Atlanta traten über 10 000 Athleten aus 197 Ländern an. Die wichtigsten Prinzipien lauteten einst: Mitmachen ist wichtiger als gewinnen. Und: Wer mit seinem Sport Geld verdient, ist nicht zugelassen. – Solche Ideale gelten schon lange nicht mehr. Die Olympischen Spiele sind zu einem Riesen-Geschäft geworden. Und oft genug spielt auch die Politik eine Rolle: 1976, 1980 und 1984 nahmen viele Länder aus Protest gegen das Gastgeberland nicht an den Spielen teil.

◀ Die Kanadierin Ann Montmimy 1992

▲ Der Amerikaner Bob Beamon stellte 1968 in Mexiko einen Weltrekord im Weitsprung auf, der 23 Jahre hielt.

Perfekte Turnerin

Die rumänische Kunstturnerin Nadia Comaneci war 14 Jahre alt, als sie bei den Spielen 1976 in Montreal drei Gold-, eine Silber- und eine Bronzemedaille gewann. Sie war die erste Turnerin, die in einem olympischen Wettbewerb die Höchstnote 10,0 erreichte – und das gleich siebenmal. Nadia wurde mit sieben Jahren von dem Trainer Bela Karolyi entdeckt und trainierte seitdem hart.

▲ Nadia Comaneci auf dem Schwebebalken

Die Besten im Sommer

1. Der Amerikaner Ray Ewry, der von 1900 bis 1908 alle zehn Goldmedaillen bei den Sprungwettbewerben aus dem Stand gewann
2. Turnerin Laryssa Latynina (Sowjetunion; 9 Gold-, 5 Silber-, 4 Bronzemedaillen)
3. Der finnische »Wunderläufer« Paavo Nurmi (9 Gold, 3 Silber)
4. Schwimmer Mark Spitz (USA; 9 Gold, davon sieben 1972 in München, 1 Silber, 1 Bronze)
5. Der amerikanische Sprinter und Weitspringer Carl Lewis (9 Gold, 1 Silber)
6. Turner Sawao Kato (Japan; 8 Gold, 3 Silber, 1 Bronze)
7. Schwimmer Matt Biondi (USA; 8 Gold, 2 Silber, 1 Bronze)
8. Turner Nikolai Andrianow (Sowjetunion; 7 Gold, 5 Silber, 3 Bronze)

▲ Jesse Owens: 4-mal Gold 1936

▼ Florence Joyner: drei Goldmedaillen

▲ Carl Lewis

▲ Mark Spitz

1997

Die ganze Welt trauert um die Königin der Herzen

▶ 6. September 1997 ◀ England und die Welt trauern um Prinzessin Diana. Die geschiedene Frau des britischen Thronfolgers Charles ist am 31. August bei einem Autounfall in Paris ums Leben gekommen. Nun findet in der Westminster Abtei in London die Trauerfeier statt. Hunderttausende versammeln sich an den Straßen, durch die der Sarg der Prinzessin auf einer Pferdekutsche gezogen wird. Dahinter gehen ihr früherer Mann Charles, ihre beiden Söhne William und Harry, ihr Bruder Charles Spencer und ihr früherer Schwiegervater, Prinz Philip. Diana war bei der Bevölkerung wegen ihrer Schönheit, ihres Charmes und ihres mitmenschlichen Einsatzes sehr beliebt. Bei dem Unfall starben auch der ägyptische Multimillionär Dodi al-Fayed, der Dianas Freund war, und der Fahrer Henri Paul. Er steuerte – betrunken – den Mercedes mit viel zu hoher Geschwindigkeit in einen Straßentunnel. Das Auto geriet ins Schleudern und prallte gegen einen Betonpfeiler. Dianas Wagen wurde von Fotografen auf Motorrädern verfolgt.

▲ *Die Menschen liebten Dianas Lächeln.*

▼ *Blumengaben für die Prinzessin vor Kensington Palace*

▼ *Schwerer Moment für Harry und William*

Erdbeben in Assisi

▶ 26. September 1997 ◀ Schon wieder gibt es ein Erdbeben, doch diesmal ganz in der Nähe: in Italien. Bei dem ersten Beben und bei mehreren schweren Nachbeben sterben elf Menschen, 126 erleiden Verletzungen, 40 000 verlieren Haus oder Wohnung. Besonders schlimm ist ein Unfall in der Kirche San Francesco in Assisi. Sie ist mit wertvollen alten Wandgemälden geschmückt. Als nach dem ersten Beben Kunstsachverständige sich den Schaden ansehen wollen, gibt es wieder schwere Erdstöße. Zwei Sachverständige und zwei Mönche werden von herabfallenden Steinen erschlagen. Einige Kunstwerke werden zerstört.

▲ *Steine von der zerstörten Decke von San Francesco*

1990 – 1997

Rekordverkauf von »Candle in the Wind«

Der britische Rockstar Elton John singt bei der Trauerfeier für Diana das Lied »Candle in the Wind«. Darin bringt er mit viel Gefühl seine Verehrung für die verstorbene Prinzessin zum Ausdruck. Ursprünglich war das Lied für den Hollywoodstar Marilyn Monroe geschrieben. Am 21. Oktober 1997 sind von der CD 31,8 Millionen Stück verkauft.

◀ *Elton John singt für Prinzessin Diana.*

Mutter Teresa gestorben

▶ 5. September 1997 ◀ Als »Mutter der Armen« wird die katholische Nonne Mutter Teresa gern bezeichnet, die mit ihrem Orden in der indischen Millionenstadt Kalkutta für die Elenden und Kranken wirkte. Nun stirbt sie im Alter von 87 Jahren. Etwa eine Million Menschen säumt die Straßen, als ihr Sarg am 13. September durch die Stadt zum Netaji-Stadion gebracht wird, wo 20 000 Gäste an der Trauerfeier teilnehmen.

▶ *Begräbniszug für Mutter Teresa*

Hilfe für Opfer der Oderflut

▶ 23. Juli 1997 ◀ Nach schweren Regenfällen standen weite Teile Tschechiens und Polens unter Wasser. Nun erreicht das Hochwasser über die Oder auch den Osten Deutschlands. Der erste Deich bricht und die Wassermassen überfluten die Ziltendorfer Niederung. Die dort lebenden Menschen müssen evakuiert, also in Sicherheit gebracht werden. Im Kampf gegen die Flut sind 30 000 Soldaten der Bundeswehr und 15 000 andere Helfer im Einsatz. Sie sorgen mit Sandsäcken dafür, dass es nicht zu weiteren Deichbrüchen kommt.

Schallmauer mit Auto durchbrochen

Andy Green ist der schnellste Autofahrer der Welt. Der 35-jährige Brite stellt am 15. Oktober 1997 mit seinem Auto Thrust-SCC in der Wüste von Nevada einen Geschwindigkeitsrekord für Landfahrzeuge auf. Mit 1228 Stundenkilometern ist er 20 Kilometer schneller als der Schall. Sein Auto wird von zwei Rolls-Royce-Düsenmotoren angetrieben.

Hale-Bopp sichtbar

Der Komet Hale-Bopp fliegt im Frühjahr 1997 an der Erde vorbei. Sein langer Schweif lässt sich in einigen Nächten gut beobachten. Er hat seinen Namen nach den Hobby-Astronomen Alan Hale und Thomas Bopp aus Amerika. Ein Komet ist ein von der Sonne beschienener Eisklumpen, der durchs All fliegt.

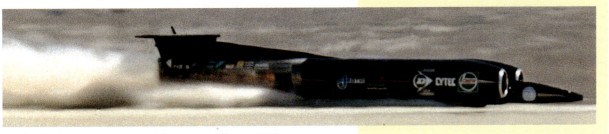
▲ *Andy Green in seinem Düsenauto Thrust SSC*

1997

Hongkong an China übergeben

▶ **1. Juli 1997** ◀

Seit 1842 war die Inselstadt Hongkong an der Südküste des chinesischen Festlands britische Kolonie. Nun wird Hongkong um Punkt Mitternacht an China zurückgegeben. So war es 1984 zwischen Briten und Chinesen vereinbart worden. Der britische Gouverneur Chris Patten, Kronprinz Charles und andere Prominente verabschieden sich von der Kolonie mit Militärkapellen, Tänzern und einem großartigen Feuerwerk. Die kommunistische Führung Chinas hat versprochen, dass die Marktwirtschaft in Hongkong erhalten bleiben soll. Sie hat der Stadt großen Reichtum gebracht.

▼ *Die britische Flagge wird zusammengefaltet und Gouverneur Patten überreicht.*

▲ *Nach der Übergabe ziehen chinesische Soldaten mit Panzern in der früheren britischen Kolonie Hongkong ein.*

Waldbrände führen zu Smog

▶ **15. Oktober 1997** ◀

Der Himmel über Südostasien ist seit Wochen von Smogwolken verdunkelt. Sie stammen von Waldbränden auf Sumatra und Borneo, die außer Kontrolle geraten sind. Die Inseln gehören zu Indonesien, doch auch die Nachbarländer leiden unter dem Smog.

Die meisten Flächen sind absichtlich angezündet worden, um Platz für die Landwirtschaft zu erhalten. Doch dann hat man wegen der lang anhaltenden Dürre die Feuer nicht mehr löschen können – eine Katastrophe für die Umwelt.

▶ *Feuerwehrleute mit Gasmasken versuchen die verheerenden Brände auf Sumatra zu löschen.*

▼ *Die Spice Girls: Sporty, Baby, Scary, Posh und Ginger*

Fünf Mädchen stehen für Girlpower

Die Spice Girls sind die Erfolgs-Popgruppe der 90er Jahre. Jedes Girl verkörpert einen besonderen Typ, alle zusammen stehen für Girlpower. Besonders viele Fans haben sie bei Jugendlichen unter 20. Von ihrem ersten Album »Spice« verkauften sie innerhalb eines Jahres 4,5 Millionen Stück. Am 3. November 1997 bringen sie ihr zweites Album, »Spiceworld«, heraus. So heißt auch ihr erster Film, der zum Jahresende in die Kinos kommt.

1990 – 1997

Nordirland-Frieden?

▶ **7. Oktober 1997** ◀ Die Hoffnung auf Frieden in der nordirischen Provinz Ulster steigt, denn die Nationalisten und Unionisten treffen sich zu Verhandlungen. Die Nationalisten wollen, dass Nordirland und die Republik Irland einen Staat bilden, die Unionisten sind dafür, dass Ulster eine Provinz von Großbritannien bleibt. Die nationalistische Sinn-Fein-Partei erklärt, sie sei bereit, »die Probleme demokratisch und friedlich zu lösen«. Sinn Fein ist mit der Terrororganisation IRA verbunden.

◀ *Sinn-Fein-Chef Gerry Adams (Mitte)*

Freiheit für Au-pair-Mädchen

INFO • 1997 • INFO

13. Juni • Timothy McVeigh wird wegen des Bombenanschlags in Oklahoma City zum Tode verurteilt

11. Juli • Beim »Elchtest« einer schwedischen Autozeitung kippt ein Auto der Mercedes A-Klasse um. Danach werden alle A-Klasse-Wagen mit einem Sicherheitssystem ausgestattet

27. Juli • Jan Ullrich gewinnt als erster Deutscher die Tour de France

▶ **10. November 1997** ◀ Das britische Au-pair-Mädchen Louise Woodward war am 31. Oktober wegen Mordes zu lebenslänglicher Haft verurteilt worden. Sie soll bei ihrer Arbeit in den USA einen Säugling zu Boden geworfen und so heftig geschüttelt haben, dass er später starb. Nun hebt ein Richter das Urteil gegen Louise auf. Sie erhält wegen fahrlässiger Tötung nur 279 Tage Haft. Weil sie schon so lange in Untersuchungshaft war, ist sie frei.

▲ *Louise Woodward mit einem ihrer Strafverteidiger vor Gericht*

Älteste Frau stirbt mit 122

Die Französin Jeanne Calment, die älteste Frau der Welt, ist tot. Sie stirbt am 4. August 1997 im Alter von 122 Jahren. Nach dem Geheimnis ihres hohen Alters befragt, antwortete Jeanne Calment immer, dass ihre gute Laune sie am Leben gehalten habe.

Marsmobil unterwegs

▶ **4. Juli 1997** ◀ Die amerikanische Raumsonde »Pathfinder« (Pfadfinder) landet weich auf dem Mars. 36 Stunden später rollt das Marsmobil »Sojourner« (Besucher), zusammengeklappt wie ein Kinderwagen, auf den roten Planeten. Das Fahrzeug entfaltet sich und legt in den nächsten Wochen eine Strecke von 52 Metern zurück. Es untersucht Steine und funkt insgesamt 550 Bilder vom Mars auf die Erde. »Pathfinder« steuert weitere 16 000 Bilder bei.

▼ *Die Raumsonde »Pathfinder« fotografiert »Sojourner« bei seinem Weg auf dem Mars.*

A–Z

In dieses Glossar – oder Wörterverzeichnis – sind Begriffe aufgenommen, von denen vielleicht nicht jeder Leser weiß, was sie bedeuten. Weil sie in den Texten der Junior-Chronik aber häufig vorkommen und sie dort nicht jedes Mal erklärt werden, kann der Leser hier im Glossar nachschlagen. Die meisten Wörter sind politische Begriffe, manche sind Ländernamen, nämlich dann, wenn es diesen Staat heute nicht mehr gibt (zum Beispiel die DDR) oder wenn man verschiedene Namen für ihn kennt (zum Beispiel England und Großbritannien).

▶ *Alliierte: Sowjetische und amerikanische Soldaten bei ihrem Zusammentreffen in Torgau a.d. Elbe 1945*

▶ Alliierte ◀

Das Wort Alliierte heißt Verbündete, doch im 20. Jahrhundert sind damit ganz bestimmte Verbündete gemeint: In beiden Weltkriegen werden die Gegner Deutschlands Alliierte genannt. Nach dem Zweiten Weltkrieg bezeichnet man die Besatzungsmächte in Deutschland – Frankreich, Großbritannien, Sowjetunion, USA – als Alliierte.

▶ Antisemitismus ◀

Feindschaft gegenüber Juden. Schon im Mittelalter hatten Juden unter Verleumdung und Verfolgung zu leiden, doch seine schlimmsten Auswüchse hatte der Antisemitismus in Nazi-Deutschland. Durch die Nürnberger Gesetze von 1935 wurden die Juden praktisch rechtlos, sie wurden gedemütigt, verfolgt und in Konzentrationslager geschickt. 1942 beschlossen die Nazis, die Juden völlig auszurotten. Bis 1945 wurden in Deutschland und den von Deutschen besetzten Ländern mindestens sechs Millionen Juden ermordet.

▶ Apartheid ◀

Politik der Rassentrennung, wie sie früher z.B. in Südafrika praktiziert wurde. Die Apartheid führte dazu, dass alle Nicht-Weißen stark benachteiligt wurden.

▲ *Antisemitismus: Unter Bewachung begaben sich diese Bewohner des Warschauer Ghettos ins Vernichtungslager.*

▶ Boykott ◀

Abbruch der Beziehungen und Kontakte zu anderen Personen, zu einer Firma oder einem Land. Zum Beispiel können die Verbraucher beschließen, die Waren einer bestimmten Firma zu boykottieren, weil diese große Umweltschäden verursacht, oder mehrere Staaten können den Handel mit einem Land boykottieren, das die Menschenrechte nicht einhält.

▶ Buddhismus ◀

Weltreligion, die im 6. Jahrhundert vor Christus von Buddha begründet wurde. Die Buddhisten glauben, dass jeder nach seinem Tod wieder geboren wird. Welche Gestalt man dabei erhält, hängt davon ab, wie man zuvor gelebt hat. Durch eine besonders fromme Lebensweise, bei der es unter anderem auf den guten Umgang mit den Mitmenschen ankommt, kann man den Kreislauf der Wiedergeburt durchbrechen und ins Nirwana (Nichts) eingehen. Weltweit gibt es etwa 315 Millionen Buddhisten, die meisten in Asien.

▶ Bürgerkrieg ◀

Bewaffneter Kampf zwischen verfeindeten Gruppen innerhalb eines Landes.

▶ DDR ◀

Abkürzung für Deutsche Demokratische Republik. Die DDR wurde 1949 in der sowjetischen Besatzungszone, also im Osten Deutschlands, gegründet. Die Führung im Staat lag in den Händen der Sozialistischen Einheitspartei, der SED. Weil in den 50er Jahren viele Menschen in den Westen flüchteten, errichtete die DDR-Regierung eine kaum zu überwindende Grenze zur Bundesrepublik Deutschland und ließ in Ost-Berlin eine Mauer bauen, die es fast unmöglich machte, nach West-Berlin zu gelangen. 1989 stürzte die Bevölkerung der DDR in einer friedlichen Revolution das SED-Regime. 1990 wurden die DDR und die Bundesrepublik zu einem Staat vereinigt.

▶ Demokratie ◀

Das Wort Demokratie bedeutet Volksherrschaft. Demokratie ist eine Staatsform, in der die politische Macht nicht einer einzelnen Person oder einer Gruppe gehört, sondern dem ganzen Volk. Die gesamte Bevölkerung kann also bestimmen, was geschehen soll. Weil nicht zu jedem Problem jeder Einzelne befragt werden kann, gibt es regelmäßig Wahlen, bei denen die Bevölkerung ihre Vertreter bestimmt. Diese bilden das Parlament, das die Gesetze verabschiedet und – in Deutschland und vielen anderen Staaten – den Regierungschef wählt. In manchen Ländern, zum Beispiel in Frankreich und den USA, wird dieser direkt vom Volk gewählt. Die Verfassung einer Demokratie garantiert den Bürgern Grundrechte, an denen nicht gerüttelt werden darf. Ein wichtiges Prinzip der Demokratie ist außerdem die so genannte Gewaltenteilung: Das Parlament als Gesetzgeber, die Regierung als Planer und Lenker des Staatswesens und die Gerichte als Organ der Rechtsprechung müssen voneinander unabhängig sein.

▶ **Diktatur** ◀

Staatsform, in der die Macht von einem einzelnen (Diktator) oder einer Gruppe (Partei, Militär) ausgeübt wird. In diktatorisch regierten Ländern ist meist die Verfassung außer Kraft gesetzt, Grundrechte und Gewaltenteilung sind aufgehoben.

▶ **Diskriminierung** ◀

Benachteiligung; das Herabsetzen und Verächtlichmachen einzelner Menschen oder Gruppen.

▶ **EU (EWG; EG)** ◀

Abkürzung für Europäische Union. Zusammenschluss von europäischen Staaten mit dem Ziel, eine gemeinsame Wirtschafts-, Währungs-, Sozial-, Außen- und Sicherheitspolitik zu betreiben. Vorläufer der EU war die 1957 gegründete Europäische Wirtschaftsgemeinschaft (EWG), die 1967 zur Europäischen Gemeinschaft (EG) wurde.

▶ **Exil** ◀

Verbannungsort oder Zufluchtstätte. Wer in seiner Heimat schweren Verfolgungen ausgesetzt ist, flüchtet ins Ausland: Er geht ins Exil.

▶ **Faschismus** ◀

Rechtsgerichtete politische Bewegung. Der Faschismus fordert die bedingungslose Unterwerfung unter den Willen eines »Führers«, er lehnt die Demokratie ab und bejaht Gewalt als Mittel der Politik. Ein weiteres Merkmal ist der ausgeprägte Nationalismus: Dabei werden die Interessen des eigenen Landes über alles andere gestellt und oft andere Völker gering eingeschätzt. Der Faschismus wurde 1919 in Italien von Benito Mussolini begründet. Die deutsche Ausprägung des Faschismus heißt Nationalsozialismus.

▶ **Gewerkschaft** ◀

Zusammenschluss von Arbeitern und anderen Beschäftigten, die gemeinsam eine Verbesserung ihrer Arbeitsbedingungen, höhere Löhne oder andere wirtschaftliche und soziale Forderungen durchsetzen wollen. Die Gewerkschaften handeln mit den Arbeitgebern Tarifverträge aus, in denen Lohnhöhe, Arbeitszeit, Länge des Urlaubs und andere Dinge festgelegt werden. Wenn die Verhandlungen erfolglos bleiben, können die Gewerkschaften durch einen Streik größeren Druck auf die Unternehmer ausüben.

▶ **Großbritannien / England** ◀

Im täglichen Sprachgebrauch werden die beiden Ländernamen so benutzt, als seien sie zwei verschiedene Namen für dasselbe Land. Wenn man es genau nimmt, ist England nur ein Teil von Großbritannien, das aus vier großen Landesteilen besteht, nämlich England, Schottland, Wales und Nordirland.

▶ **Grundrechte / Menschenrechte** ◀

Rechte des einzelnen Staatsbürgers gegenüber der Staatsgewalt, wie sie in demokratischen Staaten garantiert werden. Zum ersten Mal wurden Grundrechte in der amerikanischen Verfassung von 1776 verbindlich fixiert. In Deutschland sind die grundlegenden Rechte jedes Einzelnen im Grundgesetz von 1949 festgelegt. Zu den wichtigsten Grundrechten gehören zum Beispiel der Schutz der Menschenwürde, das Recht auf freie Entfaltung der Persönlichkeit, auf Leben und körperliche Unversehrtheit, die Gleichheit vor dem Gesetz, die Meinungs- und Religionsfreiheit, die Versammlungsfreiheit und der Schutz der Familie.

▶ **GUS** ◀

Abkürzung für Gemeinschaft Unabhängiger Staaten. Nach dem Ende der Sowjetunion schlossen sich im Dezember 1991 die meisten Sowjetrepubliken, die bisher ein Teil dieses Staates waren, zur GUS zusammen. Der Zusammenhalt dieser Gemeinschaft – ein lockerer Staatenbund – ist nicht besonders stark. Die Mitglieder wollen vor allem ihre Wirtschafts- und Außenpolitik koordinieren.

▲ *Diskriminierung: In den USA durften bis in die 60er Jahre schwarze und weiße Schüler nicht dieselben Schulen besuchen. Das Bild zeigt Elisabeth Eckford, die 1967 als eine der ersten Schwarzen in Little Rock in Arkansas unter Polizeischutz eine bis dahin »weiße« Schule besuchte und von ihren Mitschülern beschimpft wurde.*

A–Z

▶ Hinduismus ◀

Indische Religion, die nicht den Glauben an einen bestimmten Gott vorschreibt. Hindus teilen die Bevölkerung in einem Kastensystem ein: Jeder Mensch wird in eine von vier Kasten geboren. Zur obersten Kaste zählen zum Beispiel Priester. Der Wert eines Menschen wird nach seiner Kastenzugehörigkeit bemessen. Außerdem gibt es noch die »Unberührbaren«, die gar keiner Kaste angehören. Grund für diese Einteilung ist der Glaube der Hindus an die Wiedergeburt. Danach muss die Seele viele Wiedergeburten durchlaufen, deren Art sich nach den guten und schlechten Taten im vorigen Leben richtet, bis sie schließlich geläutert ist und erlöst wird. In Indien sind etwa 80 Prozent der Bevölkerung Hindus.

▶ Islam / Muslime ◀

Eine von Mohammed im 7. Jahrhundert gestiftete Weltreligion. Seine Anhänger werden Muslime oder Moslems genannt. Die Muslime verehren einen einzigen Schöpfergott – Allah. Das heilige Buch des Islam ist der Koran, wie es Mohammed offenbart wurde. Fromme Muslime müssen strenge Vorschriften einhalten: Sie müssen fünfmal am Tag beten, während des Fastenmonats Ramadan zwischen Sonnenaufgang und Sonnenuntergang nichts essen und trinken und einmal im Leben in die heilige Stadt Mekka pilgern. Schweinefleisch und Alkohol sind den Muslimen verboten. Der Islam ist die vorherrschende Religion im Vorderen Orient bis nach Pakistan, in Nordafrika und Indonesien. Weltweit gibt es etwa eine Milliarde Muslime.

▶ Jugoslawien ◀

Staat in Südosteuropa. Jugoslawien entstand 1918 nach dem Zerfall des Kaiserreichs Österreich-Ungarn, als sich die selbständigen Staaten Serbien und Montenegro mit Gebieten, die bisher zu Österreich gehört hatten, zum Königreich der Serben, Kroaten und Slowenen zusammenschlossen. 1929 erhielt dieser Staat den Namen Jugoslawien. Zwischen den Bewohnern des Landes, die verschiedenen Völkern und Religionen angehörten, gab es Spannungen, die schließlich 1991 dazu führten, dass der Staat zerfiel. Slowenien, Kroatien und Makedonien erklärten sich für unabhängig, 1992 auch Bosnien-Herzegowina. Doch weil weiter verfeindete Volksgruppen in einem Land zusammenlebten, kam es zu einem entsetzlichen Bürgerkrieg. Auch heute gibt es noch eine »Bundesrepublik Jugoslawien«, die 1992 von Serbien und Montenegro ausgerufen wurde. Sie nimmt für sich in Anspruch, Nachfolgerin des früheren Jugoslawien zu sein.

▶ Kalter Krieg ◀

Bezeichnung für die Auseinandersetzungen zwischen dem Ostblock (Sowjetunion) und den Westmächten (USA) nach dem Zweiten Weltkrieg. Man vermied zwar eine militärische Konfrontation, bekämpfte sich aber mit Worten und wirtschaftlichen Maßnahmen.

▶ Kapitalismus ◀

Bezeichnung für eine Wirtschafts- und Sozialordnung, bei der das Kapital, also die Fabriken, Maschinen, Werkzeuge, Waren, das notwendige Geld und andere »Produktionsmittel«, in den Händen der Unternehmer sind. Arbeiter und Angestellte bringen ihre Arbeitskraft in den Wirtschaftsprozess ein und erhalten dafür Lohn oder Gehalt. Die treibende Kraft für das Wirtschaften im Kapitalismus ist das Streben nach Gewinn. Im 19. Jahrhundert wurden die Arbeiter von den Unternehmern hemmungslos ausgebeutet; sie erhielten für harte Arbeit kaum genug Geld zum Überleben. Heutzutage sind die Arbeiter sozial abgesichert und die meisten verdienen genug, um sich vieles leisten zu können.

▶ Kolonie ◀

Ein unselbständiges Gebiet, in dem die einheimische Bevölkerung unter der Herrschaft einer fremden Kolonialmacht steht. Spanien und Portugal begannen schon im 15. Jahrhundert, Kolonien zu erobern (z. B. in Südamerika), Niederländer, Franzosen und Engländer folgten. Die Kolonien wurden besiedelt und als Lieferanten für Rohstoffe und billige Arbeitskräfte ausgebeutet. Heute sind die meisten Kolonien zu selbständigen Staaten geworden, in vielen herrscht Armut.

▶ Kommunismus ◀

Die Idee einer Gesellschaftsordnung ohne Privateigentum, in der es keine Klassenunterschiede und keine Herrschaft von Menschen über Menschen gibt, sondern soziale Gerechtigkeit für alle. Alle sind gemeinschaftlich an

▲ *Kalter Krieg: 1963 begann der Bau der Berliner Mauer – deutlicher Ausdruck des Kalten Krieges.*

▲ *Islam / Muslime: Moschee von Omar in Jerusalem*

den Mitteln beteiligt, die für die Produktion von Waren notwendig sind, und an den Gütern, die hergestellt werden. Ziel des Kommunismus ist eine Gesellschaft ohne Klassen. Kommunistische Ideen gab es schon vor über 2000 Jahren. Im 19. Jahrhundert wurden sie durch Karl Marx und Friedrich Engels neu belebt. Es war die Zeit der Industrialisierung, in der der Kapitalismus seine schlimmsten Formen zeigte. In vielen Ländern wurden die Arbeiter ausgebeutet. Im 20. Jahrhundert übernahm erstmals eine kommunistische Bewegung die Regierungsgewalt in Russland bzw. später dann in der Sowjetunion. Nach dem Zweiten Weltkrieg kamen auch in den osteuropäischen Staaten kommunistische Herrscher an die Macht. Doch gelang es ihnen nicht, die kommunistischen Ideale zu verwirklichen, sondern verharrten nach der kommunistischen Theorie in der »Diktatur des Proletariats«. Die Menschen wurden bevormundet und kontrolliert. Wer sich gegen die Parteiherrschaft wandte, wurde verfolgt, ins Gefängnis oder Straflager geschickt oder sogar hingerichtet. Außerdem funktionierte die Wirtschaft nur schlecht. 1989 brachen die kommunistischen Regimes in Osteuropa zusammen.

▶ **Konservative** ◀

Ein konservativer Politiker möchte möglichst alles so bewahren, wie es ist. Neuerungen und Reformen steht er skeptisch gegenüber.

▶ **Links-Parteien** ◀

Parteien, die auf eine Veränderung der politisch-sozialen Verhältnisse hinarbeiten. Ihren Ursprung hat die Bezeichnung aus der Sitzordnung des französischen Parlaments, wo die Fortschrittlichen aus dem Blickwinkel des Präsidenten links sitzen.

▶ **Marktwirtschaft** ◀

Wirtschaftsordnung, in der Hersteller und Käufer frei darüber entscheiden, was sie produzieren beziehungsweise kaufen wollen. In der freien Marktwirtschaft bestimmen allein Angebot und Nachfrage die Preise der Waren. In der sozialen Marktwirtschaft greift der Staat vorsichtig in das Wirtschaftsgefüge ein, um soziale Missstände zu verhindern oder zu verringern. Gegensatz zur Marktwirtschaft ist die Planwirtschaft, in der staatliche Stellen festlegen, was wo und in welchen Mengen hergestellt wird.

▶ **Ministerpräsident** ◀

Bezeichnung für den Regierungschef eines Landes. In manchen Staaten wird der Ministerpräsident auch Premierminister oder – wie in Deutschland – Kanzler genannt.

▶ **Monarchie** ◀

Staatsform, bei der das Staatsoberhaupt ein Monarch, also ein Kaiser, König, Fürst oder ähnliches ist. Früher beherrschte und regierte der Monarch das Land; heutzutage gibt es in den meisten Monarchien ein Parlament. Der König hat dann nur noch repräsentative Aufgaben.

▶ **Naher Osten** ◀

Bezeichnung für die Länder im östlichen Mittelmeerraum einschließlich des Iran. Das Gebiet wird auch Vorderer Orient genannt.

▶ **Nationalsozialismus / Nazis** ◀

Deutsche Form des Faschismus, der seit 1920 von Adolf Hitler entwickelt wurde und von 1933 bis 1945 Deutschland beherrschte. Der Nationalsozialismus lehnte jede Demokratie ab; die Macht lag in den Händen eines »Führers«, dem alle ohne nachzudenken gehorchen sollten, gemäß der Parole: »Führer befiehl, wir folgen.« Jede Individualität wurde strikt abgelehnt. Schon kleine Kinder sollten Nazi-Organisationen angehören. Freiheiten und Grundrechte, die wir heute als selbstverständlich ansehen, waren außer Kraft gesetzt. Ein zentraler Gedanke der Nazis war die Vorstellung, die eigene »arische« Rasse (die die wissenschaftliche Rassenkunde gar nicht kennt) stünde in ihrem Wert über allen anderen Rassen. Daraus entwickelte sich ein Hass, der sich besonders gegen die Juden richtete, denen ausschließlich negative Eigenschaften zugeschrieben wurden. Der Antise-

◀ *Kommunismus: 1949 gründete Mao Tse-tung die Volksrepublik China mit dem Ziel, eine kommunistische Gesellschaft zu errichten.*

▲ *Nationalsozialismus: Um bereits die Jugend im Sinne des Nationalsozialismus zu erziehen, riefen die NS-Führer die Hitlerjugend ins Leben.*

A–Z

mitismus der Nazis führte zum millionenfachen Mord an Juden. Da die Deutschen nach Hitlers Vorstellung die »Herrenmenschen« waren, meinte er berechtigt zu sein, andere Länder zu erobern, um neuen »Lebensraum« zu schaffen. Das war seine Begründung dafür, dass er den Zweiten Weltkrieg anzettelte.

▶ NATO ◀

Abkürzung für North Atlantic Treaty Organisation, auf Deutsch: Nordatlantikpakt. 1949 gegründetes Militärbündnis zwischen den USA, Kanada und einer Reihe von westeuropäischen Staaten.

▶ Opposition ◀

Widerspruch, Gegensatz, Widerstand. In einer Demokratie werden die Parteien, die nicht an der Regierung beteiligt sind, Opposition genannt.

▶ Parlament ◀

Volksvertretung, Versammlung von Abgeordneten, die von der Bevölkerung gewählt worden sind. Die wichtigsten Aufgaben des Parlaments bestehen darin, Gesetze zu erlassen, den Staatshaushalt festzulegen (also zu bestimmen, für welche Aufgaben wieviel Geld ausgegeben werden soll) und die Regierung zu kontrollieren.

▲ *Parlament: Europäisches Parlament in Straßburg*

▶ Propaganda ◀

Beeinflussung der öffentlichen Meinung durch Reden, Plakate, Bücher, Filme, Rundfunk- und Fernsehsendungen, Musikstücke und anderes. Im Gegensatz zur Werbung, die zum Kauf bestimmter Waren anregen will, geht es bei der Propaganda um ideologische oder politische Einflussnahme.

▶ Putsch ◀

Gewaltsamer politischer Umsturz.

▶ Rassismus ◀

Die Überzeugung, dass verschiedene Menschenrassen einen unterschiedlich hohen Wert haben, wobei die eigene Rasse als den anderen überlegen angesehen wird. Der Rassismus war zum Beispiel die Grundlage für die Apartheidpolitik des weißen Minderheitsregimes in Südafrika. Rassismus zeigt sich aber auch in Fremdenfeindlichkeit, die zum Beispiel in den westlichen Industrieländern durch die Diskriminierung von Einwanderern oder Asylbewerbern sichtbar wird.

▶ Rechtsstaat ◀

Staat, dessen Regierung und Behörden sich an Recht und Gesetz halten und in dem alle staatlichen Maßnahmen durch ein unabhängiges Gericht überprüft werden können. Außerdem ist der Staat der Gerechtigkeit verpflichtet. Seine Bürger können sich darauf verlassen, dass sie die Gerichte anrufen können und alle vor dem Gesetz gleich behandelt werden.

▶ Regierung ◀

Die Leitung des Staates mit lenkenden und planenden Aufgaben. Je nach Staatsform ist der Chef der Regierung der Ministerpräsident, der Staatspräsident oder der Monarch.

▶ Regime ◀

Herrschaftssystem. Das Wort wird meist als Bezeichnung für eine diktatorische Regierung gebraucht.

▶ Republik ◀

Staatsform, in der das Volk oder ein Teil des Volkes die Macht innehat.

▶ Revolution ◀

Umsturz, plötzliche Veränderung einer ganzen Staatsordnung, oft mit gewaltsamen Mitteln. Im Gegensatz zum Putsch führt die Revolution auch zu starken sozialen und gesellschaftlichen Veränderungen und wird häufig von der Bevölkerung mitgetragen.

▶ Souveränität ◀

Unabhängigkeit eines Staates.

▶ Sowjetunion / Russland ◀

Die Union der Sozialistischen Sowjetrepubliken, abgekürzt Sowjetunion oder UdSSR, war von 1922 bis 1991 der flächenmäßig größte Staat der Erde und eine Großmacht unter kommunistischem Vorzeichen. Russland war die größte und mächtigste Sowjetrepublik innerhalb der Sowjetunion, deshalb wurde oft der ganze Staat Russland genannt. Ende 1991 löste sich die Sowjetunion auf, die einzelnen Republiken (darunter auch Russland) wurden selbständige Staaten. Mit Ausnahme von Estland, Lettland und Litauen schlossen sie sich zur GUS (Gemeinschaft unabhängiger Staaten) zusammen.

◂ Sowjetunion: Wladimir I. Lenin bei einer Rede auf dem Roten Platz in Moskau

▶ Sozialismus ◂

Weltanschauung, die das allgemeine Wohl der Gesellschaft im Sinne von Gleichheit und Solidarität zur Geltung bringen will. Gleichheit, Gerechtigkeit und Freiheit für alle Menschen sollen verbürgt sein. Jeder Mensch soll einen gerechten Anteil an den materiellen Gütern, zum Beispiel an Bodenschätzen, an Grund und Boden, haben. Das große Privateigentum einiger weniger soll Gemeineigentum werden. Anfang des 20. Jahrhunderts entstanden zwei große sozialistische Richtungen: Die gemäßigteren Sozialdemokraten wollten die Ziele des Sozialismus durch schrittweise Reformen erreichen, die radikaleren Kommunisten wollten ihre Vorstellungen mit einer Revolution durchsetzen. Sie verstanden den Sozialismus als einen Weg zum Kommunismus. Beide Wörter – Kommunismus und Sozialismus – werden häufig so gebraucht, als bedeuten sie dasselbe.

▶ Staat ◂

Organisationsform einer größeren Gemeinschaft von Menschen (Staatsvolk) innerhalb festgelegter Grenzen (Staatsgebiet) unter einer hoheitlichen Gewalt (Staatsgewalt). Zur Staatsgewalt gehören die Gesetzgebung, die Justiz und die Regierung. Die Stellung eines einzelnen Menschen im Staat, seine Rechte und Pflichten, hängen von der Staatsform ab.

▶ Staatsoberhaupt ◂

Oberster Vertreter eines Staates. Dies kann ein König (in einer Monarchie) oder ein Präsident sein. In Deutschland ist der Bundespräsident das Staatsoberhaupt. In einigen Ländern, zum Beispiel in Frankreich und den USA, ist der Präsident auch der Chef der Regierung. Anderswo vertritt das Staatsoberhaupt sein Land bei wichtigen Gelegenheiten, hat aber mit der aktuellen Politik nichts zu tun.

▶ Tschechoslowakei ◂

Gemeinsamer Staat von Tschechen und Slowaken, der von 1918 bis 1992 bestand. Seit 1993 ist die Tschechoslowakei in die Tschechische und die Slowakische Republik geteilt.

▶ UNO ◂

Abkürzung für United Nations Organisation, auf Deutsch: Organisation der Vereinten Nationen. 1945 gegründete Weltorganisation, die sich um die Erhaltung des Weltfriedens und der internationalen Sicherheit bemüht. Sie versucht, Streitigkeiten zwischen Staaten zu schlichten und die freundschaftlichen Beziehungen und die Zusammenarbeit der Länder zu fördern. Die UNO hat eine Reihe von Sonderorganisationen, zum Beispiel das Kinderhilfswerk UNICEF.

▶ USA / Amerika ◂

USA ist die Abkürzung für United States of America, auf Deutsch: Vereinigte Staaten von Amerika. Da die USA das mächtigste Land auf dem nordamerikanischen Kontinent sind, werden sie oft einfach Amerika genannt.

▶ Verfassung ◂

Rechtliche Grundordnung eines Staates. Sie bestimmt zum Beispiel den Aufbau und die Gliederung des Staates, die Ausübung der Staatsgewalt sowie die Rechte und Pflichten des einzelnen Bürgers. In Deutschland wird die Verfassung Grundgesetz genannt.

▶ Warschauer Pakt ◂

Osteuropäisches Militärbündnis unter Führung der Sowjetunion. Der Warschauer Pakt wurde 1955 als Gegengewicht zur NATO des Westens gegründet. Es folgten Jahrzehnte des Wettrüstens. Nach dem Zusammenbruch des Kommunismus in Osteuropa wurde der Warschauer Pakt 1991/92 aufgelöst.

▲ USA: »Statue of Liberty« am Hafen von New York. Das Symbol der Freiheit wurde den USA von Frankreich geschenkt.

◂ Verfassung: 1949 trat das Grundgesetz in Kraft, im Bild Konrad Adenauer bei der Unterzeichnung

Das Register führt alle Sach- und Personeneinträge auf. *Kursive* Zahlen verweisen auf Abbildungen. Viele Stichwörter sind unter Oberbegriffen wie »Filme« oder »Naturkatastrophen« zusammengefasst.

A

Abdul Hamid II.; türk. Sultan 34
Aborigines, Ureinwohner Australiens 313, *328*
Abrüstung 308, 322, 325
Abu Simbel, Felsentempel *234*
Acht-Stunden-Arbeitstag 66
Ackermann, Rosemarie; dt. Hochspringerin 279
Actionpainting *169*
Adams, Gerry; ir. Politiker *345*
Adenauer, Konrad; dt. Politiker 176, 201, *232*, 239
Afghanistan-Krieg 285, 316
Agca, Mehmet Ali; türk. Papst-Attentäter 295
Aids 302
Airbus 265, 310
Akihito; japan. Kaiser 319
Albert, Prinz von Sachsen-Coburg-Gotha; Ehemann von Königin Viktoria 12
Alcock, John; engl. Flugpionier 67
Aldrin, Edwin E.; amerikan. Astronaut 250, 260
Alexander I.; serb. König 19
Alexandra, russ. Zarin 62
Alexei, russ. Prinz 62
Alfons XIII.; span. König 109
Alkoholverbot, USA 68, 110, 115
Allende, Salvador; chilen. Politiker 270
Altersbestimmung siehe Radio-Carbon-Methode
Altertumskunde siehe Archäologie
Amin, Idi; ugand. Politiker 263, 285
Amir, Jigal; Rabin-Attentäter 339
Amnesty International 224
Ampeln (Verkehr) 89
Amsberg, Claus von; dt. Diplomat *243*
Amundsen, Roald; norweg. Polarforscher 28, *44*, 93, 99
Anastasia; russ. Prinzessin 62, *100*
Anderson, Maxie; amerikan. Ballonfahrer 283
Anderson, Terry; amerikan. Geisel 324
Andress, Ursula; Schweizer Schauspielerin *229*
Andrew; engl. Prinz 306
Andrews, Julie; amerikan. Schauspielerin *239*
Andrianow, Nikolai; sowjet. Turner 341
Anne, engl. Prinzessin 271
Anquetil, Jacques; franz. Radrennfahrer 259
Anschnallpflicht 276
Antarktis-Vertrag 214, 297
Antibabypille *218*
Antisemitismus siehe Judenverfolgung
Aouita, Said; marokkan. Läufer 308
Apartheid (Rassentrennung) 171, 179, 219, 276, 318
Aquino, Corazon; philippin. Politikerin 306
Arafat, Jassir; PLO-Vorsitzender *252*, 287, *328*
Arbeitslosenversicherung, Einführung 97

Arbeitszeit 127
- Acht-Stunden-Tag 66
- Fünf-Tage-Woche 108
Arbeitszeitverkürzung 27, 202
Archäologie 49, 74, 225
- Machu Picchu 47
- Mexiko 91
- Ötzi *325*
- Peking-Mensch 97
- Piltdown-Mensch 191
- Terrakotta-Armee *274*
Architektur
- Brasilia 221
- Canadian National Tower *273*
- Centre Pompidou *278*
- Chrysler-Gebäude *107*
- Empire State Building 108, *112*
- Flatiron-Gebäude *16*
- Guggenheim-Museum *213*
- Haus »Fallendes Wasser« *128*, 129
- Opernhaus Sydney *271*
- Pan-Am-Gebäude 229
- »Sagrada Familia« *91*
- Weißenhof-Mustersiedlung *97*
- »Wohnmaschine« (Le Corbusier) *186*
- Wolkenkratzer 16, 51, 73, 107, 108, 229, *339*
- Woolworth-Gebäude *51*
- World Trade Center *108*
Ardenne, Manfred von; dt. Physiker 144
Aristide, Jean Bertrand; haitian. Politiker 333
Ärmelkanal-Tunnel 33, *332*
Armstrong, Louis; amerikan. Jazzmusiker *94*
Armstrong, Neil A.; amerikan. Astronaut 250, 260
Arp, Hans; dt. Künstler 88
Asahara, Shoko; japan. Sektenführer 337
Asanuma, Inejor; japan. Politiker 221
Ascari, Alberto; ital. Autorennfahrer *183*
Assuan-Damm, Ägypten 17, 234
Astaire, Adele; amerikan. Tänzerin *119*
Astaire, Fred; amerikan. Tänzer und Schauspieler *119*
Asterix 124, *125*, 224
Astronomie 102, 106, 343
Atatürk (Mustafa Kemal Pascha); türk. Politiker 80
Atombombe 142, 152, 162–163, *164*, 186, 241
- Zweiter Weltkrieg 146, 147, 162–163, *164*
Atomenergie 184, 293
Atomium, Brüssel *211*
Atomkatastrophe 285
- Tschernobyl 184, *306*
Atomkraftgegner 293
Atomkraftwerk 184, 203
Atomreaktor *184*
Atomrüstung 163
Atomspaltung 67
Atomtests 163, 233, 262, 268, 336
Atom-U-Boot *197*
Atomwaffen 197, 268
- Begrenzung 267
- Gegner 210, 300
Augsburger Puppenkiste 255
Auschwitz, Konzentrationslager 150, 154, *155*, 164

Aussem, Cilly; dt. Tennisspielerin 109
Austin 10, *183*
Auswanderungswelle 30
Auto 182–183
Auto
- Anschnallpflicht 276
- »Elchtest« 345
- Geschwindigkeitsrekord 108, 122, 343
- Raketenauto 101, *343*
Autotypen (siehe unter den jeweiligen Markennamen)
Autorennen 33, 179, *183*, 201, 207, 333

B

Baader, Andreas; dt. Terrorist 259, 279
Bacall, Lauren; amerikan. Schauspielerin *181*
Bademode 175
Baden-Powell, Robert; engl. Pfadfinder 30, 43
Bader-Meinhof-Gruppe, dt. Terroristengruppe 287
Baekeland, Leo Hendrik; belg. Chemiker 32
Baez, Joan; amerikan. Sängerin 217, *232*, *239*, 252, *280*
Bahnhof, größter der Welt 51
Baird, John Logie; schott. Erfinder *255*
Bakelit 32
Baker, Josephine; amerikan. Tänzerin 89
Bakey, Michael de; amerikan. Herzspezialist 244
Balfour, James; engl. Politiker 61
Balkankrieg 48
Ballard, Florence; amerikan. Sängerin 247
Ballett 27, 46, 225
Ballonfahrt 29, 108, *283*, 284
Band Aid 304
Bandaranaike, Sirimawo; ceylon. Politikerin *219*, 243
Bandaranaike, Solomon; ceylon. Politiker 219
Bannister, Roger; engl. Leichtathlet 196
Banting, Frederick G.; kanad. Physiologe 73
Bao Dai; vietnam. Kaiser 181
Barbie-Puppe *213*
Barnard, Christiaan; südafrikan. Herzspezialist *244*, 248
Barrie, James; engl. Schriftsteller 22
Barrow, Clyde; amerikan. Gangster 118
Bartali, Gino; ital. Radrennfahrer 177
Barzel, Rainer; dt. Politiker 265
Barzini, Luigi; ital. Journalist 33
Baseball 19, 69, 104–105
Basketball 98, 339
Batista, Fulgenico; kuban. Politiker 212
Baudouin, belg. König *185*, 211
Bauhaus-Kunstschule 87
Baukunst siehe Architektur
Bäumler, Hans-Jürgen; dt. Eiskunstläufer 214
Baum, Lyman Frank; amerikan. Schriftsteller 11
Beamon, Bob; amerikan. Sportler *325*, *341*
Beatles, engl. Popgruppe 226, 232, 236, 240, *244*, 246–247
Beatniks 217

Beatrix, niederländ. Königin 130, *243*
Bebop 165
Beckenbauer, Franz; dt. Fußballer *320*
Becker, Boris; dt. Tennisspieler *305*, 306, 316
Becquerel, Henri; franz. Physiker 19
Bedrohte Arten (Tiere und Pflanzen) 268, 269, 289
Bee Gees 279
Befruchtung, künstliche 282
Begin, Menachem; israel. Politiker 282
Belluschi, Petro; Architekt 229
Ben Bella, Mohammed Ahmed; alger. Politiker 227
Benenson, Peter; engl. Rechtsanwalt 224
Benes, Eduard; tschech. Politiker 172
Ben-Gurion, David; israel. Politiker *170*
Bennett, Floyd; amerikan. Pilot 93
Benz, Carl; dt. Autopionier 34, 103
Berbick, Trevor; kanad. Boxer 307
Bergsteigen 190
Bergwerksunglück
- Lengede 233
- Völklingen 229
Berlin, Irving; amerikan. Komponist 46
Berlinale 184
Berliner Mauer *222*, 234, *316*, 319
Bernhard von Lippe-Biesterfeld; Ehemann von Königin Juliana 130
Bernhardt, Sarah; franz. Schauspielerin *83*
Bernstein, Leonard; amerikan. Komponist 206, 223
Berry, Albert; Fallschirmspringer 48
Berry, Chuck; amerikan. Musiker 246
Besatzungszonen 167, 171
Best, Charles H.; amerikan. Physiologe 73
Bhutto, Benazir; pakistan. Politikerin 313
Bhutto, Zulfikar Ali Khan; pakistan. Politiker *278*, 313
Biellmann, Denise; Schweizer Eiskunstläuferin 340
Bikila, Abebe; äthiop. Sportler 221
Bikini *167*, *175*
Biko, Steve; südafrikan. Studentenführer 279
Bingham, Hiram; amerikan. Entdecker 47
Biondi, Matt; amerikan. Schwimmer 341
Black Panther 242, 249
Blackpower-Bewegung 242, 249
Black, Davidson; kanad. Professor 97
Blaiberg, Philip; Herzpatient 248
Blair, Bonnie; amerikan. Eisschnelläuferin 340
Blake, George; engl. Spion 240
Blake, Peter; engl. Pop-Art-Künstler *244*
Blankers-Koen, Fanny; holländ. Sportlerin *172*
»Blaues Band« 11
Blériot, Louis; franz. Ingenieur und Flugpionier *20*, 38
Bleyl, Fritz; dt. Maler 27
Blindenschrift Braille 23

Blitzen-Benz *39*
Blockfreie Staaten 193, 194
Blues 247
Blum, Léon; franz. Politiker 127
Blunt, Anthony; engl. Spion 230
BMW-Isetta *201*
»Boeing 707« *198*
Bogart, Humphrey; amerikan. Schauspieler *181*
Bohr, Niels; dän. Wissenschaftler 76
Böll, Heinrich; dt. Schriftsteller 273, *300*
Bonner, Elena; sowjet. Menschenrechtlerin *323*
Bonnie und Clyde, amerikan. Gangsterpaar 118
Booth, Hubert Cecil; engl. Erfinder 15
Bopp, Thomas; amerikan. Hobby-Astronom 343
Borchert, Wolfgang; dt. Schriftsteller 168
Borg, Björn; schwed. Tennisspieler 291
Borghese, Scipio; ital. Fürst 33
Borglum, Gutzon; amerikan. Bildhauer *150*
Bormann, Frank; amerikan. Astronaut 261
Borotra, Jean; franz. Tennisspieler 111
Botha, Louis; südafrikan. Politiker 42
Bowes-Lyon, Elizabeth; Ehefrau Georgs VI. 131
Boxen 35, 107, 129, 148, 177, 187, 192, 203, 215, 237, 273, 307
Boxeraufstand, China 9
Boyce, William; Gründer der US-Pfadfinder 43
Boygroups 266
Brandenberger, Jacques Edwin; Schweizer Chemiker 35
Brando, Marlon; amerikan. Schauspieler 217
Brandt, Alfred; dt. Bauingenieur 29
Brandt, Willy; dt. Politiker 253, *258*, 263, 265, 273
Braque, Georges; franz. Maler 49, 119
Brecht, Bertolt; dt. Schriftsteller *85*, 88
Breschnew, Leonid; sowjet. Politiker 234, 267
Breton, André; franz. Schriftsteller 85, 88
Brody, Neville; engl. Grafikdesigner 289
Brooke, Rupert; engl. Schriftsteller 55
Brooks, Norman; austral. Tennisspieler 33
Brown, Arthur W.; engl. Flugpionier 67
Brown, Joe E.; amerikan. Schauspieler *185*
Brown, Louise; erstes Retortenbaby 282
Brown Simpson, Nicole 334
Brugnon, Toto; franz. Tennisspieler 111
Brundtland, Gro Harlem; norweg. Politikerin 293
BSE siehe Rinderwahnsinn
Bücher siehe Literatur
Buddhismus 144
Budge, Donald; amerikan. Tennisspieler *134*
Buffalo Bill, amerikan. Wild-West-Star 61
Bundesliga 233
Bundeswehr 202

Bungee-Springen *321*
Burenkrieg 9
Bürgerrechte 15, 43, 232, 237, 242, 280
Burnham, Daniel H.; amerikan. Architekt 16
Burns, Tommy; kanad. Boxer 35
Burroughs, Edgar Rice; amerikan. Schriftsteller 53, 65
Busch, Wilhelm; dt. Dichter und Zeichner 35
Bush, George; amerikan. Präsident *312*, 320, 325, 327
Butts, Alfred; Scrabble-Erfinder 108
Byrd, Richard; amerikan. Pilot *93*, 103
Byrds; amerikan. Popgruppe 251

C

Cadillac 49
Cage, John; amerikan. Komponist 188
Calder, Alexander; amerikan. Bildhauer *111*
Callas, Maria; griech. Opernsängerin *188*
Calment, Jeanne; älteste Frau der Welt *345*
Campbell, Malcolm; engl. Autorennfahrer 108, *122*
Canadian National Tower, Toronto *273*
Cannon, Lilian; amerikan. Schwimmerin 92
Čapek, Karel; tschech. Schriftsteller 70
Capone, Al; amerikan. Gangster 68, *103*
Cárdenas, Lázaro; mexikan. Politiker 118
CARE-Pakete *167*
Carlos, John; amerikan. Sportler 249
Carmichael, Stokely; amerikan. Bürgerrechtler 242
Carothers, Wallace Hume; amerikan. Chemiker 139
Carstens, Karl; dt. Politiker 285
Carter, Howard; engl. Archäologe 74
Carter, Jimmy; amerikan. Präsident 279, 291
Cartier, franz. Koch 50
Caruso, Enrico; ital. Tenor 13, 22
Cassidy, David; amerikan. Sänger und Schauspieler *266*
Castro, Fidel; kuban. Politiker *212*, 223, *245*
CD 296
Ceaușescu, Elena; rumän. Politikerin *316*
Ceaușescu, Nicolae; rumän. Politiker *316*
Cellophan 35
Centre Pompidou 278
Chamberlain, Neville; engl. Politiker *132*, 136, 144
Chanel, Coco; franz. Modeschöpferin 72, 95
Chaplin, Charlie; amerikan. Schauspieler und Regisseur 53, 66, *72*, 84, 89, 140, *142*, 274, 279
Chapman, Mark; Lennon-Mörder 289
Charles, brit. Thronfolger *292*, 296, *337*, 342, 344
»Charta 77« 278

Chiang Ching; Witwe Maos 277, *293*
Chiang Kai-shek; chin. Politiker 86, 96, 99, 116, 176
Chichester, Francis; engl. Weltumsegler *245*
Chirico, Giorgio de; ital. Maler 88
Christie, Agatha; engl. Schriftstellerin *70*
Christo, amerikan.-bulgar. Künstler *305*, *335*
Chruschtschow, Nikita; sowjet. Politiker 191, 204, 213, 219, 225, 228, *234*, 261
Chrysler-Gebäude, New York 107
Churchill, Winston; engl. Politiker 143, *144*, 149, 151, 159, 161, *165*, 167, 192, 239
Citroën 2 CV (»Ente«) *177*
Clay, Cassius (Muhammad Ali); amerikan. Boxer *237*, 273
Clemens, Samuel Langhorne siehe Mark Twain
Clinton, Bill; amerikan. Präsident *327*, 328
Clundell, Charles; engl. Maler 143
Coca-Cola 58
Cochet, Henri Jean; franz. Tennisspieler 111
Cocker, Joe; amerikan. Rocksänger *252*
Cody, William F. siehe Buffalo Bill
Coe, Sebastian; engl. Sprinter 290
Collins, Joan; engl. Schauspielerin *294*
Collins, Michael; amerikan. Astronaut 250
Collins, Michael; ir. Politiker 72
Collins, Phil; engl. Rockstar 304
Colosino, Jim; amerikan. Gangster 68
Comaneci, Nadia; rumän. Turnerin *277*, 341
Comics 100, 124–125
- »Asterix« *124*, *125*, 224
- »Augustus Mutt« 33
- »Little Nemo in Slumberland« 26
- »Peanuts« 63, *178*
- »Popeye, der Seemann« 103
- »Spider Man« *125*
- »Superman« 132
- »Tarzan« 53
- »Tim und Struppi« *102*, 124, 125
Computer 148, 207, 274, 309, 314–315, 328, 335, 338
Computerdiskette 256
Computerspiele 315
Computertomographie *267*
Concorde 277
Connally, John; amerikan. Politiker 233
Connery, Sean; engl. Schauspieler 229
Connolly, Maureen; amerikan. Tennisspielerin *193*
Conrad, Frank; amerikan. Radiosprecher 69
Contergan-Skandal 226
Coogan, Jackie; amerikan. Kinderstar 72
Cook, Frederick A.; amerikan. Polarforscher 39
Coppi, Fausto; ital. Radrennfahrer *177*, 259

Coubertin, Pierre de; Gründer der modernen Olympischen Spiele 84, 340
Courrèges, André; franz. Modeschöpfer 235
Cramm, Gottfried von; dt. Tennisspieler 134
Crick, Frances; engl. Biochemiker 193
Crosby, Stills, Nash & Young, amerikan. Rockgruppe 252
Curie, Marie; franz. Wissenschaftlerin 19, 42
Curren, Kevin; amerikan. Tennisspieler 305

D

Dähle, Björn; norweg. Skilangläufer 340
Dalai Lama *144*, *179*, *214*
D'Annunzio, Gabriele; ital. Dichter 67
Darwin, Charles; engl. Naturforscher 86
Davis, Bette; amerikan. Schauspielerin *141*
Davis, Dwight F.; amerikan. Tennisspieler 10
Davison, Emily; engl. Frauenrechtlerin 51
Dayan, Moshe; israel. Politiker *245*
DDT 138
De Forest, Lee; amerikan. Ingenieur 78
Deacon, John; engl. Popmusiker *272*
Dean, James; amerikan. Schauspieler *200*, 217
Demokratisierung, Osteuropa 288, 295, 316, 321, 322-323
Deng Xiao-ping; chin. Politiker 277
Desgrange, Henri; franz. Zeitungsverleger 19
Deutschland, Teilung 167, 176, 222
Dewey, Thomas; amerikan. Politiker 172
Diana, engl. Prinzessin *292*, *296*, *337*, *342*, 343
Díaz, Porfirio; mexikan. Politiker 42, 47, 118
Diefenbacher, John; kanad. Politiker 213
Dietrich, Marlene; dt.-amerikan. Schauspielerin *141*, *107*, *160*
DiMaggio, Joe; amerikan. Baseballspieler *104*, *199*, 227
Dior, Christian; franz. Modeschöpfer 174
Dioxin, Umweltvergiftung 277
Dire Straits; engl. Rockgruppe 304
Dirks, Rudolf; dt.-amerikan. Comic-Zeichner 124
Disney, Walt; amerikan. Filmemacher 100, 116, 134, *141*, 145, 201, 224, *243*
Disneyland
- Kalifornien *201*, 243
- Paris *326*
Disneyworld, Florida 263
Dix, Otto; dt. Maler 87
Dollfuß, Engelbert; österr. Politiker 116
Dönitz, Karl; dt. Großadmiral 158
Doumer, Paul; franz. Politiker 111
Doyle, Arthur Conan; engl. Schriftsteller 17
Drinker, Philip; amerikan. Wissenschaftler 99

Drogen 156, 280, 283, 311, 317
Dschinnah, Muhammad Ali; pakistan. Politiker 195
DuBois, William Edward Burghardt; amerikan. Bürgerrechtler 43
Duchamp, Marcel; franz. Künstler 60
Dukakis, Michael; amerikan. Präsidentschaftskandidat *312*
Dunant, Henri; Gründer des Roten Kreuzes 13
Duncan, Isadora; amerikan. Tänzerin 97
Dutschke, Rudi; dt. Studentenführer 249
Duvalier, Jean-Claude; haitian. Politiker 307
Dylan, Bob; amerikan. Sänger 217, 232, 239, 247, 280

E

Earhart, Amelia; amerikan. Pilotin 111
Earp, Wyatt; amerikan. Wild-West-Held 103
Ebert, Friedrich; dt. Politiker 65
Echnaton; ägypt. Pharao 49, 74
Ederle, Gertrude; amerikan. Schwimmerin 92
Edison, Thomas Alva; amerikan. Erfinder 109
Eduard (Edward) VII.; engl. König 12, 15, 28, 31
Eduard (Edward) VIII.; engl. König *127*, 131
Eichmann, Adolf; Nazi-Verbrecher *225*, 226
Einkaufszentrum 199
Einstein, Albert; dt.-amerikan. Physiker 26, 73
Eisenbahn 16, *135*, 332
- »Shinkansen«-Zug *235*
- TGV 295
Eisenhower, Dwight D.; amerikan. Präsident 181, 187, 207, 213
Eisenstein, Sergei; russ. Filmregisseur 87
Eishockey 118
Eiskunstlauf 47, *127*, 214, 333, 340
Eisschnelllauf 340
Eiswaffel 23
Elbtunnel, Hamburg 47, 274
»Elchtest« 345
Elefanten, Bedrohung 269
Elektronenmikroskop 144
Eliot, T. S.; amerikan. Dichter 77, 293
Elisabeth I., engl. Königin 131
Elisabeth II., engl. Königin 91, 93, 168, 187, *192*, 203, 213, 220, 239, 271, 281, 292, 306, 339
Ellington, Duke; amerikan. Jazzmusiker 94, *100*
Elser, Johann Georg; Hitler-Attentäter 139
Emanuel II., portug. König 41
Emanzipation siehe Frauenbewegung
Empire State Building, New York *108*, 112
Energiegewinnung 75
- Atomkraft 184, 203
- Sonnenkraftwerk 300
- Wasserkraftwerk 303, 325
Ensslin, Gudrun; dt. Terroristin 279
Entente Cordiale 23
Entkolonialisierung 194–195, 196, 202, 220, 222, 225, 227, 279

Entwicklungsgeschichte, Streit um 86
Erdbeben
- Armenien *312*
- China 276
- Griechenland 192
- Iran *180*
- Italien 55, *343*
- Japan *81*, *335*
- Lahore 27
- Los Angeles 333
- Managua 266
- San Francisco 28
- Sizilien 37
Erdölfunde, Nordsee 252
Erdrutsch, Norwegen 118
Erhard, Ludwig; dt. Politiker 239, 243
Erler, August; dt. Flugpionier 42
Ernst, Max; dt. Maler 88
Erster Weltkrieg 52–64
- Alliierte 52, 54, 55, 58, 61, 63
- »Dicke Bertha« (Kanone) 62
- Ende 64, 66
- Flandern-Schlacht 61
- Friedensbedingungen 64, 65, 66, 67, 70, 80
- Giftgas-Einsatz 55
- Lebensmittelrationierung 56
- Luftkrieg 61, 63
- Marne-Schlacht 53
- Mittelmächte 52
- Panzereinsatz 58
- Propagandakrieg 54
- Seekrieg 59
- U-Boot-Krieg 54, 60
- Verdun 58
ETA, baskische Terrorgruppe 286
Europäische Gemeinschaft (EG) 270, 285, 306, 329
Europäische Union (EU) 329, 333, 338
Europäische Wirtschaftsgemeinschaft (EWG) 207, 270
Europa-Rakete 285
Eurotunnel 332
Evans, Arthur; engl. Archäologe 9
Ewry, Ray; amerikan. Sportler 341

F

Fairbanks, Douglas; amerikan. Schauspieler 66, 140
Falklandkrieg 296
Fangio, Juan Manuel; argent. Autorennfahrer *179*, 207
Farah Diba; iran. Kaiserin 214, *284*
Farina, Giuseppe; ital. Autorennfahrer *179*
Faruk; ägypt. König 187
Faschismus 77, 120-121
Fatima, Marienerscheinung 61
Fauvismus 25
Fayed, Dodi al-; ägypt. Multimillionär 342
Feministinnen 259
Ferdinand I.; bulgar. König 35
Ferguson, Sarah; Ehefrau von Prinz Andrew 306
Fermi, Enrico; ital. Physiker 152, 162
Fernsehen 123, 226, 254–255, 303
- »Dallas« 294
- »Denver Clan« 294
- »Ein Herz und eine Seele« 270

- Kindersendungen 255
- Quiz-Skandal 212
- »Raumschiff Enterprise« *243*
- »Sesamstraße« 253, 255
- »Tagesschau« 205
- Werbung 209
- »Wetten dass...?« *293*

Film 140–141, 298–299
- Breitwand 192
- Drei-D-Kino 299
- Festival in Cannes 166
- Festspiele »Berlinale« 184
- Hollywood 47
- Horrorfilm 71, 75
- Oscar 102, 141
- Sciencefiction 249, 299
- Spezialeffekte 299
- Tonfilm 95, 97
- Trick-Effekte 298–299
- Warner Brothers 82
- Wochenschau 42
- Zeichentrickfilm 100, 116, 134, 141, 145, 224

Filme
- »007 jagt Dr. No« 229
- »101 Dalmatiner« *224*
- »2001: Odyssee im Weltraum« *249*
- »Amadeus« *304*
- »Ausgerechnet Wolkenkratzer« *141*
- »Bambi« *141*
- »Batman« *317*
- »Ben Hur« *90*, 215
- »Blondinen bevorzugt« *227*
- »Blumen und Bäume« *116*
- »Casablanca« *152*
- »Citizen Kane« *148*
- »Dampfschiff Willie« *100*
- »Das Gewand« *192*
- »Das Imperium schlägt zurück« *299*
- »Das Kabinett des Dr. Caligari« *71*
- »Das zauberhafte Land« *141*
- »Denn sie wissen nicht, was sie tun« 200, 217
- »Der blaue Engel« *107*
- »Der große Diktator« *140*, 142
- »Der große Eisenbahnraub« *18*
- »Der Jazzsänger« *95*, 97, 181
- »Der kleine Rebell« *122*
- »Der Vagabund und das Kind« *72*
- »Der Wilde« *217*
- »Die Blechtrommel« *290*
- »Die Marx Brothers in der Oper« *128*
- »Die Reise zum Mond« *17*, 299
- »Die Schlacht von Midway« *153*
- »Die Sünderin« *184*
- »E. T. – der Außerirdische« *297*, 298
- »Easy Rider« *251*
- »Ein Schweinchen namens Babe« *336*
- »Falsches Spiel um Roger Rabbit« *299*
- »Fantasia« *145*
- »Fenster zum Hof« *199*, 297
- »Geburt einer Nation« *55*, 66
- »Giganten« *200*
- »Go West« *89*
- »Heidi« *141*
- »Jenseits von Eden« *200*
- »Jurassic Park« *298*
- »King Kong« *115*
- »Kluge kleine Henne« *116*
- »Krieg der Sterne« *279*, 299
- »Lilien auf dem Felde« *235*
- »Love Story« *257*
- »Man schlägt sich durch« *53*
- »Meine Lieder, meine Träume« *239*
- »Metropolis« *92*
- »Niagara« *199*
- »Nosferatu – eine Symphonie des Grauens« *75*
- »Nur Samstag Nacht« *279*
- »Panzerkreuzer Potemkin« *24*, 87
- »Pinocchio« *145*
- »Psycho« *219*
- »Scheidung auf amerikanisch« *119*
- »Schindlers Liste« *329*
- »Schneewittchen und die sieben Zwerge« *134*
- »Singin' in the Rain« *187*
- »Spiceworld« *344*
- »Tarzan bei den Affen« *65*
- »Toy Story« *338*
- »Über den Dächern von Nizza« *141*
- »Unheimliche Begegnung der dritten Art« *298*
- »Vom Winde verweht« *137*
- »Wie angelt man sich einen Millionär« *199*

Fingerabdrücke 15
Fischer, Bobby; amerikan. Schachweltmeister 264
Fisher, Bud; amerikan. Sportreporter 33
Fixx, James; engl. Sportler *302*
Fleming, Alexander; schott. Wissenschaftler 98
Fließband 50, 85
Flüchtlinge
- Albanien *325*
- DDR 284
- Vietnam *282*
- Zweiter Weltkrieg 165

Flugboot, »Yankee Clipper« *139*
Flugzeug 177
- Doppeldecker *18*, 61
- Erster Weltkrieg 61
- Geschichte 20–21
- Raketenflugzeug
- Überschallflugzeug *169*

Flugzeugkatastrophen *211*, *267*, *278*, 300, 310, 339
Flutkatastrophe
- Bangladesch 311
- Holland 193
- Nordsee 229
- Pakistan 256

Fokine, Michail; russ. Regisseur 27
Fön 68
Fonda, Peter; amerikan. Schauspieler 251
Fonteyn, Margot; engl. Tänzerin 131
Ford »Model T« (»Tin Lizzy«) *34*, 50, 182
Ford Ka 183
Ford Thunderbird Sports Sedan 182
Ford, Gerald; amerikan. Präsident 272
Ford, Henry; amerikan. Industrieller 34, 50, 85, 182
Ford, John; amerikan. Regisseur 153
Foreman, George; amerikan. Boxer 273
Forman, Milos; amerikan. Regisseur 304
Formel 1 179, 183, 207, 333

Förster, Karl-Heinz; dt. Fußballspieler 297
Fortpflanzung 330
Foster, Jodie; amerikan. Schauspielerin 292
Fotografie 27, 171
Fototechnik 9
Franco, Francisco; span. Politiker 106, *120*, 126, 139, *274*
Frank, Anne; Holocaust-Opfer *154*
Frank, Hans; dt. Generalgouverneur in Polen 145
Franklin, Aretha; amerikan. Sängerin 247
Franz Ferdinand; österr. Thronfolger 52
Franz Joseph; österr. Kaiser 35
Frauenbewegung 51, 76, 191, 259, 275
Frauen-Olympiade 73
Frauenwahlrecht 71, 101, 263
- Einführung 63
- England 19, 37, 71
- Finnland 32
- Norwegen 51

Frederik IX.; dän. König 265
Freud, Sigmund; österr. Arzt 10
Friedensbewegung 300
Frisch, Karl von; österr. Zoologe 270
Fuad, ägypt. König 187
Fuchs, Arved; dt. Seemann 319
Fuchs, Klaus; dt. Spion 230
Fuchs, Vivian; engl. Forscher 210
Fünf-Tage-Woche 108
Fußball 104–105, 111, 173, 201, 211, 221, 233, 236, 265, 270, 296, 300, 308, 317
Fußball-Weltmeisterschaft 105, 117, 132, 179, 199, 210, 242, 258, 273, 282, 297, 306, 320, 333

G

Gable, Clark; amerikan. Schauspieler 137
Gaddhafi, Muammar al-; libyscher Politiker 253
Gagarin, Juri; sowjet. Kosmonaut *223*, 260
Gallup, George; amerikan. Werbefachmann 123
Gandhi, Indira; ind. Politikerin *243*, *303*, 325
Gandhi, Mahatma; ind. Politiker 76, 106, *169*, *171*, 195
Gandhi, Rajiv; ind. Politiker *303*, 325
Garbo, Greta; schwed. Schauspielerin *140*, 141, 319
Gardner, Ava; amerikan. Schauspielerin 185
Garin, Maurice; franz. Radsportler 19
Garland, Judy; amerikan. Schauspielerin 141
Garrison, Zina; amerikan. Tennisspielerin 319
Gastarbeiter 202
Gates, Bill; amerikan. Industrieller 315
Gaudí, Antonio; span. Architekt 91
Gaulle, Charles de; franz. Politiker 79, *145*, 152, *161*, 211, *232*, 257
Gaye, Marvin; amerikan. Sänger 247
Geheimdienste 230–231
Geldentwertung 82

Geldof, Bob; engl. Popmusiker 304
Generationskonflikt 216–217
Genforschung 39, 193, 330–331
Genscher, Hans-Dietrich; dt. Politiker 321
Georg I.; griech. König 51
Georg V.; engl. König 93, 131
Georg VI.; engl. König 127, 131, 187
Gernreich, Rudi; österr. Modeschöpfer 235
Geronimo, Apachenhäuptling 39
Gershwin, George; amerikan. Komponist 85
Geschlechtsumwandlung 187
Geschwindigkeitsrekord 108, 122, 343
Gesundheit, Gefahren des Rauchens 197, 285
Ghettos, jüdische 145, 155, 156
Gibbon, John Heynsham; amerikan. Chirurg 188
Gibson, Althea; amerikan. Tennisspielerin 206
Gibson; amerikan. Gitarrenbauer 122
Gibson, Robert; amerikan. Astronaut 337
Giftgas-Attentat, Tokio 337
Giftgas-Unfall
- Italien 277
- Indien 302

Gilbert, Cass; amerikan. Architekt 51
Gilette, King Camp; amerikan. Erfinder 9
Gillespie, Dizzy; amerikan. Musiker 165
Ginger, Rogers; amerikan. Tänzerin und Schauspielerin 119
Giro d'Italia 177, 259
Giscard d'Estaing, Valérie; franz. Politiker 292
Gitarre, elektrische 122
Glasnost 308
Gleichberechtigung (zwischen Frauen und Männern) 191
Glenn, John; amerikan. Astronaut 226
Gmeiner, Hermann; Gründer der SOS-Kinderdörfer 185
Godse, Nathuram; ind. Attentäter 171
Goebbels, Joseph; dt. Politiker 132
Gogh, Vincent van; niederländ. Maler 309
Golden Gate Bridge, San Francisco 131
Golding, William; engl. Schriftsteller 197
Golf 259
Golfkrieg 290, 313, 324
Goodman, Benny; amerikan. Jazz-Musiker 133
Gorbatschow, Michail; sowjet. Politiker 304, 308, 312, *320*, 321, *322*, 324, 325
Gore, Al; amerikan. Politiker 327
Göring, Hermann; dt. Politiker 166
Goscinny, René; franz. Comic-Texter 224
Gospel-Musik 247
Gottwald, Klement; tschech. Politiker 172
Grable, Betty; amerikan. Schauspielerin 159
Grace, W. G.; engl. Krickerspieler 36

Gracia Patricia siehe Kelly, Grace
Graf, Steffi; dt. Tennisspielerin 310, 316
Graham, Martha; amerikan. Tänzerin 93
Green, Andy; engl. Autorennfahrer 343
Greenpeace 262, 268, 305, 335, 336
Greer, Germaine; amerikan. Feministin 259
Grenzöffnung, Deutschland 316
Grey, Lita; Ehefrau von Charlie Chaplin 84
Griffith, Arthur; ir. Politiker 72
Griffith, David Wark; amerikan. Regisseur 38, 55, 66
Grippe-Epidemie 64
Gropius, Walter; dt. Architekt 229
Grosz, George; dt.-amerikan. Maler 87
Grotewohl, Otto; dt. Politiker 176
Gröttumsbraten, Johan; norweg. Skiläufer 340
Groves; amerikan. General 162
Guevara, Ernesto (Che); lateinamerikan. Revolutionär 245
Guggenheim-Museum, New York 213
Guillaume, Günter; DDR-Spion 273
Gustav V., schwed. König 49

H

Haakon VII.; norweg. König 25
Habeler, Peter; Südtiroler Bergsteiger 282
Haegg, Gunder; schwed. Sportler 196
Hagenbeck, Carl; dt. Tierhändler 32
Haile Selassi; äthiop. Kaiser *107*, 273
Haise, Fred; amerikan. Astronaut 258
Hale, Alan; amerikan. Hobby-Astronom 343
Hale-Bopp, Komet 343
Haley, Bill; amerikan. Rock 'n' Roll-Star *197*, 246
Halley, Edmund; engl. Astronom 40, 306
Halley, Komet 40, 306
Hamburger 11
Hamilton, Thomas; engl. Amokschütze 339
Hammarskjöld, Dag; UN-Generalsekretär 222
Hammerstein, Oscar; amerikan. Regisseur und Textschreiber 158
Handler, Ruth; amerikan. Spielzeugherstellerin 213
Handy, W. C.; amerikan. Musiker 27
Harding, Tonya; amerikan. Eiskunstläuferin 333
Harding, Warren; amerikan. Präsident 69
Hardy, Oliver; amerikan. Komiker 140
Hari, Mata; niederl. Spionin 60, 231
Harrison, George; engl. Pop-Musiker *232*, 246, 304
Harry; engl. Prinz 342
Hauptstadt (Deutschland) 325

Havel, Václav; tschech. Schriftsteller und Politiker 278, *322*
Havoc, June; amerikan. Schauspielerin *181*
Hayes, John Joseph; amerikan. Marathonläufer 36
Heckel, Erich; dt. Maler 27
Heidemann, Gerd; dt. Journalist *301*
Heiden, Eric; amerikan. Eisschnellläufer 290
Heinemann, Gustav; dt. Politiker 252, 285
Helpmann, Robert; engl. Tänzer 131
Hemingway, Ernest; amerikan. Schriftsteller 126
Hendrix, Jimi; amerikan. Rocksänger 251, 252
Henie, Sonja; norweg. Eiskunstläuferin *127*
Henson, Jim; Erfinder der Sesamstraßen-Figuren 255
Henson, Matthew; amerikan. Polarforscher 39, 45
Herberger, Sepp; dt. Fußballtrainer 199
Hernu, Charles; franz. Politiker 305
Herz-Lungen-Maschine 188, 244
Herzog, Maurice; franz. Bergsteiger 180
Herztransplantation 244
Heß, Rudolf; dt. Politiker 151, 166
Hesse, Hermann; dt. Schriftsteller 166
Heston, Charlton; amerikan. Schauspieler 215
Heuss, Theodor; dt. Politiker 176
Heyerdahl, Thor; norweg. Forscher 168
Hill, Dave; amerikan. Golfer 259
Hillary, Edmund; neuseeländ. Bergsteiger *190*
Hinault, Bernard; franz. Radrennfahrer 305
Hindenburg, Paul von; dt. Politiker 111, 114
»Hindenburg«, Explosion *130*
Hippies 252, 280, 281
Hirohito; japan. Kaiser *91*, 319
Hitchcock, Alfred; engl. Regisseur 199, 219
Hitler, Adolf; dt. Politiker 79, 83, 87, 106, 107, 110, 114, 115, 117, *120*, 123, *127*, 129, 132, 133, 136, *137*, 138, 139, 142, *143*, 145, 149, 150, 157, 158, 161, 165, 301
Hitlerjugend 121
Hitler-Stalin-Pakt 136, 137, 139, 146, 149
Hitler-Tagebücher, Fälschung 301
Ho Chi Minh; nordvietnam. Politiker *181*, 198, 250
Hochsprung 279
Höhlenmalerei *145*, 337
Hohn, Uwe; dt. Sportler 303
Holliday, Doc; amerikan. Wild-West-Held 103
Holly, Buddy; amerikan. Rock 'n' Roll-Star *215*
Hollywood 47
Holocaust (Nationalsozialistische Verbrechen an Juden) 146, 150, 153, *154–155*, 156, 164
Homosexualität, Straffreiheit 251

Hoover, Herbert; amerikan. Präsident 108, 110
Hopper, Dennis; amerikan. Schauspieler 251
Hornby, Frank; engl. Spielzeugerfinder 10
Hoskins, Bob; amerikan. Schauspieler 299
Houdini, Harry; amerikan. Zauberkünstler 93
»Hovercraft«-Luftkissenboot 228
Hua Guo-feng; chin. Politiker 277
Hubble, Edwin; amerikan. Astronom 102
Hubschrauber 137
Hughes, Howard; amerikan. Industrieller 266
Hula-Hoop 210, 216
Hurrikan, Madagaskar 214
Hurst, Geoffrey; engl. Fußballspieler 242
Husein Ibn Ali; Scherif von Mekka 58
Hussein II.; jordan. König 257
Hussein, Saddam; irak. Politiker 290, 318, *320*, 324

Ikeda, Hajato; japan. Politiker 221
Indianer 117, 271
Indochinakrieg 198
Inflation 82
Internet 314, 328
Interpol, Gründung 83
Intifada 311
IRA (Irisch Republikanische Armee) 287, 310, 345
Irwin, James; amerikan. Astronaut 263
Israel, Gründung 170
Israelisch-palästinensischer Konflikt 61, 252, 264, 275, 296, 311, 328, 334
Issigonis, Alec; engl. Autokonstrukteur 215
Ito; japan. Fürst 38, 40
Iwerks, Ub; amerikan. Comic-Zeichner 100, 243

Jackson Five, amerikan. Popgruppe 247, *266*
Jackson, Michael; amerikan. Popstar 247, 266, 296
Jagger, Mick; engl. Rock-Musiker 236
Jaguar Typ E *222*
Jahn, Gunnar; norweg. Nobelpreisverleiher 238
Jähn, Sigmund; dt. Kosmonaut 282
Jannings, Emil; dt. Schauspieler *102*, 107
Jarman, Nellie; engl. Schönheitskönigin 36
Jaruzelski, Wojciech; poln. Politiker 295
Jazz 41, 60, 85, 94, 100, 133, 153, 165, 246
Jeep *143*
Jefferson Airplane, amerikan. Rockgruppe 252, 281
Jefferson, Thomas; amerikan. Präsident 150
Jellinek, Emil; österr. Geschäftsmann 13
Jelzin, Boris; russ. Politiker 324, 327, 329
Jenner, Edward; engl. Arzt 291
Jobs, Steve; amerikan. Industrieller 315

Joffre, Joseph; franz. General 53
Johannes Paul I.; Papst 283
Johannes Paul II.; Papst *283*, 295
Johannsen, Wilhelm; dän. Biologe 39
Johansson, Ingemar; schwed. Boxer 215
John, Elton; engl. Popstar 175, *342*, 343
Johns, Jasper; amerikan. Maler 199
Johnson, Ben; kanad. Sportler 311
Johnson, Earvin »Magic«; amerikan. Basketballspieler 339
Johnson, Jack; amerikan. Boxer 35
Johnson, Lyndon B.; amerikan. Präsident 237
Jolson, Al; amerikan. Unterhaltungskünstler 181
Jom-Kippur-Krieg 271
Jones, Brian; engl. Rockmusiker 236
Jones, William; engl. Rundfunksprecher 79
Joplin, Janis; amerikan. Rocksängerin 252
Jordan, Mimi 210
Joselito, span. Stierkämpfer 71
Joyce, James; ir. Schriftsteller 77
Joyner, Florence; amerikan. Sportlerin *341*
Juan Carlos; span. König 274
Judenverfolgung 13, 115, 122, 129, 132, 139, 142, 145, 147, 150, 153, 154–155, 164
Judson, Whitcomb; amerikan. Erfinder 52
Jugendbewegung
- Pfadfinder 30, *43*
- »Wandervögel« 13
Jugendherbergen 39
Jugendkrawalle 237
Jugendliche 216–217, 280–281
- Sprache 215
Jugendstil 15
Juliana; niederländ. Königin 130, 243
Junckers, Hugo; dt. Flugzeugbauer 21

Kaffee, löslicher 133
Kahlo, Frida; mexik. Malerin *128*
Kanal
- Mittellandkanal 132
- Panamakanal 53
- Sankt-Lorenz-Kanal 213
Kandinsky, Wassily; russ. Maler *41*
Kantrowitz, Adirn; Herzspezialist 244
Kapp, Wolfgang; dt. Politiker 68
Karl I.; österr. Kaiser 65
Karl I.; portug. König 35, 41
Karneval 169
Karolyi, Bela; rumän. Kunstturntrainer 341
Kartoffelchips 50
Kasparow, Garri; russ. Schachweltmeister 304
Kästner, Erich; dt. Schriftsteller 101
Kato, Sawao; japan. Turner 341
Kaufmann, Edgar; amerikan. Geschäftsmann 129

Kaye, Danny; amerikan. Schauspieler *181*
Keaton, Buster; amerikan. Schauspieler 89, 140
Keeler, Christine; engl. Spionin 231
Keller, Helen Adams 23
Kellermann, Annette; austr. Schwimmerin 175
Kellogg, William; amerikan. Industrieller 29
Kelly, Gene 187
Kelly, Grace; amerikan. Schauspielerin 205, *297*
Kennedy, Edward; amerikan. Politiker 218
Kennedy, Jacqueline (Jackie); Frau von John F. Kennedy *191*, 218, *233*
Kennedy, John F.; amerikan. Präsident *191*, *218*, 224, 225, 228, 232, *233*, 248, 292
Kennedy, Joseph; amerikan. Politiker 191, 218
Kennedy, Robert; amerikan. Politiker 218, 224, *248*
Kenyatta, Jomo; kenian. Politiker 188
Kerouac, Jack; amerikan. Schriftsteller 207
Kerrigan, Nancy; amerikan. Eiskunstläuferin 333
Key, Francis Scott; amerikan. Texter 109
Keyes, Evelyn; amerikan. Schauspielerin *181*
Khomeini, Ajatollah; iran. Religionsführer 284, 290, 317
Kiesinger, Kurt Georg; dt. Politiker 243, 248
Kilius, Marika; dt. Eiskunstläuferin 214
Killy, Jean Claude; franz. Skiläufer *340*
Kim, Nellie; russ. Sportlerin 277
Kinderarbeit 18
Kindergarten 31
Kinderhilfswerk (Unicef) 238, 318
Kinderlähmung 99, 196
King, Martin Luther; amerikan. Bürgerrechtler 224, *232*, 237, 238, 242, 249, 252
Kinks, Popgruppe 240
Kino 14, 140–141 (siehe auch Film)
Kipling, Rudyard; engl. Schriftsteller 31
Kirchner, Ernst Ludwig; dt. Maler 27
Kissinger, Henry; amerikan. Politiker 265
Klarsfeld, Beate; dt. Terroristin 248
Klee, Paul; dt. Maler 88
Klerk, Frederick Willem de; südafrikan. Politiker 318, 332
Klimaforschung 324
Klimaveränderung 302
Klonen 329, 330
Knef, Hildegard; dt. Schauspielerin 184
Kohl, Helmut; dt. Politiker 297, *321*
Kolff, Willem; holländ. Arzt 159
Kolonien, Unabhängigkeit 194–195, 196, 202, 220, 222, 225, 227, 279, 319
Kommunismus
- Osteuropa 172
- USA 181

- Zusammenbruch 316, 322-323
Konsumzeitalter 208–209
Kontinentverschiebung 49
Konzentrationslager 150, 153, 154, *155*, 164
Kopp, Elisabeth; Schweizer Politikerin 303
Koreakrieg 180, 184
Koresh, David; amerikan. Sektenführer 329
Kossygin, Alexei; sowjet. Politiker 234
Krahwinkel, Hilde; dt. Tennisspielerin 109
Krankenpflege 31
Krankenversicherung 173
Krankheiten
- Aids 302
- BSE (Rinderwahnsinn) 338
- Grippe-Epidemie 64
- Kinderlähmung 99, 196
- Pest 33, 64
- Pocken 291
- Zuckerkrankheit 73
Kreditkarte 178
Kreisky, Bruno; österr. Politiker 300
Kricket 115
Kriege
- Afghanistan 285, 316
- Angola 327
- Balkankrieg 48
- Burenkrieg 9
- China 176
- Erster Weltkrieg 52-64
- Falklandkrieg 296
- Golfkrieg 290, 313, 324
- indisch-chinesischer 227
- Indochinakrieg 198
- Jom-Kippur-Krieg 271
- Jugoslawien 325, *326*, 336
- Kongo 220, 222, 223
- Koreakrieg 180, 184
- Kuwait-Besetzung 320, 324
- Libanon 275
- Nigeria 244
- Pakistan 262
- Ruanda 332
- Russisch-japanischer Krieg 22, 24, 40
- Russland 69
- Sechstagekrieg 245, 252
- Somalia 327
- Spanischer Bürgerkrieg 126, 131, 139
- Vietnamkrieg 194, *237*, 240, 245, 248, 252, 256, 257, 267, 270, 275, 277, 280
- Zweiter Weltkrieg 79, 136–165
- Zypernkonflikt 235
Kriegsschiffe, Zerstörung 67
Kriegsverbrecherprozess, Zweiter Weltkrieg 165, *166*
Kriminalität, USA 68, *103*, 118
Krupp von Bohlen und Halbach, Gustav; dt. Industrieller 62
Ku Klux Klan 55
Kuang Hsü; chin. Kaiser 36
Kubakrise 212, 223, 228
Kubrick, Stanley; amerikan. Regisseur 249
Kugelschreiber 135
Kujau, Konrad; Fälscher der Hitler-Tagebücher 301
Kulturrevolution, China 240
Kunst
- abstrakte Kunst 41
- Actionpainting *169*
- Centre Pompidou 278
- Dadaismus 59, 60
- »Die Brücke« 27
- Expressionismus 27

- Fauvismus 25
- Fotografie 27
- Jugendstil 15
- Kollagen 49
- Kubismus 32
- »Muralismo« 128
- Nationalsozialismus 115
- Neue Sachlichkeit 87
- Pop-Art 227
- Sowjetunion 119
- Surrealismus 85, 88
- Verpackungskunst 305, 335
- Wandmalerei 128

Künstliche Befruchtung 282
Kunststofffasern 174
- Polyäthylen 138

L

Labouisse, Henri; Unicef-Direktor 238
Lacoste, Jean René; franz. Tennisspieler 111
Lahm, Frank; amerikan. Ballonfahrer 29
Lahore, Erdbeben 27
Lake, Stuart; amerikan. Schriftsteller 103
Lalo, Edouard; franz. Komponist 96
Land, Edwin; amerikan. Erfinder 171
Landsteiner, Karl; dt. Wissenschaftler 142
Lang, Fritz; dt. Regisseur 92
Langer, Bruno; dt. Pilot 53
Langer Marsch (China) 116
Langspielplatte 173
LaStarze, Roland; Boxer 192
Latynina, Laryssa; sowjet. Turnerin 341
Laurel, Stan; amerikan. Komiker 140
Lawler, R. H.; amerikan. Chirurg 178
Lawrence, Thomas Edward (Lawrence von Arabien); engl. Archäologe und Schriftsteller 58
Le Corbusier; Schweizer Architekt 186
Leadbelly; amerikan. Bluessänger 118
Leakey, Louis und Mary; engl. Forscher 225
Lebensmittelkarten 178
Lebensmittelkonservierung 106
Lebensmittelrationierung 56, 65, 147
Leeson, Nick; engl. Finanzmakler 336
Leigh, Janet; amerikan. Schauspielerin 219
Leigh, Vivien; engl. Schauspielerin 137
Lemond, Greg; amerikan. Radrennfahrer 305
Lenglen, Suzanne, franz. Tennisspielerin 81
Lenin, Wladimir Iljitsch; sowjet. Politiker 60, 82, 85, 97
Lennon, John; engl. Popmusiker 232, 247, 289
Leonardo da Vinci; ital. Künstler und Naturforscher 20, 47
Leonow, Alexei; sowjet. Kosmonaut 238, 261, 275
Leopold II.; König der Belgier 35
Leopold III.; König der Belgier 185
Leopold, Nathan; amerikan. Mörder 84

Levegh, Pierre; franz. Autorennfahrer 201
Lewis, Carl; amerikan. Sportler 303, 311, 341
Lilienthal, Otto; dt. Ingenieur und Flugpionier 20
Lincoln, Abraham; amerikan. Präsident 150, 232
Lindbergh, Charles; amerikan. Flugpionier 96, 111
Lindgren, Astrid; schwed. Schriftstellerin 164
Lines, Mary; engl. Sportlerin 73
Liston, Sonny; amerikan. Boxer 237
Literatur
- Bücherverbrennung 115
- Comic 26, 33, 53, 102, 103, 124–125, 132, 178, 214, 224
- Kriminalroman 70
- Nationalsozialismus 115
- Taschenbücher 178

Literatur (Werke)
- »1984« (George Orwell) 176
- »Abpfiff« (Toni Schumacher) 308
- »Archipel Gulag« (Alexander Solschenizyn) 273
- »Das fehlende Glied in der Kette« (Agatha Christie) 70
- »Das wüste Land« (T. S. Eliot) 77
- »Der Fänger im Roggen« (Jerome D. Salinger) 185
- »Der Hund von Baskerville« (Arthur Conan Doyle) 17
- »Der kleine Prinz« (Antoine de Saint-Exupéry) 156
- »Der weibliche Eunuch« (Germaine Greer) 259
- »Der wunderbare Zauberer von Oz« (Lyman Frank Baum) 11
- »Die Waffen nieder!« (Bertha von Suttner) 26
- »Doktor Schiwago« (Boris Pasternak) 211
- »Dschungelbuch« (Rudyard Kipling) 31
- »Emil und die Detektive« (Erich Kästner) 101
- »Farm der Tiere« (George Orwell) 164
- »Herr der Fliegen« (William Golding) 197
- »Im Westen nichts Neues« (Erich Maria Remarque) 103
- »Kim« (Rudyard Kipling) 31
- »Peter Rabbitt« (Beatrix Potter) 16
- »Pippi Langstrumpf« (Astrid Lindgren) 164
- »Pu der Bär« (Alexander Milne) 90
- »Römische Geschichte« (Theodor Mommsen) 17
- »Satanische Verse« (Salman Rushdie) 317
- »Tagebuch der Anne Frank« 154
- »Tom Sawyer und Huckleberry Finn« (Mark Twain) 43
- »Ulysses« (James Joyce) 77
- »Unterwegs« (Jack Kerouac) 207
- »Wir Kinder vom Bahnhof Zoo« (Christiane F.) 283

Lloyd Webber, Andrew; engl. Komponist 262, 293
Lloyd, Harold; amerikan. Schauspieler 140, 141
Loar, Lloyd; amerikan. Erfinder 122
Loeb, Richard; amerikan. Mörder 84
Logan, Nick; engl. Verleger 289
Lon Nol; kambodschan. Politiker 256
Lorenz, Konrad; österr. Verhaltensforscher 270
Louis, Joe; amerikan. Boxer 129, 148, 177
Love Parade, Berlin 217, 338
Lovell, James; amerikan. Astronaut 258, 261
Lubbe, Marinus von der 114
Lübke, Heinrich; dt. Politiker 214
Lucas, George; amerikan. Regisseur 279, 299
Ludendorff, Erich; dt. Offizier 83
Luftbrücke 171
Luftfahrt 18, 20–21, 85, 96, 111, 115, 198
- Ballon 29, 108, 283, 284
- erster tödlicher Flugunfall 37
- Flugboot 139
- Flugzeug 20–21, 61, 177, 189, 265, 277
- Flugzeugkatastrophen 211, 267, 278, 300, 310, 339
- Hubschrauber 137
- Raketenflugzeug 139
- Transatlantikflug 67
- Zeppelin 10, 21, 55, 61, 99, 103, 107, 130

Luftkissenboot 228
Luftschiff siehe Zeppelin
Luftverschmutzung 189, 268–269, 304, 309, 344
Lumière, Auguste u. Louis; franz. Chemiker 33
Lumumba, Patrice; kongoles. Politiker 223

M

MacArthur, Douglas; amerikan. General 180, 184
MacGraw, Ali; amerikan. Schauspielerin 257
Machen, Eddie; amerikan. Boxer 215
Maclean, Donald; engl. Spion 230
Macnamara, Frank; amerikan. Kreditkartenerfinder 178
Madero, Francisco; mexik. Politiker 42
Madonna, amerikan. Sängerin und Schauspielerin 247, 301, 304
Maginot, André; franz. Politiker 107
Makarios, Erzbischof von Zypern 220, 273
Malcolm X, amerikan. Bürgerrechtler 238
Malerei siehe Kunst
Mandela, Nelson; südafrikan. Politiker 236, 318, 332
Mandela, Winnie; südafrikan. Politikerin 318
Mandschurische Eisenbahn 16
Mann, Thomas; dt. Schriftsteller 115
Manson, Charles; amerikan. Mörder 251

Mao Tse-tung; chin. Politiker 116, 176, 210, 240, 265, 277, 293
Maradona, Diego; argent. Fußballspieler 296
Marciano, Rocky; amerikan. Boxer 192, 203
Marconi, Guglielmo; ital. Erfinder 78
Marconi, Italo; amerikan. Eiswaffelerfinder 23
Marcos, Ferdinand; philippin. Politiker 306
Margaret; engl. Prinzessin 131, 201, 220
Margarete; dän. Königin 265
Maria; russ. Prinzessin 62
Marine 28, 35, 67
Mark Twain 43
Markowa, Alicia; russ. Tänzerin 131
Marley, Bob; jamaikan. Reggae-Musiker 294
Marriott, Fred H.; amerikan. Rennfahrer 39
Marshall, George; amerikan. Politiker 168
Marshall-Plan 168
Marx Brothers (Groucho, Chico und Harpo Marx); amerikan. Komiker 128, 140
Masson, André; franz. Künstler 88
Masterson, Bat; amerikan. Westernheld 103
Matisse, Henri; franz. Maler 25
Matlock, Glen; engl. Punkmusiker 281
Matthews, Stanley; engl. Fußballspieler 111
Maud,; norweg. Königin 25
Mauer, Berliner 316, 321, 323
May, Brian; engl. Popmusiker 272
Maybach, Karl; dt. Konstrukteur 95
Mazowiecki, Tadeusz; poln. Politiker 316
McCarthy, Joseph; amerikan. Politiker 181
McCartney, Paul; engl. Popmusiker 232, 246
McCay, Windsor; amerikan. Comic-Zeichner 26
McDonald's 173
McEnroe, John; amerikan. Tennisspieler 291
McKinley, William; amerikan. Präsident 14
McMillan, Edwin; amerikan. Forscher 142
McVeigh, Timothy; amerik. Attentäter 345

Medizin
- Antibabypille 218
- Computertomographie 267
- Contergan-Skandal 226
- Eiserne Lunge 99
- Herz-Lungen-Maschine 188, 244
- Herztransplantation 244
- Kinderlähmung-Impfstoff 196
- künstliche Niere 159
- Nierentransplantation 178, 244
- Penizillin 98, 152
- Pocken-Impfstoff 291
- Rhesus-Faktor 142
- Tetanus-Impfstoff 93
- Zuckerkrankheit 73

Mehrwertsteuer, Einführung 248
Meilenrennen 196
Meinungsforschung 123

Meir, Golda; israel. Politikerin 251, 264
Meliès, George; franz. Filmpionier 17, 299
Mendel, Gregor; österr. Biologe 330
Menschenrechte, Kampf um 170, 202, 224, 232, 237, 278, 318, 323
Menuhin, Yehudi; amerikan. Musiker 96
Mercedes 13
- A-Klasse 345
- Benz 183
- »Silberpfeil« 201, 207
Merckx, Eddy; belg. Radrennfahrer 259
Mercury, Freddie; engl. Popmusiker 272
Meredith, James; amerikan. Student 202, 228
Messerschmitt Kabinenroller 201
Messner, Reinhold; südtirol. Bergsteiger 190, 282, 319
Mickymaus 100, 201
Micombero, Michel; burund. Politiker 265
Mies van der Rohe, Ludwig; dt. Architekt 73
Mikrochip 314
Mikrowellenherd 170
Militär, Aufrüstung 123
Militärbündnis
- NATO 177, 200
- Warschauer Pakt 200, 204
Milky Way 80
Miller, Arthur; amerikan. Schriftsteller 227
Miller, Glenn; amerikan. Musiker 153
Milne, Alexander; engl. Schriftsteller 90
Mindszenty, Jozsef; ungar. Kardinal 181
Mini Minor 215
Minigolf 107
Miró, Joan; span. Maler 85, 88
Mitchum, Morris; amerikan. Spielzeughändler 19
Mitterrand; François; franz. Politiker 292
Mobile, Erfindung 111
Mobutu, Sese Seko; kongoles. Politiker 223
Mode 36, 76, 95, 174–175, 216, 229, 235
- Bikini 167, 175
- Jeans 200
- Nylonstrümpfe 138, 139
Mohammad Ali; Schah von Persien 38
Molotow, Wjatscheslaw; sowjet. Politiker 137
Moltke, Helmuth von; dt. General 53
Mommsen, Theodor; dt. Historiker 17
Mondlandung 250, 254, 260, 263
»Monopoly« (Spiel) 117
Monroe, Marilyn; amerikan. Schauspielerin 199, 227, 343
Montblanc-Tunnel 238
Montessori, Maria; ital. Ärztin 31
Montgolfier, Brüder; franz. Flugpioniere 21
Montmimy, Ann; kanad. Sportlerin 341
Moore, Bobby; engl. Fußballspieler 242
Moore, Henry; engl. Bildhauer 151
Moran, »Bugsy«; amerikan. Gangster 103

Moreschi, Alessandro; ital. Opernsänger 77
Moro, Aldo; ital. Politiker 283, 286
Morris Minor 173
Moser-Pröll, Annemarie; österr. Skiläuferin 274
Moss, Sterling; engl. Autorennfahrer 207
Motorroller siehe Vespa
Mount Everest, Besteigung 190
Mountbatten, Lord; engl. Vizekönig von Indien 195
Mubarak, Husni; ägypt. Politiker 293
Mugabe, Robert; Zimbabwe-Politiker 289
Muhammad Ali siehe Clay, Cassius
Müllberge 269
Müller, Peter Hermann; Schweizer Chemiker 138
Müller, Peter; dt. Boxer 187
Murnau, Friedrich Wilhelm; dt. Regisseur 75
Musical (Werke)
 - »Cats« 293
 - »Das zauberhafte Land« 141
 - »Hair« 280
 - »Jesus Christ Superstar« 262
 - »Meine Lieder, meine Träume« 239
 - »Oklahoma« 158
 - »Scheidung auf amerikanisch« 119
 - »Singin' in the Rain« 187
 - »West Side Story« 206, 223
Musik 96, 188, 244, 272, 279, 301, 303, 304, 343, 344
 - Beat 240
 - Bebop 165
 - Bigband-Jazz 100
 - Blues 27, 247
 - Boygroups 266
 - elektrische Gitarre 122
 - Folk 239, 280
 - Gospel 247
 - Jazz 41, 60, 85, 94, 100, 133, 153, 165, 246
 - Jungle 217
 - Musical 119, 141, 158, 187, 206, 223, 239, 262, 280, 293
 - Pop 246-247
 - Ragtime 46
 - Rap 284
 - Reggae 294
 - Rock 'n' Roll 186, 197, 204, 215, 246
 - Rockoper »Tommy« 258
 - Soul 247
 - Stereo-Schallplatten 211
 - Swing 133, 153
 - Techno 217, 309, 338
 - Woodstock-Rockfestival 252, 280
Musikbox 28
Mussolini, Benito; ital. Politiker 66, 77, 106, 120, 123, 137, 158, 165, 169
Mutter Teresa siehe Teresa

N

Nagib; ägypt. General 187
Nansen, Fridtjof; norweg. Polarforscher 45
Nasser, Gamal Abd el; ägypt. Politiker 194, 203
Nationalsozialismus 83, 87, 107, 114, 115, 116, 117, 120-121, 123, 128, 129, 132, 133, 136, 137
NATO 177, 200
Naturkatastrophen
 - Erdbeben in Armenien 312
 - Erdbeben in China 276
 - Erdbeben in Griechenland 192
 - Erdbeben in Iran 180
 - Erdbeben in Italien 55, 343
 - Erdbeben in Japan 81, 335
 - Erdbeben in Lahore 27
 - Erdbeben in Los Angeles 333
 - Erdbeben in Managua 266
 - Erdbeben in San Francisco 28
 - Erdbeben in Sizilien 37
 - Erdrutsch, Norwegen 118
 - Flutkatastrophe an der Nordseeküste 229
 - Flutkatastrophe in Bangladesch 311
 - Flutkatastrophe in Holland 193
 - Flutkatastrophe in Pakistan 256
 - Hurrikan auf Madagaskar 214
 - Oderhochwasser 343
 - Vulkanausbruch in Italien (Vesuv) 29
 - Vulkanausbruch in Kolumbien (Nevado del Ruiz) 304
 - Vulkanausbruch in Martinique (Mont Pelé) 17
 - Wirbelstum in Japan 178
 - Wirbelsturm in Pakistan 256
 - Wirbelsturm in den USA 88
Navratilova, Martina; amerikan. Tennisspielerin 319
Nehru, Jawaharlal; ind. Politiker 169, 195, 197, 214, 235, 243
Nelson, Erick H.; amerikan. Pilot 85
Nelson, Ralph; amerikan. Regisseru 235
Neonazis 327, 328
Newman, Larry; amerikan. Ballonfahrer 283
Nicholson, Jack; amerikan. Schauspieler 317
Nielsen, Asta; dän. Schauspielerin 140
Niemeyer, Oscar; brasil. Architekt 221
Nierentransplantation 178, 244
Nightingale, Florence; engl. Krankenschwester 31
Nijinski, Waslaw; russ. Balletttänzer 46
Nikolaus II.; russ. Zar 13, 60, 62
Nil-Staudamm 173
Nimoy, Leonard; amerikan. Schauspieler 243
Nixon, Richard; amerikan. Präsident 218, 256, 265, 267, 272
Nkrumah, Kwame; ghan. Politiker 241
Nobel, Alfred; schwed. Chemiker 13, 68
Nobelpreis 13, 19, 22, 26, 42, 73, 76, 88, 128, 166, 192, 211, 222, 224, 238, 263, 320, 323
Nobile, Umberto; ital. Konstrukteur 93
Nofretete, ägypt. Königin 49
Noonan, Chris; amerikan. Regisseur 336
Nordirlandkonflikt 72, 251, 264, 287, 294, 310, 345
Nordpol, Erforschung 45
Norgay, Tenzing; nepal. Bergsteiger 190
Noriega, Manuel Antonio; panam. General 317
Nova, Lou; amerikan. Boxer 148
Nurejew, Rudolf; sowjet. Balletttänzer 225
Nurmi, Paavo; finn. Läufer 84, 341
Nylonstrümpfe 138, 139, 175

O

Oakley, Kenneth; engl. Geologe 191
Obote, Milton; ugand. Politiker 263
O'Keeffe, Georgia; amerikan. Malerin 27
Olav; norweg. Kronprinz 25
Ölbohrinsel »Piper Alpha«, Brand 313
Oldsmobile 183
Olga; russ. Prinzessin 62
Ölkrise 271
Ölunglücke 283, 317
Olympische Reiterspiele, Stockholm (1956) 205
Olympische Spiele 340–341
 - für Frauen 73
 - Amsterdam (1928) 101
 - Antwerpen (1920) 71
 - Atlanta (1996) 338, 341
 - Berlin (1936) 129
 - Chamonix (1924) 84, 340
 - Cortina d'Ampezzo (1956) 203
 - Garmisch-Partenkirchen (1936) 127
 - Helsinki (1952) 189
 - Lake Placid (1980) 290
 - London (1908) 36
 - London (1948) 172
 - Los Angeles (1984) 303
 - Mexiko (1968) 249, 341
 - Montreal (1976) 277
 - Moskau (1980) 290
 - München (1972) 264, 265
 - Paris (1924) 84, 92
 - Rom (1960) 221
 - Saint Louis (1904) 23
 - Sankt Moritz (1928) 99, 340
 - Seoul (1988) 311, 340
 - Stockholm (1912) 49
O'Neal, Ryan; amerikan. Schauspieler 257
Ono, Yoko; amerik. Künstlerin 289
Opel, Fritz von; dt. Ingenieur 101
Opernhaus, Sydney 271
Oppenheimer, Robert; amerikan. Physiker 162
Oriali; ital. Fußballspieler 297
Orwell, George; engl. Schriftsteller 126, 164, 176
Osmond-Brothers, amerikan. Popgruppe 266
Ossietzky, Carl von; dt. Schriftsteller 128
Ostblock 322
Ostermarsch 210
Oswald, Lee Harvey; Kennedy-Attentäter 233, 236
»Ötzi« (Gletscherleiche) 325
Ovett, Steve; engl. Sprinter 290
Owens, Jesse; amerikan. Sprinter 129, 341
Ozonloch 269, 275
Ozonschicht 309

P

Paddock, Charles; amerikan. Sportler 73
Pahlawi, Mohammed Resa; iran. Schah 214, 245, 284, 294
Palach, Jan; tschech. Student 253
Palästina (jüdische Besiedlung) 61
Palästinenser 257, 264, 275, 282, 286
Palästinensische Befreiungsorganisation siehe PLO
Palästinensisch-israelischer Konflikt 61, 252, 264, 275, 296, 311, 328, 334
Palme, Olof; schwed. Politiker 307
Pan-Am-Gebäude, New York 229
Panamakanal 53
Pankhurst, Christabel; engl. Frauenrechtlerin 37
Pankhurst, Emmeline; engl. Frauenrechtlerin 37
Parker, Bonnie; amerikan. Gangster 118
Parks, Rosa; amerikan. Menschenrechtskämpferin 202
Parry, Edward; engl. Polarforscher 45
Passierscheinabkommen, Berlin 234
Pasternak, Boris; russ. Schriftsteller 211
Pathé, Brüder; franz. Filmpioniere 42
Patten, Chris; engl. Politiker 344
Patterson, Floyd; amerikan. Boxer 215
Paul VI.; Papst 236
Paul, Henri; franz. Chauffeur 342
Pawlow, Iwan; russ. Wissenschaftler 22
Pawlowa, Anna; russ. Tänzerin 27
»Peanuts« 178
Peary, Robert E.; amerikan. Polarforscher 39, 44, 45
Pégoud, Adolphe; franz. Pilot 51
Pekingmensch 97
Pelé; brasil. Fußballspieler 105, 210
Penizillin 98, 152
Penkovsky, Oleg; sowjet. Spion 230
Pereira, Fernando; Umweltschützer 305
Peres, Schimon; israel. Politiker 334
Perestroika 308
Perot, Ross; amerikan. Präsidentschaftskandidat 327
Perry, Fred; engl. Tennisspieler 118
Perugia, Vincenzo; ital. Kunstdieb 47
Pest 33, 64
Pfadfinder 30, 43
Phan Thi Kim Phuc; Vietnamkriegsopfer 267
Philby, Kim; engl. Spion 230
Philip, Herzog von Edinburgh 168, 192
Phillips, Mark; Ehemann von Prinzessin Anne 271
Physik
 - Atomspaltung 67
 - Quantentheorie 11
 - Relativitätstheorie 26
Picasso, Pablo; span. Maler 32, 49, 88, 119
Piccard, Auguste; franz. Ballonfahrer 108
Piccard, Jacques; Schweizer Taucher 221
Pickford, Mary; amerikan. Schauspielerin 38, 66, 140
Pieck, Wilhelm; dt. Politiker 176
Pietri, Dorando; ital. Marathonläufer 36
Piltdown-Mensch, Archäologie 191
Pink Floyd, engl. Rockband 319
Pinochet, Augusto; chilen. Politiker 270
Pin-up-Girls 159
Pippow, Max; dt. Ringrichter 187
Pius X.; Papst 19
Planck, Max; dt. Physiker 11
PLO (Palästinensische Befreiungsorganisation) 252, 287, 296, 328
Plutonium, Entdeckung 142
Pocken 291
Poitier, Sidney; amerikan. Schauspieler 235
Polarforschung 39, 44–45
Polio, Impfstoff 196
Polizei, Interpol-Gründung 83
Pollock, Jackson; amerikan. Maler 169
Polyäthylen, Entwicklung 138
Pompidou, Georges; franz. Politiker 257
Pop-Art 227
Popmusik 246–247
Porsche, Ferdinand; dt. Autokonstrukteur 127, 200
Porter, Edwin; amerikan. Filmemacher 18
Pöschl, Hans; dt. Fußballspieler 173
Post, Wiley; Pilot 108
Potter, Beatrix; engl. Schriftstellerin 16
Powell, Mike; amerikan. Sportler 325
Powers, Francis G.; amerikan. Pilot 219
Prager Frühling 249, 278
Presley, Elvis; amerikan. Rock 'n' Roll-Star 197, 204, 246, 279
Probst, Christoph; dt. Widerstandskämpfer 157
Profumo, John Dennis; engl. Politiker 231
Propaganda 54
Pu Yi; chin. Kaiser 36, 46
Punks 276, 281
Puskas, Ferenc; span. Fußballspieler 221
Puzzle 47

Q

Qin Shih Huang Ti; chin. Kaiser 274
Quant, Mary; engl. Modeschöpferin 235
Quantentheorie 11
Queen, engl. Rockgruppe 272, 304

R

Rabin, Yitzhak; israel. Politiker 328, 334, 339
Radek, Karl; sowjet. Politiker 131
Radio 69, 76, 78-79, 135, 254
Radio-Carbon-Methode, Altersbestimmung 168

Radke-Batschauer, Lina; dt. Sportlerin 101
RAF siehe Rote Armee Fraktion
Ragtime 46
Rahn, Helmut; dt. Fußballspieler 199
Rainier III.; Fürst von Monaco 205, 297
Raketenauto 101
Rambler Station Wagon 183
Ramses II.; ägypt. Pharao 234
Rap-Musik 284
Rasierapparat
- elektrischer 99
- Erfindung 12
Raspe, Jan-Carl; dt. Terrorist 279
Rasputin; russ. Mönch 59
Rassentrennung
- Südafrika 171, 179, 219, 236, 276, 318, 332
- USA 202, 207, 224, 232
Rassenunruhen
- Sri Lanka 301
- Südafrika 276
- USA 159, 228, 232, 237, 238, 242, 249, 327
Rauchen, Gefahren 197, 285
Raumfahrt 206, 210, 214, 223, 226, 233, 236, 238, 245, 258, 260-261, 263, 270, 275, 282, 285, 293, 295, 301, 337, 339, 345
- Challenger-Katastrophe 307
- Mondlandung 250, 254, 260, 263
Ray, Man; amerikan. Künstler 59, 88
Reagan, Nancy; Frau von Ronald Reagan 291
Reagan, Ronald; amerikan. Präsident 291, 292, 301, 312, 322
Réard, Louis; franz. Modeschöpfer 175
Rechtschreibreform 13
Reggae 294
Reißverschluss 52
Reklame 209
Relativitätstheorie 26
Religion 61, 144
Remarque, Erich Maria; dt. Schriftsteller 103
Rémi, Georges; belg. Schriftsteller und Künstler 102
»Retortenbaby« 282
Rhesus-Faktor 142
Ribbentrop, Joachim; dt. Politiker 137
Rice, Tim; engl. Musicaltexter 262
Richard, Keith; engl. Rockmusiker 236
Richardson, »Big Bopper«; amerikan. Rock 'n' Roll-Star 215
Richthofen, Manfred von; dt. Kampfflieger 63
Ride, Sally; amerikan. Astronautin 261, 301
Ridgway, Matthew; amerikan. General 184
Rinderwahnsinn 338
Rittberger, Werner; dt. Eiskunstläufer 47
Rivera, Diego; mexik. Maler 128
Robeson, Paul; amerikan. Sänger 185
Roboter 70, 92
Roche, Stephen; ir. Radrennfahrer 308
Rock 'n' Roll 186, 197, 215, 246

Rockefeller, John; amerikan. Industrieller 41
Rockoper »Tommy« 258
Rodgers, Richard; amerikan. Komponist 158
Rogers, Ginger; amerikan. Tänzerin und Schauspielerin 119
Röhm, Ernst; dt. SA-Führer 117
Rolling Stones, engl. Rockgruppe 236, 240, 246, 252
Rollschuhe 43
Rolls-Royce 29
Romano, Joseph; israel. Sportler 264
Rommel, Erwin; dt. General 150, 153
Röntgen, Wilhelm Conrad; dt. Physiker 13, 81
Roosevelt, Eleanor; Frau von F. D. Roosevelt 139, 170
Roosevelt, Franklin D.; amerikan. Präsident 106, 110, 115, 148, 151, 159, 160, 161, 162, 165, 172
Roosevelt, Theodore; amerikan. Präsident 14, 15, 19, 39, 150
Rorschach, Hermann; Schweizer Arzt 69
Rosemeyer, Bernd; dt. Autorennfahrer 132
Rosenberg, Julius und Ethel; amerikan. Spionageverdächtige 190, 230
Ross, Diana; amerikan. Sängerin 247
Rossi, Paolo; ital. Fußballspieler 297
Rote Armee Fraktion (RAF) 279, 287
Rote Brigaden, ital. Terrorgruppe 283, 286
Roth, Emery; amerikan. Architekt 229
Rotten, Johnny; engl. Punkmusiker 281
Round, Dorothy; engl. Tennisspielerin 118
Rubiks Würfel 288
Ruby, Jack 233, 236
Rudolph, Wilma; amerikan. Sportlerin 221
Rundfunk 69, 76, 78-79, 135, 254
Rushdie, Salman; ind. Schriftsteller 317
Russisch-japanischer Krieg 22, 24, 40
Rust, Mathias; dt. »Kremlflieger« 309
Rüstungswettlauf 186, 197, 233, 267
Ruth, Georg Herman (Babe Ruth); amerikan. Baseball-Spieler 69, 104
Rutherford, Ernest; engl. Atomphysiker 67, 76
Ryuku, Miki; japan. Tennisspielerin 118

Sacco, Nicola; ital. Anarchist 72
Sacharow, Andrei; sowjet. Physiker 323
Sadat, Anwar as; ägypt. Politiker 282, 293
Sailer, Toni; österr. Skiläufer 203
Saint-Exupéry, Antoine; franz. Schriftsteller 156
Saint-Laurent, Yves; franz. Modeschöpfer 229

Salchow, Ulrich; schwed. Eiskunstläufer 47
Salinger, Jerome D.; amerikan. Schriftsteller 185
Salk, Jonas E.; amerikan. Mediziner 196
Salten, Felix; österr. Schriftsteller 141
San Francisco, Erdbeben 28
Sands, Bobby; IRA-Mitglied 294
Sankt-Lorenz-Kanal 213
Santos, José Eduardo dos; angol. Politiker 327
Santos-Dumont, Alberto; brasil. Flugpionier 21
Saurer Regen 269
Schach 264, 304
Schallplatte 13, 173, 211
Scheidemann, Philipp; dt. Politiker 65
Schick, Jacob; amerikan. Erfinder 99
Schiffe
- »Bismarck« 151
- »Deutschland« 11
- »Dreadnought« 28
- »Estonia« 333
- »Exxon Valdez« 317
- »Gorch Fock« 115
- »Graf Spee« 138
- »Great Western« 11
- »Herald of Free Enterprise« 309
- »Hood« 151
- »Hovercraft«-Luftkissenboot 228
- »Lusitania« 33, 54
- »Nautilus« 197
- »Prince of Wales« 151
- »Queen Elizabeth« 135
- »Queen Mary« 129
- »Titanic« 48
- »Wasa« 225
Schindler, Oskar; dt. Unternehmer 329
Schirra, Wally; amerikan. Astronaut 261
Schirrmann, Richard; dt. Lehrer 39
Schlemmer, Oskar; dt. Maler 87
Schleyer, Hanns Martin; dt. Arbeitgeberpräsident 279
Schlieffen, Alfred von; dt. Generalfeldmarschall 53
Schmeling, Max; dt. Boxer 107, 129
Schmidt, Helmut; dt. Politiker 273, 290, 297
Schmidt-Rottluff, Karl; dt. Maler 27
Schneider, Ralph; amerikan. Kreditkartenerfinder 178
Scholl, Hans; dt. Widerstandskämpfer 157
Scholl, Sophie; dt. Widerstandskämpferin 157
Schönberg, Arnold; österr. Komponist 115
Schragmüller, Elisabeth; dt. Spionin 231
Schreck, Max; dt. Schauspieler 75
Schreibmaschine, elektrische 206
Schueller, Eugène; franz. Chemiker 68
Schule 67, 130
Schultz, Charles; Erfinder der »Peanuts« 178
Schumacher, Harald »Toni«; dt. Torwart 308
Schwangerschaftsabbruch 259
Schwarzkopf, Norman; amerikan. General 324
Schwebebahn (Wuppertal) 15

Schweitzer, Albert; dt. Arzt und Theologe 50
Schwimmen 77, 81, 92, 265, 341
Scopes, John Thomas; amerikan. Biologielehrer 86
Scott, David; amerikan. Astronaut 263
Scott, Robert F.; engl. Polarforscher 42, 44, 48
»Scrabble« (Spiel) 108
Scully, John; amerikan. Industrieller 315
Seaborg, Glenn; amerikan. Forscher 142
Sechstagekrieg 245, 252
Seikan-Tunnel 310
Seles, Monica; amerikan. Tennisspielerin 329
Selfridge, Thomas E.; amerikan. Pilot 37
Senna, Ayrton; brasil. Autorennfahrer 183, 333
»Sesamstraße« 253, 255
Sex Pistols, engl. Punkband 276, 281
Sharkey, Jack; amerikan. Boxer 107
Shastri, Lal Bahadur; ind. Politiker 243
Shaw, George Bernard; ir. Schriftsteller 88
Shepard, E. H.; engl. Zeichner 90
Siciliano, Angelo; amerikan. Bodybuilder 91
Sikorsky, Igor; amerikan. Konstrukteur 137
Sillanpää, Miina; finn. Politikerin 32
Simplontunnel 29
Simpson, O. J.; amerikan. Football-Star 334
Simson, Wallis; Ehefrau Edwards VIII. 127
Sinatra, Frank; amerikan. Sänger 157
Sioux-Indianer 271
Sirhan, Sirhan; Kennedy-Attentäter 248
Sizilien, Erdbeben 37
Skilaufen 203, 274, 340
Sklaverei, Abschaffung 97
Skoblikova, Lidiya; sowjet. Eisschnellläuferin 340
Slazwar, Antonio; portug. Politiker 111
Smith, Dodie; amerikan. Schriftsteller 224
Smith, Ian; rhodes. Politiker 289
Smith, Lowell H.; amerikan. Pilot 85
Smith, Tommie; amerikan. Sportler 249
Sofortbildkamera 171
Solidarität, poln. Gewerkschaft 288, 295, 319, 322
Solschenizyn, Alexander; russ. Schriftsteller 273, 323
Somoza, Anastasio; nicaraguan. Politiker 266, 285
Soraya; iran. Kaiserin 184
SOS-Kinderdorf 185
SOS-Notruf 48
Soul-Musik 247
Spanischer Bürgerkrieg 126, 131, 139
Spasski, Boris; sowjet. Schachspieler 264
Spencer, Charles; Bruder von Prinzessin Diana 342
Spencer, Perdy LeBaron; amerikan. Erfinder 170
Spice Girls, engl. Popgruppe 344

Spielberg, Steven; amerikan. Regisseur 297, 298, 329
Spiele und Spielzeug
- Barbie-Puppe 213
- Computerspiele 315
- Hula-Hoop 210, 216
- Metallbaukasten 10
- »Monopoly« 117
- Puzzle 47
- Rollschuhe 43
- Rubiks Würfel 288
- »Scrabble« 108
- Teddybär 19
Spinola, Antonio; portug. General 272
Spionage 60, 190, 219, 230-231, 240, 273
Spitz, Mark; amerikan. Schwimmer 265, 341
Sport
- Autorennen 132, 179, 183, 201, 207, 333
- Baseball 19, 69, 104-105
- Basketball 98, 339
- Boxen 35, 107, 129, 148, 177, 187, 192, 203, 215, 237, 273, 307
- Eishockey 118
- Eiskunstlauf 47, 127, 333, 340
- Fußball 104-105, 111, 117, 132, 173, 179, 199, 201, 210, 211, 221, 233, 236, 242, 258, 265, 270, 273, 282, 296, 297, 300, 305, 306, 308, 320, 333
- Golf 259
- Hochsprung 279
- Kricket 36, 115
- Leichtathletik 73
- Marathonlauf 36
- Meilenrennen 196
- Olympische Reiterspiele, Stockholm (1956) 205
- Olympische Spiele 340-341
- Radsport 19, 23, 38, 177, 259, 305, 308, 345
- Reiten 205
- Schwimmen 77, 81, 92, 265, 341
- Skilaufen 203, 274, 340
- Speerwurf 303
- Tennis 10, 33, 81, 109, 111, 118, 134, 193, 206, 291, 305, 306, 310, 316, 319
- Trikotwerbung 270
- Wasserball 293
- Weitsprung 325, 341
Springsteen, Bruce; amerikan. Rock-Star 303
Stadtentwicklung 112-113
Stafford, Thomas; amerikan. Astronaut 261, 275
Stalin, Josef; sowjet. Politiker 82, 97, 119, 131, 137, 159, 164, 165, 172, 191, 204
Starr, Ringo; engl. Popmusiker 232, 247
Staubsauger 15
Stauddämme 17, 173, 234, 303
Stauffenberg, Claus Graf Schenk von; dt. Widerstandskämpfer 161
Stephanie; Prinzessin von Monaco 297
Stereo-Schallplatten 211
Sterling, Robert; amerikan. Schauspieler 185
Sternberg, Josef von; dt. Regisseur 107
Stewart, James; amerikan. Schauspieler 199
Stieglitz, Alfred; amerikan. Fotograf 27

Stierkampf 71
Stolypin, Pjotr; russ. Politiker 47
Stoph, Willi; dt. Politiker 258
Strawinsky, Igor; russ. Komponist 46, 51
Stresemann, Gustav; dt. Politiker 89
Stretz, Hans; dt. Boxer 187
Studentenunruhen
 - Berlin 245, 249
 - China 317
 - Frankreich 248
 - USA 257
Südpol 44
Sueskanal, Streit um 203
Suffragetten siehe Frauenwahlrecht
Sullivan, Anne; amerikan. Lehrerin 23
Sun Yat-sen; chin. Politiker 46, 86
Sundback, Gideon; amerikan. Ingenieur 52
Supermarkt 81
Supremes, amerikan. Popgruppe 247
Suttner, Bertha von; österr. Schriftstellerin 26
Swatch-Uhren 300
Swigert, John; amerikan. Astronaut 258
Swing 153
Swinnerton, James; amerikan. Comic-Zeichner 124
Sydney, Opernhaus 271
Szabo, Ecaterina; rumän. Turnerin 303

Tanz 8, *80*, 89, *95*, 131
 - »Bananentanz« (Josephine Baker) 89
 - Charleston *95*
 - »Kuchentanz« *8*
Tarzan 53
Taschenbücher 178
Tate, Sharon; amerikan. Schauspielerin 251
Tatjana, russ. Prinzessin 62
Tauchrekord 221
Taylor, Roger; engl. Popmusiker 272
Techno-Musik 217, 309
Teddybär 19
Teenager 216–217
Telefonleitung, transatlantische 203
Telegrafie 17, 18
Temple, Shirley; amerikan. Kinderstar *122*, 141
Tempolimit 265
Tennis 10, 33, 81, 109, 111, 118, 134, 193, 206, 291, 305, 306, 310, 316, 319, 329
Teresa, Mutter; Ordensgründerin 343
Tereschkowa, Walentina; sowjet. Kosmonautin 233, *261*, 301
Terrorismus 257, 259, *264*, 276, 279, 283, 286–287, 288, 310, 324, 335
TGV (Zug) *295*
Thatcher, Margaret; engl. Politikerin *284*, 318
Theater
 - »Die heilige Johanna« 88
 - »Draußen vor der Tür« 168
 - »Peter Pan« 22
 - »R.U.R.« 70
Thorpe, Jim; amerikan. Sportler 49

Thunberg, Clas; finn. Eisschnellläufer 340
Tiere, bedrohte 268, *269*, 289
Tinbergen, Nikolaas; niederländ. Nationalökonom 270
Tirabocchi, Enrique; argent. Schwimmer 81, 92
Tito (Josip Broz); jugoslaw. Politiker 172, *193*, *194*, 289
Toaster 38
Todesstrafe 73
Tombaugh, Clyde; amerikan. Astronom 106
Torrio, Johnny; amerikan. Gangster 68
Toscanini, Arturo; ital. Dirigent 197
Tour de France 19, 23, 38, 177, 259, 305, 345
Townsend, Peter; engl. Fliegeroberst 201
Transistor 314
Transistorradio 198
Transsibirische Eisenbahn 16
Traumdeutung 10
Travolta, John; amerikan. Schauspieler 279
Treibhauseffekt 269, 302
Trikotwerbung, Fußball 270
Trotzki, Leo; sowjet. Politiker 97, 131
Truman, Harry S.; amerikan. Präsident *168*, 172, 184
Tschernobyl, Atomkatastrophe 184, 306
Tschiang Kai-shek siehe Chiang Kai-shek
Tschombé, Moïse; kongoles. Politiker 223
Tschou En-lai; chin. Politiker 265
Tschun; chin. Regent 36, 46
Tuchatschewski, Michail; sowjet. Politiker 131
Tunnel
 - Ärmelkanal 33, 332
 - Elbtunnel in Hamburg 47, 274
 - Montblanc-Tunnel 238
 - Simplontunnel 27, *29*
Turner, Tina; amerikan. Rockstar 304
Tussaud, Madame; Wachsfigurenkabinett 88
Tutanchamun; ägypt. Pharao 74
Twiggy; engl. Fotomodell *240*
Tyminski, Stanislaw; poln. Politiker 319
Tyson, Mike; amerikan. Boxer 307
Tz'u Hsi; chin. Regentin 36

Thant, Sithu; UN-Generalsekretär 225
U2, amerikan. Rockgruppe 304
U-Bahn
 - New York 23
 - Paris *8*, 9
U-Boot-Krieg, Erster Weltkrieg 54
Uderzo, Albert; franz. Comic-Zeichner 224
Ullrich, Jan; dt. Radrennfahrer 345
Umberto I.; ital. König 11
Umweltkatastrophen 277, 283, 317
Umweltschutz 268–269, 289, 326
Umweltschützer *262*, 268, 305, 335, 336

Umweltverschmutzung 189, 268-269, 289, 313, 344
Unicef, Kinderhilfswerk 238, 318
Universum, Entstehung 102
UNO siehe Vereinte Nationen
Ure, Midge 304
Utzorn, Jörn; dän. Architekt 271

Valens, Richie; amerikan. Rock 'n' Roll-Star 215
Valentino, Rudolph; amerikan. Schauspieler 140
Valera, Eamon de; ir. Politiker 72
Valier, Maximilian; dt. Ingenieur 101
Van Alen, William; amerikan. Architekt 107
Vanzetti, Bartolomeo; ital. Anarchist 72
Vereinte Nationen 152, 165, 166, 170, 238, 317, 320, 324, 327
Vererbungslehre 39, 193, 330-331
Verkehr, Tempolimit 265
Verkehrsentwicklung 89, 112, 119
Verkehrsschilder 97
Vernichtungslager 153, 154, 155, 164
Versailler Friedensvertrag 66, 67, 83, 123, 129
Vespa, Motorroller *166*
Vesuv 29
Vicious, Sid; engl. Punkmusiker *281*
Videorekorder 266
Vietnamflüchtlinge 282
Vietnamkrieg 194, 237, 240, 245, 248, 252, 256, 257, 267, 270, 275, 277, 280, 282
Viktor Emanuel III.; ital. König 77
Viktoria; engl. Königin 12
Villa, Pancho; mexikan. Revolutionär *42*
Völkerbund 65, 69, 114
Volkswagen siehe VW
Vorster, John; südafrikan. Politiker 276
Vulkanausbruch
 - Italien (Vesuv) 29
 - Kolumbien (Nevado del Ruiz) 304
 - Martinique (Mont Pelé) 17
VW »Käfer« *127*, 182, *200*

Währungsreform 82, 171, 173
Währungsunion, Deutschland 321
Waite, Terry; engl. Geisel 324
Waldheim, Kurt; österr. Politiker 307
Waldorfschule 67
Walesa, Lech; poln. Politiker *288*, *319*, *322*
Walkman 290
Wallis, Barnes; engl. Bombenkonstrukteur *158*
Walsh, Don; amerikan. Taucher 221
Walter, Fritz; dt. Fußballspieler 173, 199
Wandervogel-Bewegung 13
Warfield, William; amerikan. Sänger 185

Warhol, Andy; amerikan. Maler 227
Warner Brothers, amerikan. Filmgesellschaft 82
Warschauer Ghetto 145, 156, 258
Warschauer Pakt 200, 204
Washington, Booker T.; amerikan. Bürgerrechtler 15
Washington, George; amerikan. Präsident 150
Washkansky, Louis; Herzpatient 244
Wasserball 293
Wasserkraftwerk 75
Wasserstoffbombe 186, 241
Wasserverschmutzung 268, *269*, 313, 317
Watergate-Skandal 272
Watson, James; amerikan. Biologe *193*, 331
Watts, Charlie; engl. Rockmusiker *236*
Weaver, Robert C.; amerikan. Politiker 240
Wegener, Alfred; dt. Wissenschaftler 49
Wehrpflicht 123
Weill, Kurt; dt. Komponist 115
Weinberg, Mosche; israel. Sporttrainer 264
Weiße Rose, Widerstandsgruppe 157
Weissmuller, Johnny; amerikan. Schwimmer und Schauspieler 77
Weizsäcker, Richard von; dt. Politiker 303, *321*
Welles, Orson; amerikan. Schauspieler und Regisseur *78*, 135, *148*
Weltausstellung
 - Brüssel 211
 - Paris *8*, 9
Weltkrieg siehe Erster Weltkrieg, Zweiter Weltkrieg
Weltwirtschaftskrise 102, 110
Werbung 209
 - Rundfunk 79
 - Sport 270
White, Edward; amerikan. Astronaut 261
Who, amerikan. Rockgruppe 240, 252
Widerstand, Zweiter Weltkrieg *145*, 152, 157, 161
Wiedervereinigung, Deutschland 321, 325
Wilhelm II.; dt. Kaiser 27, 28, 51, 64, 65
Wilhelm; dt. Kronprinz 27
William; engl. Prinz 296, 342
Wilson, Mary; amerikan. Sängerin 247
Wilson, Woodrow; amerikan. Präsident 48, 60, *65*, 69
Winkler, Hans Günter; dt. Reiter 205
Winterstein, Konrad; dt. Fußballspieler 173
Witt, Katarina; dt. Eiskunstläuferin 340
Wochenschau, Film 42
Wojtyla, Karol siehe Johannes Paul II.
Wolkenkratzer 16, ,51, 73, 107, *108*, 229, 339
Wonder, Stevie; amerikan. Sänger 247
Woodstock-Rockfestival 252, 280
Woodward, Louise; engl. Aupair-Mädchen 345
Woolworth-Gebäude, New York 51

Wozniak, Steve; amerikan. Industrieller *315*
Wright, Frank Lloyd; amerikan. Architekt 129, 313
Wright, Orville; amerikan. Flugpionier *18*, 20, 37
Wright, Wilbur; amerikan. Flugpionier *18*, 20
Wyman, Bill; engl. Rockmusiker *236*

Yeager, Chuck; amerikan. Pilot 169
Yegorova, Lyubov; russ. Skilangläuferin 340
Yellowstone-Nationalpark, USA 55
Yoshihito; japan. Kaiser 48

Zabari, Gad; israel. Sportler 264
Zapata, Emiliano; mexik. Revolutionär *42*, 66
Zarenfamilie, Ermordung 62
Zatopek, Emil; tschech. Sportler 189
Zatopkova, Dana; tschech. Sportlerin 189
Zauditu; äthiop. Kaiserin 107
Zeichentrickfilm 134, 145, 224
Zeppelin 10, 21, 55, 61, 99, 103, *130*
Zeppelin, Ferdinand Graf von; dt. Erfinder 10
Zia ul-Haq, Muhammad; pakistan. Politiker 278, 313
Ziegfeld, Florenz; amerikan. Theaterleiter 31
Zirkus 276
Zoo 32, 119
Zuckerkrankheit 73
Zuse, Konrad; dt. Erfinder *148*, 314
Zweiter Weltkrieg 79, 136–165
 - Afrikafeldzug 149, 150, 153, 158
 - Atombombe 146, 147, *162-163*, 164
 - Bombenangriffe 145, 146, 147, 157, 158, *162-163*, *164*, 165
 - Dreimächtepakt 145
 - finnisch-sowjet. »Winterkrieg« 139
 - Flüchtlinge 165
 - Hitler-Stalin-Pakt 136, 137, 139, 146, 149
 - Kriegsende 164, 165
 - Kriegserklärungen 136, 148
 - Kriegsopfer 165
 - Kriegsverbrecherprozess 165, *166*
 - Lebensmittelrationierung 147, 151
 - Luftkrieg 145, 146
 - Pazifikkrieg 148, 153, 159
 - Pearl Harbor 148
 - Polenfeldzug 136
 - Rundfunkpropaganda 79
 - Russlandfeldzug 149, 157, 160
 - Seekrieg, 136, *138*, 143, 151, 158
 - Stahlpakt 137
 - Stalingrad-Schlacht 157
 - U-Boot-Krieg 158, 159
 - Vertriebene 165
 - Widerstand *145*, 152, 157, 159, 161
Zypernkonflikt 235, 273

Bildquellen

o = oben, u = unten, m = mitte, l = links, r = rechts

8, 9 m Corbis; 11 o Popperfoto; 13 or, 15 or, m Corbis, ul Library of Congress/Corbis, ur UPI/Corbis; 17 or Corbis; 18 u Edison; 19 mr Corbis; 21 background, ur Hulton Getty Picture Collection, mr Ben Johnson Photography; 23 or, ur Corbis, ul UPI/Corbis; 24/25 o, 25 or, ol, m Corbis; 26 o Corbis, m John Frost; 27 ur UPI/Corbis; 30 mr Corbis; 31 ul Mary Evans Picture Library; 32 o © Succession Picasso/DACS 1998/Museum of Modern Art, New York, m Radio Times/Hulton Getty Picture Collection, u National Board of Antiquities, Finland; 33 ol (2 pictures) John Frost, or Corbis; 36 or, m, ul, ur Corbis, 37 o, u Corbis; 38 u The Kobal Collection; 39 ml Corbis, ul The Bettmann Archive; 40 ol Corbis; 42 u British Pathe PLC; 43 o, ml, mr Corbis; 46 m Peter Newark's American Pictures, ur Corbis; 47 m The Kobal Collection, u E.C. Erdis/National Geographic Society; 48 ul, 51 ul, ur, 53 ul, 55 or Corbis, mr UPI/Corbis; 56/57 UPI/Corbis; 56 o, 57 ol, or Corbis; 58 u Roger Viollet; 60 o, m UPI/Corbis; 61 ml The Bettmann Archive, u Corbis; 62 o, 63 mr Corbis, u The Bettmann Archive; 64 o Corbis, u UPI/Corbis; 65 mr Penguin/Corbis; 67 ol, u UPI/Corbis; 68 u Corbis; 70 ur, 71 u, 72 o, ur, 73 o, ml UPI/Corbis, mr Corbis; 75 o Metropolitan Toronto Reference Library; 76 u, 77 o, 79 ol, or Corbis, m UPI/Corbis, u Underwood & Underwood/Corbis; 80 u, 81 r Corbis; 82 ol Deutsche Bundesbank, ur UPI/Corbis; 83 o Commissioner of Police of the Metropolis, ml AKG London; 84 u, 85 mr, ur UPI/Corbis; 86 o, m Corbis; 87 omr UPI/Corbis, umr The Bettmann Archive; 88 o Corbis/ADAGP, Paris and DACS, London 1998, 89 o Corbis, ul UPI/Corbis; 90 ol, or, UPI/Corbis, m, ul Corbis, ur The Ronald Grant Archive; 91 mr UPI/Corbis, um Corbis; 93 u UPI/Corbis; 94 Penguin/Corbis; 95 mr UPI/Corbis, u Underwood & Underwood/Corbis; 97 mr Corbis; 98 o St Mary's Hospital Medical School/Science Photo Library; 99 o, ur Underwood & Underwood/Corbis; 101 mr Popperfoto, ml, u Emil und die drei Zwillinge; 102 or Science Photo Library; 103 m Corbis; 104/105 main, 104 u, 106 o UPI/Corbis; 107 o Stockmarket; 109 o, mr UPI/Corbis, u, 110 or Corbis; 111 ol, or Hulton Getty Picture Collection; 112 o, u Corbis; 113 o UPI/Corbis, m Reuters/Corbis, u Agence France Presse/Corbis; 115 m, u Corbis; 116 o UPI/Corbis, ur Walt Disney Co.; 117 o UPI/Corbis, m Corbis, u, 118 o, 119 ol UPI/Corbis, or Hulton Getty Picture Collection, ul David King Collection, ur Springer/Corbis; 120/121 main, 121 u Corbis; 122 o The Bettmann Archive, m The Ronald Grant Archive, u, 123 m, u, 124 u UPI/Corbis; 125 m Marvel Comics; 126 u Hulton Getty Picture Collection/Corbis; 127 ol UPI/Corbis; 128 ul Springer/Corbis; 129 o, m, 131 ol, or UPI/Corbis, ur Popperfoto; 133 or UPI/Corbis, u Nestlé UK Ltd; 134 o Walt Disney Co., u UPI/Corbis; 135 o Corbis, m UPI/Corbis, ul, 136 o Corbis; 137 o UPI/Corbis; 138 o Corbis, ul Imperial Chemical Industries PLC; 139 o Corbis; 140 l Corbis; 141 o Springer/Corbis; 142/143 o Corbis; 143 ul, 144 o Corbis; 145 or, ol UPI/Corbis, ul, m Corbis, ur H. Josse/Archives Larbor; 147 ol, or, ul, ur Corbis, mr UPI/Corbis; 148 u Springer/Corbis; 149 ul UPI/Corbis, ur Corbis; 152 ul, 153 ol UPI/Corbis, or Corbis; 154/155 UPI/Corbis; 157 m Corbis, ur UPI/Corbis; 158 ol, or Hulton Getty Picture Collection; 159 or Corbis, m Hulton Getty Picture Collection, u UPI/Corbis; 160 ol UPI/Corbis, u Novosti/Corbis; 161 ol Popperfoto; 162/163 main, 162 o, 163 o, m UPI/Corbis; 166 ol Popperfoto, or The World's Motorcycles News Agency; 167 our, ur, 168 o, 169 o UPI/Corbis, ul Corbis, ur Jackson Pollock, 1950. Foto von Hans Namuth © 1991 Hans Namuth Estate. Courtesy, Center for Creative Photography, The University of Arizona; 170 ml, 171 o, 172 o, ul UPI/Corbis; 173 ol Popperfoto; 176 o UPI/Corbis; 178 o Diners Club International; 179 o, m, u Reuters/Corbis; 180 u UPI/Corbis; 181 o, omr, u Corbis, umr UPI/Corbis; 182/183 main, 182 o UPI/Corbis, u UPI/Bettmann; 183 o Reuters/Corbis, u Reuters/Corbis; 185 ol Springer/Corbis, or UPI/Corbis, m Hulton Getty Picture Collection, u UPI/Corbis; 186 o Corbis; 187 ul, 188/189 u, 191 m, u UPI/Corbis; 192 m The Kobal Collection; 193 ur, 194 m, 195 u, 196 o, ul UPI/Corbis; 197 or Penguin/Corbis, or, u UPI/Corbis; 198/199 m Jasper Johns/DACS, London/VAGA, New York 1998/Ludwig Museum, Cologne/AKG London; 199 o UPI/Corbis, m Corbis, u UPI/Corbis; 200 o, 201 ol, or, u, 202 o UPI/Corbis; 203 ur, 204 u Corbis; 205 m Hulton Getty Picture Collection/Corbis; 206 o, 207 u, 208/209 main, 208 o, u Corbis; 209 u Corbis; 210 m UPI/Corbis, u Corbis; 211 o Corbis, ur Lambert/Archive Photos; 212 ul Corbis; 213 ul, 214 o, u, 215 u, 216/217 main, 216 u UPI/Corbis; 217 ml Corbis; 219 o Camera Press, ml Corbis, mr, u UPI/Corbis; 222 ul National Motor Museum; 224 o UPI/Corbis, ur Walt Disney Co./The Ronald Grant Archive, um Amnesty International; 225 or Camera Press; 226 m UPI/Corbis, ul Corbis; 227 mr AKG Photo London/The Andy Warhol Foundation for the Visual Arts, Inc/ARS, NY and DACS, London 1998; 228 ml Corbis, u UPI/Corbis; 229 o, m Corbis, u UPI/Corbis; 230/231 UPI/Corbis; 230 von ol nach unten Corbis, Corbis, Corbis, Corbis, Hulton Getty Picture Collection, u Corbis; 231c The Bettmann Archive, u, ur Corbis; 233 or Popperfoto; 234 o UPI/Corbis; 235 o Corbis, ml UPI/Corbis, mr Reuters/Corbis, ur UPI/Corbis; 236 o Lick Observatory California University, m Reuters/Corbis; 237 m UPI/Corbis, ul Corbis; 238 o, m UNICEF; 239 o, m UPI/Corbis, ul Springer/Corbis; 240 m Camera Press, u UPI/Corbis; 241 o Corbis, mr, u, 242 ol UPI/Corbis, ur, 243 mr Corbis, ur, 244 m, ur UPI/Corbis, ul Apple Corps Ltd; 245 m Popperfoto, ul Corbis; 246/247 Springer/Corbis; 247 o, u UPI/Corbis; 248 o Corbis; 249 m Popperfoto, ul Corbis; 251 o, m UPI/Corbis; 252 o UPI/Bettmann, ur, 253 o, ur, 254/255 main, 254 u, 256 ol, or, 257 o UPI/Corbis, m Popperfoto; 258 o NASA, m Popperfoto, ul London Features International; 259 m Camera Press, ul UPI/Corbis; 262 ur, um Hulton Getty Picture Collection; 263 o Corbis, m Popperfoto, ur UPI/Corbis; 264 or (alle 3) Popperfoto, ul UPI/Corbis, ur Hulton Getty Picture Collection; 265 or, u UPI/Corbis; 266 o, ml, mr UPI/Corbis, ur Hulton Getty Picture Collection; 267 o UPI/Corbis, m Michael Freeman; 268 o Reuters/Corbis; 270/271 u UPI/Corbis; 271 o Corbis; 272 ul London Features International ; 275 ur, 276 m, 277 ul, 278 o, m, ur UPI/Corbis; 279 ml The Ronald Grant Archive, u Michael Ryan/Camera Press; 283 m, u UPI/Corbis; 284 o Popperfoto, ul UPI/Corbis, ur London Features International; 285 m, 286/287 main, 286 o, m UPI/Corbis; ul Agence France Presse/Corbis; 288 o UPI/Corbis; 289 o/ Dr Morley Read/ Science Photo Library, ml UPI/Corbis, ur The Face Magazine; 290 ur Rex Features, ul Sony UK; 291 o Corbis, m UPI/Corbis, u World Health Organization; 292 m UPI/Corbis; 293 ol, 294 o, m UPI/Corbis; 295 o Corbis, m, 296 ol, o, ul, ur UPI/Corbis; 297 ml, ur UPI/Corbis; 298 o The Ronald Grant Archive; 299 o The Ronald Grant Archive/Lucas Film; 300 ml, mr Camera Press; 301 ol Rex Features, ur UPI/Corbis; 302 o NIBSC/Science Photo Library, ul, 303 o, mr, 304 ul UPI/Corbis; 306 o Reuters/Corbis, ul The Bettmann Archive; 307 ml UPI/Corbis, mr Rex Features, u, 308 o UPI/Corbis, ul, ur, 310 u Reuters/Corbis; 311 mr Frank Spooner Pictures; 312 o, u Corbis, m UPI/Corbis; 313 o The Bettmann Archive, mr Frank Spooner Pictures, ml Reuters/Corbis, u, 314 u Corbis; 315 m UPI/Corbis, u Peter Menzel/Science Photo Library; 317 ml The Ronald Grant Archive, ul Reuters/Corbis; 318 o, ur Reuters/Corbis; 320 m Corbis, ul Frank Spooner Pictures; 323 ul, ur Reuters/Corbis; 324 or, ul Reuters/Corbis, ur Corbis; 325 ur, 326 ur Reuters/Corbis; 327 ul, ur Reuters/Corbis; 328 u Rex Features; 329 o Reuters/Corbis; 330/331 UPI/Corbis; 330 o Corbis, m Popperfoto/Reuter; 331 o Sinclair Stammers/Science Photo Library, ml Frank Spooner Pictures, mr UPI/Corbis; 332 m Popperfoto; 333 ul Reuters/Corbis, 336/337 Everett/Corbis; 337 o Camera Press, ur Corbis; 338 o Frank Spooner Pictures, m, ur Corbis, ul Everett/Corbis; 339 o NASA, ul Corbis, ur The Bettmann Archive; 340 o Reuters/Corbis; 342 ol, ml Corbis, mr Popperfoto, u Corbis; 343 o Popperfoto, m, ur Corbis, u Popperfoto, 344 ol, or Corbis, mr Popperfoto, u David Allen/Corbis; 345 o Popperfoto, ml Frank Spooner Pictures, mr Corbis, u, ur NASA.

Für alle weiteren Bilder:
Archiv für Kunst und Geschichte, Berlin (12); Associated Press GmbH, Frankfurt (1); Bauhaus Archiv, Berlin (1); Beltz Verlag, Weinheim (3); Bertelsmann Lexikon Verlag, Gütersloh (36) - NASA (4); Bettmann-Corbis, New York (374) - AFP (8) - Guggenheim Museum (1) - Reuters (51) - Springer (3) - UPI (511); Bildarchiv Preußischer Kulturbesitz, Berlin (2); Botschaft des Staates Israel (1); Cinetext, Frankfurt (38); Citroen Deutschland AG, Köln (1); Deutsche Fotothek, Dresden (1); dpa, Frankfurt (5); Ex Libris, Zürich (1); Giraudon, Paris (1); Greenpeace - Keziere (1); Johnson Space Center, Houston (1); Keystone, Hamburg (5); Mattel Toys, Dreieich (1); Mauritius,Mittenwald (1); Hans Otto Neubauer, Hamburg (1); Oetinger GmbH, Hamburg (1); Bildarchiv Paturi, Rodenbach (1); Rauch Verlag, Düsseldorf (11); Roger Viollet, Paris (1); Pressebild-Agentur Schirner, Meerbusch (8); Sipa Press, Paris (142); Städt. Galerie im Lenbachhaus, München (1); Steiff GmbH, Giengen (12); Süddeutscher Verlag, Bilderdienst, München (20); Transglobe Agency, Hamburg (1); TXT Redaktionsbüro, Lünen (1).
© Matisse, Stillleben: Succession H. Matisse/VG Bild-Kunst, Bonn 1997.
© Picasso, Les Demoiselles d'Avignon: Succession Picasso/VG Bild-Kunst, Bonn 1997.
© Jawlensky, A. Sacharoff; George Braque, Stillleben; Marcel Duchamp, Brunnen; Miró, Dutch Interior; George Grosz, The Street: VG Bild-Kunst, Bonn 1997.
© Max Pechstein, Plakat Die Brücke: Max Pechstein/Hamburg-Tökendorf.

Illustrationen:
Martin Sanders, Nadine Wickenden, Ann Winterbotham, Biz Hull.

Schutzumschlag:
Bavaria, Gauting (2); Corbis UK, London (1) - UPI (1); Corbis-Bettmann, New York (1) - UPI (1); Marvel Comics; Mauritius, Mittenwald (1); NASA/L.B. Johnson Space Center, Houston; Premium/Ray Miller; Science Photo Library/Peter Menzel; Superbild/SIPA; TSW/Reiner Kaltenegger.